金融学译丛

国际金融

(第十五版)

戴维·K. 艾特曼（David K. Eiteman）
阿瑟·I. 斯通希尔（Arthur I. Stonehill） 著
迈克尔·H. 莫菲特（Michael H. Moffett）
路蒙佳 译

MULTINATIONAL BUSINESS FINANCE
(FIFTEENTH EDITION)

中国人民大学出版社
·北京·

出版说明

作为世界经济的重要组成部分，金融在经济发展中扮演着越来越重要的角色。为了加速中国金融市场与国际金融市场的顺利接轨，帮助中国金融界相关人士更好、更快地了解西方金融学的最新动态，寻求建立并完善中国金融体系的新思路，促进具有中国特色的现代金融体系的建立，中国人民大学出版社精心策划了这套"金融学译丛"，该套译丛旨在把西方，尤其是美国等金融体系相对完善的国家最权威、最具代表性的金融学著作，被实践证明最有效的金融理论和实用操作方法介绍给中国的广大读者。

该套丛书主要包括以下三个方面：

（1）理论方法。重在介绍金融学的基础知识和基本理论，帮助读者更好地认识和了解金融业，奠定从事深层次学习、研究等的基础。

（2）实务案例。突出金融理论在实践中的应用，重在通过实务案例以及案例讲解等，帮助广大读者将金融学理论的学习与金融学方法的应用结合起来，更加全面地掌握现代金融知识，学会在实际决策中应用具体理论，培养宏观分析和进行实务操作的能力。

（3）学术前沿。重在反映金融学科的最新发展方向，便于广大金融领域的研究人员在系统掌握金融学基础理论的同时，了解金融学科的学术前沿问题和发展现状，帮助中国金融学界更好地认清世界金融的发展趋势和发展前景。

我们衷心地希望这套译丛的推出能够如我们所愿，为中国的金融体系建设和改革贡献一份力量。

中国人民大学出版社

译者序

在当今的全球经济中，跨国企业的规模和数量不断壮大，它们是国际贸易和国际金融活动中最活跃、最有影响力的力量。与此同时，跨国企业也面临着复杂多变的国际金融环境。从开放程度不一的金融市场、各种形式的汇率制度，到采用不同原则的税收制度、尚未实现趋同的财务准则，甚至是各国相异的地域、文化等，都给跨国企业造成了挑战。它们首先需要了解如此多元化的全球金融环境，才能制定出最适合自身的发展目标，从简单的进出口贸易扩展到跨国投资和融资领域，成为深度参与国际经济体系的一部分。为此，跨国企业要在各种不同的竞争环境中找到最适于自身的商业机会，充分利用市场不完全，在全球范围内寻找资金来源以巩固和增加自身价值，并将资金投入最有效率、最利于企业发展的项目和部门，只有这样，才能在不断变化的全球经济趋势中带领企业前进，取得成功。

正是基于这个逻辑，本书紧紧围绕跨国企业视角，从它面临的国际金融环境和风险挑战出发，构建理论脉络，引导读者发现问题、分析问题，最终使读者能从跨国企业整体战略的高度理解它们如何利用全球化机会，并运用具体工具规避和化解这一过程中的风险。

本书共分为五个部分。第一部分介绍了跨国企业面临的全球金融环境，其中读者可以了解到跨国财务管理面临的机会和挑战以及当前国际金融市场的基本架构和运行机制。第二部分围绕外汇理论展开，跨国企业在经营和投融资中都要时常接触外汇，本部分不仅阐述了汇率决定的基本理论，也对外汇衍生产品进行了简要介绍。第三部分从交易风险、折算风险和经营风险三个方面分析了跨国企业面临的外汇风险。第四部分介绍了企业在全球范围内进行融资的方法、成本以及跨国税收管理。第五部分介绍了对外投资决策、跨国资本预算与跨国收购。

作者写作本书之际，正值英国脱欧公投不久。这一事件不仅涉及英国本身，也将对所有与英国和欧洲大陆有业务往来的跨国企业产生深远而广泛的影响。第 13 章的"全球金融实务 13-1"专栏即对这种不确定性带来的资本成本展开分析。这充分体现出本书对经济动态的敏锐把握能力。除此以外，遍布本书各章的"全球金融实务"专栏均为取自真实跨国企业的典型案例，它们大多紧贴实际，具有很强的指导意义。而每章结尾的"迷你案例"则结合本章的主题，以一个跨国企业为例进行深入分析，每个案例均提供了详细的案例背景、翔实的数据图表，并附有思考题，帮助读者从一个跨国企业管理者的角度设身处地地运用所学知识解决实际问题。

近一段时间以来，贸易保护主义和逆全球化倾向抬头，全球经济下行风险和不确定性上升，国际经济合作和资本自由流动正在经受严峻挑战。但这恰恰说明经济全球化力量的强大和深入。现在，几乎没有哪家企业完全不受到全球化力量的影响。我国对世界经济的参与程度近年来不断加深，在世界经济中的地位也逐步提高，随着中国企业实力的日益提升，也有越来越多的中国企业走出国门，成为跨国企业。因此，逃避和拒绝经济全球化不是解决之道，要应对它带来的风险和挑战，就需要了解当今复杂多变的国际金融环境，熟悉金融体系的运作原理，并熟练掌握各种金融工具。本书就是这样一本立足于现代跨国企业视角的国际金融教科书，它将帮助读者更透彻地理解推动国际金融环境变化的各种力量，并更自如地运用金融工具分析和解决国际经济活动中的具体问题，提高跨国企业在国际环境中的适应力和竞争力。

最后，在本书翻译完成之际，笔者衷心感谢一直给予我支持的家人、中国人民大学出版社为本书辛勤工作的编辑们以及所有读者，并衷心欢迎各位读者对译文中存在的问题提出指正。

前言 PREFACE

本版更新内容

我们始终面临一个挑战，即在以下二者之间取得平衡：既要成为这个领域最早的教科书之一（因此从很多方面讲定义了这个领域），又要引入包括众筹、区块链等当今全球商务中的许多新概念和新内容。因此，我们希望在老读者高度评价的内容与专家审稿人的重要意见之间找到某种平衡——这就是创新者困境。读者调查在本次修订中起到了极为重要的作用，而且修订版中还加入了一些具体的进展。

■ **不可能三角**。我们扩展了不可能三角这项核心国际金融原则的作用，它被用来作为一条理论主线将多个主题和章节联系起来。

■ **外汇市场和数字贸易**。本版中的新内容深入探讨了全球外汇市场交易、通信和结算的结构变化如何对私人参与者、公共管理机构和监督机构形成挑战。

■ **折算风险的扩展**。折算风险是国际金融、经济和会计中的典型风险，这部分内容已经更新并扩展，以更有效地反映其在金融业中日益广泛的理论和实践应用。

■ **外国子公司融资**。这项内容永远是跨国金融领域特有的主题，我们扩展了关于子公司资金来源和实践的讨论，将近期发展和资本获取渠道的变化也包括在内。

■ **国际税收**。本书探讨税收如何改变苹果和卡特彼勒（Caterpillar）等全球公司的基本财务管理活动时，强调了美国税法的巨大变化，这些变化从 2018 年 1 月 1 日起生效。

■ **政治风险和财务损失**。关于外国直接投资和政治风险的章节已进行了修订，以反映对货币兑换、资金转账等限制措施的使用率上升以及拒绝履约或财产被征收的可能性。

■ **更新鲜、更紧扣前沿的迷你案例**。在 18 个迷你案例中，有 8 个是第十五版的全新内容，它们探讨了关于全球商业、社会政策和企业社会责任的诸多激烈争论。案例主题包括阿根廷与秃鹰基金、苹果的全球税收结构、英国脱欧及其对劳斯莱斯的潜在影响、大众汽车的治理结构及其柴油减效装置，以及哈萨克斯坦石油和天然气业的政治风险，等等。

■ **扩展的量化应用**。我们致力于增加不同主题和章节的量化内容，以敦促学生进行深入的分析和理解。《国际金融》（第十五版）包含超过 250 道章末习题，所有习题都可在 Excel 中求解。我们还继续提供了基于实际应用和挑战的习题，我们坚信这将有所帮助。

解决教学挑战

在复杂的国际贸易中，从电子交易到区块链合同的数字平台已经彻底改变了全球商业和金融直至外汇交易。

《国际金融》（第十五版）适用于国际财务管理、国际企业财务、国际金融和类似名称的大学课程。它既可以用于研究生教学，也可以用于高管培训和企业学习班。

在阅读本教材之前，读者最好学习过公司财务或财务管理的预备课程或者具备相关经验。但是，在我们将基本财务概念扩展到跨国企业财务之前，我们会复习这些概念。我们还回顾了国际经济和国际商业的基本概念。

多年以来，本书历经多次修订，我们自己也在从海得拉巴、赫尔辛基到火奴鲁鲁（檀香山）的课程中使用过本书，并发现它的受众面在不断扩大。

无论是在理论应用、实务专栏、迷你案例还是章末习题中，我们都会继续尝试为更广泛的全球受众提供关于跨国企业、市场和挑战的内容。

本书结构

本书已经过重新设计和编排而变得更紧凑——仍包含该领域的关键要素，但是整体框架简洁得多。这是通过以财务管理为线索，整合许多之前的主题而做到的。本书分为五个部分，这些部分由一条共同线索统合在一起：

- 第一部分介绍了全球金融环境；
- 第二部分解释了外汇理论与外汇市场；
- 第三部分分析了外汇风险；
- 第四部分详细介绍了全球企业融资；
- 第五部分分析了国际投资决策。

教学工具

为了使本书尽可能易于理解，我们使用了大量经过实践检验的教学工具。我们的工作再次得到了专家小组的详细评审和建议，这些专家都在国际金融领域——尤其是在本科教学方面——享有盛誉。这些教学工具包括：

- 将学生易于接受的写作风格与结构清晰的内容呈现相结合，每章开篇提出了学习目标，结尾总结了如何实现这些学习目标。
- 丰富的图表，直观反映介绍的概念和内容。
- 以一家假想的美国公司——加纳多公司（Ganado Corporation）——为例，为多层面的全球化进程提供了统一框架，并以多道章末习题加以巩固。
- 每章结尾的迷你案例举例说明了本章内容并将其扩展到跨国金融商业环境。

本版的新迷你案例包括以下内容：

- 中国的人民币真的实现国际化了吗；
- 大众汽车的公司治理及其柴油减效装置；

- 英国脱欧对劳斯莱斯（Rolls-Royce）的汇率挑战；
- 瑞典伊莱克斯（Electrolux）新近调整的全球外汇管理计划；
- 法拉利（Ferrari）进行首次公开募股并接受收入和现金流的缓慢增长；
- 田吉兹（Tengiz）——了解世界上最大的石油和天然气投资之一的政治风险。

在不断变化的市场中进行全球商业交易时会遇到层出不穷的复杂情况，从常见的应付账款到罕见的财产征收。每章的"全球金融实务"专栏都着重介绍了真实世界中的企业和管理者如何处理这些情况。这些应用对概念进行了扩展，而没有增加正文本身的长度。

- 每章都有许多需要使用互联网的章末练习，各种参考文献散见于正文章节和图表中。

- 每章都有大量章末问题和习题，用于评估学生对课程内容的理解。使用电子表格可以解答所有章末习题。本书给出了部分章末习题的答案。

- 许多数学推导，例如平价条件、外汇期权定价和复杂期权对冲，都放在了附录中。学生或教师可以根据需要选择使用。

戴维·K. 艾特曼
阿瑟·I. 斯通希尔
迈克尔·H. 莫菲特

目录 CONTENTS

第一部分 全球金融环境

第1章 国际金融：机会与挑战 ········ 3
1.1 全球金融市场 ············ 4
1.2 比较优势理论 ············ 11
1.3 国际财务管理有何不同？ ····· 13
1.4 全球化过程 ·············· 16

第2章 国际货币体系 ············ 31
2.1 国际货币体系的历史 ······· 31
2.2 固定汇率制与弹性汇率制 ··· 40
2.3 不可能三角 ·············· 41
2.4 欧洲的单一货币：欧元 ····· 42
2.5 新兴市场和汇率制度选择 ··· 45

第3章 国际收支 ················ 59
3.1 国际收支平衡表的会计基础 ·············· 60
3.2 国际收支平衡表账户 ······ 62
3.3 国际收支对主要宏观经济指标的影响 ·············· 69
3.4 贸易差额与汇率 ·········· 70
3.5 资本流动 ················ 73

第4章 财务目标与公司治理 ······ 89
4.1 企业所有权 ·············· 89
4.2 上市公司与私人持股公司：全球转向 ·············· 97
4.3 公司治理 ················ 100

第二部分 外汇理论与外汇市场

第5章 外汇市场 ················ 121
5.1 外汇市场的功能 ·········· 121
5.2 外汇市场结构 ············ 122
5.3 外汇市场交易 ············ 130
5.4 汇率和报价 ·············· 136

第6章 国际平价条件 ············ 154
6.1 价格和汇率 ·············· 155
6.2 利率和汇率 ·············· 161
6.3 作为未来即期汇率无偏预测指标的远期汇率 ········ 170
6.4 均衡中的价格、利率和汇率 ·················· 172
附录 国际平价条件的代数初步 ·················· 184

第7章 外汇衍生产品：期货与期权 ·················· 187
7.1 外汇期货 ················ 188
7.2 外汇期权 ················ 190
7.3 期权定价和估值 ·········· 198
7.4 外汇期权价格的敏感度 ····· 200

I

附录	外汇期权定价理论	214
第8章	**利率风险与利率互换**	217
8.1	利率基础	217
8.2	债务成本	221
8.3	利率风险	226
8.4	利率期货和远期利率协议	229
8.5	利率互换	230
第9章	**汇率决定与干预**	
9.1	汇率决定：理论主线	253
9.2	外汇市场干预	258
9.3	不均衡：新兴市场的汇率	263
9.4	实践中的汇率预测	268

第三部分　外汇风险

第10章	**交易风险**	287
10.1	外汇风险的类型	287
10.2	为何进行对冲？	289
10.3	交易风险	291
10.4	交易风险管理	293
10.5	交易风险管理实务	302
附录A	复杂期权对冲	320
附录B	最优对冲比率和对冲有效性	327
第11章	**折算风险**	330
11.1	折算概述	330
11.2	折算方法	333
11.3	加纳多公司的折算风险	336
11.4	管理折算风险	340
第12章	**经营风险**	354
12.1	跨国公司的经营风险	354
12.2	衡量经营风险：加纳多德国	359
12.3	经营风险的战略管理	364
12.4	主动的经营风险管理	366

第四部分　全球企业融资

第13章	**全球资本成本与资本可得性**	385
13.1	金融全球化与战略	385
13.2	国际投资组合理论与多元化	388
13.3	国际证券投资者的作用	395
13.4	跨国企业与国内企业的资本成本比较	399
13.5	典型案例：诺和实业	402
第14章	**跨国企业融资**	423
14.1	设计全球资本融资战略	424
14.2	最优财务结构	425
14.3	在全球筹集股权	427
14.4	存托凭证	431
14.5	私募	435
14.6	在全球筹集债务	437
14.7	外国子公司融资	439
第15章	**跨国税收管理**	458
15.1	税收原则和实务	459
15.2	跨国企业税务管理	466
15.3	谷歌：利润重新配置的例子	475
15.4	全球税收竞争力	477
15.5	2017年的美国税法变化	479
第16章	**国际贸易融资**	492
16.1	贸易关系	492
16.2	关键单据	497

16.3 政府帮助出口融资的计划 …………………………… 502
16.4 贸易融资的其他方案 …… 503
16.5 福费廷 …………………… 506

第五部分 外国投资与投资分析

第17章 外国直接投资与政治风险 …………………………… 519
17.1 外国直接投资决策 ……… 519
17.2 进入外国市场的结构选择 …………………………… 520
17.3 政治风险：定义和分类 …… 526

17.4 政治风险的财务影响 …… 527
17.5 减轻政治风险 …………… 532

第18章 跨国资本预算与跨国收购 …………………………… 544
18.1 外国项目预算的复杂性 … 545
18.2 典型案例：墨西哥水泥公司进入印度尼西亚 …… 547
18.3 实物期权分析 …………… 560
18.4 项目融资 ………………… 560
18.5 跨国并购 ………………… 562

术语表 ………………………………… 580

第一部分

全球金融环境

- 第1章　国际金融：机会与挑战
- 第2章　国际货币体系
- 第3章　国际收支
- 第4章　财务目标与公司治理

第1章

国际金融：机会与挑战

> 金融家的目标是确保收入充足，明决公平地对收入征税，经济地使用它，在必要时有责任利用信贷，并保持程序清晰公平、计算准确、资金安全，从而始终确保信用基础。
> ——Edmund Burke, *Reflections on the Revolution in France*, 1790, p.467.

学习目标

1.1 考察全球金融市场——参与者与竞争环境
1.2 考察如何将比较优势理论应用于跨国企业
1.3 分析国际财务管理与国内财务管理的区别
1.4 了解全球化过程的步骤和阶段

本书的主题是跨国企业的财务管理和国际金融。跨国企业——既包括营利公司也包括非营利组织——是在多个国家通过分支机构、国外子公司或与东道国公司组建的合资企业开展经营活动的企业。正如宝洁公司（P&G，美国的一家跨国消费品公司）的以下新闻稿所说明的，这种经营伴随着挑战：

"2014年10—12月的季度面临着前所未有的货币贬值挑战，"宝洁公司董事会主席、总裁兼首席执行官A.G.雷富礼（A.G. Lafley）说，"世界上几乎每种货币都相对于美元贬值，俄罗斯卢布首当其冲。虽然我们在公司战略转型方面继续取得稳步进展——宝洁公司专注于十几个核心类别和七八十个品牌，领导品牌增长，加速富有意义的产品创新，以及提高生产力节约水平，但即使是相当可观的业务组合、产品创新和生产力进步，也不足以克服外汇风险。"

——宝洁公司新闻稿，2015年1月27日

宝洁并不孤单。这是一个美丽新世界，在这个新世界中，数字初创企业可能在几小时内成为跨国企业——微型跨国企业，全球上市公司数量正在萎缩，最具挑战性的竞争对手来自新兴市场，"创意公司"正在创造越来越多的价值。

从英国脱欧到全球经济的主要增长引擎——中国经济——的放缓和成熟，全球市场正在发生巨变。还有一些巨变正在改变公司身份，例如人民币（中国货币）地位的提高或2017年年底美国削减企业所得税税率的决定等导致的巨变。变化确实总在发生。

国际财务管理要求全世界的管理者和领导者识别和应对全球金融市场的预期收益和风

险。这些风险可能全部发生在全球金融市场的竞争环境中，但它们仍然是管理问题——在追求公司及其所有不同利益相关者的目标时处理复杂问题。

第1章简要概述了包括外汇市场和金融机构在内的全球金融格局——金融界的基本规则和术语。然后，我们将探讨比较优势的基础，即区分国际金融和国内金融的力量。导论的结尾概述了公司可能采取的不同全球化路径。本章最后用迷你案例"肯尼亚的众筹"分析了互联网和金融创新如何使新兴国家的人民和企业更容易获得资本。

1.1 全球金融市场

商业——国内商业、国际商业、全球商业——是指个人和组织进行互动以在不同市场之间交换产品、服务和资本。在很多方面，全球资本市场和商业市场都类似于竞技场。这是全球商业开展日常活动的环境。像人类创建的所有制度一样，它不断变化，但某些基本组成部分很少发生变化。我们首先将探讨全球商业的制度环境与行为环境，特别是构成全球金融市场的组织和资产。

资产、金融机构和联系

图1-1概述了全球资本市场。描述全球金融市场特征的一种方式是通过银行同业市场将证券和金融机构联系起来。

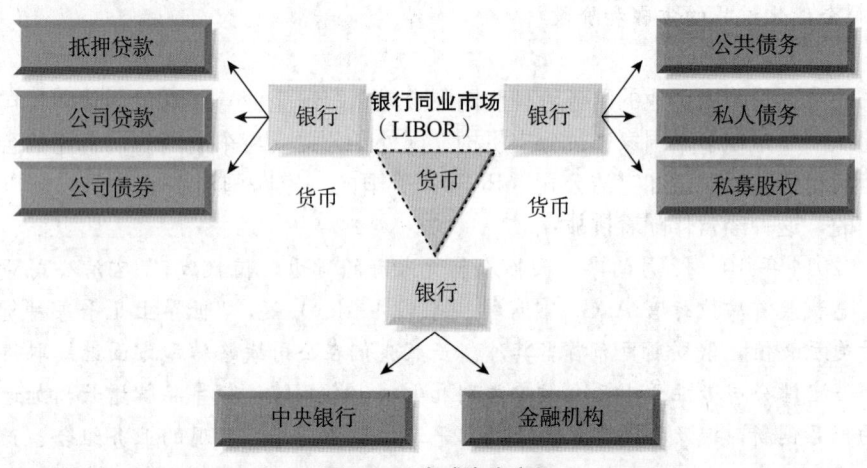

图1-1 全球资本市场

全球资本市场是通过一个全球网络——银行同业市场——联系在一起的一系列金融机构（中央银行、商业银行、投资银行、国际货币基金组织和世界银行等非营利金融机构）和证券（债券、抵押贷款、衍生产品、贷款等）。这种银行同业市场作为各类证券的交易场所，是资本流动的关键管道系统。

证券交易——全球金融体系中的资本流动——必须通过一种工具——货币——来实现。货币交易本身就形成了最大的金融市场。银行同业市场必须利用货币来转手和交易证券，通过世界上最广为使用的报价利率——LIBOR（伦敦银行同业拆借利率）形成该市场上所有定价的基础。

证券。处于全球资本市场核心的证券——金融资产——是政府发行的债券（例如，美国国债）。这些低风险证券或无风险证券构成了银行贷款、公司债券和股票等其他金融证券创建、交易和定价的基础。近年来，从现有证券中已经创建出其他许多证券——衍生产品，其价值基于基础证券的市场价值变化。全球金融体系的健康和安全依赖于这些证券的质量。

金融机构。 全球金融机构包括：中央银行，它们创造并控制每个国家的货币供应；商业银行，它们向当地和全球的企业吸收存款并发放贷款；为交易证券和衍生产品而创建的众多其他金融机构。这些机构形式众多，并且受不同监管法规的约束。全球金融体系的健康与安全依赖于这些金融机构的稳定性。

联系。 金融机构之间的联系，即交易的实际流动或媒介，是使用货币的银行同业网络。全球市场中的现汇交易是进行金融交易的首要必备因素，而全球外汇市场是世界上最大的市场。外汇交易以及随后通过货币进行的其他所有全球证券交易都是在国际银行同业市场上进行的。这个网络的主要价格是伦敦银行同业拆借利率（LIBOR），是全球金融体系的核心组成部分。

数千年来，为开展业务而在不同货币和大陆之间流动的资本曾以许多不同形式存在。然而，直到过去50年，这些资本的流动速度才提高到数字市场上的电子速度。直到过去20年，这个市场才能在一天中的任何时刻达至地球上最遥远的角落。结果是创新产品和服务出现爆炸式增长——有些是好事，有些则是坏事。

外汇市场

任何一国的货币用另一国货币表示的价格被称为汇率。例如，美元（用符号 $ 或 USD 表示）与欧元（用符号 € 或 EUR 表示）之间的汇率可以表示为"每欧元合 1.127 4 美元"或简写为 1.127 4 美元/欧元。该汇率也可以表示为"EUR1.00＝USD1.127 4"。由于大多数国际商业活动都要求商业交易双方中至少有一方以本币以外的货币付款或收款，因此了解汇率对于开展全球业务至关重要。

货币符号。 如上所述，USD 和 EUR 通常被用作美元和欧元的符号。这些是今天世界数字网络中使用的计算机符号（ISO-4217 代码）。然而，财经媒体有着使用各种不同符号的丰富历史，并且许多不同的缩写都很常用。例如，英镑可以用 £、GBP、STG、ST£、UKL 或 UK£ 表示。本书既使用较简单的常用符号——$（美元）、€（欧元）、¥（日元）、£（英镑），也使用三个字母的 ISO 代码。除符号外，某些货币还有多个名称。例如，中国货币的官方名称是元和人民币。

汇率报价和术语。 表 1-1 列出了 2018 年 1 月 2 日的汇率，报价地点为纽约或伦敦。表中列出的每种汇率都是某个特定国家或地区的货币相对于美元、欧元和英镑的汇率。所列汇率被称为"中间汇率"，因为它是外汇交易者购买货币（买入价）和卖出货币（卖出价）的中间价格或平均价格。

表 1-1　2018 年 1 月 2 日的部分全球货币汇率

国家或地区	货币	符号	代码	与 1 美元等值的货币数量	与 1 欧元等值的货币数量	与 1 英镑等值的货币数量
阿根廷	比索	Ps	ARS	18.535	22.325 4	25.169 7
澳大利亚	元	A$	AUD	1.276 9	1.538	1.734

续表

国家或地区	货币	符号	代码	与1美元等值的货币数量	与1欧元等值的货币数量	与1英镑等值的货币数量
巴西	雷亚尔	R$	BRL	3.263 4	3.930 7	4.431 5
加拿大	元	C$	CAD	1.250 5	1.506 2	1.698 1
智利	比索	$	CLP	607.145	731.306 2	824.477 2
中国	元	¥	CNY	6.496 7	7.825 3	8.822 2
捷克	克朗	Kc	CZK	21.180 2	25.511 5	28.761 7
丹麦	克朗	Dkr	DKK	6.18	7.443 9	8.392 2
埃及	镑	£	EGP	17.743	21.371 4	24.094 2
德国	欧元	€	EUR	0.830 2	1	1.127 4
印度	卢比	Rs	INR	63.446 8	76.421 6	86.158
印度尼西亚	卢比	Rp	IDR	13 517.500 0	16 281.845 3	18 356.202 1
以色列	谢克尔	Shk	ILS	3.458 5	4.165 8	4.696 5
日本	元	¥	JPY	112.15	135.08	152.29
肯尼亚	先令	KSh	KES	103.25	124.364 6	140.209 1
马来西亚	林吉特	RM	MYR	4.019 5	4.841 5	5.458 3
墨西哥	新比索	$	MXN	19.515	23.505 8	26.500 5
新西兰	元	NZ$	NZD	1.406 6	1.694 2	1.910 1
尼日利亚	奈拉	₦	NGN	359.5	433.017 8	488.185 8
挪威	克朗	NKr	NOK	8.138 1	9.802 3	11.051 1
菲律宾	比索	₱	PHP	49.92	60.128 6	67.789 2
波兰	兹罗提	—	PLN	3.455 5	4.162 1	4.692 4
俄罗斯	卢布	R	RUB	57.585	69.361 1	78.198
新加坡	元	S$	SGD	1.329 2	1.601	1.805
南非	兰特	R	ZAR	12.458 8	15.006 6	16.918 5
韩国	元	W	KRW	1 061.250 0	1 278.275 8	1 441.132 5
瑞典	克朗	SKr	SEK	8.181 5	9.854 6	11.110 1
瑞士	法郎	Fr.	CHF	0.972 2	1.171	1.320 2
中国台湾	元	T$	TWD	29.6	35.653 2	40.195 5
泰国	铢	B	THB	32.59	39.254 7	44.255 8
土耳其	里拉	YTL	TRY	3.763	4.532 6	5.110 1
英国	镑	£	GBP	0.736 4	0.887	1
乌克兰	格里夫纳	—	UAH	28.1	33.846 5	38.158 6

续表

国家或地区	货币	符号	代码	与1美元等值的货币数量	与1欧元等值的货币数量	与1英镑等值的货币数量
乌拉圭	比索	$U	UYU	28.69	34.557 1	38.959 8
美国	元	$	USD	1	1.204 5	1.358
委内瑞拉	强势玻利瓦尔	Bs	VEB	9.986 5	12.028 7	13.561 2
越南	盾	d	VND	22 710.500 0	27 354.841 5	30 839.925 4
特别提款权	—	—	SDR	0.700 3	0.843 6	0.951

注意，一些不同的货币使用相同的符号［例如，中国和日本传统上都使用符号￥（意为"圆"或"圆形"），它可以表示日元和人民币元］。所有报价均为中间汇率，摘自《金融时报》(*Financial Times*)。

自20世纪40年代以来，美元一直是外汇交易的焦点。因此，世界上多数货币的报价都是相对于美元的报价——墨西哥比索/美元、巴西雷亚尔/美元、港元/美元，等等，但如表1-1所示，它们也可以用其他任何货币报价，包括欧元和英镑等主要货币。例如，日元通常以美元、欧元和英镑报价，如￥112.15＝$1.00，￥135.08＝€1.00，￥152.29＝£1.00。

报价惯例。世界上几种主要货币的汇率都遵循依据传统和历史形成的特定报价惯例。美元和欧元之间的汇率报价形式总是"美元/欧元"或$/€。例如，表1-1中的"美国"一栏列出的欧元对美元汇率为1.204 5美元/欧元。同样，美元和英镑之间的汇率报价形式总是"美元/英镑"或$/£。例如，表1-1中"美国"一栏列出的英镑对美元汇率为1.358美元/英镑。此外，曾是英联邦成员国的国家的货币通常以美元报价，比如美元/澳大利亚元。

如果汇率永远不变，全球金融市场将友好、简单得多。但是，唉，事实并非如此。汇率会变化，而且一旦发生变化，就会改变所有竞争者的经营业绩和竞争力。正如"全球金融实务1-1"所示，它甚至需要仔细计算变化大小——变化率。汇率变化是我们下一个主题——风险——的第一个例子。

全球金融实务1-1

如何计算即期汇率的变化率

假设墨西哥比索的价值最近从MXN16.00＝USD1.00变为MXN20.00＝USD1.00。如果您的本币是美元（USD），那么墨西哥比索（MXN）的价值变化率是多少？计算结果取决于指定的本币。

外币标价

当使用本币（单位，USD）的外币价格（价格，MXN），即本例中的墨西哥比索/美元时，外币价格变化率（%）的公式为

$$\%\Delta = \frac{期初汇率 - 期末汇率}{期末汇率} \times 100\%$$

$$= \frac{16.00 \text{墨西哥比索} - 20.00 \text{墨西哥比索}}{20.00 \text{墨西哥比索}} \times 100\% = -20.00\%$$

墨西哥比索兑美元汇率下跌20%。请注意，需要更多墨西哥比索才能兑换1美元，计算结果为负值，两者都是价值下降的特征。

本币标价

当使用某种外币（单位，MXN）的本币价格（价格，USD）时——上述外汇报价的倒数，外币价值变化率的公式为

$$\%\Delta = \frac{期末汇率 - 期初汇率}{期初汇率} \times 100\%$$

$$= \frac{0.050\,00 \text{ 美元} - 0.062\,50 \text{ 美元}}{0.062\,50 \text{ 美元}} \times 100\% = -20.00\%$$

计算得出的变化率相同，墨西哥比索价值下降了-20%。许多人发现本币标价法的计算更"直观"，因为它让人想起一般的变化率计算方法（期末值减去期初值再除以期初值）；但是，读者必须谨记，这是货币之间的交易，而被指定为本币的货币很重要。

2015年的阿根廷比索贬值

2015年的阿根廷比索贬值是变化率的一个明显例子。2015年12月16日，阿根廷政府宣布将取消货币管制——阿根廷政府将不再限制阿根廷公民将资金汇出该国。在接下来的24小时内，随着阿根廷人利用这项新的自由，阿根廷比索从阿根廷涌入外汇市场，阿根廷比索的币值从9.790 8阿根廷比索/美元跌至13.616 0阿根廷比索/美元。

$$\%\Delta = \frac{期初汇率 - 期末汇率}{期末汇率} \times 100\%$$

$$= \frac{9.790\,8 \text{ 阿根廷比索} - 13.616\,0 \text{ 阿根廷比索}}{13.616\,0 \text{ 阿根廷比索}} \times 100\% = -28\%$$

在阿根廷比索相对于美元的价值下跌28%后，阿根廷比索币值趋于稳定。但28%的币值跌幅对某些人来说既巨大又具有破坏性。

金融全球化与风险

> 在20世纪末至21世纪初金融危机发生前那段风平浪静的日子，人们理所当然地认为金融全球化是一件好事。但次贷危机和欧元区风波动摇了这种信念……现在更大的风险——尤其是在欧元区——是金融全球化创造了一个以某种危险方式相互关联的体系。
> —— "Crisis Fears Fuel Debate on Capital Controls," Gillian Tett,
> *Financial Times*, December 15, 2011.

今天全球金融市场的大部分主流讨论都集中在与金融全球化相关的风险复杂性上——讨论内容远不止金融全球化是好还是坏，还包括在快速变化的市场中领导和管理跨国企业的方式。以下是必须研究、考虑并最终管理的部分风险。

■ 国际外汇体系，即浮动汇率制和管理固定汇率制的折中组合，一直备受关注。人民币的崛起大大改变了世界上外汇交易、储备货币以及美元和欧元地位的前景（见第2章）。

■ 大规模财政赤字，包括持续的欧元区危机，困扰着世界上多数主要贸易国，

使财政政策和货币政策复杂化，并最终导致它们利用负利率刺激经济和保护币值（见第3章）。

■ 许多国家经历了持续的国际收支失衡，在某些情况下，还存在危险的庞大逆差和顺差——无论是中国享有的双账户顺差，德国的经常账户顺差，还是美国与英国的持续经常账户逆差，都将不可避免地使汇率发生变化（见第3章）。

■ 世界各国的所有权制度和治理方式差异很大。上市公司不是占主导地位的全球企业组织结构——私营企业或家族企业才是占主导地位的企业组织结构，不同商业模式的业绩目标和业绩指标各不相同（见第4章）。

■ 全球资本市场通常提供了降低公司资本成本的手段，更重要的是提高了资本可得性，但从许多方面看，全球资本市场规模有所缩小且开放程度降低，使世界上许多公司更难进入该市场（见第2章）。

■ 当今的新兴市场面临着一个新困境：最初接受资本流入的国家随后出现大规模的资本迅速外流。金融全球化导致资本进出工业国和新兴市场国家的势头起起落落，使财务管理变得异常复杂（第5章和第8章）。

欧洲货币和欧洲货币利率

全球货币市场和资本市场的主要联系之一是欧洲货币市场。

欧洲货币。欧洲货币是一国在另一国的本币存款。例如，存在英国银行的美元存款，即欧洲美元存款，就是一种欧洲货币。银行将根据约定期限——从隔夜到超过一年或更长时间——对这些存款支付利息，即欧洲货币利息。欧洲货币存款在银行之间进行数字转账。

欧洲货币市场服务于两个重要目的：(1) 欧洲货币存款是一种有效、方便的持有过剩公司流动性的货币市场工具；(2) 欧洲货币市场是为公司的营运资金需求融资（包括进出口融资）的短期银行贷款的主要来源。

任何可兑换货币都可以"欧洲货币"形式存在。请注意，这里使用的"欧洲"前缀不应与被称为欧元的欧洲地区货币混淆。欧洲货币市场包括欧洲英镑（英国境外的英镑存款）；欧洲欧元（欧元区外的欧元存款）；欧洲日元（日本境外的日元存款）和欧洲美元（美国境外的美国存款）。

存放欧洲货币的银行被称为欧洲银行。欧洲银行是吸收外币定期存款，同时发放外币贷款的金融中介机构。欧洲银行是除了其他所有银行业务以外还开展欧洲货币业务的世界主要银行。因此，使这些银行得名欧洲银行的欧洲货币业务实际上是大型商业银行的一个部门，该名称源于该部门所开展的业务。

现代欧洲货币市场诞生于第二次世界大战后不久。东欧的美元持有者，包括苏联各加盟共和国的国家贸易银行，都害怕将其持有的美元存入美国，因为美国居民可能向其提出对这些存款的索偿权。因此，东欧人将他们的美元存入西欧，尤其是西欧的两家苏联银行：位于伦敦的莫斯科人民银行和位于巴黎的北欧商业银行。这些银行再将这些钱存入其他西方银行，尤其是伦敦的西方银行。还有一些美元存款来自西欧各中央银行，它们选择以这种形式持有部分美元储备以获得更高的收益。商业银行也将其美元余额投放到市场上，因为在欧洲美元市场上可以协商特定的存款期限。这些公司发现将其美元储备留在收益率更高的欧洲美元市场上很划算。各种国际外逃资金的持有者也为这个市场提供了资金。

尽管欧洲货币市场增长的基本原因是经济效率,但在20世纪50年代至60年代期间发生的许多独特的制度事件也促进了其增长。

- 1957年,英国货币当局通过严格控制英国银行向非英国居民提供英镑贷款来应对英镑疲软。在英格兰银行的鼓励下,英国银行转而将美元贷款作为唯一的替代方案,使其能保持其在世界金融领域的领先地位。为此它们需要美元存款。

- 尽管纽约是美元的"大本营",并且拥有庞大的国内货币市场和资本市场,但由于伦敦拥有开展国际货币业务的专长,并且与主要客户在时间和距离上都很接近,因此美元的国际交易集中在伦敦。

- 另一个支持欧洲美元市场的因素是20世纪60年代的美国国际收支困境,这暂时使美国国内资本市场分离出来。

然而,欧洲货币市场最终继续蓬勃发展,因为它是一个相对没有政府监管和干预的大型国际货币市场。摆脱政府干预——甚至是某些政府在长期内提供的相对安全性和稳定性——的自由,是本书第二个专栏"全球金融实务1-2:瑞士法郎异军突起"的主题。

全球金融实务1-2

瑞士法郎异军突起

瑞士法郎多年来一直在对抗其对欧元的升值。瑞士不是欧盟成员国,并拥有一个多世纪以来世界上最稳定的货币之一,但瑞士是完全被欧元区包围的经济体,瑞士法郎也是完全被欧元区包围的货币。

2011年,为了阻止瑞士法郎相对于欧元继续升值,瑞士中央银行宣布瑞士法郎对欧元的价值下限为1.20瑞士法郎/欧元。为了保持该币值,瑞士中央银行将在市场汇率可能触底的情况下随时用瑞士法郎购买欧元来干预市场。

2015年年初,市场继续尝试推高瑞士法郎相对于欧元的价值(这意味着将其汇率推至1.20瑞士法郎/欧元以下)。瑞士中央银行继续进行干预,用瑞士法郎购买欧元,并在其外汇储备中积累了越来越多的欧元。瑞士央行还将央行利率设定为负水平——对,负利率。这意味着瑞士央行对持有瑞士法郎存款的存款人收费,以阻止投资者用包括欧元在内的任何货币兑换瑞士法郎。

但2014年,欧盟经济继续在困境中挣扎,2015年的经济活动早期报告显示经济进一步放缓。投资者担心欧元未来价值下跌而希望抛售欧元。欧洲中央银行宣布将采取扩张性国债买入策略——量化宽松政策——(扩张性货币政策)以启动停滞不前的欧盟经济,这加剧了投资者的焦虑。

2015年1月15日上午,瑞士央行宣布放弃1.20瑞士法郎/欧元的下限并进一步降息(进一步降低负利率),这震惊了市场。瑞士央行得出的结论是,随着欧洲央行即将推行的货币扩张政策,再也没有办法让闸门关闭。如下页图所示,瑞士法郎相对于欧元的价值在几分钟内便上升了。对于这两种世界主要货币来说,这是一个意义重大的日子。

瑞士法郎（CHF）=1欧元（EUR）

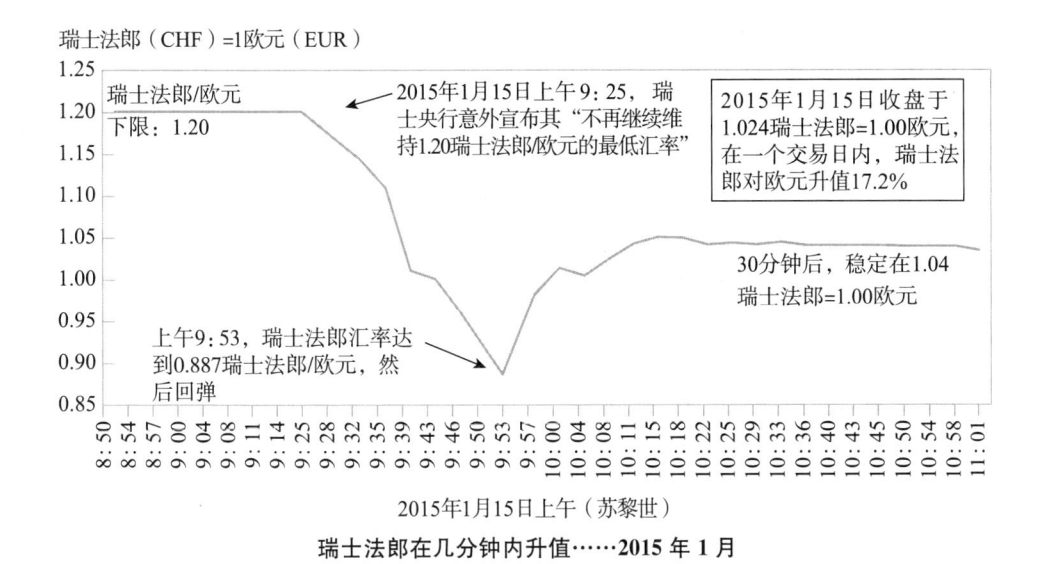

瑞士法郎/欧元下限：1.20

2015年1月15日上午9:25，瑞士央行意外宣布其"不再继续维持1.20瑞士法郎/欧元的最低汇率"

2015年1月15日收盘于1.024瑞士法郎=1.00欧元，在一个交易日内，瑞士法郎对欧元升值17.2%

30分钟后，稳定在1.04瑞士法郎=1.00欧元

上午9:53，瑞士法郎汇率达到0.887瑞士法郎/欧元，然后回弹

2015年1月15日上午（苏黎世）

瑞士法郎在几分钟内升值……2015年1月

欧洲货币利率。欧洲货币市场的参考利率是伦敦银行同业拆借利率（LIBOR）。LIBOR是用于标准化报价、贷款协议或金融衍生产品估值的最广为接受的利率。然而，银行同业拆借利率的使用范围并不仅限于伦敦。多数主要国内金融中心都为本地贷款协议制定了自己的银行同业拆借利率。此类利率的例子包括PIBOR（巴黎银行同业拆借利率）、MIBOR（马德里银行同业拆借利率）、SIBOR（新加坡银行同业拆借利率）和FIBOR（法兰克福银行同业拆借利率），等等。

吸引存款人和借款人进入欧洲货币贷款市场的关键因素是该市场的利差很小。存贷款利差通常小于1%。欧洲货币市场利差很小的原因有很多。之所以贷款利率很低，是因为欧洲货币市场是一个批发市场，其中存款金额和贷款金额均不小于500 000美元，且没有担保。借款人通常是大公司或政府机构，由于其信誉良好且交易规模庞大，因此有资格获得低利率。此外，参与行拨给欧洲货币业务的经常费用也很少。

欧洲货币市场的存款利率高于大多数国内货币市场的存款利率，因为提供欧洲货币业务的金融机构不受针对传统国内银行和银行业务的许多监管法规和准备金要求的约束。随着这些成本的消除，利率受到更大的竞争压力，存款利率升高，贷款利率降低。欧洲货币市场节约的第二项主要成本是存款保险（例如，联邦存款保险公司提供的存款保险）和——举例来说——为美国存款支付的其他评估费用。

1.2 比较优势理论

比较优势理论提供了在假设享有自由贸易、完全竞争、无不确定性、无信息成本和无政府干预的模型世界中解释和说明国际贸易合理性的基础。该理论起源于亚当·斯密（Adam Smith）的研究，尤其是他的开创性著作，于1776年出版的《国富论》（*The Wealth of Nations*）。斯密试图解释为什么生产活动中的分工以及随后的产成品国际贸易

提高了所有公民的生活质量。斯密的研究基于绝对优势的概念，即每个国家都专门生产只有该国适合生产的产品。它们将以更少的成本生产更多的产品。由于每个国家都专门生产拥有绝对优势的产品，因此各国生产的产品总量将增加，并且交易其他产品所支付的价格也比在国内生产时更便宜。

在1817年出版的《政治经济学及赋税原理》（On the Principles of Political Economy and Taxation）一书中，大卫·李嘉图试图进一步发展亚当·斯密提出的基本思想。李嘉图指出，即使一国在两种产品的生产上均具有绝对优势，但相对于另一国而言，它生产一种产品的效率仍然高于生产另一种产品的效率。李嘉图称之为比较优势。于是，两国分别在两种产品之一的生产上具有相对优势，它们可以通过完全专门生产一种产品并用其交易另一种产品而受益。

虽然19世纪的国际贸易可能接近于比较优势模型，但由于各种原因，今天的情况当然不是如此。各国似乎并不只专门生产该国特定生产要素的生产效率最高的产品。相反，政府出于各种经济原因和政治原因干预比较优势，例如实现充分就业、经济发展、国防相关产业的本国自给自足以及保护农业部门的生活方式。政府干预的形式包括关税、配额和其他非关税限制。

现在，至少有两个生产要素——资本和技术——可以直接方便地在各国之间流动，而不是仅通过交易产品和服务间接流动。这种直接流动发生在跨国企业的相关子公司和关联公司之间，也通过贷款、许可证和管理合同发生在无关公司之间。甚至连劳动力也可以在不同程度上在国家之间流动，例如从北非和中东进入欧盟，然后在欧盟各国之间流动的移民。

现代生产要素比这个简单模型中的生产要素多得多。在全球生产设施选址中考虑的因素包括管理技能、解决合同纠纷的可靠法律结构、研发能力、现有工人的受教育水平、能源、消费者对品牌产品的需求、矿产和原材料的供应、资本获取渠道、税收差异、支持性基础设施（道路、港口和通信设施）以及其他因素。尽管贸易价格最终取决于供求关系，但确定贸易价格的过程不同于传统贸易理论中显而易见的过程。它们部分取决于寡头垄断市场的管理定价。

随着欠发达国家变得更加发达并实现潜在机会，比较优势将逐渐变化。例如，在过去150年中，生产棉纺织品的比较优势已从英国依次转移到美国、日本，以及中国香港、中国台湾和中国内地（大陆）。经典的比较优势模型也没有解决其他某些问题，例如不确定性和信息成本的影响、差异化产品在不完全竞争市场中的作用以及规模经济。

尽管世界距离纯粹比较优势理论还很遥远，但比较优势的一般原则仍然有效。只要能解决公平分配收益的问题，让消费者、生产者和政治领导人满意，那么世界越接近真正的国际专业化，就越能增加世界的生产和消费。然而，完全专业化仍然是一种不切实际的极限情况，正如完全竞争是微观经济理论的极限情况一样。

比较优势仍然是一种重要理论，它可以解释为什么某些国家最适合出口支持跨国企业和国内企业全球供应链的产品和服务。然而，21世纪的比较优势更多的是基于服务以及它们通过电信和互联网提供的跨国便利。但一国的比较优势来源仍然是其自身的劳动力技能、资本获取渠道和技术的综合水平。

例如，印度已经发展出高效、低成本的软件业。该行业不仅可以产出定制软件，还提供客户支持呼叫中心和其他信息技术服务。印度软件业由跨国企业的子公司和独立公司组成。如果您拥有一台惠普计算机并致电客户支持中心寻求帮助,就可能被转接到印度的呼叫中心。接听您电话的将是一位知识渊博的印度软件工程师或程序员,他将"引导您"解决问题。印度拥有大量受过良好教育,讲英语的技术专家,他们的工资和开销只是美国同行的一小部分。今天,国际电信网络的产能过剩和低成本进一步增强了印度地区的比较优势。

全球外包的范围已经遍及全球各个角落。从马尼拉的金融后台到匈牙利的信息技术工程师,现在,现代电信将商业活动带到劳动力身边,而不是将劳动力带到商业场所中去。

1.3 国际财务管理有何不同?

表1-2详述了国际财务管理和国内财务管理的部分主要差异。这些差异包括制度、公司治理、外汇风险和政治风险,以及金融理论和金融工具所需的修改。正如"全球金融实务1-3"所述,外汇风险影响所有企业,甚至是"精灵宝可梦"游戏中的数字小精灵。

跨国财务管理需要了解文化差异、历史差异和制度差异,例如影响公司治理的上述差异。虽然国内企业和跨国企业都面临外汇风险,但跨国企业面临某些独特的风险,例如通常不会对国内业务构成威胁的政治风险。跨国企业还面临其他风险,它们可以归类为国内金融理论的延伸。

例如,在国内使用的关于资本成本、债务和股权筹资、资本预算、营运资本管理、税务和信用分析的通常方法需要进行修改,以适应外国的复杂情况。此外,用于国内财务管理的一些财务工具也需要修改以用于国际财务管理。例如货币期权和期货、利率互换和货币互换以及信用证。

表1-2 国际财务管理有何不同?

概念	国际	国内
文化、历史和制度	每个国家都有其独特性,而跨国企业管理层未必总是了解这种独特性	各国的基础情况均为已知
公司治理	外国的监管和制度实务各有不同	熟知监管和制度
外汇风险	跨国企业面临的外汇风险来自子公司以及进出口业务和外国竞争者	外汇风险来自进出口和外国竞争者(没有子公司)
政治风险	跨国企业面临的政治风险来自外国子公司和高知名度	政治风险可忽略不计
国内金融理论的修改	由于外国的复杂环境,跨国企业必须修改诸如资本预算和资本成本等金融理论	适用传统金融理论
国内金融工具的修改	跨国企业利用诸如期权、远期、互换和信用证等经过修改的金融工具	由于几乎没有外汇风险和政治风险,因此对金融工具和衍生产品的使用有限

全球金融实务 1-3

比索、美元、日元和精灵宝可梦 GO

精灵宝可梦 GO 的发布日期从 2016 年 1 月推迟到 2016 年 7 月，但是这款游戏最终轰动市场而大获成功。到了 8 月，各国玩家都拿着手机在寻找宝可驿站和宝可梦。尽管它大获成功，但并未让其所有者之一——日本的任天堂（持有其部分股权）——大赚特赚。问题是汇率。日元相对于世界上大多数货币（包括美元）的价值都在上涨。而反过来，许多新兴市场国家的货币（例如墨西哥比索）相对于美元一直在走弱。

以墨西哥城的克里斯特尔·戈梅（Crystal Gomez）为例。克里斯特尔以 17 比索（MXN 或 Ps）购买了 100 枚宝可币。2016 年 1 月，以 17.35 比索/美元的即期汇率兑换为美元的宝可币美元价格相当于 0.979 8 美元。

$$\text{价格}_{2016\text{年}1\text{月}}^{\text{美元}} = \frac{\text{比索价格}}{\text{即期汇率（比索/美元）}} = \frac{17 \text{ 比索}}{17.35 \text{ 比索/美元}} = 0.979\ 8 \text{ 美元}$$

克里斯特尔的付款将交给精灵宝可梦 GO 的主要开发商奈安蒂克（Niantic）（美国）。日本任天堂只有将美元兑换成日元（JPY 或 ¥）后才能获得销售收入中的应得份额。1 月，美元与日元的即期汇率为 119.00 日元/美元，因此任天堂从卖给克里斯特尔·戈梅的宝可币中获得了 116.60 日元收入。

$$\text{任天堂的日元收入}_{2016\text{年}1\text{月}} = \text{收入}^{\text{美元}} \times \text{即期汇率}\left(\frac{\text{日元}}{\text{美元}}\right)$$
$$= 0.979\ 8 \text{ 美元} \times 119.00 \text{ 日元/美元} = 116.60 \text{ 日元}$$

对于任天堂来说不幸的是，8 月份，比索价值跌至 18.75 比索/美元，美元价值跌至 102.50 日元/美元，因此克里斯特尔购买宝可币所产生的日元收入从 116.60 日元跌至仅 92.93 日元，跌幅为 20.3%。

$$\text{任天堂的日元收入}_{2016\text{年}8\text{月}} = \frac{17 \text{ 比索}}{18.75 \text{ 比索/美元}} \times 102.50 \text{ 日元/美元} = 92.93 \text{ 日元}$$

不幸的是，这款游戏的首发日期从 1 月推迟到 7 月底，而在此期间的汇率变化对任天堂不利。

本书的主题是分析跨国企业寻求全球战略机遇和出现新约束条件时其财务管理的变化。在本章中，我们将介绍与加纳多公司（Ganado Corporation，以下简称加纳多）相关的挑战和风险，我们将以其为例贯穿全书。加纳多正在从一家国内公司发展成为真正的跨国企业。讨论内容包括当一家公司的跨国业务增加时，它在管理目标和治理方面将面临的约束。但首先，我们需要阐明成立跨国企业所要利用的独特价值主张和优势。

市场不完全：跨国企业存在的基本理由

跨国企业努力利用各国市场中产品、生产要素和金融资产的不完全。产品市场的不完全转化为跨国企业的市场机遇。与当地竞争对手相比，大型国际企业能更好地利用规模经济、管理和技术专长、产品差异化和财务实力等竞争因素。事实上，跨国企业在以国际寡头竞争为特征的市场中发展最兴旺，因为在这种市场中这些因素尤为重要。此外，一旦跨国企业在国外建立了实体存在，就能比纯国内公司更好地通过自己的内部信息网络识别和利用市场机会。

为什么企业要走向全球？

战略动机促使企业做出进行国外投资和成为跨国企业的决策。这些动机可以归纳为以下几类：

（1）寻找市场的企业在外国市场生产是为了满足当地需求或向本国市场以外的市场出口。在欧洲进行生产供当地消费的美国汽车公司就是寻找市场动机的一个例子。

（2）寻找原材料的企业在任何能找到原材料的地方采集原材料用于出口，或在找到原材料的国家——东道国——进一步加工和销售。石油业、采矿业、种植业和林业的公司都属于这一类。

（3）寻求生产效率的企业在一个或多个生产要素价格相对于其生产率被低估的国家或地区进行生产。在中国台湾地区以及马来西亚和墨西哥进行劳动密集型电子元件生产就是这种动机的一个例子。

（4）寻求知识的企业在外国经营是为了获得技术或管理专业知识。例如，德国、荷兰和日本的企业为获得美国电子公司的技术而买下这些公司。

（5）寻求政治安全的企业在被认为不太可能没收私营企业财产或干扰其经营的国家收购或建立新的企业。

这五种战略考虑因素并非相互排斥。例如，在巴西寻找木纤维的林产品企业可能也为一部分产出找到了庞大的巴西市场。

在以全球寡头垄断竞争为特征的行业中，上述每项战略动机都应细分为主动性投资和防御性投资。主动性投资旨在提高企业自身的增长和盈利能力。防御性投资旨在防止企业竞争对手实现增长和盈利。后者的例子包括在竞争者立足于某个市场之前尝试抢占该市场，或者获取原材料来源并拒绝将其提供给竞争对手。

成为国际金融专业人才

那么，在全球跨国金融格局中，您的专业才华适合用于何处？大众媒体倾向于用公司名称来描述全球市场的特征，例如IBM、拉法基（Lafarge）、劳斯莱斯（Rolls-Royce）、塔塔（Tata）、谷歌（Google）、苹果（Apple）、海尔（Haier）、墨西哥水泥公司（Cemex），此处仅举数千家企业中的几例。但这些跨国企业是由吃苦耐劳、发愤图强、经验丰富、受过良好教育的人才组成的。作为学习全球商务的学生，您需要培养技能、知识和见解，不只是要成为这些人之一，还要超越他们。

不久之前，这些公司的大部分业务发展都是由跨部门团队领导，将营销、运营、财务、供应链等结合在一起。因此，任何潜在商业交易的国际金融部分都由专家处理。在这个领域，像您这样了解货币、利率、商品价格、资本控制和政治风险所产生的跨国风险影响的专业人士可以在团队中工作，解决与成功开展业务相关的财务问题。这就是国际金融专业人士。

但全球商业步伐和全球企业的组织结构正在发生变化。团队日益虚拟化和独特化，每个团队都根据商业提案或商业机会量身定制，并且经常利用跨地域、跨市场和跨文化的可用之才。组织敏捷性——一个通常用于描述决策而非决策者的词——需要不同技能。这需要从根本上胜任更广泛的职能领域的商业专家——不仅要了解跨国金融的基本知识，还要了解它对投资和运营的影响。随着越来越多的组织赋予员工——主要是全球企业各层级的员工——权力，并要求他们对业绩负责，了解国际商业环境中企业财务知识的人才越来越受到所有人的关注；这个人就是你。

1.4 全球化过程

加纳多是一家假想的美国公司，我们在整本书中用它作为示例来说明全球化过程的各个阶段——公司业务从国内扩展到全球时经历的结构和管理上的变化与挑战。

全球化转型Ⅰ：从国内阶段到国际贸易阶段

加纳多是一家年轻的公司，生产和销售一系列电信设备。其初步战略是在美国市场上建立可持续竞争优势。和其他许多年轻公司一样，它因规模小、有竞争对手以及缺乏廉价充足的资金来源而受到约束。图1-2的上半部分显示，加纳多处于早期国内阶段。

加纳多向美国客户销售产品，获得美元收入，并向美国供应商支付美元购买生产和服务的投入品。所有供应商和买家的信誉都是根据美国国内惯例和程序确定的。此时加纳多的一个潜在问题是，虽然加纳多的运营并未国际化或全球化，但它的一些竞争对手、供应商或买家可能已实现国际化或全球化。这通常是推动像加纳多这样的公司进入全球化过程第一阶段——参与国际贸易——的动力。1948年，詹姆斯·温斯顿（James Winston）在洛杉矶创建了加纳多公司，主要生产电信设备。在接下来40年里，这个家族企业缓慢但稳定地扩张。然而，在20世纪80年代，该公司面临持续进行技术投资的需求，因此必须筹集更多股权资本以开展竞争。这种资本需求促成了其1988年的首次公开募股（IPO）。作为一家在纽约证券交易所上市的美国公司，加纳多公司的管理层寻求为股东创造价值。

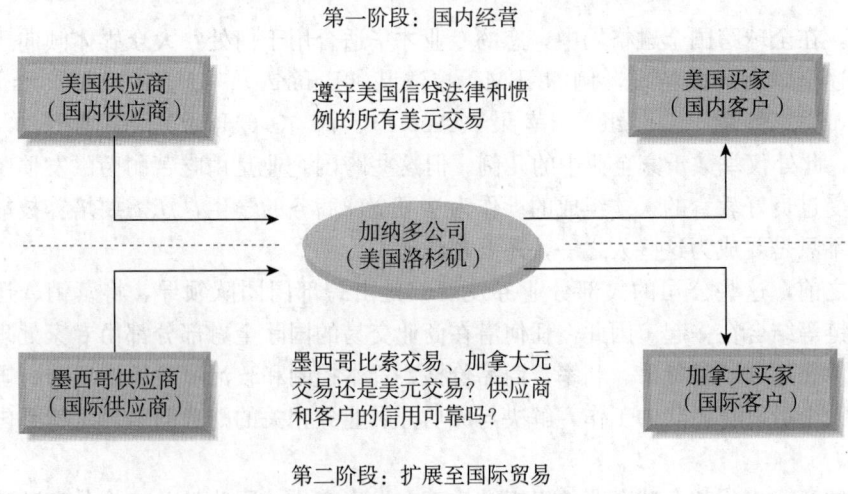

第一阶段：国内经营

第二阶段：扩展至国际贸易

图1-2 加纳多公司：开启全球化进程

随着加纳多公司在美国市场上打出知名度并站稳脚跟，通过向一个或多个外国市场出口产品和服务扩大公司市场范围的战略机遇出现了。《北美自由贸易协定》（NAFTA）使与墨西哥和加拿大的贸易变得具有吸引力。全球化过程的第二阶段如图1-2的下半部分所示。

加纳多公司对这些全球化动力的反应是，从墨西哥供应商进口投入品并向加拿大买家出口产品。我们将全球化过程的这个阶段定义为国际贸易阶段。与纯国内经营的传统需求相比，进出口产品和服务从两个方面增加了财务管理需求。首先，该公司现在承担了直接外汇风险。加纳多公司现在可能需要以外币报价，接受外币付款或用外币向供应商付款。由于全球市场上的货币价值时刻发生变化，加纳多公司也将日益面临与这些外币收付款相关的价值变化产生的重大风险。

其次，现在，对外国买家和卖家信用质量的评估比以往任何时候都更加重要。在国际贸易阶段，降低不支付出口价款和不交付进口产品的可能性成了重要的财务管理任务。在国际业务中，这种信用风险管理任务要困难得多，因为企业要面对新的买家和供应商，受到不同商业惯例和法律制度的影响，所以评估它们的信用风险通常更难。

全球化转型Ⅱ：从国际贸易阶段到跨国阶段

如果加纳多公司在国际贸易业务中取得成功，那么全球化过程就将进入下一阶段。加纳多公司将很快需要建立国外销售和服务关联公司。在这一步之后，通常是在国外建立生产设施或授权外国公司生产加纳多公司的产品并提供服务。与规模更大的全球化转型第二阶段相关的众多问题和活动是本书真正的重点。

加纳多公司的持续全球化要求它找到其竞争优势来源，并凭借这些信息在全球范围内扩展其知识资本和实际存在。加纳多公司有各种战略选择——外国直接投资顺序，如图1-3所示。这些选择包括建立外国销售办事处、授权使用公司名称和一切相关事物，以及生产产品并卖给外国市场上的其他公司。

随着加纳多公司在图1-3中向右下方移动，其在国外市场的实际存在程度也将增加。现在，它可能拥有自己的分销和生产设施，最终可能希望收购其他公司。一旦加纳多公司在外国拥有资产和企业，它就进入了全球化的跨国阶段。

跨国企业的合并财务业绩

加纳多公司向全球扩张时将创建越来越多的外国子公司。一些跨国企业可能只有一家外国子公司，而另一些跨国企业，比如强生公司（美国），则有近200家子公司。每家子公司都有自己的一套财务报表和财务业绩（利润表、资产负债表和现金流量表）。每家子公司也可能以不同货币运营，适用不同税率，受不同会计实务（例如折旧）以及众多其他财务参数的影响。但是，加纳多公司必须定期合并所有这些财务业绩并以本币进行报告。

表1-3显示了加纳多公司的简化合并利润表。假设总部位于美国的加纳多公司拥有两家外国子公司，一家在欧洲，一家在中国，除了在美业务以外，它还以每个货币对的当期（在本例中为当年）平均汇率将各利润表科目从欧元和人民币换算为美元。正如我们将在后面的章节中看到的，这一过程将产生许多外汇风险和敞口，因为汇率变化可能增加或减少合并业绩。

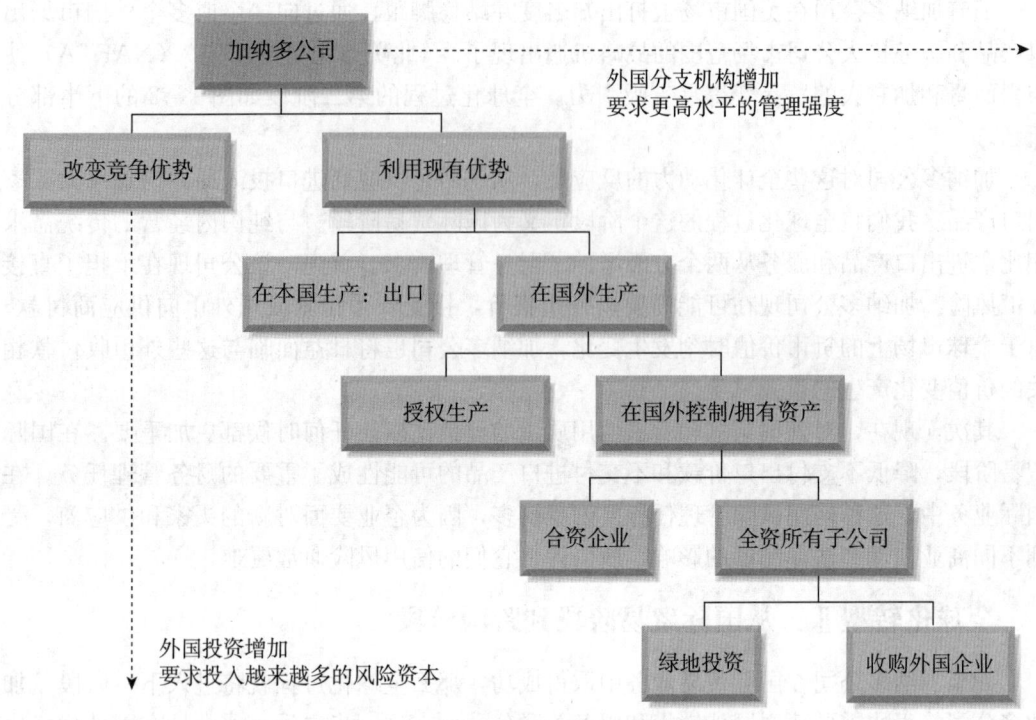

图 1-3 加纳多的外国直接投资顺序

表 1-3 加纳多（美国）的部分合并利润表业绩

地区	货币	销售收入	年平均汇率	销售收入（百万美元）	占总金额的百分比
美国	美元（$）	30 000 万美元		300.0	57%
欧洲	欧元（€）	12 000 万欧元	1.12 美元=1.00 欧元	134.4	26%
中国	人民币（¥）	60 000 万元	6.60 元=1.00 美元	90.9	17%
				525.3	100%

地区	货币	利润	年平均汇率	利润（百万美元）	占总金额的百分比
美国	美元（$）	2 860 万美元		28.6	56%
欧洲	欧元（€）	1 050 万欧元	1.12 美元=1.00 欧元	11.8	23%
中国	人民币（¥）	7 140 万元	6.60 元=1.00 美元	10.8	21%
				51.2	100%

正如今年的数据所示，加纳多公司的美国销售收入占全球销售收入的 57%，其中美国利润占合并利润的 56%。剔除汇率变化之后，这些子公司的财务业绩也会逐季逐年发生变化。

* 这是一张简化的合并利润表。在会计实务中，编制实际合并利润表时需要对特定科目进行一些调整，这里并未显示。

金融全球化的局限性

本章介绍的国际商业和国际金融理论长期以来一直认为,随着资本自由流动的全球市场日益开放和透明,资本将越来越多地基于比较优势理论在国家和公司之间流动并为其提供支持。自20世纪中叶以来,情况确实如此,因为越来越多的国家追求更加开放和竞争的市场。但在过去十年中,金融全球化的一种新限制或新障碍正在滋长:组织内部人的影响力和中饱私囊行为日益增加。

在图1-4中可以看到该过程的一种可能形式。如果公司和主权国家中有影响力的内部人继续追求企业价值的增长,那么金融全球化将呈现明显的持续增长。但是,如果这些有影响力的内部人追求自身利益——这可能增加他们的个人权力和影响力或个人财富,或兼而有之——那么资本就不会流入这些主权国家和公司。结果是金融效率日益低下,全球化成果被分割,产生赢家和输家。正如我们将在本书中看到的,国际金融的这种障碍可能确实变得越来越棘手。这种日益严重的困境从某种程度上讲也是本书主旨的集中体现。关于全球化对世界各国和不同文化有何好处的争议不断增加,而结合三个基本要素——金融理论、全球商务、管理层信念和行动——可以提出问题或解决方案。正如"全球金融实务1-4"所强调的,现代跨国企业的目标和责任将随着这些要素变得格外复杂。

作为一家总部位于美国的跨国公司,加纳多公司必须合并其外国子公司的财务业绩(在本例中,为来自利润表的销售收入和利润)。这需要将外币价值换算为美元。

图1-4 金融全球化的局限性

全球化企业的内部人和统治者采取的行动是为了创造企业价值还是为了增加个人利益和权力?关于这个问题的争论日益增加。

如果这些有影响力的内部人积累的是个人财富而不是企业价值,那么这确实会阻碍资本跨国流动、跨货币流动和跨制度流动,从而阻碍建立更开放、更一体化的全球金融业。

资料来源:作者改编自"The Limits of Financial Globalization," Rene M. Stulz, *Journal of Applied Corporate Finance*, Vol. 19, No. 1, Winter 2007, pp. 8-15。

全球金融实务 1-4

公司责任与公司可持续性

可持续发展是既能满足当前需求，同时又不损害后代满足自身需求的能力的发展。

——Brundtland Report，1987，p. 54.

公司的目标是什么？人们普遍认为，公司的目标当然是为利益相关者创造利润和价值，但公司在追求这一目标时，有责任不给社会（包括环境）带来成本。全球化使公司在社会中的责任和作用日益增长，这让跨国企业面临的领导力挑战变得更加复杂。

如今，这种日益增长的争议多少受到了抑制，这来自与上述目标冲突的各种名词和标签——企业良心、企业责任、企业社会责任、企业慈善事业和企业可持续发展，等等。使用一项指导原则可以减少混淆——可持续性是目标，而责任是义务。由此可见，现代跨国企业的领导者义务是追求利润、社会发展和环境保护，并始终遵循可持续发展原则。

在过去十年中，"可持续发展"一词在全球商业背景下发生了很大变化。家族企业的传统主要目标是"组织的可持续发展"——公司长期保持商业活力并为子孙后代提供保障和收入的能力。虽然范围较窄，但环境可持续发展的概念有一条共同的核心线索——公司、文化甚至是地球在长期内生存和更新的能力。

我们用一位同事在最近一次全球金融和全球财务管理展望会议上言简意赅的致辞为本章作结，并作为本书的开始：

欢迎来到未来。这将是一场持续的斗争。我们需要领导力、公民意识和对话。

——Donald Lessard，in *Global Risk*,
New Perspectives and Opportunities，2011，p. 33.

要点总结

■ 创造价值需要结合三个关键要素：(1) 开放的市场；(2) 高质量的战略管理；(3) 资本获取渠道。

■ 比较优势理论为在自由开放竞争的模型世界中解释国际贸易并证明其合理性提供了基础。

■ 国际财务管理需要了解文化差异、历史差异和制度差异，例如那些影响公司治理的差异。

■ 尽管国内企业和跨国企业都面临外汇风险，但跨国企业面临某些独特的风险，例如政治风险，这些风险通常不会对国内业务构成威胁。

■ 跨国企业力求利用各国市场中产品、生产要素和金融资产的不完全。

■ 是否进行国外投资的决策出于战略动机，它可能要求跨国企业签订全球许可协议、组建合资企业、进行跨国收购或绿地投资。

■ 如果公司和主权国家中有影响力的内部人追求自身目标，这可能会增加他们个人的权力、影响力或财富，于是资本就不会流入这些主权国家和公司。进而，这将阻碍金融全球化。

> 迷你案例

肯尼亚的众筹[①]

众筹的概念在肯尼亚传统文化中有许多相似的概念。"哈兰比"（Harambee）是一种历史悠久的集体筹款做法，筹得的钱款将用于支付旅行或医疗费用等个人开支。肯尼亚的另一种集体筹款做法是"查马"（chama），它是私人群体为贷款或投资而发起的集体筹款。无论是哪种集体筹款，它们都与社会基本原则有强大的联系。在众筹中，它就是网络社会。

众筹是一种基于互联网的方法，用于为初创企业筹集资金，而无须经历传统股权资本筹资那种艰巨、昂贵且耗时的过程。近年来众筹的快速增长主要发生在北美和西欧的主要工业国市场，因为那里的金融部门高度组织化、发达且有深度，但这个部门经常将非传统的小型创新企业拒之门外。

向大众或群体筹资的概念并不新鲜。个人、组织甚至政府采用这种方法的历史已有数百年之久。贝多芬和莫扎特都曾通过收取订金为作品创作筹集资金。美国和法国都曾采用早期的众筹形式来建造自由女神像。但现在众筹的真正潜力可能在于为新兴市场的初创企业提供资金——在这些市场中，中小企业（small and medium enterprise，SME）可用的资本来源和金融机构有限。如果众筹可以提供许多企业家所需的资金，利用更大、更实惠的跨国金融生态系统，那么新兴市场的商业、经济和社会发展就可能大踏步前进。肯尼亚正在做出这种尝试。

资本生命周期

在过去 20 年间，初创企业在生命周期早期阶段获得可负担资本的能力一直是众多金融创新的焦点。但是直至最近，资本生命周期中始终存在一些缺口——企业发展过程中可以利用的金融机构和资本来源，这使许多初创企业面临风险。

图 A 说明了营利企业的资本生命周期。企业家——创始人——在第一阶段（即概念验证阶段）投入自有资金。接下来通常是由朋友和家人出资的种子前资本阶段，在某些情况下也可以是由天使投资人提供天使融资的阶段。天使投资人是在企业发展的最初阶段进行投资，扮演"守护天使"角色的个人投资者或小型专业投资者群体。其原则是提供资本以进一步推动商业机会，同时仍保护企业所有者的利益。这个阶段通常被称为企业发展的种子前阶段。

紧随其后发生的事是，由于可用资本和资本提供者的缺口，许多种子与初创企业未能取得进展。这种缺口通常被称为死亡之谷，它发生在企业着手建设并向启动经营迈进的关键时期。但是，如果没有经营活动因而没有收入和现金流，就很难吸引更多投资者，也很难获得更多筹资渠道。众筹在许多工业国市场填补的正是这种缺口。启动经营之后，有前途的企业通常会寻找风险投资来为快速增长融资，即风险投资轮。风险资本家（venture capitalist，VC）是专注于持有某些新企业股份的投资公司，这些企业已经有收入，但可能尚未表现出正现金流或正利润。风险投资公司关注的是那些被认为具有高增长潜力，但现在需要资本来实现追求增长机会所需的规模和资产的企业。

资本生命周期的最后一个阶段是发展成熟的公司所处的阶段。只有在这个阶段，公司才拥

[①] 2015 年ⓒ亚利桑那州立大学雷鸟全球管理学院版权所有。本案例由迈克尔·H. 莫菲特教授编写，仅用于课堂讨论。作者对众筹资本顾问公司（Crowdfunding Capital Advisors）的舍伍德·奈斯（Sherwood Neiss）提供的中肯意见表示感谢。

有销售收入、利润和现金流的历史记录,以向银行贷款人证明公司的信誉。现在,公司可以获得以银行贷款为基础的债务。也正是在这时,公司可能会考虑首次公开募股,在市场上发行股票和筹集资本。

当企业开始经营并证明其能实现经营现金流之后,就获得了举债能力——借入银行贷款的能力。但是,试图在早期增长阶段尽可能保留资本的快速增长企业并不愿意背上债务。如果一家企业看起来有稳健的增长前景,它可能会吸引私募股权公司(private equity,PE)的关注。私募股权公司在企业发展的后期阶段投入更多资金。私募股权投资者为完全成熟并取得成功但需要资本实现增长和商业战略的企业提供资金。它们很少投资于初创企业,而是寻找收益率高于传统上市公司投资收益率的投资机会。

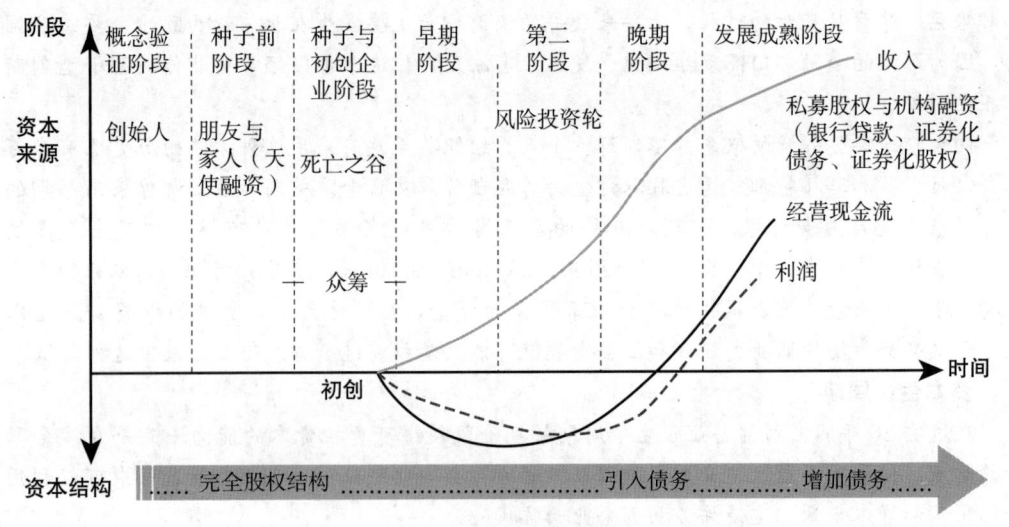

图 A 资本生命周期

众筹原则

我认为,众筹可以促进在发展中国家建立创业文化和创业生态系统的现有工作。世界银行和其他机构等发展组织将在创建这些新融资模式、提供指导、能力建设以及持续监测和报告方面持续发挥"可信第三方"的作用。

——史蒂夫·卡斯(Steve Case),革新公司(Revolution)董事会主席兼首席执行官、美国在线(America Online)创始人[①]

众筹最初是种子前阶段的网络延伸,在种子前阶段中,传统融资依赖于朋友和家人凑钱为企业发展提供资金。而众筹力图将一群范围更广的感兴趣的投资者(仍然以朋友和家人为基础)——所谓的众筹生态系统——与需要种子资本的初创企业直接联系起来。它试图绕过全球各国关于筹资的传统监管和制度障碍、限制、成本和负担,从而打开这些融资渠道。

众筹结构通常分为四类:基于捐赠的众筹、基于奖励的众筹、基于贷款或债务的众筹和基于股权的众筹。[②]

(1)基于捐赠的众筹。 非营利基金会经常采用众筹方式为各种事由筹集资金。除了获得正

[①] *Crowdfunding's Potential for the Developing World*, infoDev/The World Bank, by Jason Best, Sherwood Neiss, and Richard Swart, Crowdfunding Capital Advisors (CCA), 2013.

[②] "Issue Brief: Investment-Geared Crowdfunding," CFA Institute, March 2014.

面的情感和理智满足之外,捐款人不会因捐款得到任何回报。

(2) 基于奖励的众筹。在基于奖励的众筹中,捐款人可获得特殊待遇、福利、T恤、门票、后台通行证等小奖励。在使用这种结构的众筹平台中,一个非常成功的例子是 Kickstarter,这是一家总部位于美国的艺术和项目筹款平台。与基于捐赠的众筹一样,它不确保项目的执行或成功,除了小奖励、特殊待遇或代币福利外,不会给予投资回报。

(3) 基于债务的众筹。基于债务或贷款的众筹为需要增长资本的个人和组织提供资金,其回报是偿还的本金。长期以来,格莱珉银行(Grameen Bank)这样的微型金融机构成功利用这种结构为初创企业提供资金,尤其是新兴市场上的初创企业。投资者通常会得到偿还本金的承诺,但通常——就像 kiva.org 的情况一样——借款人不向"投资者"支付利息。

(4) 基于股权的众筹。投资者获得项目或公司中的所有权份额。这是为支持营利性业务发展而进行的企业融资,投资者获得投票权,并且有可能(但不一定)获得资本收益。这是投资而不是赠与,虽然投资者可能来自对此感兴趣或志同道合的群体,但他们预期会得到投资收益,因此会严格评估商业计划和商业前景。

最后两类是专注于企业发展的众筹,被称为投资导向众筹(IGCF)。对于长期可持续的市场经济而言,第四类众筹——基于股权的众筹——被认为提供了最大的经济发展和就业潜力。

关键要求

基于股权的众筹计划要取得成功,至少有三个关键要素:(1) 定义明确且具备能力的众包生态系统;(2) 清晰扎实的商业计划和竞争分析;(3) 有动力、有能力、有干劲的企业家。首先,众筹真正的独特优势在于潜在投资能覆盖更广泛的众筹生态系统——通过互联网可以接触到彼此相连的大众群体,因此不受地理位置、币种或国籍的限制。它基于社交网络和病毒式营销的数字覆盖范围,而不是基于各国金融和投资部门的传统制度结构。然而,鉴于投资对象是位于难以融资的市场的营利企业,因此成功的生态系统在经验、文化、种族或分布方面仍有某些共性。① 正如许多众筹部门从业者指出的,在世界上任何地方为营利性投资筹集资金时,关系和联系都在从"行善捐赠"向企业投资的转变中起着关键作用。

其次,必须定义商业计划。众筹不是基于大众的狂热,而是基于数字、知识和意志的力量。如果一小群个人投资者共同支持世界上任何地方的一家初创企业,那么他们就能为企业的发展壮大提供资金。但是,即使在众筹平台有讨论兴趣的提案阶段,企业家也需要完善商业计划。商业计划必须包括盈利能力预测、财务预测和竞争分析。任何地方的任何企业如果最终要盈利,都需要制订产生销售收入、控制成本和进行竞争的计划。

最后,自开天辟地以来,成功只会来自真正有能力和全力以赴的创始人——企业家。即使是资金充足、目标明确、创新卓越的企业,如果没有愿意日复一日卷起袖子加油干以取得成功的企业家,它也会失败。不管这位企业家名叫约翰·D. 洛克菲勒(John D. Rockefeller)、比尔·盖茨(Bill Gates)、史蒂夫·乔布斯(Steve Jobs)、奥普拉·温弗瑞(Oprah Winfrey)、J.K. 罗琳(J.K. Rowling)、张茵还是马克·扎克伯格(Mark Zuckerberg),对成功的专注、热情和渴望都必须刻印在他(她)的 DNA 中。

肯尼亚面临的挑战

在初创企业方面,肯尼亚与其他许多主要新兴市场国家并没有什么不同:缺少资金、金融机构以及有兴趣为新企业发展提供资金的投资者。即使在最大、最发达的工业国家,为初创企

---

① "Issue Brief: Investment-Geared Crowdfunding," CFA Institute, March 2014.

业——尤其是中小企业——融资也总是困难重重。即使在国内经济蓬勃发展的情况下，在肯尼亚这样的国家获得可负担资本也极为困难。

经过一系列评估和竞争，世界银行集团的信息促发展项目（infoDev）在众筹资本顾问公司（Crowdfund Capital Advisors，CCA）的支持下，通过肯尼亚气候创新中心（Kenya Climate Innovation Center，KICC）的试点计划确定了四个众筹项目。

■ **照亮肯尼亚（Lighting Up Kenya）**。加入肯尼亚的太阳能发电创意团队。帮助我们淘汰煤油灯并改善生活。作为非洲天之痕能源（Skynotch Energy Africa）的联合创始人，帕特里克·基马蒂（Patrick Kimathi）试图为未接入电网的室内环境提供清洁照明解决方案（太阳能灯）。

■ **旺达有机（Wanda Organic）**。培育土壤，发展气候智能农业。请帮助我们让肯尼亚农民更容易地获得生物有机肥和生物技术。旺达有机的创始人玛丽昂·穆恩（Marion Moon）希望让肯尼亚农民在恢复和增强肯尼亚土壤健康的同时，能够增加产量，提高利润和家庭收入，增加营养，并在农村经济中创造新就业机会。

■ **煤饼能源动力（Briquette Energy Drive）**。生物质煤饼由农作物废料制成，可以替代化石燃料，例如石油或煤炭，它们的热力更强、更清洁、更耐烧。艾伦·马雷加（Allan Marega）是全球供给解决方案（Global Supply Solutions）的董事总经理，该组织的目标是生产煤饼——木炭和木材燃料的首选替代品。

■ **煤炭概念（Coal Concepts）**。煤炭概念的战略与创新总监詹姆斯·尼亚加（James Nyaga）希望使用回收的木炭粉来生产更紧凑、更耐烧、无味无烟的煤饼，最终减少室内空气污染。

肯尼亚的这些项目是测试众筹在新兴市场中的应用的众多试点项目中的一些。只有时间和经验才能说明众筹是否能使全球经济实现可持续金融发展。

迷你案例问题
1. 众筹适合企业发展的资本生命周期中的哪些阶段？
2. 众筹真是那么独一无二吗？它提供了哪些传统筹资渠道和金融机构没有提供的东西？
3. 在新兴市场众筹计划中，是什么决定了成功还是失败？

问题

1.1 **企业经营的全球化风险**。企业经营的日益全球化带来了哪些风险？

1.2 **全球化与跨国企业**。全球化一词近年来被广泛使用。你如何定义它？

1.3 **资产、金融机构和联系**。哪些资产在与构成全球金融市场的主要金融机构建立联系时发挥着最关键的作用？

1.4 **货币和符号**。哪些技术创新正在改变我们表示不同国家的货币时使用的符号？

1.5 **欧洲货币和LIBOR**。为什么欧洲货币和LIBOR长期以来一直是全球金融市场的核心？

1.6 **比较优势理论**。请定义并解释比较优势理论。

1.7 **比较优势的局限性**。对于大多数理论而言，从它们阐述的内容以及没有述及的内容中可以找到理解这些理论的关键。请列举比较优势理论的四五个关键局限性。

1.8 **国际财务管理**。国际财务管理有何不同？

1.9 **加纳多公司的全球化**。阅读本章介绍的加纳多公司全球化过程之后，您如何解释国际企业、跨国企业和全球企业的区别？

1.10 **跨国企业加纳多公司**。在全球化过程的哪个节点上，加纳多公司成了跨国企业？

1.11 **市场不完全的作用**。市场不完全对于为跨国企业创造机会起到了什么作用？

1.12 **成为跨国企业的理由**。企业为什么要成为跨国企业？

1.13 **跨国企业与国际企业**。国际企业和跨国企业有什么区别？

1.14 **加纳多公司的发展阶段**。加纳多公司发展成为一家真正的全球企业所经历的主要阶段是什么？每个阶段有哪些优势和劣势？

1.15 **金融全球化**。组织或企业内外的个人动机如何定义金融全球化的局限性？

习题

1.1 **里约奥运会和巴西雷亚尔**。瑞安·洛克（Ryan Lock）计划在巴西里约热内卢举办奥运会时到那里旅行数月。他在里约热内卢的预算是 15 000 美元，而且已经攒够了这笔钱。但拖到 8 月 8 日的最后一分钟，他才在美国机场以 3.180 5 雷亚尔＝1.00 美元的汇率将美元兑换成巴西货币雷亚尔（BRL 或 R$）。给定以下 2016 年的月均汇率，为了尽可能增加可以在巴西花费的资金，他应该何时将美元兑换为雷亚尔？

月份	雷亚尔＝1.00 美元
1 月	4.055 3
2 月	3.965 1
3 月	3.698 4
4 月	3.563 9
5 月	3.541 6
6 月	3.423 6
7 月	3.278 5

1.2 **精灵宝可梦 GO**。居住在墨西哥城的克里斯特尔·戈梅（如本章"全球金融实务 1-3"所述）用 17 墨西哥比索购买了 100 枚宝可币。日本任天堂（精灵宝可梦 GO 的所有者之一）需要将墨西哥比索换算为本币日元以记录财务收入。墨西哥比索与美元的即期汇率为 18.00 墨西哥比索/美元，日元与美元的即期汇率为 100.00 日元/美元。克里斯特尔·戈梅购买宝可币带来的日元收入是多少？

1.3 **巴西的艾萨克·迭斯（Isaac Díez）**。艾萨克·迭斯住在巴西里约热内卢。在西班牙上学期间，他遇到了来自危地马拉的胡安·卡洛斯·科尔德罗（Juan Carlos Cordero）。暑假期间，艾萨克决定去危地马拉找胡安·卡洛斯玩几周。艾萨克的父母给了他 4 500 巴西雷亚尔（BRL）作为开销。艾萨克希望将这些巴西雷亚尔换成危地马拉格查尔（GTQ）。他搜到以下汇率：危地马拉格查尔/欧元的即期汇率为 10.579 9 危地马拉格查尔＝1.00 欧元，欧元/巴西雷亚尔的即期汇率为 0.446 2 欧元＝1.00 巴西雷亚尔。

a. 危地马拉格查尔与巴西雷亚尔的交叉汇率是多少？

b. 艾萨克用巴西雷亚尔能换到多少危地马拉格查尔？

1.4 **从慕尼黑到莫斯科**。为了庆祝毕业，您决定从德国慕尼黑出发去俄罗斯莫斯科旅游。您离开慕尼黑时，钱包中有 15 000 欧元（EUR）。您想将这些钱全部换成俄罗斯卢布（RUB），并获得以下报价：美元/欧元的即期交叉汇率为 1.064 4 美元/欧元；卢布/美元的即期交叉汇率为 59.468 卢布/美元。

a. 卢布/欧元的交叉汇率是多少？

b. 您用欧元能换到多少卢布？

1.5 **从莫斯科到东京**。在莫斯科度过一周后，您收到一封来自日本朋友的电子邮件。他可以帮您搞到一张很划算的机票，并希望您下周去东京与他见面，继续您的庆祝毕业之旅。您的钱包里还有 450 000 卢布。为了给旅行做准备，您想把俄罗斯卢布换成日元，于是获得了以下报价：卢布/美元的即期交叉汇率为 30.96 卢布/美元；日元/美元的即期交叉汇率为 84.02 日元/美元。

a. 卢布/日元的交叉汇率是多少？

b. 您用卢布能换到多少日元？

1.6 **布鲁塞尔的尚塔尔·迪布瓦（Chantal DuBois）**。尚塔尔·迪布瓦住在布鲁塞尔。她可以用 0.760 0 欧元购买 1 美元。克里斯托弗·凯勒（Christopher Keller）住在纽约市，他可以用 1.320 0 美元购买 1 欧元。美元与欧元的汇率是多少？

1.7 **墨西哥六年一度的大事**。多年来，墨西哥因为每六年（西班牙语为 cada seis años）就会发生两件事情而闻名——不一定是好名声：总统选举和货币贬值。1976 年、1982 年、1988 年和 1994 年都是这种情况。在 1994 年 12 月 20 日的最后一次贬值中，墨西哥比索（Ps）的价值正式从 3.30 比索/美元变为 5.50 比索/美元。贬值率是多少？

1.8 **凯尔（Kyle）的职位选择**。毕业后经过艰苦的求职，凯尔收到了一家大型跨国企业的录用通知，其中提供了以下三个不同国家的职位。每个国家——英国、捷克和法国——提供的起薪和签约奖金不同，且使用不同的货币。凯尔希望首先用一种共同货币——美元——来比较所有的薪酬方案。请使用以下数据确定哪个职位的美元起薪最高。

习题 1.8 凯尔的职位选择

国家	ISO	货币	薪水	签约奖金	相当于 1 美元的货币数量
英国	GBP	英镑（£）	73 000.00 英镑	20 000.00 英镑	0.700 0 英镑
捷克	CZK	克朗（Kč）	1 850 000.00 克朗	325 000.00 克朗	24.35 克朗
法国	EUR	欧元（€）	83 000.00 欧元	17 000.00 欧元	0.900 0 欧元

1.9 **比较世界各地的廉价约会**。比较不同国家和货币环境的价格或成本时，需要将当地货币转换为一种共同货币。比较不同国家之间的某种相同或几乎相同的产品或服务时，这样做最有意义。德意志银行最近开始发布廉价约会比较数据，所谓廉价约会，就是两人在镇上共度一晚，去麦当劳吃饭，看电影，喝啤酒。一旦所有成本换算为某种共同货币——在这种情况下为美元，就可以以纽约的廉价约会美元价格为基准，比较不同城市相对于该基准的约会成本。填完下表后，请回答以下问题。

a. 表中哪个城市的约会最便宜？

b. 表中哪个城市的约会最昂贵？

c. 如果莫斯科的俄罗斯卢布的汇率为 0.042 00 美元/卢布而不是 0.028 3 美元/卢布，那么美元价格是多少？

d. 如果上海的汇率是 6.66 元人民币＝1 美元，那么它的廉价约会美元成本是多少？与纽约的廉价约会成本之比是多少？

习题 1.9 比较世界各地的廉价约会

国家	城市	以当地货币表示的廉价约会成本	汇率报价	2014 年 4 月 7 日的汇率	换算为美元	与纽约的廉价约会成本之比
澳大利亚	悉尼	AUD 111.96	USD＝1 AUD	0.929 0	___	___％

续表

国家	城市	以当地货币表示的廉价约会成本	汇率报价	2014年4月7日的汇率	换算为美元	与纽约的廉价约会成本之比
巴西	里约热内卢	BRL 135.43	USD=1 BRL	0.436 3	____	____%
加拿大	渥太华	CAD 78.33	USD=1 CAD	0.910 6	____	____%
中国	上海	CNY 373.87	USD=1 CNY	0.161 9	____	____%
中国	香港	HKD 467.03	USD=1 HKD	0.128 9	____	____%
法国	巴黎	EUR 75.57	USD=1 EUR	1.370 2	____	____%
德国	柏林	EUR 76.49	USD=1 EUR	1.370 2	____	____%
印度	孟买	INR 1 379.64	USD=1 INR	0.016 7	____	____%
印度尼西亚	雅加达	IDR 314 700	USD=1 IDR	0.000 1	____	____%
日本	东京	JPY 10 269.07	USD=1 JPY	0.009 7	____	____%
马来西亚	吉隆坡	MYR 117.85	USD=1 MYR	0.304 8	____	____%
墨西哥	墨西哥城	MXN 423.93	USD=1 MXN	0.076 9	____	____%
新西兰	奥克兰	NZD 111.52	USD=1 NZD	0.859 5	____	____%
菲律宾	马尼拉	PHP 1 182.88	USD=1 PHP	0.022 2	____	____%
俄罗斯	莫斯科	RUB 2 451.24	USD=1 RUB	0.028 3	____	____%
新加坡	新加坡	SGD 77.89	USD=1 SGD	0.793 9	____	____%
南非	开普敦	ZAR 388.58	USD=1 ZAR	0.094 6	____	____%
英国	伦敦	GBP 73.29	USD=1 GBP	1.656 6	____	____%
美国	纽约	USD 93.20	1 USD	1.000 0	____	____%
美国	旧金山	USD 88.72	1 USD	1.000 0	____	____%

注：廉价约会成本包括两人乘坐出租车、购买两个麦当劳汉堡包、两杯软饮料、两张电影票和两杯啤酒的当地货币价格。2013年，德意志银行将一束玫瑰花的价格加入廉价约会成本，但2014年的指数中未加入该项，这使这两年的数据不具备直接可比性。

资料来源：数据摘自 *The Random Walk*, *Mapping the World's Prices 2014*, Deutsche Bank Research, 09 May 2014, Figures 30 and 32, 以及作者的计算结果。

1.10 布伦德尔生物科技公司（Blundell Biotech）。布伦德尔生物科技公司是一家总部位于美国的生物科技公司，在许多国家开展经营并获得利润。下页第一张表格显示了该公司2013年和2014年的子公司利润，以当地货币表示。第二张表格显示了每年的平均汇率，以货币对表示。请使用这些数据回答以下问题。

a. 2013年和2014年，布伦德尔生物科技公司以美元计算的合并利润是多少？

b. 如果这两年使用相同汇率——通常被称为"固定汇率基础"，那么该公司的利润变化是以固定汇率为基础吗？

c. 使用（b）问中的固定汇率分析结果，是否有可能在合并基础上将布伦德尔的当地货币利润增长与汇率影响区分开来？

习题 1.10　布伦德尔生物科技公司

净收入	日本子公司（百万日元）	英国子公司（百万英镑）	欧洲子公司（百万欧元）	中国子公司（百万元）	俄罗斯子公司（百万卢布）	美国子公司（百万美元）
2013	1 500	100.00	204.00	168.00	124.00	360.00
2014	1 460	106.40	208.00	194.00	116.00	382.00
汇率	日元＝1 美元	美元＝1 英镑	美元＝1 欧元	元＝1 美元	卢布＝1 美元	美元
2013	97.57	1.564 6	1.328 6	6.148 4	31.86	1.000 0
2014	105.88	1.647 3	1.328 8	6.161 2	38.62	1.000 0

1.11　彭氏等离子公司的定价。 彭氏等离子公司是一家私营中国企业。它专门生产等离子切割炬。在过去 8 年中，该公司的 PT350 等离子切割炬人民币价格固定为每只 18 000 元人民币。同一时期，该公司一直致力于降低单位成本，但由于投入成本升高，进展十分缓慢。同一时期，人民币对美元升值。填完下表后——假设所有年份的人民币价格都相同——请回答以下问题。

a. 彭氏等离子公司的定价策略对美元价格有何影响？您预期使用美元的客户将对此做出什么反应？

b. 这种定价策略对彭氏等离子公司的利润有何影响？

习题 1.11　彭氏等离子公司的定价

人民币价格固定的 PT350 等离子切割炬

年份	成本（人民币）	利润（人民币）	价格（人民币）	利润率（%）	平均汇率（元/美元）	美元价格（美元）	美元价格变化百分数（%）
2007	16 000	2 000	18 000	11.1	7.61	2 365	—
2008	15 400	___	___	___	6.95	___	___
2009	14 800	___	___	___	6.83	___	___
2010	14 700	___	___	___	6.77	___	___
2011	14 200	___	___	___	6.46	___	___
2012	14 400	___	___	___	6.31	___	___
2013	14 600	___	___	___	6.15	___	___
2014	14 800	___	___	___	6.16	___	___
累计							___

1.12　圣地亚哥·皮洛塔（Santiago Pirolta）的薪酬协议。 圣地亚哥·皮洛塔已同意担任墨西哥维特罗公司（Vitro de Mexico）美国分部的总经理。维特罗公司是一家位于墨西哥的平板玻璃和定制玻璃产品制造商。其大部分美国销售收入来自各种玻璃瓶产品，其中既包括大众市场产品（例如，用于软饮料和啤酒的玻璃瓶），也包括特种产品（具有稀有金属颜色和特性的高端化妆品玻璃瓶）。

圣地亚哥将在美国（得克萨斯州

达拉斯）生活和工作，并希望获得美元薪酬。维特罗公司同意用美元支付他的 350 000 美元基本工资，但维特罗公司希望将他的年度绩效奖金（可能为他的基本工资的 10%～30%）与美国销售收入的墨西哥比索价值挂钩，因为维特罗公司以墨西哥比索合并所有年终业绩并向股东报告。然而，圣地亚哥不太确定按美国销售收入的墨西哥比索价值发奖金对他意味着什么。作为他的密友和同事，你填完下表后会给他什么建议？

习题 1.12　圣地亚哥·皮洛塔的薪酬协议

年份	百万美元	变化率	墨西哥比索=1美元	百万墨西哥比索	变化率
2011	820		12.80	____	
2012	842	____%	13.30	____	____%
2013	845	____%	12.70	____	____%
2014	860	____%	13.40	____	____%

亚美柯工业（Americo Industries）——2017。 习题 1.13～习题 1.17 以亚美柯工业为例。亚美柯是一家总部位于美国的跨国制造企业，除了在美国的国内业务外，还在巴西、德国和中国建有全资子公司。亚美柯在纳斯达克上市。亚美柯目前拥有 650 000 股流通股。各经营单位的基本经营特征如下：

习题 1.13～习题 1.17：亚美柯工业

企业业绩	美国母公司	巴西子公司	德国子公司	中国子公司
税前利润	4 500 000 美元	6 250 000 雷亚尔	4 500 000 欧元	2 500 000 元
企业所得税税率	35%	25%	40%	30%
当期平均汇率	—	1.80 雷亚尔/美元	0.701 8 欧元/美元	7.750 元/美元

1.13 **亚美柯工业的合并利润。** 亚美柯必须在目前开展经营的每个国家缴纳企业所得税。

a. 扣除在每个国家缴纳的税款后，亚美柯以美元表示的合并利润和合并每股利润是多少？

b. 亚美柯来自各国的合并利润分别占比多少？

c. 亚美柯的合并利润中来自美国国外的比例是多少？

d. 亚美柯一直在关注美国国会的新税收计划。最新消息是，美国可能在 2018 年年初将企业所得税税率降至 21%。这将使亚美柯的每股利润发生什么变化？

1.14 **亚美柯的每股利润对汇率的敏感度（A）。** 假设巴西陷入一场重大的政治危机，首先影响了巴西雷亚尔的价值，随后在该国内引发经济衰退。如果巴西雷亚尔的价值跌至 3.00 雷亚尔/美元，其他所有利润和汇率保持不变，对亚美柯的合并每股利润会有什么影响？

1.15 **亚美柯的每股利润对汇率的敏感度（B）。** 假设巴西陷入一场重大的政治危机，首先影响了巴西雷亚尔的价值，随后在该国内引发经济衰退。如果除了雷亚尔价格跌至 3.00 雷亚尔/美元之外，巴西的税前利润还因经济衰退而降至 5 800 000 雷亚尔，对亚美柯的合并每股利润会有什么影响？

1.16 **亚美柯的利润和美元贬值。**近年来，美元相对于多数世界货币的价值都出现了大幅波动。

a. 如果所有外币对美元均升值 20%，对亚美柯的合并每股利润会有什么影响？

b. 如果所有外币对美元均贬值 20%，对亚美柯的合并每股利润会有什么影响？

1.17 **亚美柯的利润和全球税收。**所有跨国企业都试图尽量减少其全球税负。回到最初的基本假设，请您回答以下关于亚美柯全球税负的问题：

a. 亚美柯的全球业务缴纳的企业所得税总金额（以美元计）是多少？

b. 亚美柯的实际税率（已纳税款总额占税前利润的比例）是多少？

c. 如果德国将企业所得税税率降至 28%，且亚美柯在德国的税前利润增至 5 000 000 欧元，那么对亚美柯的每股利润和全球实际税率的影响是什么？

网络练习　　　部分习题答案

请扫描二维码或登录中国人民大学出版社官网 www.crup.com.cn 下载。

第 2 章
国际货币体系

> 每件东西的价格都会随着时间和地点的变化而涨跌；每当发生这种变化时，货币的购买力都会随之发生变化。
>
> ——Alfred Marshall, *Principles of Economics*, 8th ed. New York: Cosimo Inc., 2009.

学习目标

2.1 考察国际货币体系如何从金本位制发展到今天的折中货币安排
2.2 分析一国在追求经济和社会独立与开放的愿景下如何在固定汇率制和弹性汇率制之间做出选择
2.3 介绍一国必须在固定汇率、货币独立和资本自由流动之间做出的权衡——不可能三角
2.4 解释推出欧洲单一货币的戏剧性选择——欧盟成员国的要求
2.5 研究包括中国在内的许多新兴市场国家当今面临的汇率制度选择的复杂性

本章首先简要介绍了从古典金本位制时期到当今时代的国际货币体系历史。第一部分介绍了当代货币制度及其构建和分类。第二部分分析了固定汇率制与弹性汇率制。第三部分考察了本章的理论核心，介绍了理想货币的属性以及各国建立货币制度时必须做出的选择。第四部分介绍了欧元在欧盟成员国要求下的推出与发展。第五部分，即最后一部分，详细介绍了当今许多新兴市场国家面临的艰难货币制度选择。本章最后是迷你案例"中国的人民币真的实现国际化了吗"，该案例既分析了与货币全球化相关的理论原则，也分析了与货币全球化相关的实践过程。

2.1 国际货币体系的历史

几个世纪以来，货币一直用黄金、白银和其他有价商品定义，各国之间以各种不同协议确认这些不同的定义。如表 2-1 所示，回顾这些制度的演变过程提供了一个有用的视角，借此可以了解当今相当折中的固定利率制、浮动利率制、爬行钉住汇率制和其他汇率

制度，并帮助我们评估开展全球业务的所有企业的弱点和面临的挑战。

表 2-1　全球货币制度的演变与时代

	古典金本位制	两次世界大战之间	固定汇率制	浮动汇率制	新兴时代
	19世纪70年代—1914	1923—1938	1944—1973	1973—1997	1997—
对贸易的影响	贸易主导资本流动	贸易与资本流动的障碍增加	资本流动开始主导贸易	资本流动主导贸易	部分新兴国家开放资本市场
对经济的影响	有限资本流动下的世界贸易增加	保护主义与国家主义	开放经济体范围扩大	工业经济体愈加开放；新兴国家开放缓慢	资本流动推动经济发展

(时间轴：1860—2020，其中1914—1920为第一次世界大战，1938—1940为第二次世界大战)

金本位制（1876—1913年）

自法老时代（约公元前3000年）以来，黄金一直被用作交易媒介和价值储存手段。希腊人和罗马人使用金币，这种传统一直持续到19世纪。19世纪后期，贸易大幅增长，因此需要建立更正规的货币制度来解决国际贸易平衡。一个接一个国家规定了其货币的黄金平价，然后试图遵守所谓的游戏规则。后来，这被称为古典金本位制。19世纪70年代，西欧接受了作为国际货币制度的金本位制。美国较晚采用该制度，直到1879年才正式采用金本位制。

在金本位制下，游戏规则清晰简单：各国规定其货币单位（纸币或硬币）兑换为给定重量黄金的比价。例如，美国宣布美元可以按每盎司20.67美元的价格兑换为黄金（该比价在第一次世界大战开始之前一直有效）。英镑的钉住价格为每盎司黄金4.2474英镑。只要这两种货币都可以自由兑换为黄金，美元/英镑的汇率就是

$$\frac{20.67\text{美元/盎司黄金}}{4.2474\text{英镑/盎司黄金}} = 4.8665\text{美元/英镑}$$

由于采用金本位制的各国政府同意以本国的固定平价汇率按需买卖黄金，因此每种货币的黄金价值以及货币之间的汇率都是固定的。保留足以支持本币价值的黄金储备对于采用金本位制的国家来说非常重要。该制度还有隐性限制任何一国扩大货币供应速度的效果。货币供应的增长速度应仅限于货币当局（财政部或中央银行）能购买更多黄金的速度。

直到第一次世界大战爆发中断贸易流动和黄金的自由流动前，金本位制都运行良好。这场战事导致主要贸易国暂停实行金本位制。

两次世界大战期间和第二次世界大战（1914—1944年）

第一次世界大战期间至20世纪20年代初，货币与黄金的比价和不同货币之间的比价

可以在相当大的幅度内波动。从理论上讲，一国的进出口供求将导致汇率在中心均衡价值附近温和变化。这与黄金在之前金本位制下的表现相同。遗憾的是，这种弹性汇率制的作用方式并不均衡。恰恰相反，国际投机者卖空弱势货币，导致它们的价值跌幅超过实际经济因素所保证的水平。卖空是一种投机方法，它是指投机者将某种资产（例如货币）出售给另一方并在未来交割。然而，投机者尚未拥有该资产，并且预期在投机者必须在公开市场上购买该资产以供交割的日期之前，该资产的价格将下跌。

强势货币的情况相反。货币价值波动不能被流动性相对较差的远期外汇市场抵消，除非付出过高成本。净结果是，20世纪20年代，世界贸易量与世界国内生产总值的增长不成比例。相反，随着20世纪30年代大萧条的出现，它下降到非常低的水平。

美国在1934年采用了修正后的金本位制，当时美元价值从第一次世界大战前的每盎司黄金20.67美元贬值到每盎司黄金35美元。与之前的做法相反，美国财政部仅与外国中央银行而不是公民个人交易黄金。从1934年到第二次世界大战结束，理论上汇率取决于每种货币的黄金价值。然而，在第二次世界大战期间以及战后的动荡时期，许多主要交易货币失去了兑换为其他货币的能力。美元是仍然保持可兑换性的少数几种货币之一。

《布雷顿森林协定》和国际货币基金组织（1944年）

随着第二次世界大战于1944年结束，同盟国在美国新罕布什尔州的布雷顿森林举行会议，创建了新的战后国际货币体系。《布雷顿森林协定》建立了以美元为基础的国际货币体系以及两家新机构：国际货币基金组织和世界银行。成立国际货币基金组织（IMF）是为了帮助各国解决国际收支问题和汇率问题。成立国际复兴开发银行（IBRD，它更常被称为世界银行）是为了帮助战后重建提供资金，从而支持整体经济发展。"全球金融实务2-1"对关于《布雷顿森林协定》的争论提出了一些见解。

国际货币基金组织是新国际货币体系中的关键机构，至今仍是如此。成立国际货币基金组织是为了向试图保护币值免受周期性事件、季节性事件或随机性事件影响的成员提供临时援助。如果遇到结构性贸易问题的国家承诺采取适当措施纠正其问题，该组织也可以向它们提供援助。然而，如果一国出现持续赤字，国际货币基金组织无法挽救该国货币最终贬值的命运。近年来，国际货币基金组织曾试图帮助面临金融危机的国家，例如俄罗斯、巴西、希腊、印度尼西亚和韩国，并向它们提供大量贷款和建议。

根据《布雷顿森林协定》的最初规定，所有国家的货币以黄金表示的价值均固定不变，但它们不需要将货币兑换成黄金。只有美元仍可兑换成黄金（价格为每盎司黄金35美元）。因此，每个国家都确定了其货币相对于美元的汇率，从而计算出其货币的黄金平价，以创造出理想的美元汇率。参与国同意通过按需买卖外汇或黄金来保证其币值波动保持在平价附近1%（后扩大至2.25%）的范围内。贬值不能作为竞争性贸易政策，但如果某种货币过弱而无法维持币值，在未经国际货币基金组织正式批准的情况下，最多可以贬值10%。更高的贬值幅度需要国际货币基金组织批准。这被称为金汇兑本位制。①

---

① 第1章曾经提到，当政府改变其控制的货币价值时，称为官方升值（相对价值增加）或官方贬值（相对价值减少）。当公开市场中的币值因供需变化而发生变化时，则称为升值（相对价值增加）或贬值（相对价值减少）。

全球金融实务 2-1

敲定《布雷顿森林协定》

同盟国政府知道,需要采取迅速果断的政策消除第二次世界大战的破坏性影响。1944年夏(7月1日—22日),全部45个同盟国的代表举行了联合国货币与金融会议。他们的目的是制定战后的国际货币体系。这是一个艰难的过程,最后的综合成果遮上了实用主义的阴霾。

布雷顿森林体系的主要政策制定者是英国人和美国人。英国代表团由约翰·梅纳德·凯恩斯(John Maynard Keynes)勋爵领导,他被称为"英国经济泰斗"。凯恩斯认为,战后货币体系应该比战前使用的各种金本位制更灵活。凯恩斯认为,正如他在第一次世界大战之后所主张的,试图将币值与黄金挂钩会给许多饱受战争蹂躏的经济体带来通缩压力。

美国代表团由美国财政部货币研究部主任哈里·D.怀特(Harry D. White)和美国财政部长小亨利·摩根索(Jr. Henry Morgenthau)领导。美国人主张稳定性(固定汇率制),但不是回归金本位制本身。事实上,虽然当时美国持有同盟国的大部分黄金,但是美国代表团认为货币平价应该固定*,但只有中央银行等官方机构之间才能赎回黄金。

在更务实的方面,各方都同意只有当国际收支失衡时各国能获得足够的信贷来捍卫其币值,战后货币体系才能保持稳定和可持续,而他们知道国际收支失衡在世界秩序重建中是不可避免的。会议分为三个委员会,进行了为期数周的谈判。由美国财政部长摩根索率领的一个委员会负责组建一个用于稳定汇率的基金。由凯恩斯勋爵担任主席的第二个委员会负责组建一家旨在支持长期重建和发展的"银行"。第三个委员会将敲定细节,例如白银在新体系中将扮演何种角色。

经过数周的会议,与会者达成了一项由三部分组成的协定——《布雷顿森林协定》。该计划要求:(1)成员国之间实行固定汇率制,称为可调整钉住汇率制;(2)成立一家基金组织,即国际货币基金组织,向成员国提供黄金和成分货币用于稳定其各自的货币价值;(3)成立一家为长期发展项目融资的银行(最终被称为世界银行)。会议提出的一项提案未获得美国批准,这项提案的内容是建立一家促进自由贸易的国际贸易组织。

*在这个领域,固定平价是旧有的表达方式,这意味着币值应规定或固定为等于其价值的水平,该价值通常用购买力来衡量。

《布雷顿森林协定》推出的另一项创新是创建特别提款权,即 SDR。特别提款权是国际货币基金组织为补充现有外汇储备而创建的一种国际储备资产。它是国际货币基金组织以及其他国际和地区组织的账户单位。它也是一些国家的货币汇率所钉住的基础。最初,特别提款权是用固定数量的黄金来定义的,多年以来,它一直是四种主要货币的加权平均值:美元、欧元、日元和英镑。2016年10月1日,人民币成为第五种组成货币。这是"全球金融实务2-2"的主题。

国际货币基金组织每五年更新一次每种特别提款权货币的权重。2016年4月公布的2015年的权重如表2-2所示。

表 2-2 特别提款权货币的权重

货币	2015 年的权重	2010 年的权重
美元	41.73%	41.9%
欧元	30.93%	37.4%
人民币	10.92%	—
日元	8.33%	9.4%
英镑	8.09%	11.3%
总计	100.00%	100.0%

各国或地区持有特别提款权的形式是在国际货币基金组织的存款。各国或地区持有的特别提款权、黄金、外汇以及在国际货币基金组织的储备头寸共同组成了它们的国际货币储备。成员之间可以通过特别提款权进行交易结算。

特别提款权在储备资产之外的用途非常有限。哈佛大学的经济学家杰弗里·弗兰克尔（Jeffrey Frankel）称特别提款权"基本上，充其量是国际货币的世界语。它完全没被使用过。"[1] 但他并不完全正确，因为苏伊士运河和万国邮政联盟曾分别使用特别提款权计算通行费和邮费。作为五种不同货币的加权指数，它在数学上的波动性低于任何一种货币价值的波动性，因此在海洋公约、欧洲债券市场上的证券和部分国际条约等领域具有特定用途。

全球金融实务 2-2

人民币加入特别提款权

国际货币基金组织首次在特别提款权中加入人民币，是因为该组织确定人民币为"可自由使用"货币。国际货币基金组织协议条款中定义的"可自由使用"货币是国际货币基金组织确定满足以下条件的货币：（1）广泛用于国际交易付款；（2）在主要交易市场广泛交易。请注意，"广泛交易"与自由浮动不同，甚至也与无限制交易或无条件交易不同。货币在贸易和资本交易中的广泛可用性与如何确定货币的相对价值之间存在明确差异。

虽然人民币汇率继续由中国管理和控制，但国际货币基金组织投票决定将人民币加入特别提款权只有一个主要要求：人民币交易价值的每日开盘价基于上一个工作日的收盘价。以前，事实情况并不总是如此，而中国当局同意做出改变。

固定汇率制（1945—1973 年）

在战后重建和世界贸易快速增长时期，《布雷顿森林协定》这一货币安排在国际货币基金组织监督下运作良好。然而，各国自行其道的货币政策和财政政策、通货膨胀率差异以及各种意外的外部冲击最终导致该体系的消亡。美元是中央银行持有的主要储备货币，

---

[1] Slater, J. (March 24, 2009). Beijing Faces Big Barriers in Effort to Supplant Dollar.

是汇率网络的关键。遗憾的是，美国的国际收支持续存在逆差且逆差不断增加。

要弥补这些逆差并满足投资者和企业对美元不断增长的需求，就要求美元资本大量外流。最终，外国人持有巨额过剩美元导致对美国履行兑换黄金承诺的能力缺乏信心。1971年上半年开始出现信心不足的迹象。在不到7个月的时间里，因为全球对美元价值的信心急剧下降，美国的官方黄金储备损失了近三分之一。多数主要货币与美元之间的汇率开始浮动，因此它们相对于黄金的价值也间接开始浮动。一年半之后，美元再次受到攻击，迫使美元在1973年2月第二次贬值；这次美元价值下跌了10%，达到每盎司黄金42.22美元。到1973年2月下旬，鉴于投机性货币流动，固定利率制不再可行。1973年3月，主要外汇市场实际上关闭了数周。当市场重新开放时，大多数货币被允许浮动到由市场力量决定的水平。

浮动汇率制（1973—1997年）

自1973年以来，汇率变得更加不稳定，而且比"固定"汇率制时代更难预测，因为那时汇率很少发生变化。图2-1显示了自1964年以来美元名义汇率指数呈现的大幅波动。显然，自1973年以来，波动性有所增加。

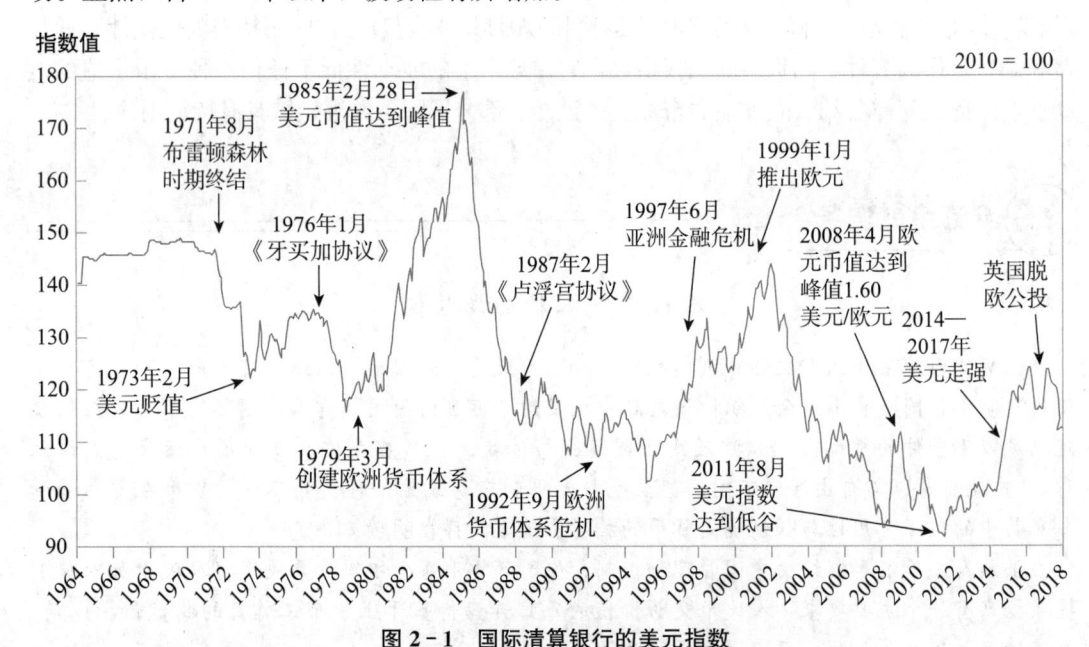

图2-1　国际清算银行的美元指数

资料来源：BIS.org. 美元的名义汇率指数（狭义）（NNUS）。

图2-1指出了近代史上部分最重要的冲击：1979年创建欧洲货币体系（European Monetary System，EMS）；1985年美元币值飙升并达到峰值；1992年欧洲货币体系危机；1997年亚洲金融危机；1999年推出欧元；2016年英国脱欧公投；以及最近的2014—2017年期间美元币值上升。

新兴时代（1997年至今）

在1997年亚洲金融危机之后的时期，新兴市场经济和货币的广度和深度均有所增长。

最终，事实可能证明这一说法是错误的，但本章最后一节认为，十多年来，从人民币开始，全球货币体系已经开始接受一些主要的新兴市场货币。您可以不同意这种观点。

国际货币基金组织的货币制度分类

全球货币体系——如果确实存在一种"体系"的话——是汇率制度和汇率安排的折中组合。现实中并不存在一个全球货币兑换的监管组织或全球政策制定机构。然而，自第二次世界大战以来，国际货币基金组织至少扮演了"街头公告员"的角色。它自觉担负起职责，建立了货币制度的分类体系。

分类简史

多年来，国际货币基金组织一直是各类汇率的中央清算所。成员向国际货币基金组织提交汇率政策，这些政策是对汇率制度进行分类的基础。然而，随着亚洲金融危机爆发，这一切在1997—1998年发生了变化。在危机期间，许多国家开始采取与其对国际货币基金组织的承诺截然不同的汇率实践。它们的实际做法——事实上的汇率制度——并不是它们公开正式承诺的汇率制度——法律上的汇率制度。

从1998年开始，国际货币基金组织更改了以往的惯例做法并停止收集成员提交的汇率制度分类，仅限于在内部分析中进行制度分类和报告。（包括停止发布《汇兑安排与汇兑限制年报》，这是世界上许多金融机构几十年来所依赖的文件。）作为一家原则上非政治性的全球性机构，国际货币基金组织如今的分析重点是根据对近期货币价值基础的事后分析对货币进行分类。该分析侧重于观察到的表现，而不是官方政策声明。

国际货币基金组织的事实汇率制度

国际货币基金组织现在的汇率制度分类方法自2009年1月起生效，见表2-3。它基于实际观察到的表现，即事实结果，而不是基于各国政府的官方政策声明，即法律分类。该分类过程首先将确定各国货币的汇率是由市场主导还是由官方行为主导。虽然这种分类方法具有一定难度，但它划分了四个基本类别。

表2-3 国际货币基金组织的汇率制度分类

汇率制度分类	2009年的事实汇率制度	描述与要求
硬钉住汇率制	无单独法定货币的安排	以另一个国家的货币作为唯一法定货币（正式美元化），以及属于成员使用同一种法定货币的货币联盟。
	货币局制度	这种货币安排基于以固定汇率用本币兑换某种特定外币的明确法律承诺，结合对货币发行当局的限制。这种限制意味着本币将仅以外汇作为发行保证，并且始终完全由外国资产支持。
软钉住汇率制	传统钉住汇率制	一国正式将其货币以固定汇率钉住另一种货币或者主要金融伙伴或贸易伙伴的一篮子货币。本国货币当局随时准备通过直接干预或间接干预维持固定平价。汇率可以在中心汇率附近变化±1%，或在6个月内波幅不超过2%。

续表

汇率制度分类	2009年的事实汇率制度	描述与要求
	稳定汇率制	即期市场汇率在6个月或更长时间内保持在2%的波幅内且不会浮动。波幅稳定性可以通过单一货币或一篮子货币来满足（假设以统计指标衡量）。汇率保持稳定是官方行动的结果。
	中间钉住汇率制：爬行钉住汇率制	币值以固定速度小幅调整或根据定量指标的变化（例如通货膨胀率差异）进行调整。
	类爬行钉住汇率制	汇率相对于统计上定义的6个月（或更久）趋势的变化必须保持在2%的狭窄幅度内。汇率不能被视为浮动。最小汇率变化率大于稳定汇率制所允许的汇率变化率。
	水平带内的钉住汇率制	币值相对于固定中心汇率的波动范围至少在1%以内，或者汇率最大值和最小值之差超过2%。这包括当今"汇率机制Ⅱ（ERM Ⅱ）"体系的成员。
浮动汇率制	浮动汇率制	汇率主要由市场决定而没有可确定路径或可预测路径。市场干预可能是直接干预或间接干预，用于调节变化率（而不是汇率目标）。汇率可能表现出或多或少的波动性。
	自由浮动汇率制	如果仅在特殊情况下进行干预，且确保6个月内最多进行三次干预，每次干预持续时间不超过3个工作日，那么这种浮动汇率制就属于自由浮动汇率制。
其他汇率制	其他管理汇率制	此类别为其余类别，用于汇率制度不符合任何其他类别的标准时的情况。以政策频繁变动为特征的汇率制度属于此类。

资料来源："Revised System for the Classification of Exchange Rate Arrangements," by Karl Habermeier, Annamaria Kokenyne, Romain Veyrune, and Harald Anderson, IMF Working Paper WP/09/211, International Monetary Fund, November 17, 2009.

第1类：硬钉住汇率制。 这些国家放弃了自己的货币政策主权。这一类别包括采用其他国家货币的国家（例如，津巴布韦的美元化——采用美元作为货币），以及利用货币局制度限制货币扩张以积累外汇的国家。

第2类：软钉住汇率制。 这一大类俗称为固定汇率制。软钉住汇率制的五个子类别根据以下标准来区分：货币所钉住的基准；是否允许更改所钉住的基准（如果允许，在什么条件下可以更改）；允许/使用干预的类型、规模和频率；固定汇率的波动程度。

第3类：浮动汇率制。 主要由市场力量决定的汇率制度可以进一步细分为货币价值由公开市场力量决定，没有政府影响或干预的自由浮动汇率制，以及政府偶尔会干预市场以追求某些汇率目标的简单浮动汇率制或有干预浮动汇率制。

第4类：其他汇率制。 正如人们所猜想的，这一类别包括所有不符合前三类标准的汇率制度。政策频繁变化的国家所采用的汇率制度占据了此类的大部分。

图2-2概述了这些主要汇率制度类别如何在全球市场中转化——固定汇率制或浮动汇率制。垂直虚线表示爬行钉住汇率制，某些货币根据其相对汇率稳定性进出该区域。虽然这种分类方法看起来清晰明确，但在市场实践中，往往更难以做出区分。例如，2014

年1月，俄罗斯银行宣布不再对卢布价值进行干预，并计划允许卢布自由交易而不进行干预。

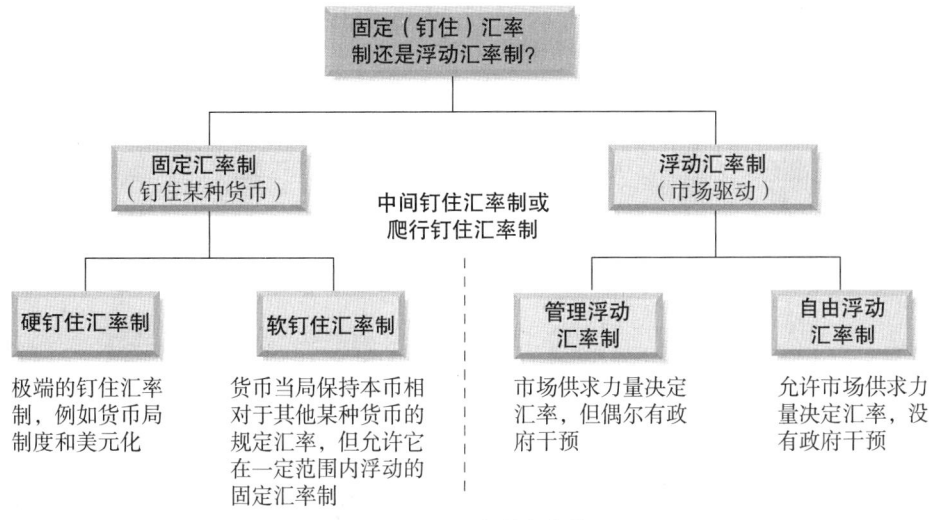

```
                    固定（钉住）汇率
                    制还是浮动汇率制？
                    ┌──────────┴──────────┐
              固定汇率制                  浮动汇率制
            （钉住某种货币）              （市场驱动）
           ┌─────┴─────┐    中间钉住汇率制或  ┌─────┴─────┐
       硬钉住汇率制  软钉住汇率制  爬行钉住汇率制  管理浮动    自由浮动
                                              汇率制      汇率制
       极端的钉住汇  货币当局保持本币相            市场供求力量决定  允许市场供求力
       率制，例如货  对于其他某种货币的            汇率，但偶尔有政  量决定汇率，没
       币局制度和美  规定汇率，但允许它            府干预            有政府干预
       元化          在一定范围内浮动的
                     固定汇率制
```

图 2-2 汇率制度分类

全球折中主义

尽管国际货币基金组织试图制定严格的汇率制度分类标准，但今天的全球货币体系在各种意义上确实是一种全球折中做法。正如第5章所详细介绍的，当前的全球货币市场主要由两种主要货币——美元和欧元——以及多种货币体系、货币安排、货币区和货币带主导。

据国际货币基金组织估计，20.3%的成员使用美元作为锚货币，另有13%的成员使用欧元，4.7%的成员使用某种复合货币或其他货币作为锚货币。[①] 除锚货币制度外，还有12.5%的国际货币基金组织成员使用某种货币总量指标（货币供应量）作为货币管理的衡量标准，还有20%的成员采用通货膨胀率目标。整整25%的国际货币基金组织成员使用其他形式的货币政策框架或未说明的汇率锚。

欧元作为欧元区成员的单一货币，本身就是严格固定汇率制的例子。然而，欧元也是独立于其他所有货币浮动的货币。严格固定汇率制的其他例子包括厄瓜多尔、巴拿马和津巴布韦，所有这些国家都使用美元作为其官方货币；中非法郎区的马里、尼日尔、塞内加尔、喀麦隆和乍得等国使用单一共同货币（与欧元挂钩的法郎）；东加勒比货币联盟的成员则使用东加勒比元。

另一个极端是使用独立浮动货币的国家。其中包括许多非常发达的国家，例如日本、美国、英国、加拿大、澳大利亚、新西兰、瑞典和瑞士。然而，这一类别还包括一些不情愿的参与者——新兴市场国家，它们试图维持固定利率，但市场迫使其货币浮动。其中包括韩国、菲律宾、巴西、印度尼西亚、墨西哥和泰国。

---

① *Annual Report on Exchange Arrangements and Exchange Restrictions 2016*，International Monetary Fund，p. 10.

如图2-3所示，近年来，实行浮动汇率制（管理浮动汇率制和自由浮动汇率制）的国际货币基金组织成员比例一直在增加。实行软钉住汇率制的成员虽然略多于实行浮动汇率制的成员，但在2016年急剧下降。尽管当代国际货币体系通常被称为浮动汇率体系，但世界上大多数地区的情况显然并非如此。

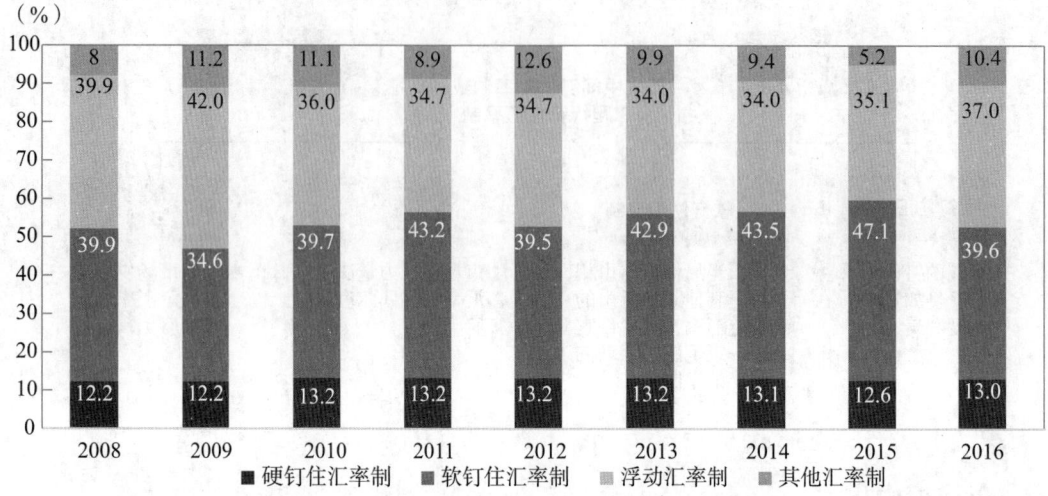

选择不同汇率制度的国际货币基金组织成员所占比例
（%）

年份	硬钉住汇率制	软钉住汇率制	浮动汇率制	其他汇率制
2008	12.2	39.9	39.9	8
2009	12.2	34.6	42.0	11.2
2010	13.2	39.7	36.0	11.1
2011	13.2	43.2	34.7	8.9
2012	13.2	39.5	34.7	12.6
2013	13.2	42.9	34.0	9.9
2014	13.1	43.5	34.0	9.4
2015	12.6	47.1	35.1	5.2
2016	13.0	39.6	37.0	10.4

图 2-3　国际货币基金组织成员的汇率制度选择

资料来源：*Annual Report on Exchange Arrangements and Exchange Restrictions 2016*, International Monetary Fund, 2014, Table 3, Exchange Rate Arrangements 2008-2016.

2.2　固定汇率制与弹性汇率制

一国选择采用哪种货币制度反映了该国对各种经济因素的优先考虑顺序，这些经济因素包括通货膨胀率、失业率、利率水平、贸易差额和经济增长。选择固定汇率制还是弹性汇率制可能会随着优先考虑顺序的变化而变化。冒着过度概括的风险，我们用以下几点部分解释为什么各国会采取特定的汇率制度。固定汇率制有许多缺点——正如我们将在下一节中说明的——维持固定汇率制可能困难而成本高昂。但它们也有以下一些优点：

■ 固定汇率制为国际贸易价格提供了稳定性。稳定的价格有助于国际贸易增长，并降低了所有企业的风险。

■ 固定汇率制本质上是反通货膨胀的，它要求国家采用限制性货币政策和财政政策。然而，这种限制性对于希望采用政策来缓解高失业率或经济增长缓慢等内部经济问题的国家来说可能是一种负担。

■ 固定汇率制要求中央银行保留大量国际储备（硬通货和黄金），以便随时捍卫固定汇率。随着国际外汇市场规模的扩大，日渐增长的国际储备已成为日益增加的负担。

■ 一旦实施固定汇率制，就可能将汇率维持在与经济基本面不一致的水平。随着一国经济结构的变化以及贸易关系和贸易差额的变化，汇率本身也应该发生变化。弹性汇率制允许汇率逐渐高效地变化，但固定利率必须以行政手段改变——通常为时过晚,过于张扬,并且对一国经济健康造成的一次性成本过高。

与币值变化相关的术语也是专业术语。一国政府官方声明其本币相对于其他货币的价值降低或升高,分别被称为官方贬值或官方升值。这显然适用于价值由政府控制的货币。当货币价值在开放外汇市场中发生变化时——而不是由政府直接改变时,它被称为贬值(价值下降)或升值(价值增加)。

2.3 不可能三角

如图2-4所示,如果当今世界上存在理想货币,它应具有以下三个特征,它们通常被称为不可能三角或国际金融三难困境:

(1) 汇率稳定。 币值相对于其他主要货币是固定的,因此交易者和投资者可以相对确定每种货币在当前和不久以后的汇率。

(2) 完全金融一体化。 允许货币完全自由流动,因此交易者和投资者可以轻松地将资金从一个国家和一种货币转移到另一个国家和另一种货币,以应对其发觉的经济机会或经济风险。

(3) 货币独立。 每个国家都将制定国内货币政策和利率政策以执行理想的国家经济政策,尤其是因为它们可能与限制通货膨胀、应对经济衰退以及促进繁荣和充分就业有关。

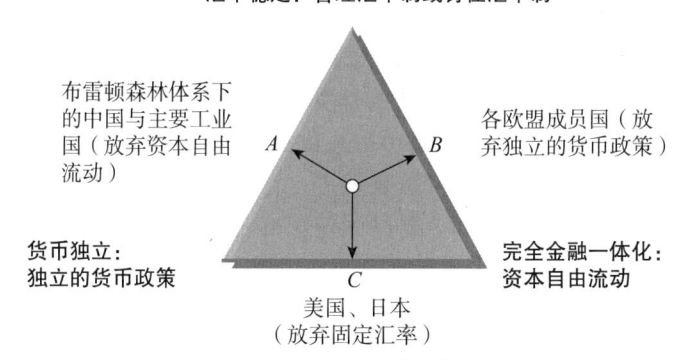

图 2-4 不可能三角

各国必须选择从中心向哪个方向——A点、B点还是C点——移动。这个选择实际上是选择追求什么目标,放弃什么目标——金字塔的对点。做出少许折中是可能的,但这种折中只能是少许的。

总之,这些特征被称为不可能三角,因为经济力量不允许一国同时实现所有三个目标:货币独立、汇率稳定和完全金融一体化。不可能三角清楚地表明,每个经济体都必须对症下药。许多人认为,全球三大经济体的选择如表2-4所示。

表 2-4 全球三大经济体的选择

实体	选择1	选择2	隐含条件3
美国	独立的货币政策	资本自由流动	币值浮动
中国	独立的货币政策	固定汇率	资本有限流动
欧盟	资本自由流动	固定汇率	一体化货币政策

例如，像美国这样的国家有意放弃了固定汇率制——从金字塔中心向 C 点移动，因为美国希望有独立的货币政策，且允许资本高度自由地流入流出该国。

欧盟的选择显然更复杂。作为由不同主权国家组成的组织，欧盟一直追求使用共同货币欧元以及劳动力和资本的自由流动。根据不可能三角，结果是欧盟成员国不得不放弃独立的货币政策，用欧洲中央银行取代各国的中央银行。最近在希腊、葡萄牙和爱尔兰出现的财政赤字以及国债危机都引发了对这种安排的效力的质疑。

一国也可以选择继续控制和管理其币值，并实施独立的货币政策，从金字塔的中心向 A 点移动，同时继续限制资本流入流出本国。中国就是一个明显的例子。说中国已"放弃"资本自由流动可能是不准确的，因为在过去一个世纪中，中国从未允许资本真正自由流动。

许多专家一致认为，资本流动性提高的力量推动越来越多的国家实现完全金融一体化，以刺激国内经济并满足本国跨国企业的资本需求。被"逼"之下，它们的汇率制度要么成为纯粹浮动汇率制（如美国），要么与货币联盟（如欧盟）中的其他国家一体化。

2.4 欧洲的单一货币：欧元

从 1957 年的《罗马条约》开始，继以 1987 年的《单一欧洲法案》，1992 年的《马斯特里赫特条约》和 1997 年的《阿姆斯特丹条约》，欧洲核心国家稳步将各自的市场整合为一个更大、更有效的内部市场。然而，即使在 1992 年单一欧洲计划启动之后，真正开放仍存在许多障碍，包括使用不同货币，这要求消费者和公司区别对待各国市场。跨国贸易的外汇风险仍然存在。单一货币的诞生被视为摆脱分割市场的残留影响的方法。

欧盟的最初 15 个成员国也是欧洲货币体系的成员国。欧洲货币体系形成了成员国货币之间的固定汇率制，双方有责任共同管理偏差，将汇率维持在规定中心汇率上下 2.5% 的范围内。从 1979 年实行到 1999 年，这种固定汇率制历经调整。1992 年和 1993 年的汇率危机对它的弹性是重大考验，但它仍在实施。

《马斯特里赫特条约》和货币联盟

1991 年 12 月，欧盟成员国在荷兰马斯特里赫特召开会议，缔结了一份改变欧洲货币未来的条约。《马斯特里赫特条约》制定了用一种货币——最终被命名为欧元——取代所有欧洲货币体系成员国货币的时间表和计划。该条约的其他内容也被采用，这将产生一个完全的欧洲货币联盟（European Monetary Union，EMU）。根据欧盟的说法，欧洲货币联盟是单一欧盟市场中的单一货币区，现在的非正式名称是欧元区，在这个区域内，人员、产品、服务和资本可以自由流动。

然而，独立国家货币体系的整合不是一项小任务。为了给欧洲货币联盟铺路，《马斯特里赫特条约》呼吁整合和协调成员国的货币政策和财政政策。欧洲货币联盟将通过被称为趋同的过程来实现。成为欧洲货币联盟的正式成员国之前，每个成员国都应该达到一套趋同标准，以整合相对表现处于同一水平的体系：(1) 名义通货膨胀率不得超过前一年度通货膨胀率最低的三个欧盟成员国通货膨胀率平均值的 1.5%；(2) 长期利率不得高于前一年度利率最低的三个成员国平均利率的 2%；(3) 各国政府预算赤字（财政赤字）不得超过国内生产总值的3%；(4) 未清偿政府债务不得超过国内生产总值的60%。趋同标准是如此严格，以至于当时很少有成员国能达到这些标准，但在1999年之前有11个国家成功达到标准（两年后希腊也达到标准）。

欧洲中央银行

任何货币体系的基石都是强大而规范的中央银行。《马斯特里赫特条约》就为欧洲货币体系建立了这样一家机构，即欧洲中央银行，它成立于1998年。[欧盟于1994年创建了欧洲货币研究所（European Monetary Institute，EMI），作为建立欧洲中央银行的过渡步骤。] 欧洲中央银行的结构和职能以德国联邦银行为范本，而德国联邦银行又以美联储体系为范本。欧洲中央银行是一家独立的中央银行，统领各国央行的活动。各国中央银行继续监管其国内的银行，但所有金融市场干预和单一货币发行都只由欧洲中央银行负责。欧洲中央银行最重要的任务是促进欧盟内部的价格稳定。

欧元的推出

1999年1月4日，欧盟的11个成员国创建了欧洲货币联盟。它们确立了单一货币欧元，用它取代了参与成员国各自的货币。这11个国家是奥地利、比利时、芬兰、法国、德国、爱尔兰、意大利、卢森堡、荷兰、葡萄牙和西班牙。希腊当时没有参与欧洲货币联盟的资格，但后来于2001年加入欧元集团。1998年12月31日，11种参与国货币与欧元之间的最终固定汇率开始实施。1999年1月4日，欧元正式推出。

英国、瑞典和丹麦选择保持各自的货币。英国担心加入欧元区会增加欧盟对其主权的侵犯，因此选择不加入欧元区。瑞典不认为成为欧盟成员国能带来重大利益（尽管它是最新成员国之一），也对参与欧洲货币联盟保持怀疑态度。迄今为止，丹麦与英国、瑞典和挪威一样选择不加入欧元区。[然而，丹麦是ERM II（汇率机制II）的成员，该机制实际上允许丹麦保持本国的货币和货币主权，但将丹麦货币克朗与欧元的汇率固定下来。]

欧元将为参与国带来许多好处：(1) 降低欧元区国家的交易成本；(2) 降低与汇率不确定性相关的外汇风险和成本；(3) 欧元区内外的所有消费者和企业都享有透明的价格和更高的基于价格的竞争水平。采用欧元的主要成本，即丧失货币独立性，在未来几年将是成员国面临的持续挑战。

1999年1月4日，欧元开始在世界外汇市场上交易。它的推出过程很顺利。然而，欧元币值在推出后稳步下滑，这主要是由于美国经济和美元走势强劲，以及欧洲货币联盟国家的经济部门陷入低迷。从2002年开始，欧元对美元开始升值，在2008年夏达到峰值。从那时起，如图2-5所示，欧元币值趋于下跌，与美元走势大致相反。然而，它表现出显著的波动性。

自欧元推出以来，越来越多的欧盟成员国开始使用欧元。截至2018年1月，欧盟28个成员国中的19个国家以及最终可能加入欧盟的另外5个国家（黑山、安道尔、摩纳哥、圣马力诺和梵蒂冈）都使用欧元作为官方货币。目前使用欧元的欧盟国家——所谓的欧元区——详见图2-6。请注意，尽管英国于2016年6月投票退出欧盟（英国脱欧），但英国从未采用欧元。从欧元诞生之日起，英国和丹麦就选择留在欧元区之外。(但是，丹麦仍将作为欧盟汇率机制II的参与国管理其货币对欧元的汇率。)

图 2-5 美元-欧元即期汇率

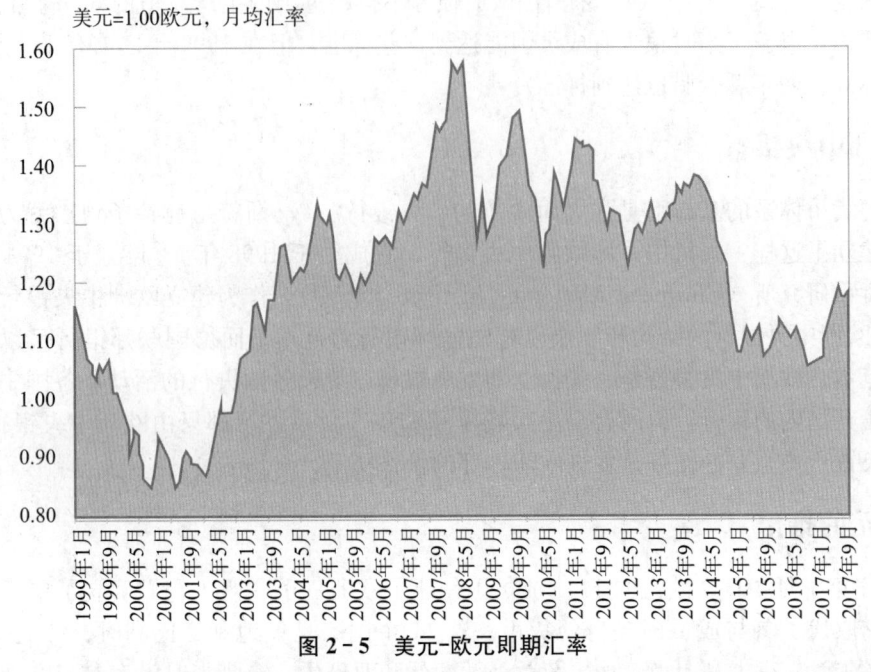

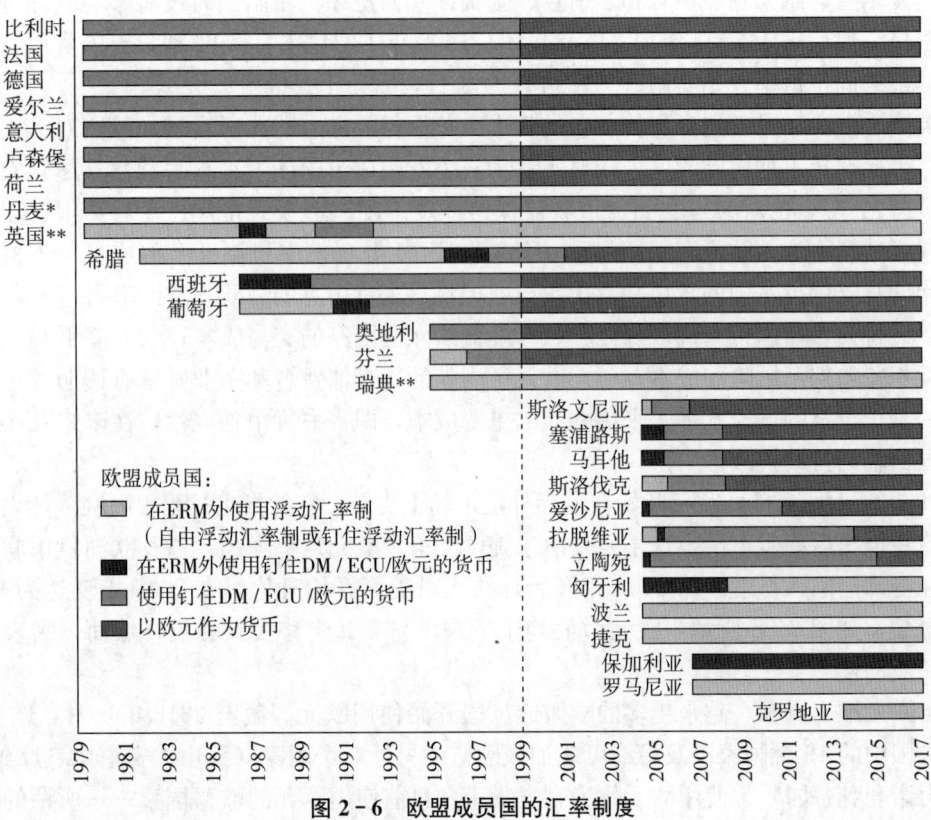

图 2-6 欧盟成员国的汇率制度

注：* 汇率机制Ⅱ参与国；** 非汇率机制参与国；ERM＝汇率机制；ECU＝欧洲货币单位；DM＝德国马克。2016年6月，英国投票退出欧盟。

资料来源：European Union's Convergence Reports.

图2-6还强调了为何欧元的首次推出如此顺利。在过去20年中，除了英国和丹麦以外，其他所有最初采用欧元的国家的货币均钉住欧洲货币单位。该图还说明，随着欧盟本身的扩展——主要是扩展至东欧和波罗的海国家，各成员国有序过渡到采用欧元。尽管预计所有欧盟成员国最终都将用欧元取代其货币，但近年来，关于欧元能扩张到何种程度仍然存在争议。请注意，英国一直在欧元区之外。2016年6月的英国脱欧公投并没有改变这种关系。

2.5 新兴市场和汇率制度选择

1997—2005年期间，新兴市场国家选择更极端汇率制度的压力与日俱增。上一节中提到的资本流动压力增加促使一些国家选择自由浮动汇率制（2002年的土耳其）或位于另一个极端的固定汇率制——比如货币局制度（20世纪90年代的阿根廷）甚至是美元化（2000年的厄瓜多尔）。这些汇率制度值得进行更多讨论。

货币局制度

当中央银行承诺在任何时候都完全依靠外汇储备来支持货币基础——货币供应时，这种汇率制度就是货币局制度。该承诺意味着，除非首先增加一单位外汇储备，否则经济中不能增加一单位本币。包括中国香港在内的八个国家和地区利用货币局制度作为固定汇率的手段。

阿根廷。1991年，阿根廷比索从之前的管理汇率制转变为货币局制度。货币局制度将阿根廷比索按一比一的汇率钉住美元。阿根廷政府要求阿根廷银行系统发行的每一单位比索都由阿根廷银行账户中的黄金或美元来支持，从而保持固定汇率。这种100%的外汇储备制度使阿根廷的货币政策依赖于该国通过贸易或投资获得美元的能力。只有在阿根廷通过贸易赚到这些美元之后才能扩大其货币供应量。这一要求消除了该国货币供应量过快增长和引发通货膨胀的可能性。

阿根廷的汇率制度还允许所有阿根廷人和外国人在阿根廷银行持有美元账户。这些账户实际上是欧洲美元账户，即在非美国银行的美元存款。这些账户使存款人可以选择是否持有比索。

从一开始，市场对于阿根廷政府维持固定汇率的能力就存在很大疑问。阿根廷银行对比索账户支付的利率通常略高于美元账户。这种利差表示市场对阿根廷金融体系内在风险的评估。存款人因承担风险——将钱存入比索账户——而获得回报。2002年1月，经过数月的经济和政治动荡以及近三年的经济衰退，阿根廷的货币局制度宣告终结。比索首先从1.00比索/美元贬值至1.40比索/美元，然后完全自由浮动。比索币值在几天内大幅下跌。阿根廷长达十年的严格固定汇率制实验结束了。

美元化

一些国家多年来饱受货币贬值之苦，主要原因是通货膨胀，于是它们采取了美元化措施。美元化是指使用美元作为本国的官方货币。自1907年以来，巴拿马一直使用美元作为官方货币。厄瓜多尔在经历了1998年和1999年的严重银行业危机和通货膨胀危机之后，于2000年1月采用美元作为其官方货币。《商业周刊》2000年12月11日发表的题为"美元俱乐部"的文章很好地总结了美元化的一个主要特征：

> 美元化的一个吸引力在于，健全的货币政策和汇率政策不再依赖于国内政策制定者的智慧和管理能力。它们的货币政策基本上是美国所采用的货币政策，而且汇率永远是固定的。[①]

支持美元化的观点逻辑来自之前对不可能三角的讨论。实行美元化的国家消除了汇率（对美元的汇率）波动，理论上也就消除了未来出现货币危机的可能性。其他好处还包括，预期将与其他基于美元的市场（产品市场和金融市场）实现更广泛的经济一体化。最后这点让许多人赞成地区美元化，这可能让几个高度经济一体化的国家从共同美元化中显著受益。

反对美元化的主要观点有三个。首先是丧失货币政策主权。然而，这正是美元化的关键点。其次，国家丧失了征收铸币税的权力，即从印发本国货币中获利的能力。最后，由于本国中央银行不再拥有在经济和金融体系内创造货币的能力，因此不能再担任最后贷款人的角色。这一角色使其能提供流动性，以挽救金融危机期间可能濒临破产的金融机构。

厄瓜多尔。 厄瓜多尔于2000年9月正式完成用美元替代厄瓜多尔苏克雷作为法定货币的过程。这一步使厄瓜多尔成为采用美元的最大国家，并在许多方面使厄瓜多尔成为其他新兴市场国家密切关注的美元化试验案例。厄瓜多尔的美元化在苏克雷大幅贬值两年后结束。

1999年，厄瓜多尔的通货膨胀率上升，经济产出水平下降。1999年3月，厄瓜多尔的银行业遭受了一系列破坏性的"银行挤兑"，金融恐慌导致所有存款人试图同时取出所有钱。尽管厄瓜多尔银行系统存在严重问题，但即使是最健康的金融机构也会在这种资金流失下破产。厄瓜多尔总统立即冻结了所有存款（在20世纪30年代美国银行关门时，这被称为银行假日）。3月初，厄瓜多尔苏克雷的币值暴跌，导致该国仅在1999年就有超过130亿美元外债违约。厄瓜多尔总统迅速采取行动，提出进行美元化以拯救厄瓜多尔的经济。

到2000年1月下一任总统上任时（在一次相当复杂的军事政变和撤兵之后），苏克雷的币值已跌至25 000苏克雷/美元。新总统继续推行美元化计划。虽然没有得到美国政府和国际货币基金组织的支持，但厄瓜多尔在接下来9个月内完成了用美元取代本国货币的过程。厄瓜多尔的美元化结果仍然未知。多年以后的今天，厄瓜多尔仍在努力通过新的汇率制度实现经济和政治平衡。

新兴市场的汇率制度选择

毫无疑问，对于许多新兴市场而言，汇率制度的选择可能介于硬钉住汇率制（货币局制度或美元化）和自由浮动汇率制这两个极端之间。然而，多年来许多专家一直认为，全球金融市场将推动越来越多的新兴市场国家走向这些极端之一。如图2-7所示，严格固

---

① *Businessweek*, Issues 3710-3713 (2000).

定汇率制和自由浮动汇率制这两个极端情况之间明显缺少中间地带。但是所谓的两极选择是不可避免的吗?

新兴市场经济体有三个共同特征,使任何特定汇率制度选择都变得困难:(1)薄弱的财政制度、金融制度和货币制度;(2)允许货币替代和以美元计算负债的商业趋势;(3)新兴市场容易受到外部资本流动突然停止的影响。卡尔沃(Calvo)和米什金(Mishkin)说得好:

> 实际上,我们认为为了在新兴市场国家取得宏观经济成功,汇率制度选择可能是重要性仅次于建立良好的财政制度、金融制度和货币制度的事务之一。我们并未将汇率制度视为主要选择,而是鼓励更多地关注制度改革,例如改善银行和金融部门监管、实行财政约束、建立可持续和可预测的货币政策共识以及提高贸易开放度。①

对这一观点的舆论支持包括1999年对墨西哥民众进行的一项民意调查,该调查显示,10人中有9人更偏好美元化而不是比索自由浮动。显然,新兴市场国家的许多民众对本国领导层和金融机构实施有效汇率政策的能力缺乏信心。最终,如"全球金融实务2-3"所示,许多新兴市场国家的汇率制度选择受到创新、数字化甚至是互联网初创企业的不断攻击。

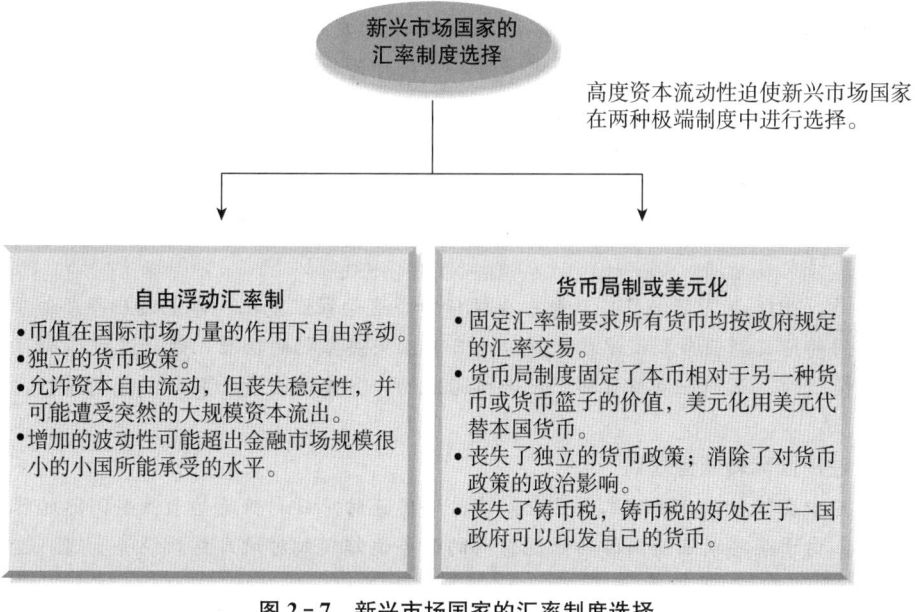

新兴市场国家的汇率制度选择

高度资本流动性迫使新兴市场国家在两种极端制度中进行选择。

自由浮动汇率制
- 币值在国际市场力量的作用下自由浮动。
- 独立的货币政策。
- 允许资本自由流动,但丧失稳定性,并可能遭受突然的大规模资本流出。
- 增加的波动性可能超出金融市场规模很小的小国所能承受的水平。

货币局制或美元化
- 固定汇率制要求所有货币均按政府规定的汇率交易。
- 货币局制度固定了本币相对于另一种货币或货币篮子的价值,美元化用美元代替本国货币。
- 丧失了独立的货币政策;消除了对货币政策的政治影响。
- 丧失了铸币税,铸币税的好处在于一国政府可以印发自己的货币。

图2-7 新兴市场国家的汇率制度选择

全球金融实务2-3

尼日利亚削弱汇兑创新

尼日利亚中央银行是负责所有货币相关交易的政府机构。尼日利亚中央银行维持该国货币——尼日利亚奈拉(NGN,₦)——与美元的固定汇率,直到2016年6月允许奈拉浮动。

---

① "The Mirage of Exchange Rate Regimes for Emerging Market Countries," Guillermo A. Calvo and Frederic S. Mishkin, *The Journal of Economic Perspectives*, Vol. 17, No. 4, Autumn 2003, pp. 99–118.

过去两年全球石油价格的下跌导致该国的出口收入大幅下降，从而创造美元外汇储备的能力大幅下降。当尼日利亚的出口收入下降时，尼日利亚中央银行发现自己缺少可用来兑换的美元或其他可兑换货币，比如英镑。任何希望将尼日利亚奈拉兑换成外币的人，包括跨国企业，都必须向尼日利亚中央银行申请进行兑换。最终，将由尼日利亚中央银行决定外汇配额。

英国航空公司和尼日利亚侨民

一些英国航空公司为尼日利亚市场提供服务。这些航空公司以当地货币奈拉收取票款，然后前往尼日利亚中央银行兑换成美元或英镑。但随着硬通货的日益短缺，这些航空公司不得不等待越来越长的时间。2016年6月之后，这种等待通常意味着随着奈拉价值的下跌，能换到的美元或英镑越来越少。但在英国生活和工作的大量尼日利亚国民提出了解决方案。这些侨民赚取英镑，并定期将其换成尼日利亚奈拉，汇回给他们在尼日利亚的家人。从历史上看，这种汇款过程的成本很高，因为像西联汇款或速汇金（MoneyGram）这样的汇款服务提供商可能会收取4%或更高的费用。（以一笔典型的200美元的交易为例，2016年通过西联汇款将美元兑换为奈拉再从英国汇到尼日利亚的费用可能为8.23美元。）一些初创企业开始将在英尼日利亚人的英镑汇总到一个大型银行账户中，然后与英国航空公司做一笔英镑与奈拉的"互换"。这笔交易只需利用彼此在英国银行和尼日利亚银行中的账户来执行。汇总方向一家伦敦银行付款（英镑），然后航空公司从其在尼日利亚的银行账户向尼日利亚的私人账户付款（奈拉）——实际上，这是一种现代版的外汇策略，它被称为背靠背交叉货币互换。

外汇应用程序

近年来，许多初创公司——Xendpay和Azimo就是其中两家——进入伦敦市场，用移动应用程序显著降低了尼日利亚人的汇款成本，通常降至不到交易金额的1%。仅以伦敦银行和尼日利亚银行之间的转账为例，个人只需支付之前转账费用的一小部分，而且往往汇率有利得多。

遗憾的是，2016年7月，尼日利亚中央银行命令这两家汇兑机构停止该业务。由于互换和转账中所使用的尼日利亚奈拉汇率均未通过尼日利亚中央银行的批准，因此这被认为可能是有害且"不审慎"的。正如一位尼日利亚记者所指出的，当你认为情况不会变得更糟时，情况恰恰相反。

谨防未注册国际转账运营商

尼日利亚中央银行希望提醒本国民众和海外侨民谨防尼日利亚某些未注册国际转账运营商的不法活动。由于某些未注册国际转账运营商的业务运作模式对尼日利亚经济有害，这种警告是有必要的。

与其他国家一样，尼日利亚的所有金融服务提供商都必须获得正式许可，以保护客户和金融系统，并确保金融交易的可信度。为避免疑义，根据尼日利亚中央银行2016年7月22日发布的关于出售外币收入的公告，所有注册国际转账运营商都必须将外币汇至其在尼日利亚的代理行以便将奈拉支付给受益人，而外币收入将出售给汇兑局运营商，以零售方式卖给最终用户。

因此，尼日利亚中央银行不会容忍任何旨在破坏该国外汇制度的企图。据此，尼日利亚中央银行建议公众谨防未注册国际转账运营商的这些活动，以提高尼日利亚的经济福祉。

资料来源：尼日利亚中央银行，新闻稿，未注明日期。

汇率制度：未来是什么样？

所有汇率制度都必须处理规则和自由裁量之间的权衡以及合作与独立之间的权衡。图

2-8说明了汇率制度之间基于规则、自由裁量、合作和独立的权衡。该图在纵向和横向上描述了这些权衡：

（1）从纵向上看，不同的汇率安排可能决定一国政府是有严格的干预要求（规则），还是可以选择是否干预、何时干预以及在何种程度上干预外汇市场（自由裁量）。

（2）从横向上看，参与特定货币体系的国家需要权衡与其他国家共商并一致行动（合作），还是作为体系中的一员但独立行动（独立）。

像金本位制这样的制度结构不需要各国实施合作政策，只需保证所有国家都遵守游戏规则。在金本位制下，这种保证转化为政府以平价汇率按需买卖黄金的意愿。《布雷顿森林协定》——1944—1973年实施的制度——要求进行更多的合作，因为黄金不再是"规则"，各国需要更高程度的合作以维持以美元为基础的制度。汇率制度，例如1979—1999年使用的欧洲货币体系固定汇率带制度，是这些合作制度与规则制度的混合体。

目前国际货币体系的特点是没有规则，合作程度也不同。尽管目前对于新的国际货币体系应采取何种形式仍然久争无果，但正如图2-8中的阴影区域所示，许多人认为，只有将各国之间的合作与自由裁量相结合以追求国内社会目标、经济目标和金融目标，才能在未来取得成功。

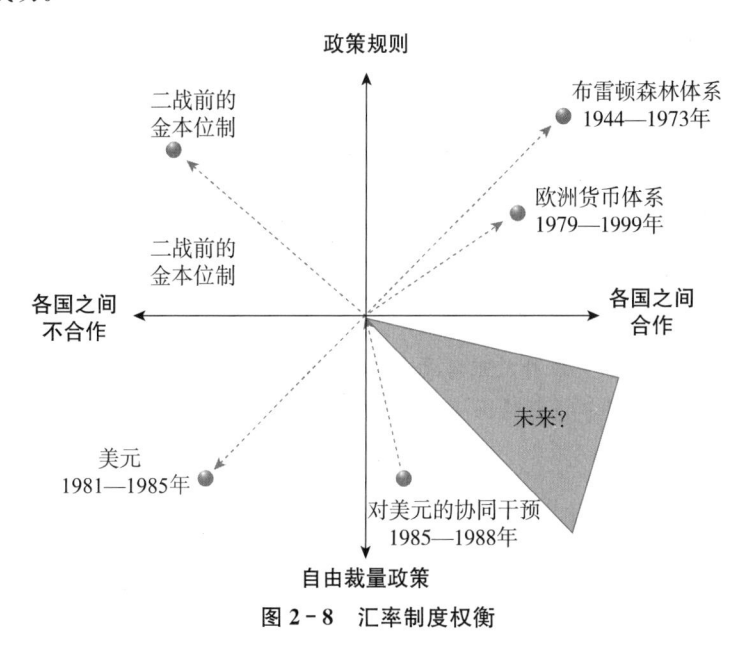

图 2-8 汇率制度权衡

要点总结

■ 在金本位制下（1876—1913年），游戏规则是各国规定其货币单位与特定重量黄金的兑换比率。

■ 在两次世界大战期间（1914—1944年），货币与黄金之间以及不同货币之间的兑换比率可以在相当大的幅度内波动。供需力量决定了汇率。

■《布雷顿森林协定》（1944年）建立了以美元为基础的国际货币体系。根据《布雷顿森林协定》的最初规定，所有国家均固定其货币与黄金的比值，但无须将其货币兑换为

■ 1971年8月，各种经济力量导致美元不再可兑换为黄金。随后，多数主要贸易国的汇率被允许相对于美元浮动，从而间接相对于黄金浮动。

■ 如果当今世界上存在理想的货币制度，它将具有三个特征：固定价值、可兑换性和独立的货币政策。然而，在理论和实践中都不可能同时保持这三个特征——不可能三角。

■ 新兴市场国家常常必须在两种极端汇率制度之间进行选择：自由浮动汇率制或极端固定汇率制（例如货币局制度或美元化）。

■ 欧盟成员国也是欧洲货币体系的成员国。这些国家试图在周遭都是浮动货币的汪洋大海中建造一座固定汇率小岛。欧洲货币体系的成员国严重依赖于彼此之间的贸易，因此它们认为固定汇率可以产生很高的日常收益。

■ 欧元区以三种方式影响市场：(1) 降低了欧元区国家的交易成本；(2) 降低了与汇率不确定性相关的外汇风险和成本；(3) 欧元区内外所有消费者和企业都享有价格透明度和更激烈的价格竞争。

迷你案例

中国的人民币真的实现国际化了吗[①]

摸着石头过河。

——邓小平

过去十年，关于人民币国际化有很多说法和文章，但即使是现在，也很难说人民币国际化何时将发生，或者是否会按照通常预期的水平发生。[②] 邓小平的上述语录经常被用来描述中国谨慎渐进的市场经济实践。全球外汇市场看到的是这种渐进式方法吗？还是说全球外汇市场在货币交易中并不重视人民币？人民币是否曾接近于被全球接受和使用，就像美元那样？人民币化的情况如何？

人民币估值

虽然人民币交易受到监管——中国境内的所有人民币与外币（主要是美元）的交易只能在中国的监管下进行，但人民币的交易范围正在扩大。正如图A所示，人民币汇率存在浮动区间。随着时间的推移——可能需要很久，人民币对美元可以逐渐升值。

尽管人民币的价值和汇率机制选择在变化，但它仍然不是可自由兑换的货币。几乎所有外汇交易仍然必须通过一系列受到高度监管和限制的许可和程序进行。这种限制最能体现出政府希望在逐步引入市场力量的同时保持国内金融管制与稳定之间的平衡。中国政府一再清楚地表明，不会允许市场波动或快速上升的利率影响国内经济和商业环境。

[①] 2018年©亚利桑那州立大学雷鸟全球管理学院版权所有。本案例由迈克尔·H. 莫菲特教授编写，仅用于课堂讨论。

[②] 中华人民共和国官方承认人民币（RMB）和元（CNY）为其官方货币的名称。元用于指账户单位（数值），而实物货币则称为人民币（概念描述）。因此，RMB和CNY都是通用的货币代码。按照官方口径，所有中国货币国际数字交易中使用的 ISO-4217 货币代码均为 CNY。

(元/美元)

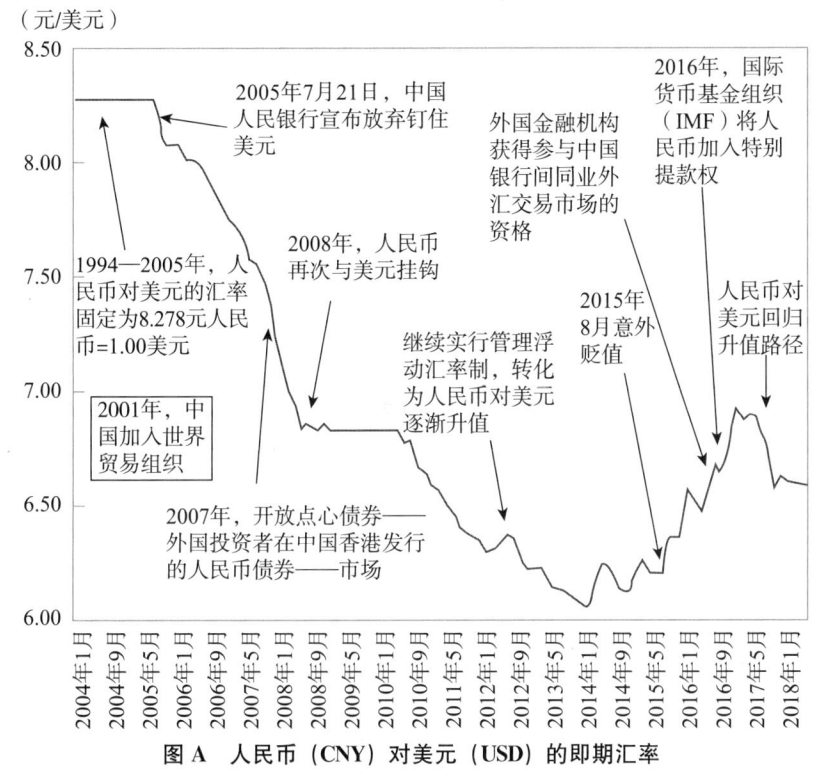

图中标注文字：
- 2005年7月21日，中国人民银行宣布放弃钉住美元
- 1994—2005年，人民币对美元的汇率固定为8.278元人民币=1.00美元
- 2001年，中国加入世界贸易组织
- 2008年，人民币再次与美元挂钩
- 2007年，开放点心债券——外国投资者在中国香港发行的人民币债券——市场
- 外国金融机构获得参与中国银行间同业外汇交易市场的资格
- 继续实行管理浮动汇率制，转化为人民币对美元逐渐升值
- 2015年8月意外贬值
- 2016年，国际货币基金组织（IMF）将人民币加入特别提款权
- 人民币对美元回归升值路径

图A 人民币（CNY）对美元（USD）的即期汇率

资料来源：作者绘制。

双市场货币发展

人民币的发展是由中国经济推动的。中国约占全球经济的15%。作为全球贸易与投资交易——所有这些都需要货币——的大型参与者，中国对流动性更高、更易获得的货币存在持续且不断增长的需求。自2001年加入世界贸易组织以来，中国显然正在将人民币变为国际货币。

人民币的发展仍然沿袭中国人民银行监管下的在岸/离岸分割双市场结构，如图B所示。在岸市场（以人民币官方ISO代码CNY表示）是由零售交易和银行同业批发交易组成的双层市场。自2005年中期以来，按照官方的说法，人民币一直实行管理浮动汇率制。在内部，人民币通过中国外汇交易系统（China Foreign Exchange Trade System，CFETS）进行交易，由中国人民银行规定当日人民币对美元汇率中间价（固定汇率）。实际交易汇率可以在当日汇率中间价上下1%的范围内浮动。该内部市场继续逐步放松管制，现在允许银行之间交易大额可转让存单，利率限制也越来越少。在这个市场上，每天有九种不同的货币与人民币进行交易，并在彼此之间进行交易。

人民币离岸市场已经从中国香港（账户标志为CNH，非官方符号）扩展到更广阔的范围。该离岸市场可以优先进入政府监管机构管理的在岸市场，借此既可以获取资金，也可以重新注入资金（称为回流）。麦当劳公司、卡特彼勒公司（Caterpillar）和世界银行等发行的人民币债券（即所谓的熊猫债券）推动了该市场的增长。现在，中国香港的机构投资者可以吸收在岸金融存款（计息），这让它们可以更有力地使用这些离岸存款。

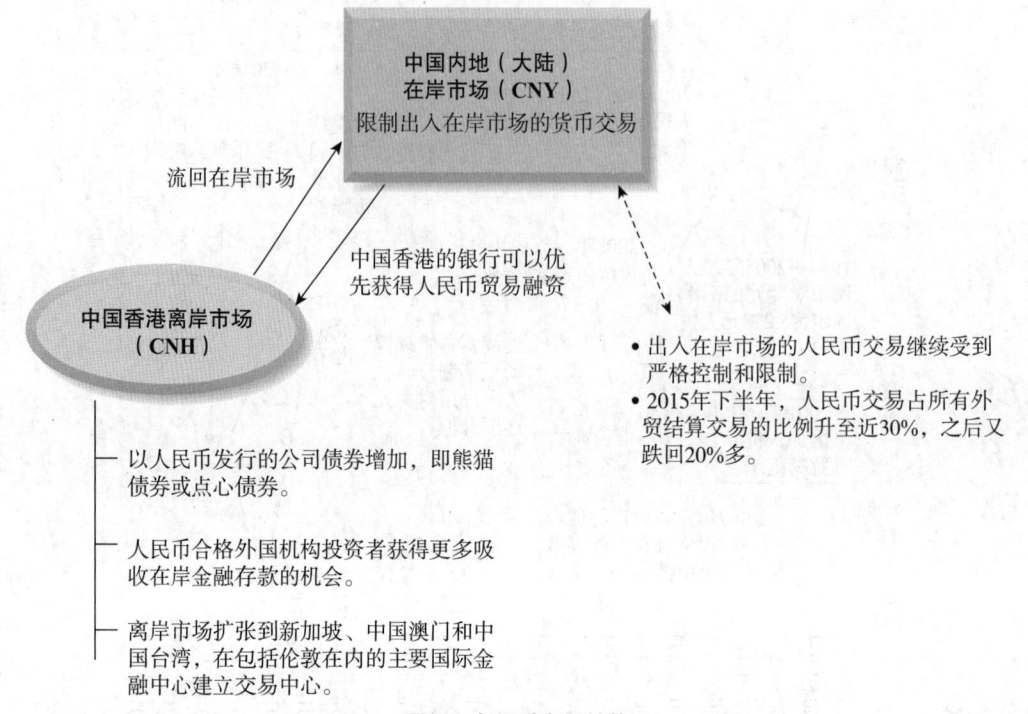

```
┌─────────────────────────┐
│  中国内地（大陆）         │
│  在岸市场（CNY）         │
│  限制出入在岸市场的货币交易 │
└─────────────────────────┘
```

流回在岸市场 ↑↓ 中国香港的银行可以优先获得人民币贸易融资

中国香港离岸市场（CNH）

- 出入在岸市场的人民币交易继续受到严格控制和限制。
- 2015年下半年，人民币交易占所有外贸结算交易的比例升至近30%，之后又跌回20%多。

— 以人民币发行的公司债券增加，即熊猫债券或点心债券。

— 人民币合格外国机构投资者获得更多吸收在岸金融存款的机会。

— 离岸市场扩张到新加坡、中国澳门和中国台湾，在包括伦敦在内的主要国际金融中心建立交易中心。

图 B　人民币市场结构

中国还继续推动离岸市场向新加坡和伦敦等其他主要地区金融中心和全球金融中心扩展。最大的发展之一就是在全球建立外汇交易中心。从伦敦、香港到纽约的这些外汇交易中心是中国政府授予人民币货币交易清算中心特殊地位的银行。

国际化：理论原则和实践问题

作为全球最大的商业贸易国和第二大经济体，人们认为中国的货币将不可避免地成为一种国际货币。但国际化程度是各种各样的。

第一种程度的国际化是指某种国际货币随时可以用于交易（这在专业上被称为经常账户用途，将在下一章详细介绍）。据估计，目前在中国所有的贸易中，超过16%的贸易以人民币计价，虽然规模较小，但与四年前的仅1%相比增幅巨大。中国出口商收到的货款通常是美元，并且这些美元收入不能存在任何银行账户中。出口商必须以中国规定的官方汇率兑换所有外币，并将其上交给中国政府（导致外汇储备的总量积累）。现在，中国鼓励进口商和出口商用人民币进行贸易计价和结算。

第二种程度的国际化是指将货币用于国际投资——资本账户/市场活动。此时对于中国而言，这是一个重点关注和谨慎对待的领域。中国市场是世界上许多企业关注的焦点，如果允许它们自由开放地进入中国市场和兑换中国货币，人们担心人民币的价值将会上涨，从而降低中国的出口竞争力。与此同时，随着主要资本市场（例如美元和欧元）进入利率上升阶段，人们担心大量中国储蓄可能流出中国以寻求更高的收益——资本外逃。

第三种程度的国际化是指货币扮演储备货币（也称为锚货币）的角色，即世界各国央行以外汇储备形式持有的货币。美国和欧盟的持续财政赤字困境使人们越来越担心美元和欧元是否能维持其币值。人民币能否或者是否应该成为储备货币？根据预测，到2020年，人民币将占全球储备的15%~50%。

特里芬难题

成为储备货币面临的一个理论问题是特里芬难题（有时称为特里芬悖论）。特里芬难题是指一国货币被用作储备货币时，国内货币和汇率政策目标与外部或国际政策目标之间可能出现目标冲突。国内货币政策和经济政策有时可能既需要缩减又需要创造贸易顺差。

如果某种货币上升到全球储备货币的地位，被认为是地球上两三种重要的价值储存手段之一［可能进入国际货币基金组织的特别提款权（SDR）定义］，其他国家将要求该国出现经常账户逆差，主要是在全球市场上投放越来越多的货币。这意味着该国需要成为国际债务国，这是其货币成为储备货币时需要承担的部分责任。简而言之，当世界采用某种货币作为储备货币时，就对该货币的用途和可用性提出了要求，而许多国家不愿意应对这个问题。事实上，日本和瑞士几十年来都在努力防止其货币在国际上被更广泛地使用，部分原因就是这些复杂的问题。然而，人民币最终可能会发现它没有选择——做出选择的是全球市场。

迷你案例问题

1. 为什么中国政府希望人民币成为全球货币？在全球市场上担任更重要角色的成本和收益是什么？
2. 需要满足哪些理论要求，货币才能被视为是国际化或全球化的？
3. 中国的人民币处于全球化进程的哪个阶段？是什么阻止了它完全全球化？

问题

2.1 **游戏规则**。在金本位制下，各国政府都承诺遵守"游戏规则"。这意味着什么？

2.2 **捍卫固定汇率**。"捍卫固定汇率"的金本位制意味着什么？这对一国的货币供应意味着什么？

2.3 **布雷顿森林体系**。布雷顿森林国际货币体系的基础是什么？为什么它最终失败了？

2.4 **从专业角度看浮动汇率制**。从专业角度讲，浮动汇率制意味着什么？政府的作用是什么？

2.5 **固定汇率制与弹性汇率制**。固定汇率制有哪些优缺点？

2.6 **事实和法定**。在国际货币基金组织使用的术语中，"事实"和"法定"这两个词是什么意思？

2.7 **爬行钉住汇率制**。爬行钉住汇率制与钉住汇率制有何根本区别？

2.8 **全球折中主义**。将今天的国际货币体系称为全球折中主义意味着什么？

2.9 **不可能三角**。请解释"不可能三角"一词的含义以及为什么它实际上是"不可能"的。

2.10 **欧元**。为什么欧元的创建和使用被视为是如此巨大的成就？我们真的需要欧元吗？它成功了吗？

2.11 **货币局制度或美元化**。固定汇率制有时通过货币局制度（中国香港）或美元化（厄瓜多尔）实施。这两种方法有什么区别？

2.12 **阿根廷的货币局制度**。从1991年到2002年1月，阿根廷的货币局制度是如何运作的，为什么它崩溃了？

2.13 **特别提款权**。什么是特别提款权？

2.14 **理想货币**。理想货币的特征是什么？

2.15 **新兴市场的汇率制度**。高资本流动性迫使新兴市场国家在自由浮动汇率制和货币局制度或美元化之间做出选择。从新兴市场国家的角度来看，上述每种制度的主要结果是什么？

2.16 **人民币全球化**。人民币全球化所必然发生的重大变化和发展有哪些？

2.17 **特里芬难题**。什么是特里芬难题？它如何体现在人民币发展成为真正的全球货币的过程中？

2.18 **中国与不可能三角。**在中国继续发展全球贸易和使用人民币的过程中，您认为中国将在不可能三角方面做出哪些选择？

习题

2.1 **博洛尼亚的亚历克西斯·萨拉斯（Alexis Salas）。**亚历克西斯·萨拉斯住在博洛尼亚，她可以用 0.900 0 欧元购买 1 美元。尼克·弗里曼（Nick Freeman）住在芝加哥，他可以用 1.100 0 美元购买 1 欧元。美元与欧元之间的汇率是多少？

2.2 **墨西哥和石英岩（Quartzite）公司。**墨西哥比索的即期汇率为 12.42 比索/美元。如果美国的石英岩公司周一向银行购买 500 万比索现汇，石英岩公司必须支付多少钱？在哪天支付？

2.3 **金本位制：法国法郎。**在第一次世界大战前，购买一盎司黄金需要 20.67 美元。如果同时在法国可以用 410.00 法国法郎购买一盎司黄金，那么法国法郎与美元之间的汇率是多少？

2.4 **金盎司。**在金本位制下，一盎司黄金的美元价格为 20.67 美元，而同样一盎司黄金的英镑价格为 3.768 3 英镑。如果每盎司黄金 42.00 美元，那么美元与英镑之间的汇率是多少？

2.5 **英国进口。**丰田（Toyota）在英国销售的大部分汽车都是在日本生产的。丰田坦途（Tundra）卡车系列的基础车型价格为 1 650 000 日元。日元对英镑的即期汇率最近从 197 日元/英镑变为 190 日元/英镑。这将如何改变坦途对于丰田英国子公司的英镑价格？

2.6 **加拿大元。**如果美联储前主席艾伦·格林斯潘（Alan Greenspan）的回忆录《动荡年代》（*The Age of Turbulence*）在 Amazon.ca 上的价格为 26.33 加拿大元，但在 Amazon.com 上的价格仅为 23.10 美元，那么这两种货币之间的汇率是多少？

2.7 **比索的汇率变化。**1994 年 12 月，墨西哥政府正式将墨西哥比索的价值从每美元 3.2 比索变为每美元 5.5 比索。它的价值变化率是多少？这是贬值、官方贬值、升值还是官方升值？请说明原因。

2.8 **钉住美元的港元。**长期以来，港元一直钉住美元，汇率为 7.80 港元/美元。2005 年 7 月，人民币对美元汇率从 8.28 元/美元升至 8.11 元/美元后，港元对人民币的汇率将如何变化？

2.9 **人民币升值。**许多专家都认为，人民币不仅应该像 2005 年 7 月那样对美元升值，而且应该升值 20% 或 30%。如果人民币从最初升值后的汇率 8.11 元/美元再升值 20% 或 30%，那么新的汇率是多少？

2.10 **巴西的兰德西（印度）。**兰德西（Ranbaxy）是一家总部位于印度的制药公司，其降胆固醇产品在其快速增长的市场之一——巴西——的价格一直存在问题。该公司的所有产品均在印度生产，成本和价格最初以印度卢比（Rps）表示，但需要兑换为巴西雷亚尔（R$）以便在巴西推广和销售。2009 年，其产品的单位价格为 21 900 卢比，巴西雷亚尔价格定为 895 雷亚尔。但是在 2010 年，雷亚尔相对于卢比升值，平均汇率为 26.15 卢比/雷亚尔。为了保持雷亚尔价格和产品的卢比利润率，新的卢比价格应该定为多少？

2.11 **越南咖啡土狼。**近年来，越南成为仅次于巴西的世界第二大咖啡生产国，很多人对此都感到惊讶。越南盾

(VND 或 d)相对于美元的汇率受到管理，但它并未被广泛交易。如果您是批发市场上的咖啡代购买家（行业术语为"土狼"），那么当您前往越南进行采购时，以下哪种汇率和汇兑手续费最符合您的利益？

货币汇率	汇率(盾/美元)	手续费(%)
越南银行汇率	19 800	2.50
西贡机场货币兑换处汇率	19 500	2.00
酒店货币兑换处汇率	19 400	1.50

2.12 **英法海底隧道火车票价的汇率选择。** 英吉利海峡隧道或"英法海底隧道"位于英国和法国之间的英吉利海峡下方，是欧洲大陆和不列颠群岛之间的陆路连接。因此，它的一侧是英镑经济，另一侧则是欧元经济。如果您查询英法海底隧道的火车票互联网价格，就会发现它以美元计价。例如，通过欧洲铁路公司购买一张通过英法海底隧道从伦敦到巴黎的成人往返一等座车票的价格可能为170美元。然而，这种货币中性意味着英法海底隧道两端的客户每天支付的本币票价都不同。如果在以下时期按照从英国《金融时报》获得的即期汇率购买火车票，以当地货币计算的170美元往返车票的英镑价格和欧元价格是多少？

获得即期汇率的时期	英镑即期汇率（英镑/美元）	欧元即期汇率（欧元/美元）
星期一	0.570 2	0.830 4
星期二	0.571 2	0.829 3
星期三	0.575 6	0.834 0

2.13 **巴塞罗那的机床。** 巴塞罗那附近的重型机床制造商奥罗德米盖尔公司（Oriol D'ez Miguel S. R. L.）向一位约旦买家发货。购买价格为425 000欧元。约旦对从欧盟购买的所有产品征收13%的进口关税。然后，约旦进口商将该产品再出口给一家沙特阿拉伯进口商，但收取28%的再销售费用。给定2010年4月11日的即期汇率（下表），沙特阿拉伯进口商的沙特阿拉伯里亚尔总成本是多少？该价格相当于多少美元？

货币交叉汇率	即期汇率
约旦第纳尔/欧元	0.96
约旦第纳尔/美元	0.711
沙特阿拉伯里亚尔/美元	3.751

2.14 **凤凰城的速范（SpeedFam）。** 2016年1月1日，凤凰城的速范电子公司向墨西哥蒙特雷的威达（Vectra）出售了2 000万比索的计算机电路板。这笔交

易以墨西哥比索（合同结算价格）开具发票。2016年1月1日的即期汇率为17.50墨西哥比索＝1.0美元，因此美国财务报表中的2 000万墨西哥比索销售收入记录为1 142 857美元。如果威达在六周后的2月15日付款，那么即期汇率为18.75墨西哥比索＝1.0美元。如果威达直到4月1日（90天后）才付款，那么即期汇率为17.24墨西哥比索＝1.0美元。

a. 请填写以下销售和结算工作表。
b. 在三个不同的结算日期，销售毛利率会如何变化？
c. 如果在2016年4月1日结算总销售收入，那么这笔销售的外汇收益（亏损）是多少？

习题2.14　凤凰城的速范

	2016年1月1日的账面价值	如果在2016年2月15日结算	如果在2016年4月1日结算
销售收入（墨西哥比索）	20 000 000	20 000 000	20 000 000
墨西哥比索/美元	17.50	18.75	17.24
销售收入（美元）	1 142 857.14	_____	_____
成本（美元）	(850 000.00)	(850 000.00)	(850 000.00)
预期毛利润（美元）	_____	_____	_____
预期毛利率（%）	_____	_____	_____
账面价值的变化		_____	_____

2.15　沙皇亚历山大的黄金贷款。 1894年，由沙皇亚历山大三世掌权的俄国政府发行了一笔为期100年的无记名债券（该债券和其中一笔息票支付如下页所示）。无记名债券是出售给某位投资者，且债券持票人（持有者）有权在债券上列出的日期定期收到利息（息票）的证券。任何机构都不记录债券持有者的信息；持票人是隐名所有者。如果在当时的推荐银行和城市兑换息票，也不会留下利息收受人的记录。这让投资者可以在税务机关不知晓其身份的情况下获得利息。这些免税收益使债券发行人（在本案例中为沙皇）能以较低的利率筹集资金。

该债券按季度支付利息。正如息票和债券上所注明的，每张息票上都有可以兑换息票的明确日期。为了方便投资者用息票兑换现金，债券包含一本载有编号和日期的息票簿。持票人可以从息票簿上剪下这些息票并交给列出的世界上任何一家银行以兑换利息。该债券列出了不同城市以及用当地货币表示的利息支付金额。此处提供了该系列的第118张息票复制件。

持票人可以提交第118张息票兑换从1923年6月18日开始计算的利息，根据持票人所收到利息的币种，它表明了持票人将收到的利息金额。这显然隐含着一组在发行日（1894年）有效的固定汇率。请使用下一页的息票和债券回答以下问题。

a. 最初以法国法郎、德国马克、英镑、荷兰弗罗林和美元发行的债券总价值是多少？
b. 请绘制一张图，显示息票隐含的六种不同货币的固定汇率。
c. 请绘制第二张图，将这些汇率与今

天相同货币的汇率进行比较（请使用《华尔街日报》或《金融时报》查找当前的汇率）。

习题 2.15　沙皇亚历山大的黄金贷款（息票）

> **息票利率为 4% 的俄国黄金贷款 1894 年第 6 期**
> **面值为 187 卢布 50 戈比的债券息票（1 卢布＝1/15 帝俄金币）**
> 付息日期为 1923 年 6 月 18 日/7 月 1 日的第 118 张债券息票：
>
> 巴黎：5 法郎；柏林：4 马克 4 芬尼；伦敦：3 先令 11$\frac{1}{2}$便士；阿姆斯特丹：2 盾 39 分；
>
> 纽约：96$\frac{1}{4}$美分。
>
> 有效期 10 年。

习题 2.15　沙皇亚历山大的黄金贷款（债券）

R. 125.

> **一百二十五金卢布债券**
>
> ＝500 法郎＝404 德国马克＝19 英镑 15 先令 6 便士＝239 荷兰盾＝96.25 美国金美元，在帝国偿债基金委员会办公室登记为公共债务合并报表**持票人**名下。
>
> 　　本债券的持票人有权获得 125 金卢布的本金以及每年 4% 的利息，直至以抽签方式偿还债券。
> 　　在任何情况下，本债券都可以免缴所有当前和将来的俄国税款。
> 　　利息每三个月支付一次，即：每年 3 月 20 日/4 月 1 日、6 月 19 日/7 月 1 日、9 月 19 日/10 月 1 日、12 月 20 日/1 月 1 日，持票人可自由选择上述日期支取利息：
> 　　**圣彼得堡**：可在国家银行支取利息，按当天汇率以金卢布或纸卢布计息；
> 　　**巴黎**：可在百利银行、里昂信贷银行、巴黎国家贴现银行、俄国银行对外贸易办事处和霍廷格商行（Hottingeur & Co.）支取利息，以法郎计息；
> 　　**伦敦**：可在俄国对外贸易银行（伦敦分行）支取利息，以英镑计息；
> 　　**柏林**：可在门德尔松公司（Mendelssohn & Co.）支取利息，以德国马克计息；
> 　　**阿姆斯特丹**：可在李普曼商行（Messrs Lippmann）、罗森塔尔公司（Rosenthal & Co.）支取利息，以荷兰盾计息；
> 　　**纽约**：可在巴林银行、马古恩公司（Magoun & Co.）支取利息，以金美元计息。
> 　　这些债券将在 81 年内由帝国偿债基金委员会以抽签方式按面值赎回，每半年赎回一次，即从 1894 年 9 月 19 日/10 月 1 日开始，在每年 3 月 20 日/4 月 1 日和 9 月 19 日/10 月 1 日赎回。每半年的赎回金额包括初始债券名义金额的 0.084 281% 以及之前抽中债券金额的 2%。
> 　　在 1904 年 12 月 19 日/1 月 1 日之前，不得增加前款所述的本贷款分期偿还金额，在上述日期之前亦不得偿还或转换整笔贷款。被抽中债券将在下一个付息日进行支付，支付地点和币种与息票相同。在被抽中债券的支付日期之后到期的息票必须留附在息票簿上，否则将从债券支付金额中扣除遗失的息票金额。若自规定偿还日期起 30 年内未提交本贷款的被抽中债券要求偿还，则该债券将被视为无效；自规定支付日期起 10 年内未提交的息票也将视为无效。
> 　　本贷款的债券附有最迟于 1903 年 12 月 19 日/1904 年 1 月 1 日到期的息票以及一张息票兑换文书，载明在上述日期之后，将在指定地点为未抽中债券免费发放新息票簿，用于支取息票利息。本贷款的债券既有记名债券，也有无记名债券。关于记名债券、用记名债券换取无记名债券以及用无记名债券换取记名债券的规定需由财政部部长批准。

续表

我们命令:
1. 发行利率为 4‰、名义金额为一亿一千三百六十万（113 600 000）金卢布的债券，并将其以息票利率为 4‰的俄国黄金贷款 1894 年第 6 期的名称记入公共债务合并报表； 2. 从 1893 年 12 月 20 日/1894 年 1 月 1 日开始支付这些债券的利息，并在从 1894 年 12 月 20 日/1895 年 1 月 1 日起的 81 年内分期偿还债券； 3. 本债券的其他所有条件与 1893 年 8 月 9 日/21 日的帝国敕令第四款中关于利率为 4‰的俄国黄金贷款 1893 年第五期的规定相同； 4. 同时确定这些债券可被接受作为国家合同担保以及应纳消费税担保的权利和特权。

网络练习　　　部分习题答案

请扫描二维码或登录中国人民大学出版社官网 www.crup.com.cn 下载。

第3章
国际收支

> 交易产生的依赖——来自商业交易的依赖——是一种相互依赖。如果没有外国人对我们的依赖，我们就不能依赖外国人。现在，这构成了社会的本质。切断自然的相互联系不会让自身独立，而会让自身完全孤立。
>
> ——弗雷德里克·巴斯蒂亚（Frederic Bastiat）

学习目标

3.1 考察国际收支平衡表的会计基础、各国如何衡量本国的国际经济活动和跨国支付水平

3.2 分析国际收支平衡表的两个基本账户——经常账户和金融账户

3.3 描述国际收支的变化如何影响关键的宏观经济指标——利率和汇率

3.4 考察汇率变化如何改变国际贸易

3.5 考察资本流动的演变，以及可能导致危机的条件

国际收支平衡表（balance of payments，BOP）被用来衡量一国居民与外国居民之间发生的所有国际经济交易。本章提供了一张导航图，以助于解释国际收支平衡表以及众多相关经济问题、政治问题和商业问题。但我们的重点远不止是介绍国际收支平衡表，因为深入理解贸易和资本流动是跨国企业管理所不可或缺的。事实上，本章后半部分的重点就是详细分析国际收支要素如何影响贸易数量和价格，以及资本流动、资本管制和资本外逃如何改变国际经营成本和国际经营能力。本章最后是迷你案例"全球汇款"，直到最近，各国政府出于监督和控制跨国资本流动的目的才开始深入研究这部分内容。

母国和东道国的国际收支数据及其子账户对企业管理者、投资者、消费者和政府官员都很重要，因为这些数据既影响其他关键宏观经济变量，例如国内生产总值（GDP）、就业水平、价格水平、汇率和利率，同时也受这些关键宏观经济变量的影响。货币政策和财政政策必须在国家层面考虑国际收支。企业管理者和投资者需要国际收支数据来预测可能受国际收支事件推动的东道国经济政策变化。国际收支数据很重要的原因还包括：

■ 国际收支是一国汇率压力的重要指标，因此也是与该国公司进行交易或投资出现外汇收益或外汇亏损的可能性的重要指标。国际收支变化可能预示着外汇管制的实施或取消。

- 一国的国际收支变化可能表明实施或取消对支付股利和利息、许可费、特许权使用费或其他支付给外国公司或投资者的现金的管制。
- 国际收支有助于预测一国的市场潜力,尤其是在短期内的市场潜力。一个出现严重贸易逆差的国家不太可能像出现贸易顺差时那样扩大进口。但是,它可能欢迎增加出口的投资。

3.1 国际收支平衡表的会计基础

国际收支平衡表会计的名称取自企业会计术语,但这种拿来术语在这种背景下具有不同的含义。"平衡表"一词会让人产生公司资产负债表的错误印象。国际收支平衡表是一段时期内的现金流量表,它更符合公司利润表的定义,但是以现金为基础。国际收支平衡表会计还以独特方式使用借方和贷方这两个术语。国际收支平衡表贷方记录了获得外汇的事件,例如出口商品或服务——外汇流入。国际收支平衡表借方记录了支出外汇的事件,例如支付进口价款或购买服务——外汇流出。国际交易有多种形式。以下每个例子都是在美国国际收支平衡表中记录和反映的国际经济交易:

- 总部位于美国的CH2M希尔公司(CH2M Hill Corporation)主持建设泰国曼谷的一座大型水处理工厂。
- 法国公司圣戈班(Saint Gobain)的美国子公司向巴黎母公司支付利润。
- 一位美国游客在芬兰购买了一条拉波尼亚牌(Lapponia)小项链。
- 美国政府为其军事盟友挪威购买军事装备提供融资。
- 一位墨西哥律师通过克利夫兰的投资经纪人购买美国公司债券。

国际收支平衡表有三个主要子账户——经常账户、资本账户和金融账户。当这三个子账户以错误和遗漏账户作为补充时,国际收支平衡表必须平衡。如果不平衡,就说明某些内容未被计入或被错误计入。因此,说"国际收支平衡表处于不平衡状态"是不正确的。它不可能不平衡。一国的货币供需可能不平衡,但这与整个国际收支平衡表的情况不同。国际收支平衡表的子账户,例如货物和服务差额(任何一国的经常账户的子账户)可能是不平衡的(盈余或赤字),但一国的整个国际收支平衡表总是平衡的。

表3-1用美国的例子说明,国际收支平衡表确实是平衡的。表3-1中列出的五项差额——经常账户、资本账户、金融账户、净误差与遗漏以及储备与相关项目——之和确实为零。

表3-1 美国的简明国际收支平衡表账户

差额	2007年	2008年	2009年	2010年	2011年	2012年	2013年	2014年	2015年
经常账户差额	−719	−691	−384	−442	−460	−447	−366	−392	−463
资本账户差额	0	6	0	0	−1	7	0	0	0
金融账户差额	617	735	283	439	532	445	388	284	189
净误差与遗漏	101	−46	153	5	−54	−1	−24	105	268

续表

差额	2007年	2008年	2009年	2010年	2011年	2012年	2013年	2014年	2015年
储备与相关项目	0	−5	−52	−2	−16	−4	3	4	6
总计	0	0	0	0	0	0	0	0	0

资料来源：数据由作者摘自国际货币基金组织的 IMF 数据库。

国际经济活动的实际衡量过程包括三个主要因素：(1) 确定什么是国际经济交易，什么不是国际经济交易；(2) 了解货物、服务、资产和资金的流动如何产生整个国际收支平衡表的借方和贷方；(3) 了解国际收支平衡表会计的会计核算程序。国际收支平衡表提供了这些交易的系统性分类方法。但是当一切方法都失败时，一条经验法则总是有助于理解国际收支平衡表会计：跟踪现金流。

定义国际经济交易

识别国际交易通常并不困难。卡车、机械、计算机、电信设备等商品的出口显然是国际交易。法国葡萄酒、日本相机和德国汽车等商品的进口显然也是国际交易。但是，这种商品贸易只是每年在美国和其他国家发生的成千上万不同国际交易的一部分。

其他许多国际交易并不那么明显。美国游客在意大利威尼斯购买玻璃制品等商品被归类为美国商品进口。事实上，美国游客在世界各地的餐馆和酒店支付的服务价款都记录在美国国际收支平衡表经常账户中的旅游服务进口项下。

作为现金流量表的国际收支平衡表

如上所述，国际收支平衡表经常被误解，因为很多人从名称推断它是资产负债表。然而，它实际上是现金流量表。通过记录一段时期（例如一年）中的所有国际交易，国际收支平衡表跟踪一国与其他所有国家持续发生的购买与支付。它并不像资产负债表对公司的处理那样，加总某个国家在特定日期的所有资产和负债的价值〔如后面的内容所示，这实际上是一国的净国际投资头寸（net international investment position，NIIP）〕。国际收支平衡表主要包括两种商业交易：

(1) 实物资产交易。 用货物（例如汽车、电脑、纺织品）和服务（例如银行服务、咨询服务和旅游服务）交换其他货物和服务（易货贸易）或金钱。

(2) 金融资产交易。 用金融索偿权（例如股票、债券、贷款和公司买卖）交换其他金融索偿权或货币。

尽管资产可以分为实物资产或金融资产，但通常更简单的做法是将所有资产视为可买卖的货物。美国游客在一家曼谷商店购买手工编织地毯与华尔街银行家购买英国政府债券用于投资并没有什么不同。

国际收支平衡表会计

衡量一国内外的所有交易是一项艰巨的任务。错误、误差和统计差异都会出现。主要问题是理论上采用复式记账法，但实际上并非如此。单笔买卖交易——理论上——应该在国际收支平衡表上产生匹配的财务分录。而实际上，经常账户、资本账户和金融账户的分录是彼此独立记录的，而不是按照复式记账法的规定一起记录的。因此，借方和贷方之间会存在差异（这里用了婉转的说法）。

3.2 国际收支平衡表账户

国际收支平衡表包括三个主要子账户：经常账户、资本账户和金融账户。此外，官方储备账户反映了政府外汇交易，第五个统计子账户净误差与遗漏账户则用来保持国际收支平衡表的平衡。账户名称中的"净"一词表示支出和收入（即借方和贷方）在该账户内经过了净额结算。

经常账户

经常账户包括当年发生的所有国际经济交易的收入流或支出流。经常账户包含四个子类别：

(1) 货物贸易。货物的进出口被称为货物贸易。货物贸易是最古老、最传统的国际经济活动。虽然许多国家既依赖货物进口也依赖货物出口，但多数国家都寻求保持货物贸易的平衡或顺差。

(2) 服务贸易。服务的进出口被称为服务贸易。普通国际服务是银行向外国进口商和出口商提供的金融服务、航空公司提供的旅行服务以及其他国家的国内公司提供的工程建设服务。主要工业国的这一子账户在过去十年中增长最快。

(3) 收入。这主要是与前期投资相关的当期收入。如果一家美国公司上一年在韩国设立了一家生产金属零件的子公司，则本年度返还给母公司的净收入比例（股利）就构成了当期投资收益。此外，支付给非居民工人的工资和薪水也包括在此类中。

(4) 经常转移。与实际资源或金融项目所有权变化相关的财务结算被称为经常转移。国家之间的单向转移——赠与或捐助——被称为经常转移。例如，美国政府为援助欠发达国家发展而提供的资金就是经常转移。移民或客工汇回母国的款项，即全球汇款，也是经常转移的一个例子。

所有国家都有一定数量的贸易，其中大部分是货物贸易。许多欠发达国家几乎没有服务贸易，或者属于收入子账户或经常转移子账户的项目。经常账户通常主要为上述第一个部分，即货物进出口。因此，商业媒体如此广泛引用的"贸易差额"（balance of trade, BOT）仅指货物贸易的进出口差额。然而，如果该国是一个大型工业国，那么贸易差额这个说法就不太准确，因为服务贸易未包括在内。

图3-1显示了1985—2016年期间美国经常账户的两个主要组成部分的差额：（1）货物贸易差额；（2）服务贸易差额。该图凸显了货物贸易逆差的规模。相比之下，服务贸易差额与货物贸易差额相比虽然并不大，但在过去20年也出现了小幅但持续的顺差。

货物贸易是国际贸易最初的核心。货物制造是工业革命的基础，也是国际贸易中比较优势理论的重点。制造业传统上是雇用一国大部分工人的经济部门。美国贸易差额的下降源于钢铁业、汽车业、汽车零部件业、纺织品业和制鞋业等特定行业，造成了巨大的经济和社会混乱。

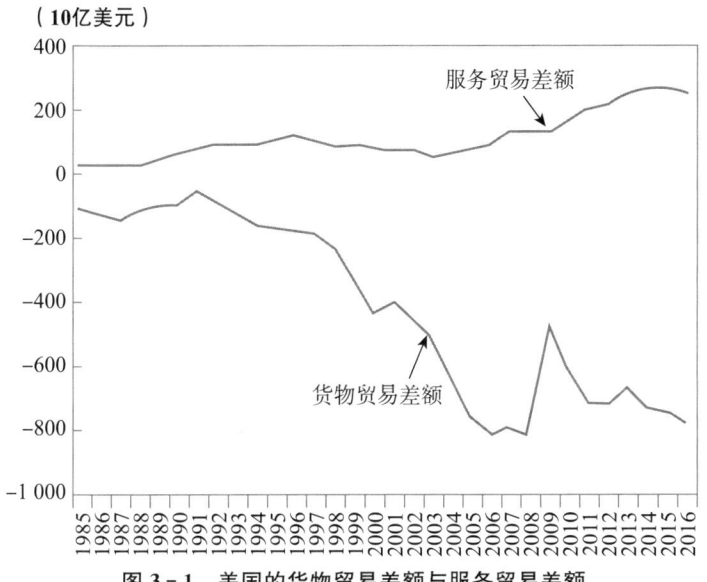

图 3-1 美国的货物贸易差额与服务贸易差额

资料来源：数据由作者摘自美国经济分析局的统计资料。

了解货物进出口情况与了解任何一种产品的市场非常相似。驱动两者的需求因素都是收入、买方的经济增长率以及通过汇率折算后消费者眼中的产品价格。美国货物进口反映了美国消费者的收入水平和行业增长。随着收入的增加，进口需求也会增加。出口遵循相同的原则，但方向相反。美国制造业的出口不取决于美国居民的收入，而取决于全世界美国产品买家的收入。

当这些经济体呈现增长时，对美国产品的需求也会增长。如图 3-1 所示，美国的服务贸易收入一直保持顺差。主要服务类别包括旅行与客运、交通服务、美国赴国外留学生和外国赴美留学生的支出、电信服务和金融服务。

资本账户和金融账户

国际收支平衡表的资本账户和金融账户衡量的是金融资产的所有国际经济交易。资本账户包括金融资产转移以及非生产资产/非金融资产的购买和处置。该账户最近才成为国际货币基金组织国际收支平衡表的独立组成部分。资本账户涵盖的资本交易规模相对较小，我们在原则上将其纳入金融账户的所有后续讨论中。但正如"全球金融实务 3-1"所述，全球账户仍然有一些未解之谜！

金融账户

金融账户由四部分组成：直接投资、证券投资、净金融衍生产品和其他资产投资。金融资产可以按多种不同方式进行分类，包括按资产寿命长短（期限）和所有权性质（公共所有或私人所有）进行分类。但是，金融账户按对资产或经营的控制程度对金融资产进行分类。直接投资被定义为寿命或期限较长，投资者对资产有一定控制的投资。相反，证券投资被定义为期限较短，投资者不控制资产的投资。

全球金融实务 3-1

全球经常账户差额

> 谎言有三种：谎言、该死的谎言和统计数字。
>
> ——作者未知，虽然经常被套在考特尼勋爵（Lord Courtney）、查尔斯·迪尔克爵士（Sir Charles Dilke）或马克·吐温（Mark Twain）名下

一国的顺差是另一国的逆差。也就是说，各国可能并且确实存在经常账户逆差和经常账户顺差，但理论上它应该是零和博弈。然而，根据国际货币基金组织最近一期《世界经济展望》（World Economic Outlook），全世界总体上是经常账户顺差。至少统计数据是这么说的。

合理的解释是，国际货币基金组织成员向国际货币基金组织报告的统计数据是错误的。这些错误很可能既有偶然成分，又有故意成分。多年来，国际货币基金组织一直认为，最可能的解释是富裕工业国少报居民的外国投资收入以及少报交通和运输费用。

其他许多解释主要是故意误报国际经常账户活动。长久以来，多报或少报发票金额一直是国际贸易中用来避免纳税、资本管制或购买限制的策略。其他观点，例如为避税而低报外国收入以及公司内部交易和转移价格的复杂性，也可以部分解释其原因。但最终，尽管理论认为经常账户不可能产生顺差，但数字表明它可能产生顺差。正如《经济学家》（The Economist）所指出的，地球似乎在与外星人的贸易中出现了经常账户顺差。*

* The Economist (November 12, 2011). Rephrased from "Economics Focus, Exports to Mars".

直接投资。 该投资指标是指为实施资产控制而流出和流入一国（例如美国）的净资本差额。控制的定义是至少持有10%的所有权。如果一家美国公司在另一国新建汽车零件工厂或在另一国购买公司，就属于美国国际收支账户中的直接投资。当资本流出美国时，它在国际收支平衡表上显示为负现金流。但是，如果一家外国公司购买了一家美国公司，它就是资本流入，并在国际收支平衡表上显示为正现金流。

外国居民在一国购买资产总是引起争议。包括美国在内的任何国家对外国投资的关注焦点都集中在两个方面：控制权和利润。一些国家限制外国人可以在该国拥有的资产种类。这种规定的前提是国内土地、资产和产业一般应由本国公民拥有。然而，美国传统上几乎不限制外国居民或公司在该国拥有或控制的资产种类（与国家安全相关的资产除外）。与国际贸易是否应该自由的传统争论不同，在国际投资是否应该自由的问题上不存在共识。

外国直接投资的第二个主要焦点是从企业获利的主体。在美国拥有企业的外国公司最终将从这些公司的活动中获利——换言之，外国公司将从美国工人的劳动中获利。尽管有证据表明，在美外国公司将大部分利润再投资于它们在美国的企业（事实上，再投资比例高于国内企业），但关于利润可能被消耗的争论仍在继续。无论做出何种实际选择，任何国家的工人都认为其劳动产生的利润应该掌握在本国手中。

选择用什么词描述外国投资也会影响舆论。如果这些大规模资本流入被描述为"来自世界各地的资本投资，表明对美国工业的未来充满信心"，这种对净资本账户顺差的表述

毫无疑问是积极的。然而，如果净资本账户顺差被描述为导致"美国成为世界上最大的债务国"，那么负面含义就显而易见。但这两者基本上讲的是相同的经济原理。

资本，无论是短期资本还是长期资本，都流向投资者认为能在特定风险水平下获得最大收益的地方。虽然在会计意义上这是"国际债务"，但当大部分资本流入以直接投资的形式出现时，对就业、生产、服务、技术和其他竞争性投资的长期投入以及对一国产业竞争力的影响就会有所提高。图3-2显示了美国的净直接投资现金流。

图3-2 美国的金融账户

资料来源：数据由作者摘自 WorldBank.org。

证券投资。 这是指流出和流入一国，但没有达到直接投资的所有权比例门槛（10%）的净资本差额。如果美国居民购买了某家日本企业的股票但未达到10%的门槛，我们就将这笔交易定义为证券投资（以及资本流出）。跨国买卖债务性证券（例如美国国库券）也被归类为证券投资，因为根据定义，债务性证券不向买方提供所有权或控制权。

证券投资是投资于纯营利动机（收益）的活动而不是控制或管理投资的活动的资本。购买债务性证券、债券、计息银行账户等仅仅是为了获得收益。它们对债务发行方不提供投票权或控制权。外国投资者购买美国政府发行的债券（美国国库券、中期国债和长期国债）构成了对美国的净证券投资。值得注意的是，外国人购买的大多数美国债务都是用发行国货币（美元）计价的美元债务。俄罗斯、巴西和东南亚国家等发行的大部分外债也以美元计价，因此是以外国货币计价的债务。以后，这些国家通常必须通过出口赚取美元以偿还其外国债务。

如图3-2所示，在过去十年中，证券投资显示出的波动性比净外国直接投资高得多。各种外国投资者对许多美国债务性证券——例如美国国债和公司债券——的需求一直居高不下。推动证券投资流动的力量总是相同的：收益和风险。但是，净证券投资流动可能发生大幅迅速的变化，正如2008年金融危机期间的净证券投资流出所示。如"全球金融实务3-2"所述，这些债务性证券也会影响不同的国际投资活动指标。

全球金融实务 3-2

一国的净国际投资头寸

一国的净国际投资头寸是指一年中该国公民、公司和政府在国外拥有的资产减去外国公众和私人在该国拥有的资产。鉴于一国的国际收支平衡表常常被称为该国的国际现金流量表,于是净国际投资头寸可以被称为该国的国际资产负债表。净国际投资头寸是一国的外国资产存量减去外国负债存量。

与公司现金流和公司资产负债表的关系相同,净国际投资头寸基于国际收支平衡表中使用的资本账户和金融账户并根据它们进行分类:直接投资、证券投资、其他投资和储备资产。近年来,随着国际资本在不同货币和国家之间的流动越来越容易,各国拥有的资产和证券显著增长。

考察一国的净国际投资头寸的一种常用方法是用占该国总经济规模——国内生产总值(GDP)——的百分比来衡量它。如图3-3所示,美国的净国际投资头寸近年来显著增长,现在平均超过美国GDP的25%。

尽管一些观察家认为这种增长率对美国经济构成风险(例如,称美国为世界上最大的债务国),但这些对各类资产的投资在很多方面都代表了外国投资者对未来国家和经济的信心。这种投资中很大一部分是购买美国政府证券、中期国债和长期国债,发行这些证券部分是为了给美国政府不断增长的赤字融资。因此,这些外国买家为美国政府的预算赤字提供了融资帮助。

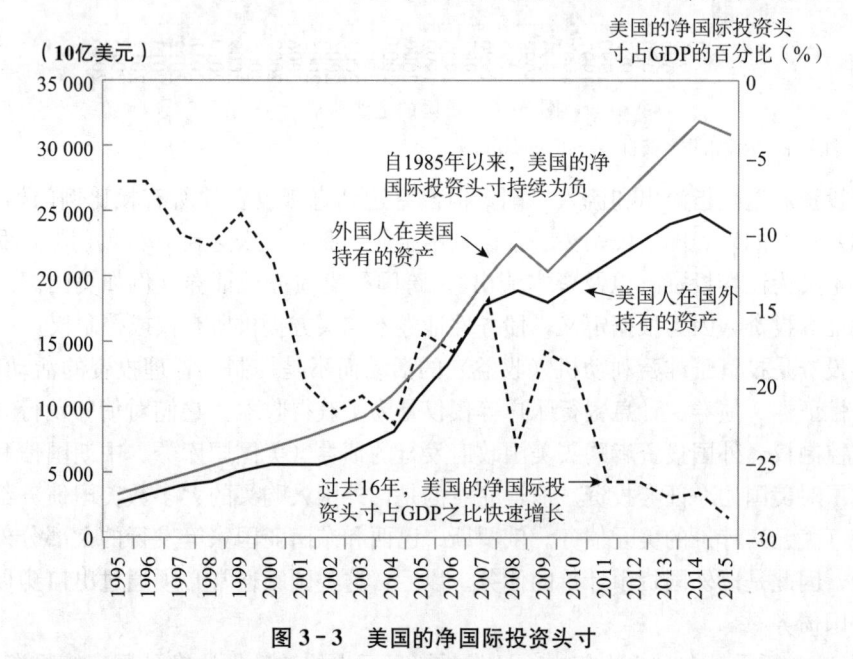

图 3-3 美国的净国际投资头寸

资料来源:作者根据美国商务部经济分析局收集的数据绘制。

其他资产投资。 金融账户的最后一个组成部分包括各种短期贸易信贷和长期贸易信贷,各类金融机构的跨国贷款、货币存款和银行存款,以及与跨国贸易有关的其他应收款项和应付款项。

图 3-4 显示了近年来美国的经常账户差额和资本账户/金融账户差额。该图显示了国际收支平衡表的基本经济和会计关系之一：经常账户和金融账户之间的反比关系。

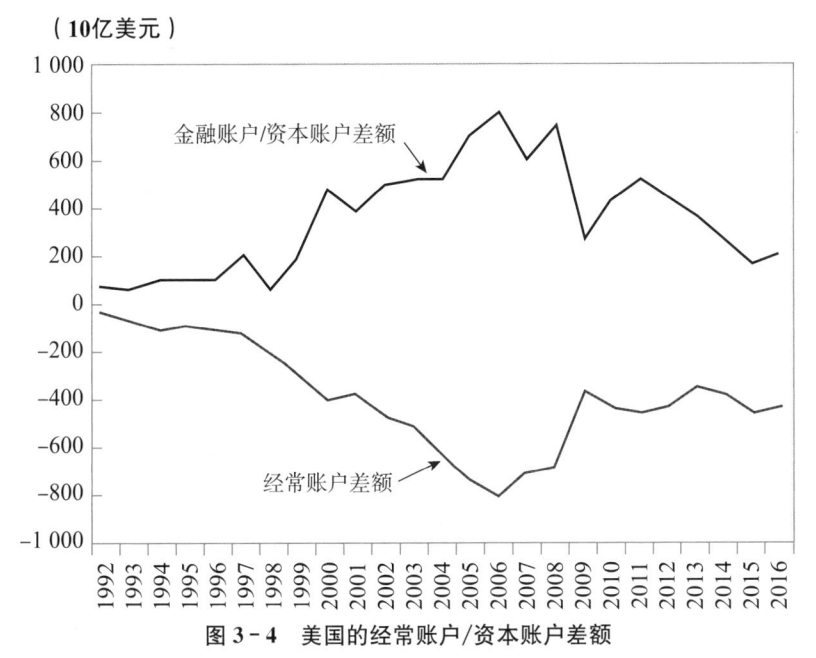

图 3-4 美国的经常账户/资本账户差额

资料来源：数据由作者摘自 WorldBank.org。

这种反比关系并非偶然。国际收支平衡表采用的复式记账法要求经常账户和金融账户彼此抵消，除非该国的汇率受到政府当局的高度操纵。一般来说，经常账户出现巨额逆差的国家通过金融账户中的巨额顺差为这些逆差融资，反之亦然。

净误差与遗漏账户以及官方储备账户

国际收支平衡表中的最后两个账户起到帮助"平衡"的作用。

净误差与遗漏账户。如前所述，由于经常账户和金融账户的分录是分开采集和记录的，因此会出现错误或统计差异。净误差与遗漏账户确保国际收支平衡表实际上是平衡的。

官方储备账户。官方储备账户是一国官方货币当局持有的总储备。这些储备通常由国际贸易和金融交易中使用的主要货币组成（即所谓的硬通货，例如美元、欧元和日元；黄金；以及特别提款权）。

官方储备的重要性一般取决于一国实施固定汇率制还是浮动汇率制。如果一国的汇率固定，该国政府正式宣布该国货币可以兑换为固定金额的其他货币。例如，人民币曾多年对美元的汇率固定。中国政府有责任维持这种固定汇率，也称为平价汇率。如果出于某种原因，外汇市场上的人民币供应过剩，为了防止人民币价值下跌，中国政府必须在公开市场上购买人民币来支持人民币的价值（通过动用其硬通货储备），直到消除过剩供应。在浮动汇率制下，中国政府没有这种责任，官方储备的作用也有所减弱。但正如下节所述，中国政府现在持有世界上规模最大的外汇储备，如果需要，它可能拥有足够储备来管理未来多年的人民币价值。

打破规则：中国的双顺差

图 3-5 记录了多年来全球令人震惊的国际收支平衡表现象之一——中国 1999—2011 年的双顺差。中国在经常账户和金融账户中同时出现的顺差——被商业媒体称为双顺差——非常不同寻常。以美国（请回忆图 3-4）、德国和英国为例，这两个账户之间通常呈现反比关系。如前所述，这种反比关系并非偶然，通常表明多数大型成熟工业国用巨额金融账户顺差为同样巨额的经常账户逆差"融资"。对于像日本这样的国家来说，情况则相反；经常账户顺差对应的是金融账户逆差。

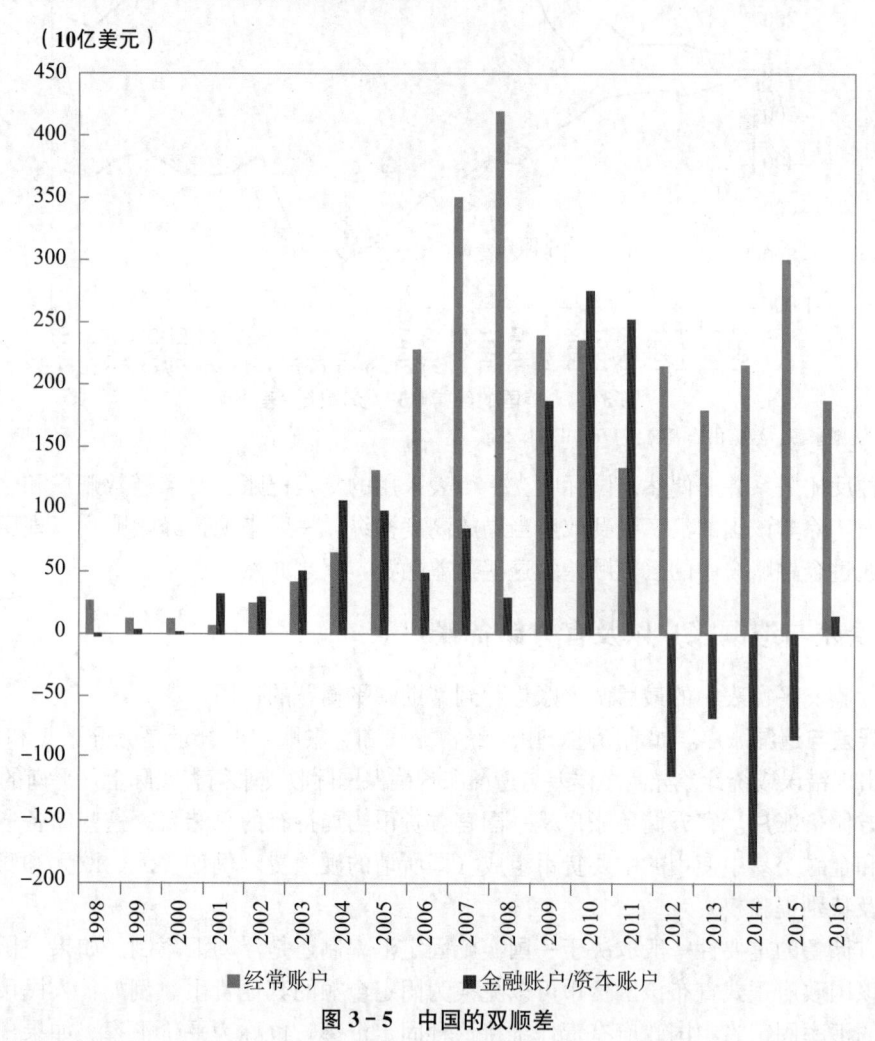

(10亿美元)

■ 经常账户   ■ 金融账户/资本账户

图 3-5 中国的双顺差

资料来源：数据由作者摘自 WorldBank.org。

然而，中国同时出现了巨额经常账户顺差和有时相当大的金融账户顺差。这种情况很罕见，也是中国经济超常增长的一个指标。虽然这种规模的经常账户顺差通常会造成金融账户逆差，但中国经济的积极前景吸引了大量资本流入中国，因此金融账户也是顺差。严格的资本外流限令限制了资本离开中国，也使这种情况长期存在。请注意，从 2012 年开始，其后几年金融账户/资本账户差额确实变为负值，使之更符合传统理论预期。这部分是中国金融业继续放松管制以及经济增长放缓的共同结果。尽管 2016 年中国的金融账户/资本账户再次出现顺差——部分原因是重新实施有限的资本管制,但这些数据仍被认为是初步数据,随时有可能进行修订。

中国经济的崛起伴随着经常账户顺差的增加,以及随后的外汇储备积累——在 2001—2013 年间增加了 16 倍——从 2 000 多亿美元升至接近 3.7 万亿美元的峰值水平。从那时起,外汇储备就开始随着积累和外汇市场干预而上下浮动。截至 2018 年 1 月,外汇储备金额为 3.0 万亿美元。在全球金融史上,这种外汇储备积累是史无前例的。这些外汇储备使中国政府能管理人民币币值及其对中国在世界经济中的竞争力的影响。这些外汇储备的规模将使中国政府可以维持人民币对美元以及中国选择的其他主要货币的管理固定汇率相对稳定。

3.3 国际收支对主要宏观经济指标的影响

一国的国际收支既影响三种国际金融宏观经济指标,也受到它们的影响。这三种指标是:汇率、利率和通货膨胀率。

国际收支和汇率

一国的国际收支可能会对该国的货币汇率产生重大影响,反之亦然,具体取决于该国的汇率制度。国际收支和汇率之间的关系可以用一个总结国际收支数据的简化公式来说明:

经常账户差额	资本账户差额	金融账户差额	储备差额	国际收支差额
$(X-M)$ +	$(CI-CO)$ +	$(FI-FO)$ +	FXB =	BOP

其中,X 是出口,M 是进口,CI 是资本流入,CO 是资本流出,FI 和 FO 分别是金融资本流入和金融资本流出。FXB 是储备差额的变化。国际收支差额(BOP)是各账户差额之和。一国国际收支失衡的影响取决于该国是实行固定汇率制、浮动汇率制还是管理浮动汇率制。

固定汇率制国家。 在固定汇率制下,政府有责任确保国际收支差额接近于零。如果经常账户与资本账户之和不接近零,那么政府按理将通过购买或出售官方外汇储备来干预外汇市场。如果前两个账户之和大于零,则世界上存在对本币的多余需求。为了保持固定汇率,政府必须干预外汇市场,卖出本币换取外币或黄金,以使国际收支差额重新接近零。

如果经常账户和资本账户之和为负数,则世界市场上存在本币的多余供给。政府必须用外汇和黄金储备购买本币来进行干预。显然,政府必须保留足够的外汇储备以便进行有效干预。如果该国的外汇储备用尽,将无法回购本币,被迫使本币贬值。

浮动汇率制国家。 在浮动汇率制下,一国政府没有责任钉住其货币汇率。经常账户与资本账户之和不为零时将——在理论上——自动改变汇率的变化方向,使国际收支差额接近零。例如，经常出现大额经常账户逆差且金融账户/资本账户差额为零的国家将出现净国际收支逆差。世界市场上将出现多余本币供给。和所有供给过剩的商品一样，市场自身将通过降低价格消除不均衡。因此，本币价值将会下跌，而国际收支差额将回归为零。

汇率市场并不总是遵循这个理论，尤其是在短期到中期。这种延迟被称为 J 曲线（详见下一节）。从短期来看，逆差会变得更严重，但从长期来看，它会回归均衡状态。

管理浮动汇率制。尽管仍然依赖市场条件来确定每日汇率，但采用管理浮动汇率制的国家经常发现有必要采取行动维持理想的汇率。它们经常试图通过影响市场活动的动机而不是通过直接干预外汇市场来改变其货币的市场价值。

这些政府采取的主要行动是改变相对利率，从而影响决定汇率的基础经济因素。在前述公式中，国内利率的变化将改变资本账户差额（$CI-CO$），尤其是这些资本流动中的短期证券投资，以恢复由经常账户逆差引起的不均衡。

利率变化对国际资本和汇率变化的影响力可能很大。实施管理浮动汇率制的国家希望捍卫币值时，可以选择提高国内利率以吸引更多国外资本。这一举措将改变市场力量，为本币创造更多市场需求。在这个过程中，政府向市场发出信号，表明它打算采取措施将币值保持在特定范围内。然而，这个过程也增加了企业的本地借款成本，因此该政策在国内很少不遭到批评。

国际收支与利率

除了利用利率干预外汇市场以外，一国相对于其他国家的整体利率水平对国际收支平衡表的金融账户也会产生影响。相对较低的实际利率通常会刺激资本外流以寻求他国货币的更高利率。但是，对美国的影响恰好相反。尽管实际利率相对较低且国际收支平衡表的经常账户存在大量逆差，但由于相对有吸引力的美国经济增长速度前景、高水平的生产创新和令人感到安全的政治环境，美国国际收支平衡表的金融账户出现了抵消性金融资本流入。因此，金融账户流入帮助美国维持较低的利率并为其巨额财政赤字提供资金。然而，金融账户的有利流入正在开始减少，而美国经常账户的平衡正在恶化。

国际收支与通货膨胀率

进口可能降低一国的通货膨胀率。尤其是，低价货物和服务的进口限制了国内竞争者可以对可比货物和服务收取的价格。因此，外国竞争替代了国内竞争，使通货膨胀率始终低于没有进口时的通货膨胀率。

另外，如果低价进口替代了国内生产和就业，国内生产总值将会下降，因为经常账户差额将随进口增加而下降。

3.4 贸易差额与汇率

一国的货物与服务进出口受到汇率变化的影响。传导机制的原理很简单：汇率变化会改变进出口的相对价格，而价格变化又会通过需求价格弹性导致需求数量变化。虽然理论看起来很简单，但实际全球商业情况更为复杂。

贸易与贬值

若持续出现大规模贸易逆差,各国偶尔会让本币贬值。不久以前,许多国家都曾有意使本币贬值,以提高出口商品在世界市场上的价格竞争力。然而,这些竞争性贬值通常被认为对自身有害,因为它们也使进口商品相对更加昂贵。那么有意使本币贬值以改善贸易差额的理由和可能的结果是什么呢?

J曲线调整路径

国际经济分析将贸易差额调整过程分为三个阶段:(1)货币合同期;(2)汇率传导期;(3)数量调整期。这三个阶段如图3-6所示。假设贸易差额在贬值之前已经处于逆差状态,那么在时间 t_1 贬值在使贸易差额最终改善之前最初会导致贸易差额进一步恶化。如图所示,调整路径呈现扁平的"J"形。

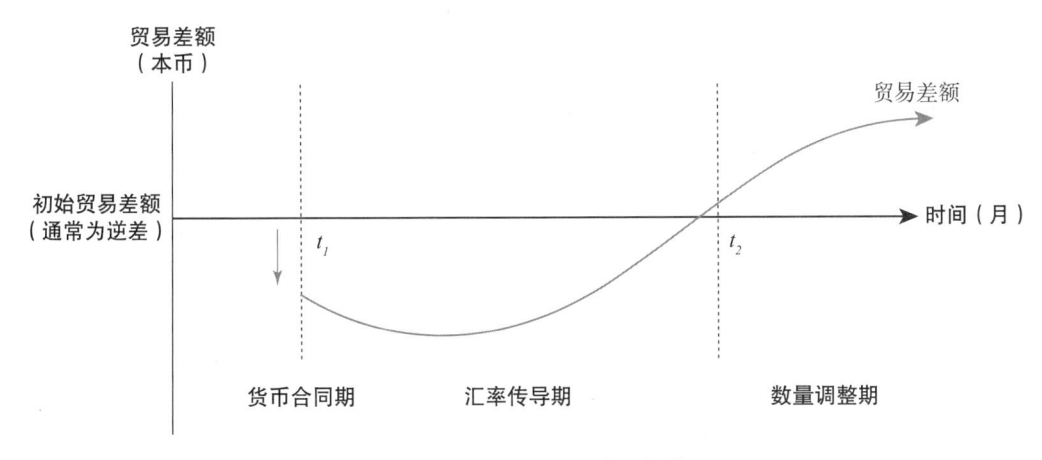

图3-6 根据汇率进行贸易调整

如果出口产品主要以本币定价和开具发票,且进口产品主要以外币定价和开具发票,则本币突然贬值——最初——可能导致贸易差额恶化。在汇率变化传导到产品价格之后,市场就有时间通过改变市场需求来应对价格变化,贸易差额将会改善。货币合同期可能持续3~6个月,之后的汇率传导期和数量调整期将再持续3~6个月。

在第一个时期,即货币合同期,本币突然意外贬值将产生某种不确定影响,这是因为所有进出口合同已经生效。根据这些合同经营的企业必须履行其义务,无论它们将盈利还是亏损。假设美国的美元价值突然下跌。多数出口产品以美元计价,但多数进口产品以外币计价。美元突然贬值的结果是在时间 t_2 贸易逆差规模增加,因为美国进口商需要花更多美元来购买所需外币,从而支付的进口价格也将上升,而美国出口商获得的收入将保持不变。然而,几乎没有理由认为多数美国进口产品以外币计价,而多数出口产品以美元计价。

贸易差额调整过程的第二阶段被称为汇率传导期。随着汇率的变化,进口商和出口商最终必须将这些汇率变化传导至本国产品价格。例如,在美元价值大幅下跌后向美国市场出售产品的外国生产商必须收回其国内生产成本。这种需求将要求该公司收取更高的美元价格,以获得足够多的本币收入。该公司必须提高其在美国市场的价格。随后,美国进口价格上涨，最终将全部汇率变化转嫁到价格上。同理，现在的美国出口价格比外国竞争者便宜，因为美元更便宜了。遗憾的是，对于美国出口商而言，最终产品耗用的许多投入品实际上可能是进口产品，从而抑制了美元贬值带来的积极影响。

第三个时期——也是最后一个时期——是数量调整期，预期将由于本币贬值而实现贸易差额调整。由于进出口价格因汇率传导期而发生变化，因此美国和美国出口市场的消费者都会根据新价格调整其需求。进口价格相对更贵；因此需求量减少。出口价格相对更便宜；因此需求量增加。贸易差额——出口支出减去进口支出——得到改善。

遗憾的是，这三个调整期并非在一夜之间出现。像美国这样出现重大汇率变化的国家，这种调整也要经历很长时期。实证研究得出结论，对于工业国而言，时间 t_1 与时间 t_2 的总时间差可能在 3~12 个月之间。让这个过程更复杂的是，在调整完成之前经常发生新的汇率变化。

贸易差额调整路径：公式

一国的贸易差额基本上是出口收入与进口支出的净额，它们都是价格——$P_x^\$$ 和 P_m^{fc}，分别表示出口价格和进口价格——的倍数。假设出口价格以美元表示，进口价格以外币表示。出口数量和进口数量分别表示为 Q_x 和 Q_m。然后，用外币支出乘以即期汇率 $S^{\$/fc}$，得到以美元表示的进口支出。以美元表示的美国贸易差额如下：

$$美国贸易差额 = P_x^\$ Q_x - S^{\$/fc} P_m^{fc} Q_m$$

本币贬值的直接影响是增加即期汇率 $S^{\$/fc}$ 的值，导致贸易差额（货币合同期）立即恶化。只有在当前合同到期后，新价格部分反映完全传导的汇率变化时，贸易差额才会明显改善（汇率传导期）。在最后一个阶段，即需求价格弹性有时间生效的时期（数量调整期），预期实际贸易差额将升至高于图 3-6 中的初始值。无论如何，贸易调整都需要时间，这是"全球金融实务 3-3"中讨论的一个近期问题。

全球金融实务 3-3

贸易流动不再遵循理论了吗？

近年来的两次重大汇率变化，2016 年 6 月英国脱欧投票后的英镑贬值以及 2017 年上半年的瑞士法郎升值，导致许多市场分析师质疑汇率改变贸易流动的能力。在这两种情况下，当事国在世界市场上的重大汇率变化本应——至少最终应该——改变进口和出口。然而，在这两个例子中，可以归因于汇率变化的改变很小。

对于这一现象有很多可能的解释。在许多情况下，无论实际价格如何变化，对特定产品的需求都可能非常缺乏价格弹性。这种弹性缺乏可能来自合同条件（如 J 曲线理论所述），也可能来自缺乏合适可得的替代品。显然，随着全球供应链的深度和广度不断增长，许多企业依赖于高度专业化的供应商，这些供应商设计的零部件在公开市场上无法被替代。

无论具体情况如何，事实都表明，随着价值链上不同经济体的一体化程度增加，汇率变化改变实际贸易流动——进口和出口——的能力变得越来越弱。

3.5 资本流动

资本跨国流动的自由程度对一国的国际收支平衡至关重要。我们已经看到，过去 20 年，美国的经常账户出现逆差，金融账户出现顺差，而过去 10 年，中国的经常账户和金融账户均出现顺差。但这些只是两个国家的个例，可能无法反映许多国家，尤其是小国或新兴市场国家面临的挑战，即贸易差额和资本差额的变化可能带来的挑战。

经常账户与金融账户的资本流动

资本流入可以为经济发展做出重大贡献。资本流入能增加新项目、新基础设施开发和提高生产力的可用资金。进而，这些可以刺激整体经济增长并创造就业机会。对于国内资本持有者而言，在国内经济之外投资的能力可能获得更高的投资收益，使投资组合多样化，扩展国内企业的商业发展空间。

也就是说，资本自由流入和流出经济体可能会破坏经济活动的稳定。尽管人们几百年以前就已了解资本自由流动的好处，但它也有负面影响。正是出于这个原因，布雷顿森林体系的建立者非常谨慎地提倡并要求资本自由流动以进行经常账户交易——外汇、银行存款、货币市场工具，但他们不要求资本账户的自由流动——外国直接投资和股权投资。

经验表明，与经常账户相关的资本流动可能更加不稳定，这些资本根据短期利差和汇率预期流入和流出某个经济体和某种货币。这种波动性的影响具有一定独立性，不会直接影响实物资产投资、就业或长期经济增长。长期资本流动反映了更为基本的经济预期，包括增长前景和对政治稳定性的看法。

然而，当您考察许多新兴市场国家的困境时，问题的复杂性就显而易见了。第 2 章中的不可能三角理论指出，任何国家都不能同时维持固定汇率制、允许资本完全流动（流入和流出该国）和实行独立的货币政策。许多新兴市场国家通过维持近似固定汇率制（软钉住汇率制）——严格独立的货币政策——继续发展，同时限制资本流入和流出。随着经常账户商业活动（货物与服务的进出口）的增长，更多与经常账户相关的资本流动被解除管制。然而，如果一国的这些短期资本流动出现重大波动，资本流动就可能影响钉住汇率制或货币政策目标，此时政府当局通常会迅速重新实施资本管制。

过去 30 年，资本开放度的增长导致更多国家在显著增加的政治压力下对国际资本开放更多金融账户部分。但 1997—1998 年亚洲金融危机的破坏使其中大部分开放陷入停滞。小型经济体，无论其出口导向贸易战略带来了多么成功的增长和发展，在经济危机和金融危机蔓延时仍然会遭受突然的破坏性资本外流。

资本流动的历史模式

在结束对国际收支平衡的讨论之前，我们需要进一步了解资本流动的历史以及资本外流——资本外逃——对国际收支危机的贡献。资本总可以自由进出一国吗？当然不。外国投资者在其他国家拥有房产、购买企业或购买股票和债券的能力一直存在争议。

在第 2 章首次出现的表 3-2 提供了一种对过去 150 年的资本流动历史时代进行分类

的方法。该图将经济史划分为五个不同的汇率时代,并说明了它们对资本流动性(或缺乏资本流动性)的相关影响。这些汇率时代显然反映了我们在第2章中讨论和详细介绍的汇率制度,但也反映了这一时期工业国和新兴市场国家的政治经济学信念和政策的演变。

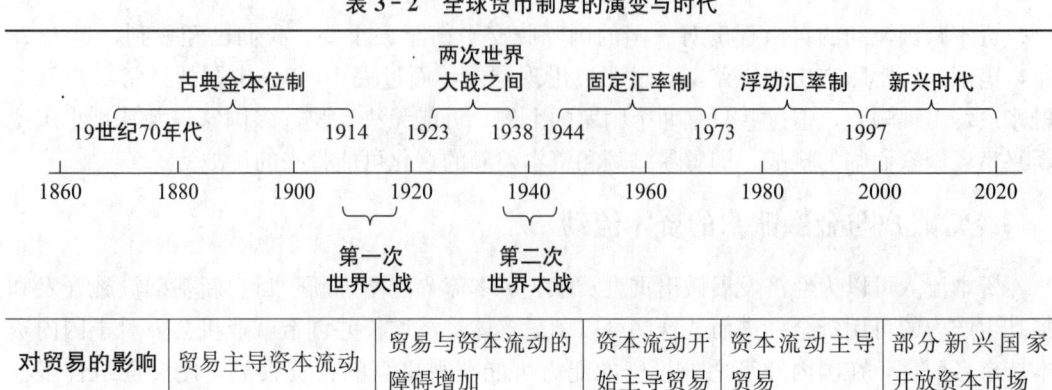

表3-2 全球货币制度的演变与时代

	古典金本位制 19世纪70年代—1914	两次世界大战之间 1923—1938	固定汇率制 1944—1973	浮动汇率制 1973—1997	新兴时代 1997—
对贸易的影响	贸易主导资本流动	贸易与资本流动的障碍增加	资本流动开始主导贸易	资本流动主导贸易	部分新兴国家开放资本市场
对经济的影响	有限资本流动下的世界贸易增加	保护主义与国家主义	开放经济体范围扩大	工业经济体愈加开放;新兴国家开放缓慢	资本流动推动经济发展

古典金本位制(19世纪70年代—1914年)。尽管这是资本开放度提高,贸易和资本流动自由度开始提高的时代,但也是工业国经济主导的时代,它依赖黄金可兑换性来维持对该体系的信心。

两次世界大战之间(1923—1938年)。这是一个紧缩时代,主要经济大国重新回到孤立主义和保护主义政策,因而限制贸易并几乎取消了资本流动。其破坏性结果包括金融危机、全球经济萧条以及日益加剧的国际政治与经济争端,引发各国陷入第二次世界大战。

固定汇率制(1944—1973年)。布雷顿森林体系下基于美元的固定汇率制带来了长期的经济复苏以及国际贸易与资本流动开放程度的提高。许多研究人员认为,资本流动速度和数量的快速增长最终导致布雷顿森林体系的失败——全球资本再也不受控制。

浮动汇率制(1973—1997年)。在浮动汇率制时代,工业国和新兴市场国家之间的分裂日益加剧。工业国(主要货币)通过资本流动转向——或被推向——浮动汇率制。新兴市场(次要货币)试图在促进经济发展的同时保持对经济和货币的控制,开放贸易但仍然限制资本流动。尽管存在这些限制,但1997年亚洲金融危机的冲击还是终结了这个时代。

新兴时代(1997年至今)。以中国和印度为首的新兴经济体试图逐步向全球资本开放市场。但是,正如之前不可能三角带给工业国的教训,资本流动性增加现在要求它们放弃管理币值或实施独立货币政策的能力。在当前这个时代,最具挑战性的问题是,一些新兴市场货币现在受到大规模非经常账户资本流动(称为证券投资或"热钱"流动)的冲击——随着资本流动规模的增长,现在它们的货币出现了更大的升值或贬值波动。

2008—2014年这一时期强化了所谓的全球资本流动双刃剑。始自美国的2008—2009年信贷危机迅速蔓延到全球经济,拉低了工业国和新兴市场经济体的经济增长。但在信贷危机之后的时期,全球资本又流向新兴市场。尽管这种资本既为经济的快速复苏提供了资金,又为它提供了动力,但它仍然——用一位记者的话说——"带着累赘"。新兴市场货币的升值压力越来越大,这部分削弱了它们的出口竞争力。但是,就像资本突然来临一样,它也会突然离开。2013年年底,美联储宣布将放缓货币供应增长并允许美国加息。资本再次发生流动;这次是流出新兴市场国家,流入更传统的工业国,例如美国和欧洲国家。

资本管制

资本管制是限制或改变资本流入或流出一国的速度或方向的措施。资本管制可能采取多种形式,有时规定了哪些交易方可以出于何种目的——投资的对象、内容、时间、地点和原因——进行哪种类型的资本交易。

新闻媒体和学术媒体认为资本能跨国自由流动的观点在很多方面都是一种偏见。资本自由进出一国在更多情况下是例外而非常规。世界上许多国家对于资本流动都有各种要求、限制、税收和文件审批规定。

资本管制有一系列动机,其中大多数要么是为了隔离国内货币金融经济与国外市场,要么是出于掌控所有权和准入权的政治动机。如表3-3所示,与资本流出一样,资本流入也可能存在资本管制。尽管资本管制(可能是"管制"这个词本身)倾向于有负面含义,但如果一国希望维持固定汇率制和独立的货币政策,不可能三角就要求控制资本流动。

资本管制可能采取多种形式,它们反映了贸易限制。这些资本管制可能只是对特定交易征税,可能是限制特定资本交易的数量或规模,也可能是完全禁止资本交易。资本管制本身往往遵循国际收支平衡表经常账户交易与金融账户交易的基本二分法。

表3-3 资本管制的目的

管制目的	方法	受管制的资本流动	例子
一般收入/金融战	资本流出管制允许一国在给定的固定汇率下升高通货膨胀率,同时保持低国内利率	资本流出	一战和二战的多数交战国
金融抑制/信贷分配	使用金融系统倾斜支持特定行业或者筹集税款的政府可以用资本管制防止资本为追求更高收益而流向国外	资本流出	在发展中国家普遍存在
纠正国际收支逆差	对资本流出的管制降低了对外国资产的需求,而不用实施紧缩性货币政策或贬值。这种情况下的通货膨胀率可能高于没有管制时的水平	资本流出	美国1963—1974年的利息平衡税
纠正国际收支顺差	对资本流入的管制降低了外国对本国资产的需求,而不用实施扩张性货币政策或升值。这种情况下的通货膨胀率可能低于没有管制时的水平	资本流入	联邦德国1972—1974年的现金存款计划

续表

管制目的	方法	受管制的资本流动	例子
防止波动性可能很高的资本流入	通过减少可能让一国陷入危机的资本储备,限制资本流入提高了宏观经济稳定性	资本流入	智利1991—1998年的强制存款计划
防止金融动荡	资本管制可以限制或改变可能加剧国内金融系统扭曲动机的国际资本流动构成	资本流入	智利1991—1998年的强制存款计划
防止实际升值	限制资本流入防止了导致货币实际升值所必需的货币扩张和国内通货膨胀率提高	资本流入	智利1991—1998年的强制存款计划
限制外国人持有国内资产	外国人持有特定国内资产——尤其是自然资源——可能产生不满	资本流入	墨西哥宪法第27条
用于国内目标的储备存款	投资于国内经济的收益可能不会完全归于存款人,通过限制资本流出提高整体经济的福利	资本流出	—
保护国内金融企业	资本管制将国内金融业与世界上其他国家的金融业暂时隔离,这让国内企业可以获得在世界市场上竞争所需的规模经济	资本流入与资本流出	

资料来源:"An Introduction to Capital Controls," Christopher J. Neely, *Federal Reserve Bank of St. Louis Review*, November/December 1999, p. 16.

在某些情况下,资本管制旨在阻止或遏制资本外流和货币贬值。1997—1998年亚洲金融危机期间马来西亚的情况就是一个例子。当马来西亚货币遭受攻击,资本开始离开马来西亚时,政府实施了资本管制以阻止短期资本流动(流入或流出),但没有阻碍或限制长期对内投资。所有与贸易有关的外汇申请都获得了批准,使与经常账户相关的资本流动得以继续。但是获取外汇用于进入或撤出货币市场投资或资本市场投资则受到限制。希望投资于马来西亚资产(实物资产而非金融资产)的外国居民可以从开放渠道获取外汇。

资本管制的实施方向可能相反,这时的主要担心是大量资本快速流入会同时导致货币升值(因此损害出口竞争力)并使货币政策变得复杂(资本流入充斥货币市场和银行存款)。20世纪90年代的智利就是一个例子。当时智利稳定的政治经济新面貌开始吸引国际资本。智利政府的回应是推出强制存款计划,对短期(一年以内)资本流入征税并施加限制,并限制国内金融机构发放外币信贷或贷款的能力。尽管实现了维持国内货币政策和防止智利比索迅速升值的目标,但该计划对智利公司,尤其是小公司,造成了巨大的成本。

使用资本管制防止本币升值的一个类似例子就是所谓的荷兰病。随着20世纪70年代荷兰天然气业的快速发展,人们越来越担心大规模资本流入推高对荷兰盾的需求并导致荷兰盾大幅升值。荷兰盾升值将损害其他荷兰制造业,导致它们相对于自然资源行业走向衰落。这是一些资源丰富但规模相对较小,近年来出口规模相对较小的经济体面临的挑战,如阿塞拜疆、哈萨克斯坦和尼日利亚的石油与天然气业的发展造成的影响,等等。

国际金融史上层出不穷的一个极端问题是资本外逃,这是资本管制旨在应对的问题之一。尽管定义资本外逃有点困难，但最常见的定义是资本因反对或担心国内政治经济条件和政策而迅速外流。虽然资本外逃不仅限于高负债国家，但可兑换货币迅速（有时非法）转移出国会造成重大的经济和政治问题。许多高负债国家出现了大量资本外逃，加剧了偿债问题。

将资金从一国转移到另一国的方法多种多样，有些合法，有些则不合法。通过常见国际支付机制（定期银行转账）进行转移显然是最简单、成本最低的合法方法。多数经济健康的国家都允许本币自由兑换，当然对于这些国家而言，资本外逃不是问题。相反，通过水客转移实物货币（一种众所周知的将现金藏在手提箱底部夹层里走私的方法）成本更高，而且在许多国家这种将货币转移出境的方法是非法的。这种货币转移之所以被视为非法，可能是出于国际收支原因，也可能是为了使从毒品交易或其他非法活动中获得的资金更难流动。

还有其他更有创意的解决方案。一种是通过收藏品或贵金属转移现金，然后再进行跨国转移。洗钱是指跨国购买资产，然后以隐藏货币流动和货币所有权的方式进行管理。最后，对国际贸易虚开发票是指通过低开出口发票或高开进口发票转移资本，并选择某个国家在其银行中存入发票金额与实际约定付款金额的差额。正如"全球金融实务 3-4"所述，有时监管机构起到最好的资本管制作用。

全球金融实务 3-4

起到资本管制作用的中国监管机构

2016 年，中国对外投资达到了超过 2 000 亿美元的水平，这使中国政府内部担忧资本并未追求有吸引力的外国投资，而是逃离中国经济及其相关的监管限制。

希望在国外投资的中国公司必须向监管机构提交一系列文件。首先，它必须向负责制定贸易和外国直接投资政策的商务部提交申请。然后，再向负责中国整体宏观经济规划的国家发展和改革委员会提交第二份申请。如果这些申请获得批准，还需要向国家外汇管理局提交第三份申请，只有国家外汇管理局批准该公司用人民币兑换外汇——通常是美元，该公司才能进行交易。

2017 年，由于对资本逃离中国经济的担忧日益增加，许多进入系统的申请没有得到回应。这导致了几项收购计划的失败，从收购澳大利亚采矿公司到收购好莱坞电影制片厂。2018 年，中国对日益增加的比特币和其他加密货币投资——它们似乎绕过了中国的资本管制——实施了一系列新的资本限制。

资本流动的全球化

> 尽管有这些好处，但许多新兴市场经济体都担心最近资本流入的激增可能导致经济问题。许多资本流动被认为反映了利差的暂时性流动，而这种情况至少在发达经济体的政策利率恢复到更正常的水平时可以部分逆转。在这种背景下，资本管制再次登上新闻。

> 令人担忧的是，大量资本流入可能导致汇率超调（或仅仅是使经济管理显著复杂化的强劲升值）或助长资产价格泡沫，从而放大金融脆弱性和危机风险。更广泛地说，在金融危机之后，政策制定者重新审视这样一种观点，即不受约束的资本流动基本上是一种良性现象，且所有资金流动都是理性投资/借款/贷款决策的结果。对外国投资者可能受到羊群行为影响并且受过度乐观情绪所害的担忧变得越来越强烈；即使资本流动基本稳健，人们也认识到它可能产生附带破坏，包括资产价格泡沫和资产价格大起大落。
>
> —— "Capital Inflows: The Role of Controls," Jonathan D. Ostry, Atish R. Ghosh, Karl Habermeier, Marcos Chamon, Mahvash S. Qureshi, and Dennis B. S. Reinhardt, IMF Staff Position Note, SPN/10/04, February 19, 2010, p. 3.

传统上，对资本流入的主要担忧在于它们是短期性质，可能来去匆匆，并且是政治和经济不稳定的新兴市场的特征。但是如前所述，近年来最大的两次资本流动危机发生在最大、最发达、最成熟的资本市场——美国和西欧。

在 2008 年的两次全球信贷危机中，美国都是危机的核心，而在随后的欧洲主权债务危机中，危机降临在长期以来一直被认为是最成熟、最发达、最"安全"的部分市场中。

要点总结

■ 国际收支平衡表是一国与其他所有国家在一段时期内（通常为一年）的所有国际交易的简明报表——现金流量表。

■ 最受关注的两个国际收支平衡表子账户是经常账户和金融账户。这些账户分别总结了一国的经常账户贸易和国际资本流动情况。

■ 经常账户和金融账户的差额通常符号相反，一个是顺差，另一个是逆差。但直到最近，中国的两个账户一直为顺差。

■ 监测一国国际收支活动的各个子账户有助于决策者和政策制定者——各级政府和行业——监测推动一国国际经济活动的基本经济力量的基本趋势和变化。

■ 汇率变化影响进口和出口的相对价格，而价格变化又会通过需求价格弹性导致需求数量发生变化。

■ 货币贬值导致贸易差额在最终改善之前首先进一步恶化——调整路径呈现扁平的"J"形。

■ 资本即时和大规模跨国流动的能力是导致近期的严重货币危机的主要因素之一。对于 1997 年的马来西亚货币危机和 2001 年的阿根廷货币危机等，各国政府得出的结论是，它们别无选择，只能对资本流动能力施加严格的限制。

■ 尽管不仅限于高负债国家，但可兑换货币迅速（且有时非法）转移出一国会造成严重的经济问题。许多高负债国家出现了大量资本外逃，这加剧了它们的偿债问题。

迷你案例

全球汇款[①]

过去十年，国际收支中备受关注的一个领域是汇款。汇款这个词有些复杂。根据国际货币基金组织（IMF）的定义，汇款是指移民劳动力通过国际转账将资金从其工作所在国汇给母国国民（通常是他们的家庭成员）。根据国际货币基金组织的定义，移民是来到某国并且停留或有意停留一年或更久的人。

如图A所示，据估计，2014年的跨国汇款将近6 000亿美元。汇款只占美国等汇款国现金流出的很小一部分，通常可以忽略不计。但是，对于较小的收款国而言，它们的数量（例如，占GDP的百分比）确实很大。对于一些发展中国家而言，汇款占GDP的比例可能接近25%。在许多情况下，这比流向这些国家的所有开发资金和援助款都要多。尽管全球汇款的历史很短，但如图A所示，它在2000年后的时期出现了巨大增长。它的增长迅速且显著，仅在2008—2009年的全球金融危机期间暂时回落，然后在2010—2014年再次回到快速增长路径上。始于2014年的许多全球商品（例如石油）价格下跌使2015—2017年的汇款增长受阻。

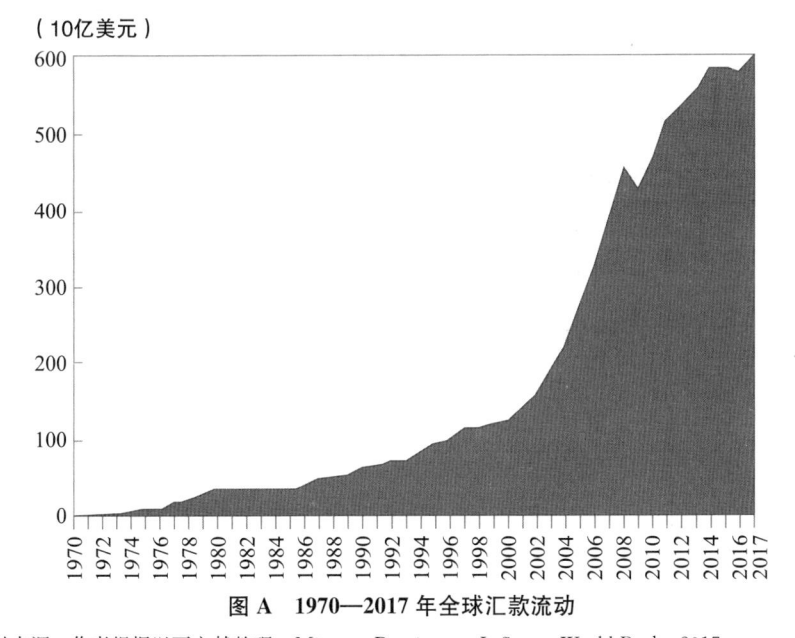

图A 1970—2017年全球汇款流动

资料来源：作者根据以下文献整理：*Migrant Remittance Inflows*，World Bank，2017。

汇款主要反映一国（来源国）的移民或客工赚取并汇给在其母国（收款国）的家人或相关方的收入。因此，尽管发展中国家之间的移民劳动力流动量更大，但高收入发达经济体仍然是汇款的主要来源国，这种现象不足为奇。

图B详细列出了1990—2017年汇款收入最高的国家。毫不意外的是，在过去20年中，主要的汇款流动发生在印度和中国，因为其庞大的人口和海外侨民向其母国的家人汇回了大量现金。

[①] 2018年©迈克尔·H. 莫菲特版权所有。本案例是根据公共资源编写的，仅用于课堂讨论，不表示有效或无效的管理。

另一些发展中国家（例如墨西哥、菲律宾和巴基斯坦）也被认为是许多发达国家市场和某些特定行业的大量客工来源。（例如，菲律宾一直是中国电子和半导体行业大量客工的来源国。）

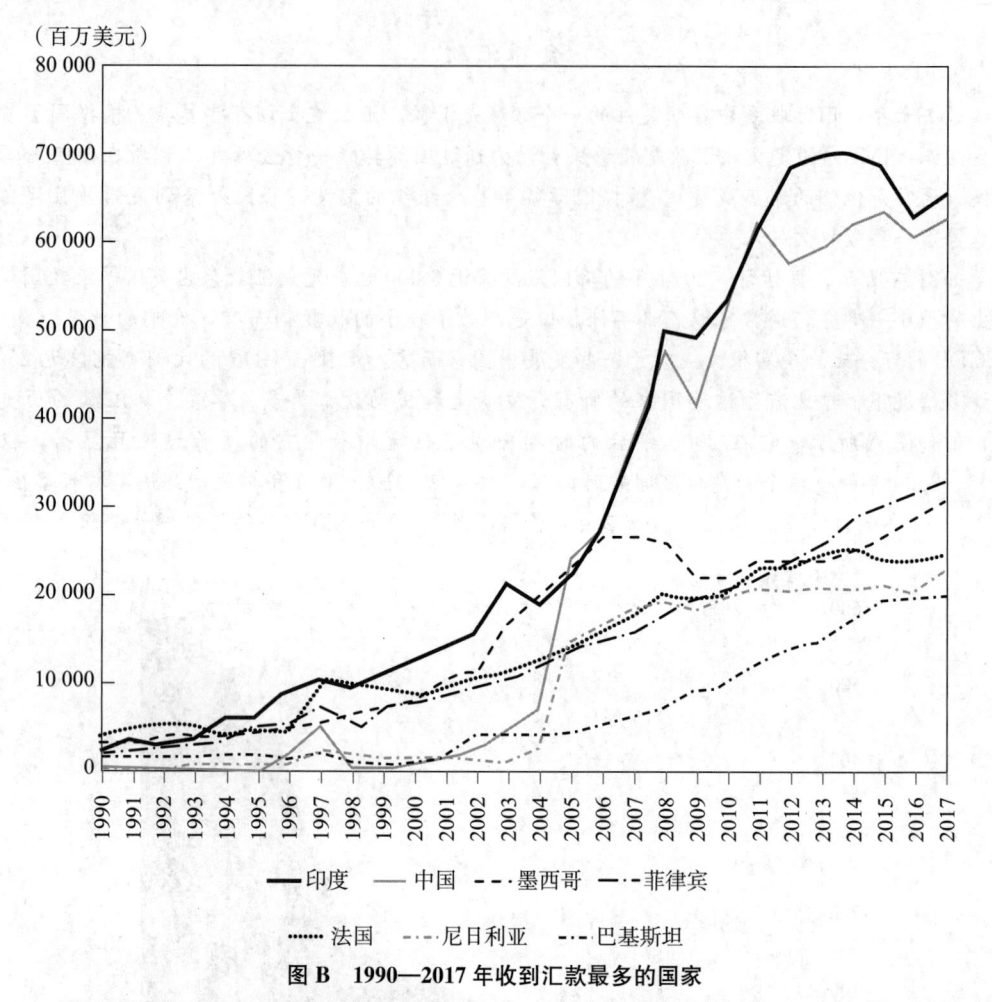

图 B　1990—2017 年收到汇款最多的国家

资料来源：作者根据以下文献整理：*Migrant Remittance Inflows*, World Bank, 2017。

支付方式

多数汇款都是通过电汇或各种非正式渠道（有些甚至是人工携带）进行的频繁小额支付。美国经济分析局负责汇编和报告美国国际收支统计数据，它将移民汇款归类为经常账户中的"经常转移"。更广泛的汇款定义还可能包括移民带至东道国的资本资产以及移民带回母国的类似资产。编制国际收支平衡表时，这些价值通常计入资本账户。

然而，确切辨别谁是移民也是存在争议的领域。在外国工作（例如，为跨国组织工作的外籍人士）但不被视为该国"居民"的人汇回母国的款项也可能被视为经常账户中经常转移项下的全球汇款。

汇款价格

鉴于汇款流动对发展的影响，我们将促进提高转账效率并改进汇款使用方式，加强各国组织和国际组织之间的合作，以执行 2007 年柏林八国集团会议和 2009 年在世界银行协调下成立的全球汇款工作组的建议。我们的目标是使移民和发展中国家的收款人更容易获得金融服务。我们将努力通过加强信息、透明度、竞争以及与合作伙伴的合作，实现五年内将全球平均汇款成本从目前的10%降低到5%的目标，从而使移民及其在发展中国家的家人实现显著的收入净增长。

——The G8 Final Declaration on Responsible Leadership for a Sustainable Future, para. 134.

过去五年来，一些组织已付出大量努力以更好地了解移民将资金汇回母国所承担的费用。它们主要关注汇款费用过高的问题——许多人认为对频繁小额转账收取的这种费用属于剥削性费用。

八国集团于2008年启动了一项名为"5×5"的计划，目标是在五年内将全球平均汇款成本从10%降至5%。世界银行通过建立全球汇款价格（Remittance Prices Worldwide，RPW）支持这项计划，全球汇款价格是一个监测跨地区汇款价格的全球数据库。它希望通过提高透明度和获取汇款成本信息的能力令市场力量降低汇款成本。尽管2014年全球平均汇款成本已降至7.90%的低点，但该计划显然远未实现5%的目标。2014年，八国集团国家本身的汇款成本降至7.49%，同期，二十国集团国家的汇款成本为7.98%。鉴于它们是一大部分汇款的来源国，因此这个数据的意义尤为重要。

在世界银行开始收集全球汇款价格数据库中的数据之前，人们对全球汇款成本知之甚少。该数据库收集了全球各种国家走廊（国家对）进行的平均交易成本数据。表A提供了这些成本调查结果的一个样本。这笔走廊交易——从南非向马拉维汇款1 370南非兰特（当时1南非兰特相当于约200美元）——是全球汇款成本最高的走廊。

表A中显示的汇款成本有两种类型：（1）交易费，在本例中，为43～390南非兰特；（2）汇兑差价，这是一笔在机构自身货币成本之上附加的成本。因此，该走廊每笔交易的总成本可高达36.6%。鉴于多数汇款都是由移民或客工汇回母国和家庭，并且他们通常属于最低收入群体，因此这种差价——30%——被视为具有剥削性。

还应指出的是，这些是来源国对汇款人收取的费用。目的地的收款人还可能要缴纳其他费用。从表A的调查数据中可以明显看出，不同机构收取的费用可能存在很大的差异。因此，该计划的目标很明显——提供更多向汇款人公开的信息，从而增加流程的透明度。

走廊两端之间的差异也是了解汇款和汇款成本的关键。2015年第三季度，世界银行估计接收汇款成本最高的走廊是澳大利亚到瓦努阿图（20.7%），南非到赞比亚（19.0%）和南非到博茨瓦纳（17.4%）。[①] 这些不是汇款金额最高的走廊，2015年汇款金额最高的走廊仍然是美国到墨西哥（252亿美元）。

表A　从南非向马拉维汇款1 370南非兰特的汇款价格比较

公司	公司类型	产品	交易费（南非兰特）	汇兑差价（%）	总成本占比（%）	总成本（南非兰特）	净汇款成本（南非兰特）
速汇金（MoneyGram）	MTO	分支机构	149.60	2.10	13.02%	178.37	1 191.63
Mukuru	MTO	分支机构	123.30	6.76	15.76%	215.91	1 154.09

---

① 括号中的百分数是汇款金额为200美元时的估计总费用占汇款金额之比（全球汇款价格数据库）。

续表

公司	公司类型	产品	交易费（南非兰特）	汇兑差价（%）	总成本占比（%）	总成本（南非兰特）	净汇款成本（南非兰特）
Mukuru	MTO	分支机构、呼叫中心	123.30	6.76	15.76%	215.91	1 154.09
西联（Western Union）	MTO	分支机构、呼叫中心	194.84	1.70	15.92%	218.13	1 151.87
莱利银行（Nedbank）	银行	分支机构、呼叫中心	228.00	6.06	22.70%	311.02	1 058.98
巴克莱非洲集团（ABSA）	银行	分支机构、呼叫中心	193.80	9.39	23.54%	322.44	1 047.56
标准银行（Standard Bank）	银行	分行、呼叫中心	235.00	10.35	27.50%	376.80	993.21
必得维斯特集团（Bidvest）	银行	分行、呼叫中心	356.00	2.10	28.09%	384.77	985.23
雅典银行（Bank of Athens）	银行	分支机构、呼叫中心	390.00	1.96	30.43%	416.85	953.15
南非第一国家银行（FNB of South Africa）	MTO	分支机构、呼叫中心	235.00	19.45	36.60%	501.47	868.54
南非邮局（South African Post Office）*	邮局	分支机构	43.10	0.00	3.15%	43.10	1 326.90
银行平均值	—	—	280.56	5.97	26.45%	362.38	1 007.62
汇款运营商平均值	—	—	165.21	7.35	19.41%	265.96	1 104.04
邮局平均值	—	—	43.10	0.00	3.15%	43.10	1 326.90
总平均值	—	—	206.54	6.06	21.13%	289.52	1 080.48

MTO：汇款运营商。
交易费：每笔金额为 1 370 南非兰特（相当于 200.00 美元）的交易向客户收取的汇款费用。
汇兑差价：向客户收取的费用中高于银行同业汇率的部分（差异率）。
总成本占比（%）：单笔交易的客户总成本，包括交易费和汇兑差价。
总成本（南非兰特）：一笔金额为 1 370 南非兰特的交易的南非兰特总成本。
汇款净额（南非兰特）：扣除总成本后的净汇款金额（1 370 南非兰特－南非兰特总成本）。
* 南非邮局的数据不透明；它没有披露执行交易之前使用的汇率，而非该汇率为零。
资料来源：World Bank, "Sending Money from South Africa to Malawi," remittanceprices.worldbank.org/en/corridor, 世界银行于 2014 年 11 月 11 日收集的数据，以及作者的计算结果。

产品类型和创新

全球汇款价格从许多不同的数据维度跟踪这个不断增长的行业，包括不同类型服务提供商

(商业银行、汇款运营商和邮局)的成本以及按现金/账户交易分类的不同类型产品的成本。据世界银行称,商业银行的成本仍然最高,尽管不同地区和走廊的差异很大,但汇款运营商平均而言是成本最低的。表B对2013年全球汇款市场上进行的交易类型进行了细分。毫不令人意外的是,近50%的汇款仍然是现金到现金汇款,这反映了汇款的来源和用途。网络服务一直在增长,而且看起来成本最低。账户到账户汇款是迄今为止成本最高的,尽管可以说它是最有序的正规交易(客户持有的银行到银行账户)。

表B 汇款产品的使用与成本

产品类型	占交易金额的百分比	平均成本
现金到现金	45%	7.0%
账户到账户(汇至任何银行)	19%	12.5%
网络汇款	17%	5.9%
现金到账户	8%	5.6%
账户到现金	4%	7.8%
账户到账户(同行内汇款)	2%	7.9%
手机汇款	1%	6.5%
预付卡	1%	8.4%
其他	3%	9.5%
	100%	7.9%

资料来源:*Remittance Prices Worldwide*, Issue no. 11, September 2014, Figures 11 and 12, p. 7.

然而,这种全球细分市场很快将成为产品创新的肥沃土壤,例如比特币的应用,这种加密货币在全球范围内的应用日益增加。许多公司现在试图使用像比特币这样的数字货币建立跨国汇款平台,但看来仍没有一家公司或平台确立主导地位。其中一个持续存在的障碍是监管,因为许多政府限制金融服务链的访问入口。因此,一些平台(例如HelloBit)试图建立使用已有监管访问入口的子平台,但允许使用比特币而非传统的国家货币。

争议甚嚣尘上

随着全球汇款的增长,它们在一国国际收支以及更重要的经济发展中所起的作用或应起的作用引发了越来越多的争议。在某些国家,比如印度,中央银行和其他银行越来越反对允许PayPal这样的在线支付服务处理汇款。在另一些国家,例如洪都拉斯、危地马拉和墨西哥,关于汇款是流向家庭还是流进各种中美洲人贩子口袋的争论甚嚣尘上。

例如,在墨西哥,汇款现在是第二大外汇收入来源,仅次于石油出口。墨西哥政府越来越将汇款视为其国际收支的有机组成部分,并且在某些方面,汇款成为取代下降的出口竞争力和外国直接投资的"保险阀"。但也有越来越多的证据表明,汇款流向了最需要汇款的人,即墨西哥收入最低的人口,因此减轻了贫困并支持了消费支出。用前总统比森特·福克斯(Vicente Fox)的话说,将收入汇回墨西哥的墨西哥客工是"英雄"。墨西哥本国的统计机构在汇款收入规模以及谁是收款人(家庭还是非家庭利益方)等问题上也没有取得一致看法。

迷你案例问题

1. 跨国汇款在国际收支平衡表的哪个项目下?是经常账户还是金融账户?
2. 在什么情况下——例如,在目前哪些国家中——汇款是经济和整体国际收支的重要贡献者?

3. 为什么汇款费用成为国际上高度关注的问题？

4. 新的数字货币——例如比特币这种加密货币——在跨国汇款方面可以发挥什么潜力？

问题

3.1 国际收支平衡表的定义。 什么是国际收支平衡表？

3.2 国际收支平衡表数据。 哪家机构是与国际收支平衡表和全球经济表现类似的统计数据的主要来源？

3.3 国际收支平衡表的重要性。 企业管理者和投资者需要国际收支平衡表数据来预测可能受国际收支事件影响的东道国经济政策变化。请从企业管理者和投资者的角度，列出一国的国际收支平衡表数据可以提供的三个具体信号。

3.4 流量表。 称国际收支平衡表为流量表是什么意思？

3.5 经济活动。 一国的国际收支平衡表衡量的两种主要经济活动是什么？

3.6 平衡。 为什么国际收支平衡表总是"平衡"的？

3.7 国际收支平衡表会计。 如果国际收支平衡表被视为会计报表，那么它是国家财富的资产负债表，国家收入的利润表，还是流入和流出该国的资金的流量表？

3.8 经常账户。 经常账户的主要组成部分是什么？请对美国经常账户的各子账户分别举一个借方例子和一个贷方例子。

3.9 实物资产与金融资产。 实物资产和金融资产之间有什么区别？

3.10 直接投资与证券投资。 外国直接投资和外国证券投资之间有什么区别？请各举一个例子。跨国工业公司更可能进行哪类投资？

3.11 净国际投资头寸。 什么是一国的净国际投资头寸？它与国际收支有何不同？

3.12 金融账户。 金融账户的主要子账户是什么？从分析的角度看，这些子账户出现净逆差或净顺差的原因是什么？

3.13 交易分类。 请对以下各项分类，说明它们是计入两国经常账户子账户还是资本账户和金融账户子账户的交易：

a. 一家美国食品连锁店从智利进口葡萄酒。

b. 一位美国居民从德国公司购买以欧元计价的债券。

c. 一对新加坡父母支付女儿在美国大学学习的费用。

d. 一所美国大学向来自新加坡的留学生提供助学金。

e. 一家英国公司进口西班牙橙子，用在伦敦的欧洲美元存款付款。

f. 一座西班牙果园将一半收入存入伦敦的欧洲美元账户。

g. 一家总部位于伦敦的保险公司购买美国公司债券加入其投资组合。

h. 一家美国跨国企业从一家伦敦保险经纪公司购买保险。

i. 一家伦敦保险公司理赔在美国因国际恐怖袭击而遭受的损失。

j. 国泰航空公司在洛杉矶国际机场购买航空燃油以飞回香港。

k. 一家总部位于加利福尼亚的共同基金在东京证券交易所和伦敦证券交易所买入股票。

l. 美国军队为其驻扎在南亚的军队向当地商家购买粮食。

m. 一位耶鲁大学毕业生在波斯尼亚的红十字国际委员会找到了工作，薪水以瑞士法郎支付。

n. 俄罗斯政府雇用一家挪威打捞公司打捞一艘沉没的潜艇。

o. 一个哥伦比亚贩毒集团向美国走私可卡因，收到一箱现金，然后携带现金乘飞机回到哥伦比亚。

p. 美国政府支付在美国驻贝鲁特大使馆工作的外交官的工资。

q. 一家挪威航运公司向埃及政府支付美元作为船只通过苏伊士运河的费用。

r. 一家德国汽车公司支付在底特律子公司工作的高管的薪水。

s. 一位美国游客用他的美国运通卡支付在巴黎的酒店费用。

t. 一位来自外省的法国游客用他的美国运通卡支付在巴黎的酒店费用。

u. 一位美国教授用富布赖特奖学金出国一年。

3.14 平衡表。 主要的简明国际收支平衡表账户有哪些？它们衡量的是什么？

3.15 双顺差。 为什么中国的双顺差——经常账户和金融账户同时出现顺差——被认为是不寻常的？

3.16 资本流动——美国。 尽管经常账户逆差逐渐增加，但过去20年中美元币值保持不变或有所上升。为什么会出现这种现象？

3.17 资本流动——巴西。 尽管偶尔出现经常账户顺差，但过去20年巴西货币出现了周期性贬值。为什么会出现这种现象？

3.18 国际收支平衡表中的交易。 请确定以下各笔交易应属于哪个国际收支平衡表账户：

a. 一家总部位于德国的养老基金购买了美国政府30年期债券加入其投资组合。

b. 斯堪的纳维亚航空公司（SAS）在纽瓦克机场购买航空燃油以飞往哥本哈根。

c. 中国香港学生向加州大学伯克利分校缴纳学费。

d. 美国空军在韩国为空勤人员购买食物。

e. 一家日本汽车公司支付其美国子公司高管的薪水。

f. 一名美国游客在一家曼谷餐馆支付餐费。

g. 一名哥伦比亚公民将可卡因走私到美国，获得现金，并将美元私运回哥伦比亚。

h. 一家英国公司向一家意大利跨国企业购买以欧元计价的债券。

3.19 国际收支和汇率。 国际收支与固定汇率制或浮动汇率制之间的关系是什么？

3.20 J曲线的变化。 什么是J曲线调整路径？

3.21 资本流动性的演变。 在过去50年里，资本流动性是否稳步提升？

3.22 资本流动性限制。 哪些因素看上去在政府限制资本流动性的选择中发挥了作用？

3.23 资本管制。 大多数国家管制的是资本流入还是资本流出？为什么？

3.24 全球化与资本流动性。 工业国和新兴市场国家的资本流动性通常有何不同？

习题

澳大利亚的经常账户

请使用国际货币基金组织提供的下列澳大利亚国际收支平衡表数据回答习题3.1～习题3.4。

假设 （百万美元）	2005年	2006年	2007年	2008年	2009年	2010年	2011年	2012年	2013年	2014年	2015年
货物：出口	107 011	124 913	142 421	189 057	154 777	213 782	271 719	257 950	254 180	240 704	188 345
货物：进口	−120 383	−134 509	−160 205	−193 972	−159 216	−196 303	−249 238	−270 136	−249 700	−240 252	−207 658

续表

假设（百万美元）	2005年	2006年	2007年	2008年	2009年	2010年	2011年	2012年	2013年	2014年	2015年
服务：贷方	31 047	33 088	40 496	45 240	40 814	46 968	51 653	53 034	53 550	54 240	49 716
服务：借方	−30 505	−32 219	−39 908	−48 338	−42 165	−51 313	−61 897	−65 405	−67 977	−63 549	−57 269
收入：贷方	16 445	21 748	32 655	37 320	27 402	35 711	47 852	47 168	46 316	46 637	38 105
收入：借方	−44 166	−54 131	−73 202	−76 719	−65 809	−84 646	−102 400	−88 255	−85 289	−79 805	−67 842
经常转移：贷方	3 333	3 698	4 402	4 431	4 997	5 813	7 510	7 271	7 109	6 962	5 853
经常转移：借方	−3 813	−4 092	−4 690	−4 805	−5 799	−7 189	−9 723	9 635	−9 346	−8 996	−7 685

注：国际货币基金组织最近调整了明细科目的命名方法。现在，出口均被称为贷方科目，进口均被称为借方科目。

3.1 澳大利亚的货物差额是多少？
3.2 澳大利亚的服务差额是多少？
3.3 澳大利亚的货物与服务差额是多少？
3.4 澳大利亚的经常账户差额是多少？

印度的经常账户

请使用国际货币基金组织提供的下列印度国际收支平衡表数据回答习题3.5～习题3.9。

假设（百万美元）	2004年	2005年	2006年	2007年	2008年	2009年	2010年	2011年	2012年	2013年	2014年
货物：出口	77 939	102 175	123 876	153 530	199 065	167 958	230 967	307 847	298 321	319 110	329 633
货物：进口	−95 539	−134 692	−166 572	−208 611	−291 740	−247 908	−324 320	−428 021	−450 249	−433 760	−415 529
服务：贷方	38 281	52 527	69 440	86 552	106 054	92 889	117 068	138 528	145 525	148 649	156 252
服务：借方	−35 641	−47 287	−58 514	−70 175	−87 739	−80 349	−114 739	−125 041	−129 659	−126 256	−137 597
收入：贷方	4 690	5 646	8 199	12 650	15 593	13 733	9 961	10 147	9 899	11 230	11 004
收入：借方	−8 742	−12 296	−14 445	−19 166	−20 958	−21 272	−25 563	−26 191	−30 742	−33 013	−36 818
经常转移：贷方	20 615	24 512	30 015	38 885	52 065	50 526	54 380	62 735	68 611	69 441	69 786
经常转移：借方	−822	−869	−1 299	−1 742	−3 313	−1 764	−2 270	2 523	−3 176	−4 626	−4 183

3.5 印度的货物差额是多少？
3.6 印度的服务差额是多少？
3.7 印度的货物与服务差额是多少？
3.8 印度的货物、服务与收入差额是多少？

3.9 印度的经常账户差额是多少？

中国的国际收支平衡表

请使用国际货币基金组织提供的下列中国国际收支平衡表数据回答习题3.10～习题3.14。

假设（百万美元）	2005年	2006年	2007年	2008年	2009年	2010年	2011年	2012年	2013年	2014年	2015年
A. 经常账户差额	134 082	231 844	353 183	420 569	243 257	237 810	136 097	215 392	148 204	277 434	330 602

续表

假设（百万美元）	2005年	2006年	2007年	2008年	2009年	2010年	2011年	2012年	2013年	2014年	2015年
B. 资本账户差额	4 102	4 020	3 099	3 051	3 938	4 630	5 446	4 272	3 052	−33	316
C. 金融账户差额	96 944	45 285	91 132	37 075	194 494	282 234	260 024	−36 038	343 048	−51 361	−485 614
D. 净误差与遗漏	15 847	3 502	13 237	18 859	−41 181	−53 016	−13 768	−87 071	−62 922	−108 257	−188 245
E. 储备与相关项目	−250 975	−284 651	−460 651	−479 554	−400 508	−471 658	−387 799	−96 555	−431 382	−117 784	342 941

3.10 中国出现了净资本流入还是净资本流出？

3.11 中国的A组和B组总额是多少？

3.12 中国的A组至C组总额是多少？

3.13 中国的A组至D组总额是多少？

3.14 中国的国际收支平衡吗？

俄罗斯（俄罗斯联邦）的国际收支平衡表

请使用国际货币基金组织提供的下列俄罗斯（俄罗斯联邦）国际收支平衡表数据回答习题3.15~习题3.19。

假设（百万美元）	2005年	2006年	2007年	2008年	2009年	2010年	2011年	2012年	2013年	2014年	2015年
A. 经常账户差额	84 602	92 316	72 193	103 935	50 384	67 452	97 274	71 282	33 428	57 513	69 000
B. 资本账户差额	−12 764	291	−10 641	−104	−12 466	−41	130	−5 218	−395	−42 005	−309
C. 金融账户差额	1 025	3 612	97 108	−139 705	−28 162	−21 526	−76 115	−25 675	−46 213	−131 049	−70 852
D. 净误差与遗漏	−7 895	11 248	−9 732	−3 045	−6 392	−9 135	−8 651	−10 370	−8 898	7 995	3 864
E. 储备与相关项目	−64 968	−107 466	−148 928	38 919	−3 363	−36 750	−12 638	−30 020	22 078	107 546	−1 702

3.15 俄罗斯是否出现了净资本流入？

3.16 俄罗斯的A组和B组总额是多少？

3.17 俄罗斯的A组至C组总额是多少？

3.18 俄罗斯的A组至D组总额是多少？

3.19 俄罗斯的国际收支平衡吗？

冰岛的国际收支平衡表

请使用国际货币基金组织提供的下列冰岛国际收支平衡表数据回答习题3.20~习题3.24。

假设（百万美元）	2008年	2009年	2010年	2011年	2012年	2013年	2014年	2015年
A. 经常账户差额	−4 149	−669	−308	−605	−937	888	616	709
B. 资本账户差额	−12	−11	−11	−13	−10	−11	−14	−11
C. 金融账户差额	7 367	−21 039	−11 967	−7 348	1 047	−942	3 010	70 111
D. 净误差与遗漏	−4 619	6 571	2 263	2 839	−1 091	197	−23	368
E. 储备与相关项目	1 413	15 148	10 023	5 127	991	−132	−3 588	−71 177

3.20 冰岛是否出现了净资本流入？
3.21 冰岛的A组和B组总额是多少？
3.22 冰岛的A组至C组总额是多少？
3.23 冰岛的A组至D组总额是多少？
3.24 冰岛的国际收支平衡吗？
3.25 贸易逆差和J曲线调整路径。假设美国的进口/出口数量和价格如下。假设美元出现重大"贬值"，比如对所有主要贸易伙伴货币平均贬值18%。贬值前和贬值后的贸易差额是多少？

初始即期汇率（美元/外币）	2.00
美元出口价格（美元）	20.000 0
外币进口价格（外币）	12.000 0
出口数量单位	100
进口数量单位	120
美元贬值率	18.00%
进口需求价格弹性	−0.90

网络练习　　部分习题答案

请扫描二维码或登录中国人民大学出版社官网 www.crup.com.cn 下载。

第 4 章
财务目标与公司治理

> 公司作为政治实体或法人实体，是由许多个体组成的一个特殊名称实体，它以某种人为规定的形式永续存在，并且根据法律政策具有在若干方面作为个体行事的能力，尤其是可以取得和赠与财产、承担合同义务、起诉和被诉、享有共同的特权和豁免权、根据制度设计或在成立时或成立之后的存续期内被赋予的权力或多或少地行使多种政治权利。
>
> ——Stewart Kyd, *A Treatise on the Law of Corporations*, 1793, p. 13.

学习目标

4.1 分析全球企业的不同所有权结构，以及它如何影响所有权与管理权的分离——代理问题

4.2 探讨上市公司和私营公司的财务管理差异，以及全球出现私有制趋势的原因

4.3 评估全球公司治理的众多目标、结构和趋势

全球商业的主体是许多不同类型、不同目标的组织。尽管有时看上去全球商业由纯营利上市公司主导，但这只是部分国家和市场的特征，而全球市场要丰富和复杂得多。

本章探讨了当今世界各地使用的不同公司组织形式、它们的治理和目标，以及追求可持续发展的能力。我们的讨论首先将深化对所有权的理解，这种法律结构通常与全球商业、公司以及公司服务于主要利益相关者的角色和责任相关。本章最后的"迷你案例：大众汽车的减效装置与利益相关者的控制"以近期的一次企业危机为例，探讨了利益相关者的利益如何影响关键企业决策。

4.1 企业所有权

我们对企业财务目标的讨论从提出两个基本问题开始：(1) 谁拥有企业？(2) 企业所有者是否自己管理企业？在当今的全球商业中，不同国家和文化的企业的所有权和控制权有很大差异。要了解这些企业的经营方式和原因，首先必须了解许多不同的所有权结构。

所有权类型

与企业所有权相关的术语可能会引起混淆。由政府（国家）拥有的企业是公共企业。由私人、私人公司或非政府实体拥有的企业是私营企业。第二类所有权让这个术语变得模糊。私人方或小型私人团体拥有的企业被称为私营企业。然而，如果这些所有者希望在资本市场上出售部分企业所有权，例如在证券交易所上市和交易该企业的股票，那么该企业的股票就将公开交易。因此，重要的是了解公开交易企业的股票可以由私人方购买和拥有。图4-1简要概述了这些所有权的区别。

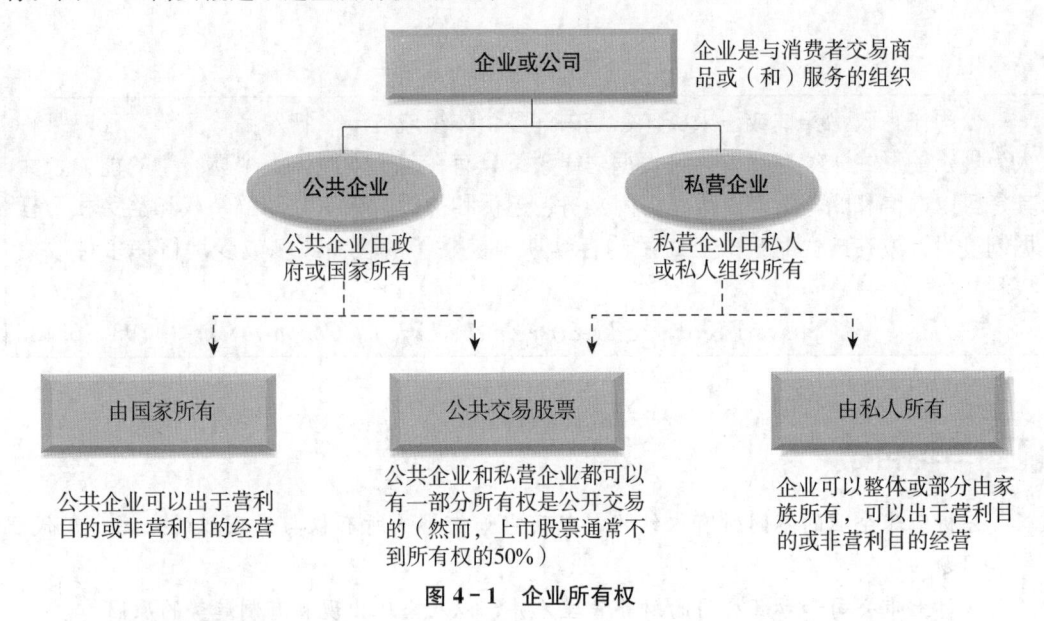

```
                    企业或公司                企业是与消费者交易商
                                            品或（和）服务的组织
              ┌──────┴──────┐
          公共企业              私营企业
       公共企业由政            私营企业由私人
       府或国家所有            或私人组织所有

    由国家所有         公共交易股票           由私人所有
  公共企业可以出于营利   公共企业和私营企业都可以  企业可以整体或部分由家
  目的或非营利目的的经营  有一部分所有权是公开交易  族所有，可以出于营利目
                    的（然而，上市股票通常不   的或非营利目的的经营
                    到所有权的50%）
```

图4-1 企业所有权

企业所有权概述

所有权可以由各种不同群体或组织持有。企业可能由一个人拥有（独资企业）、由两个或两个以上的个人拥有（合伙企业）、由一个家族拥有（家族企业）、由两家公司共同拥有（合资企业）、由成千上万人拥有（上市公司）、由政府拥有（国有企业）、由基金会或信托基金拥有（非营利组织），也可能是以上某些形式的组合。

我们以下述三家跨国企业为例说明全球商业中的所有权差异以及所有权在任何一家企业中的演化。

■ 巴西石油股份有限公司（Petroleo Brasileiro S. A. 或 Petrobras）是巴西的国家石油公司。该公司成立于1953年，最初由巴西政府全资所有，因此是一家国有企业。然而，随着时间的推移，它将部分所有权出售给公众，并在圣保罗证券交易所公开交易。如今，巴西政府拥有巴西石油公司约64%的股份，其余36%的股份掌握在全球私人投资者——股东——手中。

■ 苹果公司（Apple）成立于1976年，是史蒂夫·乔布斯、史蒂夫·沃兹尼亚克（Steve Wozniak）和罗纳德·韦恩（Ronald Wayne）组建的合伙企业。1977年1月3日，苹果在美国注册为公司，罗纳德·韦恩将其所有权出售给了他的两个合伙人。1980年，苹果公司首次公开募股，其股票在纳斯达克股票市场上市（交易）。今天，苹果公司拥有大约9亿股流通股，并被认为是股权分散企业，因为没有一个投资者的持股份额达到5%。近年来，苹果公司时而成为按市值计算（流通股股数乘以股价）的全球最有价值上市公司。

■ 爱马仕国际（Hermès International）是一家法国跨国奢侈品生产商。它由蒂埃里·爱马仕（Thierry Hermès）创立于1837年，历史上大部分时间一直由爱马仕家族拥有和经营，这使其成为家族企业。1993年，该公司首次公开募股，将27%的股权出售给公众。然而，该家族保留了73%的所有权，因此保留了对该企业的控制权。

一旦确定了企业所有权，就更容易理解控制权的归属，因为所有权和控制权是不同概念。巴西石油公司是一家巴西上市公司，由巴西政府控股。爱马仕国际是一家由家族控股的法国上市公司。苹果公司是一家公开交易和股权分散的公司，因此控制权属于董事会和董事会聘来经营该公司的高级领导团队。持有苹果公司股票的个人投资者可以对每年提交给他们的事项进行投票，因此他们具有一定程度的高层影响力，但苹果公司的战略、策略、运营和治理由高级管理层团队和董事会控制。

任何企业，无论是最初由国家、家庭还是私人或机构拥有，都可以选择一部分所有权作为股票在公共市场上交易，如图4-1所示。（注意，我们说的是一部分，因为100%公开交易的企业不再符合国有企业或私营企业的定义。）例如，许多国有企业都是公开交易公司。中石油的国有母公司中国石油天然气集团公司就是一个例子，其股票在上海、香港和纽约的证券交易所上市；然而，它的多数所有权和控制权仍在中国政府手中。

如果公司所有者决定向公众出售公司的一部分，那么该公司将进行首次公开募股，即IPO。通常，最初只向公众出售一小部分公司所有权，比例从10%到20%不等，因此公司可能仍由少数私人投资者、家庭或政府控制，但现在有一部分所有权是公开交易的。随着时间的推移，公司可能会在公开市场上出售越来越多的股权，最终成为公开交易公司。

或者，私人所有者或家庭也可以选择保留多数股份，但不保留控制权。公司的控制权也可能逆转公众股状况，通过回购股票减少流通股股数。一家公司收购另一家公司是改变所有权和控制权的另一种方式。例如，2005年，一家非常大的私营公司科氏工业集团（美国）[Koch Industries (U.S.)]购买了佐治亚州太平洋公司（美国）[Georgia-Pacific (U.S.)]的全部流通股，后者是一家非常大的上市公司。科氏工业集团将佐治亚州太平洋公司私有化了。

即使是上市公司，也仍然可能由一个投资者或少数投资者（包括大型机构投资者）控制。这意味着对上市公司的控制非常类似于对私营公司的控制，反映了控股个人投资者或控股家族的利益和目标。许多新兴市场始终存在的特征就是家族控股公司占据主导地位，尽管许多家族控股公司同时也是上市公司。

正如本章后面讨论的，首次向公众出售股票还有另一个重要意义：公司开始需要遵守许多与证券买卖交易相关的更高的法律要求、监管要求和报告要求。例如，在美国，上市意味着公司必须披露大量财务和运营细节，至少每季度公布一次上述信息，遵守美国证券交易委员会（SEC）的规则和规定，并遵守其股票所在交易所的所有具体操作与报告要求。

所有权与管理权的分离

企业财务管理中最具挑战性的问题之一是所有权与管理权可能产生的分离。任何所有权结构下都可能存在受雇管理层或专业管理层,尽管在国有企业和上市公司中最为常见。这种所有权与管理权的分离增加了这两个主体具有不同商业目标和财务目标的可能性。这就是所谓的委托代理问题,或简称为代理问题。有几种策略可用于协调股东和管理层的利益,其中最常见的是让高级管理层拥有股票或股票期权。

美国和英国是两个以股票所有权广泛分散为特征的市场。管理层可能拥有其公司的一小部分股票,但管理层主要是预期代表股东利益的受雇代理人。相比之下,其他许多全球市场中的许多公司的特点是股东控股,例如,控股股东可以是政府、金融机构(例如德国的银行)、家族(例如在法国、意大利、整个亚洲和南美洲的家族)以及利益集团(例如日本的财团和韩国的财阀)。由同一主体拥有和管理的企业不会遇到代理问题。

在这些例子中,许多都通过有双重投票权的股票所有权、连锁董事会、交错选举董事会、收购防范措施以及其他未在英美市场使用的方法来增强控制权。然而,最近美国和英国出现了巨额股票基金和对冲基金,导致一些非常著名的上市公司私有化。

管理目标

随着公司的跨国经营越来越深入,一种新的约束条件发展了起来——这种约束条件源于分歧的意见和实践,比如从公司最高管理层的角度来看,公司的整体目标应该是什么,公司治理的作用应该是什么。在过去 50 年中,全球商业中最为广泛接受的两种资本主义形式——股东资本主义和利益相关者资本主义——对财务管理产生了实质影响。

今天,每个商科学生都会在大学期间学到最大化股东财富的概念。然而,最大化股东财富至少面临两个主要挑战:(1) 最大化股东财富不一定是各国都接受的管理层目标——其他利益相关者可能有重大影响力;(2) 它实施起来极其困难。创造股东财富就像许多崇高的目标一样,说起来容易做起来难。

虽然在英美市场的理论和实践中,最大化股东财富的想法可能符合现实,但在其他地方这并非唯一目标。英美市场与世界上其他市场在企业理念和投资者理念上存在一些基本差异。

股东资本主义

> 商业公司的组织和运作主要是为了使股东盈利。公司正是因这一目的而运用董事的权力。董事可以酌情自主选择实现该目标的手段,但不能改变该目标本身,减少利润,也不能不向股东分配利润而将其用于其他目的。
> ——Michigan State Supreme Court, *Dodge v. Ford Motor Company*, 1991.

英美市场的理念是公司的目标应该遵循股东资本主义,后者也经常被称为股东财富最大化(shareholder wealth maximization,SWM)。具体而言,在给定的风险水平下,公司应努力使股东的财务收益(用资本收益与股利之和衡量)最大化。或者,公司应尽量降低给定收益率下的股东风险。并且在实行上述做法时,对股东利益与收益的考虑优先于公司其他所有利益相关者。

股东财富最大化理论模型假设股票市场有效是普遍真理。这意味着股价始终是正确的，因为它反映了投资者的所有收益和风险预期。它迅速将新信息纳入股价。进而，股价被视为宏观经济中的最优资本配置指标。

股东财富最大化模型还将其风险定义视为普遍真理。它将风险定义为公司股票使分散化投资组合增加的收益率波动概率。通过投资者的投资组合分散化行为，可以消除经营风险，即与公司各业务线相关的风险。因此，非系统性风险，即单个证券面临的风险，不应成为管理层的主要关注对象，除非它增加了破产可能性。另外，系统性风险，即整体市场风险，不能通过投资组合分散化来消除，它是股价受股票市场影响的风险。

代理理论。 代理理论是研究股东如何激励管理层接受股东财富最大化模型的理论。例如，大量使用股票期权应鼓励管理层像股东一样思考。这些激励措施是否成功仍值得商榷。但是，如果管理层偏离了使股东收益最大化的股东财富最大化目标，那么董事会就有责任更换管理层。如果董事会太羸弱或太畏缩而不能采取这一行动，那么股票市场就可以通过收购来采取行动。多数英美市场中存在的一股一票规则使这种约束机制成为可能。

长期价值最大化与短期价值最大化。 20世纪90年代，世界上多数市场的经济繁荣和股价上涨暴露了股东财富最大化模型的缺陷，尤其是在美国。几家大型美国公司并没有追求长期价值最大化，而是追求短期价值最大化（例如，关于满足市场的季度利润预期的持续争论）。促使它们采取这种策略的部分原因是过度慷慨地使用股票期权来激励高管。

这种对短期的关注有时会扭曲管理层激励。为了最大限度地提高短期利润，以满足投资者虚高的预期，安然（Enron）、环球电讯（Global Crossing）、南方保健（Health South）、阿德菲亚（Adelphia）、泰科（Tyco）、帕玛拉特（Parmalat）和世通（WorldCom）等公司采取了高风险、欺骗性且有时不诚实的做法记录利润并（或）模糊处理负债，这最终导致它们走向灭亡。这种做法还导致上述公司的首席执行官、首席财务官、会计师事务所和其他相关方受到众所瞩目的起诉。对管理层和投资者而言，这种有时具有破坏性的对短期目标的关注被称为浮躁资本主义。

这个争论点有时也被称为公司的投资期，它是指公司的行动、投资和经营需要多长时间才能产生利润。与浮躁资本主义形成鲜明对比的是耐心资本主义，它关注长期股东财富最大化。传奇投资人沃伦·巴菲特（Warren Buffett）通过其投资工具伯克希尔·哈撒韦公司（Berkshire Hathaway）代表了最优秀的耐心资本家之一。巴菲特的投资组合集中在随着经济缓慢但稳定发展的主流公司（例如可口可乐）上，并且他因此成为亿万富翁。

利益相关者资本主义

> 管理层的职责是在不同直接利益相关群体——股东、员工、客户和公众——的权利要求之间保持公平和有效平衡。
> ——Frank W. Abrams, Chairman, Standard Oil of New Jersey, 1951.

在非英美市场，控股股东也力求最大化长期股权收益。但是，它们更加受到其他强大利益相关者的约束。尤其是，在英美市场之外，工会更加强大，政府更多地干预市场以保护重要的利益相关者群体，例如当地社区、环境和就业。此外，银行和其他金融机构是比证券市场更重要的债权人。该模型被称为利益相关者资本主义（stakeholder capitalism, SCM）。

市场效率。利益相关者资本主义不假设股票市场有效或无效。事实上，这并不重要，因为公司的财务目标不仅仅是以股东为导向，而是受到其他利益相关者的约束。无论如何，利益相关者资本主义模型都假设长期"忠诚"股东（通常是控股股东）而非短期证券投资者将影响公司战略。

风险。利益相关者资本主义模型假设总风险（即经营风险）确实很重要。根据公司的宗旨和目标，它是特定的公司目标，即在长期尽可能确定地产生不断增长的利润和股利。风险指标更多地基于产品市场的波动性，而不是基于利润和股价的短期波动性。

单一目标与多目标。尽管利益相关者资本主义模型通常避免了股东利益最大化模型的缺陷——短期导向的浮躁短期资本，但它也有自己的缺陷。试图满足多个利益相关者的愿望使管理层没有明确信号来做出权衡取舍。相反，管理层试图通过书面和口头披露以及复杂的薪酬体系来影响权衡取舍。

评分卡。与利益相关者资本主义模型相比，股东财富最大化模型需要用定义明确的评分卡制定一个价值最大化目标。根据股东财富最大化理论模型，管理层的目标是最大化公司的总市场价值。这意味着，如果每多支出或投资一美元将创造多于一美元的公司股权、债务或其他任何或有索偿权的市场价值，那么公司领导者将愿意增加支出或投资。

虽然这两种模型各有优点和缺点，但近年来，两种趋势导致人们越来越关注股东财富最大化模型。首先，随着更多非英美市场越来越多地对产业实行私有化，似乎需要关注股东财富来吸引外部投资者的国际资本，其中许多投资者来自其他国家。其次且仍然颇具争议的是，许多分析师认为，基于股东的跨国公司将越来越多地主导全球各行各业。没有什么比成功更能吸引追随者了。

经营目标

说领导层目标是最大化股东价值是一回事，实际做起来则是另一回事。将最大化利润作为管理层目标并不像听起来那么简单，因为私营公司和上市公司的所有者/管理层使用的利润指标不同。换言之，管理层是试图最大化当期收入、资本增值还是两者兼而有之？

上市公司的投资者收益率。上市公司的股东收益率结合了股利形式的当期收入与来自股价上升的资本收益：

$$股东收益率 = \frac{D_2}{P_1} + \frac{P_2 - P_1}{P_1}$$

其中，初始价格 P_1 是期初股票价格，股东的初始投资 P_2 是期末股票价格，D_2 是期末支付的股利。股东收入理论上包括两个部分。例如，在20世纪90年代的美国，分散化投资者的平均年收益率可能为14%，其中2%来自股利，12%来自资本收益。然而，股利和资本收益之间的这种"分割"在世界主要市场中逐渐出现巨大差异。

管理层普遍认为，它对第一部分——股利收益率——的直接影响最大。管理层制定战略决策和经营决策以增加销售收入并创造利润。然后，它以股利的形式将这些利润分配给所有者。资本收益——在股票市场上交易的股票价格的变化——要复杂得多，反映了许多管理层不直接控制的力量。即使市场份额、利润或其他传统商业成功指标有所增长，市场也可能不会直接用股价上升来奖励这些行为。许多高管认为，股票市场的变化方式很神秘，且股价并非总是与他们的估值一致。最后，上市公司的领导层通常得出结论，认为自身增长——销售收入（顶线）和利润（底线）的增长——是推动股价上涨的巨大希望。然而，这种情况可能随着公司不断取得成功而发生变化，正如"全球金融实务 4-1"所示。

全球金融实务 4-1

为什么苹果公司开始分红并举借债务？

2012 年 3 月，苹果公司宣布将结束 17 年的无分红期。随后，2013 年 4 月，苹果公司宣布了一项同样令人震惊的公告，它将举借近 170 亿美元的债务，尽管该公司拥有巨额现金。这两项财务政策变化都令市场惊讶，而且在科技行业并不常见。它为什么要做出这种变化？理解这些财务政策变化的一种方法是考虑苹果公司是否已经成熟，从成长型公司发展成为价值型公司。

成长型公司是处于业务相对快速增长阶段的中小型公司。它们的价值在公共市场上迅速增长；它们的股价正在上涨，为股东创造了可观的资本收益。与此同时，由于它们处于如此快速成长的阶段，因此需要所有能获得的资金；可以说，它们比股东更需要股利现金流。尽管它们可以在这个阶段举借债务，但债务通常被视为一种义务，会降低公司领导层对不断变化的客户需求和技术市场需求做出快速反应的能力。

价值型公司是规模更大、更成熟的企业，它们发现越来越难以通过业务产生重大价值变化。一旦变成埃克森美孚或微软这样规模庞大的公司，重大新业务发展和成功就很少能显著改变公司的财务利润和业绩。随着时间的推移，股价变化更加缓慢和波幅更小。然而，这种公司仍将继续产生大量现金流和利润。对于这种公司而言，像卡尔·伊坎（Carl Icahn）这样的激进投资者可能会对管理层施加压力，要求其举借越来越多的债务并支付越来越多的股利。债务要求公司管理层及时偿债，而股利分配为看到资本增值放缓或停滞的股东提供了更多收益，而且这些收益有时很可观。

在苹果公司的案例中，还有一个问题推动了其财务政策的变化：美国的税收。虽然该公司持有大量现金，但这笔现金主要是离岸现金——在美国境外的现金，如果将这些现金汇回美国苹果公司，苹果公司将需要缴纳巨额税款，而苹果公司不希望增加税负，于是选择发行债务并用其收入支付新宣布派发的现金股利。

私营公司的所有者收益率。 私营公司的股东收益率目标函数简单得多：最大化所有者的当期可持续财务收入。私营公司没有股价（它的股票确实有价值，但并不是定义中的以我们认为的市场运行方式由市场决定的价值）。因此，它只关注创造当期经济收入，即股利收入（以及工资和以其他形式向所有者提供的收入），以便为所有者提供收益。

如果私营企业的所有者是某个家族，那么这个家族也可能非常重视在保持利润的同时保持较慢增长率的能力，这可以由这个家族自己管理。由于没有股价，因此"增长"在私营公司中的战略重要性有所不同。因此，如果我们要了解管理层的战略目标和财务目标，就必须从一开始了解所有者和所有者的具体经济利益。

与上市公司相比，私营公司的进取性也可能较低（承担较少风险）。私营公司没有公开股价，因此外部投资者也就不能根据公司业务发展的风险和收益进行投机，这样，私营公司——其所有者和经营者——就可能选择承担较低风险。这可能意味着它不会试图快速增加销售收入和利润，因此就可能不需要快速增长所需的资金（股权和债务）。世界上最优秀的咨询公司之一——麦肯锡（McKinsey）——最近的一项研究发现，私营公司的债务水平始终比上市公司低得多（债务与股权之比平均低5%）。有趣的是，这些私营公司的债务成本也较低，公司债券的发行成本大约低30个基点。

表4-1概述了国有企业、上市公司和私营公司之间各种独特的财务差异和管理差异。

跨国公司的经营目标。 跨国公司必须遵循适合公司各个层面的经营目标。即使公司的目标是最大化股东价值，投资者对公司的估值方式对公司高管来说也并不总是显而易见的。

表4-1 公共所有权与私人所有权

组织特征	国有企业	上市公司	私营公司
创业型	否	否；坚持核心竞争力	是；完全按所有者的意愿行事
追求长期目标还是短期目标	追求长期目标；与政治周期相关	追求短期目标，即季度利润	追求长期目标
关注利润增长	否	是；利润增长至关重要	否；由所有者的利润需求定义需求
充分融资	专门依靠国家提供资金	可畅通地进入资本市场获取资本	过去有限，但可得资金逐渐增加
领导素质	差异很大	专业；从内部和外部聘用	差异很大；家族经营企业缺乏领导素质
利润的作用	利润可能用于为政府提供资金	利润是向股票市场发出的信号	利润用于支持所有者和家族
领导者是否为所有者	只是保管者，并非所有者	所有权利益很少；有些持有股票期权	是；所有者和管理层通常合一

因此，当公司通过采取措施实现了经营目标时，多数公司都希望得到良好的投资者反应，并希望——如果我们可以使用这个词——市场对业绩进行奖励。跨国企业必须确定三个常见经营财务目标之间实现了适当平衡：

（1）合并税后收入最大化；

（2）公司的实际全球税负最小化；

（3）在不同国家和币种之间正确配置公司的收入、现金流和可得资金。

这些目标经常是不相容的，因为追求一个目标可能导致另一个目标的结果不太理想。管理层必须每天做出适当权衡不同目标的商业决策（这就是公司由人而非计算机管理的原因）。

合并利润。 跨国企业的主要经营目标是最大化税后合并利润。合并利润是公司所有部门的利润，这些利润来自许多不同货币，并以母公司的货币表示，正如第1章加纳多公司的案例所示。这并不是说管理层没有努力使所有未来现金流的现值最大化，而只是说多数全球管理中的日常决策都围绕着当期利润。跨国企业的领导者（即实施公司战略的管理团队）考虑的问题必须远远超出当期利润。

例如，外国子公司有自己的一套传统财务报表：（1）利润表，总结了子公司当年的收入和支出；（2）资产负债表，总结了用于产生子公司收入的资产以及这些资产的资金来源；（3）现金流量表，总结了子公司当年产生现金流以及使用现金流的活动。这些财务报表最初以子公司的当地货币表示，用于向当地政府纳税和报告，但也必须与母公司的财务报表合并，以便向股东报告。

公共/私人混合所有制企业。 正如一位分析师所说的，全球商业环境是一片"混沌之地"，包括跨国企业在内，各类公司不一定是纯公共企业，也不一定是纯私营企业。对全球企业的一项近期研究发现，在标准普尔500指数的所有公司中，整整三分之一是严格意义上的家族企业。这种情况不仅仅发生在美国；法国和德国约40%的大公司都受到家族所有者和领导者的重大影响。换言之，一家公司可能是上市公司，但家族仍然对公司的战略决策和运营决策拥有举足轻重的权力。事实证明这可能是件好事。

如图4-2所示，全球四个地区的家族控制上市公司的财务业绩（以总股东收益率衡量）优于同类非家族控制上市公司。为什么受家族影响的企业看上去比其他企业的业绩更好？瑞士信贷（Credit Suisse）表示，有三个明显受到家族影响的股票业绩关键助推因素：(1) 关注长期目标的管理层；(2) 更为协调的管理层利益与股东利益；(3) 对公司核心业务的更强关注。

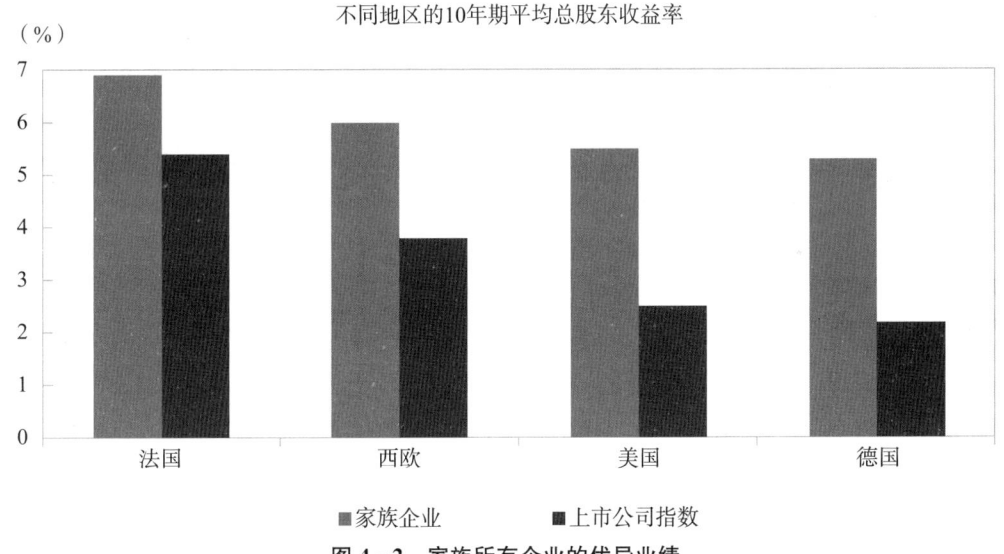

图4-2 家族所有企业的优异业绩

资料来源：作者根据以下文献提供的数据绘制："The Five Attributes of Enduring Family Businesses," Christian Caspar, Ana Karina Dias, and Heinz-Peter Elstrodt, *McKinsey Quarterly*, January 2010, p. 7。上市公司指数按不同地区分别为：法国，SBF120指数；西欧，MSCI欧洲指数；美国，标准普尔500指数；德国，HDAX指数。

4.2 上市公司与私人持股公司：全球转向

上市公司的未来是否真的充满风险？还是说只有美国上市公司的股票价格在下跌？图4-3概述了全球上市股票的情况，分别给出了美国、英国、日本和其他各国证券交易所的

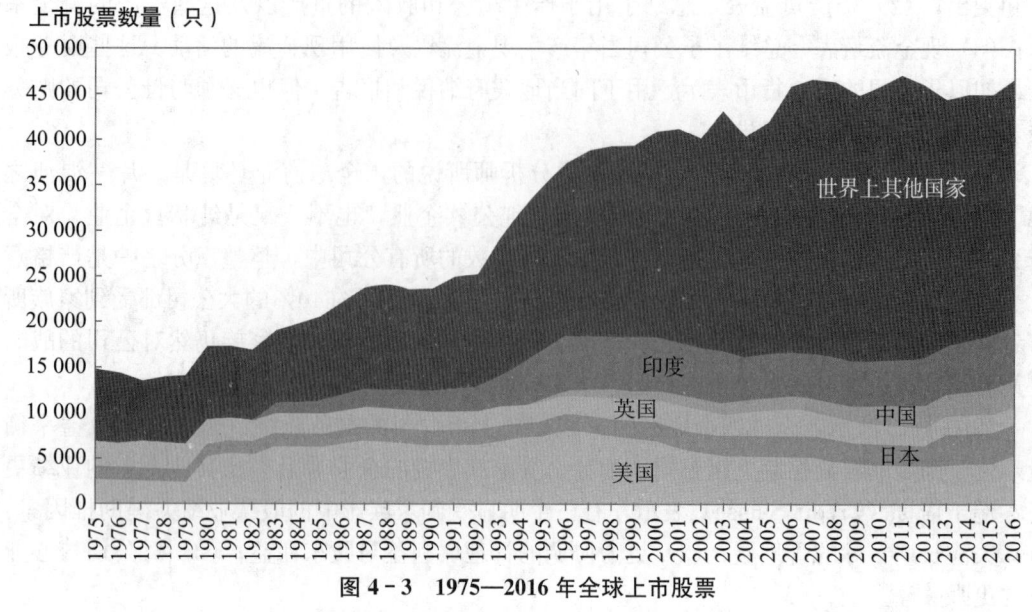

图 4-3 1975—2016 年全球上市股票

资料来源：作者根据世界银行和世界交易所联合会收集的数据整理而得。上市股票既包括在一国交易所上市的外国公司股票，也包括在一国交易所上市的本国公司股票。

上市股票数量。根据世界交易所联合会的上市数据，这段上市股票历史呈现出一些关于全球股票市场趋势和倾向的问题：

（1）全球上市股票在过去 20 年中显著增长，但在 2011 年达到顶峰。2008—2009 年的全球金融危机对上市股票的影响似乎相对较小。

（2）自 20 世纪 90 年代中期以来，三大工业国——美国、英国和日本——的全球上市股票份额稳步大幅下降。截至 2015 年年底，在全球 54 家证券交易所上市的 45 000 只股票中，这三个传统股票上市与交易中心持有的上市股票份额分别下降至 9.7%、7.8%和 4.1%。

（3）美国上市股票从 1996 年的 8 783 只下降到 2015 年的 4 381 只，19 年间下降了 50%。显然，至少对于美国公司而言，上市交易的吸引力已大幅下降。

上市指标

证券交易所的新上市股票是新增上市股票（加入交易所的新公司）减去退市股票（退出交易所的公司）的净结果。

新增上市股票。 交易所的新增上市股票来自四个来源：（1）首次公开募股；（2）上市股票从一个交易所转至另一个交易所；（3）剥离自大公司的股票；（4）来自较小型非交易所（例如公告牌市场）的新上市股票。

由于一国国内交易所之间的转移通常是零和交易，并且剥离股票和公告牌市场股票的数量变化都很少，因此上市股票数量的实际增长来自首次公开募股。

退市。 退市股票分为三类：（1）强制退市，即股票不再符合交易所对股价或财务估值的要求；（2）兼并，即两家公司合并，取消上市；（3）收购，即购买上市公司导致上市公司数量减少。进入破产程序或成为主要收购目标的公司在退市公司中占很大比例。退市公司不一定会破产，并可能继续在场外交易。

上市股票数量下降的可能原因

美国上市股票的数量下降引发了巨大的争论,即这种趋势是说明全球基本企业形式从上市公司转变为其他形式,还是说明它是美国特有现象与经济时代相结合的结果。

美国市场本身可能反映了许多国别因素。《萨班斯-奥克斯利法案》(Sarbanes-Oxley)的成本和反竞争效应现在众所周知。遵守该法案以及对美国上市证券的各种额外限制和要求降低了公开上市的吸引力。这一点,加上私募股权市场的持续发展和增长——它让公司可以在不上市的情况下找到其他形式的股权资本,可能是美国上市公司数量下降的主要原因。然而,图 4-4 显示,纽约证券交易所在总市值方面继续占据主导地位。

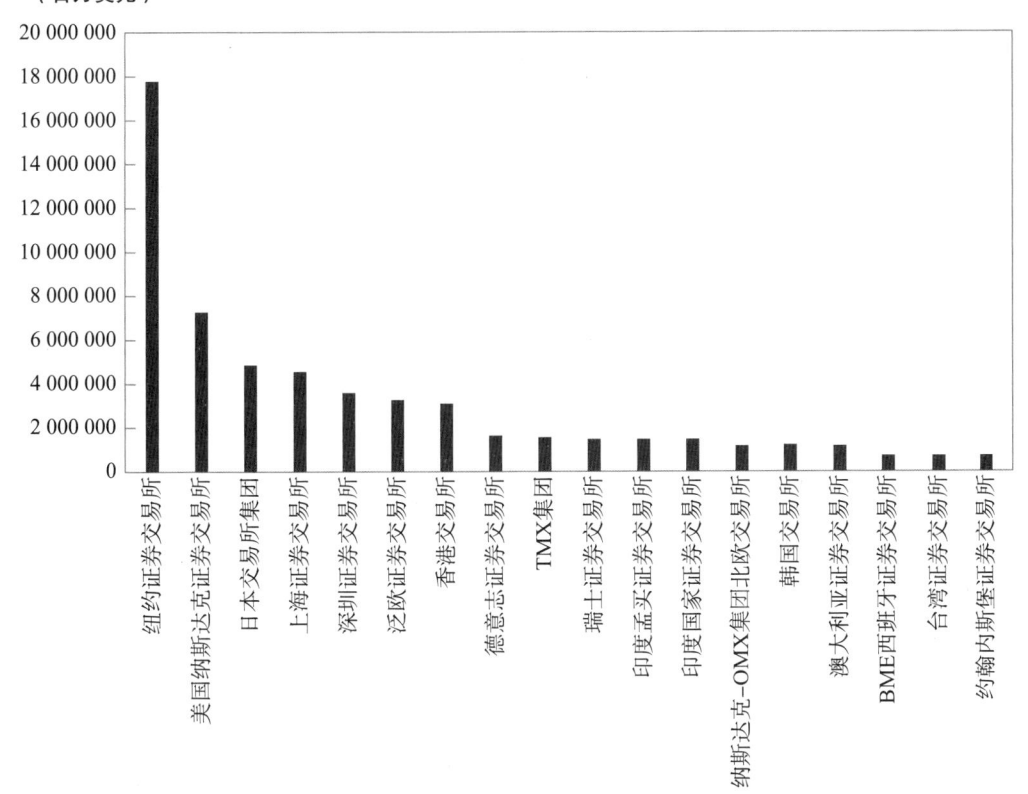

图 4-4 按市值计算规模位于前列的交易所(2015 年 12 月)

资料来源:作者根据世界交易所联合会收集的数据整理。泛欧证券交易所包括阿姆斯特丹、布鲁塞尔、伦敦、里斯本和巴黎的交易所。

最近的一项研究认为,日益烦琐的美国监管环境并不是真正导致对中小企业股票的做市、销售和研究支持下降的因素,真正的原因是要素扩散。从 1996 年引入在线经纪商和 1997 年实行在线交易规则开始,越来越多的美国股票交易转向电子通信网络,它允许所有市场参与者直接向交易所下单交易,而无须通过经纪商或经纪公司。尽管竞争加剧大大降低了交易成本,但也削弱了零售经纪公司的盈利能力,这些经纪公司一直支持中小型股票的研究、做市以及销售和推广。没有这种资金支持,主要股权投资公司就不再投资和推广小型股票。没有这种研究、营销、推广和投资,它们的交易量和价值就会下降。"全球金融实务 4-2"进一步分析了上市股票数量下跌的原因——私募股票所有权的增加。

全球金融实务 4-2

上市过时了

虽然现在的许多初创企业都不是资本密集型企业（脸书或谷歌不需要大量资本来开展业务），但它们确实需要一种机制让内部股东从企业中提取现金。公共股票市场就提供这种服务。无论它们是否承认，公共股票市场的要求和审查都使许多初创企业明确了愿景并对经营严格把关。

然而，成熟公司保持上市状态的兴趣没有那么明显。公共股票市场的压力和要求是众所周知的。频繁的报告、处于侵犯保密策略边缘的披露水平，对许多需要执行长期战略的行业有短期业绩预期，凡此种种都是负面因素。

许多成熟的上市公司可能会找到更合意的所有者：私募股权公司。私募股权公司正在成为首选所有者。私募股权所有者能获取资本以支持这些公司，同时可以使它们免于公开披露和报告。

这种从公开上市转向私募股权的趋势在美国尤为明显。在诉讼高发的市场上，上市公司很容易成为目标。在美国，首次公开募股成本约为股票价值的 7%，是世界上其他地区的两倍。沃尔玛背后的第二大企业雇主是私募股权收购公司凯雷（Carlyle）及其旗下众多公司。约 25% 的中型美国公司现在由私募股权公司所有。上市公司数量继续萎缩。这种趋势背后的原因越来越明显。

4.3 公司治理

公司治理是指导和控制组织的规则、实务和流程系统。尽管任何公司（国内公司、国际公司或跨国公司）的治理结构对其存续都至关重要，但由于各种形式的治理失灵导致公司欺诈和破产，这个问题在过去几年引发了政治争论和商业争论。近年来，公司治理中的滥用和失败成了全球商业新闻的重头内容。从安然的会计欺诈和有问题的商业道德导致其在 2001 年秋宣告破产开始，公司治理失灵提出了商业行为的道德和文化问题。

公司治理的目标

英美市场中公司治理的唯一首要目标是逐渐优化股东收益。为了实现这个目标，良好的公司治理实务应该制定并实施确保公司增长和股权价值创造的公司战略，将公司董事会的注意力集中在这个目标上。同时，它还应确保与利益相关者建立有效关系。各种组织，包括经济合作与发展组织，仍在完善它们关于五个主要公司治理领域的建议：

(1) 股东权利。股东是公司的所有者，他们的利益应优先于其他利益相关者。

（2）董事会的责任。公司董事会被认为是对公司负有最终完全法律责任（包括对管理层实行适当监督）的实体。

（3）股东的公平待遇。它专门指身为股东的本国居民和外国居民是否受到公平待遇，以及多数权益股东和少数权益股东是否受到公平待遇。

（4）利益相关者的权利。公司治理实务应正式承认其他利益相关者——员工、债权人、社会和政府——的利益。

（5）透明度和披露。应及时公开、公平地报告公司的经营业绩和财务业绩及指标，并应公平提供给所有利益相关者。

这些原则显然集中在几个关键领域——股东权利和角色，披露和透明度，以及董事会的责任，我们将对它们进行详细讨论。

公司治理结构

我们的第一个挑战是理解人们使用"公司治理"一词时的含义。图4-5概述了不同相关方及其与现代公司治理相关的责任。现代公司的行为受到内部力量和外部力量的指导和控制。

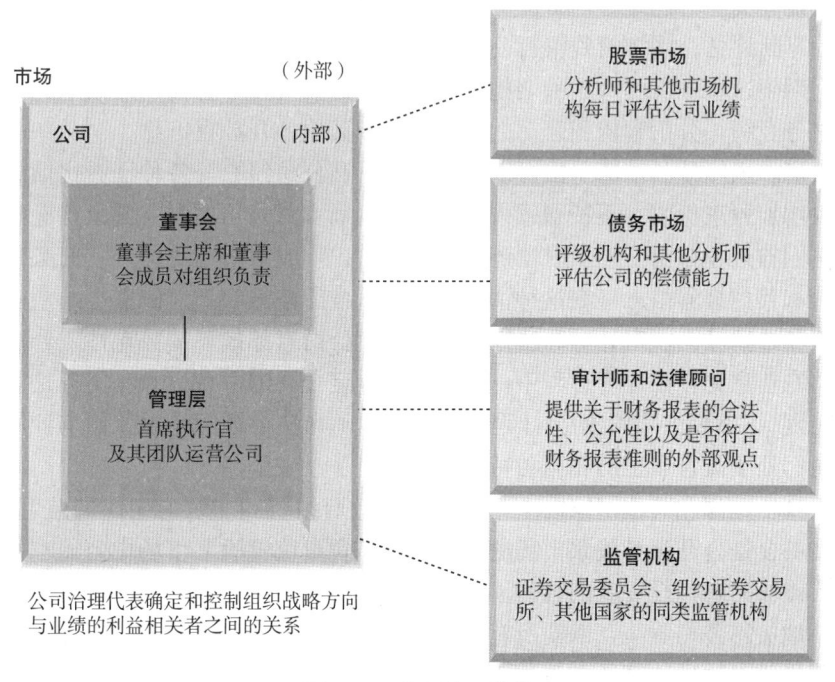

图4-5 公司治理结构

内部力量，即公司高管（例如首席执行官）和公司董事会（包括董事会主席）直接负责确定公司未来的战略方向和执行工作。但他们不是在真空中行动；内部力量受制于市场中虎视眈眈的外部力量，这些力量质疑决策的有效性和合理性以及内部力量的表现。外部力量包括交易公司股票的股票市场（证券交易所），分析和评论公司股票的投资银行分析师，公司的债权人，对公司债券或股票给出信用评级的信用评级机构，证明公司财务报表的公允性和合法性的审计师和法律顾问，以及监督公司行为的众多监管机构，这些力量都试图确保向投资者提供的信息的有效性。

董事会。 负责公司治理的法律机构是董事会。董事会由公司员工（内部董事）以及资深且有影响力的非员工（外部董事）组成。围绕董事会的争论领域包括：(1) 内部董事和外部董事之间的适当平衡；(2) 董事会成员获得薪酬的方式；(3) 董事会成员每年只花几天参与董事会活动时，董事会充分监督和管理公司的实际能力。外部董事通常是其他大公司的现任首席执行官或退休首席执行官，可能带来健康的距离感和公正感，虽然令人耳目一新，但他们对公司内部真实问题的理解可能有限。

管理层。 公司的高级管理层——首席执行官（CEO）、首席财务官（CFO）和首席运营官（COO）——不仅是最了解业务的人，而且是战略和运营方向的提出者和指导者。根据理论，公司管理层作为股东的承包人——代理人——追求价值创造。这些高管受到工资、奖金和股票期权的正面激励，并受到失业风险的负面激励。但是，他们可能存在中饱私囊或追求个人目标的偏差，董事会和其他公司利益相关者负责监督和管理这种偏差。有趣的是，在超过80%的财富500强公司中，首席执行官也是董事会主席。在许多人看来，这是利益冲突，不符合公司及其股东的最优利益。

股票市场。 无论注册地在哪个国家，上市公司都非常容易受到市场观点变化的影响。无论是纽约证券交易所还是墨西哥证券交易所，股票市场本身都应反映出市场对各公司前景和业绩的不断评估。许多投资银行公司也交易客户公司的股票，它们雇用的专家就是分析师。人们期望这些分析师（这种期望有时是天真的）实时评估公司的战略、战略执行计划和公司财务业绩，分析师依赖公司的财务报表和其他公开披露信息。

债务市场。 虽然债务市场（银行以及提供贷款和公司债券等各种证券化债务的其他金融机构）对增加股东价值并不特别感兴趣，但它们确实对公司的财务健康状况感兴趣。具体而言，它们的兴趣在于公司及时偿还债务的能力。与股票市场一样，它们必须依赖公司的财务报表和其他披露信息（在这种情况下为公开披露信息和私人信息）。

审计师和法律顾问。 审计师和法律顾问负责就公司财务报表的公允性、合法性和准确性提供外部专业意见。在这个过程中，他们试图确定公司的财务记录和实务是否遵守美国公认会计准则（GAAP）规定的会计程序。但审计师和法律顾问是由他们审计的公司雇用的，这使他们处于监督雇主的相当独特的地位。

监管机构。 美国和其他国家的上市公司受到政府组织和非政府组织的监管。在美国，证券交易委员会是公开交易股票市场的监管机构，负责监管股票市场中公司本身的行为以及参与股票市场的各种投资者的行为。美国证券交易委员会和其他国家的类似监管机构要求定期有序地披露公司业绩，以便所有投资者可以通过充分、准确和公平发布的信息评估公司的投资价值。这种监管通常侧重于公司发布信息的时间、内容和对象。

在美国上市的公司也需要遵守其股票上市交易所（纽约证券交易所/泛欧证券交易所、美国证券交易所和纳斯达克证券交易所是最大的几家交易所）的规则条例。这些交易所通常被归类为自我监管组织，制定和执行成员公司及其自身的股票交易行为准则。

比较公司治理

对公司治理程序的需求源于所有权与管理权的分离，以及不同文化对利益相关者定义及其重要性的不同观点。这使不同国家和文化的公司治理实务有所不同。如表4-2所示，公司治理制度可以根据企业所有权随时间推移的变化进行分类。

市场式公司治理制度（例如美国、加拿大和英国的制度）的特征是资本市场相对高效，上市公司的所有权广泛分散。家族式公司治理制度——这是许多新兴市场、亚洲市场和南美洲市场的特征——不仅在开始时家族所有权高度集中（而不是非家族式合伙企业或小型投资集团），而且即使在上市之后，仍然主要由家族控股。银行式公司治理制度和政府式公司治理制度反映出在市场上政府持有财产所有权和行业所有权已经成为定例，它只会导致企业中存在少量公共所有权，但即使如此，商业行为也会受到限制。

表4-2 比较公司治理制度

制度基础	特征	例子
市场式公司治理制度	有效的股票市场；所有权分散	美国、英国、加拿大、澳大利亚
家族式公司治理制度	管理权与所有权结合；家族/多数股东与少数股东	印度尼西亚、马来西亚、新加坡
银行式公司治理制度	政府影响银行贷款；缺乏透明度；家族控股	韩国、德国
政府式公司治理制度	企业为国有；缺乏透明度；没有少数股东的影响	中国、俄罗斯

资料来源：根据以下文献整理而得："Corporate Governance in Emerging Markets: An Asian Perspective," by J. Tsui and T. Shieh, *International Finance and Accounting Handbook*, Third Edition, Frederick D. S. Choi, editor, Wiley, 2004, pp. 24.4-24.6.

因此，所有汇率制度都至少是全球公司治理原则和实务演变中的四个主要因素的函数：(1) 金融市场的发展；(2) 管理权与所有权之间的分离程度；(3) 披露和透明度的概念；(4) 法律制度的历史发展。

金融市场的发展。资本市场的深度和广度对公司治理实务的发展至关重要。增长相对缓慢的国家市场（例如新兴市场国家）或者利用邻近资本市场快速工业化的国家市场（例如西欧）可能不会形成大型公共股票市场体系。没有大量上市的所有权股份，所有权就将继续保持高度集中，几乎无法发展出严明的治理程序。

管理权与所有权的分离。在公司所有权仍是管理权不可分割的一部分的国家和文化中，代理问题和公司治理失灵问题较少。在美国这种国家，所有权在很大程度上与管理权分离（并且广泛分散），这使管理者和所有者的目标更难协调一致。

披露和透明度。各国对公司经营情况和财务业绩的披露程度不尽相同。披露实务反映了广泛的文化力量和社会力量，包括所有权的公共程度，政府认为需要保护投资者权利或所有者权利的程度，以及家族企业和政府企业仍处于文化核心的程度。透明度是类似于披露的概念，反映了企业组织内部决策流程的可见性。

法律制度的历史发展。与法国和德国的典型法典化民法（即所谓的《拿破仑法典》）相比，在以英国普通法为法律制度基础的国家，投资者保护通常更加完善。英国普通法通常是英国和英国前殖民地（包括美国和加拿大）的法律制度基础。《拿破仑法典》通常是法国前殖民地和拿破仑曾经统治过的欧洲国家（例如比利时、西班牙和意大利）的法律制度基础。在投资者保护薄弱的国家，控股股东所有权通常是缺乏法律保护的替代品。

请注意，我们没有提到道德。迄今为止，我们介绍的所有原则和实务都假设负责人和领导真正公平地遵守这些原则和实务。然而，情况并非总是如此。

家族所有权和公司治理

尽管关于公司治理的大部分讨论都集中于市场式公司治理制度（见表4-2），但可以说，家族式公司治理制度在全世界范围内更为普遍、更为重要。例如，在对13个西欧国家的5 232家公司进行的一项研究中，家族控股公司占样本的44%，而股权广泛分散的公司占样本的37%。"全球金融实务4-3"重点介绍了一个控制意大利近60年的家族卡特尔的历史。

全球金融实务4-3

意大利的交叉持股以及"商业组织俱乐部"的终结

在第二次世界大战之后的数年里，意大利一直处于风雨飘摇中。为了稳定工业活动，北方的强大家族——阿涅利家族（因菲亚特而出名）、佩森蒂家族、倍耐力家族、利格莱斯蒂家族以及后来的贝内通家族组成了"商业组织俱乐部"——意大利语为"salotto buono"，意即"华美的客厅"——以相对较小的本钱控制了意大利的金融、工业和媒体。这种关系的核心是，每个家族企业都在互相勾连或交叉持股的结构中持有另一个家族企业的重大所有权和控制权，确保没有外人可以获得所有权或影响力。

商业组织俱乐部的创始人是恩里科·卡西亚（Enrico Cuccia），他是中期银行（Mediobanca）（一家米兰的投资银行）的创始人。这家组织中的要员切萨雷·杰龙齐（Cesare Geronzi）后来跃升为意大利金融界巨头。每升一级，他都随身带着三把猩红色的椅子，放在自己的私人休息室里：先是在中期银行，最后是在意大利最大的金融集团——忠利集团（Generali）。尽管两次成为包括帕玛拉特案在内的重大金融和会计欺诈案件的调查目标，但杰龙齐仍然升至权力巅峰。在接下来的半个世纪里，任何希望获得影响力的人都必须经过这"三把椅子"，即商业组织俱乐部。

但是，唉，2008—2009年的全球金融危机攻破了世界上最后一批私人权力堡垒。受害者之一就是商业组织俱乐部，它旗下越来越多的家族深陷债务危机和破产危机。

公司治理失灵

近年来，公司治理失灵越来越明显。美国的安然丑闻众所周知。除了安然公司，还有其他公司被揭露出重大的会计和披露失灵以及高管中饱私囊事件，包括世通、帕玛拉特、泰科、阿德菲亚和南方保健。在每个案例中，著名审计师事务所（例如安达信）都没有发现违规行为或尽力掩盖它们，这可能是由于利润丰厚的咨询关系或其他利益冲突。此外，证券分析师和银行还敦促投资者购买这些公司和其他公司的股票和债券，尽管他们明知这些公司风险很高甚至接近破产。更令人震惊的是，（最初）多数应该对管理不善毁掉公司负责的高管在公司垮台之前卖掉股票，拿着巨额收益一走了之，甚至还获得了不菲的离职补偿金。

良好的公司治理和企业声誉

良好的公司治理是否重要？这实际上是一个困难的问题，而现实答案在很大程度上取决于历史上的结果。例如，只要安然的股价继续上涨，该公司的所有利益相关者就会在很大程度上忽视透明度、会计妥当性甚至财务事实等问题。然而，最终欺诈、谎言以及众多公司治理实务的失灵导致了破产。它不仅毁掉了投资者的财富，还毁掉了许多员工的职业、收入和储蓄。归根到底，良好的公司治理是至关重要的。

公司向投资者市场发出良好治理信号的一种方式是采用和宣传一套基本治理政策和实务。几乎所有上市公司都采用了这种方法，访问公司网站时就能明显看出来。这也导致了一套标准的通用原则，如表4-3所示，这可能被视为对良好治理实务的共识日益增长。这些实务——董事会组成、管理层薪酬结构和监督、公司审计实务和公开披露——已被广泛接受。原则上，人们认为良好治理（既包括国家层面，又包括公司层面）与（较低的）资本成本、（较高的）股东收益率和（较高的）公司盈利能力相关。人们关注的另一个方面是国家治理的作用，因为这会影响国际投资者可能选择投资的国家。然而，令人沮丧的是，不同的公司治理排名机构通常会对相同公司给出截然不同的排名，乱上加乱的是，这些治理排名似乎没有预测公司治理良好或公司治理不良的能力——由企业未来重估利润的可能性、股东诉讼、资产收益率以及各种股价表现指标衡量。

表4-3 对良好公司治理的共识日益增长

尽管全球公司治理中使用了许多不同的文化方法和法律方法，但对于什么是良好的公司治理，人们的共识日益增长。

- **董事会组成**。董事会应该有内部董事和外部董事。更重要的是，它应由真正具有经验和知识的人组成，这些人不仅应熟悉自身的规则和责任，还应熟悉公司业务的性质和经营。
- **管理层薪酬**。管理层薪酬制度应与公司业绩（财务业绩和其他业绩）保持一致，并接受董事会的有效监督，向股东和投资者进行公开披露。
- **公司审计**。对公司财务业绩应进行有意义的独立实时审计。一项重大改进是组建主要由外部董事组成的董事会，由其监督审计过程。
- **公开报告和披露**。及时公开地报告投资者可用于评估投资前景的财务经营业绩和非财务经营业绩，还应包括关于潜在重大负债的信息透明和报告。

最后，在国际环境中，请注意：所有内部公司良好治理实务的质量和可信度仍取决于一国公司法的质量、对债权人和投资者权利（包括少数股东）的保护以及一国充分且适当执法的能力。

在非英美国家的公司中，另一种表明良好公司治理的方式是选出一名或多名英美董事会成员。奥克塞尔海姆（Oxelheim）和兰德伊（Randøy）的一项研究用一组挪威公司和瑞典公司的数据证明了这一点。这些公司具有优异的市场价值。存在英美董事会成员表明公司治理体系将更有机会受到监督，并提高了投资者的认可度。

公司治理改革

在美国和英国，主要的公司治理问题是代理理论设法解决的一个问题：在股票所有权广泛分散的情况下，公司如何使管理层利益与股东利益保持一致？由于个人股东没有监督管理层的资源或权力，因此英美市场依靠监管机构协助监督代理问题和利益冲突。在美国和英国以外的国家,大型控股股东(包括加拿大)占多数。它们能以某种优于监管机构的方式监管管理层。然而,控股股东提出了另一个问题。无论控股股东是机构、大型私人投资者还是控股家族,都极难保护少数股东(持有少量股份,因此投票权很少的投资者)的利益不受控股股东权力的侵害。

近年来,美国和加拿大的改革基本上都是监管改革。其他国家的改革主要侧重于采用的法律原则而非制定更严格的法律规定。原则方法更具柔性,成本更低,并且不太可能与其他现有法规冲突。

《萨班斯-奥克斯利法案》。 美国国会于2002年7月通过了《萨班斯-奥克斯利法案》(SOX)。《萨班斯-奥克斯利法案》以两个主要提案议员的名字命名,它有四个主要要求:(1)上市公司的首席执行官和首席财务官必须保证公司公布的财务报表的真实性;(2)公司董事会必须成立由独立(外部)董事组成的审计委员会和薪酬委员会;(3)禁止公司向公司高管和董事贷款;(4)公司必须测试其内部财务控制以防止欺诈。

第一条规定,即所谓的签字条款,已经对公司编制财务报表的方式产生了重大影响。该条款旨在向高管灌输责任心并建立责任制(因此减少管理层以"审计师签过字了"作为托词)。这些公司本身向下属机构推行同样的程序,通常要求业务部门经理和较低级别的总监签署他们的财务报表。无论公司治理改革的形式如何,正如"全球金融实务4-4"所讨论的,良好治理的定义仍然存在争议。

全球金融实务 4-4

良好治理有利于全球企业吗?

在许多情况下,"良好治理"是一个具有高度政治意味的词。在接受媒体采访时,许多董事和高管都认为,追求良好治理实务对全球企业有利。然而,这些高管也可能认为严格的报告和披露要求——例如美国根据《萨班斯-奥克斯利法案》提出的要求——会损害商业竞争和增长,并最终损害其在美国上市和交易的证券的吸引力。最后,可能确实是细节决定成败。

但是,并不存在一种放之四海而皆准的模式。文化对商业行为有巨大影响,许多国家正在寻找自己的方式,而不一定遵循美国或欧洲的做法。例如,一些日本领导人指出,日本的公司治理体系与西方体系不同,并在保留日本文化和历史的同时不断发展。他们认为,在制定和实施全球标准、法规和监管时,不应忽视文化背景和历史。

当管理层业绩不佳时,通常需要变更管理层或(和)所有者。图4-6显示了股东对公司业绩不满意时可以采用的一些其他方法。在一些文化和习惯做法中,许多投资者通常可以——在很长一段时间内——保持沉默以示对股价表现不满。更积极的反应是出售股票。第三种和第四种可能的行动分别是变更管理层和启动收购,这将使管理层听到更明显的不满"声音"。

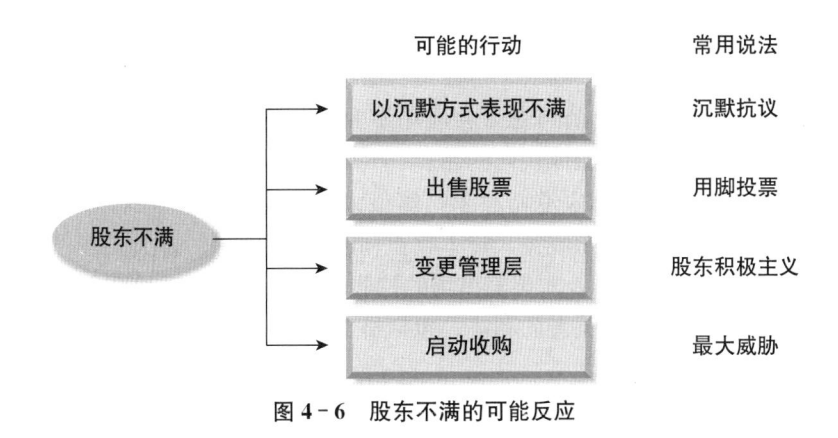

```
          可能的行动              常用说法
       ┌─────────────────┐
    ┌─▶│ 以沉默方式表现不满 │         沉默抗议
    │  └─────────────────┘
    │  ┌─────────────────┐
    │─▶│     出售股票     │         用脚投票
 股东不满 └─────────────────┘
    │  ┌─────────────────┐
    │─▶│     变更管理层   │         股东积极主义
    │  └─────────────────┘
    │  ┌─────────────────┐
    └─▶│     启动收购     │         最大威胁
       └─────────────────┘
```

图 4-6 股东不满的可能反应

重要的是，上市公司的管理层及其董事会知道，如果业绩不佳，公司就可能成为恶意收购的对象。随着杠杆收购再次流行，近年来美国和其他国家的股权基金和对冲基金的增长加剧了这种威胁。

企业责任与可持续发展

> 可持续发展是满足当前需求，同时又不损害后代满足自身需求的能力的发展。
> ——Brundtland Report，1987，p.54.

公司的目标是什么？越来越多的人同意公司的目标当然是为利益相关者创造利润和价值，但公司在这样做时有责任不给环境和社会带来成本。全球化使公司在社会中的作用日益增长，这使复杂性增加到前所未有的水平。

迄今为止，我们的讨论被许多相互冲突的术语和标签所阻碍——企业善意、企业责任、企业社会责任（corporate social responsibility，CSR）、企业慈善和企业可持续发展，等等。为了简化起见，可持续发展通常被称为企业的目标，而企业责任则被称为企业的义务。这种义务是追求利润、社会发展和环保——但在这个过程中要遵循可持续发展原则。

近 20 年前，一些大公司开始将公认的公司目标完善为"追求三重底线"。这三重底线——盈利能力、社会责任和环境可持续发展——被认为是现代资本主义的开明发展。被一些批评者称为"更柔性、更温和"的市场资本主义是指公司日益追求其他目标而非只是创造财务利润的愿望。为了更好地理解这种扩展企业责任的观点的发展，我们可以将该论点分为两种路线：经济路线和道德路线。

经济路线认为，通过追求企业可持续发展目标，企业实际上仍在追求盈利，但是以更加明智的长期视角——"开明自利"——去追求盈利。它已经意识到，无论法律或市场是否要求，负责任的企业都必须确保其行动不会减少未来的选择。另外，道德路线认为无论对盈利能力的影响如何，企业都有公民的权利和责任，包括以符合社会最佳利益的方式行事的道德责任。您还认为管理公司很简单吗？

要点总结

■ 多数商业企业的创始人都是企业家（私营企业）或政府（公共企业）。无论创始人是谁，如果它们仍然以商业为重心，就可能随着时间的推移选择通过首次公开募股（全部或部分）上市。

■ 当被广泛分散持有时，公司通常会雇用专业人员进行管理。职业经理的利益可能与所有者的利益不一致，从而造成代理问题。

■ 英美市场认同公司目标应遵循股东财富最大化模型的理念。具体而言，在给定的风险水平下，公司应努力使股东收益、资本收益和股利的总和最大化。

■ 与英美市场的股东一样，非英美市场的控股股东也努力实现长期股权收益最大化。但是，他们也考虑其他利益相关者的利益，包括员工、客户、供应商、债权人、政府和社会。这被称为利益相关者资本主义。

■ 上市公司股东的收益包括股利形式的当期收入和资本收益形式的股价升值。私人持股公司试图最大化当期收入和可持续收入，因为它没有股价。

■ 跨国企业必须在三个一般运营目标之间取得适当平衡：合并税后收入最大化；公司实际全球税负最小化；在不同国家和币种之间正确配置公司的收入、现金流以及可得资金。

■ 用于确定组织战略方向和业绩的利益相关者之间的关系被称为公司治理。公司治理的内容包括：代理理论；董事会的组成和控制；文化变量、历史变量和制度变量。

■ 美国、英国和欧盟的公司治理实务中的一些举措，包括董事会结构和薪酬、透明度、审计和少数股东权利，正在向当今的一些主要新兴市场蔓延。

■ 在一些国家和文化中，公司治理实务被认为是过度干扰，偶尔会被视为对公司竞争力的破坏。结果是公司越来越不愿意在挑剔的市场上市。

迷你案例

大众汽车的减效装置与利益相关者的控制[①]

今天，美国环保署向大众汽车公司、奥迪公司和美国大众汽车集团（统称为大众汽车）发布了违反《清洁空气法》（Clean Air Act, CAA）的通知。该违法通知称，2009—2015 年的四缸大众柴油车和奥迪柴油车的内置软件可以规避某些空气污染物的美国环保署排放标准。

——美国环保署新闻室，2015 年 9 月 18 日

大众汽车于 2015 年 9 月对其柴油发动机 NOx（氮氧化物）排放物的故意瞒报导致该公司市值损失了 30%。在随后几个月里，大众汽车发现自己受到每个利益相关者——政府监管机构、消费者利益集团、客户、经销商和自己的股东的攻击。它可能面临 180 亿美元的经济处罚，且全球声誉可能遭受无法弥补的损害。大众汽车的领导怎么能允许这种事发生？

大众汽车和柴油

大众汽车是一家德国汽车制造商，总部位于德国下萨克森州沃尔夫斯堡。1936 年，该公司由一个劳工组织创立，历史上经过无数大风大浪。到 2015 年，大众汽车集团已成为一家生产汽车和卡车的跨国控股公司，旗下品牌包括大众、西雅特、奥迪、兰博基尼、保时捷、宾

[①] 2017 年ⓒ亚利桑那州立大学雷鸟全球管理学院版权所有。

利、布加迪、斯堪尼亚和斯柯达。大众汽车已成为全球第二大（仅次于日本的丰田）汽车制造商。

但大众汽车进入北美市场的过程很艰难。自20世纪60年代以来，大众汽车基本上无缘美国市场，在2007年才大力推动重新进入美国。当马丁·温特科恩（Martin Winterkorn）于2007年被任命为首席执行官时，他得到了具体指示：到2018年，大众汽车在美国的销量将达到原来的三倍，即80万辆。他的策略是从柴油发动机车型入手。

柴油发动机。柴油比汽油更高效，它将热量转化成的能量比汽油更多。柴油发动机在更高压缩状态下运行，产生更大的扭矩，但在较窄的功率范围内运行，在长时间运行时效果最佳。柴油发动机的一氧化碳排放量较低，但颗粒物和氮氧化物的排放量较高。美国对客车的排放量限制是世界上最严格的。加利福尼亚这个巨大的市场也实行最严格的限制。

有两种基本技术用于减少氮氧化物排放，选择性催化还原（selective catalytic reduction，SCR）和稀油氮氧化物捕集器（lean NOx trap，LNT）。第一种技术是迄今为止最有效的技术，但大众汽车认为它太昂贵并且增加了太多重量。第二种技术降低了燃料的燃烧效率并降低了里程和性能。它比选择性催化还原更便宜、更轻便，但效果更差。大众在配备减效装置的车辆中采用了这项技术。

2015年，汽车分析师认为大众汽车将在美国客车市场上实现对柴油发动机汽车的事实垄断。但大众汽车对美国市场的渗透率仍然很低。尽管大众汽车拥有全球汽车市场15%的份额（按收入计算），但它仍只占美国汽车市场的2%。

检测。2013年，欧洲一家小型非营利性清洁空气集团试图验证并说明大众汽车清洁柴油发动机技术的环境效益，该集团与西弗吉尼亚大学替代燃料、发动机和排放中心签订了5万美元的合同，在加利福尼亚州驾驶环境下对几款大众车型进行排放测试。该研究的结果显示，两辆大众汽车未通过排放测试，结果于2014年发布。2015年春，加利福尼亚州当局向大众汽车管理层提出了其担忧。

> 加利福尼亚州空气资源委员会（California Air Resources Board，CARB）于2015年7月8日与大众汽车分享了测试结果。加利福尼亚州空气资源委员会还与美国环保署分享了测试结果……在2015年9月3日的一次会议上，大众汽车向加利福尼亚州空气资源委员会和美国环保署的工作人员承认，这些车辆的设计和制造都带有减效装置，以规避或骗过车辆排放控制系统，或使其部件无法运行。①

减效装置本质上是软件。利用车载传感器和电脑，该软件将读取四个主要汽车参数（方向盘位置、速度、发动机运行持续时间和气压）的数据，以确定汽车是否正在测试排放量。如果是的话，它将改动燃烧室，允许更多燃料通过燃烧室，从而减少氮氧化物排放。

大众汽车承认收到了9月18日的来函，两天后，在一份新闻稿中，首席执行官马丁·温特科恩承认大众汽车管理委员会非常严肃地对待这一调查结果，并补充道，他个人很抱歉该公司破坏了公众的信任和善意。大众汽车和温特科恩承诺与参与调查的所有官方机构充分合作，并宣布大众将聘请外部机构进行独立的外部调查。

加利福尼亚州空气资源委员会/美国环保署于9月18日发布的公告导致大众汽车的股票立即被抛售。如图A所示，大众汽车的股价开始暴跌。10月2日，大众汽车的股价触底，达到101欧元。9月22日，大众汽车首席执行官马丁·温特科恩承认该公司曾作弊。

---

① 安内特·赫伯特（Anette Hebert）致大众汽车公司的函，2015年9月18日。

据大众汽车估计，全球共售出 1 100 万辆装有这款失效装置的汽车。9 月 23 日，马丁· 温特科恩辞职，取代他位置的是保时捷的首席执行官马蒂亚斯·穆勒（Matthias Müller）（保时捷是大众汽车集团旗下的品牌）。加利福尼亚州空气资源委员会发布公告十天后，大众汽车宣布将召回 1 100 万辆汽车。10 月，《明镜》周刊（*Der Spiegel*）报道称，超过 20 名大众汽车工程师参与了该计划。

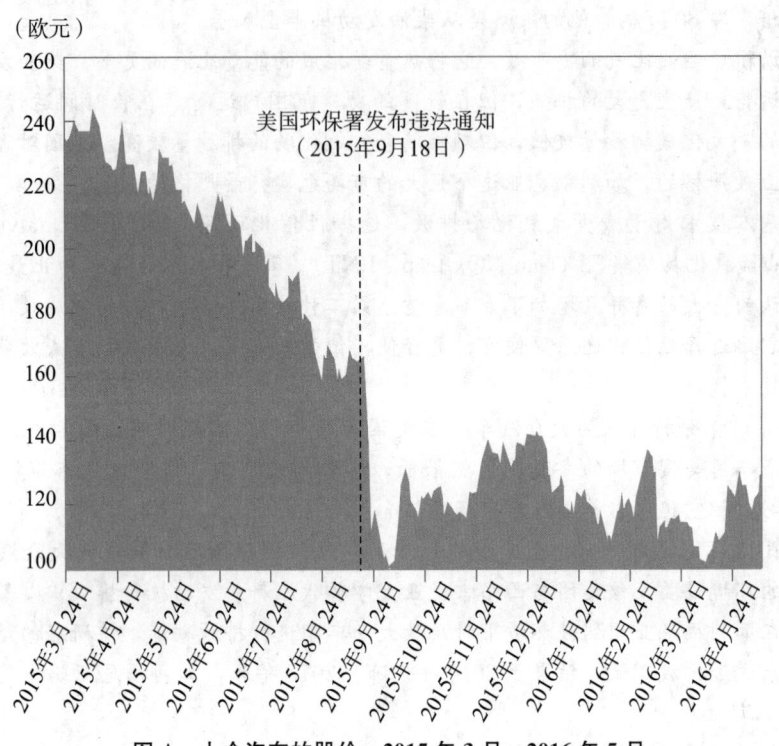

图 A　大众汽车的股价，2015 年 3 月—2016 年 5 月

企业文化。

我对和谐的需求有限。

——Ferdinand Piëch in his autobiography,
Auto. Biographie., 2002.

大众汽车长期以来以其指令与控制文化而闻名；据称这是一家下属不敢质疑上级的公司。1993—2002 年担任首席执行官并担任董事长直到去年春天的费迪南德·皮耶希（Ferdinand Piëch）是这种文化的推动者。一位高级员工将该公司描述为："它拥有一种全力进取的文化，学历高、上进心强的工程师彼此竞争以获得批准和晋升。"简而言之，正如《明镜》周刊经常指出的，"在大众汽车，你必须服从。"

大众汽车的批评者经常提到其"傲慢文化"，该公司认为除了对自身负责之外，它不对任何事负责。鉴于这一前提，大众汽车的领导层未能确定什么是可接受的方法，而是只专注于目标。首席执行官温特科恩在大众文化中如鱼得水，平步青云。温特科恩以对细节的关注而闻名，他的外套里始终揣着一块测量仪，用于测量大众汽车和竞争厂商汽车的车门和车身间隙。当他不开心时，他会让别人知道。当本公司的董事和经理失败时，他会毫不留情地公开警告他们。

"在他面前总是有一种距离感和敬畏感……当他来视察或者你去找他时，你的脉搏会加快,"一位大众前高管告诉路透社的记者,"如果你报告坏消息,事情就可能会变得非常不愉快,招来一通劈头痛骂。"①

大众汽车的管理文化被称为大众汽车体系,它通过管理层、员工、当地政治家之间的深层关系网以及非常复杂且经常盘根错节的家族所有制结构运作。虽然它是一家全球公司,但它在下萨克森州根脉深厚,通过保护该州选民的就业和产业结构来确保企业长盛不衰。这通常被称为利益相关者资本主义,事实证明它对利益相关者有利,但对股东而言这不是最优选择。

大众汽车的权力与治理

大众汽车没有单独的董事会;相反,根据德国公司法,它有两个独立的委员会,即监事会和管理委员会。监事会负责监督管理层,而管理委员会负责监督公司的日常活动。

如图B所示,委员会席位、所有权和权力在大众汽车是三个不同的概念。最终控制大众汽车的是监事会。监事会负责监督管理委员会,即负责执行业务的实体。监事会不受任何一个实体的控制,而是对劳动者和其他利益相关者的妥协结果。

	保时捷家族与皮耶希家族	下萨克森州	卡塔尔投资控股公司	外部人监事	外部投资者(自由流通股股东)
监事会席位	4席	2席	2席	2席	0席
所有权	32%	13%	15%	—	40%
投票权	51%	20%	17%	—	12%

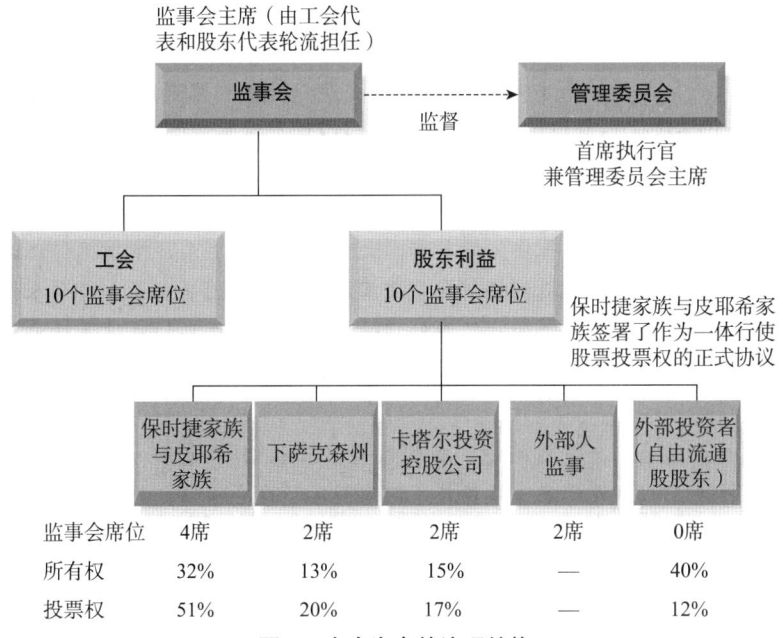

图B 大众汽车的治理结构

监事会的一半席位由工人代表(即工会)持有。德国金属工业工会(IG Metall,一家德国大型工会)的领导人在发生危机时将占一个监事席位并担任临时监事会主席。另一半监事会席位代表股东利益,也有10个席位。这部分席位由三个实体主导:(1)保时捷和皮耶希家族,通过保时捷汽车控股公司的所有权持有四个监事会席位;(2)下萨克森州政府,持有两个监事会席位;(3)卡塔尔投资控股公司(Qatar Investment Holdings),持有两个监事会席位。其余两个席位由外部人持有,尽管这些"外部人"通常与保时捷家族和皮耶希家族有着密切关系。

该公司的所有权结构与监事会席位结构相似,但不完全相同。保时捷家族和皮耶希家族拥有该公司32%的股份,下萨克森州政府拥有13%的股份,卡塔尔投资控股公司拥有16%的股

---

① "Fear and Respect: VW's Culture Under Winterkorn," by Andreas Cremer and Tom Bergin, *Reuters*, October 10, 2015.

份，其余40%的股份由外部投资者通过自由流通股（在交易所交易的股票）持有。但股票所有权并未直接转化为投票权。保时捷家族和皮耶希家族持有该公司51%的投票权。加上下萨克森州政府20.0%的投票权和卡塔尔投资控股公司17.0%的投票权，只有12%的投票权由外部人持有。

该监事会有四个委员会：审计委员会、提名委员会、调解委员会和主席团。主席团——执行委员会，通常被称为核心集团——掌握着权力。其正式职责是"讨论并准备全体监事会即将做出的决定，以及处理与公司高级管理人员有关的合同事宜"①。主席团制定每次监事会会议的议程。当时，主席团有五名成员：(1) 德国金属工业工会的监事会代表；(2) 代表员工的大众汽车工会主席；(3) 工会副主席；(4) 沃尔夫冈·保时捷；(5) 下萨克森州州长。

大众汽车的公司治理采用了一种在欧洲常见的控制机制——金字塔结构。金字塔结构是指一个实体（例如一个家族或一家公司）控制一个公司，而该公司又拥有另一家公司的控股权。当发生危机时，大众汽车实际上由三个人控制：费迪南德·皮耶希、他的堂兄沃尔夫冈·保时捷和马丁·温特科恩。虽然温特科恩现已离职，但新任首席执行官马蒂亚斯·穆勒是皮耶希的亲密伙伴。[大众家族的力量非常强大。监事会成员乌尔苏拉·皮耶希（Ursula Piëch）最开始是幼儿园老师，然后成为皮耶希家族的家庭教师，再然后成为费迪南德·皮耶希的第四任妻子。]皮耶希家族和保时捷家族通过正式协议将它们的投票权联合起来。

2016年大众汽车前后矛盾的说法

2016年1月4日，美国司法部对大众汽车提起民事诉讼，指控其非法安装排放物减效装置，并向美国出口违反《清洁空气法》的车辆。大众汽车的回应是，根据德国法律的公司隐私保护规定，拒绝向美国司法部门提供任何高管之间的通信。德国是世界上对个人信息的法律保护最严格的国家之一，尤其是对于向欧盟以外实体提供的个人信息的法律保护更为严格。

十天后，在大众汽车新任首席执行官首次访问美国期间，马蒂亚斯·穆勒似乎在大众汽车认罪问题上有所退缩。

坦率地说，这是一个技术问题。我们设置了默认值，我们……对美国法律的解读有误。我们为技术工程师设定了一些目标，他们解决了这个问题，并通过一些软件解决方案实现了目标，这些解决方案与美国法律不相容。事情就是如此。您提到的另一个问题——这是一个道德问题吗？我不明白您为什么这么说。

——Matthias Müller, CEO Volkswagen, National Public Radio Interview, January 11, 2016.

这些言论在一夜之间引发了媒体风暴。第二天，穆勒再次与全国公共广播电台的记者会面，试图澄清他的评论。遗憾的是，这似乎只是让事情变得更糟。

我们正在尽最大努力。我们夜以继日地工作以寻找解决方案——不仅是技术解决方案。对于律师和新闻部来说，工作量都很大。

虽然大众汽车承认它确实在美国犯下了非法行为（严格地讲，是因为向政府监管机构撒谎，而不是因为安装减效装置），但公司指出该减效装置根据欧洲规定"并非禁用的减效装置"。虽然各种批评家都对大众汽车的内部调查结果等得不耐烦，但大众汽车的领导层仍然辩称，根据德国公司法，该公司有义务首先通知其股东，而在2016年4月召开股东大会之前不可能发出通知。

---

① www.volkswagenag.com/content/vwcorp/content/en/investor_relations/corporate_governance/activities.html.

情况变化。 在德国和美国，领导层都有明确责任及时向上市公司股东披露重大风险。大众汽车现在报道称，首席执行官温特科恩在问题公开之前一年多就收到了关于该问题的备忘录。大众汽车辩称，目前还不知道温特科恩是否读过这些备忘录，并解释说他"周末要看的资料很多，可能没有注意到它"。

许多内部人士认为，大众汽车的领导层不了解减效装置实际上违反了美国法律，并相信大众公司可以相对容易和迅速地与美国监管机构达成解决方案。在3月2日的新闻稿中，大众汽车回应了投资者提起的诉讼并解释了其原因[①]：

> 大众汽车认为德国股东提起诉讼没有法律依据，因为任何临时披露义务都要求负责履行该义务的人员了解与股价相关的事实，并能评估这些事实的经济影响。就柴油发动机问题而言，只有到2015年9月18日美国宣布本公司违反美国环境法规之时才产生了与股价相关的信息。在此之前，没有迹象表明任何信息与股价相关，因为直到那时，本公司才预料到可控数量的车辆（约500 000辆）将受到柴油发动机问题的影响，并将缴纳数千万美元甚至上亿美元罚款，正如美国过去涉及客车的类似案件的情况一样。
>
> 此外，据我们所知，柴油发动机问题似乎是可以通过这种情况下的常用措施来控制的问题，包括有效的技术解决方案，因此，对于公司股价的影响似乎是中性的。

在这之后，大众汽车公布了一份长达113页的内部中期调查报告，大众汽车在这份报告中指出，该公司对美国监管机构公开这一问题感到惊讶。该公司本以为在9月的调查结果出炉后将继续进行私下协商以达成解决方案。过去，即使所谓的减效装置违法，监管机构也会与汽车制造商达成和解，罚款金额也可以商量，而不会将违规行为公之于众。

大众汽车前任首席执行官马丁·温特科恩曾向利益相关者介绍该公司2014年年报中的公司愿景，这一愿景现在听起来越发空洞。

> 我们追求创新和完美，我们负责任的方法将有助于使我们在2018年成为世界领先的汽车制造商——无论是在经济上还是在生态上。
>
> ——大众汽车管理委员会主席马丁·温特科恩博士、教授

迷你案例问题

1. 为什么大众汽车的领导层决定使用减效装置？
2. 谁控制大众汽车的战略决策和经营决策？
3. 请描述大众汽车的各利益相关方及其在大众汽车中的个人利益。是哪个利益相关方主导了采用减效装置的决策？
4. 在欺骗行为被揭发之后，大众汽车做出了什么反应？您认为这是适当的危机管理反应吗？下次，您会建议他们采用何种不同的应对措施？

问题

4.1 **企业所有权。** 全球商业中的主要所有权形式是什么？

4.2 **企业控制权。** 所有权如何改变企业组织的控制权？私营公司的控制权是否与上市公司有所不同？

4.3 **所有权和管理权的分离。** 为什么所有权与管理权的分离对于理解企业的结构和领导方式至关重要？

4.4 **企业目标：股东财富最大化。** 请说明股

[①] "Volkswagen considers shareholder lawsuit to be without merit," Volkswagen Press Release, Wolfsburg, 2016-03-02.

东财富最大化模型的假设和目标。

4.5 企业目标：利益相关者资本主义。 请说明利益相关者资本主义模型的假设和目标。

4.6 管理层的目标期限。 股东财富最大化和利益相关者资本主义对公司的战略目标、管理目标和财务目标设定的期限是否相同？它们有何差异？

4.7 经营目标。 跨国企业的主要经营目标应该是什么？

4.8 财务收益。 一家上市公司的股东如何从其所有权中获得现金流收益？这些收益分别由谁控制？

4.9 股利收益。 股利对上市公司的投资者来说真的很重要吗？资本收益真的不是投资者的重点或目标吗？

4.10 混合所有权。 什么是混合所有权？混合所有权的管理方式有何不同？

4.11 公司治理。 请定义公司治理和参与公司治理的各种利益相关者。内部治理和外部治理有什么区别？

4.12 公司治理制度。 公司治理制度的四种主要类型是什么？它们有何不同？

4.13 推动公司治理发展的因素。 推动全球公司治理的主要因素是什么？某些因素的相对重要性是否超过其他因素？

4.14 良好治理的价值。 良好治理在市场上是否有"价值"？投资者是否真的会奖励良好治理？还是说良好治理会吸引特定投资者群体？

4.15 股东不满。 如果股东对公司目前的领导层——实际管理者和控制者——不满意，他们有哪些选择？

4.16 新兴市场的公司治理失灵。 有人声称，公司治理失灵阻碍了一些新兴市场知名公司的增长和盈利能力。公司治理失灵的部分典型原因是什么？

4.17 新兴市场的公司治理改善。 近年来，新兴市场上的跨国企业改善了公司治理政策，变得更加有利于股东。您认为推动这种现象出现的原因是什么？

习题

请使用以下公式回答关于股东收益的问题，其中 P_t 是时间 t 时的股价，D_t 是时间 t 时支付的股利。

$$股东收益率 = \frac{D_2}{P_1} + \frac{P_2 - P_1}{P_1}$$

4.1 新奥尔良航运公司。 如果新奥尔良航运公司艾玛莱恩（Emaline）的股价在一年内从 12 美元上涨到 15 美元，那么在下列各项条件下，股东收益率是多少？
a. 该公司不支付任何股利。
b. 该公司支付每股 1 美元的股利。
c. 该公司支付了股利，股东的总收益分为股利收益和资本收益。

4.2 斯宾塞·格兰特（Spencer Grant）和范尼图（Vaniteux）（A）。 斯宾塞·格兰特是一位纽约投资者。他一直在密切关注自己对 2010 年 2 月上市的法国公司范尼图的 100 股股票投资。当他以每股 17.25 欧元的价格买入 100 股股票时，欧元的交易价格为 1.360 美元/欧元。目前，该股票的交易价格为每股 28.33 欧元，美元价值已跌至 1.417 0 美元/欧元。

a. 如果斯宾塞今天出售他的股票，其股价变化率是多少？
b. 在同一时期内，欧元相对于美元的价值变化率是多少？
c. 如果斯宾塞按这些汇率出售股票，他的总收益率是多少？

4.3 斯宾塞·格兰特和范尼图（B）。 斯宾塞·格兰特选择不在习题 4.2 提到的时间出售他的股票，而是选择等待，因为他预期股价将在公布季度利润后进一步上涨。他的预期是正确的,公布季度利润后股价上涨至每股31.14欧元。他现在希望重新计算他的收益率。当前的即期汇率为1.311 0美元/欧元。

4.4 **范尼图的收益率。** 使用与习题4.3"斯宾塞·格兰特和范尼图(B)"相同的价格和汇率,巴黎投资者洛朗·弗亚纽(Laurent Vuagnoux)对范尼图投资的总收益率是多少?

4.5 **微软的股利收益率。** 2003年1月,微软宣布将开始支付每股0.16美元的股利。近期的微软股价如下所示,每年每股0.16美元的固定股利将如何改变该公司在此期间的股东收益率?

首个交易日	股票收盘价(美元)
1998年(1月2日)	131.13
1999年(1月4日)	141.00
2000年(1月3日)	116.56
2001年(1月2日)	43.38
2002年(1月2日)	67.04
2003年(1月2日)	53.72

4.6 **卡蒂的选择。** 著名投资者布赖恩·卡蒂(Brian Carty)正在评估投资选择。如果他认为未来一年内某只股票的价格将从59美元上涨到71美元,并且预期该股票将支付每股1.75美元的股利,预期此类投资的收益率至少为15%,那么他应该投资这只股票吗?

4.7 **创格公司(Modo Unico)的收购。** 20世纪60年代,许多企业集团由具有高市盈率(P/E)的公司创建。然后,这些公司利用其高价值股票收购其他市盈率较低的公司,通常是不相关国内行业的公司。20世纪80年代,当这些企业集团失去高市盈率时,它们风光不再,因此更难找到市盈率较低的其他公司以供收购。20世纪90年代,与市盈率普遍较低的国家相比,市盈率普遍较高的国家可能采用相同的收购策略。以下表所示的假想制药业公司为例。

现代美国人公司(Modern American)想收购创格公司。它提出用5 500 000股现代美国人公司的股票(目前市值为220 000 000美元)和10%的创格公司股票溢价购买创格公司的全部股票。

a. 收购创格公司后,现代美国人公司有多少流通股?

b. 现代美国人公司和创格公司的合并后利润是多少?

c. 假设市场继续以40的市盈率用现代美国人公司的利润估算市值,那么现代美国人公司的新市值是多少?

d. 现代美国人公司的新每股利润是多少?

e. 每股现代美国人公司股票的新市场价格是多少?

f. 现代美国人公司的股价将上涨多少?

g. 假设市场对此次收购持负面观点,并将现代美国人公司的市盈率降至30。每股股票的新市场价格是多少?亏损率是多少?

习题4.7 创格公司的收购

公司	市盈率	股数	每股市值(美元)	利润(美元)	每股利润(美元)	总市值(美元)
创格公司	20	10 000 000	20.00	10 000 000	1.00	200 000 000
现代美国人公司	40	10 000 000	40.00	10 000 000	1.00	400 000 000

4.8 公司治理：高报利润。 由于会计错误或欺诈，一些公司，尤其是美国公司，不得不降低之前报告的利润。假设现代美国人公司（习题4.7）不得不将利润从之前报告的 10 000 000 美元降低到 5 000 000 美元。该公司收购前的新市值可能是多少？它还能进行收购吗？

4.9 耶提制造公司（Yehti Manufacturing）(A)。 在许多国家，双层股权结构的普通股很常见。假设耶提制造公司的资本结构账面价值如下所示。A类股每股有 10 票投票权，B类股每股有 1 票投票权。

耶提制造公司	当地货币（百万）
长期债务	200
留存利润	300
实收普通股：100 万股 A 类股	100
实收普通股：400 万股 B 类股	400
长期资本总计	1 000

a. 总长期资本中由 A 类股募集的比例为多少？
b. A 类股占投票权的比例为多少？
c. A 类股应获得多少比例的股利？

4.10 耶提制造公司（B）。 假设耶提制造公司拥有与习题 4.9 相同的债务价值和股权价值，唯一的例外是 A 类股和 B 类股拥有相同的投票权——每股 1 票。

a. 总长期资本中由 A 类股募集的比例为多少？
b. A 类股占投票权的比例为多少？
c. A 类股应获得多少比例的股利？

4.11 大屿山啤酒（A）：欧洲销售业绩。 大屿山啤酒是一家总部位于中国香港的啤酒厂，其所有财务报表均以港元（HK$）为单位。该公司的欧洲销售总监菲利普·博塞（Phillipp Bosse）因其业绩不佳而受到批评。他不同意，认为近年来欧洲的销售收入稳步增长。参考下表，谁是对的？

习题 4.11 大屿山啤酒（A）

	2010 年	2011 年	2012 年
净销售收入总计（港元）	171 275	187 500	244 900
占欧洲销售收入总额的百分比	48%	44%	39%
欧洲销售收入总额（港元）	_____	_____	_____
平均汇率（港元/欧元）	11.46	11.70	10.33
欧洲销售收入总额（欧元）	_____	_____	_____
欧洲销售收入增长率	_____	_____	_____

4.12 大屿山啤酒（B）：日元债务。 几年前，中国香港大屿山啤酒根据一份长期贷款协议借入日元。然而，该公司的新首席财务官认为，最初被认为相对"廉价的债务"已不再廉价。您怎么认为？

习题 4.12 大屿山啤酒（B）：日元债务

	2010 年	2011 年	2012 年
贷款协议规定的年日元偿付额（日元）	12 000 000	12 000 000	12 000 000

续表

	2010 年	2011 年	2012 年
平均汇率（日元/港元）	12.3	12.1	11.4
年日元债务偿还金额（港元）	_____	_____	_____

4.13 **美泰（Mattel）的全球业绩。** 2001—2004 年，美泰（美国）在主要国际地区的销售收入显著增长。在向美国证券交易委员会提交的文件中，该公司报告了地区销售收入和汇率变化导致的地区销售收入变化率。

a. 不同地区的美元销售收入变化率是多少？

b. 不考虑汇率变化的影响，不同地区的销售收入变化率是多少？

c. 汇率变化对 2001—2004 年期间合并销售收入的水平和增长率有何影响？

习题 4.13 美泰的全球业绩

美泰的全球销售收入

	2001 年的销售收入（千美元）	2002 年的销售收入（千美元）	2003 年的销售收入（千美元）	2004 年的销售收入（千美元）
欧洲	933 450	1 126 177	1 356 131	1 410 525
拉丁美洲	471 301	466 349	462 167	524 481
加拿大	155 791	161 469	185 831	197 655
亚太	119 749	136 944	171 580	203 575
国际总计	1 680 291	1 890 939	2 175 709	2 336 236
美国	3 392 284	3 422 405	3 203 814	3 209 862
销售收入调整	(384 651)	(428 004)	(419 423)	(443 312)
净销售收入总计	4 687 924	4 885 340	4 960 100	5 102 786

汇率变化的影响

地区	2001—2002 年	2002—2003 年	2003—2004 年
欧洲	7.0%	15.0%	8.0%
拉丁美洲	−9.0%	−6.0%	−2.0%
加拿大	0.0%	11.0%	5.0%
亚太	3.0%	13.0%	6.0%

资料来源：美泰公司 2002 年、2003 年、2004 年年报。

4.14 **哈里森设备公司的液压油管与人民币。** 科罗拉多州丹佛市的哈里森设备公司（Harrison Equipment）的全部液压油管均购自中国的制造商。该公司内部最近完成了六西格玛/精益生产改造计划。完工后的油田液压系统成本一年可减少4%，从880 000美元减少到844 800美元。该公司现在担心系统中的所有液压油管（占其总成本的20%）将受到人民币潜在升值的打击。人民币对美元升值12%将如何影响总系统成本？

4.15 **标准普尔的股票收益率。** 过去90年来，美国股市的收益率呈现出很大差异。请使用下表中以十年为一期的数据回答以下关于美国股票投资收益率的问题。

a. 哪个时期的总收益率最高？哪个时期的总收益率最低？

b. 哪个十年的股利收益率最高？何时股利显然不是上市公司优先考虑的问题？

c. 20世纪90年代是美国股票收益率高涨的时期。企业在股利分配上如何做出反应？

d. 21世纪前十年的表现如何？您认为上市公司为何会开始改变股利分配习惯？

习题4.15　标准普尔的股票收益率

时期	20世纪30年代	20世纪40年代	20世纪50年代	20世纪60年代	20世纪70年代	20世纪80年代	20世纪90年代	21世纪前十年	1926—2016年
资本升值	−5.3%	3.0%	13.6%	4.4%	1.6%	12.6%	15.3%	−2.7%	5.8%
股利收益率	5.4%	6.0%	5.1%	3.3%	4.2%	4.4%	2.5%	1.8%	4.0%
总收益率	0.1%	9.0%	18.7%	7.7%	5.8%	17.0%	17.8%	−0.9%	9.8%

网络练习　　部分习题答案

请扫描二维码或登录中国人民大学出版社官网 www.crup.com.cn 下载。

第二部分
外汇理论与外汇市场

- 第5章　外汇市场
- 第6章　国际平价条件
- 第7章　外汇衍生产品：期货与期权
- 第8章　利率风险与利率互换
- 第9章　汇率决定与干预

第 5 章
外汇市场

> 摧毁资本主义制度的最佳方法是使货币贬值。通过持续的通货膨胀过程，政府可以神不知鬼不觉地没收一大部分公民财富。
>
> ——约翰·梅纳德·凯恩斯（John Maynard Keynes）

学习目标

5.1 考察外汇市场的众多功能
5.2 详述全球外汇市场的结构如何演变
5.3 描述在外汇市场上进行的金融交易和经营交易
5.4 分析进行外汇交易时，外汇交易商、金融机构和各种代理商使用的外汇报价形式

外汇市场提供了一国货币与另一国货币进行交易的实体场所和制度结构。通过这个市场，可以确定货币之间的汇率并实际完成外汇交易。外汇是指外国的货币，即银行外汇余额、外汇纸币、外汇支票和外汇汇票。外汇交易是买方和卖方约定以特定汇率用固定数量的某种货币交换另一种货币的协议。

本章介绍了外汇市场的功能、参与者、日常交易过程、交易和交易量以及变化的报价惯例。本章最后的"迷你案例：委内瑞拉的玻利瓦尔黑市"介绍了一位商人在限制重重的外汇市场中获取硬通货的困难。

5.1 外汇市场的功能

> 外汇市场可能是世界上最大、全球一体化程度最高、最活跃的金融市场。外汇市场上发生的交易是全球经济的命脉，它由许多不同国家的货币组成。外汇市场能将资金和购买力从一种货币转移到另一种货币，从而提供了一种重要的价格发现手段，促进了国际贸易和投资活动。
>
> ——Simon Potter, Executive Vice President of the Markets Group of the Federal Reserve Bank of New York, at the 2015 FX Week Conference, New York City, 14 July 2015.

货币被公认为是商品、服务和——在某些情况下——过往债务的一种支付手段。正如所有经济专业学生学到的，货币通常有三种典型功能：价值尺度、价值贮藏手段和交易媒介。外汇市场是参与者通过交易货币在不同国家之间转移购买力，获得或提供国际贸易信贷以及尽量降低汇率变化风险的机制。

转移购买力是必要的，因为国际贸易和资本交易的各方通常生活在使用不同货币的国家。通常，各方都希望以自己的货币进行交易，但国际贸易或资本交易只能以一种货币开具发票。因此，一方必须以外币进行交易。由于各国之间的商品流动需要时间，因此必须为在途存货提供融资。因此，除了使用专门工具以外，外汇市场还提供信贷，例如银行承兑汇票和信用证。外汇市场还提供"对冲"工具，用于将外汇风险从一方转移给另一方。

5.2 外汇市场结构

和所有市场一样，外汇市场随着时间的推移发生了巨大的变化。从佛罗伦萨和威尼斯街头摊位上的货币转手交易开始，到伦敦和纽约的交易室，再到当今世界上任何地方的掌上电脑，市场的基础都是供求、市场信息和预期以及谈判实力。

全球交易日

外汇市场遍布全球，每个交易日的每个小时，都在某个地方发生着价格变化和外汇交易。但人类——交易员——总得睡觉。正如图5-1所示，全球交易日每天早上从悉尼和

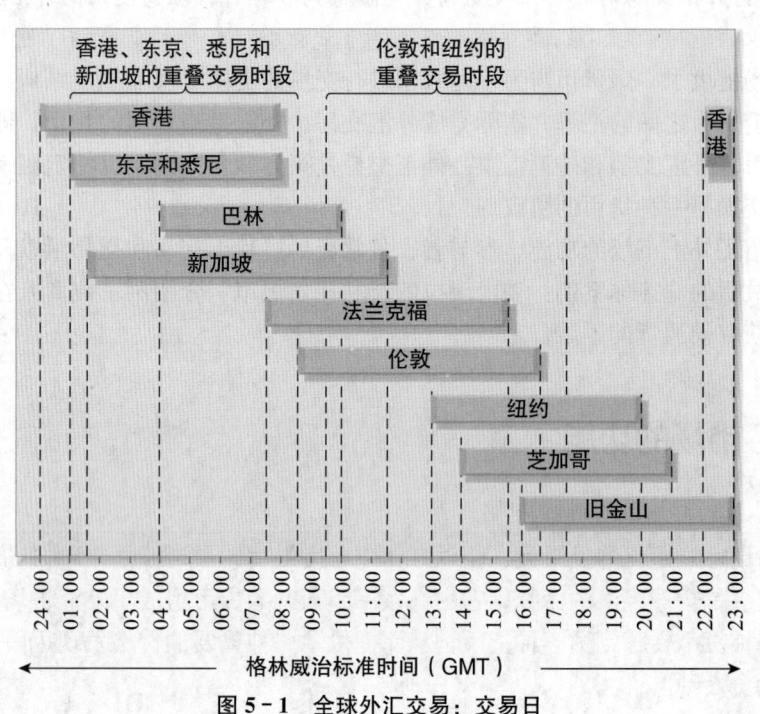

图5-1 全球外汇交易：交易日

名义上，外汇交易日涵盖每天24小时。历史上，一天中最繁忙的时段是伦敦与纽约的重叠交易时段，现在开始向东转移到亚洲。

东京开始，向西移动到香港和新加坡，再到中东，再到欧洲市场的法兰克福、苏黎世和伦敦，跳过大西洋到纽约，然后继续向西到芝加哥，最后在旧金山和洛杉矶结束。许多大型国际银行在每个主要地区的交易中心都设有外汇交易室，以便全天 24 小时为客户和自己服务——所谓的自营交易。

尽管全球外汇交易确实是全天 24 小时活动，但 24 小时中的某些时段比其他时段更加繁忙。从历史上看，19 世纪和 20 世纪的大型金融中心——伦敦和纽约——占据着主导地位。但正如当今全球大部分商业市场的情况一样，以香港、东京和新加坡为代表的远东地区正在威胁这种主导地位。随着中国人民币交易的数量和深度持续增长，这种转变很可能会加速。当这些城市交易中心的交易时段重叠时，全球外汇市场将表现出最大的深度和流动性。然而，时区差异一直是大部分全球外汇市场制度结构的影响因素，决定了它的运转方式，以及为何有时运转失灵——"全球金融实务 5-1"中的赫斯塔特银行说明了这一点。

全球金融实务 5-1

赫斯塔特银行和赫斯塔特风险

赫斯塔特银行位于科隆，是一家相对较小的银行，规模在德国排名第 80 位。但是，赫斯塔特银行是外汇交易的重要参与者（投机者）。在 1971—1973 年的三年期间，外汇交易占该银行总收入的比例从 3% 上升到 57%。但是两年多以来，赫斯塔特银行一直备受谣言和争议所困，甚至连监管机构也担心其外汇头寸的规模和冒进。1974 年 6 月 26 日，中欧时间 15：30（下午 3：30），德国银行监管机构将其关闭。

赫斯塔特银行的大规模外汇交易业务意味着它每天通过国际代理行结算规模庞大的国际外汇交易。6 月 26 日，赫斯塔特银行的一些主要交易对手——与其进行过外汇交易的银行——向该银行支付了大笔德国马克款项，但在监管机构关闭赫斯塔特银行之前，它们尚未收到赫斯塔特银行的美元付款。赫斯塔特银行在美国的主要代理行，纽约大通曼哈顿银行持有赫斯塔特银行应付给美国、德国、瑞士和瑞典客户行的 6.2 亿美元账款。

赫斯塔特银行延迟付款的原因很简单，那就是时区差异。在科隆下午那个时段，纽约大通曼哈顿银行刚刚开门营业。赫斯塔特银行在下班时才开始向交易对手支付款项（和该行的电子转账一样）。

这次结算失败引发了国际外汇市场的连锁反应。由于担心结算风险，所有主要外汇交易银行现在都冻结了交易。纽约的银行明确拒绝在确认收到对价之前支付交易价款。在赫斯塔特银行倒闭后几天内，仅仅纽约市场外汇交易的跌幅估计就超过 75%。这种新风险，即结算风险，现在被称为赫斯塔特风险。

市场参与者

外汇市场的参与者可以简单分为两大类：出于商业目的的交易货币的流动性追求者，以及为获得利润而交易的利润追求者。虽然外汇市场最开始是为提高流动性而建立的市场，促进了进行商业贸易和投资所需的外汇交易，但该市场出现指数性增长主要是源于逐利代理商的扩张。正如人们所料，利润追求者通常更了解市场信息，希望从市场的未来走势中获利，而流动性追求者只是希望获得外汇用于交易。正如人们所料，利润追求者的利润通常来自流动性追求者。

市场上有五大类机构参与者：(1) 银行外国交易商和非银行外国交易商；(2) 进行商业交易或投资交易的个人和公司；(3) 投机者和套利者；(4) 中央银行和财政部；(5) 外汇经纪商。

银行交易商和非银行交易商。 银行交易商和非银行交易商通过以买价买入外汇，并以略高的卖价（也称为要价）再次出售外汇来获利。全球交易商之间的竞争缩小了买价和卖价之间的价差，因此有助于使外汇市场与证券市场一样"高效"。

大型国际银行外汇部门的交易商经常扮演"做市商"的角色。这些交易商随时准备买卖其专门交易的货币，从而维持这些货币的"库存"。它们与本国货币中心的其他银行以及世界各地的其他货币中心进行交易，以将库存维持在银行政策规定的交易限额内。交易限额很重要，因为许多银行的外汇部门都作为利润中心运营，交易商基于利润激励获得报酬。

对许多金融机构来说，外汇交易非常有利可图。世界上许多主要外汇交易银行的净年收入中平均10%~20%来自外汇交易。银行交易员的奖金通常基于其交易活动为银行创造的利润，对他们来说，外汇交易也非常有利可图。中小型银行和金融机构可能参与银行同业市场，但不会成为银行同业市场的做市商。它们不是维持大量货币库存，而是经常向大型金融机构买卖外汇以抵消它们与客户的零售交易，或者是为了自己获取短期利润。

商业交易者和投资交易者。 这是指进口商和出口商、国际证券投资者、跨国企业、游客和其他利用外汇市场促进商业交易或投资交易的市场参与者。为了实现基本商业目的或投资目的，他们必须使用外汇市场，但只有偶尔才会用到。其中一些参与者也使用外汇市场来对冲外汇风险。

投机者和套利者。 投机者和套利者从市场内部的交易中追求利润。真正的利润追求者为自己的利益而进行交易，没有为客户服务或确保连续市场的需求或义务。除了从汇率变化中获得的收益，交易商还试图从买价和卖价之间的价差中获利，但投机者只从汇率变化中获利。套利者试图从不同市场的同时汇率差异中获利。

中央银行和财政部。 中央银行和财政部利用外汇市场购买或支出本国的外汇储备，并影响本币的交易价格，这种做法被称为外汇干预。它们可能会由于国家政策或者根据汇率协议对其他国家做出的承诺而采取行动支持本币价值。因此，它们的动机不是赚取利润，而是以有利于本国利益的方式影响其货币的外汇价值。在许多情况下，中央银行愿意承担外汇交易损失时履职表现最优秀。作为自愿承担亏损的机构，中央银行和财政部的动机和行为与其他市场参与者不同。

外汇经纪商。 外汇经纪商是促进交易商间交易的代理商，它们本身不会成为交易主体。它们为这项服务收取少量佣金。它们随时可以立即联系到全球成百上千家交易商。

外汇市场的演变

现代外汇市场诞生于布雷顿森林体系的废墟之上。在布雷顿森林体系下，汇率是固定的，外汇交易仅限于商业目的和投资目的——流动性追求者的需求。但随着布雷顿森林体系的崩溃和汇率开始浮动，利润追求者大量进入市场，并在赫斯塔特银行这种例子中发挥了影响。

图5-2描述了外汇交易机构的演变。从电话交易到电脑交易再到互联网交易，它成为全球社会制度变迁的缩影。不同国家、时区和大洋之间的汇率报价方式、价格公布方式，以及完成、确认和结算交易的方式，都发生了迅速变化。

外汇市场是世界上最大的金融市场。然而，它是一个非正式市场——这个市场上没有单一交易商、单一交易所、单一全球监管机构，甚至也没有单一价格。也就是说，现在它被认为是世界上最纯粹的竞争市场。

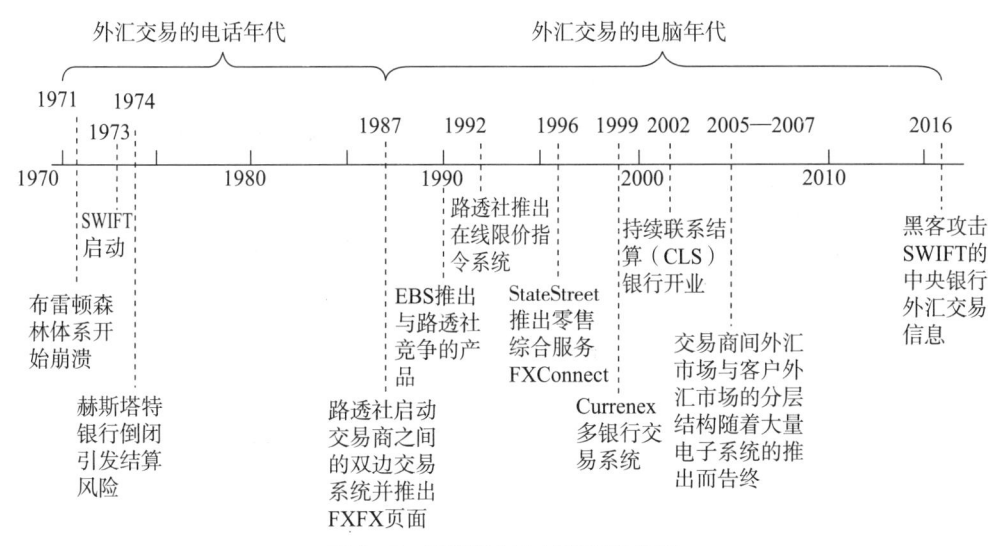

图5-2 现代外汇交易市场的演变

外汇交易的演变

为了解外汇市场在过去30年中的演变情况，我们以两个语音交易员进行的基本外汇交易的机制和内容为例，他们的交易首先发生在1985年，然后是在20世纪90年代，再然后是2010年。请记住，此时的外汇交易是在全球成百上千家银行之间进行的，其中大部分交易是同时进行的，而且都是双边交易。

1985年。 两个外汇交易商——一个在伦敦，另一个在纽约——正在通电话。两人都就职于大银行，都因为在外汇交易中为银行赚取利润而获得丰厚的报酬。他们都熟悉对方的银行和对方的交易员。当一人询问参考汇率时——包含买卖差价的某个货币对（例如USD/GBP，即美元-英镑汇率，相当于一英镑的美元数量，也称为cable）的汇率报价，另一人知道汇率报价方，并且知道该汇率对某笔交易有效（不仅仅是代表价格，而且是可以进行合约交易的价格）。如果他们同意交易，各方都将关键交易要素写在一张纸上，然后交给后台工作人员进行记录、验证和最终结算。图5-3左图说明了这个基本交易结构。

现在考虑两位交易员不知道的信息。他们不知道其他银行和其他交易商在最近几分钟或几小时内交易货币对的汇率，除非他们打电话给别人或与同一交易室的同事交流信息。他们不知道其他交易商在同一时刻对相同货币对的报价，因此他们没有自己接受或提供的报价竞争力的明确数据——他们的价格发现能力有限。如果他们完成一笔交易，一方或另一方在纸上记录交易时可能会出错，后台本身也可能在抄录交易文件时出现错误。这两家银行处于不同的时区，因此每家银行提供货币用于交易时都将面临结算风险。

20世纪80年代

所有交易都通过交易商和外汇经纪商打电话进行。零售客户是外部人，接触外汇市场的渠道有限。

20世纪90年代

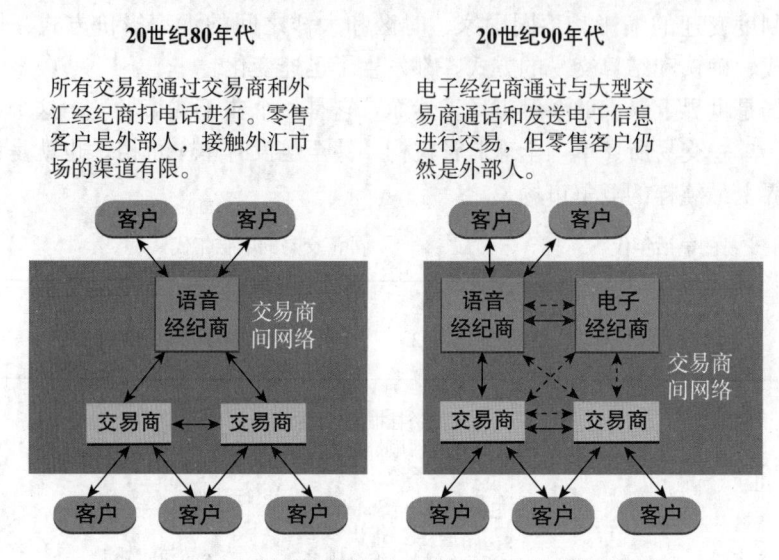

电子经纪商通过与大型交易商通话和发送电子信息进行交易，但零售客户仍然是外部人。

图5-3　20世纪80年代和20世纪90年代的外汇交易

资料来源：作者绘制，参考文献为 "Foreign Exchange Market Structure, Players and Evolution," Michael R. King, Carol Osler and Dagfinn Rime, Norges Bank, Working Paper, Research Department, 2011, 10, p.21, and "The anatomy of the global FX market through the lens of the 2013 Triennial Survey," by Dagfinn Rime and Andreas Schrimpf, *BISQuarterly Review*, December 2013.

20世纪90年代。 现在时间前进到20世纪90年代的外汇市场，如图5-3右侧所示。同样的两位交易员正在考虑再次交易，但现在他们正在使用计算机和互联网进行交流。他们仍然熟悉网络另一端的银行和交易员。但现在他们在交换报价时可以查看路透社的屏幕，以跟踪近期其他交易的成交价，可能还有其他银行此时提供的代表性交易报价。如果他们完成交易，则会即时生成数字交易记录，该记录将同时传到后台进行验证和结算。电子经纪商的出现带来了变化。

从各种经营角度看，20世纪90年代的电脑流程显然更高效，更重要的是，在采用这种流程的市场中，代理商可以即时获取更相关的市场数据。但是，仍然存在制约和限制。仍然只有市场间交易商（通常是大银行）才能进入这个市场，小银行和私人客户（例如投资基金）是外部人，仍然必须与交易商交易才能进入这个庞大的流动性市场。对于这些小型参与者来说，进入该市场的成本更高，价差也更高。（客户还可能无法获取实时价格数据。）虽然现在可以通过电子信息确认加快交易验证和发送结算指令，但银行仍处于不同国家和不同时区，因此仍然存在结算风险（赫斯塔特风险）。

2010年。 现在前进到2010年。同样两个交易商正在观察大型数字屏幕上的竞争报价和交易记录。交易以电子方式进行,无须打电话或与特定交易员直接联系。交易现在是零散进行的,发生在众多不同的场所。

如图5-4所示,随着多银行交易系统(multibank trading systems,MBT)、单银行交易系统(single-bank trading systems,SMT)和主经纪商(prime brokerage,PB)的推出,交易商间市场和客户市场的区隔实际上已经消失。主经纪商是一种交易商-客户结构,允许对冲基金等客户直接在交易商间市场上进行交易。小客户,即名义交易金额较小的客户以前要支付较高的交易成本且只能拿到较高的价差,而现在它们可以通过各种结构(包括零售业务整合商)进入全球外汇市场。零售业务整合商收集大量小额订单并将它们整合为大订单执行。

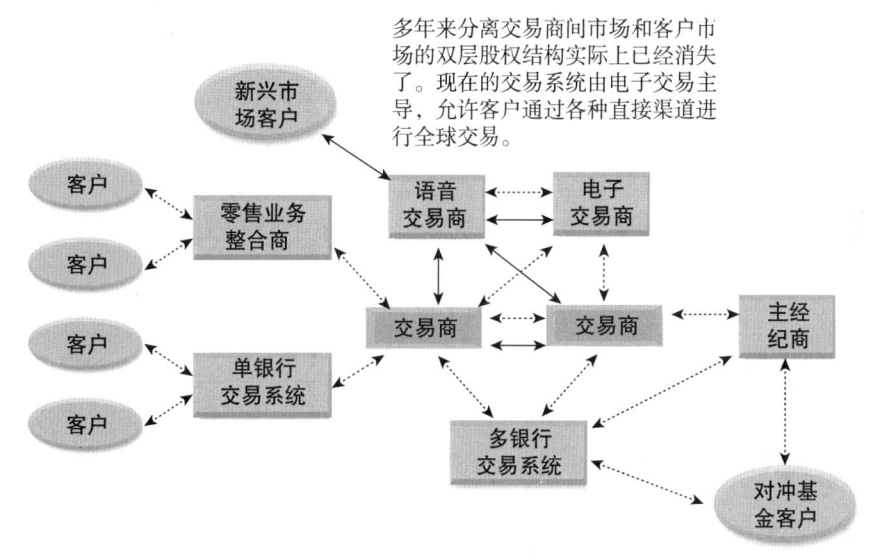

图 5-4 当今的外汇市场

资料来源:作者绘制,参考文献为 "Foreign Exchange Market Structure, Players and Evolution," Michael R. King, Carol Osler and Dagfinn Rime, Norges Bank, Working Paper, Research Department, 2011, 10, p. 21, and "The anatomy of the global FX market through the lens of the 2013 Triennial Survey," by Dagfinn Rime and Andreas Schrimpf, *BISQuarterly Review*, December 2013.

现在,仍然处在核心外汇市场之外的两类交易或交易者是新兴市场货币和小银行。大多数交易商市场和经纪商市场需要大量资本投资和交易量,这些都是小银行无法支持的。因此,小银行使用其中一种交易系统进入市场,通常专门交易外围货币或新兴市场货币。新兴市场货币由于数量相对较少且流动性较低,仍可能使用语音经纪商进行交易。

外汇交易的三个组成部分

今天的外汇交易实际上涉及三个不同的组成部分:(1)外汇交易协议——交易商、经纪商和整合商的相互作用;(2)支付和结算的电子通信与通知;(3)外汇交易的最终结算。

现在,外汇交易以电子方式记录,利用金融指令进行支付和结算。这些指令——但愿是安全地——通过 SWIFT(Society for Worldwide Interbank Financial Telecommunication,环球银行金融电信协会)执行。SWIFT 系统创始于 1973 年,它是一个允许世界各地的金融机构以安全、标准和可靠的方式发送和接收金融交易信息的网络。SWIFT 网络发出支付指令,但并不为实际资金转账——结算——提供便利。外汇交易的结算是通过银行和金融机构之间的代理账户进行的。今天,几乎所有跨国外汇交易都是通过 SWIFT 执行的。

外汇交易的最终结算是赫斯塔特风险的一个至关重要的热点问题。2002 年推出的持续联系结算(continuous linked settlement,CLS)基本消除了赫斯塔特风险,即结算风险。在持续联系结算中,一家专业银行为其成员提供外汇交易结算服务。持续联系结算使用支付对支付(payment versus payment,PvP)结算服务,其中双方的外汇交易支付指令同时结算。如果没有 PvP,就存在外汇交易的一方支付了应付货币,但没有从交易对手那里收到另一种货币的风险。这种风险在不同时区的交易中更加突出,例如 1974 年赫斯塔特银行的情况。截至 2015 年,持续联系结算为 18 种不同货币和 9 000 多家银行和机构交易商提供了结算服务。

遗憾的是,尽管人和机器都尽力了,但欺诈和失灵仍然存在。正如"全球金融实务 5-2"所述,2016 年,在世界上最大的一桩电子欺诈案中,SWIFT 系统本身受到了黑客的攻击。

全球金融实务 5-2

2016 年孟加拉国银行黑客大劫案

2016 年 2 月 4 日,计算机黑客——可能涉及孟加拉国的内部人士——使用一种恶意软件向孟加拉国的中央银行——孟加拉国银行发送了 35 笔独立的资金转账请求,将孟加拉国银行在纽约美联储账户中的将近 10 亿美元转到其他中央银行。这些资金转账请求通过 SWIFT 全球金融交易通信系统得以正确传输。

虽然这些资金转账请求的编码正确,但纽约联邦储备银行仍然认为它们是不寻常和可疑的交易。美联储确实批准了 35 笔请求中的 5 笔,总共转账给斯里兰卡泛亚银行 2 000 万美元,转账给菲律宾中央银行 8 100 万美元,但它搁置了其余请求,直至收到进一步核查结果。转账到菲律宾中央银行的 8 100 万美元随后被转到马尼拉的个人账户用于购买赌博筹码——一去不回。

讽刺的是,人为错误和"银行营业时间"似乎在这场丑闻中起了很大作用。纽约联邦储备银行于 2 月 4 日(星期四)和 2 月 5 日(星期五)多次向孟加拉国银行发出核实请求。由于孟加拉国银行计算机系统的技术问题,这些消息没有得到答复。孟加拉国银行刚在星期六解决计算机问题,就发现了纽约联邦储备银行的多项核查请求。意识到该银行 SWIFT 账户的本地终端已经被黑客入侵后,他们立即向纽约联邦储备银行发送了停止支付请求(几封电子邮件和一封传真)。但他们的请求石沉大海,因为它们是在 2 月 6 日(星期六)和 2 月 7 日(星期日)送达的——不在纽约联邦储备银行的营业时间内。

孟加拉国银行黑客大劫案——从达卡到纽约再到马尼拉

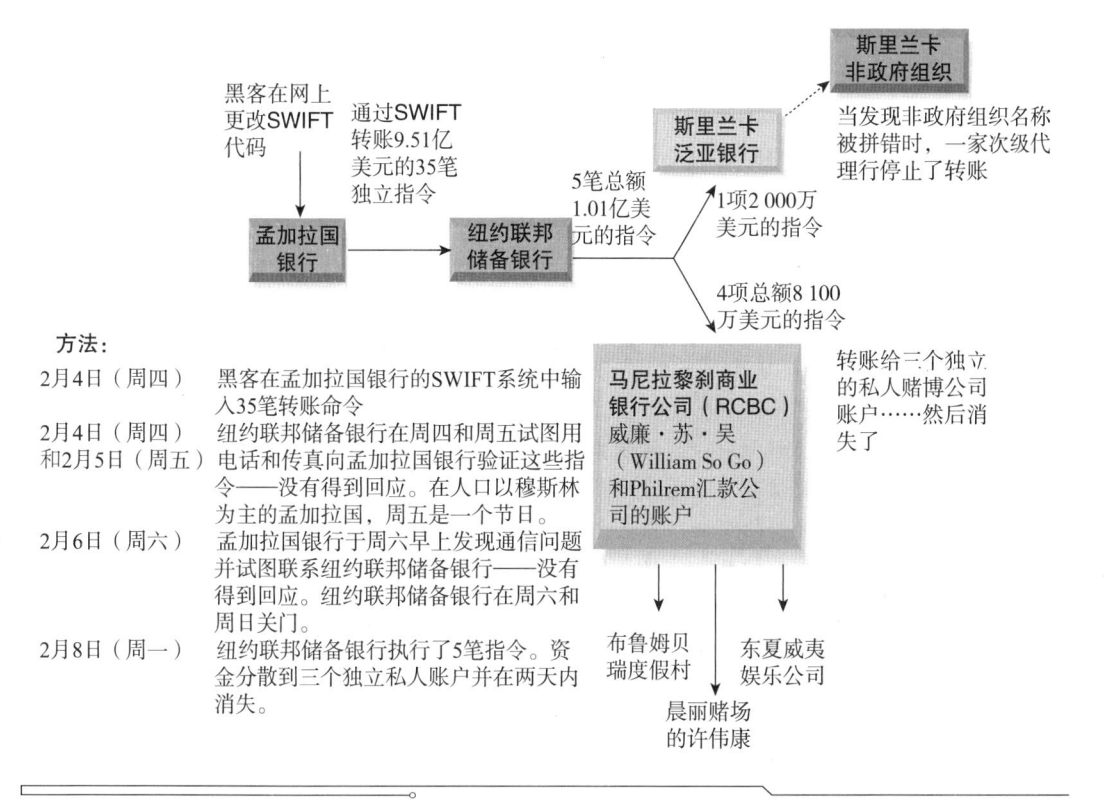

```
黑客在网上                    斯里兰卡
更改SWIFT       通过SWIFT      非政府组织
代码            转账9.51亿
                美元的35笔    斯里兰卡    当发现非政府组织名称
                独立指令      泛亚银行    被拼错时,一家次级代
                                         理行停止了转账
                         5笔总额
 孟加拉国      纽约联邦    1.01亿美   1项2 000万
 银行          储备银行    元的指令    美元的指令

                                       4项总额8 100
                                       万美元的指令
```

方法：

2月4日（周四）	黑客在孟加拉国银行的SWIFT系统中输入35笔转账命令
2月4日（周四）和2月5日（周五）	纽约联邦储备银行在周四和周五试图用电话和传真向孟加拉国银行验证这些指令——没有得到回应。在人口以穆斯林为主的孟加拉国，周五是一个节日。
2月6日（周六）	孟加拉国银行于周六早上发现通信问题并试图联系纽约联邦储备银行——没有得到回应。纽约联邦储备银行在周六和周日关门。
2月8日（周一）	纽约联邦储备银行执行了5笔指令。资金分散到三个独立私人账户并在两天内消失。

马尼拉黎刹商业银行公司（RCBC）威廉·苏·吴（William So Go）和Philrem汇款公司的账户

转账给三个独立的私人赌博公司账户……然后消失了

布鲁姆贝瑞度假村
东夏威夷娱乐公司
晨丽赌场的许伟康

外汇市场操纵：修补定价漏洞

2007—2009年，围绕银行同业市场LIBOR的设定出现了争议（第8章将详细介绍），此后，又有类似指控称2013年和2014年的外汇市场基准可能受到操控。

大部分焦点都集中在伦敦定价（London fix）上，它是许多金融机构和指数用于标记价值的每天下午4点的基准利率。市场分析师注意到，下午4点伦敦定价出炉之前的交易价格骤升，但这种上涨在随后几小时和几天内并没有持续下去。据称，交易商交换电子邮件，使用社交网站甚至是打电话，在关键时刻就市场变化和报价进行合作。外汇交易商的营业时间外个人交易——这个领域之前很少受到关注——也引起了重视。从语音交易（电话）转向电子交易被认为是一种可能的长期解决方案，但交易商仍然使用各种电子媒介和社交网络与其他交易商进行沟通。

2014年，近75%的外汇交易都是以电子方式执行的。人们期望电子交易的增长作为一种市场纠正措施，纠正之前出现的下午4点市场交易高峰（它被认为是由交易商之间的勾结引起的）。随着越来越多的市场交易以电子方式执行，交易速度和频率变得极快，因此电脑算法被认为不太可能被用于进行欺诈交易，从而成为一种纠正措施。研究还用强有力的证据证明电子交易比语音交易更稳定，因为多数算法代码都是基于均值回归法——随着时间的推移回归到市场平均值。

但是，和许多技术纠正措施一样，纠正措施没有消除问题——它可能只是改变了问题。电子交易仍可能为市场操纵提供方便，只不过让它变得更复杂。例如，有传言称，某种开发中的软件可以检测出某些最大的电子平台上其他外汇交易商的鼠标移动，让（有人操作的）计算机能在执行交易前检测到另一个交易商的鼠标悬停在买入按钮还是卖出按钮上。唉，正如 2016 年 5 月国际清算银行提出并推荐采纳的《外汇全球准则》所述，不管好坏，交易中似乎总是存在人为因素。"全球金融实务 5-3"总结了这些因素。

全球金融实务 5-3

2016 年《外汇全球准则》

在 2013 年和 2014 年外汇市场发现重大市场操纵和合谋渎职行为后，国际清算银行提出了一套全球外汇市场良好实务原则。国际清算银行的《外汇全球准则》旨在提供一套通用指导方针，以促进外汇市场的诚信和有效运行。正如国际清算银行所述，"它旨在促进一个强大、公平、流动、开放和适当透明的市场，在这个市场中，由有弹性的基础设施支持的各类市场参与者都能以反映现有市场信息的竞争价格和符合公认行为准则的方式自信有效地进行交易。"与大多数行为准则一样，它不施加法律义务或监管义务，只是促进全球最佳实务和流程。这项《外汇全球准则》由六项主要原则组成。

(1) **道德**：市场参与者的行为方式应符合道德和专业标准，以促进外汇市场的公平和诚信。

(2) **治理**：市场参与者应具备健全明确的政策、程序和组织结构，以促进外汇市场上的负责行为。

(3) **信息共享**：市场参与者的沟通应保持清晰准确，并保护机密信息，以促进有效沟通，支持健全、公平、公开、流动且适当透明的外汇市场。

(4) **执行**：市场参与者在谈判和执行交易时应谨慎小心，以促进健全、公平、公开、流动且适当透明的外汇市场。

(5) **风险管理和合规**：市场参与者应促进并维护稳健的控制和合规环境，以有效识别、衡量、监控、管理和报告其参与外汇市场过程中的风险。

(6) **确认和结算流程**：市场参与者应实施稳健、高效、透明和降低风险的交易后流程，以促进可预测、平稳和及时的外汇市场交易结算。

资料来源：Bank for International Settlements, *FX Global Code*: May 2016 Update, p. 3.

5.3 外汇市场交易

外汇市场交易可以通过即期、远期或互换方式执行。广义的市场定义涵盖了主要的衍生产品，包括外汇期权、外汇期货和外汇互换。

即期交易

银行同业市场的即期交易是银行之间购买外汇但通常在下一个交易日进行交割和支付

的交易。加拿大元与美元在发生交易后第一个工作日结算。图 5-5 提供了在全球外汇市场上常见的三种主要场外交易的时间表：即期交易、远期交易和互换交易。虽然这些交易类型有很多变形，但所有交易都是根据未来交割日期定义的。（请注意，这里不包括期货交易；它们与远期交易在时间上类似，但不在场外执行。）

进行结算的日期被称为结算日。在结算日，世界上大多数美元交易都通过纽约清算所银行间支付系统（Clearing House Interbank Payments System，CHIPS）结算，该系统计算出任何一家银行应付另一家银行的净余额，并可通过该系统在当天晚 6：00 之前用纽约联邦储备银行中的资金支付这笔钱。其他中央银行和结算服务提供商对全球其他货币的操作方式与之类似。

银行同业市场上的典型即期交易可能是这样的：一家美国银行周一签订合同，将 10 000 000 英镑转账到一家伦敦银行的账户。如果每英镑的即期汇率为 1.842 0 美元，美国银行将于周三向伦敦银行转账 10 000 000 英镑，同时伦敦银行将向美国银行转账 18 420 000 美元。银行与其商业客户之间的即期交易不一定需要等待两天才能结算。

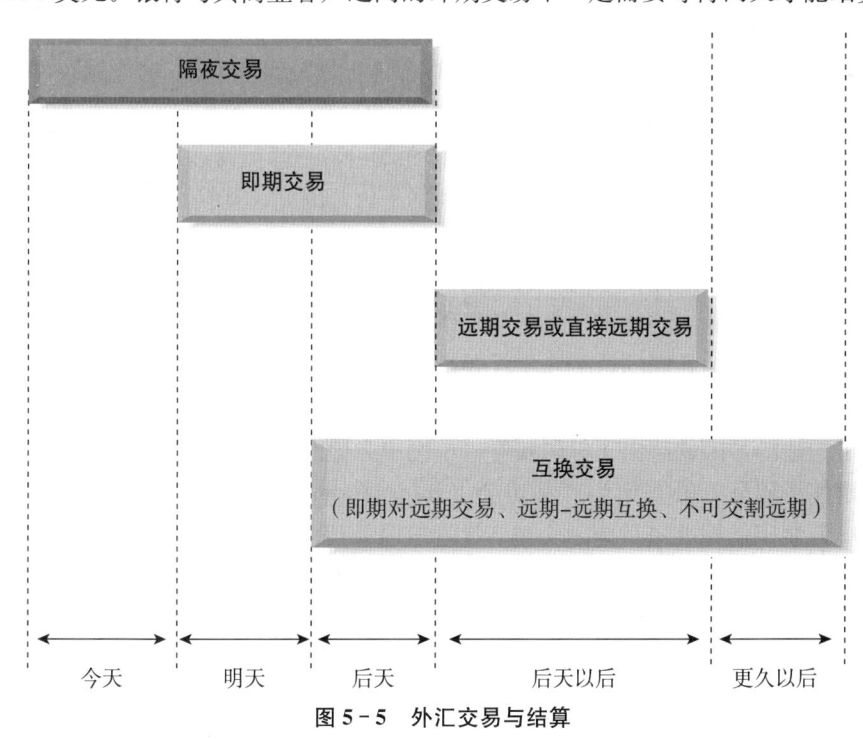

图 5-5 外汇交易与结算

外汇业务由规定的交割时间——未来日期——定义。原则上，按照未来交割日期分类，有三种主要的场外交易：即期交易（可能是隔夜交易）、远期交易（包括直接远期交易）和互换交易。

远期交易

远期交易（更正式的说法是直接远期交易）要求在某个未来交割日交割特定数量的某种货币以换取特定数量的另一种货币。汇率在签订协议时确定，但在到期前不需要支付和交割。远期汇率通常在 1 个月、2 个月、3 个月、6 个月和 12 个月的结算日报价。虽然需求量最大的是一年期或更短期限的远期汇率，但现在的远期报价往往可以远至未来 20 年。

根据国际货币基金组织的数据，2014年共127个国家和地区有远期市场。

远期合约的支付发生在交易每满偶数月后的第二个交易日。因此，3月18日进行的2个月期远期交易的结算日为5月20日，如果5月20日是周末或节假日，则顺延到下一个交易日。请注意，作为一个术语问题，我们可以用"买入远期"或"卖出远期"来描述同一笔交易。在6个月后用美元购买欧元的合约既是"用美元买入远期欧元"，也是"卖出美元远期换取欧元"。

互换交易

银行同业市场的互换交易是指在两个不同的结算日同时买入和卖出给定金额的外汇。购买和销售均与相同的交易对手进行。互换交易有几种类型。

即期换远期。最常见的互换类型是即期换远期。交易商在即期市场（以即期汇率）购买某种货币，同时在远期市场上（以远期汇率）将相同金额的该货币回售给同一家银行。由于这是仅与一个交易对手执行的一笔交易，因此交易商不会产生预期外的外汇风险。近年来，互换交易和直接远期交易共占所有外汇市场活动的一半以上。

远期-远期互换。一种更复杂的互换交易被称为远期-远期互换。例如，一位交易商以1.842 0美元/英镑的汇率出售20 000 000英镑远期换取在2个月后交割的美元，同时以1.840 0美元/英镑的汇率购买在3个月后交割的20 000 000英镑远期。买价与卖价之差等于利差，即第6章中介绍的两种货币之间的利率平价。因此，互换可被视为在足额担保的基础上借入另一种货币的方法。

不可交割远期（nondeliverable forward，NDF）。不可交割远期产生于20世纪90年代初，现在是规模最大的一些外汇衍生产品提供商提供的相对常见的衍生产品。不可交割远期具有与传统远期合约相同的特征和文件要求，但它们仅以美元结算；被卖出或买入的外币远期不进行交割。美元结算特征说明不可交割远期在离岸市场签约，例如与一位墨西哥投资者在纽约签约，因此超出了母国政府（本例中为墨西哥）的监管范围和监管框架。不可交割远期使用国际互换与衍生产品协会（International Swaps and Derivatives Association，ISDA）制定的标准进行国际交易。尽管按照最初设想，这是一种货币对冲方法，但现在据估计，超过70%的不可交割远期交易被用于投机。

不可交割远期主要用于新兴市场货币或受到严格外汇管制的货币，例如委内瑞拉的货币。新兴市场货币通常没有开放的即期市场外汇交易、流动性货币市场或欧洲货币利率报价。尽管20世纪90年代大多数不可交割远期交易主要集中在南美洲，但近年来许多亚洲货币（包括人民币）的交易范围也非常广泛。一般而言，不可交割远期市场通常是为有大量跨国资本流动，但仍存在货币可兑换限制的国家的货币而建立的。

和普通远期一样（详见第6章），不可交割远期的定价反映了基本的利差以及银行对美元结算收取的额外溢价。然而，如果没有开放或发达的货币市场来设定利率，不可交割远期的定价就会带有更多投机因素。如果没有真实利率，交易商就可能根据其未来即期汇率预期对不可交割远期进行定价。

不可交割远期在目标货币发行国之外进行交易和结算，因此不受该国政府的控制。过去，这造成了一种棘手的情况，不可交割远期市场成为交易这种货币的灰色市场。例如，2001年年底，阿根廷面临着与日俱增的放弃固定汇率制（1比索等于1美元）的压力。然而，不可交割远期市场的比索/美元汇率报价弱得多，导致对比索的投机压力增加（这激怒了阿根廷政府）。

不过，不可交割远期已被证明是传统远期合约的不完美替代品。不可交割远期的问题通常涉及"规定了固定日期的即期汇率"，即在合约结束时用于计算结算金额的即期汇率。例如，在金融危机时期，目标货币（比如 2003 年的委内瑞拉玻利瓦尔）发行国政府可能会在很长一段时期内暂停即期市场的外汇交易。没有官方固定汇率，不可交割远期就无法结算。就委内瑞拉而言，当新的官方货币"贬值的玻利瓦尔"面世但尚未交易时，问题变得更加复杂。

外汇市场规模

国际清算银行与世界各地的中央银行合作，每三年对外汇交易活动进行一次调查。2016 年 4 月进行的调查估计，外汇市场的日全球净交易额估计为 5.1 万亿美元，比 2013 年的峰值下降了 5%。1989—2016 年的国际清算银行调查数据如图 5-6 所示。

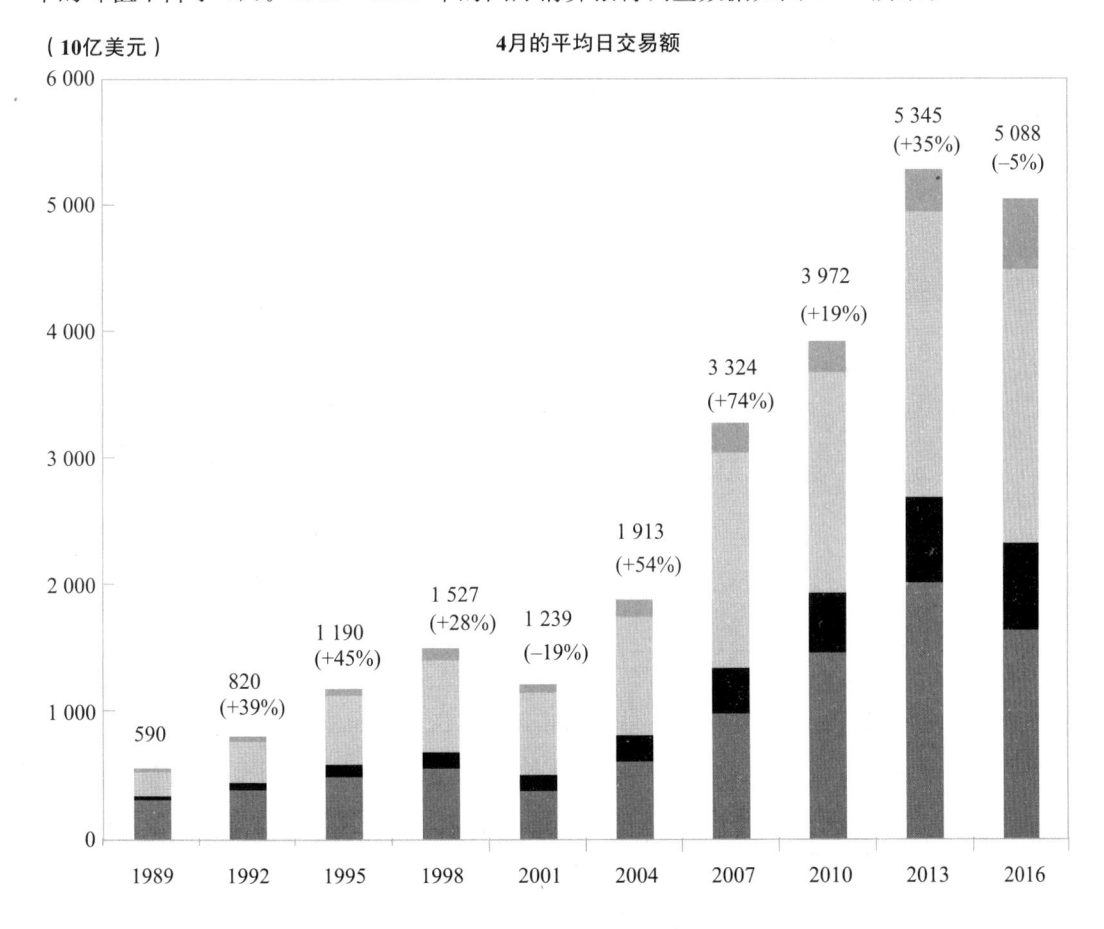

图 5-6 1989—2016 年全球外汇市场的交易额

资料来源：Bank for International Settlements, "Triennial Central Bank Survey: Foreign Exchange and Derivatives Market Activity in April 2016: Preliminary Results," September 1, 2016, www.bis.org.

图5-6中的全球外汇交易额可以分为四类，前三类是之前讨论过的外汇工具——即期交易、远期交易和互换交易，第四类是期权和其他可变价值外汇衍生产品。它们的增长惊人：自1989年以来，外汇市场的年均增长率超过9%。

截至2016年（4月），外汇市场的日交易额为5.1万亿美元，即期交易额为1.7万亿美元，直接远期交易额为7 000亿美元，外汇互换交易额为2.4万亿美元，期权和其他外汇衍生产品交易额为3.5万亿美元。虽然2000—2001年的全球经济衰退明显抑制了市场活动，但2008—2009年的全球金融危机似乎并未产生这种影响。2016年的调查显示，自2001年以来外汇市场首次出现即期交易额下降。据国际清算银行（收集和解释这些数据的组织）称，近年来外汇增长的主要驱动因素是电子交易以及市场准入扩大促进了利润追求者的活动增加。

地理分布

图5-7显示了1995—2016年全球六大市场的外汇交易占比。（请注意，"美国"和"英国"大致上应该解释为"纽约"和"伦敦"。多数外汇交易都发生在主要金融城市。）

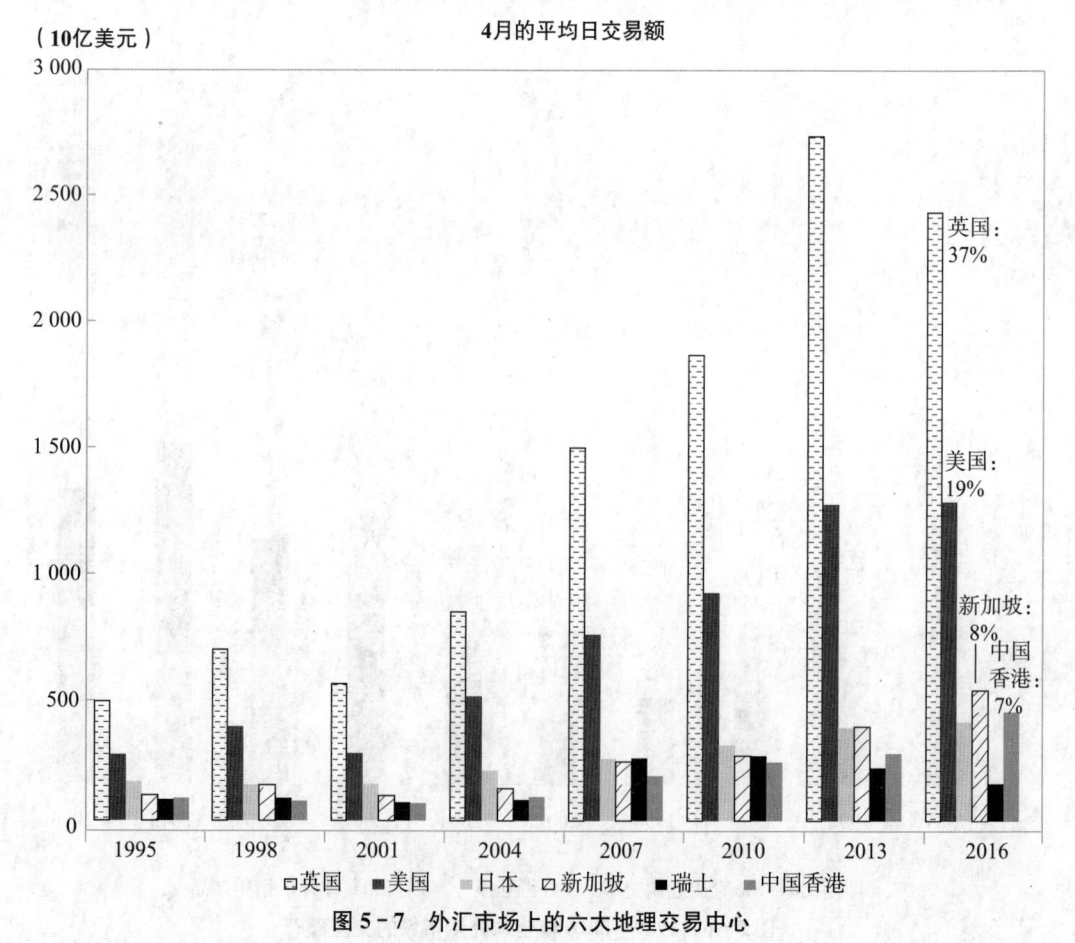

图5-7 外汇市场上的六大地理交易中心

资料来源：Bank for International Settlements, "Triennial Central Bank Survey: Foreign Exchange and Derivatives Market Activity in April 2016: Preliminary Results," September 1, 2016, www.bis.org. 2016年日本的市场份额降至6%，瑞士降至2.4%。

英国（伦敦）仍然是世界上传统外汇市场活动的主要外汇市场，外汇交易占全球市场的37%，其次是美国（纽约），外汇交易占全球市场的19%。虽然仅这两个市场就占全球外汇交易总额的一半以上，但似乎亚洲外汇交易的增长对其形成了抑制，自2013年以来，英国的外汇交易额急剧下降，而纽约的外汇交易额基本没有变化。

新加坡（8%）和中国香港（7%）的占比都在快速增长，而日本（东京，6%）和瑞士（2.4%）等老牌传统外汇交易中心的占比正在下滑。鉴于亚洲经济、亚洲市场和亚洲货币的增长以及欧元的推出和扩张（欧元区国家的货币消失，减少了欧洲内部的外汇交易需求）改变了外汇交易活动，过去15年亚洲外汇交易相对于欧洲外汇交易的增长并不令人意外。关于未来外汇交易中心的两大问题是中国的外汇交易增长速度有多快以及英国脱欧（英国退出欧盟的决定）对伦敦外汇交易的意义。

货币构成

如表5-1所述，外汇交易的货币构成也显示出一些全球性转变。美元（作为外汇交易所涉货币之一）占全球外汇交易额之比增至87.4%，扭转了十多年来市场份额下降的趋势。日元和欧元近年来的交易额占比均有所下降，作为全球三种最常交易货币中的两种，它们似乎被人民币（3.8%，自2013年以来几乎翻了一番）和其他一些新兴市场货币所包围。因为所有货币都是成对与其他货币进行交易，因此表5-1中显示的所有百分比都是该货币与其他货币的交易所占的百分比。

表5-1 不同货币对的日外汇交易（占总额的百分比）

货币对	与美元组成货币对的货币	2001年	2004年	2007年	2010年	2013年	2016年
USD/EUR	欧元	30.0	28.0	26.8	27.7	24.1	23.0
USD/JPY	日元	20.2	17.0	13.2	14.3	18.3	17.7
USD/GBP	英镑	10.4	13.4	11.6	9.1	8.8	9.2
USD/AUD	澳大利亚元	4.1	5.5	5.6	6.3	6.8	5.2
USD/CAD	加拿大元	4.3	4.0	3.8	4.6	3.7	4.3
USD/CHF	瑞士法郎	4.8	4.3	4.5	4.2	3.4	3.5
USD/MXN	墨西哥比索	—	—	—	—	2.4	2.1
USD/CNY	中国人民币	—	—	—	0.8	2.1	3.8
USD/NZD	新西兰元	—	—	—	—	1.5	1.5
USD/SEK	瑞典克朗	—	—	1.7	1.1	1.0	1.3
USD/INR	印度卢比	—	—	—	0.9	0.9	1.1
USD/RUB	俄罗斯卢布	—	—	—	—	1.5	1.0
其他货币/USD	其他货币	16.0	15.9	18.3	15.8	12.4	13.7
	美元总计	89.8	88.1	85.5	84.8	86.9	87.4

续表

货币对	与欧元组成货币对的货币	2001年	2004年	2007年	2010年	2013年	2016年
EUR/GBP	英镑	2.1	2.4	2.1	2.7	1.9	2.0
EUR/JPY	日元	2.9	3.2	2.6	2.8	2.8	1.6
EUR/CHF	瑞士法郎	1.1	1.6	1.9	1.8	1.3	0.9
EUR/SEK	瑞典克朗	—	—	0.7	0.9	0.5	0.7
EUR/NOK	挪威克朗	—	—	—	—	0.4	0.6
EUR/AUD	澳大利亚元	0.1	0.2	0.3	0.3	0.4	0.3
EUR/CAD	加拿大元	0.1	0.1	0.2	0.3	0.3	0.3
其他	其他货币	1.6	1.9	2.5	2.6	1.8	2.0
	欧元总计	7.9	9.4	10.3	11.4	9.4	8.4
货币对	与日元组成货币对的货币	2001年	2004年	2007年	2010年	2013年	2016年
JPY/AUD	澳大利亚元	—	—	—	0.6	0.9	0.6
JPY/CAD	加拿大元	—	—	—	—	0.1	0.1
JPY/NZD	新西兰元	—	—	—	0.1	0.1	0.1
其他	其他货币	1.2	1.4	2.0	1.3	1.8	1.1
	日元总计	1.2	1.4	2.0	2.0	2.9	1.9
其他货币对	其他所有货币	1.1	1.1	2.2	1.8	0.8	2.3
全球总计		100.0	100.0	100.0	100.0	100.0	100.0

资料来源：作者整理自 Table 3, p. 11, of "Triennial Central Bank Survey, Foreign exchange turnover in April 2016: preliminary global results," Bank for International Settlements, Monetary and Economic Department, September 2016.

5.4 汇率和报价

汇率是以一种货币表示的另一种货币的价格。外汇报价（或报价）是愿意以公布的汇率买入或卖出外汇的声明。当我们深入研究外汇交易语法时，请记住基本的价格表述方式。以橘子的价格为例，如果一个橘子的价格是 1.20 美元，那么"价格"是 1.20 美元，而"单位"是橘子。

货币符号

报价可以用传统货币符号或 ISO 代码表示。ISO——国际标准化组织——是世界上最大的自愿性标准制定组织。ISO 4217 是货币代码的国际标准，最新版本为 ISO 4217：2008。

ISO 代码是为用于电子通信而开发的。本章中使用的主要货币符号和货币代码如下：

货币	传统符号	ISO 4217 代码
美元	$	USD
欧元	€	EUR
英镑	£	GBP
日元	¥	JPY
墨西哥比索	Ps	MXN

现在，全球市场上金融机构之间的所有外汇电子交易都使用三个字母的 ISO 代码。虽然零售市场和商业期刊没有硬性规定，但欧洲和美国的期刊倾向于使用传统货币符号，而亚洲和中东的许多期刊倾向于使用 ISO 代码。但是，大多数国家对纸币（银行券）仍然沿用传统货币符号。

汇率报价

外汇报价遵循一些原则，这些原则起初看起来或许有点令人困惑或不够直观。每笔外汇交易都涉及两种货币，货币 1（CUR1）和货币 2（CUR2）：

CUR1/CUR2

斜杠左侧的货币被称为基础货币或单位货币。斜杠右侧的货币被称为价格货币或报价货币。报价总是表示换取一单位基础货币 CUR1 所需的价格货币 CUR2 的单位数。

例如，最常见的外汇交易报价是美元和欧元之间的外汇交易报价。例如，报价 EUR/USD 1.217 4 表示欧元（EUR）为基础货币，美元（USD）为价格货币，汇率为 USD 1.217 4＝EUR 1.00。如果您记住斜杠左侧的货币总是基础货币，并且始终是一个单位，就可以避免混淆。图 5-8 简要概述了全球用欧元和美元进行汇率报价时使用的众多术语。

欧式标价
1美元（USD）的外币价格

USD/EUR 0.821 4
或
USD 1.00=EUR 0.821 4

美元是基础货币或单位货币
欧元是报价货币或价格货币

美式标价
1欧元（EUR）的美元价格

EUR/USD 1.217 4
或
EUR 1.00=USD 1.217 4

欧元是基础货币或单位货币
美元是报价货币或价格货币

$$\frac{1}{EUR\ 0.821\ 4/USD} = USD\ 1.217\ 4/EUR$$

图 5-8 外币报价

市场惯例

国际外汇市场虽然是世界上最大的金融市场，但深受历史和惯例的影响。

欧式标价。 欧式标价，即表示为 1 美元可兑换的特定货币数量的报价方式，在过去 60

年甚至更久的大部分时间里都是市场惯例。在全球范围内，用于货币报价的基础货币通常是美元。所谓的欧式标价，意味着无论何时对货币报价，都按照相当于1美元的货币单位数量来报价。

例如，如果一位苏黎世交易员——他的本币是瑞士法郎（CHF）——要求一位奥斯陆交易员——他的本币是挪威克朗（NOK）——报价，那么挪威交易员会报出挪威克朗相对于美元而非瑞士法郎的价值。结果是，多数货币都以1美元为基准报价——日元/美元、挪威克朗/美元、墨西哥比索/美元、巴西雷亚尔/美元、马来西亚林吉特/美元、人民币/美元等。

美式标价。这种使用欧式标价的规则有两个主要例外：欧元和英镑（英镑由于历史传统而成为例外）。这两种货币通常以美式标价报价——1欧元的美元价格和1英镑的美元价格。此外，澳大利亚元和新西兰元通常也按美式标价报价。

几个世纪以来，1英镑合20先令，1先令合12便士。使用非十进制货币很难进行乘除。伦敦（当时无可争议的世界金融之都）的外汇价格惯例逐渐演化，变为以每英镑的外币价格报价。即使在1971年英镑改为十进制后，这种惯例仍然存在。

欧元最初是作为德国马克和法国法郎等本币的替代品而推出的。为了方便使用这些历史货币的居民和使用者过渡，所有报价均为"本币/欧元"的形式。对美元的报价也是如此；因此，"美元/欧元"是今天使用的通常报价方法。

美式标价也用于多数外汇期权和外汇期货的报价，以及处理游客汇款和个人汇款的零售市场。同样，这主要是长期以来的既定惯例造成的，而不是某种基本金融法规的规定。

货币昵称。外汇交易员也可能使用主要货币的昵称。"cable"是指美元与英镑之间的汇率，这个名称可以追溯到美元和英镑通过跨大西洋电报电缆进行交易的年代。加拿大元的昵称是"loonie"，以1加拿大元硬币上的水禽名字命名。"Kiwi"代表新西兰元，"Aussie"代表澳大利亚元，"Swissie"代表瑞士法郎，"Sing dollar"代表新加坡元。

直接报价和间接报价。直接报价是以本币单位表示的外币价格。间接报价是以外币单位表示的本币价格。在许多国家的零售外汇交易中（例如在酒店或机场进行的货币兑换），通常惯例是将本币作为价格货币，将外币作为单位货币。一名走在巴黎香榭丽舍大街的女士可能会看到以下报价：

$$EUR\ 0.821\ 4 = USD\ 1.00$$

由于她在法国，本币是欧元（价格货币）而外币是美元（单位货币），因此在巴黎该报价是对美元的直接报价或对美元的价格货币报价。她可能会告诉自己，"1美元合0.821 4欧元"，或"1美元的价格是0.821 4欧元"。这些是欧式报价。

与此同时，一名走在纽约百老汇大街上的男子可能会在银行窗口看到以下报价：

$$USD\ 1.217\ 4 = EUR\ 1.00$$

由于他在美国，因此本币是美元（价格货币）而外币是欧元（单位货币），在纽约，这是对欧元的直接报价（一单位外币的本币价格）和对美元的间接报价（一单位本币的外币价格）。该男子可能会对自己说："我支付的价格是每欧元1.217 4美元。"这是美式标价。两个报价显然是等价的（至少到小数点后四位是如此），一个报价是另一个报价的倒数：

$$\frac{1}{EUR\ 0.821\ 4/USD} = USD\ 1.217\ 4/EUR$$

买入汇率和卖出汇率。 虽然报纸或杂志文章将汇率写成一个值,但买卖外汇的市场(无论是零售市场还是批发市场)使用两种不同的汇率,一种用于买入,一种用于卖出。图 5-9 以美元和欧元之间的汇率为例,说明了这些报价在市场上的表现形式。

买入汇率是交易商购买一种货币所支付的另一种货币的价格(即汇率)。卖出汇率是交易商卖出另一种货币的价格(即汇率)。交易商以一个价格出价(买入)并以略高的价格要价(卖出),从价差中获利。对于不经常交易、交易量较小或同时存在上述两种情况的货币,买卖价差可能相当大。

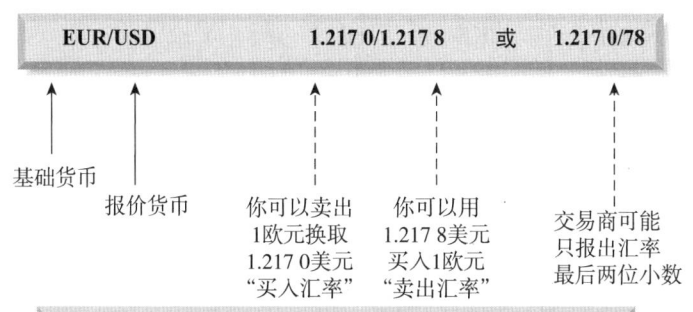

```
              EUR/USD        1.217 0/1.217 8     或    1.217 0/78
```

- 基础货币
- 报价货币
- 你可以卖出 1 欧元换取 1.217 0 美元 "买入汇率"
- 你可以用 1.217 8 美元买入 1 欧元 "卖出汇率"
- 交易商可能只报出汇率最后两位小数

在任何一类书面文件中,汇率都可能按中间汇率报价,即买入汇率和卖出汇率的平均值,1.217 4 美元/欧元。

例如,《华尔街日报》对下列货币的报价可能如下所示:

	最新买入汇率		最新买入汇率
欧元(EUR/USD)	1.217 0	巴西雷亚尔(USD/BRL)	1.682 7
日元(USD/JPY)	83.16	加拿大元(USD/CAD)	0.993 0
英镑(GBP/USD)	1.555 2	墨西哥比索(USD/MXN)	12.236 5

图 5-9 买入汇率、卖出汇率和中间汇率的报价

由于一种货币的买价也是对手货币的卖价,因此外汇市场中的买卖报价表面上很复杂。一位希望用欧元购买美元的交易商同时也是卖出欧元以换取美元。《华尔街日报》对部分货币(加上特别提款权)报出的收盘汇率见表 5-2。

在《华尔街日报》的汇率报价中,"等值美元"标题下是美式标价法的报价,"货币/美元"标题下是欧式标价法的报价。这些报价直接给出了部分货币的即期汇率以及 1 个月期、3 个月期和 6 个月期远期汇率。这些报价是路透社对金额不少于 100 万美元的银行间外汇交易的报价,报价时间为美国东部时间下午 4 点。《华尔街日报》没有说明这些报价是买入汇率、卖出汇率还是中间汇率(买入汇率和卖出汇率的平均值)。

表 5-2 汇率:纽约收盘价一览(2018 年 1 月 1 日)

国家和地区	货币	符号	代码	等值美元	货币/美元
美洲					
阿根廷	比索	Ps	ARS	0.053 8	18.603 5
巴西	雷亚尔	R$	BRL	0.301 9	3.312 4

续表

国家和地区	货币	符号	代码	等值美元	货币/美元
加拿大	加拿大元	C$	CAD	0.796 8	1.255 1
智利	比索	$	CLP	0.001 625	615.5
墨西哥	新比索	$	MXN	0.050 9	19.659 6
亚洲					
中国	元	¥	CNY	0.153 8	6.503 1
中国香港	港元	HK$	HKG	0.127 5	7.840 5
印度	卢比	Rs	INR	0.015 65	63.88
印度尼西亚	卢比	Rp	IDR	0.000 073 7	13 561
日本	日元	¥	JPY	0.008 88	112.67
新加坡	新加坡元	S$	SGD	0.747 8	1.337 2
韩国	韩元	W	KRW	0.000 937 5	1 066.64
泰国	铢	B	THB	0.030 71	32.56
越南	盾	d	VND	0.000 044 03	22 710
欧洲					
捷克	克朗	Kc	CZK	0.047 01	21.274
丹麦	克朗	Dkr	DKK	0.161 2	6.202
欧元区	欧元	€	EUR	1.200 6	0.833
挪威	克朗	NKr	NOK	0.122	8.197 7
俄罗斯	卢布	R	RUB	0.017 3 4	57.678
瑞典	克朗	SKr	SEK	0.122 3	8.179 6
瑞士	法郎	Fr.	CHF	1.025 9	0.974 8
中东/非洲					
埃及	镑	£	EGP	0.056 3	17.765 5
以色列	谢克尔	Shk	ILS	0.287 4	3.479 5
沙特阿拉伯	里亚尔	SR	SAR	0.266 6	3.751 2
南非	兰特	R	ZAR	0.080 8	12.371 2

注：特别提款权来自国际货币基金组织；根据美国货币、英国货币和日本货币的汇率计算。报价为路透社美国东部时间下午4点对金额不少于100万美元的银行间外汇交易的报价。汇率摘自2018年1月2日《华尔街日报》网站。

  交易员使用的报价中的货币顺序可能令人困惑（至少本书作者如此认为）。正如一份主要国际银行业刊物所指出的：EUR/USD是交易员使用的符号，尽管从数学角度来说，反过来表示汇率更正确，因为它表明必须支付多少美元才能获得1欧元。这就是为什么之前图5-9中显示的汇率报价——例如EUR/USD、USD/JPY或GBP/USD——在商业活动和本书中使用的报价形式为1.217 0美元/欧元、83.16日元/美元和1.555 2美元/英镑。

国际金融不适合脆弱的心脏!

交叉汇率

许多货币对的交易不活跃,因此它们的汇率是通过它们与广泛交易的第三种货币的关系来确定的。例如,一家墨西哥进口商需要日元支付在东京购买商品的价格。墨西哥比索(MXN 或旧比索符号 Ps)和日元(JPY 或 ¥)通常都是对美元(USD 或 $)报价的。使用表 5-2 中的以下报价:

货币/美元		
日元	JPY/USD	112.67
墨西哥比索	MXN/USD	19.659 6

墨西哥进口商可以用 19.659 6 墨西哥比索购买 1 美元,而这 1 美元可以购买 112.67 日元。交叉汇率的计算方法如下:

$$\frac{日元=1\ 美元}{墨西哥比索=1\ 美元}=\frac{112.67\ 日元/美元}{19.659\ 6\ 墨西哥比索/美元}=5.731\ 0\ 日元/墨西哥比索$$

交叉汇率的计算结果也可以表示为它的倒数,即用 USD/MXN 汇率除以 USD/JPY 汇率,得到 0.174 5 墨西哥比索/日元。交叉汇率经常以矩阵形式出现在各种金融出版物中,以简化数学运算。

跨市场套利

交叉汇率可以用于检查跨市场套利机会。假设汇率报价如下:

花旗银行的美元/欧元报价　　　　USD 1.329 7＝1 EUR
巴克莱银行的美元/英镑报价　　　USD 1.558 5＝1 GBP
德累斯顿银行的欧元/英镑报价　　EUR 1.172 2＝1 GBP

根据花旗银行和巴克莱银行的报价推导出的欧元-英镑交叉汇率为:

$$\frac{USD\ 1.558\ 5/GBP}{USD\ 1.329\ 7/EUR}=EUR\ 1.172\ 1/GBP$$

请注意,计算出的交叉汇率 EUR 1.172 1/GBP 与德累斯顿银行的报价 EUR 1.172 2/GBP 不同,因此有机会从三个市场之间的套利中获利。图 5-10 显示了所谓的三角套利的步骤。

纽约花旗银行的一位市场交易员有 1 000 000 美元,他可以将这笔钱以即期汇率卖给巴克莱银行换取英镑,然后再将这些英镑卖给德累斯顿银行换取欧元。在第三笔也是最后一笔同步交易中,交易员可以将欧元卖给花旗银行换取 1 000 112 美元。

这样一轮交易的利润是无风险利润 112 美元,即 1 000 112 美元－1 000 000 美元。我们知道,这并不多,但再少也是一笔钱!这种三角套利可以继续,直到重新建立汇率均衡。在这种情况下,重新建立汇率均衡意味着减去一笔微小的交易成本后,计算出的交叉汇率等于实际报价。

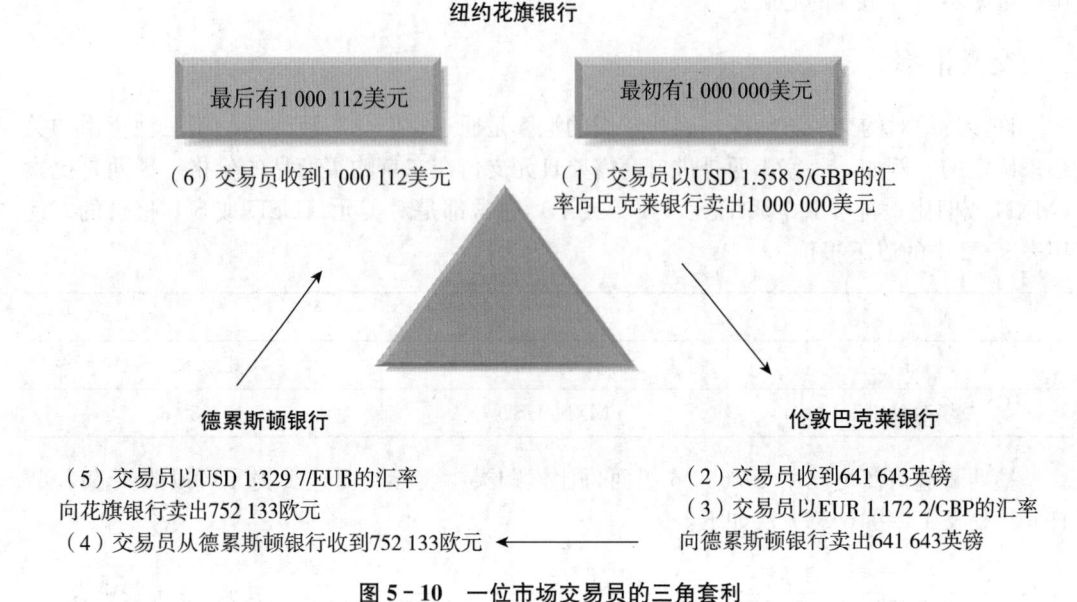

```
                        纽约花旗银行

     最后有1 000 112美元              最初有1 000 000美元

   （6）交易员收到1 000 112美元    （1）交易员以USD 1.558 5/GBP的汇
                                      率向巴克莱银行卖出1 000 000美元


   德累斯顿银行                          伦敦巴克莱银行

   （5）交易员以USD 1.329 7/EUR的汇率    （2）交易员收到641 643英镑
   向花旗银行卖出752 133欧元              （3）交易员以EUR 1.172 2/GBP的汇率
   （4）交易员从德累斯顿银行收到752 133欧元    向德累斯顿银行卖出641 643英镑
```

图 5-10 一位市场交易员的三角套利

远期汇率报价

虽然即期汇率通常是直接报价（即显示所有小数），但远期汇率通常以点数表示（根据币种而定），即货币报价的最后几位。一年期或期限更短的远期汇率被称为现钞汇率；期限超过一年的远期汇率被称为互换汇率。以点数表示的远期汇率报价不是汇率本身，而是远期汇率和即期汇率之间的差价。因此，即期汇率本身永远不能以点数报价。

考虑表 5-3 中的即期汇率报价和远期汇率点数报价。买入即期汇率报价和卖出即期汇率报价都是直接报价，但是远期汇率报价表示为与即期汇率相差的点数。在表 5-3 中，3 个月期日元远期汇率点数报价是买入汇率和卖出汇率。第一个数字是指与即期买入汇率相差的点数，第二个数字是指与即期卖出汇率相差的点数。给定买入汇率的直接报价为 118.27，卖出汇率的直接报价为 118.37，因此 3 个月期直接远期汇率的计算方法如下：

	买入汇率（日元/美元）	卖出汇率（日元/美元）
直接即期汇率报价	118.27	118.37
加上点数（3 个月期）	−1.43	−1.40
直接远期汇率报价	116.84	116.97

两年或期限更长的远期买入汇率报价和远期卖出汇率报价被称为互换汇率。如前所述，银行同业市场的许多远期外汇交易都涉及买入一个日期的货币同时卖出另一个日期的货币（逆向交易）。通过这种"互换"，可以在有限时间内借入一种货币，同时放弃使用另一种货币。换言之，它是一种货币的短期借款加上另一种等值货币的短期贷款。事实上，这就是远期合约被银行归类为外币贷款协议的原因。如果双方愿意，可以按照每种货币的现行利率向对方收取利息。但是，借入货币利率较高的一方向另一方支付净利差操作起来

更容易。互换汇率以点数而不是利率表示这种净利差。

表 5-3 欧元和日元的即期汇率报价与远期汇率报价

	期限	欧元：即期汇率与远期汇率（美元/欧元）				日元：即期汇率与远期汇率（日元/美元）			
		买入汇率		卖出汇率		买入汇率		卖出汇率	
		点数	汇率	点数	汇率	点数	汇率	点数	汇率
现钞汇率	即期		1.089 7		1.090 1		118.27		118.37
	1 周	3	1.090 0	4	1.090 5	−10	118.17	−9	118.28
	1 个月	17	1.091 4	19	1.092 0	−51	117.76	−50	117.87
	2 个月	35	1.093 2	36	1.093 7	−95	117.32	93	117.44
互换汇率	3 个月	53	1.095 0	54	1.095 5	−143	116.84	−140	116.97
	4 个月	72	1.096 9	76	1.097 7	−195	116.32	−190	116.47
	5 个月	90	1.098 7	95	1.099 6	−240	115.87	−237	116.00
	6 个月	112	1.100 9	113	1.101 4	−288	115.39	−287	115.50
	9 个月	175	1.107 2	177	1.107 8	−435	113.92	−429	114.08
	1 年	242	1.113 9	245	1.114 6	−584	112.43	−581	112.56
	2 年	481	1.137 8	522	1.142 3	−1 150	106.77	−1 129	107.08
	3 年	750	1.164 7	810	1.171 1	−1 748	100.79	−1 698	101.39
	4 年	960	1.185 7	103 9	1.194 0	−2 185	96.42	−2 115	97.22
	5 年	1 129	1.202 6	127 6	1.217 7	−2 592	92.35	−2 490	93.47

要点总结

- 外汇市场的三大功能是转移购买力、提供信贷和尽量降低外汇风险。
- 电子平台和复杂交易算法的发展为各种类别和规模的交易者进入市场提供了便利。
- 从地理位置来看，外汇市场遍布全球，每个交易日的每小时都会在某处进行外汇交易，外汇价格也随之不断变化。
- 外汇汇率是指以一种货币表示的另一种货币的价格。外汇报价是愿意以公布价格买入货币或卖出货币的声明。
- 欧式标价是一美元的外币价格。美式标价是一单位外币的美元价格。
- 报价也可以是直接报价或间接报价。直接报价是一单位外币的本币价格，间接报价是一单位本币的外币价格。
- 直接报价和间接报价不是美式标价和欧式标价的同义词，因为本币将根据计算者的变化而变化，而欧式标价总是一美元的外币价格。
- 交叉汇率是根据两种货币与第三种货币的共同关系计算得出的两种货币之间的汇率。当交叉汇率与两种货币之间的直接汇率不同时，就可能进行市场间套利。

> 迷你案例

委内瑞拉的玻利瓦尔黑市[①]

2004年3月10日傍晚,身在委内瑞拉加拉加斯的圣地亚哥(Santiago)打开了办公室的窗户。马上,他就听到了广场上传来的喧嚣声——车笛大响,抗议者敲打锅碗瓢盆,街头摊贩叫卖商品。自从乌戈·查韦斯(Hugo Chávez)总统于2002年实施一系列新经济政策以来,这些景象和声音已经成为加拉加斯城市生活的日常。圣地亚哥叹了口气,因为他怀念加拉加斯过去的简单生活。

圣地亚哥曾经欣欣向荣的药品经销生意经历了艰难时期。自2003年2月委内瑞拉实施资本管制以来,美元变得很难搞到。他被迫采用各种方法——更昂贵而且并非总是合法的方法——获得美元,这导致他的利润率下降了50%。委内瑞拉货币玻利瓦尔(Bs)最近不断贬值。由于他的成本直接随着汇率上涨,这立即挤压了他的利润空间。他找不到任何人卖给他美元。他的客户需要药品供应,他们很快就需要药品,但他怎么才能拿出30 000美元——硬通货——来支付他最近的订单呢?

政治动荡

自1998年乌戈·查韦斯当选成为委内瑞拉总统以来,他的总统任内一直充满动荡。在经历了反反复复的罢免、辞职、政变和复职之后,政治动荡深深伤害了委内瑞拉的整体经济,尤其是委内瑞拉的货币。2001年反查韦斯政变曾短暂成功,而查韦斯几乎立即重掌大权,这为他的孤立主义紧缩经济和金融政策奠定了基础。

2003年1月21日,玻利瓦尔收于创纪录的低点——1 853玻利瓦尔/美元。第二天,乌戈·查韦斯总统宣布暂停出售美元,为期两周。几乎在同一时刻,委内瑞拉玻利瓦尔与外币(主要是美元)的非官方交易市场或黑市就已萌芽。随着各种投资者想方设法退出委内瑞拉市场或获得继续开展经营所需的硬通货(例如圣地亚哥的情况),资本外逃不断升级,导致玻利瓦尔的黑市价值在几周内暴跌到2 500玻利瓦尔/美元。随着市场崩溃和汇率价值下跌,委内瑞拉的年通货膨胀率飙升至30%以上。

资本管制和外汇管理委员会

为了应对玻利瓦尔的下行压力,委内瑞拉政府于2003年2月5日宣布通过《2003年外汇管理法令》。该法令采取了以下措施:

(1) 规定官方买入汇率为1 596玻利瓦尔/美元,官方卖出汇率为1 600玻利瓦尔/美元;

(2) 成立了外汇管理委员会以控制外汇分配;

(3) 实施严格的价格管制,以遏制由玻利瓦尔走弱和外汇管制导致的进口萎缩引发的通货膨胀。

外汇管理委员会既是委内瑞拉公民获得外汇的官方渠道,也是最便宜的渠道。为了取得外汇管理委员会的批准以获得美元,申请人必须填写一系列表格。然后,申请人必须证明他们在过去三年中已缴纳税款,提供营业证明、资产所有权证明和公司财产租赁协议,以及当期的社

[①] 2004年©亚利桑那州立大学雷鸟全球管理学院版权所有。本案例由尼娜·卡梅拉(Nina Camera)、清·源(Thanh Nguyen)和杰伊·沃德(Jay Ward)在迈克尔·H. 莫菲特教授的指导下编写,仅用于课堂讨论,不表示有效或无效的管理。为了保密,本案例中的当事人姓名有所改动。

会保险缴纳记录。

然而，在非官方层面，还需要满足其他未明说的要求才能获得外汇：只有查韦斯的支持者才能获得批准。2003年8月，一份反查韦斯请愿书被广泛传播并收集到一百万个签名。尽管政府裁定该请愿书无效，但它利用这份签名的名单创建了一个姓名与社保号码数据库，外汇管理委员会用它来核对硬通货申请者的身份。用查韦斯总统的话说："这些叛党拿不到一美元；玻利瓦尔属于人民。"[1]

圣地亚哥的其他选择

圣地亚哥几乎不可能通过外汇管理委员会获得美元来购买进口商品。因为他已经签署了要求查韦斯总统下台的请愿书，他已经被列入外汇管理委员会数据库的反查韦斯人士名单，现在无法获得用玻利瓦尔兑换美元的许可。

这笔交易是从美国供应商进口30 000美元药品。圣地亚哥打算将这些药品转售给一个委内瑞拉大客户，后者将分销这些药品。这笔交易不是圣地亚哥第一次被迫寻找其他方法支付美元货款。自实施资本管制以来，寻找美元已成为圣地亚哥每周的例行工作。除了官方流程——通过外汇管理委员会——以外，他还可以通过灰市或黑市获得美元。

灰市：CANTV股票

2003年5月，在实施外汇管制三个月后，一扇机会之窗向委内瑞拉人敞开了——这个机会让加拉加斯证券交易所的投资者得以避免严格的外汇管制。这个漏洞绕过了政府限令，让投资者可以在加拉加斯交易所购买著名电信公司CANTV的当地股票，然后将这些股票转换为在纽约证券交易所交易的以美元计价的美国存托凭证。

纽约证券交易所CANTV美国存托凭证的保荐人是纽约银行，纽约银行是美国存托凭证在美国的主要保荐人和管理行。在该法令通过后，纽约银行于2月暂停了CANTV美国存托凭证的交易，希望根据新的委内瑞拉外汇管制措施确定这种交易的合法性。5月26日，在认定这种交易在该法令下确实合法后，CANTV股票的交易恢复。CANTV的股价和交易量在接下来的一周双双飙升。[2]

CANTV的股价很快成为计算隐性灰市汇率的主要方法。例如，2004年2月6日，CANTV股票在加拉加斯交易所的收盘价为7 945玻利瓦尔/股。同一天，CANTV美国存托凭证在纽约的收盘价为18.84美元/美国存托凭证。每张纽约美国存托凭证相当于加拉加斯交易所的七股CANTV股票。隐性灰市汇率计算如下：

$$\text{隐性灰市汇率} = \frac{7 \times 7\,945 \text{玻利瓦尔/股}}{18.84 \text{美元/美国存托凭证}} = 2\,952 \text{玻利瓦尔/美元}$$

当天的官方汇率为1 598玻利瓦尔/美元。这意味着灰市上玻利瓦尔对美元的汇率报价比委内瑞拉政府官方宣布的玻利瓦尔价值弱约46%。图A显示了2002年1月至2004年3月的官方汇率和灰市汇率（使用CANTV股票计算）。官方汇率与灰市汇率从2003年2月开始出现分歧，这恰好与实施资本管制的时间相符。[3]

---

[1] "Venezuela Girds for Exchange Controls," *The Wall Street Journal* (Eastern edition), February 5, 2003, p. A14.

[2] 由于被用作一种汇率机制，CANTV的股价在2002—2004年期间继续上涨。委内瑞拉个人和组织使用CANTV美国存托凭证获取美元的方法通常被称为"不违法的方法"。

[3] 摩根士丹利资本国际于2003年11月26日宣布它将把委内瑞拉玻利瓦尔的标准即期汇率改为基于当地市场上CANTV电信公司的玻利瓦尔价格与其美国存托凭证的美元价格之间关系的名义汇率。

玻利瓦尔=1.00美元

图A　委内瑞拉玻利瓦尔的官方汇率和灰市汇率

注：所有价格和汇率均为星期五的收盘价。

黑市

委内瑞拉人获得硬通货的第三种方法是通过迅速扩大的黑市。与世界各地的黑市一样，该黑市基本上是地下和非法的。然而，它非常复杂，需要使用同时持有离岸美元账户的委内瑞拉股票经纪商或银行的服务。黑市经纪商的选择至关重要；如果未能顺利完成交易，就无法获得法律追索权。

如果圣地亚哥希望在黑市上购买美元，他将把玻利瓦尔存入他在委内瑞拉的经纪商账户。约定黑市汇率是在存款当天确定的，通常是在根据CANTV股价得出的灰市汇率基础上再浮动20%以内。然后，圣地亚哥就可以进入委内瑞拉境外的美元银行账户获得约定金额。这种交易平均需要两个工作日才能结算。非官方黑市汇率为3 300玻利瓦尔/美元。

2004年年初，查韦斯总统要求委内瑞拉中央银行从210亿美元外汇储备中拨给他"十来个亿美元"（millardito）。查韦斯称这笔钱实际上属于人民，他希望将其中一部分投资于农业部门。中央银行拒绝了。查韦斯政府寻找资金的决心没有因此而受挫，于2004年2月9日宣布玻利瓦尔再次贬值。玻利瓦尔贬值17%，从官方价值1 600玻利瓦尔/美元贬至1 920玻利瓦尔/美元（见图A）。由于委内瑞拉的所有石油出口均以美元付款，因此玻利瓦尔贬值意味着该国的石油出口收入增幅与贬值幅度相同，均为17%。

查韦斯政府声称，货币贬值是必要的，因为根据财政部部长托维亚斯·诺列加（Tobias Nobriega）的说法，玻利瓦尔是"一个不能保持冻结的变量，因为这会损害出口并对国际收支产生压力"①。然而，分析师指出，委内瑞拉政府实际上对国际收支控制得很严：石油是主要出口产品，政府控制着进口所需的官方硬通货，中央银行的外汇储备现在超过210亿美元。

时间不多了

3月10日下午，圣地亚哥收到外汇管理委员会的确认函，他最新的美元申请获得批准，他将以官方汇率1 920玻利瓦尔/美元获得10 000美元。圣地亚哥将他的好运归功于他向一名外汇管理委员会内部人员多付了500玻利瓦尔/美元以加速申请处理。圣地亚哥笑着说："查韦斯也需要赚钱。"圣地亚哥松了一口气，因为他将从外汇管理委员会获得所需资金的三分之一。他现在转向吸引力次高的选择——委内瑞拉债券市场。

委内瑞拉财政部于2004年3月5日宣布将发行一笔新的复合证券，即由三种不同证券组成的证券篮子，每种证券的价值相同。买家必须购买篮子组合：

(1) 500美元的6个月期美元计价"国库券"，息票利率为LIBOR+x%。购买该国库券的官方汇率为1 920玻利瓦尔/美元。该美元国库券将受纽约法律管辖。

(2) 以玻利瓦尔计价的Vebono（委内瑞拉政府债券），票面价值为960 000玻利瓦尔，于2008年3月到期，息票利率为14.93%。在1 920玻利瓦尔/美元的官方汇率下，它的理论面值为500美元。

(3) 以玻利瓦尔计价的Vebono，票面价值也为960 000玻利瓦尔，于2008年9月到期，息票利率为14.85%。在1 920玻利瓦尔/美元的官方汇率下，它的理论价值也是500美元。两种委内瑞拉玻利瓦尔债券都将受委内瑞拉法律管辖。

一个篮子的总面值为2 880 000玻利瓦尔。第一批证券是以官方汇率计算的总计3.75亿美元的证券（250 000只债券，汇率为1 920玻利瓦尔/美元，每只债券的面值为2 880 000玻利瓦尔）。委内瑞拉财政部打算在下一年发行超过15亿美元债券。在市场上发行时，证券篮子的定价比面值高出9%，即每个篮子高出3 139 200玻利瓦尔。惠誉和其他评级服务机构对该篮子的评级为"B—"——与委内瑞拉目前的"B—"级评级一致的投资级。如果立即出售，两笔Vebono证券的收入可能为面值的88%。如表A所示，美元国库券的期限只有6个月，销售收益可能为面值的97.512%，即487.56美元。

表A 2004年3月委内瑞拉证券篮子的构成与估值

构成	期限	息票利率	面值	销售收益率	发行货币	货币销售收益
国库券	6个月	1.15%	500美元	97.512%	美元	487.56美元
Vebono (a)	2008年3月	14.93%	960 000玻利瓦尔	88.000%	玻利瓦尔	844 800玻利瓦尔
Vebono (b)	2008年9月	14.85%	960 000玻利瓦尔	88.000%	玻利瓦尔	844 800玻利瓦尔
总计		1 500美元或2 880 000玻利瓦尔			487.56美元和1 689 600玻利瓦尔

---

① O'Grady, M. A. (Feb. 13, 2004). "Money Fun In the Venezuela of Hugo Chavez".

续表

证券篮子发行价格与面值之比：	109%
初始篮子售价：	3 139 200 玻利瓦尔
所需美元的实际汇率：	2 973.17 玻利瓦尔/美元

注：所有将玻利瓦尔换算为美元的价值均假设官方固定汇率为 1 920 玻利瓦尔/美元。实际汇率的计算方法如下：

$$实际汇率 = \frac{3\,139\,200\ 玻利瓦尔 - 1\,689\,600\ 玻利瓦尔}{487.56\ 美元} = 2\,973.17\ 玻利瓦尔/美元$$

红日西沉，似乎也带走了街上的喧嚣。现在是圣地亚哥做出决定的时候了。没有哪种选择是轻松的，但如果他想继续做生意，就必须——以某种价格——获得玻利瓦尔。

迷你案例问题

1. 为什么像委内瑞拉这样的国家会实行资本管制？
2. 就委内瑞拉而言，灰市和黑市有什么区别？
3. 请对圣地亚哥的选择进行财务分析，并据此推荐一种解决问题的方法。

后记。 虽然查韦斯总统于 2013 年去世，而且自本案例发生以来委内瑞拉玻利瓦尔一再贬值并更名为强势玻利瓦尔，但它仍然是一种价值被政府高估且交易受到限制的货币，因此继续实行汇率双轨制——官方汇率和非官方汇率并存。

问题

5.1 定义。 请定义以下术语：
  a. 外汇市场；
  b. 外汇交易；
  c. 外汇。

5.2 外汇市场的功能。 外汇市场的三大功能是什么？

5.3 外汇市场的结构。 全球外汇市场的结构是什么？数字通信取代了人工通信吗？

5.4 市场参与者。 请列出每个外汇市场参与者买入或卖出外汇的动机。

5.5 外汇交易。 请定义以下各类外汇交易：
  a. 即期交易；
  b. 直接远期交易；
  c. 远期-远期互换。

5.6 互换交易。 请定义并区分外汇市场中不同类型的互换交易。

5.7 不可交割远期。 什么是不可交割远期？为什么存在不可交割远期？

5.8 外汇市场的特征。 请参考 2013 年的外汇交易额：
  a. 按外汇交易额对即期交易、远期交易和互换交易的相对规模进行排序。
  b. 按外汇交易额降序列出五个最重要的地理位置。
  c. 按降序列出三种最重要的标价货币。

5.9 汇率报价。 请定义以下名词并各举一例：
  a. 买入汇率报价；
  b. 卖出汇率报价。

5.10 报价转换。 请将以下间接报价转换为直接报价，并将直接报价转换为间接报价：
  a. 欧元：1.22 欧元/美元（间接报价）。
  b. 俄罗斯：130 卢布/美元（间接报价）。
  c. 丹麦：0.164 4 美元/丹麦克朗（直接报价）。

5.11 地理位置和外汇市场。 请回答以下问题：
  a. 外汇市场的地理位置是指什么？
  b. 外汇交易系统的两种主要类型是什么？

c. 外汇市场与交易活动的关系是什么？

5.12 **美式标价和欧式标价。** 对于银行间报价，美式标价与欧式标价之间有什么区别？

5.13 **直接报价和间接报价。** 请定义以下情况并各举一例：

a. 美元与墨西哥比索之间的直接报价，其中美国被指定为母国。

b. 日元与人民币（元）之间的间接报价，其中中国被指定为母国。

5.14 **基础货币和价格货币。** 请定义基础货币、单位货币、价格货币和报价货币。

5.15 **交叉汇率和市场间套利。** 在讨论市场间套利时，为什么交叉汇率具有特殊意义？

习题

5.1 **（新加坡）樟宜机场 3 号航站楼的安妮·迪茨（Anne Dietz）。** 安妮·迪茨住在新加坡，但第一次到澳大利亚悉尼出差。她站在新加坡樟宜机场的新 3 号航站楼，查看外汇交易台上挂出的外汇报价。她希望用 1 000 新加坡元（S$ 或 SGD）兑换澳大利亚元（A$ 或 AUD）。安妮看到了以下报价：

即期汇率（SGD=1.00 USD） 1.340 0
即期汇率（USD=1.00 AUD） 0.764 0

a. 新加坡元对澳大利亚元的交叉汇率是多少？

b. 安妮将用新加坡元兑换到多少澳大利亚元？

5.2 **维多利亚出口公司（加拿大）。** 加拿大出口商维多利亚出口公司将收到 6 笔 12 000 欧元的付款，收款时间从现在到 12 个月后不等。由于该公司既保留加拿大元现金又保留美元现金，因此可以选择在各期期末用欧元兑换哪种货币。哪种货币在远期市场上提供更有利的汇率？

远期天数	加拿大元/欧元	美元/欧元
即期—	1.336 0	1.322 1
1 个月，即 30 天	1.336 8	1.323 0
2 个月，即 60 天	1.337 6	1.322 8
3 个月，即 90 天	1.338 2	1.322 4
6 个月，即 180 天	1.340 6	1.321 5

续表

远期天数	加拿大元/欧元	美元/欧元
12 个月，即 360 天	1.346 2	1.319 4

5.3 **日元远期。** 请使用 2010 年 9 月 16 日的以下日元/美元即期买入-卖出汇率和远期买入-卖出汇率回答以下问题：

期限	日元/美元 买入汇率	日元/美元 卖出汇率
即期	85.41	85.46
1 个月	85.02	85.05
2 个月	84.86	84.90
3 个月	84.37	84.42
6 个月	83.17	83.20
12 个月	82.87	82.91
24 个月	81.79	81.82

a. 各期限对应的中间汇率分别是多少？

b. 所有期限对应的年远期溢价是多少？

c. 哪些期限对应的远期溢价最小，哪些期限对应的远期溢价最大？

5.4 **安德烈亚斯·布罗斯基奥（Andreas Broszio）（日内瓦）。** 安德烈亚斯·布罗斯基奥刚刚开始担任位于瑞士日内瓦的瑞士信贷（Credit Suisse）的分析师。他收到以下瑞士法郎对美元的即期汇率、1 个月期远期汇率、3 个月期远期汇率和 6 个月期远期汇率的报价。

即期汇率：	
买入汇率	1.257 5 瑞士法郎/美元
卖出汇率	1.258 5 瑞士法郎/美元
1个月期远期汇率	10～15 点
3个月期远期汇率	14～22 点
6个月期远期汇率	20～30 点

a. 请计算买入汇率和卖出汇率的直接报价以及每个报价之间的价差点数。

b. 当报价从即期汇率向6个月期远期汇率变化时，您注意到价差如何变化？

c. 瑞士法郎6个月期远期汇率是多少？

5.5 **留学：从巴黎到莫斯科**。在欧洲暑期留学项目中，您多停留了两周，从巴黎去往莫斯科旅游。您兜里揣着2 000欧元（€或EUR）离开了巴黎。您希望将所有这些钱兑换成俄罗斯卢布（₽或RUB），并获得以下报价：

即期汇率美元/欧元　　　1.128 0
即期汇率卢布/美元　　　62.40

a. 俄罗斯卢布对欧元的交叉汇率是多少？

b. 您将用欧元换得多少俄罗斯卢布？

5.6 **国外暑期旅游：从莫斯科到孟买**。在莫斯科度过一个星期后，您收到一封来自印度朋友的电子邮件。他可以帮您买到一张非常合算的机票，并希望您下周在孟买与他见面以继续您的环球游学。您的钱包里还剩下450 000卢布。为了准备这次旅行，您想在莫斯科机场用俄罗斯卢布兑换印度卢比：

即期汇率卢布/美元　　　76.16
即期汇率卢比/美元　　　74.29

a. 俄罗斯卢布对印度卢比的交叉汇率是多少？

b. 您将用俄罗斯卢布换得多少印度卢比？

5.7 **亚太金融危机（1997年）**。1997年7月开始的亚洲金融危机对整个东亚外汇市场造成了严重破坏。

货币	1997年7月（每美元）	1997年11月（每美元）
人民币元	8.40	8.40
港元	7.75	7.73
印度尼西亚卢比	2 400	3 600
韩元	900	1 100
马来西亚林吉特	2.50	3.50
菲律宾比索	27	34
新加坡元	1.43	1.60
台币元	27.80	32.70
泰铢	25.0	40.0

a. 表中哪些货币在7—11月期间的贬值幅度最大？

b. 哪种货币受到的影响最小从而挺过了危机前五个月？

5.8 **彭博社的交叉汇率**。请使用以下摘自彭博社的表格计算以下各项汇率：

a. 日元/美元；

b. 美元/日元；

习题5.8　彭博社的交叉汇率

货币	USD	EUR	JPY	GBP	CHF	CAD	AUD	HKD
HKD	7.773 6	10.297 6	0.092 8	12.285 3	7.916 5	7.698 7	7.658 4	—
AUD	1.015	1.344 6	0.012 1	1.604 2	1.033 7	1.005 3	—	0.130 6
CAD	1.009 7	1.337 6	0.012 1	1.595 8	1.028 3	—	0.994 8	0.129 9
CHF	0.981 9	1.300 8	0.011 7	1.551 9	—	0.972 5	0.967 4	0.126 3

续表

货币	USD	EUR	JPY	GBP	CHF	CAD	AUD	HKD
GBP	0.632 8	0.838 2	0.007 6	—	0.644 4	0.626 7	0.623 4	0.081 4
JPY	83.735	110.923 8	—	132.334 8	85.275 1	82.928 1	82.494 9	10.771 8
EUR	0.754 9	—	0.009	1.193	0.768 8	0.747 6	0.743 7	0.097 1
USD	—	1.324 7	0.011 9	1.580 4	1.018 4	0.990 4	0.985 2	0.128 6

c. 美元/欧元；
d. 欧元/美元；
e. 日元/欧元；
f. 欧元/日元；
g. 加拿大元/美元；
h. 美元/加拿大元；
i. 澳大利亚元/美元；
j. 美元/澳大利亚元；
k. 英镑/美元；
l. 美元/英镑；
m. 美元/瑞士法郎；
n. 瑞士法郎/美元。

5.9 美元/欧元远期的买入汇率/卖出汇率。 请使用从 2010 年 12 月 10 日起的以下美元/欧元（US$/€）即期买入-卖出汇率与远期买入-卖出汇率回答以下问题：

a. 各期限对应的中间汇率是多少？
b. 所有期限对应的年远期溢价是多少？
c. 哪些期限对应的远期溢价最小，哪些期限对应的远期溢价最大？

时期	买入汇率	卖出汇率
即期	1.323 1	1.323 2
1 个月	1.323 0	1.323 1
2 个月	1.322 8	1.322 9
3 个月	1.322 4	1.322 7
6 个月	1.321 5	1.321 8
12 个月	1.319 4	1.319 8
24 个月	1.314 7	1.317 6

5.10 瑞士法郎三角套利。 您可以获得以下汇率。（您可以按照下列汇率买入或卖出。）假设您最开始有 12 000 000 瑞士法郎。您能通过三角套利获利吗？如果可以，请给出步骤并计算以瑞士法郎表示的利润金额。

富士银行　　　　92.00 日元/美元
拉什莫尔银行
　　　　　　　1.02 瑞士法郎/美元
布兰科银行
　　　　　　　90.00 日元/瑞士法郎

5.11 澳大利亚元远期买入/卖出汇率。 请使用从 2010 年 12 月 10 日起的美元/澳大利亚元（US$＝A$1.00）即期买入-卖出汇率与远期买入-卖出汇率回答以下问题：

a. 各期限对应的中间汇率是多少？
b. 所有期限对应的年远期溢价是多少？
c. 哪些期限对应的远期溢价最小，哪些期限对应的远期溢价最大？

时期	买入汇率	卖出汇率
即期	0.985 10	0.985 40
1 个月	0.981 31	0.981 65
2 个月	0.977 45	0.977 86
3 个月	0.973 97	0.974 41
6 个月	0.962 41	0.962 95
12 个月	0.939 60	0.940 45
24 个月	0.897 70	0.899 00

5.12 维也纳公司的资金部。 一家维也纳公司的资金部在纽约开展业务，它同时致电纽约花旗银行和伦敦巴克莱银行。

两家银行同时给出了以下欧元报价：

纽约花旗银行	伦敦巴克莱银行
买入汇率： 0.755 1 美元＝ 1.00 欧元	买入汇率： 0.754 5 美元＝ 1.00 欧元
卖出汇率： 0.756 1 美元＝ 1.00 欧元	卖出汇率： 0.757 5 美元＝ 1.00 欧元

请使用 100 万美元或等值欧元，说明该公司资金部可以如何利用两种不同的汇率报价实现地理套利利润。

5.13 **委内瑞拉玻利瓦尔（A）**。委内瑞拉政府于 2002 年 2 月正式宣布委内瑞拉玻利瓦尔（Bs）的汇率开始浮动。几周之内，玻利瓦尔的价值从浮动前的固定汇率 778 玻利瓦尔/美元变为 1 025 玻利瓦尔/美元。
a. 这是官方贬值还是市场贬值？
b. 价值变化率是多少？

5.14 **委内瑞拉玻利瓦尔（B）**。委内瑞拉的政治和经济危机在 2002 年年底和 2003 年年初加深。2003 年 1 月 1 日，玻利瓦尔的交易价格为 1 400 玻利瓦尔/美元。2 月 1 日，其价值已降至 1 950 玻利瓦尔/美元。许多外汇分析师和预测师预测，到 2003 年初夏，玻利瓦尔的价值将比 2 月 1 日再下跌 40%。
a. 1 月份的玻利瓦尔价值变化率是多少？
b. 2003 年 6 月的玻利瓦尔预测价值是多少？

5.15 **间接美元远期溢价**。如果即期汇率为 1.330 0 欧元/美元且 3 个月期远期汇率为 1.340 0 欧元/美元，请计算美元的远期溢价（美元为本币）。

5.16 **直接美元远期折价**。如果即期汇率为 1.580 0 美元/英镑，6 个月期远期汇率为 1.555 0 美元/英镑，请计算美元的远期折价（美元为本币）。

5.17 **墨西哥比索-欧元交叉汇率**。请根据以下即期汇率计算墨西哥比索（Ps）和欧元（€）之间的交叉汇率：12.45 比索/美元和 0.755 0 欧元/美元。

5.18 **纯净生活之国（Pura Vida）哥斯达黎加**。请根据以下即期汇率计算哥斯达黎加科朗₡和加拿大元 C$之间的汇率：500.29 科朗/美元和 1.02 加拿大元/美元。

5.19 **交叉汇率**。假设报价如下，请计算花旗银行的市场交易员如何用 1 000 000 美元获得市场间套利利润。

花旗银行的美元/英镑报价	1.590 0 美元＝1.00 英镑
国民威斯敏斯特银行的欧元/英镑报价	1.200 0 欧元＝1.00 英镑
德累斯顿银行的美元/欧元报价	0.755 0 美元＝1.00 欧元

5.20 **大金字塔**。受到最近一次大金字塔之旅的启发，花旗银行的交易员鲁曼德·迪隆（Ruminder Dhillon）想知道他是否可以利用利比亚第纳尔（LYD）和沙特阿拉伯里亚尔（SAR）进行市场间套利。他有 1 000 000 美元可用，所以他收集了以下报价。是否存在获得套利利润的机会？

花旗银行的美元/利比亚第纳尔报价	1.932 4 美元＝1.00 利比亚第纳尔
科威特国民银行的沙特阿拉伯里亚尔/利比亚第纳尔报价	1.940 5 沙特阿拉伯里亚尔＝1.00 利比亚第纳尔
巴克莱银行的美元/沙特阿拉伯里亚尔报价	0.266 7 美元＝1.00 沙特阿拉伯里亚尔

网络练习　　　　部分习题答案

请扫描二维码或登录中国人民大学出版社官网 www.crup.com.cn 下载。

第 6 章
国际平价条件

> ……如果资本能自由流向最盈利的国家，利润率就不会有差异，商品的实际价格或劳动价格也不会有差异，只是把商品运送到不同的销售市场时所需追加的劳动量有差异。
>
> ——David Ricardo, *On the Principles of Political Economy and Taxation*，1817，Chapter 7.

学习目标

6.1　分析各国的价格水平和价格水平变化（通货膨胀率）如何确定其货币的交易汇率
6.2　说明利率如何反映各国国内的通货膨胀力量并影响货币的汇率
6.3　解释外汇远期市场如何反映市场参与者对未来即期汇率的预期
6.4　分析在均衡状态下，即期外汇市场和远期外汇市场与利差和预期通货膨胀率之差的联系

　　汇率的决定因素是什么？汇率变化能预测吗？跨国企业管理者、国际证券投资者、进口商和出口商以及政府官员必须每天处理这些基本问题。本章介绍了关于汇率决定的核心金融理论。第 7 章将说明如何将这些核心要素结合起来创造外汇衍生产品，第 8 章将介绍另外两个关于货币估值的主要理论思想流派，然后说明如何在各种实际应用中结合这三种不同理论。

　　将汇率、价格水平和利率联系起来的经济理论被称为国际平价条件。在许多人眼中，国际平价条件构成了金融理论的核心，它被认为是国际金融领域特有的理论。与学生和从业者在现实世界中观察到的现象相比，这些理论并非总是那么"真实"，但它们对于理解跨国企业如何在当今世界中经营和融资至关重要。并且，正如通常情况那样，错误并不总是在于理论本身，而是在于实践中解释或应用理论的方式。本章最后是迷你案例"渡边夫人与日元套利交易"，它说明结合国际平价条件的理论和实践有时会形成不寻常的盈利机会——它属于愿意承担风险的人！

6.1 价格和汇率

如果相同的产品或服务可以在两个不同的市场上销售，且在市场之间销售或运输产品没有限制，那么这两个市场上的价格应该相同。这被称为一价定律。

竞争市场的一个主要原则是，如果在市场之间转移产品或服务不存在摩擦或成本，那么不同市场中的价格将相同。如果某种产品在两个不同国家的两个市场上销售，则该产品的价格可能以不同货币表示，但产品的价格仍然应该相同。比较价格时只需要从一种货币换算为另一种货币。例如，

$$P^\$ \times S^{¥/\$} = P^¥$$

其中，产品的美元价格 $P^\$$ 乘以即期汇率 $S^{¥/\$}$（日元/美元）等于产品的日元价格 $P^¥$。相反，如果两种产品的价格以当地货币表示，并且市场有效从而可以通过竞争消除一个市场的价格高于另一个市场价格的情况，则可以从相对当地产品价格中推算出汇率：

$$S^{¥/\$} = \frac{P^¥}{P^\$}$$

购买力平价与一价定律

如果一价定律适用于所有产品和服务，则可以从任何一组价格中算出购买力平价（purchasing power parity，PPP）汇率。通过比较以不同货币表示的相同产品的价格，就可以确定市场有效时的"实际"汇率或购买力平价汇率。这就是绝对购买力平价。绝对购买力平价表明，即期汇率由类似产品篮子的相对价格决定。

由《经济学人》命名并自 1986 年开始定期计算的"巨无霸指数"（见表 6-1）是一价定律的一个典型例子。假设在该表列出的所有国家和地区中，巨无霸的价格确实相同，那么它就可以作为一种比较指标，即现在货币的市场交易汇率是否接近以当地货币表示的巨无霸价格隐含的汇率。

例如，从表 6-1 可以看出，在中国，巨无霸的售价为 19.8 元（当地货币），而在美国，同样一个巨无霸的售价为 5.30 美元。当前的实际即期汇率为 6.787 5 元＝1 美元。因此，以美元表示的中国巨无霸的价格为

$$\frac{\text{中国的巨无霸价格(元)}}{\text{即期汇率(元/美元)}} = \frac{19.8 \text{ 元}}{6.787\ 5 \text{ 元/美元}} \approx 2.92 \text{ 美元}$$

这是表 6-1 第（3）列里中国对应的值。然后，我们使用中国巨无霸的实际价格（19.8 元）计算相对于巨无霸在美国的美元价格（5.30 美元）的隐含购买力平价汇率：

$$\frac{\text{中国的巨无霸价格(元)}}{\text{美国的巨无霸价格(美元)}} = \frac{19.8 \text{ 元}}{5.30 \text{ 美元}} \approx 3.735\ 8 \text{ 元/美元}$$

这是表 6-1 第（4）列里中国的值。原则上，这就是巨无霸指数表示的人民币与美元之间的理论汇率。

可通过比较隐含购买力平价汇率与实际市场汇率计算一种货币相对于另一种货币被低估（−％）或高估（＋％）的程度。

表6-1 根据巨无霸指数得出的部分汇率

国家和地区	货币	（1）用当地货币表示的巨无霸价格	（2）2017年7月的美元实际汇率	（3）用美元表示的巨无霸价格	（4）隐含的美元购买力平价汇率	（5）相对于美元的价值低估率或价值高估率**
美国	美元	5.30	—	5.30	—	—
英国	英镑	3.19	1.288 9*	4.11	1.661 4*	−22.4％
加拿大	加拿大元	5.97	1.282 3	4.66	1.126 4	−12.2％
中国	元	19.8	6.787 5	2.92	3.735 8	−45.0％
丹麦	丹麦克朗	30.0	6.512 6	4.61	5.660 4	−13.1％
欧元区	欧元	3.91	1.141 9*	4.46	1.355 5*	−15.8％
印度	卢比	178.0	64.558	2.76	33.585	−48.0％
日本	日元	380	113.060	3.36	71.698	−36.6％
墨西哥	比索	49.0	17.790 8	2.75	9.245 3	−48.0％
挪威	挪威克朗	49.0	8.285 2	5.91	9.245 3	11.6％
秘鲁	比索	10.5	3.251 5	3.23	1.981 1	−39.1％
俄罗斯	卢布	137.0	60.136 9	2.28	25.849	−57.0％
瑞士	瑞士法郎	6.50	0.964 2	6.74	1.226 4	27.2％
泰国	泰铢	119.0	34.036 5	3.50	22.452 8	−34.0％

* 这些汇率用美元/当地货币表示，例如美元/英镑和美元/欧元。

** 相对于美元的价值低估率/高估率的计算方法为（隐含汇率−实际汇率）/实际汇率，但英国和欧元区的计算方法为（实际汇率−隐含汇率）/隐含汇率。

资料来源：数据摘自 Columns (1) and (2) drawn from "The Big Mac Index," *The Economist*，July 13, 2017.

重要的是要理解为什么巨无霸可能是应用一价定律和衡量币值被低估还是高估的好指标。首先，这种产品本身在每个市场上几乎完全同质。这得益于麦当劳保持产品一致性、优质流程、品牌形象和尊严的努力。其次，同样重要的是，这种产品的成本主要来自当地材料和投入品。这意味着它在每个国家的价格代表国内成本和国内价格，而不是进口成本和进口价格，后者将受到汇率本身的影响。

然而，该指数仍然有局限性。巨无霸不能跨国交易，成本和价格受到各国市场中各种其他因素的影响，例如房地产租金和税收。即使如此，正如"全球金融实务6-1"所说明的，巨无霸指数在全球的重要地位和分量也是不可否认的。

一种不那么极端的一价定律断言，在相对有效的市场中，一篮子产品的价格——而不是一种产品的价格——在每个市场中都相同。用价格指数代替一种产品的价格让两国之间的购买力平价汇率可以表示为

$$S = \frac{PI^¥}{PI^\$}$$

其中，$PI^¥$ 和 $PI^$$ 分别是以日本和美国的当地货币表示的价格指数。例如，如果相同的一篮子产品在日本的价格为 1 000 日元，在美国的价格为 10 美元，那么购买力平价为

$$\frac{1\ 000\ 日元}{10\ 美元}=100\ 日元/美元 \quad 或 \quad 100\ 日元=1.00\ 美元$$

全球金融实务 6-1

谎言、该死的谎言和统计数据：阿根廷的巨无霸价格

许多国家历史上一直在努力应对高通货膨胀率。一旦通货膨胀进入社会预期，并通过基于价格指数的自动价格上涨制度化，就很难阻止它。政府最常用的抗通货膨胀措施之一是价格管制，即由一家政府机构规定大多数产品的价格，以（争取）防止价格上涨。20 世纪 70 年代，美国抗击高通货膨胀率时就使用了价格管制措施。美国的价格管制达到了史无前例的详细程度，美国政府规定了一切商品的价格，甚至连泡菜（莳萝、小黄瓜等）也包括在内。

2012 年由总统克里斯蒂娜·费尔南德斯·基什内尔（Cristina Fernández de Kirchner）领导的阿根廷政府是另一个与通货膨胀斗争的政府。该政府采取了一系列措施以试图控制通货膨胀率（例如，实施价格管制和限制工资率上调）并向企业施压以限制产品和服务的价格。巨无霸也受到了这种产品价格限制。

在非官方层面——至少阿根廷政府或阿根廷的麦当劳餐厅中没有人会承认——政府似乎对麦当劳连锁店施加了影响以限制巨无霸价格。所有菜单中巨无霸都被单独标出来，因为它包含在《经济学人》杂志半年一度的巨无霸指数计算中，这是全球购买力平价和相对价格的通用指标。当安格斯牛堡的价格为 35 比索（按照 4.245 阿根廷比索＝1 美元的官方汇率，其价格为 8.24 美元），双层吉士汉堡的价格为 33 比索（7.77 美元）时，巨无霸（通常只列在餐厅菜单最底部）的价格为 20 比索（4.71 美元）。巨无霸仍然在菜单上，但价格低得多，而且不是麦当劳推荐的单品。

相对购买力平价

如果少许放松绝对购买力平价理论的假设，我们将观察到所谓的相对购买力平价。相对购买力平价认为，购买力平价在确定现在的即期汇率方面并不是特别有用，决定一段时期内汇率变化的是该时期的两国相对价格变化。具体来说就是：

> 如果两国之间的即期汇率开始时处于均衡状态，那么在长期内，两国通货膨胀率之差的变化往往会被大小相等但方向相反的即期汇率变化所抵消。[①]

图 6-1 显示了相对购买力平价的一般情况。纵轴表示外币即期汇率的变化率，横轴表示预期通货膨胀率的差异率（外国相对于本国）。对角平价线给出了汇率变化与相对通货膨胀率之间的均衡位置。例如，P 点代表一个均衡点，在该点上，外国（日本）的通货膨胀率比本国（美国）低 4%。因此，相对购买力平价预测日元相对于美元每年将升值

---

① Beenhakker, H. L.(2001). *The Global Economy and International Financing*. Greenwood Publishing Group.

4%。如果当前市场预期导致图 6-1 中的 W 点或 S 点，则本币将被视为弱势货币（W 点）或强势货币（S 点），且市场处于非均衡状态。

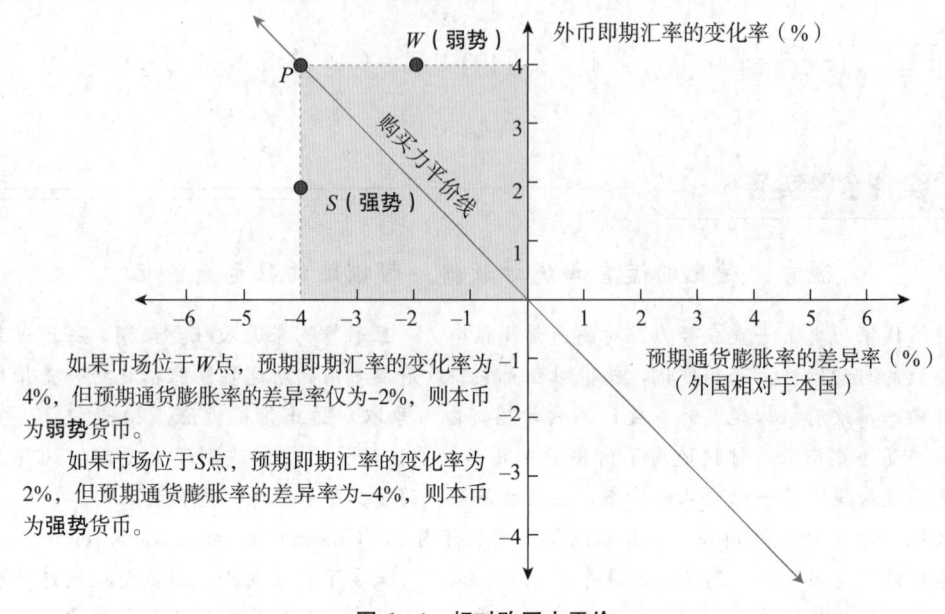

图 6-1　相对购买力平价

将购买力平价应用于即期汇率变化背后的逻辑是，如果一国的通货膨胀率高于其主要贸易伙伴的通货膨胀率，且其货币汇率没有变化，那么该国货物和服务出口的竞争力就会低于其他国家生产的可比产品。国外进口产品的价格竞争力将高于价格较高的国内产品。这些价格变化将导致国际收支平衡表经常账户出现逆差，除非被资本和金融流动抵销。

购买力平价的实证检验

人们对绝对购买力平价、相对购买力平价和一价定律进行了大量检验。在大多数情况下，这些检验未证明购买力平价可以准确预测未来汇率。现实中，货物和服务并不是以零成本在国家之间转移，事实上，许多服务是"不可交易的"，例如，理发。许多货物和服务在不同国家的质量不同，反映了生产国和消费国的偏好差异和资源差异。

从这些检验中可以得出两个一般结论：(1) 购买力平价在很长时期内非常有效，但在较短时期内不太有效；(2) 该理论更适用于通货膨胀率较高且资本市场不发达的国家。

实际汇率指数和名义汇率指数

由于任何一国都与许多贸易伙伴进行交易，因此我们需要跟踪并评估该国货币相对于其他所有货币的价值，以确定相对购买力。目标是了解根据购买力平价标准，一国的汇率是被"高估"还是"低估"了。解决这个问题的主要方法之一是计算汇率指数。这些汇率指数是通过交易形成的——通过加权本国与贸易伙伴之间的双边汇率。

名义有效汇率指数使用实际汇率，通过加权平均得出某段时期内的目标货币价值指数。它并不真正表明货币的"真实价值"或与购买力平价有关的任何指标。名义指数只是计算出货币价值与某个任意选择的基期的关系，但它被用于得出实际有效汇率指数。该指数表明货币的加权平均购买力相对于某个任意选择的基期有何变化。图 6-2 显示了 1980—2017 年期间日本、欧元区和美国的实际有效汇率指数。

美元的实际有效汇率指数 $E_R^\$$ 是用名义有效汇率指数 $E_N^\$$ 乘以美元成本 $C^\$$ 与外币成本 C^{FC} 之比得出的，它们均为指数形式：

$$E_R^\$ = E_N^\$ \times \frac{C^\$}{C^{FC}}$$

如果汇率变化只是抵消了通货膨胀率之差——假设购买力平价保持不变，那么所有实际有效汇率指数都将保持 100 不变。如果汇率走强幅度超过根据通货膨胀率之差计算出的水平，实际有效汇率指数将升至 100 以上。如果实际有效汇率指数高于 100，那么从竞争角度来看，货币将被视为"高估"，反之亦然。

图 6-2 显示了过去 30 多年来美元、日元和欧元的实际有效汇率的变化。20 世纪 80 年代初，美元的指数价值远远高于 100（被高估），在 1988—1996 年期间跌至 100 以下（被低估），然后在 2015—2017 年再次升至远远高于 100。虽然自 2009 年以来，欧元并未远离"适当价值"，但在过去十年中，日元从被低估反弹到被高估，然后再次被低估。除了衡量与购买力平价的偏离以外，一国的实际有效汇率还是预测该国国际收支和汇率的上行压力或下行压力时的重要管理工具，也是衡量该国出口产品是否具有竞争力的指标。

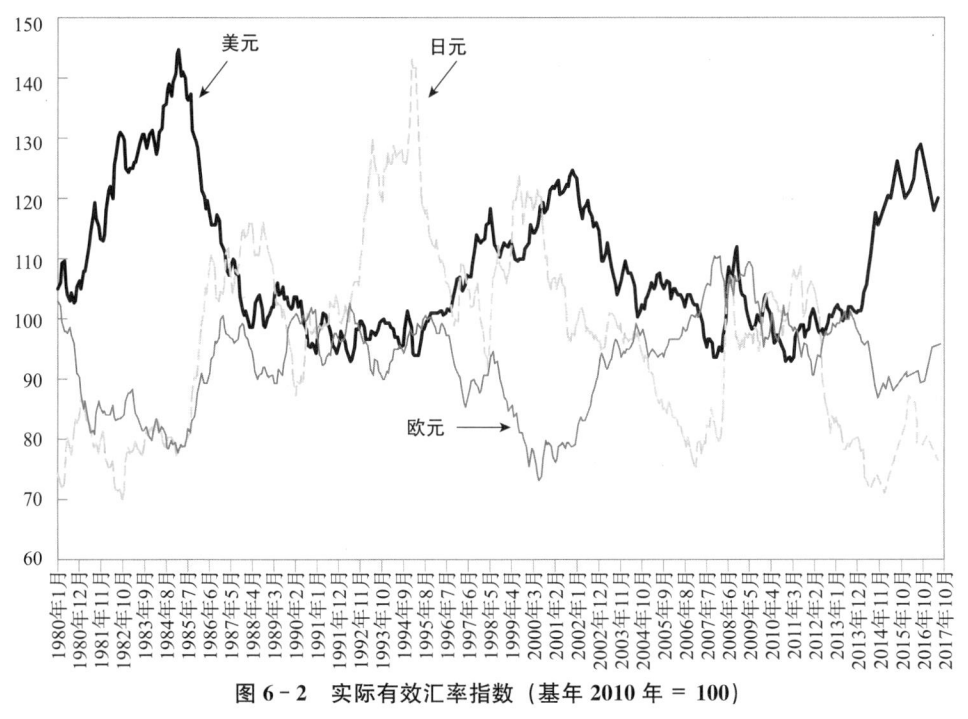

图 6-2　实际有效汇率指数（基年 2010 年 = 100）

资料来源：Bank for International Settlements，www.bis.org/statistics/eer/. BIS effective exchange rate (EER)，Real (CPI-based)，narrow indices，monthly averages，January 1980 - November 2017.

汇率传导

汇率传导是衡量进出口产品价格对汇率变化的反应的指标。只有部分传导时，意味着

并非全部汇率变化都反映在价格中,此时一国的实际有效汇率指数可能偏离其购买力平价均衡水平(100)。尽管购买力平价意味着所有汇率变化都通过贸易伙伴面临的等值价格变化传导,但在越来越多的货币实行浮动汇率制之后,实证研究质疑了这个长久以来的假设。

完全传导与部分传导。 为了说明汇率传导,假设沃尔沃在比利时生产某款汽车并以欧元支付所有生产成本。该车型的价格是 50 000 欧元。当该公司将汽车出口到美国时,沃尔沃在美国市场上的价格应该是以即期汇率将欧元价值换算为美元的价值:

$$P^{\$}_{沃尔沃} = P^{€}_{沃尔沃} \times S^{\$/€}$$

其中,$P^{\$}_{沃尔沃}$ 是沃尔沃的美元价格,$P^{€}_{沃尔沃}$ 是沃尔沃的欧元价格,$S^{\$/€}$ 是以美元/欧元表示的即期汇率。如果欧元对美元升值 20%——从 1.00 美元/欧元升至 1.20 美元/欧元——沃尔沃在美国市场上的价格理论上应该升至 60 000 美元。如果美元价格变化率与汇率变化率相同,那么汇率变化就被完全传导(或 100% 传导)。

$$\frac{P^{\$}_{沃尔沃,2}}{P^{\$}_{沃尔沃,1}} = \frac{60\ 000\ 美元}{50\ 000\ 美元} = 1.20,即涨幅为 20\%$$

然而,如果沃尔沃担心美国市场的这种价格涨幅会严重降低销量,可能会阻止美国市场上这种车型的美元价格全额上涨。如果同一款沃尔沃车型的价格在美国市场仅涨至 58 000 美元,那么涨幅将低于欧元对美元的升值率(20%)。

$$\frac{P^{\$}_{沃尔沃,2}}{P^{\$}_{沃尔沃,1}} = \frac{58\ 000\ 美元}{50\ 000\ 美元} = 1.16,即涨幅为 16\%$$

如果美元价格涨幅小于汇率变化率(正如国际贸易中的通常情况),那么汇率变化只被部分传导。

例如,当欧元对外国供应商的货币升值时,进口到比利时的零部件和原材料的欧元成本降低。在所有汇率变化最终反映在交易产品价格中之前也可能要经历一段时间,包括已签约合同的交货时期。对沃尔沃来说有利的做法显然是尽其所能阻止欧元升值提高其汽车在主要出口市场的价格。

需求价格弹性。 在确定理想的传导程度时,需求价格弹性的概念很有用。您可能记得,产品的需求价格弹性是产品价格变化率导致的产品需求数量变化率:

$$需求价格弹性 = e_p = \frac{\%\Delta Q_d}{\%\Delta P}$$

其中,Q_d 是需求数量,P 是产品价格。如果 e_p 的绝对值小于 1.0,则产品相对"无弹性"。如果 e_p 大于 1.0,则产品相对"有弹性"。

一种相对无价格弹性的比利时产品——意味着需求数量对价格变化相对无反应——通常可能表现出高度传导性。这是因为美国市场上的美元价格升高对消费者的产品需求数量几乎没有显著影响。美元收入将增加,但欧元收入将保持不变。但是,具有相对价格弹性的产品的反应相反。如果欧元升值 20% 导致美元价格上涨 20%,那么美国消费者将减少购买的沃尔沃数量。如果沃尔沃在美国的需求价格弹性大于 1,那么沃尔沃的美元总销售收入将下降。

汇率传导和新兴市场货币。 正如不可能三角（之前第 2 章曾详细介绍）所述，近年来，一些新兴市场国家选择改变其目标和选择。这些国家从选择钉住汇率制和独立货币政策而非资本自由流动（图 6-3 中的 A 点）转变为以牺牲钉住汇率制或固定汇率制为代价允许更多资本流动的政策（向图 6-3 中的 C 点移动）。

这种重点目标的变化现在也使汇率传导成为这些新兴市场的一个问题。随着汇率变化以及进出这些国家的贸易产品和金融产品的增加，价格正在发生变化。虽然价格波动本身就是一个日益受到关注的问题，但导致通货膨胀压力的价格变化更令人不安。造成这些问题的根本原因不在于新兴市场国家做出的选择，而在于与它们交易的主要工业国做出的利率选择。

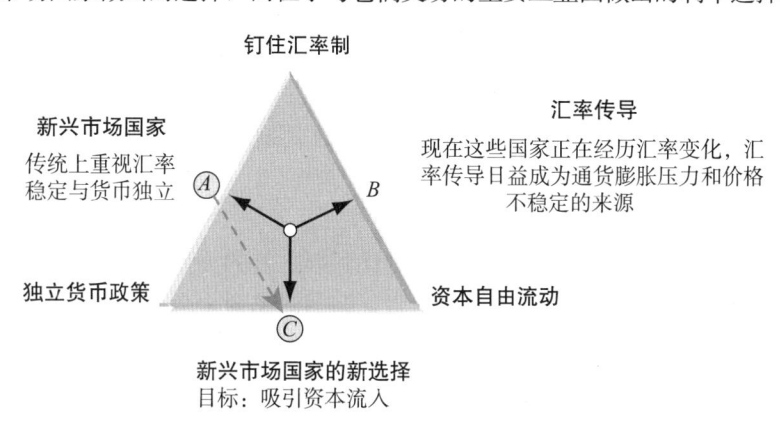

图 6-3 汇率传导、不可能三角和新兴市场

许多新兴市场国家选择从 A 点移至 C 点，用固定汇率制交换吸引资本流入的机会。结果是，这些国家现在受到了不同水平的汇率传导。

自 2009 年以来，由于对经济增长和就业的担忧占主导地位，因此所有主要工业国货币市场（美元市场、欧元市场、日元市场）的特点都是利率极低。在某些情况下，部分新兴市场国家的货币升值（因为它们的利率高于工业国货币的利率）。这些汇率变化导致了进口产品的汇率传导——价格上涨，从而造成了通货膨胀压力。

6.2 利率和汇率

我们已经了解如何通过汇率将不同国家的产品价格联系起来。我们现在将考察利率与汇率的关系。

费雪效应

以经济学家欧文·费雪的名字命名的费雪效应表明，每个国家的名义利率都等于必要实际收益率加上对预期通货膨胀的补偿。根据 $(1+r)(1+\pi)-1$ 可以推导出它的公式：

$$i=r+\pi+r\pi$$

其中，i 是名义利率，r 是实际利率，π 是资金借贷期间的预期通货膨胀率。最后的复合

项 $r\pi$ 由于值相对较小而通常被忽略。这样，费雪效应就简化为（近似形式）：

$$i = r + \pi$$

适用于美国和日本的费雪效应公式如下：

$$i^\$ = r^\$ + \pi^\$ \quad i^¥ = r^¥ + \pi^¥$$

上标＄和￥分别用于以美元和日元计价的金融工具的名义利率（i）、实际利率（r）和预期通货膨胀率（π）。

我们需要预测未来的通货膨胀率，而不是过去的通货膨胀率。预测未来是很困难的。使用事后国家通货膨胀率的实证检验表明，短期政府债券——例如国库券和中期国债——通常存在费雪效应。对更长期限债券进行的比较受到金融风险增加的影响，而这种风险内含于债券到期前的市场价值波动中。对私人部门证券进行的比较受到发行人信誉不一的影响。所有检验都没有定论，因为不久前的通货膨胀率不是衡量未来预期通货膨胀率的正确指标。

国际费雪效应

即期汇率变化率与不同国家资本市场中可比利率之差的关系被称为国际费雪效应。国际费雪效应（通常被称为费雪开放条件）表明，即期汇率变化率应该与两国之间的利差大小相等，方向相反。正式表达式为：

$$\frac{S_1 - S_2}{S_2} \times 100\% = i^\$ - i^¥$$

其中，$i^\$$ 和 $i^¥$ 为两国各自的利率，S 是在期初（S_1）和期末（S_2）使用间接报价法（例如，美元的间接报价为"日元＝1.00 美元"）表示的即期汇率。这是业内常用的近似公式。精确公式如下：

$$\frac{S_1 - S_2}{S_2} = \frac{i^\$ - i^¥}{1 + i^¥}$$

国际费雪效应认为投资者必须得到奖励或惩罚，以抵消预期汇率变化。例如，如果某位本币为美元的投资者买入利率为 4％的 10 年期日元债券，而不是利率为 6％的 10 年期美元债券，那么这位投资者必然预期在 10 年内日元对美元每年至少升值 2％。如果不是如此，那么本币为美元的投资者最好还是保留美元。如果日元在 10 年期内升值 3％，那么本币为美元的投资者将获得收益率升高 1％的奖赏。然而，国际费雪效应预测，在资本流动不受限制的条件下，投资者持有美元债券还是日元债券应该是无差异的，因为世界各地的投资者都会看到相同的机会并通过竞争消除这种机会。

尽管存在相当大的短期偏差，但实证检验为国际费雪效应假设的关系提供了一些支持。然而，近期研究对其提出了更严厉的批评，这些研究表明，多数主要货币都存在外汇风险溢价。此外，对无抛补利息套利的投机会在外汇市场上造成扭曲。因此，预期汇率变化可能一直大于利差。"全球金融实务 6-2"提出了近期对该理论有效性的另一种质疑。

全球金融实务 6-2

2016 年是教科书失灵之年吗？

包括《华尔街日报》在内的一些刊物都在问，为什么扩张性货币政策和由此导致的利率下降未能在 2016 年降低币值。国际费雪效应讲得很清楚了：实际利率下降导致货币贬值。然而，2016 年，当世界上一些主要工业国不断扩大货币供应量并压低利率时——有时甚至使利率降至负值——本币往往会升值。市场是否忽视或打破了理论？

理论解释（一位专家称之为借口）是除了利率之外，货币供求也受到其他许多经济因素和政治因素的影响。2015 年和 2016 年央行扩张货币和降低利率的努力主要集中在防止经济衰退上——所有这些努力都是为了重振经济或保持经济增长。改善经济增长前景可以产生吸引力，在整体经济前景放缓的环境下吸引资金。不是低利率吸引了资金，而是低利率改善了经济前景。更强劲的经济表现——主要是消费支出活动和企业支出活动的结果——吸引了资本投资。

资料来源："Textbook Failure: Why Rate Cuts Have Stopped Working on Currencies; In theory, loosening monetary policy should lower a currency's value, but this year the opposite has been happening," by Gregor Stuart, *The Wall Street Journal*, August 11, 2016.

远期汇率

远期汇率（或第 5 章所述的直接远期汇率）是今天报出的未来某个日期的结算汇率。不同货币之间的远期外汇协议规定了在未来某个特定日期（通常是在 30 天、60 天、90 天、180 天、270 天或 360 天之后）"买入"或"卖出"某种外币"远期"的汇率。

通过用两种货币的相同期限欧洲货币利率之比调整当前即期汇率，可以计算出任何具体期限的远期汇率。例如，90 天期瑞士法郎/美元远期汇率（$F_{90}^{SF/\$}$）是用当前即期汇率 $S^{SF/\$}$ 乘以 90 天期欧洲瑞士法郎存款利率（i^{SF}）与 90 天期欧洲美元存款利率之比：

$$F_{90}^{SF/\$} = S^{SF/\$} \times \frac{\left[1+\left(i^{SF} \times \frac{90}{360}\right)\right]}{\left[1+\left(i^{\$} \times \frac{90}{360}\right)\right]}$$

假设即期汇率为 1.480 0 瑞士法郎/美元，90 天期欧洲瑞士法郎存款的年化利率为 4.00%，90 天期欧洲美元存款的年化利率为 8.00%，则 90 天期远期汇率为 1.465 5 瑞士法郎/美元：

$$F_{90}^{SF/\$} = 1.480\,0 \text{ 瑞士法郎/美元} \times \frac{\left[1+\left(0.040\,0 \times \frac{90}{360}\right)\right]}{\left[1+\left(0.080\,0 \times \frac{90}{360}\right)\right]}$$

$$= 1.480\,0 \text{ 瑞士法郎/美元} \times \frac{1.01}{1.02} = 1.465\,5 \text{ 瑞士法郎/美元}$$

远期溢价或远期折价 f 是即期汇率与远期汇率的差异率，以年百分比表示。使用本币

的外币价格时,比如本例中的瑞士法郎/美元,瑞士法郎的年远期溢价率或年远期折价率 f^{SF} 的公式为:

$$f^{SF} = \frac{即期汇率 - 远期汇率}{远期汇率} \times \frac{360}{天数} \times 100\%$$

代入瑞士法郎/美元的即期汇率和远期汇率,以及远期天数(90):

$$f^{SF} = \frac{1.480\,0\ 瑞士法郎/美元 - 1.465\,5\ 瑞士法郎/美元}{1.465\,5\ 瑞士法郎/美元} \times \frac{360}{90} \times 100\%$$
$$= +3.96\%(每年)$$

符号为正,表示瑞士法郎的年远期溢价率为3.96%(以90天期远期汇率获得1瑞士法郎需要多付3.96%的美元)。

如图6-4所示,欧洲美元远期的远期溢价来自欧洲美元和瑞士法郎的利差。由于任何特定期限的远期汇率都使用该期限的特定利率,因此某种货币的远期是溢价还是折价将显而易见:利率较高的货币(在本例中是美元)的远期将为折价,利率较低的货币(在本例中是瑞士法郎)的远期将为溢价。

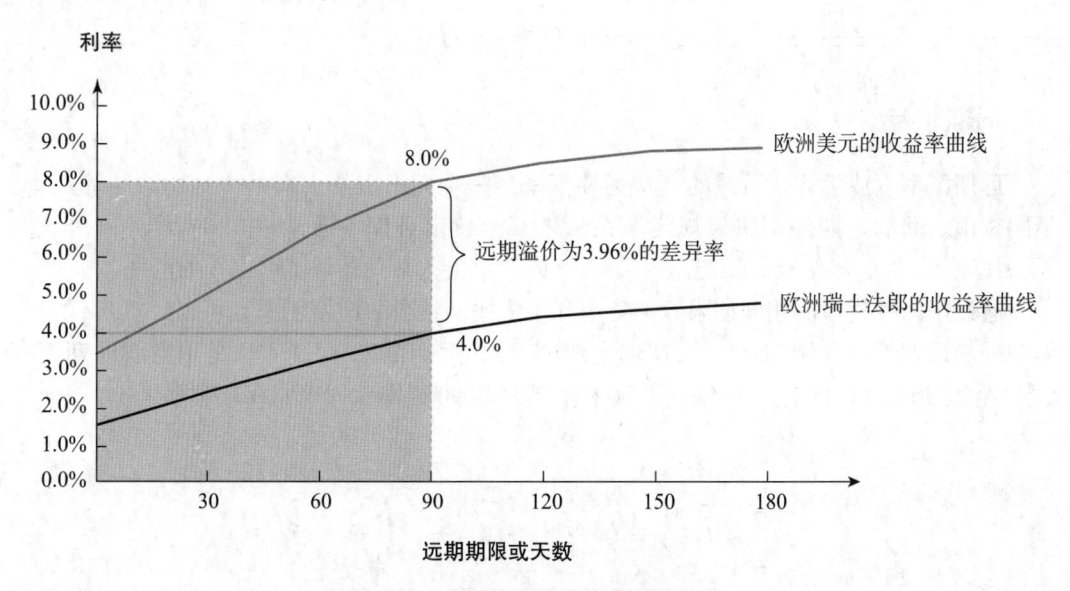

图6-4 货币收益率曲线与远期溢价

远期汇率是根据三个可观察数据计算出来的——即期汇率、外币存款利率和本币存款利率,而不是对未来即期汇率的预测。但是,正如下一节所述,远期汇率经常被管理者用作预测指标,这产生了复杂的结果。

远期溢价的计算

远期汇率与即期汇率的年差异率被称为远期溢价。然而,正如即期汇率变化率的计算一样,远期溢价——可能是正值(溢价)也可能是负值(折价)——取决于指定的本币(或基础货币)。假设我们讨论的外币和本币的即期汇率如下:

	外币（价格货币）/本币（单位货币）	本币（价格货币）/外币（单位货币）
即期汇率	118.27 日元/美元	0.008 455 2 美元/日元
3 个月期远期汇率	116.84 日元/美元	0.008 558 7 美元/日元

外币标价法。以本币（单位货币）价格来表示外币，使用日元/美元的即期汇率和远期汇率以及 90 天期远期汇率，日元远期溢价 f^{JPY} 的计算方法如下：

$$f^{JPY} = \frac{即期汇率 - 远期汇率}{远期汇率} \times \frac{360}{90} \times 100\%$$

$$= \frac{118.27 - 116.84}{116.84} \times \frac{360}{90} \times 100\% = +4.90\%$$

符号为正，表示日元相对于美元的远期溢价为 4.90%。

利率平价

利率平价（interest rate parity，IRP）理论说明了外汇市场与国际货币市场之间的联系。该理论指出：

> 不同国家类似风险和期限的证券的利率之差应与剔除交易成本后的外币远期汇率折价或外币远期汇率溢价大小相等，方向相反。

图 6-5 显示了利率平价理论的原理。假设一位投资者有 1 000 000 美元和几种不同但可比的瑞士法郎（SF）货币投资工具。如果该投资者选择投资于某种美元货币市场工具，那么这位投资者将获得美元利率。这在期末为 $(1+I^\$)$，其中 $I^\$$ 是以小数表示的美元利率。

但是，这位投资者也可以选择在相同时期内投资相同风险和期限的瑞士法郎货币市场工具。这种做法要求该投资者以即期汇率用美元换取瑞士法郎，将瑞士法郎投资于货币市场工具，卖出瑞士法郎远期（以避免汇率发生变化的风险），并在期末将得到的收入兑换回美元。

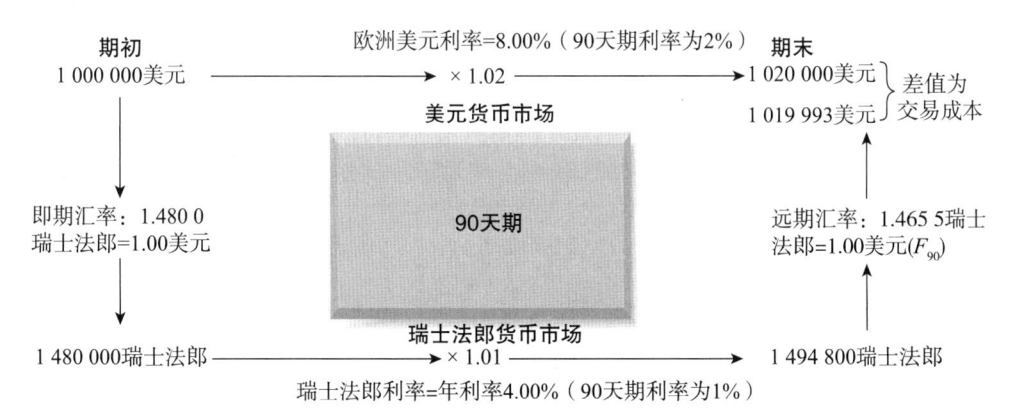

```
期初                   欧洲美元利率=8.00%（90天期利率为2%）        期末
1 000 000美元 ─────────────── ×1.02 ───────────────→ 1 020 000美元  ⎫ 差值为
                           美元货币市场                  1 019 993美元  ⎬ 交易成本
                                                                    ⎭
即期汇率：1.480 0                                        远期汇率：1.465 5瑞士
瑞士法郎=1.00美元            90天期                      法郎=1.00美元($F_{90}$)

                          瑞士法郎货币市场
1 480 000瑞士法郎 ─────────── ×1.01 ───────────────→ 1 494 800瑞士法郎
                瑞士法郎利率=年利率4.00%（90天期利率为1%）
```

图 6-5 利率平价

以美元为本币的投资者将计算从左上角开始投资于美元市场（直接穿过方框顶部）与投资于瑞士法郎市场（向下然后围绕方框来到右上角）相比的相对收益率。收益率的比较过程如下：

$$1+i^{\$} = S^{SF/\$} \times (1+i^{SF}) \times \frac{1}{F^{SF/\$}}$$

其中，S 为即期汇率，F 为远期汇率。代入图 6-5 中的即期汇率（1.480 0 瑞士法郎/美元）和远期汇率（1.465 5 瑞士法郎/美元）以及相应的利率，利率平价条件为：

$$1+0.02 = 1.480\,0 \times (1+0.01) \times \frac{1}{1.465\,5}$$

等式左侧是投资者通过投资美元赚取的总收益。等式右侧是投资者以即期汇率用美元兑换瑞士法郎，将瑞士法郎投资于瑞士法郎货币市场，同时以当前 90 天期远期汇率出售瑞士法郎远期本金和利息换取美元所获得的总收益。

忽略交易成本，如果这两种货币市场投资的美元收益相等，则即期汇率和远期汇率被视为利率平价。该交易为抛补交易，因为在 90 天期限结束时兑换回美元的汇率是有保证的。因此，如图 6-5 所示，为了使这两种投资等价，任何利差都必须由即期汇率和远期汇率之差抵消（近似形式）：

$$\frac{F}{S} = \frac{1+i^{SF}}{1+i^{\$}} \quad \text{或} \quad \frac{1.465\,5\text{ 瑞士法郎}/\text{美元}}{1.480\,0\text{ 瑞士法郎}/\text{美元}} = \frac{1.01}{1.02} = 0.990\,2 \approx 1\%$$

抛补利息套利

即期外汇市场和远期外汇市场并非始终处于利率平价所描述的均衡状态。当市场不均衡时，就可能存在"无风险"利润或套利利润。意识到这种不均衡的套利者将利用这种不均衡，投资于抛补收益率较高的货币。这被称为抛补利息套利（covered interest arbitrage，CIA）。

图 6-6 描述了一个货币交易员（他很可能在一家大型国际银行的套利部门工作）进行抛补利息套利交易的步骤。货币交易员洪飞（Fye Hong）可以利用其银行持有的任何主要欧洲货币来进行套利投资。洪飞获得的早间市场信息表明，将 100 万美元兑换为日元，投资于 6 个月期欧洲日元账户，并卖出远期兑换回美元的抛补利息套利交易将获得 4 638 美元（=1 044 638 美元－1 040 000 美元）的利润，它高于欧洲美元投资可获得的利润。然而，外汇市场和欧洲市场的情况瞬息万变，因此，哪怕洪飞只等待几分钟，盈利机会也可能消失。

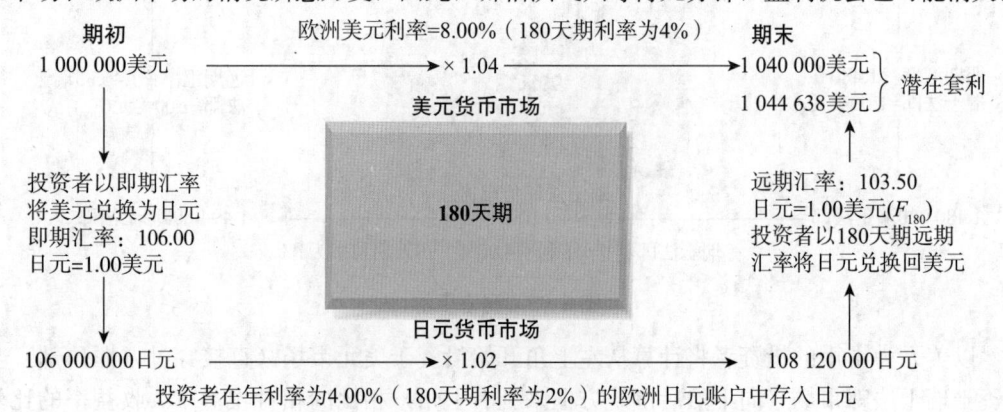

图 6-6 抛补利息套利

洪飞现在执行以下交易：

第1步：以即期汇率106.00日元/美元将1 000 000美元兑换为106 000 000日元（见图6-6中的"期初"）。

第2步：将得到的106 000 000日元投资于欧洲日元账户，为期6个月，年利率为4.00%，即180天期利率为2%。

第3步：同时以180天期远期汇率103.50日元/美元卖出未来的日元收入（108 120 000日元）。这项操作将把美元总收入"锁定"为1 044 638美元（见图6-6中的"期末"）。

第4步：以8.00%的欧洲美元年利率或4%的欧洲美元180天期利率计算所使用资金的成本（机会成本），其中本金和利息总计为1 040 000美元。抛补利息套利（"期末"）的利润为4 638美元（＝1 044 638美元－1 040 000美元）。

请注意，所有利润均以交易初始货币表示，但交易者可以进行美元投资、日元投资或其他任何主要货币的投资。获得抛补利息套利利润的必要条件只有利率平价不成立。根据相对利率和远期溢价，洪飞将从日元开始，以美元进行投资，并卖出美元远期兑换成日元。利润最终将以日元表示。但是，洪飞将如何决定图6-6中的投资方向？

经验法则。确定以美元还是日元开始的关键是比较利差与日元远期溢价（抛补成本）。例如，在图6-6中，180天期利差为2.00%（美元利率高出2.00%）。180天期日元远期溢价如下：

$$f^¥ = \frac{即期汇率-远期汇率}{远期汇率} \times \frac{360}{180} \times 100\%$$

$$= \frac{106.00 日元/美元-103.50 日元/美元}{103.50 日元/美元} \times 200\% = 4.830\ 9\%$$

换言之，洪飞通过投资于日元并以远期汇率卖出日元远期，结合利率套利和远期溢价，获得了高于继续投资美元的收益。

套利经验法则：如果利差大于远期溢价（或即期汇率的预期变化），则投资于利率较高的货币。如果利差小于远期溢价（或即期汇率的预期变化），则投资于利率较低的货币。

使用这条经验法则可以让洪飞选择投资于图6-6中的哪个方向。它还确保，如果他朝着正确方向投资，将一直赚钱。这条规则假设利润大于产生的交易成本。这个抛补利息套利过程推动国际外汇市场和货币市场走向利率平价所描述的均衡。与均衡状态的轻微偏离为套利者提供了获得小额无风险利润的机会。这种偏离提供了使市场回到平价（均衡）的供求力量。

由于套利者能通过尽快重复投资周期来赚取无风险利润，因此抛补利息套利机会将持续到重新建立利率平价为止。然而，他们的行动之所以会推动外汇市场和货币市场重归均衡，是因为：

（1）在即期市场上买入日元，在远期市场上卖出日元缩小了远期日元溢价。这是因为即期日元因超额需求而走强，远期日元因超额供给而走弱。远期日元溢价缩小减少了之前通过投资日元获得的外汇收益。

（2）对日元证券的需求导致日元利率下降，而美国的借款水平升高导致美元利率上升。最终结果是利差扩大,因此有利于美元投资。

无抛补利息套利

与抛补利息套利相区别的是无抛补利息套利(uncovered interest arbitrage,UIA),即投资者借入利率相对较低的国家的货币,并将其兑换为利率更高的货币。该交易之所以为"无抛补",是因为投资者没有出售收益率较高的货币的远期,而是选择保持无抛补状态并接受在期末时将高收益率货币兑换为低收益率货币的外汇风险。图6-7显示了进行所谓的"日元套利交易"时无抛补利息套利者采取的步骤。

"日元套利交易"是一种历史悠久的无抛补利息套利应用。来自日本国内外的投资者利用极低的日元利率(0.40%的年利率)筹集资金。投资者将筹集的资金兑换成其他货币,例如美元或欧元。然后,他们将这些美元或欧元再投资于美元货币市场或欧元货币市场,在这些市场中,资金将获得高得多的收益率(图6-7中5.00%的年收益率)。期末——在本例中为一年后,他们将即期市场上的美元收入兑换回日元。结果是,除去偿还初始贷款的成本,还能获得一笔可观的利润。

然而,复杂之处在于,年末的即期汇率不得与年初的即期汇率有很大差异。如果日元对美元大幅升值,就像1999年年末那样,从120日元/美元升至105日元/美元,这些"无抛补"投资者在将美元兑换成日元以偿还日元借款时,就会遭受相当大的损失。风险越高,收益越高。本章结尾的迷你案例详细介绍了最常见的套利交易结构之一——澳大利亚元/日元交叉汇率。

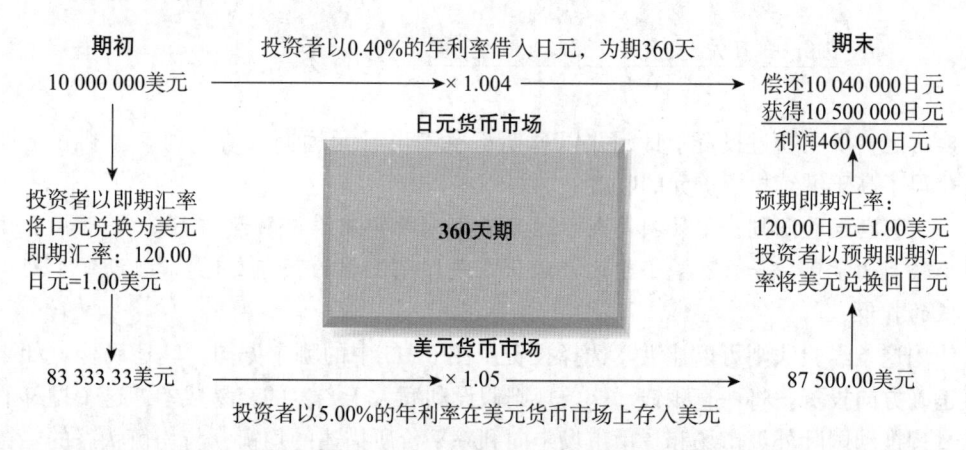

图6-7 无抛补利息套利:日元套利交易

利率与汇率之间的均衡

图6-8说明了利率与汇率之间取得均衡所需的条件。纵轴表示有利于外币投资的利差,横轴表示该货币的远期溢价或远期折价。利率平价线表示均衡状态,但交易成本导致这条线是带状而不是一条细线。

自2009年以来,由于对经济增长和就业的担忧占主导地位,因此所有主要工业国货币市场——美元市场、欧元市场、日元市场——的特点都是利率极低。在某些情况下,部分新兴市场国家的货币升值(因为它们的利率高于工业国货币的利率)。这些汇率变化导致了进口产品的汇率传导——价格上涨,从而造成了通货膨胀压力。

交易成本来自买卖证券的外汇经纪成本与投资经纪成本。近年来,典型的年交易成本为0.18%~0.25%。对于单笔交易来说,例如图6-6所示的洪飞的抛补利息套利活动,没有明确的单笔交易成本;银行支持洪飞交易活动的成本就是交易成本。图6-8中的X点显示了一个可能的均衡位置,此时日元证券利率下降的4%将被4%的远期日元溢价抵消。

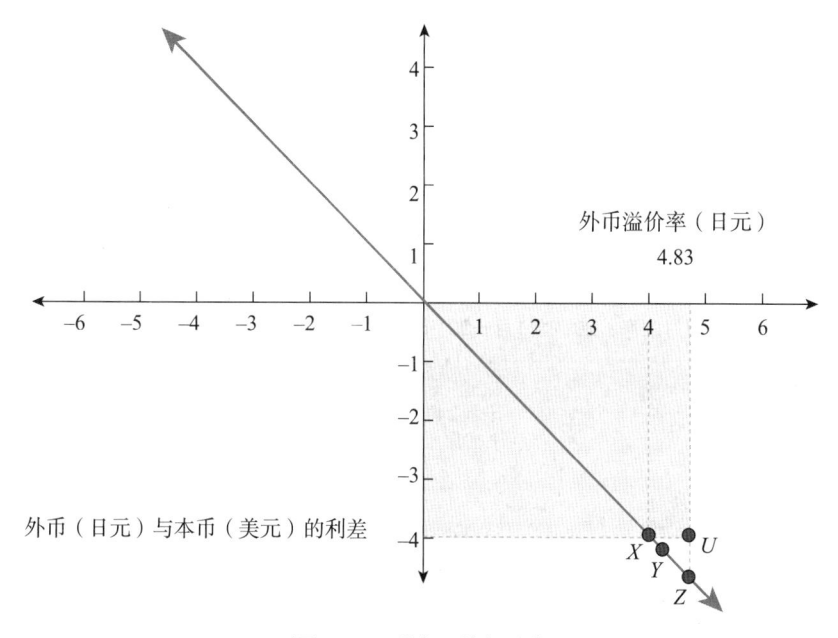

图6-8 利率平价与均衡

如果市场利率位于U点,就可以获得抛补利息套利利润,并将一直进行套利,直至市场推动利差回到X点、Y点或Z点。

正如图6-8所示,在之前图6-6的抛补利息套利例子中,不均衡状况鼓励了利率套利。U点位于利率平价线之外,因为日元利率低4%(年利率),而远期日元溢价略高于4.8%(年溢价)。使用前面提出的远期溢价公式,我们可计算出日元远期溢价:

$$\frac{106.00 日元/美元 - 103.50 日元/美元}{103.50 日元/美元} \times \frac{360 天}{180 天} \times 100\% = 4.83\%$$

U点描绘的情况是不稳定的,因为所有投资者都有动机进行相同的抛补利息套利。除了银行倒闭以外,套利收益几乎没有风险。

一些观察家认为,政治风险确实存在,因为某个政府可能会实施资本管制,而这会阻碍执行远期合约。这种风险对于世界主要金融中心之间的抛补利息套利来说相当遥远,尤其是因为抛补利息套利使用的大部分资金都是欧洲美元。对于缺乏政治稳定性和财政稳定性的国家货币对而言,这种担忧可能是切合实际的。

不均衡的净结果是资金流动将缩小利差并(或)降低远期日元溢价。换言之,市场压力将导致图6-8中的U点向利率平价带移动。均衡点可能为Y点或X点和Z点之间的其他任何位置,这取决于远期市场溢价比利差更容易变化还是更难变化。

今天，全球金融市场上的无抛补利息套利有多种形式，愿意承担风险（可能要付出代价）的人确实存在机会。"全球金融实务 6-3"介绍了此类投机中的一例——匈牙利的外币住房抵押贷款，如上所述，它可以将无辜的房主变成外汇投机者。

全球金融实务 6-3

匈牙利抵押贷款

没有人比匈牙利房主更了解利率和货币之间的关系。选择以当地货币（匈牙利福林）还是以外币（例如瑞士法郎）借入抵押贷款时，许多人都选择瑞士法郎，因为瑞士法郎的贷款利率较低。

但无论实际利率本身如何，匈牙利福林对瑞士法郎价格下跌超过40%都导致以匈牙利福林计价的抵押贷款偿付金额急剧增加。这些借款人现在试图宣布自己的抵押贷款"违宪"，以便摆脱这些不断上升的债务负担。

匈牙利福林/瑞士法郎（月汇率，2000年1月—2014年1月）

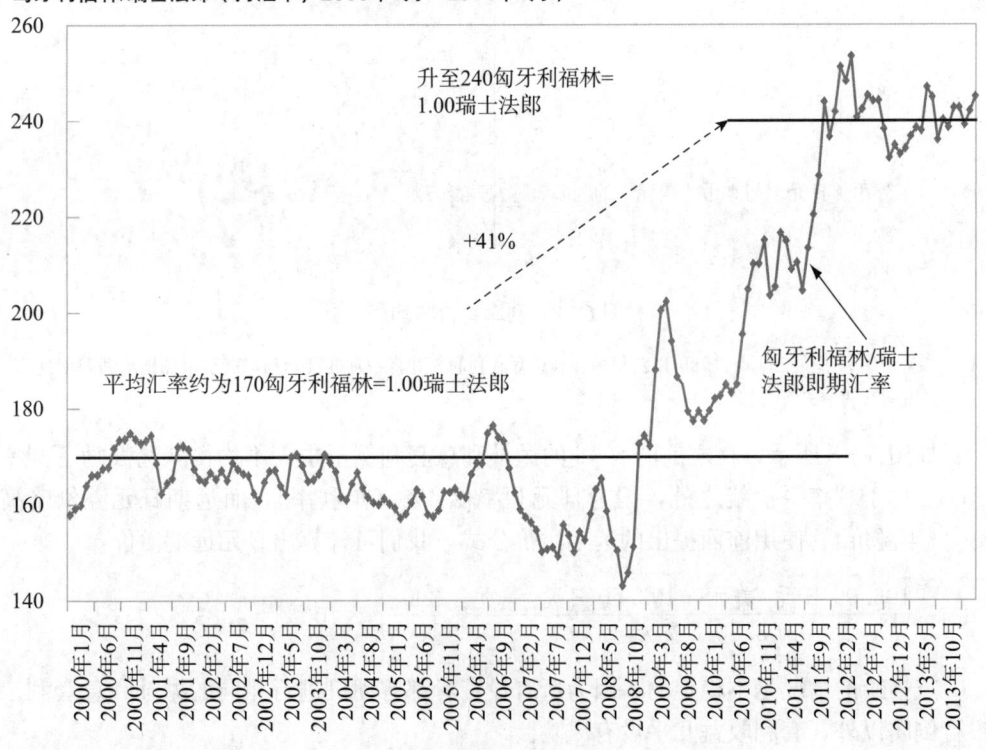

6.3 作为未来即期汇率无偏预测指标的远期汇率

一些预测者认为，实行浮动汇率制的主要货币的外汇市场是"有效的"，远期汇率是未来即期汇率的无偏预测指标。

图6-9显示了远期汇率在估计未来即期汇率方面的表现,从而说明了"无偏预测"的意义。如果远期汇率是未来即期汇率的无偏预测值,则时间2上的未来即期汇率预期值将等于在时间2交割的当前远期汇率,即 $E_1(S_2)=F_{1,2}$。

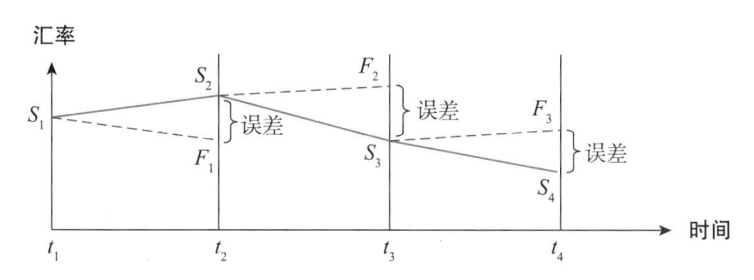

图6-9 作为未来即期汇率无偏预测指标的远期汇率

在某个未来时间 $t+1$ 交割的"今日"远期汇率(F_t)被用作时间 $t+1$ 的即期汇率的预测指标。届时即期汇率与远期汇率之差就是预测误差。当远期汇率被称为"未来即期汇率的无偏预测指标"时,意味着误差以未来即期汇率均值为中心呈正态分布(误差之和等于零)。

直观地说,这意味着未来可能的实际即期汇率分布以远期汇率为中心。然而,它是无偏预测指标的事实并不意味着未来即期汇率实际上将等于远期汇率所预测的汇率。无偏预测指标只是意味着平均而言远期汇率将以相等频率和程度高估和低估实际未来即期汇率。事实上,远期汇率实际上可能永远也不等于未来即期汇率。

这种关系的基本原理基于外汇市场合理有效的假说。外汇市场有效性假设:(1)所有相关信息都迅速反映在即期外汇市场和远期外汇市场上;(2)交易成本较低;(3)以不同货币计价的工具是彼此的完美替代品。

对有效外汇市场假说的实证研究产生了相互矛盾的结果。尽管如此,市场上仍在形成一种拒绝有效市场假说的共识。看起来,远期汇率不是未来即期汇率的无偏预测指标,而且使用资源预测汇率的确需要付出成本。

如果有效市场假说是正确的,财务主管就不能指望通过预测未来汇率持续获利,因为远期市场的当前报价反映了目前了解的所有未来可能汇率的信息。虽然未来汇率可能与目前远期市场报价中隐含的预期有很大不同,但我们今天无法知道实际未来汇率报价将与今天的远期汇率有何不同。预期离差均值为零。因此,远期汇率是未来即期汇率的"无偏"估计。

使用长期分析对外汇市场有效性进行的检验得出的结论是,外汇市场有效性要么不可检验,要么虽然可以检验,但结果证明外汇市场没有效率。此外,外汇预测服务的存在和成功表明,管理者愿意为预测信息付钱,即使他们可以免费使用远期汇率作为预测值。在许多情况下,购买该信息的"成本"是财务经理的"保险费"。当事实证明预测不正确时,他们可能因为使用自己的预测(包括远期汇率)被解雇。如果他们"购买"了被证明是错误的专业建议,那么预测错误就不怪他们了!

如果外汇市场没有效率,那么公司花费资源预测汇率就是明智的。这与认为外汇市场有效的结论相反。

6.4 均衡中的价格、利率和汇率

图6-10用美元和日元同时显示了均衡状态下的所有基本平价关系。日本和美国的预测通货膨胀率分别为1%和5%——差异为4%。美元市场上的（1年期政府证券）名义利率为8%——比日本的名义利率（4%）高4%。即期汇率为104日元/美元，1年期远期汇率为100日元/美元。

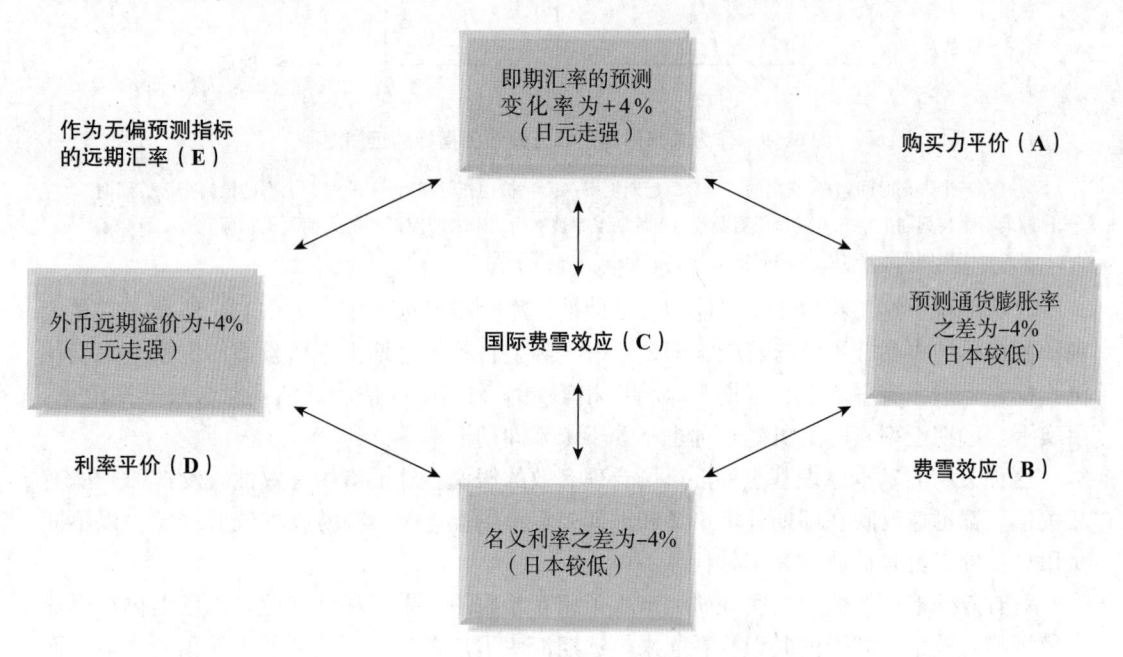

```
       作为无偏预测指标              即期汇率的预测
        的远期汇率（E）              变化率为+4%              购买力平价（A）
                                  （日元走强）

        外币远期溢价为+4%                                        预测通货膨胀率
         （日元走强）             国际费雪效应（C）               之差为-4%
                                                              （日本较低）

        利率平价（D）                名义利率之差为-4%           费雪效应（B）
                                     （日本较低）
```

图6-10 均衡中的国际平价条件（近似形式）

关系A：购买力平价。根据相对购买力平价，从现在起一年后的即期汇率 S_2 预期为100日元/美元：

$$S_2 = S_1 \times \frac{1+\pi^{¥}}{1+\pi^{\$}} = 104\,日元/美元 \times \frac{1.01}{1.05} = 100\,日元/美元$$

变化率为4%，它与预期通货膨胀率之差（1%－5%，即－4%）大小相等，符号相反。

关系B：费雪效应。实际收益率为名义利率减去预期通货膨胀率。假设市场有效且开放，则不同货币的实际收益率应相等。

这里，美元市场（$r = i - \pi = 8\% - 5\%$）和日元市场（4%－1%）的实际利率为3%。请注意，3%的实际收益率并未体现在图6-10中，而是体现在费雪效应关系中——名义利率之差等于预期通货膨胀率之差（－4%）。

关系C：国际费雪效应。预测即期汇率变化率——在本例中为4%——与名义利率之差大小相等，但符号相反：

$$\frac{S_1-S_2}{S_2}\times100\%=i^¥-i^\$=-4\%$$

关系 D：利率平价。 根据利率平价理论，名义利率之差与远期溢价大小相等，符号相反。在这个数字例子中，名义日元利率（4%）比名义美元利率（8%）低 4%：

$$i^¥-i^\$=4\%-8\%=-4\%$$

远期溢价 $f^¥$ 为正 4%：

$$f^¥=\frac{S_1-F}{F}\times100\%=\frac{104\text{ 日元}/\text{美元}-100\text{ 日元}/\text{美元}}{100\text{ 日元}/\text{美元}}\times100\%=4\%$$

关系 E：作为无偏预测指标的远期汇率。 最后，如果假设 1 年期日元远期汇率 F 为未来即期汇率的无偏预测指标，则它预测的汇率也为 100 日元/美元。

要点总结

- 平价条件传统上被经济学家用来帮助解释长期汇率趋势。
- 在汇率自由浮动的条件下，即期汇率的预期变化率、不同国家的通货膨胀率与利率之差，以及远期折价或远期溢价均彼此成正比并相互决定。当一个变量发生变化时，它趋于改变所有变量，并对首先变化的变量产生反馈。
- 如果相同的产品或服务可以在两个不同市场上销售，并且对在市场之间运输产品的销售成本或运输成本没有限制，那么这两个市场上的产品价格应该相同。这被称为一价定律。
- 绝对购买力平价表明，即期汇率由类似产品篮子的相对价格决定。
- 相对购买力平价表明，如果两国之间的即期汇率开始时处于均衡状态，那么两国通货膨胀率之差的变化在长期内将被大小相等但方向相反的即期汇率变化所抵消。
- 以经济学家欧文·费雪的名字命名的费雪效应表明，每个国家的名义利率都等于必要实际收益率加上对预期通货膨胀率的补偿。
- 国际费雪效应通常被称为"费雪开放条件"，它表明即期汇率变化应该与两国的利差变化大小相等，但方向相反。
- 利率平价理论指出，在不考虑交易成本时，对于风险和期限类似的证券，不同国家之间的利差应与外币的远期折价或远期溢价大小相等，符号相反。
- 当即期外汇市场和远期外汇市场不处于均衡状态时，正如利率平价条件所述，可能存在无风险利润或套利利润。这被称为抛补利息套利。
- 一些预测师认为，对于实行浮动汇率制的主要货币，外汇市场是"有效的"，远期汇率是未来即期汇率的无偏预测指标。

> **迷你案例**

渡边夫人与日元套利交易[①]

> 这些超过 1 500 万亿日元（约合 16.8 万亿美元）的存款被认为是世界上最大的可投资财富池。其中大部分存在普通的日本银行账户中，还有一笔惊人数量的现金存放在家里的"五斗橱"（人们存放物品的传统木柜）中。但从 21 世纪初开始，家庭主妇——通常被统称为"渡边夫人"（一个普通的日本姓氏）——开始寻求更高的收益率。
>
> —— "Shopping, Cooking, Cleaning Playing the Yen Carry Trade,"
> *Financial Times*, February 21, 2009.

按照全球标准衡量，过去 20 年的日元利率始终极低。多年来，日本银行的货币政策机构不懈抗击股市崩盘，通货紧缩使日元年利率徘徊在 1% 左右或更低的水平。这种低利率，加上有相当规模和深度的复杂金融业，催生了被称为日元套利交易的国际金融投机。

在教科书中，这种交易策略被正式归类为无抛补利息套利。这是一种相当简单的投机头寸：在资金便宜的地方借款，并将其投资于利息收益率较高的另一种货币的市场。唯一真正的诀窍是找准市场时机，以便将高收益市场中的货币兑换回初始货币时，汇率要么保持不变，要么变化方向有利于投机者。"有利"意味着高收益货币对借款货币走强。正如莎士比亚所说："唉，这就是问题所在。"

日元可得性

但为什么要关注日本呢？是否有其他利率长期偏低的主要货币市场？事实证明，日本和日元对于从事套利交易活动的投资者和投机者来说有一些独具吸引力的特征。

首先，日本几十年来储蓄率一直高居世界前列。这意味着大量资金积累在私人储蓄者手中，这些储蓄者传统上非常保守。这些资金，无论是塞进床垫还是存入储蓄账户，获得的收益都很少。（事实上，由于利率极低，塞进床垫和存入银行几乎没有什么实际区别。）

促进日元套利交易的第二个因素是日本金融业的庞大规模和复杂程度。日本不仅是世界上最大的工业经济体之一，而且采用了非常国际化的增长和发展方式。人们只要想想丰田或索尼的规模和全球覆盖率，就可以了解日本成熟发达的商业和国际金融基础设施。然而，日本银行业一直在寻找新的多元化投资，以平衡通常低迷的国内经济。因此，日本银行业需要有吸引力的客户，即外国投资者和外国借款人。多年来，跨国企业已经找到了随时举借日元债务的渠道，而且这些债务的利率也极低。

促进日元套利交易的第三个因素是日元本身的价值。长久以来日元一直被认为是最国际化的亚洲货币，并且被广泛交易。然而，随着时间的推移，日元价值也变得非常不稳定。但问题不单在于波动性，因为波动性本身可能在一夜之间破坏利息套利。关键在于日元相对于其他主要货币（例如美元，或者如下例所示的澳大利亚元）的长期价值变化趋势。

澳大利亚元/日元汇率

图 A 显示了 2000—2013 年 13 年间日元/澳大利亚元汇率的变化。这种即期汇率的变化和

[①] 2014 年ⓒ亚利桑那州立大学雷鸟全球管理学院版权所有。本案例由迈克尔·H. 莫菲特教授编写，仅用于课堂讨论，不表示有效或无效的管理。

长周期趋势使利息套利能在多个较长时期中获得高利润。显然，从事后看来，明显存在两个澳大利亚元升值期。在这两个时期中，卖出日元、买入澳大利亚元（并且获得相对较高的澳大利亚元利息）的投资者可以而且确实获得了丰厚的收益。

日元/澳大利亚元（月汇率）

[图表：显示2000年1月至2013年7月日元/澳大利亚元即期汇率走势。图中标注"2000年至2007年年底，日元对澳大利亚元稳步贬值"以及"2008年日元对澳大利亚元大幅升值后，在2009—2012年期间再次稳步贬值"。]

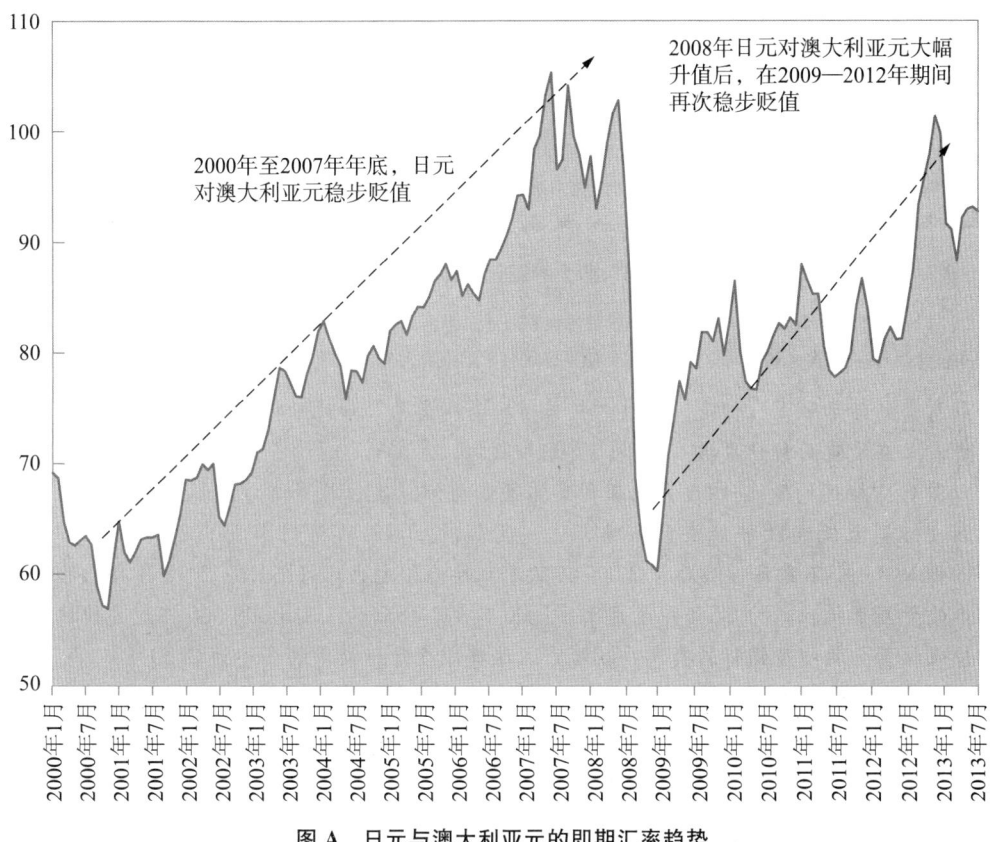

图A 日元与澳大利亚元的即期汇率趋势

但是，在较短的持有期内（比如一年），投机者无法预测即期汇率的长期趋势而只能靠猜测时，情况如何呢？请考虑图B详细介绍的一年期投机案例。某位正在查看2009年1月汇率（见图A）的投资者将看到日元汇率已达到近期历史"低位"——相对于澳大利亚元处于强势位置。她认为日元可能反弹，相对于澳大利亚元再次走弱。她可以按1.00%的年利率借入5 000万日元，为期一年。然后，她可以按60.91日元＝1.00澳大利亚元的汇率用5 000万日元兑换澳大利亚元，然后按澳大利亚的年利率4.50%存入820 883澳大利亚元。该投资者还可能推断出，即使汇率没有变化，她也会获得3.50%的年利差。

事实证明，一年后（即2010年1月），日元对澳大利亚元汇率大幅走弱，为83.19日元＝1.00澳大利亚元。50 000 000日元的1年期澳大利亚元-日元套利交易头寸将获得非常可观的利润，即20 862 296.83日元。

2009年后的金融危机

在2008—2009年全球金融危机之后的市场上，美联储和欧洲央行追求宽松的货币政策。为了保持高流动性水平并支持脆弱的商业银行体系，两家央行都将利率保持在接近零的水平上。现在，在全球经济低迷中看到盈利机会的全球投资者在美国和欧洲用这些低成本资金为无

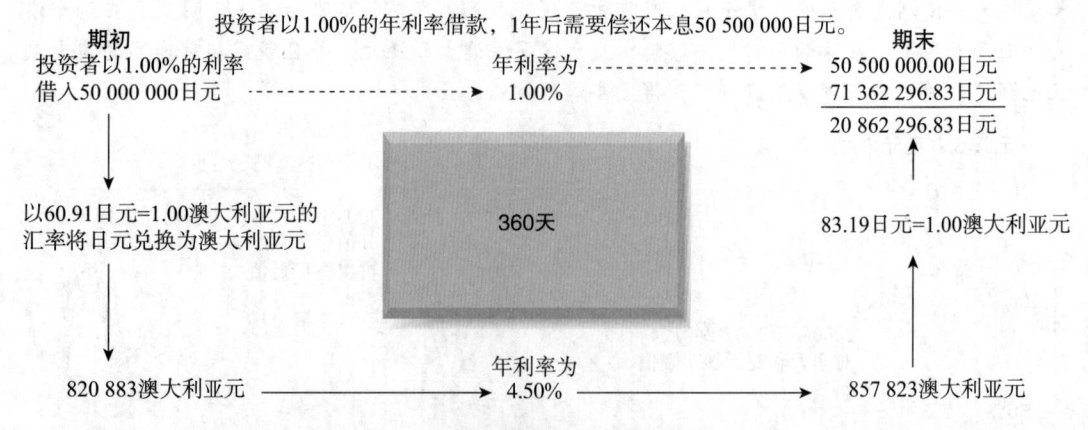

```
         期初                  投资者以1.00%的年利率借款，1年后需要偿还本息50 500 000日元。        期末
   投资者以1.00%的利率                                                              50 500 000.00日元
   借入50 000 000日元         ----------年利率为---------->                        71 362 296.83日元
                                       1.00%                                      20 862 296.83日元

   以60.91日元=1.00澳大利亚元的          360天                            83.19日元=1.00澳大利亚元
   汇率将日元兑换为澳大利亚元

                                       年利率为
   820 883澳大利亚元         ---------> 4.50%  --------->              857 823澳大利亚元
```

图 B 澳大利亚元-日元套利交易

以较高的澳大利亚元年利率4.50%投资澳大利亚元，为期1年。然后以当前即期汇率将投资结果，即本息合计857 823澳大利亚元兑换回日元。如果你足够幸运或有天分，或者二者兼具，最后就将获利。

抛补利息套利活动融资。但是，这种"新兴市场套利交易"如此独特的原因不在于利率，而在于投资者正在卖空两种世界核心货币：美元和欧元。

以图C中概述的欧元-印度卢比套利交易策略为例。某位投资者以极低的利率（仍然是由于欧洲央行刺激低迷欧洲经济的策略）——例如，1.00%的年利率或0.50%的180天期利率——借入2 000万欧元，然后将2 000万欧元兑换为印度卢比（INR）。2012年年初的当前即期汇率处于显著低点，为67.4印度卢比=1.00欧元，得到的1 348 000 000印度卢比被存入若干希望吸收资金的印度银行的有息存款账户。这些印度银行提供的利率为2.50%（180天期利率为1.25%），并不是特别高，但高于美元市场、欧元市场甚至日元市场的利率。180天结束时的账户价值为1 364 850 000印度卢比，它以即期汇率68.00印度卢比=1.00欧元被兑换回欧元，但产生了亏损。尽管印度卢比汇率变化不大，但已经足以消除套利利润。

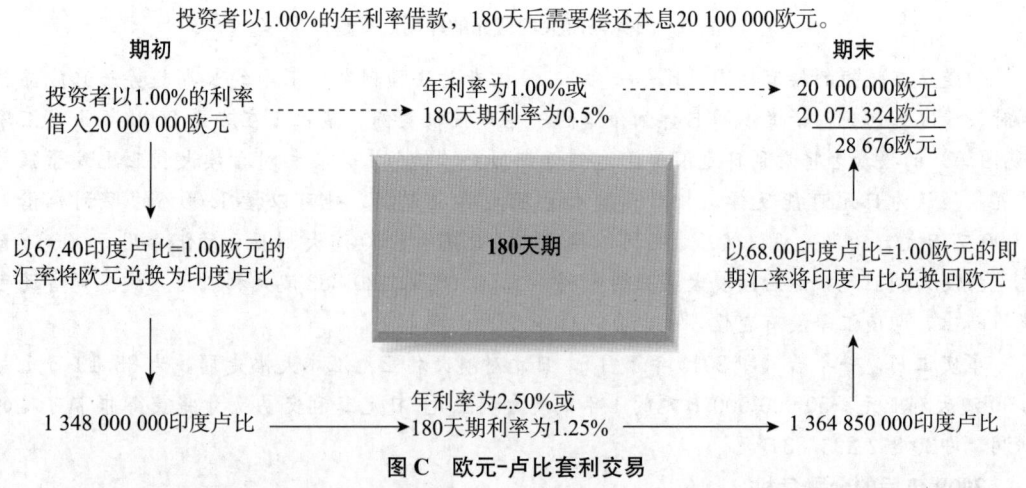

```
                       投资者以1.00%的年利率借款，180天后需要偿还本息20 100 000欧元。
         期初                                                                     期末
   投资者以1.00%的利率          年利率为1.00%或        ----------->              20 100 000欧元
   借入20 000 000欧元   ------> 180天期利率为0.5%                                 20 071 324欧元
                                                                                  28 676欧元

   以67.40印度卢比=1.00欧元的         180天期                   以68.00印度卢比=1.00欧元的即
   汇率将欧元兑换为印度卢比                                      期汇率将印度卢比兑换回欧元

                                   年利率为2.50%或
   1 348 000 000印度卢比  --------> 180天期利率为1.25%  --------> 1 364 850 000印度卢比
```

图 C 欧元-卢比套利交易

以2.50%的年利率（1.25%的180天期利率）投资印度卢比。180天后，以市场上的即期汇率68.00印度卢比=1.00欧元将投资结果，即本息合计1 364 850 000印度卢比兑换回欧元。遗憾的是，小幅汇率变化消除了利息套利利润。

在全球媒体中，套利交易活动常常被描述为能轻松获得利润或获得无风险利润。但它并不是。正如刚才介绍的欧元-印度卢比的例子一样，利率和汇率共同受到全球市场波动的影响，而全球市场确实有许多变化因素。事实证明，精准的预测总是非常有用。

迷你案例问题

1. 为什么传统核心货币（美元和欧元）市场的利率如此之低？
2. 这种"新兴市场套利交易"与传统形式的无抛补利息套利有何不同？
3. 为什么许多投资者卖空美元和欧元？

问题

6.1 一价定律。 请认真定义一价定律，并指出其基本假设。为什么这些假设在现实世界中如此难以成立，以至于无法应用该理论？

6.2 购买力平价。 请定义购买力平价的两种形式，绝对购买力平价和相对购买力平价。

6.3 巨无霸指数。 巨无霸指数在多大程度上符合购买力平价的一价定律的理论要求？

6.4 价值低估和购买力平价。 根据购买力平价理论，价值被低估的货币会发生什么？

6.5 名义有效汇率指数。 请解释如何构建名义有效汇率指数。

6.6 实际有效汇率指数。 使用哪个公式可以将名义有效汇率指数转换为实际有效汇率指数？

6.7 汇率传导。 什么是汇率传导？

6.8 部分汇率传导。 什么是部分汇率传导？它为什么会发生在有效的全球市场中？

6.9 需求价格弹性。 需求价格弹性与汇率传导的关系是什么？

6.10 费雪效应。 请定义费雪效应。实证检验在多大程度上证实了费雪效应实际存在？

6.11 费雪效应的近似形式。 为什么近似形式的费雪效应比精确形式的费雪效应更常用？这是否会引致重大分析错误？

6.12 国际费雪效应。 请定义国际费雪效应。实证检验在多大程度上证实了国际费雪效应实际存在？

6.13 利率平价。 请定义利率平价。利率平价与远期汇率之间的关系是什么？

6.14 抛补利息套利。 请定义抛补利息套利和无抛补利息套利。这两种交易有什么区别？

6.15 无抛补利息套利。 请解释投资者或投机者需要有什么预期才会进行无抛补利息套利投资？

6.16 远期汇率的计算。 如果你的同事认为某个货币对的当前远期汇率是市场对未来即期汇率最终结果的预期，你会怎么说？

6.17 作为无偏预测指标的远期汇率。 一些预测师认为，实行浮动汇率制的主要货币的外汇市场是"有效的"，而远期汇率是未来即期汇率的无偏预测指标。在可靠性方面，称远期汇率是估计未来即期汇率的"无偏预测指标"是什么意思？

6.18 交易成本。 如果抛补利息套利或无抛补利息套利的交易成本很高，您认为它会如何影响套利活动？

6.19 套利交易。 商业媒体经常使用套利交易这个术语。它是什么意思？投资者进行套利交易需要满足哪些条件和预期？

6.20 市场有效性。 许多学者和专业人士对外汇市场和利率市场进行了检验以确定其有效性。他们的结论是什么？

习题

6.1 马来西亚的岛上度假村。 特里萨·纳恩（Theresa Nunn）计划一年后在马来西亚槟城度假30天。目前，一间豪华套房（含餐费）的马来西亚林吉特（RM）价格为1 045马来西亚林吉特/天。马来西亚林吉特目前的交易价格为3.135 0马来西亚林吉特/美元。她确定现在住宿30天的美元成本为10 000美元。酒店告知她，房费涨幅将不超过马来西亚生活成本的涨幅。马来西亚的年通货膨胀率预计为2.75%，而美国的年通货膨胀率预计为1.25%。

a. 特里萨预期一年后需要多少美元才能支付30天的度假费用？

b. 美元度假费用的涨幅将是多少？为什么？

6.2 阿根廷的浮动汇率制。 整个20世纪90年代，阿根廷比索通过货币局制度将汇率固定为1.00比索/美元。2002年1月，阿根廷比索开始浮动。2003年1月29日，它的交易价格为3.20比索/美元。在这一年中，阿根廷的年通货膨胀率为20%。同期，美国的年通货膨胀率为2.2%。

a. 如果购买力平价成立，那么2003年1月的汇率应该是多少？

b. 阿根廷比索的年低估率是多少？

c. 阿根廷比索被低估的可能原因是什么？

6.3 德里克·托什（Derek Tosh）和日元-美元平价。 德里克·托什试图确定美国和日本的金融条件是否处于平价状态。当前的即期汇率为89.00日元/美元，360天期远期汇率为84.90日元/美元。日本的预期通货膨胀率为1.100%，美国的预期通货膨胀率为5.900%。360天期欧洲日元存款利率为4.700%，360天期欧洲美元存款利率为9.500%。

a. 请绘制日本和美国之间的国际平价条件图，并计算该国际平价条件是否成立。

b. 请计算从现在起一年后的日元/美元（¥/$）汇率的预期变化。

6.4 拉摩洛克斯的家：从悉尼到凤凰城。 特里·拉摩洛克斯（Terry Lamoreaux）在澳大利亚悉尼和美国凤凰城拥有房产。他每年至少两次往返于这两座城市。由于他经常旅行，因此他想买个新的高质量行李箱。货比三家后，他决定购买布雷格雷利（Briggs & Riley）的三件套行李箱。这个品牌在凤凰城和悉尼都有零售店。特里是金融专业的学生，他希望利用购买力平价确定是否无论自己在哪里购买行李箱，都将支付相同的价格。

a. 如果在凤凰城，三件套行李箱的价格是850美元，在悉尼，相同的三件套行李箱的价格是930澳大利亚元。如果即期汇率为1.094 1澳大利亚元/美元，请使用购买力平价确定行李箱的价格真的相等吗？

b. 如果从现在起一年后，凤凰城的行李箱价格保持不变，且购买力平价条件成立，请确定一年后悉尼的行李箱价格。美国的通货膨胀率为1.15%，澳大利亚的通货膨胀率为3.13%。

6.5 星巴克（克罗地亚）。 2010年10月，星巴克在克罗地亚萨格勒布的第一家店开张。在萨格勒布，一杯中杯香草拿铁的价格是25.70克罗地亚库纳（kn或HRK）。在纽约市，一杯中杯香草拿铁的价格是2.65美元。克罗地亚库纳与美元之间的汇率为5.628 8库纳=1美元。根据购买力平价，克罗地亚库纳被高估还是低估了？

6.6 丰田的传导效应。 假设日本大阪生产的丰田花冠的出口价格为2 150 000日元。汇率为87.60日元/美元。美国的预期年通货膨胀率为2.2%，日本的预期年通货膨胀率为 0.0%。请使用这些数据回答有关汇率传导的以下问题。

a. 今年年初的花冠美元出口价格是多少？

b. 假设购买力平价成立，年底的汇率应该是多少？

c. 假设汇率传导率为 100%，年底花冠的美元价格是多少？

d. 假设汇率传导率为 75%，年底花冠的美元价格是多少？

6.7 **镰田：日本的抛补利息套利（A）**。瑞士信贷（东京）的外汇交易员镰田武司正在研究抛补利息套利的可能性。他希望投资 5 000 000 美元或等值日元在美元和日元之间进行抛补利息套利。他面临以下汇率和利率报价。该抛补利息套利可能获利吗？如果能，如何获利？

可用套利资金　　　　5 000 000 美元
即期汇率（日元/美元）　　　118.60
180 天期远期汇率（日元/美元）　　　117.80
180 天期美元利率　4.800%
180 天期日元利率　3.400%

6.8 **镰田：日本的抛补利息套利（B）**。瑞士信贷（东京）的镰田武司观察到，日元/美元即期汇率一直保持稳定，且美元利率和日元利率在过去一周保持相对固定。武司想知道，他是否应该尝试无抛补利息套利，从而节省远期抛补成本。武司的许多研究助理——以及他们的计算机模型——都预测未来 180 天的即期汇率将始终接近 118.00 日元/美元。请使用与习题 6.7 相同的数据，分析无抛补套利的可能性。

6.9 **哥本哈根的抛补利息套利（A）**。摩根大通的外汇交易员海蒂·霍伊·詹森（Heidi Høi Jensen）可以用该银行的短期资金投资 500 万美元或等值外币，与

丹麦克朗进行抛补利息套利。请使用以下报价，判断海蒂的抛补利息套利能否获利？

可用套利资金　　　　5 000 000 美元
即期汇率（丹麦克朗/美元）
　　　　　　　　　　　6.172 0
3 个月期远期汇率（丹麦克朗/美元）
　　　　　　　　　　　6.198 0
3 个月期美元利率　3.000%
3 个月期丹麦克朗利率
　　　　　　　　　　　5.000%

6.10 **哥本哈根的抛补利息套利（B）**。海蒂·霍伊·詹森现在正在评估利率变化后在同一个市场上进行套利的获利可能性。（请注意，只要利差不恰好等于远期溢价，就必然可能以某种方式获得抛补利息套利利润。）

可用套利资金　　　　5 000 000 美元
即期汇率（丹麦克朗/美元）
　　　　　　　　　　　6.172 0
3 个月期远期汇率（丹麦克朗/美元）
　　　　　　　　　　　6.198 0
3 个月期美元利率　4.000%
3 个月期丹麦克朗利率
　　　　　　　　　　　5.000%

6.11 **哥本哈根的抛补利息套利（C）**。海蒂·霍伊·詹森在利率再次变化后再次评估在同一个市场上进行套利的获利可能性。（请注意，只要利差不恰好等于远期溢价，就必然可能以某种方式获得抛补利息套利利润。）

可用套利资金　　　　5 000 000 美元
即期汇率（丹麦克朗/美元）
　　　　　　　　　　　6.172 0
3 个月期远期汇率（丹麦克朗/美元）
　　　　　　　　　　　6.198 0
3 个月期美元利率　3.000%
3 个月期丹麦克朗利率
　　　　　　　　　　　6.000%

6.12 **卡斯珀·兰德斯滕（Casper Land-**

sten)——抛补利息套利（A）。卡斯珀·兰德斯滕是纽约一家银行的外汇交易员。他有100万美元（或等值瑞士法郎）可用于短期货币市场投资，并想知道他应该投资3个月期美元还是投资瑞士法郎抛补利息套利。他面临以下报价：

可用套利资金　1 000 000美元
即期汇率（瑞士法郎/美元）
　　　　　1.281 0
3个月期远期汇率（瑞士法郎/美元）
　　　　　1.274 0
3个月期美元利率 4.800%
3个月期瑞士法郎利率
　　　　　3.200%

6.13 **卡斯珀·兰德斯滕——无抛补利息套利（B）**。卡斯珀·兰德斯滕使用与习题6.12中相同的值和假设，决定不抛补远期美元收入，以期获得全部的美元收益率4.800%——这是一笔无抛补利息套利交易。如果他预计即期汇率将变为1.275 9瑞士法郎/美元，请评估这种情况。

6.14 **卡斯珀·兰德斯滕——30天后**。习题6.12和习题6.13描述的事件发生一个月后，卡斯珀·兰德斯滕再次有100万美元（或等值瑞士法郎）可用于3个月期投资。他现在面临以下汇率。他是否应该再次进行抛补利息套利投资？

可用套利资金　1 000 000美元
即期汇率（瑞士法郎/美元）
　　　　　1.339 2
3个月期远期汇率（瑞士法郎/美元）
　　　　　1.328 6
3个月期美元利率 4.750%
3个月期瑞士法郎利率
　　　　　3.625%

6.15 **挪威国家石油公司的套利**。挪威国家石油公司（Statoil）是外汇市场和石油化市场上的一家富有经验又活跃的大型参与者。虽然它是一家挪威公司，但由于它在全球石油市场上经营，因此认为其功能货币是美元而不是挪威克朗。阿里·卡尔森（Ari Karlsen）是挪威国家石油公司的外汇交易员，手头有300万美元（或等值挪威克朗）可用于投资。他面临以下市场汇率，并想知道他是否可以在未来90天获得套利利润。

可用套利资金　3 000 000美元
即期汇率（挪威克朗/美元）
　　　　　6.031 2
3个月期远期汇率（挪威克朗/美元）
　　　　　6.018 6
3个月期美元利率 5.000%
3个月期挪威克朗利率
　　　　　4.450%

6.16 **跨大西洋报价**。伦敦和纽约的货币市场和外汇市场相距超过3 000海里和五个时区，但效率非常高。以下信息分别收集自这两个地区：

假设	伦敦	纽约
即期汇率（美元/欧元）	1.326 4	1.326 4
1年期国库券利率	3.900%	4.500%
预期通货膨胀率	未知	1.250%

a. 金融市场认为明年欧洲的通货膨胀率是多少？

b. 请估计今天的1年期美元/欧元远期汇率。

6.17 **沙莫尼的房租**。您打算一年后去法国沙莫尼蒙勃朗滑雪度假。您正在协商一座别墅的租金。这座别墅的所有者希望保持其实际收入不受通货膨胀率和汇率变化的影响，因此如果从现在到那时法国生活成本发生变化，当前的周租金9 800欧元（圣诞季）将据此上调或下调。您的预算是基于购买力平价。明年的预期法国平均通货膨胀率为 3.5%，明年的预期美国平均通货膨胀率为 2.5%。目前的即期汇率为 1.362 0 美元/欧元。您的周租金预算应该是多少美元？

即期汇率	1.362 0 美元/欧元
未来一年的预期美国通货膨胀率	2.500%
未来一年的预期法国通货膨胀率	3.500%
目前别墅的名义周租金	9 800.00 欧元

6.18 东亚公司（泰国）。 东亚公司（EAC）是一家在全亚洲拥有子公司的丹麦公司，由于美元资金廉价易得，因此其曼谷子公司主要以美元债务而非泰铢债务融资。东亚公司（泰国）的财务主管正在考虑借入 250 000 美元的 1 年期银行贷款。当前即期汇率为 32.06 泰铢/美元，1 年期美元利率为 6.75%，1 年期泰铢贷款利率为 12.00%。

a. 根据购买力平价，假设未来一年泰国和美国的预期通货膨胀率分别为 4.3%和 1.25%，以泰铢表示的实际资金成本是多少？

b. 如果东亚公司的外汇顾问坚信泰国政府希望在未来一年将泰铢相对于美元的价值压低 5%（以提升其在美元市场的出口竞争力），那么以泰铢表示的实际资金成本可能是多少？

c. 如果东亚公司可以按每年 13%的利率借入泰铢，那么该实际资金成本是否比（a）问或（b）问便宜？

6.19 马耳他之鹰：黑羽神鸟。 马耳他骑士团曾向西班牙国王献上一尊纯金实心的神鹰，以感谢他于 1530 年御赐马耳他岛，最近，这尊金鹰重见天日。它高 14 英寸，实心纯金质地，重约 48 磅。假设黄金价格升至 440 美元/盎司，这主要是由于政治紧张局势加剧。这尊金鹰目前由伊斯坦布尔的一位私人投资者持有，他正积极与马耳他政府就购买金鹰送回家乡的事宜进行谈判。交易和付款将在一年后进行，双方正在商议价格和支付货币。为表示善意，这位投资者决定仅根据这尊金鹰的实物价值——其黄金价值——来确定售价。当前即期汇率为 0.39 马耳他里拉（ML）/美元。未来一年，马耳他通货膨胀率预计将达到 8.5%左右，而美国刚刚经历过两次衰退，通货膨胀率预计仅为 1.5%。如果该投资者以美元计算金鹰的价值，那么他在一年后收到马耳他里拉付款（假设购买力平价成立）更好，还是收到有保证的美元价款（假设一年后金价为每盎司 420 美元）更好？

6.20 克莱顿·摩尔（Clayton Moore）的货币基金。 克莱顿·摩尔是伦敦以外的一家国际货币市场基金的经理。许多货币基金都向投资者保证投资几乎没有风险并能获得可变利息收益，与它们不同，克莱顿·摩尔的基金是一家进取性很强的基金，在全球范围内寻找相对较高的利息收益，但存在一些风险。该基金以英镑计价。克莱顿目前正在评估一个相当有意思的马来西亚投资机会。1997 年亚洲危机以来，马来西亚政府实施了一系列外汇和资本限制措施，以保护和维持马来西亚林吉特的价值。林吉特的汇率连续七年固定为 3.80 马来西亚林吉特/美元。2005 年，马来西亚政府允许林吉特相对于几种主要货币浮动。当前即期汇率为 3.134 85 马来西亚林吉特/美元。180 天期当地货币定期存款的年化利率为 8.900%。伦敦欧洲货币市场上同样为 180 天期的英镑定期存款年化利率为 4.200%。英镑的当前即期汇率为 1.582 0 美元/英镑，180 天期远期汇率为 1.556 1 美元/英镑。您推荐克莱顿怎么做？

6.21 **非洲的啤酒标准**。1999 年，《经济学人》报道了用当地啤酒价格创建指数或标准来评估非洲货币价值的案例。啤酒代替了巨无霸被选为用于比较的产品，因为麦当劳没有进入南非以外的非洲大陆，而啤酒满足了构建合适货币指数所需的大部分产品特征和市场特征。南非投资银行 Investec 以《经济学人》的巨无霸指数为模板，建立了非洲的购买力平价指数。该指数比较了撒哈拉以南非洲地区的 375 毫升拉格清啤酒的成本。作为购买力平价指标，这种啤酒在不同国家必须具有相对均一的质量，并且必须实质上具有当地的生产要素、投入要素、分销要素和服务要素，以便实际提供相对购买力指标。首先，这种啤酒以当地货币计价（购自当地人开的小酒馆，而不是高价旅游中心）。然后，将该价格换算为南非兰特，比较兰特价格与当地货币价格，作为衡量当地货币相对于南非兰特被低估还是高估的一个指标。请使用表中的数据并计算各种货币的价值被低估还是高估。

习题 6.21 非洲的啤酒标准

国家	啤酒	啤酒价格当地货币	当地货币价格	兰特价格	隐含购买力平价率	即期汇率
南非	Castle	兰特	2.30	—	—	—
博茨瓦纳	Castle	普拉	2.20	2.94	0.96	0.75
加纳	Star	塞地	1 200.00	3.17	521.74	379.10
肯尼亚	Tusker	先令	41.25	4.02	17.93	10.27
马拉维	Carlsberg	克瓦查	18.50	2.66	8.04	6.96
毛里求斯	Phoenix	卢比	15.00	3.72	6.52	4.03
纳米比亚	Windhoek	纳米比亚元	2.50	2.50	1.09	1.00
赞比亚	Castle	克瓦查	1 200.00	3.52	521.74	340.68
津巴布韦	Castle	津巴布韦元	9.00	1.46	3.91	6.15

6.22 **宾堡集团（Grupo Bimbo）（墨西哥）**。宾堡集团的总部位于墨西哥城，是世界上最大的烘焙食品公司之一。1 月 1 日，当即期汇率为 10.80 比索/美元时，该公司从一家纽约银行借入 2 500 万美元，为期一年，利率为 6.80%（墨西哥银行对等值比索贷款的利率报价为 9.60%）。当年，美国的通货膨胀率为 2%，墨西哥的通货膨胀率为 4%。当年年底，该公司偿还美元贷款。

a. 如果宾堡预计年底的即期汇率等于购买力平价，那么宾堡的美元贷款的比索利息成本是多少？

b. 再次假设购买力平价条件成立，对于宾堡而言，1 年期美元借款的实际比索利息成本（根据通货膨胀率进行调整）是多少？

c. 如果年底的实际即期汇率为 9.60 比索/美元，那么贷款的实际比索利息成本是多少？

6.23 **俄罗斯汽车公司拉达（AvtoVAZ）的卡琳娜（Kalina）出口定价分析**。俄罗斯领先的汽车制造商拉达于 2001 年推出了一款新车型，并对俄罗斯的国内汽车售价和出口汽车售价进行了全面分析。这款新车卡琳娜最初在俄罗斯的售价为 260 000 卢布，以当前即期汇率 30 卢布＝1.00 美元计算，出口售价为 8 666.67 美元。拉达打算根据俄罗斯通货膨胀率逐步提高国内售价，但担心该价格与美元通货膨胀率和未来汇率下的出口价格的比较结果。请使用以下数据表回答定价分析问题。

a. 如果卡琳娜的国内价格随着通货膨胀率的上升而上升，那么它在 2002—2006 年期间的价格是多少？

b. 假设事实证明美国和俄罗斯的通货膨胀率预测是准确的，且卢布对美元的价值遵守购买力平价，那么未来几年的卢布价值是多少？

c. 如果使用卢布-美元汇率的购买力平价预测确定卡琳娜的出口价格，那么 2002—2006 年期间的出口价格是多少？

d. 如果卡琳娜的出口价格跟随俄罗斯的通货膨胀率变化，且卢布对美元汇率在这段时期内保持相对固定，那么在这段时期内，卡琳娜的出口价格将如何变化？

e. 弗拉德（Vlad）是新受聘的定价策略师之一，他认为国内市场和出口市场的汽车价格都将随着通货膨胀率的上升而上升，而卢布/美元汇率将保持不变。这对卡琳娜的未来出口价格意味着什么？或者说它预测卡琳娜的未来出口价格将如何变化？

f. 如果您是拉达公司并希望出口卡琳娜，那么您希望卢布对美元的价值如何变化？现在，如果您将这种"希望"与一些关于竞争的假设——美元市场上其他汽车的售价变化——结合起来，您的策略将如何变化？

g. 最终，俄罗斯卢布在 2001—2006 年期间的走势如何？

习题 6.23 俄罗斯汽车公司拉达的卡琳娜出口定价分析

日历年	2001 年	2002 年	2003 年	2004 年	2005 年	2006 年
卡琳娜的价格（卢布）	260 000					
俄罗斯的通货膨胀率（预测值）		14.0%	12.0%	11.0%	8.0%	8.0%
美国的通货膨胀率（预测值）		2.5%	3.0%	3.0%	3.0%	3.0%
汇率（卢布/美元）	30.00					

附录　国际平价条件的代数初步

以下用纯代数形式表示了本章中介绍的平价条件。它旨在让希望了解更多理论细节和定义的读者可以随时查阅不同平价条件的逐步推导过程。

一价定律

一价定律是指在存在自由贸易、商品完全可替代、无交易成本的情况下，两种货币之间的均衡汇率由以两种不同货币计价的商品 i 价格之比确定。例如，

$$S_t = \frac{P_{i,t}^{\$}}{P_{i,t}^{SF}}$$

其中，$P_i^{\$}$ 和 P_i^{SF} 是指在时间 t 分别以美元和瑞士法郎计价的同一种商品 i 的价格。即期汇率 S_t 是由两种货币表示的价格之比。

购买力平价

用更一般的形式来表示汇率由两个价格指数之比决定就是绝对购买力平价。每个价格指数都反映了各国相同商品"篮子"的货币成本。令相同商品篮子的购买力相等的汇率如下：

$$S_t = \frac{P_t^{\$}}{P_t^{SF}}$$

其中，$P_t^{\$}$ 和 P_t^{SF} 分别是美元和瑞士法郎在时间 t 的价格指数值。如果 $\pi^{\$}$ 和 π^{SF} 表示每个国家的通货膨胀率，则时间 $t+1$ 的即期汇率将为：

$$S_{t+1} = \frac{P_t^{\$}(1+\pi^{\$})}{P_t^{SF}(1+\pi^{SF})} = S_t \left[\frac{(1+\pi^{\$})}{(1+\pi^{SF})} \right]$$

因此，$t \sim t+1$ 这段时期的变化为：

$$\frac{S_{t+1}}{S_t} = \frac{\frac{P_t^{\$}(1+\pi^{\$})}{P_t^{SF}(1+\pi^{SF})}}{\frac{P_t^{\$}}{P_t^{SF}}} = \frac{S_t \left[\frac{(1+\pi^{\$})}{(1+\pi^{SF})}\right]}{S_t} = \frac{1+\pi^{\$}}{1+\pi^{SF}}$$

计算出 $t \sim t+1$ 这段时期的即期汇率变化率：

$$\frac{S_{t+1} - S_t}{S_t} = \frac{S_t \left[\frac{(1+\pi^{\$})}{(1+\pi^{SF})}\right] - S_t}{S_t} = \frac{(1+\pi^{\$}) - (1+\pi^{SF})}{(1+\pi^{SF})}$$

如果右侧分母被认为相对较小，则通常舍去它来求该式的近似值，表示为：

$$\frac{S_{t+1} - S_t}{S_t} = (1+\pi^{\$}) - (1+\pi^{SF}) = \pi^{\$} - \pi^{SF}$$

远期汇率

远期汇率是通过银行和其他交易外币及债务工具的金融中介向私人主体提供的合约汇率。远期汇率与即期汇率的年化差异率被称为远期溢价：

$$f^{SF} = \frac{F_{t,t+1} - S_t}{S_t} \times \frac{360}{n_{t,t+1}}$$

其中，f^{SF} 为瑞士法郎的远期溢价，$F_{t,t+1}$ 为在时间 t 签订的在时间 $t+1$ 交割的合约的远期汇率，S_t 为当前即期汇率，$n_{t,t+1}$ 为合约日期（t）和交割日期（$t+1$）之间的天数。

抛补利息套利和利率平价

抛补利息套利的过程是投资者在即期市场上将本币兑换为外币，然后将该货币投资于有息工具，并签署远期合约以"锁定"未来汇率，以该远期汇率将（总）外币收入兑换回本币。抛补利息套利的净收益率为：

$$净收益率 = \left[\frac{(1+i^{SF})F_{t,t+1}}{S_t}\right] - (1+i^{\$})$$

其中，S_t 和 $F_{t,t+1}$ 为即期汇率和远期汇率（美元/瑞士法郎），i^{SF} 为瑞士法郎货币工具的名义利率（或收益率），$i^{\$}$ 为类似美元工具的名义收益率。

如果它们拥有完全相同的收益率——也就是说，如果抛补利息套利产生了无风险零利润，那么，利率平价成立，表示为：

$$1 + i^{\$} = \frac{(1+i^{SF}) F_{t,t+1}}{S_t}$$

或者显示为：

$$\frac{1+i^{\$}}{1+i^{SF}} = \frac{F_{t,t+1}}{S_t}$$

如果计算出该式两侧的差异率（即期汇率和远期汇率之间的差异率为远期溢价），那么远期溢价和相对利差之间的关系式为：

$$\frac{F_{t,t+1} - S_t}{S_t} = f^{SF} = \frac{i^{\$} - i^{SF}}{1+i^{SF}}$$

如果这些值不等（因此市场不均衡），就可能获得无风险利润。然后，试图利用这种套利可能性的主体将进行抛补利息套利，将市场推回平衡，直到抛补利息套利不再产生正收益。

费雪效应

费雪效应表明，所有名义利率都可以分解为隐含实际利率（收益率）和预期通货膨胀率：

$$i^{\$} = [(1+r^{\$})(1+\pi^{\$})] - 1$$

其中，$r^\$$ 为实际收益率，$\pi^\$$ 为美元资产的预期通货膨胀率。整理后，各子部分如下：

$$i^\$ = r^\$ + \pi^\$ + r^\$\pi^\$$$

与购买力平价一样，该函数也有被广泛接受的近似形式。交叉乘积项 $r^\$\pi^\$$ 通常非常小，因此将其舍去：

$$i^\$ = r^\$ + \pi^\$$$

国际费雪效应

国际费雪效应是这种国内利率与国际外汇市场关系的延伸。如果资本试图通过抛补利息套利从当前利差中获得较高的国际收益率，那么不同货币之间的实际收益率将相等（例如，$r^\$ = r^{SF}$）：

$$\frac{S_{t+1} - S_t}{S_t} = \frac{(1 + i^\$) - (1 + i^{SF})}{1 + i^{SF}} = \frac{i^\$ - i^{SF}}{1 + i^{SF}}$$

如果将名义利率分解为实际通货膨胀率部分和预期通货膨胀率部分，则即期汇率变化率为：

$$\frac{S_{t+1} - S_t}{S_t} = \frac{(r^\$ + \pi^\$ + r^\$\pi^\$) - (r^{SF} + \pi^{SF} + r^{SF}\pi^{SF})}{1 + r^{SF} + \pi^{SF} + r^{SF}\pi^{SF}}$$

如果满足以下要求，国际费雪效应将产生其他许多影响：(1) 可以自由进入和退出资本市场；(2) 资本市场上有可接受的替代投资机会；(3) 市场主体拥有完整、相同的投资机会信息。

在这些条件下，国际套利者将能利用所有潜在的无风险获利机会，直到市场之间的实际收益率相等（$r^\$ = r^{SF}$）。因此，预期即期汇率变化率简化为预期通货膨胀率之差：

$$\frac{S_{t+1} - S_t}{S_t} = \frac{\pi^\$ + r^\$\pi^\$ - \pi^{SF} - r^{SF}\pi^{SF}}{1 + r^{SF} + \pi^{SF} + r^{SF}\pi^{SF}}$$

如果将这些近似表达式结合起来（通过消去分母和消去 r 和 π 的交互项），则即期汇率变化率简化为

$$\frac{S_{t+1} - S_t}{S_t} = \pi^\$ - \pi^{SF}$$

请注意，国际费雪效应近似形式与前面讨论过的购买力平价具有相似性（公式形式相同）[唯一可能的差异是事后通货膨胀率和事前（预期）通货膨胀率的差异]。

第7章
外汇衍生产品：期货与期权

> 除非衍生产品合约是有抵押或有担保的，否则其最终价值还取决于交易对手的信誉。而与此同时，在合约结算之前，交易对手会在当期利润报表中记录利润和亏损——通常数目巨大，哪怕根本没有一分钱易手。限制衍生产品合约范围的只有人们（有时甚至看上去是疯子）的想象力。
> ——Warren Buffett，*Berkshire Hathaway Annual Report*，2002.

学习目标

7.1 说明外汇期货如何报价、估值和用于投机
7.2 分析买卖外汇期权的风险和收益
7.3 描述期权价值的内在价值要素和时间价值要素
7.4 分析外汇期权价值如何随汇率变化、利率变化和其他期权定价组成部分的变化而变化

21世纪的跨国企业财务管理肯定包括金融衍生产品的使用。这些衍生产品因其价值衍生自股票或货币等基础资产而得名，是当今商业中用于两个截然不同的管理目标（投机和对冲）的强大工具。跨国企业的财务经理可以购买金融衍生产品以获取有望获利的头寸——投机，也可以使用这些工具来降低与公司现金流日常管理相关的风险——对冲。然而，在有效使用这些金融工具之前，财务经理必须了解关于其结构和定价的某些基础知识。

在本章中，我们将介绍目前在跨国金融中使用的主要外汇金融衍生产品。这里，我们的重点是它们的估值基本要素和投机用途；第9章将介绍如何使用这些外汇衍生产品来对冲商业交易。本章结尾的迷你案例"触碰生效（失效）期权与韩元"举例说明了如何将外汇期权结合起来形成相当复杂的产品——甚至是对买方而言。

在继续之前要提醒读者一点：金融衍生产品在认真称职的财务经理手中是强大的工具。但若使用不慎，它们也可能是破坏性工具。金融史上充斥着财务经理——无论是有意还是无意——持有巨额头寸而导致公司遭受重大损失的案例。然而，由合适的人使用并加以适当控制时，衍生产品可以为管理者提供增强和保护企业价值的机会。

7.1 外汇期货

外汇期货合约是远期合约的替代品,它要求在未来某个固定时间、固定地点以固定价格交割标准金额的外币。它类似于商品(生猪、牛、木材等)、有息存款和黄金的期货合约。多数世界货币中心都建立了外汇期货市场。在美国,最重要的外汇期货市场是芝加哥商品交易所的国际货币市场。

合约规格

合约规格由交易期货的交易所确定。以芝加哥国际货币市场为例,标准化期货交易的主要特征可以通过在芝加哥商品交易所(CME)上交易的墨西哥比索期货来说明,如表7-1所示。

每份期货合约均为 500 000 墨西哥比索。这是名义本金。每种货币的交易规模必须为货币单位的倍数。汇率表示方法为美式标价法,即一单位外币(单位货币)的美元成本(价格),$/MXN,这里芝加哥商品交易所将旧美元符号与比索的 ISO 4217 代码 MXN 混合使用。在表 7-1 中,这是美元/墨西哥比索。合约在 1 月、3 月、4 月、6 月、7 月、9 月、10 月或 12 月的第三个周三到期。在周三到期前的第二个交易日之前,合约都可以进行交易。除非遇到节假日,否则最后交易日为到期日之前的周一。

期货的一个明显特征是要求买方存入一笔钱作为初始保证金或担保品。这个要求类似于履约保证金要求,可以用银行信用证、国库券或现金来满足。此外,还有维持保证金要求。合约价值每天盯市,所有价值变化均以现金日结。盯市意味着用当天的收盘价重估合约价值。需要支付的金额被称为变动保证金。

表 7-1 墨西哥比索(芝加哥商品交易所)——500 000 墨西哥比索;美元/墨西哥比索

期限	开盘价	最高价	最低价	结算价	价格变化	存续期 历史最高价	存续期 历史最低价	未平仓合约数量
3 月	0.109 53	0.109 88	0.109 30	0.109 58	……	0.110 00	0.097 70	34 481.00
6 月	0.107 90	0.107 95	0.107 78	0.107 73	……	0.108 00	0.097 30	3 405.00
9 月	0.106 15	0.106 15	0.106 10	0.105 73		0.106 15	0.099 30	1 481.00

所有合约金额均为 500 000 墨西哥比索。"开盘价"为当天的开盘价格。"最高价"为当天的最高价格。"最低价"为当天的最低价格。"结算价"为当天的收盘价。"价格变化"是结算价与前一天收盘价的变化。"价格变化"右侧的"历史最高价"和"历史最低价"为该特定合约(由其期限定义)在其交易历史中出现过的最高价和最低价。"未平仓合约数量"表示未平仓的合约数量。

只有约 5% 的期货合约通过买方和卖方之间实际交割外汇来结算。更常见的是,买方和卖方持有相反头寸来抵消其在交割日之前的初始头寸。也就是说,投资者通常会通过卖出同一交割日的期货合约来对期货头寸平仓。完整的买入/卖出或卖出/买入过程被称为一个"交易回合"。

客户向经纪商支付佣金以执行交易回合,并获得一个报价。这种做法不同于银行间市场，在银行间市场上，交易商报出买价和卖价，不收取佣金。所有合约都是客户与交易清算所之间的协议，而不是两个客户之间的协议。因此，客户无须担心市场中的特定交易对手无法履行协议的风险，即交易对手风险。清算所由交易所的所有成员拥有并提供担保。

使用外汇期货

期货合约的原则如下：买入期货合约的投机者锁定他必须在规定未来日期买入该货币的价格。卖出期货合约的投机者锁定他必须在该未来日期卖出该货币的价格。任何希望对墨西哥比索对美元走势进行投机的投资者都可以采取以下期货策略之一。

空头。如果为国际货币交易商组织（International Currency Traders）工作的投机者劳拉·塞万提斯（Laura Cervantes）认为，3月墨西哥比索对美元价值将下跌，那么她可能卖出3月期货合约，持有空头。通过出售3月合约，劳拉锁定了以固定价格出售500 000墨西哥比索的权利。如果比索价格如她所料在到期日下跌，那么劳拉就持有一份以高于即期市场当前价格的价格出售比索的合约。因此，她将获得利润。

利用表7-1中的墨西哥比索期货报价，劳拉以收盘价出售了一份3月期货合约，合约金额为500 000比索，结算价格为0.109 58美元/墨西哥比索。3月期货合约到期时，她的头寸价值为：

到期价值（空头）＝－名义本金×（即期汇率－期货汇率）

请注意，估值公式中的空头以负名义本金作为输入值。如果到期时的即期汇率为0.095 00美元/墨西哥比索，则结算时的头寸价值为：

价值＝－500 000墨西哥比索×（0.095 00美元/墨西哥比索
－0.109 58美元/墨西哥比索）＝－7 290美元

事实证明，劳拉的预期是正确的；墨西哥比索对美元价值下跌。我们可以说："劳拉以0.095 00美元/墨西哥比索的汇率买入，以0.109 58美元/墨西哥比索的汇率卖出。"

劳拉对墨西哥比索价值进行投机时，真正需要的只是形成对汇率变化方向的观点——对未来墨西哥比索对美元价值的看法。在本例中，她认为在期货合约的3月到期日，墨西哥比索对美元价值将下跌。

多头。如果劳拉·塞万提斯预期近期比索对美元价值将上涨，那么她可以买入墨西哥比索的3月期货来做多。购买3月期货意味着劳拉锁定了她必须在未来到期日买入墨西哥比索的价格。到期时，劳拉的期货合约价值如下：

到期价值（多头）＝名义本金×（即期汇率－期货汇率）

再次使用表7-1中的3月墨西哥比索期货结算价格——0.109 58美元/墨西哥比索，如果到期时的即期汇率为0.110 0美元/墨西哥比索，那么劳拉确实正确预测了比索走势。那时她的头寸结算价值为：

价值＝500 000墨西哥比索×（0.110 00美元/墨西哥比索
－0.109 58美元/墨西哥比索）＝210美元

在本例中，劳拉几个月内在一份期货合约上获利210美元。我们可以说："劳拉以

0.109 58 美元/墨西哥比索的汇率买入，以 0.110 00 美元/墨西哥比索的汇率卖出。"

但是，如果事实证明劳拉对墨西哥比索未来价值的预期是错误的，会发生什么？例如，如果墨西哥政府宣布墨西哥的通货膨胀率突然大幅上升，且在 3 月到期日比索跌至 0.080 00 美元/墨西哥比索，那么劳拉的期货合约结算价值就是

$$价值 = 500\ 000\ 墨西哥比索 \times (0.080\ 00\ 美元/墨西哥比索 \\ -0.109\ 58\ 美元/墨西哥比索) = -14\ 790\ 美元$$

在这种情况下，劳拉·塞万提斯遭受了投机损失。期货合约显然可以组合使用，组成各种更复杂的头寸。组合合约的估值相当简单且具有可加性。

外汇期货与远期合约

外汇期货合约在很多重要方面不同于远期合约。个人投资者发现期货合约对投机很有用，因为他们通常无法获得远期合约。对于企业而言，期货合约通常被认为低效而烦琐，因为期货头寸在合约期限内每天盯市。虽然这并不要求企业每天支付或收取现金，但它确实导致金融服务提供商的追加保证金要求频率高于企业通常希望的频率。

7.2 外汇期权

外汇期权是一种赋予期权购买者（买方）在规定时期内（至到期日为止）以固定单位价格买入或卖出给定金额外汇的权利而非义务的合约。这个定义中的一个关键词是"权利而非义务"，这意味着期权所有者拥有有价值的选择。

在许多方面，购买期权就像买一张福利音乐会门票。买方有权去听音乐会，但没有义务去听。音乐会门票买方的风险不超过他为门票支付的价格。同理，期权买方的损失也不会超过他为期权支付的价格。如果门票买方稍后决定不去听音乐会，那么可以在音乐会当天之前把票卖给某个想去的人。

期权的基础要素

期权有两种基本类型，看涨期权和看跌期权。看涨期权是买入外汇的期权，看跌期权是卖出外汇的期权。期权的买方被称为持权人，期权的卖方被称为立权人（writer）或授权人（grantor）。

每种期权都有三个不同的价格要素：(1) 执行价格或行权价格——通常也称为行权汇率——它是可以买入（看涨期权）或卖出（看跌期权）外汇的汇率；(2) 期权费，即期权本身的成本、价格或价值；(3) 市场中的基础即期汇率或实际即期汇率。

美式期权赋予买方在发行日和到期日之间的任何时间执行期权的权利。欧式期权只能在到期日执行，而不能在到期日之前执行。然而，美式期权和欧式期权的定价几乎相同，因为期权持有者通常会在到期前卖出期权。如果执行期权，则期权仍具有高于其"内在价值"的某种"时间价值"（本章后面将进行说明）。

期权费或期权价格是期权的成本，通常由买方提前支付给卖方。在银行提供期权的场

外（over-the-counter，OTC）交易市场中，期权费按交易金额的百分比报价。交易所交易期权的期权费按单位外币的本币金额报价。

执行价格等于基础货币即期价格的期权被称为平价期权（at-the-money，ATM）。如果立即执行（不计期权费成本）将获利的期权被称为价内期权（in-the-money，ITM）。如果立即执行（仍然不计期权费成本）无法获利的期权被称为价外期权（out-of-the-money，OTM）。

外汇期权市场

在过去 30 年中，使用外汇期权作为对冲工具和投机工具已经蓬勃发展成为一项重要的外汇活动。美国和其他资本市场的一些银行提供 100 万美元或以上金额的弹性外汇期权。银行市场——或称为场外交易市场——提供所有主要交易货币的定制期权，期限最长为一年，有些情况下为两至三年。

1982 年，费城证券交易所将标准化外汇期权合约交易引入美国。芝加哥商品交易所以及美国和其他国家的其他交易所也纷纷效仿。交易所交易合约对于通常无法进入场外交易市场的投机者和个人投资者尤为有吸引力。银行也在交易所进行交易，因为这是它们抵消与客户或其他银行所交易期权的风险的几种方式之一。外汇期权使用的增加反映了其他类型期权使用的爆炸式增长以及由此导致的期权定价模型改良。自 1973 年费希尔·布莱克（Fischer Black）和迈伦·斯科尔斯（Myron Scholes）提出最初的期权定价模型以来，期权定价模型历经扩展、改动和商业化，已发展出数百种形式。

场外交易市场期权。最常见的场外期权是银行发行的美元对英镑期权、美元对加拿大元期权、美元对日元期权、美元对瑞士法郎期权或美元对欧元期权，但它的范围正在逐渐扩大到几乎每种主要交易货币。正如"全球金融实务 7-1"指出的，近年来人民币升值引发了人民币期权的增长。

全球金融实务 7-1

欧元-人民币（EUR-RMB）期权的增长

由于各种原因，中国人民币外汇期权的日交易量在 2014 年和 2015 年大幅上涨。首要原因是贸易增长以及与中国企业进行的人民币跨国交易结算日益增加。

人民币对欧元交叉汇率出现了快速增长。这促使许多欧洲公司以人民币结算越来越多的交易，但它们希望在结算中不用通过美元，后者曾经是更常见的做法——首先进行美元和人民币的兑换，然后再进行欧元和美元的兑换。

由于中国人民银行对人民币/美元汇率的管理，除了远期以外，期权的需求和流动性也有所增长（尽管由于人民币对美元价值偶尔下跌，这种情况在 2014 年出现了变化）。多年来，这种以美元为中心的做法产生了单向变化，人民币对美元缓慢而稳定地升值。但欧元对人民币汇率的变化并非单向变化，从而使投资者对两者之间的外汇期权产生了越来越多的需求和兴趣。

场外期权的主要优点是它们是根据公司的具体需求量身定制的。金融机构愿意卖出或买入金额（名义本金）、执行价格和期限不同的期权。尽管场外交易市场在早期阶段相对缺乏流动性，但这些市场的比例已经增至很高水平，因此现在流动性相当高。另外，买方必须评估卖方银行履行期权合约的能力。与交易对手相关的金融风险（交易对手风险）是国际市场中一直存在的问题，它是越来越多地使用期权和互换等金融合约的结果。交易所交易期权更多的是个人投资者和金融机构而非商业公司的投资领域。

如果投资者希望在场外交易市场购买期权，投资者通常会致电主要货币中心银行的外汇期权柜台；指定货币、期限和执行汇率；并要求提供参考价，即买卖报价。银行通常需要几分钟到几小时来为期权定价并回电。

有组织交易所的期权。 实物（基础）货币的期权在全球多个有组织交易所进行交易，包括费城证券交易所和芝加哥商品交易所。交易所交易期权通过清算所结算，这意味着买方不直接与卖方交易。清算所是每份期权合约的交易对手，它保证合约将被履行。反过来，清算所的义务也是交易所所有成员的义务，包括大量银行。费城证券交易所的清算所服务由期权清算公司提供。

外汇期权报价和价格

《华尔街日报》关于瑞士法郎期权的典型报价见表7-2。《华尔街日报》的报价是指前一天在费城证券交易所完成的交易。尽管报价包括大量执行价格和到期日（如表所示），但并非所有期权都是在前一个交易日实际交易，且本例中没有显示期权费。美元外汇期权的执行价格和期权费通常对美元采用直接报价，对外币采用间接报价（美元/瑞士法郎、美元/日元等）。

表7-2 瑞士法郎期权报价（美分/瑞士法郎）

期权和基础货币	执行价格	看涨期权-最新报价			看跌期权-最新报价		
		8月	9月	12月	8月	9月	12月
58.51	56.0	—	—	2.76	0.04	0.22	1.16
58.51	56.5	—	—	—	0.06	0.30	—
58.51	57.0	1.13	—	1.74	0.10	0.38	1.27
58.51	57.5	0.75	—	—	0.17	0.55	—
58.51	58.0	0.71	1.05	1.28	0.27	0.89	1.81
58.51	58.5	0.50	—	—	0.50	0.99	—
58.51	59.0	0.30	0.66	1.21	0.90	1.36	—
58.51	59.5	0.15	0.40	—	2.32	—	—
58.51	60.0	—	0.31	—	2.32	2.62	3.30

每份期权=62 500瑞士法郎。8月、9月和12月是期权的到期日所在月份。作者编写本表是为了说明《华尔街日报》如何提供期权报价。

看涨期权买方

在产生风险的模式方面，期权不同于其他类型的金融工具。期权持有者可以选择执行期权或让期权在未使用状态下到期。只有当执行期权有利可图时，期权持有者才会执行期权，这意味着只有当期权为价内期权时才执行期权。对于看涨期权，随着基础货币的即期价格上升，持有者可能获得无限利润。然而，当基础货币的即期价格下降时，持有者可以放弃选择期权并任其过期，损失只有支付的期权费。

表7-2举例说明了表示外汇期权特征的三种不同价格。在该表中，高亮显示的期权可用月份和执行价格表示，如"8月58.5看涨期权"。描述"8月58.5看涨期权"特征的三个价格如下：

(1) 即期汇率。 该表中的"期权和基础货币"表示58.51美分/瑞士法郎（即0.585 1美元/瑞士法郎）是前一交易日收盘时1瑞士法郎的即期美元价格。

(2) 执行价格。 表中的执行价格或"行权价格"为执行期权时必须支付的单位法郎价格。8月58.5瑞士法郎看涨期权表示执行价格为0.585 0美元/瑞士法郎。表7-2列出了九种不同的执行价格，从0.560 0美元/瑞士法郎到0.600 0美元/瑞士法郎不等，但在该日期可获得的执行价格多于列出的执行价格。

(3) 期权费。 期权费是期权的成本或价格。8月58.5瑞士法郎看涨期权的价格为0.50美分/瑞士法郎，或0.005 0美元/瑞士法郎。期权费是期权的市场价值，因此期权的期权费、成本、价格和价值这几个词都可以互换。

8月58.5看涨期权的期权费为0.50美分/瑞士法郎，在本例中，8月58.5看跌期权的期权费也为0.50美分/瑞士法郎。由于费城证券交易所的一份期权合约金额为62 500瑞士法郎，因此一份看涨期权合约（或本例中的看跌期权）的总成本为62 500瑞士法郎 × 0.005 0美元/瑞士法郎＝312.50美元。汉斯·施密特（Hans Schmidt）是苏黎世的一位外汇投机者。汉斯作为看涨期权买方的头寸如图7-1所示。假设他购买了之前介绍的8月瑞士法郎看涨期权，执行价格为0.585美元/瑞士法郎，期权费为0.005美元/瑞士法郎。纵轴表示期权买方在到期日前几个不同瑞士法郎即期价格下的利润或亏损。

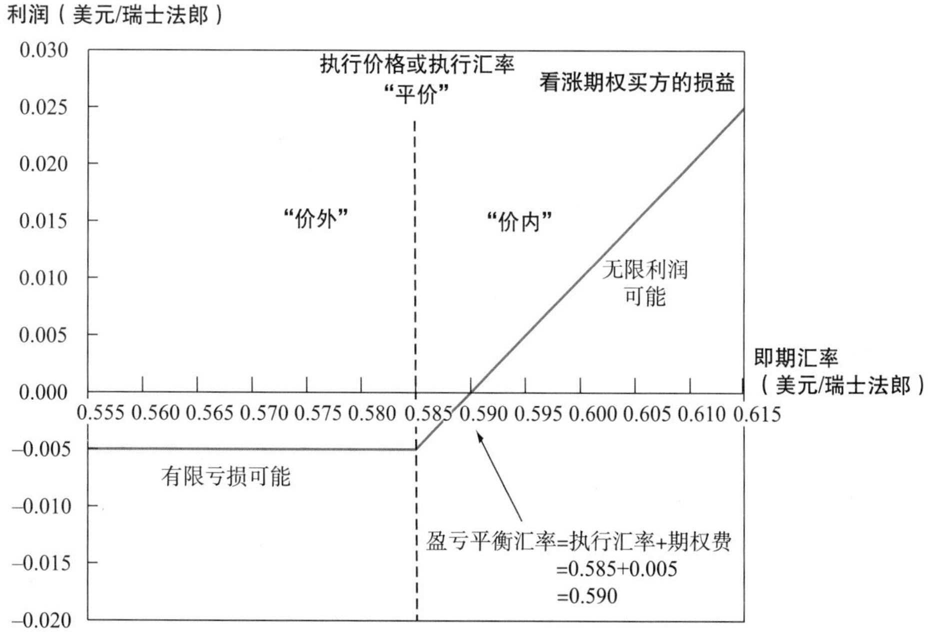

图7-1　看涨期权买方的损益

看涨期权买方有无限利润可能（价内）和有限亏损可能，亏损以期权费金额为限（价外）。

在低于执行价格 0.585 美元的所有即期价格下,汉斯将选择不执行期权。这是显而易见的,因为,例如,在 0.580 美元的即期汇率下,他宁愿在即期市场上以 0.580 美元的价格购买 1 瑞士法郎,而不是执行期权以 0.585 美元的价格购买 1 瑞士法郎。如果直到期权到期的 8 月,即期汇率都保持为 0.580 美元/瑞士法郎或以下,那么汉斯不会执行期权。他的全部损失将仅限于他为该期权支付的价格,即 0.005 美元/瑞士法郎的买价。无论即期汇率下跌多少,他的损失都不会超过最初的成本——0.005 美元/瑞士法郎。

或者,在所有即期汇率高于 0.585 美元的执行价格时,汉斯将执行期权,仅支付每瑞士法郎的执行价格。例如,如果即期汇率在到期时为 0.595 美元/瑞士法郎,他将执行看涨期权,以 0.585 美元/瑞士法郎的价格买入瑞士法郎,而不是在即期市场上以 0.595 美元/瑞士法郎的价格买入瑞士法郎。他可以立即在即期市场上以 0.595 美元/瑞士法郎的价格出售瑞士法郎,获得 0.010 美元/瑞士法郎的毛利润,或者扣除 0.005 美元/瑞士法郎的初始期权成本后,获得 0.005 美元/瑞士法郎的净利润。如果即期汇率大于执行价格,执行价格为 0.585 美元/瑞士法郎,期权费为 0.005 美元/瑞士法郎,即期汇率为 0.595 美元/瑞士法郎,则汉斯的利润为

利润＝即期汇率－(执行价格＋期权费)
＝0.595 美元/瑞士法郎－(0.585 美元/瑞士法郎＋0.005 美元/瑞士法郎)
＝0.005 美元/瑞士法郎

更有可能的是,汉斯将通过在期权交易所执行抵消合约而不是收取交割的货币来实现利润。由于瑞士法郎的美元价格可能升至无限水平(图 7-1 的右上无限空间),因此最大利润是无限的。因此,看涨期权的买方拥有有吸引力的结果组合:有限亏损可能和无限利润可能。

请注意,0.590 美元/瑞士法郎的盈亏平衡价格是汉斯执行期权时既没有利润也没有损失的价格。0.005 美元/瑞士法郎的期权费成本加上执行期权的成本 0.585 美元/瑞士法郎恰好等于在即期市场上以 0.590 美元/瑞士法郎的价格出售瑞士法郎的收入。汉斯仍将以盈亏平衡价格执行看涨期权。这是因为通过执行看涨期权,他至少可以收回为期权支付的期权费。在高于执行价格但低于盈亏平衡价格的即期价格下,执行期权并卖出基础货币所赚取的毛利润弥补了部分(但并非全部)期权费成本。

看涨期权卖方

相同看涨期权的卖方头寸如图 7-2 所示。如果期权在基础货币的即期价格低于 0.585 美元的执行价格时到期,则期权持有者不会执行期权。持权人的亏损就是卖方的利润。卖方的利润为按 0.005 美元/瑞士法郎的价格支付的所有期权费。如果在基础货币的即期价格高于 0.585 美元/瑞士法郎的执行价格时执行期权,则当瑞士法郎的价值高于 0.585 美元/瑞士法郎时,该看涨期权的卖方必须以 0.585 美元/瑞士法郎的价格交割基础货币。如果卖方卖出裸期权,也就是说,在不拥有该货币的情况下卖出期权,那么卖方将需要以即期汇率购买货币,在这种情况下,卖方将承担亏损。这种损失金额是无限的,并随着基础货币的价格上涨而增加。

持权人的利润仍然是卖方的亏损,反之亦然。即使卖方已经拥有该货币,也会遭受机

会损失，即放弃本可以在公开市场上以更高价格出售相同外汇所获利润。例如，执行价格为 0.585 美元/瑞士法郎、期权费为 0.005 美元/瑞士法郎、即期汇率为 0.595 美元/瑞士法郎的看涨期权卖方的利润为

利润＝期权费－(即期汇率－执行价格)
　　　＝0.005 美元/瑞士法郎－(0.595 美元/瑞士法郎－0.585 美元/瑞士法郎)
　　　＝－0.005 美元/瑞士法郎

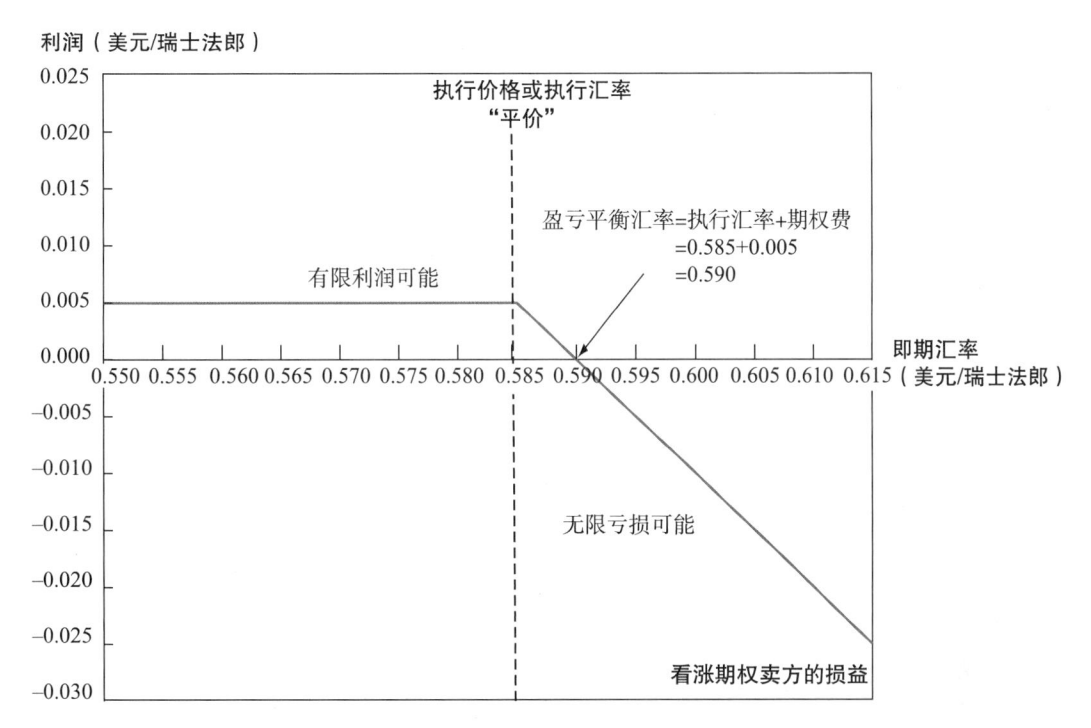

图 7－2　看涨期权卖方的损益

看涨期权卖方有无限亏损可能和有限利润可能，利润金额以期权费为限。

但只有当即期汇率大于或等于执行汇率时才能获得该利润。在低于执行价格的即期汇率下，期权到期时将没有价值，看涨期权卖方将保留获得的期权费。看涨期权卖方可以获得的最大利润仅限于期权费。看涨期权卖方有一个相当不具吸引力的潜在结果组合：有限利润可能和无限亏损可能——但通过我们在本章后面讨论的其他抵消方法，有一些办法可以限制这种亏损。

看跌期权买方

汉斯作为看跌期权买方的头寸如图 7－3 所示。这个看跌期权的基本条件类似于我们刚才用于举例说明看涨期权的基本条件。然而，看跌期权买方希望能在该货币的市场价格下跌时（而不是像看涨期权案例中那样在市场价格上涨时）以执行价格卖出基础货币。如果瑞士法郎的即期价格跌至 0.575 美元/瑞士法郎，汉斯将向卖方交割瑞士法郎并获得 0.585 美元/瑞士法郎。现在，可以在即期市场上以 0.575 美元/瑞士法郎的价格购买瑞士法郎。由于期权成本为 0.005 美元/瑞士法郎，因此他的净利润为 0.005 美元/瑞士法郎。

利润（美元/瑞士法郎）

看跌期权买方的损益　执行价格或执行汇率"平价"

"价内"　"价外"

无限利润可能

即期汇率（美元/瑞士法郎）

有限亏损可能

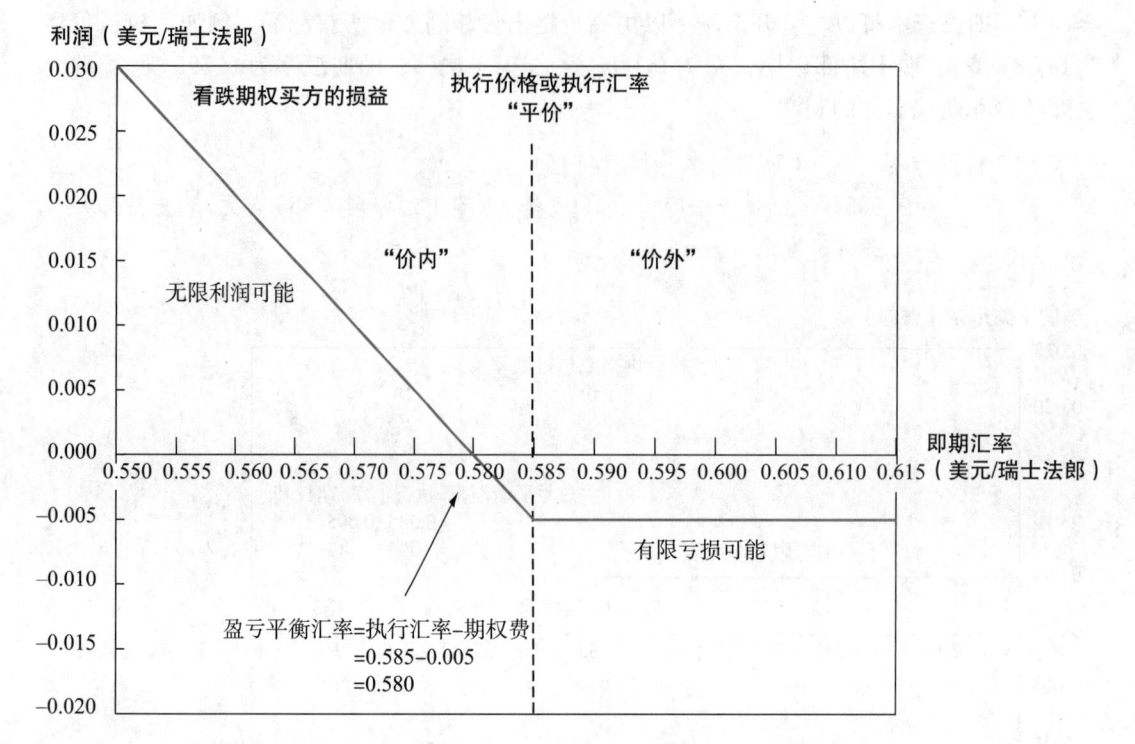

盈亏平衡汇率＝执行汇率－期权费
＝0.585－0.005
＝0.580

图7-3　看跌期权买方的损益

看跌期权买方有几乎无限的利润可能（价内）和有限亏损可能，亏损以期权费金额为限（价外）。

很明显，如果即期汇率低于执行价格，执行价格为0.585美元/瑞士法郎，期权费为0.005美元/瑞士法郎，即期汇率为0.575美元/瑞士法郎，则看跌期权持有者的利润为

利润＝执行价格－（即期汇率＋期权费）
　　＝0.585美元/瑞士法郎－（0.575美元/瑞士法郎＋0.005美元/瑞士法郎）
　　＝0.005美元/瑞士法郎

看跌期权的盈亏平衡价格是执行价格减去期权费，在本例中为0.580美元/瑞士法郎。随着即期汇率进一步跌至执行价格以下，获利可能继续增加，当瑞士法郎的价格为零时，汉斯的利润最高可达0.580美元/瑞士法郎。当汇率高于0.585美元/瑞士法郎的执行价格时，汉斯不会执行期权，因此亏损仅限于为看跌期权支付的期权费——0.005美元/瑞士法郎。看跌期权买方拥有几乎无限的利润可能，而亏损可能有限。和看涨期权买方一样，看跌期权买方的亏损永远不会超过事先支付的期权费。

看跌期权卖方

向汉斯出售看跌期权的卖方的头寸见图7-4。请注意看跌期权买方和卖方之间的损益、执行价格和盈亏平衡价格的对称性。如果瑞士法郎的即期价格跌至0.585美元/瑞士法郎以下，汉斯将执行期权。当价格低于0.580美元/瑞士法郎时——低于盈亏平衡价格，卖方损失将超过卖出期权得到的期权费（0.005美元/瑞士法郎）。当价格在0.580美元/瑞士法郎和0.585美元/瑞士法郎之间时，卖方将损失部分但并非全部期权费收入。如果即

期价格高于 0.585 美元/瑞士法郎，汉斯将不会执行期权，期权卖方将获得 0.005 美元/瑞士法郎的全部期权费。

利润（美元/瑞士法郎）

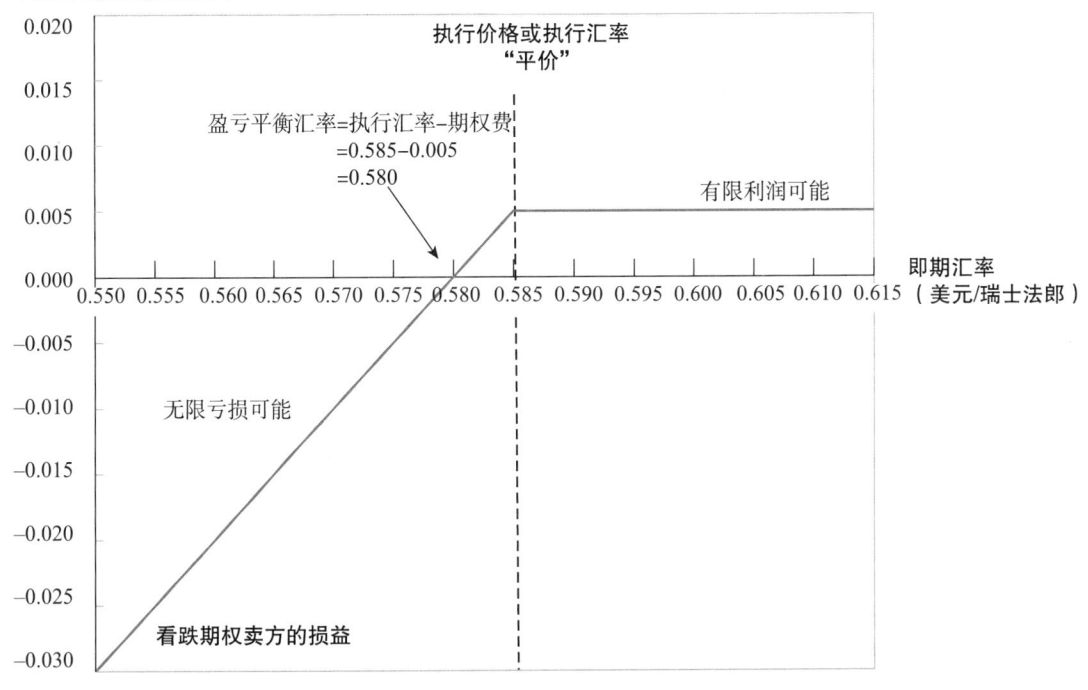

图 7-4　看跌期权卖方的损益

看跌期权卖方有无限亏损可能和有限利润可能，利润金额以期权费为限。

执行价格为 0.585 美元/瑞士法郎，期权费为 0.005 美元/瑞士法郎，即期汇率为 0.575 美元/瑞士法郎的看跌期权卖方获得的利润（或亏损）为

利润（亏损）＝期权费－（执行价格－即期汇率）
　　　　　＝0.005 美元/瑞士法郎－（0.585 美元/瑞士法郎－0.575 美元/瑞士法郎）
　　　　　＝－0.005 美元/瑞士法郎

但以上公式仅适用于小于或等于执行价格的即期汇率。在即期汇率大于执行价格的情况下，期权以价外状态到期，卖方保留期权费。看跌期权卖方拥有与看涨期权卖方相同的结果组合：有限利润可能和无限亏损可能。"全球金融实务 7-2"介绍了有史以来最大、最成功的外汇期权投机之一——安德鲁·克里格（Andrew Krieger）对新西兰元的投机。

全球金融实务 7-2

克里格对新西兰元的投机

1987 年，安德鲁·克里格 31 岁，是信孚银行的外汇交易员。1987 年 10 月美国股市崩盘

后，全球外汇市场迅速抛售美元。世界上其他许多货币——包括稳定、开放的小型工业化市场（例如新西兰）的货币——成为人们感兴趣的投资对象。随着全球外汇交易商抛售美元并购买新西兰元，新西兰元的价值大幅上涨。

克里格认为市场反应过度。他做空新西兰元，押注其价值最终将下跌。他的交易手笔很大，结合了即期头寸、远期头寸和期权头寸。（据称，克里格获得批准的持仓量升至近7亿美元，而信孚银行其他所有交易商的头寸仅限于5 000万美元。）克里格代表信孚银行声称已卖空2亿新西兰元——超过新西兰当时的全部货币供应。他的观点被证明是正确的。新西兰元价值下跌，克里格为信孚银行赚取了数以百万美元计的外汇收益。讽刺的是，仅仅几个月后，克里格在宣布年终奖时从信孚银行辞职，据报道，他从3亿多美元的利润中仅获得了300万美元的报酬。

最终，新西兰中央银行向信孚银行提起投诉。当时信孚银行的首席执行官查尔斯·S. 小桑福德（Charles S. Sanford Jr.）似乎在伤口上撒了一把盐，据报道他评论说："我们为信孚银行持有的头寸并不太多，但我们对这个市场持有的头寸可能太多了。"

7.3　期权定价和估值

图7-5显示了欧式英镑看涨期权的损益情况。该看涨期权允许持有者以1.70美元/英镑的执行价格购买英镑。它的期限为90天。该看涨期权的价值实际上是两个部分之和：

$$总价值（期权费）＝内在价值＋时间价值$$

任何外汇期权的定价都包含六个要素。例如，即期汇率为1.70美元/英镑时，该欧式英镑看涨期权的期权费为0.033美元/英镑（3.3美分/英镑）。该期权费是使用以下假设计算出来的：即期汇率为1.70美元/英镑，期限为90天，远期汇率为1.70美元/英镑，美元和英镑的年利率均为8.00%，90天期期权的年波动率为10.00%。

如果立即执行期权，则内在价值为财务收益。如图7-5所示，直至达到执行价格，它都为零，然后线性上升（即期汇率每增加1美分，内在价值就增加1美分）。当期权为价外期权时，即当执行价格高于市场价格时，内在价值将为零，因为执行期权不会获得任何收益。当即期汇率升至执行价格以上时，内在价值变为正，因为执行期权时期权至少为该内在价值。在到期日，期权的价值等于其内在价值（剩余时间为零意味着时间价值为零）。

图7-5和表7-3说明了在一系列即期汇率中，执行价格为1.70美元/英镑的90天期英镑看涨期权的所有三个价值要素。当即期汇率为1.75美元/英镑时，期权为价内期权，且有正的时间价值（1.37美分/英镑）和内在价值（5.000美分/英镑）。当即期汇率为1.70美元/英镑——与期权执行汇率相同时，期权为平价期权，没有内在价值，但有时间价值（3.30美分/英镑）。当即期汇率为1.65美元/英镑时，期权为价外期权，没有内在价值，但有时间价值（1.37美分/英镑）。

期权存在时间价值是因为基础货币的价格——即期汇率——可能在期权到期之前向价

内方向变化。如图7-5所示，时间价值为期权总价值与其内在价值之间的区域。投资者今天将为价外期权（即零内在价值）支付某个价格，以换取即期汇率在到期前变化足够大以至于其成为价内期权的机会。因此，期权的价格总是高于其内在价值，因为总存在——有人可能会说"但愿永远存在"——内在价值在到期日之前上升的机会。

执行价格为1.70美元/英镑的英镑看涨期权在90天期内第一天的价值

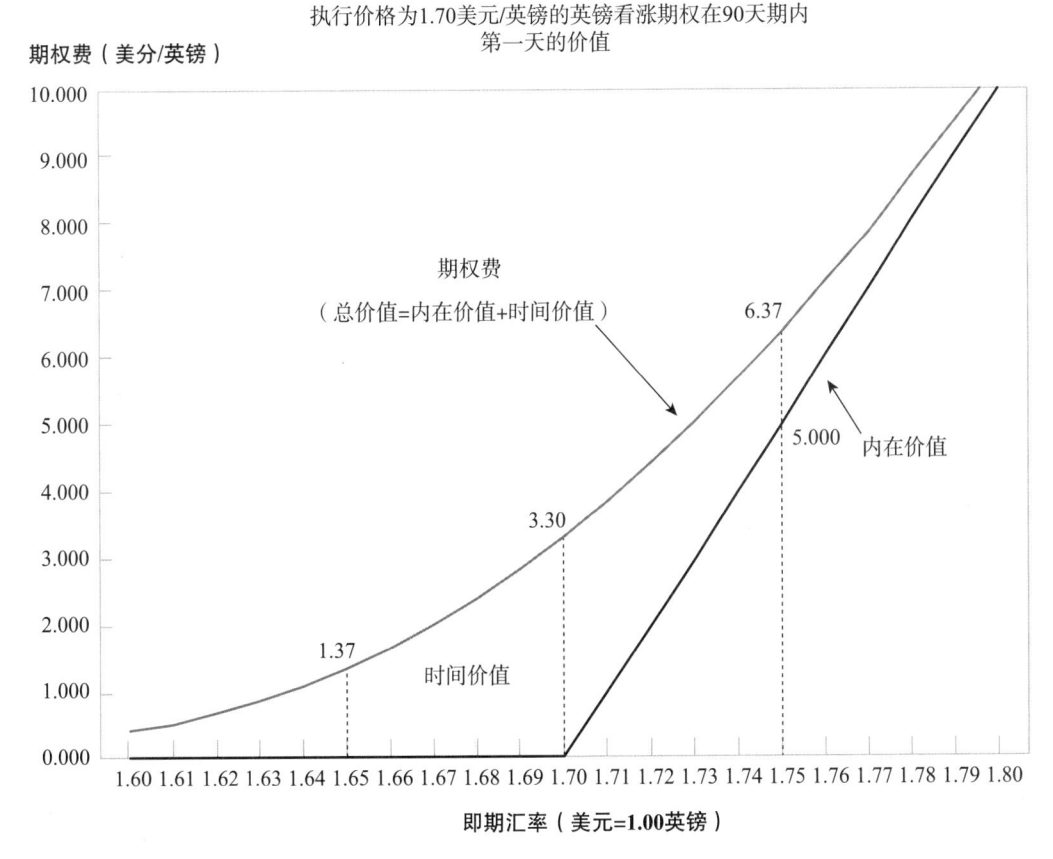

图 7-5 期权的内在价值、时间价值和总价值

表 7-3 看涨期权期权费的组成部分：内在价值与时间价值

执行汇率（美元/英镑）	即期汇率（美元/英镑）	货币	看涨期权的期权费（美分/英镑）	=	内在价值（美分/英镑）	+	时间价值（美分/英镑）	期权 delta（0~1）
1.70	1.75	价内（ITM）	6.37	=	5.00	+	1.37	0.71
1.70	1.70	平价（ATM）	3.30	=	0.00	+	3.30	0.50
1.70	1.65	价外（OTM）	1.37	=	0.00	+	1.37	0.28

投资者今天将为价外期权（即零内在价值）支付某个价格，以换取即期汇率在到期前变化足够大以至于其成为价内期权的机会。因此，期权价格总是高于其内在价值，因为总存在内在价值在到期日前上升的机会。

199

7.4 外汇期权价格的敏感度

无论是为了进行投机还是风险管理（后面的章节中将进行介绍），如果要有效使用外汇期权，交易者都需要了解期权价值——期权费——如何对其各组成部分做出反应。本节将分析这六种基本敏感度：

(1) 远期汇率变化的影响；
(2) 即期汇率变化的影响；
(3) 距到期时间的影响；
(4) 波动率变化的影响；
(5) 利差变化的影响；
(6) 其他期权执行价格的影响。

远期汇率敏感度

尽管很少有人注意到，但标准外汇期权的定价是围绕远期汇率进行的，因为当前即期汇率以及国内利率和国外利率（本币利率和外币利率）都包含在期权费计算中。

第4章曾经指出，远期汇率是根据当前即期汇率和所需期限的两种目标货币利率计算得出的。例如，前面介绍的英镑看涨期权的90天期远期汇率计算方法如下：

$$F_{90} = 1.70 \text{ 美元/英镑} \times \frac{1 + 0.08 \times \frac{90}{360}}{1 + 0.08 \times \frac{90}{360}} = 1.70 \text{ 美元/英镑}$$

无论选择的具体执行汇率是多少，定价如何，远期汇率都是估值的核心。期权定价公式计算的是以远期汇率为中心的主观概率分布。这种方法并不意味着市场预期远期汇率等于未来即期汇率；它只是期权套利定价结构的结果。

以远期汇率为核心还为交易者管理头寸提供了有用的信息。当市场对外汇期权定价时，它对外币相对于本币的价值变化方向没有任何看涨或看跌情绪。如果交易者对未来即期汇率变化方向有特定预期，那么这些预期就可能发挥作用。交易者并不具有逆市投机的内在倾向。在下一节中，我们还将介绍货币之间的利差变化（远期汇率的理论基础）如何改变期权价值。

即期汇率敏感度（delta）

表7-3中描绘的英镑看涨期权期权费在以执行汇率为中心的整个即期汇率范围内均高于期权内在价值。只要该期权距到期还有剩余时间，该期权就拥有该时间价值要素。这一特征是美式期权（可以在到期日以及到期日之前的任何一天执行的期权）很少在到期日前实际执行的主要原因之一。如果期权持有者希望变现期权获得其价值，通常会出售而不是执行期权，这样持有者也可以获得剩余时间价值。如果当前即期汇率落在导致期权持有者在到期时执行期权的期权执行价格一侧，那么该期权也具有内在价值。如图7-5所示，

当即期汇率高于1.70美元/英镑时看涨期权为价内期权，当即期汇率为1.70美元/英镑时看涨期权为平价期权，当即期汇率低于1.70美元/英镑时看涨期权为价外期权。

英镑看涨期权的市场价值与内在价值的垂直距离在即期汇率为1.70美元/英镑时达到最大值。在1.70美元/英镑的汇率上，即期汇率等于执行价格（平价期权）。3.30美分/英镑的期权费完全由时间价值组成。实际上，目前为价外状态的期权的价值完全由时间价值构成。期权执行价格的价外程度越高，期权的价值或期权费越低。这是因为市场认为该期权的价值在到期前实际进入执行范围的概率明显小于已经处于平价状态的期权。如果即期汇率跌至1.68美元/英镑，则期权费将降至2.39美分/英镑——这仍然完全是时间价值。如果即期汇率高于执行汇率，升至1.72美元/英镑，则期权费将上涨至4.39美分/英镑。在这种情况下，期权费代表内在价值2.00美分（1.72美元/英镑－1.70美元/英镑）加上2.39美分的时间价值要素。请注意执行汇率左侧和右侧的时间价值溢价（2.39美分）的对称性。

通过将期权费分解为内在价值和时间价值，可以看出期权价值相对于执行汇率的对称性。表7-3说明了当前即期汇率围绕1.70美元/英镑的执行汇率变化±0.05美元时如何改变每个期权的内在价值和时间价值。

期权费对即期汇率小幅变化的敏感度被称为delta。例如，当即期汇率从1.70美元/英镑变为1.71美元/英镑时，执行汇率为1.70美元/英镑的看涨期权的delta为期权费的变化除以即期汇率的变化：

$$\text{Delta} = \frac{\Delta \text{期权费}}{\Delta \text{即期汇率}} = \frac{0.038 \text{ 美元/英镑} - 0.033 \text{ 美元/英镑}}{1.71 \text{ 美元/英镑} - 1.70 \text{ 美元/英镑}} = 0.5$$

如果已知特定期权的delta，则可以轻松确定期权价值如何随着即期汇率的变化而变化。如果即期汇率变化1美分（0.01美元/英镑），给定delta为0.5，则期权费将变化0.5×0.01美元，即0.005美元。如果初始期权费为0.033美元/英镑，即期汇率上涨1美分（从1.70美元/英镑涨至1.71美元/英镑），则新的期权费为0.033美元＋0.005美元＝0.038美元/英镑。对于看涨期权，delta在0～1之间变化；对于看跌期权，delta在－1～0之间变化。

期权交易者按期权的delta而非价内、平价或价外对期权进行分类。随着期权价内程度的加深，如表7-3中的价内期权，delta将上升并趋向于1.0（在本例中升至0.71）。随着期权价外程度的加深，delta将下降并趋向于0。请注意，表7-3中价外期权的delta仅为0.28。[①]

经验法则：delta越高（0.7或0.8及以上的delta被认为是高delta），期权以价内状态到期的概率越大。

距到期时间：价值与期权费降低（theta）

期权价值随着距到期时间的延长而增加。距到期时间的微小变化导致的预期期权费变

---

① 即期汇率的微小变化导致的期权delta的预期变化被称为gamma。它通常被用于衡量特定期权的delta的稳定性。gamma被用于设计以delta为重点的复杂对冲策略（delta中性策略）。

化被称为 theta。

通过计算期权费随时间的变化，即可计算出 theta。如果执行价格为 1.70 美元/英镑的看涨期权从其最初的 90 天期限起已经存续了 1 天，那么该看涨期权的 theta 是两个期权费——3.30 美分/英镑和 3.28 美分/英镑——之差（假设即期汇率为 1.70 美元/英镑）：

$$\text{theta} = \frac{\Delta \text{期权费}}{\Delta \text{时间}} = \frac{3.30 \text{ 美分/英镑} - 3.28 \text{ 美分/英镑}}{90 - 89} = 0.02$$

theta 不是基于与时间的线性关系，而是基于与时间平方根的线性关系。期权费在期权临近到期时会以加速度减少。事实上，大部分期权费——取决于具体期权——将在到期前最后 30 天内消失。

期权费与时间的这种指数关系可以从 3 个月期平价期权和 1 个月期平价期权的价值比中看出来。该平价看涨期权价值之比不是 3 比 1（保持所有其他因素不变），而是 1.73：

$$\frac{3 \text{ 个月期期权的期权费}}{1 \text{ 个月期期权的期权费}} = \frac{\sqrt{3}}{\sqrt{1}} = \frac{1.73}{1.00} = 1.73$$

通过再次计算执行价格为 1.70 美元/英镑的看涨期权的 theta，可以看出期权价值在到期前最后几天快速下降，但现在剩余期限从 15 天变为 14 天：

$$\text{theta} = \frac{\Delta \text{期权费}}{\Delta \text{时间}} = \frac{1.37 \text{ 美分/英镑} - 1.32 \text{ 美分/英镑}}{15 - 14} = 0.05$$

距到期时间减少一天，现在会使期权费降低 0.05 美分/英镑，而不是像期限为 90 天时仅为 0.02 美分/英镑。

对于交易者而言，时间价值下降的影响非常显著。购买了距到期仅一两个月的期权的交易者将发现期权价值迅速下降。如果交易者随后打算卖出期权，那么在购买期权之后，它的市场价值会立即大幅减少。而与此同时，购买较长期限的期权的交易者将为该期权支付更多期权费，但期权费并不成比例增加。6 个月期期权的期权费比 1 个月期期权的期权费贵约 2.45 倍，而 12 个月期期权的期权费仅比 1 个月期期权的期权费贵 3.46 倍。这意味着两个 3 个月期期权不等于一个 6 个月期期权。

经验法则：交易者通常发现，期限越长的期权价值越高，使交易者能改变期权头寸而不会使时间价值大幅下降。

对波动率的敏感度（lambda）

金融领域中很少有比波动率更频繁地被使用和滥用的词。期权波动率的定义为基础汇率日变化率的标准差。波动率对期权价值很重要，因为汇率被认为可能进入或超出执行期权的汇率范围。如果汇率波动率上升，因而期权被执行的风险增加，那么期权费将增加。

波动率以年百分比表示。例如，我们可能称某只期权的年波动率为 12.6%。一天的波动率可以计算如下：

$$\frac{12.6\%}{\sqrt{365}} = \frac{12.6\%}{19.105} = \text{日波动率 } 0.66\%$$

对于执行价格为 1.70 美元/英镑的看涨期权，年波动率增加 1 个百分点——例如，从 10.0% 增加到 11.0%——将使期权费从 0.033 美元/英镑增至 0.036 美元/英镑。期权费的边际变化等于期权费本身的变化除以波动率的变化：

$$\frac{\Delta\text{期权费}}{\Delta\text{波动率}}=\frac{0.036\text{ 美元/英镑}-0.033\text{ 美元/英镑}}{0.11-0.10}=0.30$$

波动率的主要问题是它是无法观察的；它是期权定价公式中唯一的输入值，由为期权定价的交易者主观决定。它并不存在唯一正确的计算方法。问题在于预测；历史波动率不一定是未来汇率变化波动率的准确预测指标，但除了历史波动率以外，几乎没有可供参考的指标。

我们可以通过三种方法考察波动率：历史波动率，其中波动率来自最近一段时期；前瞻性波动率，它改变了历史波动率以反映对期权未来存续时期的预期；隐含波动率，其中波动率是根据期权的市场价格得出的。

历史波动率。历史波动率通常以过去 10 天、30 天甚至 90 天内的每天、每 6 小时或每 12 小时的即期汇率波动率来衡量。

前瞻性波动率。期权交易者也可以根据预期市场波动或市场事件向上或向下调整近期历史波动率。

如果期权交易者认为不久以后的波动率将与不久以前的波动率相同，那么历史波动率将等于前瞻性波动率。但是，如果预期未来时期的波动率更高或更低，则必须更改历史波动率以便为期权定价。

隐含波动率。隐含波动率相当于有待检验的答案；隐含波动率是根据市场上交易的期权的期权费价值计算得出的。由于波动率是期权费中唯一无法观察的要素，因此在计算出其他所有部分后，就能得出价格隐含的波动率数值。

表 7-4 列出了若干货币对的部分隐含波动率。该表清楚地表明，不同货币的期权波动率存在很大差异，波动率与期限（距到期时间）之间的关系并不只朝一个方向变化。例如，第一个汇率报价，美元/欧元交叉汇率，最初从 8.1% 的周波动率降到 7.4% 的 1 个月期波动率和 2 个月期波动率，然后升至 9.3% 的 3 年期波动率。

表 7-4 外币隐含波动率（%）

（交叉）货币	符号	1 周	1 个月	2 个月	3 个月	6 个月	1 年	2 年	3 年
欧元	EUR	8.1	7.4	7.4	7.4	7.8	8.5	9.0	9.3
日元	JPY	12.3	11.4	11.1	11.0	11.0	11.2	11.8	12.7
瑞士法郎	CHF	8.9	8.4	8.4	8.4	8.9	9.5	9.8	9.9
英镑	GBP	7.7	7.3	7.2	7.1	7.3	7.5	7.9	8.2
加拿大元	CAD	6.4	6.4	6.3	6.4	6.7	7.1	7.4	7.6
澳大利亚元	AUD	11.2	10.7	10.5	10.3	10.4	10.6	10.8	11.0
英镑/欧元	GBPEUR	6.7	6.4	6.5	6.4	6.8	7.3	7.6	7.8
欧元/日元	EURJPY	11.6	11.1	11.2	11.3	11.8	12.6	13.4	14.1

注：这些隐含波动率是 2013 年 9 月 30 日即当月最后一个工作日上午 11 点部分货币的"平价"买卖报价的中间汇率平均值。

资料来源：纽约联邦储备银行。

由于波动率是期权卖方贡献的唯一判断因素，因此它们在期权定价中起着至关重要的作用。所有货币对的历史数据都有助于形成期权卖方的期望。但最终，真正有天分的期权卖方是那些凭借直觉和洞察力为期权有效定价的人。

与所有期货市场一样，期权波动率会立即对不稳定的经济和政治事件（或谣言）做出消极反应。平价期权的波动率加倍将导致期权价格同样加倍。多数外汇期权交易者的活动聚焦于预测短期汇率波动变化上，因为短期汇率变化导致的价格变化最大。例如，海湾战争爆发后几个月内、1992年9月欧洲货币体系陷入危机时、1997年9月亚洲金融危机爆发之后、2001年9月美国遭受恐怖袭击之后的几天里，以及2008年9月全球金融危机爆发后的几个月中，期权波动率都大幅上升。在所有情况下，主要交叉货币组合的期权长期波动率都升至近20%。因此，期权费成本也相应上升。

经验法则：认为近期波动率将大幅下降的交易者现在将卖出期权，希望在波动率下降导致期权费下跌之后立即回购期权以获利。

对利差变化的敏感度（rho 和 phi）

在本节开始时，我们指出人们关注的外汇期权价格和价值以远期汇率为核心。反过来，远期汇率基于之前第6章讨论的利率平价理论。任何货币的利率变化都会改变远期汇率，进而改变期权的期权费或价值。国内（本币）利率的微小变化导致的预期期权费变化是 rho。外国（外币）利率的微小变化导致的预期期权费变化是 phi。

继续我们的数字例子，美元利率从 8.0% 升至 9.0% 将使英镑平价看涨期权的期权费从 0.033 美元/英镑升至 0.035 美元/英镑。因此 rho 值为＋0.2。

$$\text{rho} = \frac{\Delta\text{期权费}}{\Delta\text{美元利率}} = \frac{0.035\text{美元/英镑} - 0.033\text{美元/英镑}}{9.0\% - 8.0\%} = 0.2$$

外国利率同样增长 1%，在这种情况下，英镑汇率将使期权价值（期权费）从 0.033 美元/英镑降至 0.031 美元/英镑。因此，该看涨期权期权费的 phi 为 －0.2。

$$\text{phi} = \frac{\Delta\text{期权费}}{\Delta\text{外国利率}} = \frac{0.031\text{美元/英镑} - 0.033\text{美元/英镑}}{9.0\% - 8.0\%} = -0.2$$

例如，在整个20世纪90年代，美元（本币）利率远远低于英镑（外币）利率。这意味着英镑远期一直以相对于美元远期的折价出售。如果这种利差扩大（美国利率下降或外币利率上升，或两者兼而有之），英镑远期将以更大的折价出售。远期折价的增加额与远期汇率（以美元/外币表示）的减少额相同。之前概述的期权费条件表明，随着利差的增加，期权费必然增加（假设即期汇率保持不变）。

对期权交易者而言，对利差的预期显然有助于评估期权价值的走向。例如，当外国利率高于国内利率时，外汇远期以折价出售。这导致看涨期权的期权费降低（看跌期权的期权费也会降低）。

经验法则：购买外汇看涨期权的交易者应在国内利率上升之前购买该期权。这将使交易者能赶在期权价格上涨之前购买期权。

其他执行价格和期权费

期权估值中重要的第六个要素也是最后一个要素（但幸好它没有希腊符号）是实际执行价格的选择。尽管我们在所有敏感性分析中均使用1.70美元/英镑的执行价格（平价远期执行汇率），但是在场外交易市场上购买期权的公司可以选择自己的执行汇率。执行汇率已经处于价内状态的期权将同时具有内在价值要素和时间价值要素。执行汇率处于价外状态的期权将只有时间价值要素。

表7-5简要总结了前面章节中讨论的各种"希腊符号"要素和影响。期权费是金融理论中最复杂的概念之一，将期权定价应用于汇率并没有使它变得更简单。只有投入相当多的时间和精力，投资者才能在外汇期权头寸管理中获得"第二感"。

表7-5 期权费组成部分总结

希腊字母	定义	解释
delta	即期汇率小幅变化时的预期期权费变化	delta越高，期权越可能朝价内变化
theta	距到期时间小幅变化时的预期期权费变化	在最后30天左右之前期权费相对不敏感
lambda	波动率小幅变化时的预期期权费变化	期权费随波动率增加而增加
rho	国内利率小幅变化时的预期期权费变化	国内利率上升导致看涨期权的期权费增加
phi	外国利率小幅变化时的预期期权费变化	外国利率上升导致看涨期权的期权费下降

谨慎实践

在接下来的章节中，我们将说明如何使用衍生产品降低与跨国财务管理相关的风险。然而，至关重要的是，任何金融工具或金融技术（包括金融衍生产品）的使用者都应采用稳健的原则和实务。许多公司因滥用衍生产品而毁于一旦。一点忠告：不要成为人们常说的赌徒困境（混淆运气与天分）的牺牲品。与金融衍生产品相关的重大财务灾难仍然困扰着全球企业。正如现代社会中的许多问题一样，问题不是技术，而是使用者的错误——人为使用错误。"全球金融实务7-3"介绍了期权使用过程中的人为错误。

全球金融实务7-3

通用汽车与菲亚特的看跌期权

期权理论长期以来一直被用于企业战略。20世纪90年代末，全球汽车业经历了一段整合期。由于汽车业试图应对不断增加的成本和产能过剩，戴姆勒·奔驰（德国）和克莱斯勒（美国）等公司进行了合并。通用汽车似乎一直被冷落，但通用汽车并没有表现出希望进行交易的真正紧迫感。

然而，在2000年年初，戴姆勒·克莱斯勒提出收购菲亚特汽车（意大利）。这在市场和机遇方面对通用汽车形成了威胁。通用汽车迅速与菲亚特签署了一项联盟协议。该协议涉及股票交换，通用汽车持有菲亚特汽车20%的股权，菲亚特持有通用汽车5.1%的股权，此外双方还成立了多家工程开发和采购合资企业。

该协议还包括一份看跌期权。该看跌期权赋予菲亚特将其剩余股份（通用汽车未持有的剩余80%股权）出售给通用汽车的权利，该权利从签订协议的3年半后开始生效，在签订协议9年后到期。虽然目前尚不清楚是否其中任何一方希望通用汽车真正收购菲亚特，但菲亚特的领导层认为该看跌期权是一种对未来无法盈利的情况的保险，但双方都认为该看跌期权被执行的可能性很小。

2004年秋，菲亚特的命运呈现出极为惨淡的前景，破产迫在眉睫。菲亚特开始公开讨论这样一个事实，即它认为有权将自己卖给通用汽车（看跌期权）。通用汽车回应称其不认为该条款是可以强制执行的（通用汽车并不想购买菲亚特），并且还威胁说，如果必须收购菲亚特，通用汽车很可能会让菲亚特倒闭。这让意大利的汽车工人坐不住了。意大利的汽车工人于2004年12月举行罢工，反对让菲亚特倒闭或将其出售给通用汽车。2005年1月，争论甚嚣尘上。

2005年2月13日，在著名的"情人节取消协议事件"中，通用汽车和菲亚特宣布它们已同意终止协议，包括撤销看跌期权并剥离两家公司的合资企业。然而，取消价格全由通用汽车承担。通用汽车向菲亚特支付了23亿美元以取消该协议。

要点总结

■ 外汇期货合约是标准化远期合约。然而，与远期合约不同，期货交易发生在有组织的交易所，而不是发生在银行和客户之间。

■ 期货也需要担保品，通常通过购买抵消头寸来结算。

■ 由于使用和头寸维护很简单，公司财务经理通常更偏好外汇远期而非外汇期货。由于期货市场的流动性较高，金融投机者通常更偏好外汇期货而非外汇远期。

■ 外汇期权是指赋予持权人在规定到期日或规定到期日之前以事先确定的价格买入（在看涨期权的情况下）或卖出（在看跌期权的情况下）规定金额的外汇的权利而非义务。

■ 期权买方使用外汇期权作为投机工具是因为随着基础货币价格上涨（对于看涨期权）或下跌（对于看跌期权），期权价值将增加。当基础货币的价格变化方向与期望方向相反时，期权买方的损失金额仅限于期权费。

■ 期权卖方使用外汇期权作为投机工具是因为期权费。如果期权——看跌期权或看涨期权——以价外状态到期（无价值），期权卖方将获得并保留全部期权费。

■ 投机是指试图通过交易对未来价格的预期来获利。在外汇市场上，人们通过持有外汇头寸然后平仓来投机；只有当汇率变化方向与投机者预期相同时才会产生利润。

■ 外汇期权估值，即期权费的确定，是当前即期汇率、规定的执行汇率、远期汇率（其本身取决于当前即期汇率和利差）、汇率波动率和距到期时间的复杂组合。

■ 期权总价值是其内在价值和时间价值之和。内在价值取决于期权的执行价格与任何一个时点上的当前即期汇率之间的关系，而时间价值估计了期权到期前内在价值将如何——朝好的方向——变化。

迷你案例

触碰生效（失效）期权与韩元[①]

> 这种可能性源于一条没有写入任何法律书籍的国际法基本原则：在极端情况下，当地人获胜。
>
> ——"Bad Trades, Except in Korea," by Floyd Norris,
> *The New York Times*, April 2, 2009.

从 2006 年、2007 年直到 2008 年，韩国出口商对汇率趋势并不是特别满意。多年来，韩元（KRW）对美元一直在缓慢但稳定地升值。对于韩国制造商而言，这是一个大问题，因为它们的大部分销售收入是买方以美元支付的出口收入。随着美元持续疲软，每美元折合的韩元越来越少——而且几乎所有成本都以韩元计价。韩国银行为了满足这些对冲需求，开始出售和推广触碰生效（失效）期权（KiKos）协议。

触碰生效（失效）期权

许多韩国制造商的销售利润率已经下降多年。它们在竞争激烈的市场上经营，而在货币结算后，韩元升值进一步削减了它们的利润率。正如图 A 所示，韩元多年来的交易区间一直很窄。但这很难让人宽心，因为 1 000 韩元/美元与 930 韩元/美元的差异已经很大了。

韩国银行已经开始推广触碰生效（失效）期权作为这种外汇风险的一种管理方式。触碰生效（失效）期权是一种复杂的期权结构，它结合了卖出韩元看涨期权（触碰生效部分）和买入美元看跌期权（触碰失效部分）。然后，这些结构建立了图 A 中银行和出口商认为韩元汇率应保持的交易区间。出售这些结构的银行一再向韩国公司保证，韩元今年几乎 100% 确定将保持在该交易区间内。

但这不是触碰生效（失效）期权结构的全部。该区间的底部基本上是美元保护性看跌期权，它确保如果韩元确实继续升值，出口商能以规定汇率出售美元。该执行汇率被规定为接近当前市场汇率的水平，因此相当昂贵。为了筹措购买资金，以触碰生效汇率卖出的看涨期权是以某个倍数卖出的（有时称为增强特性），这意味着出口商以货币敞口金额的倍数（有时是两倍或三倍）出售看涨期权。出口商被"过度对冲"。该倍数使为购买看跌期权提供资金的看涨期权获得了更多利润，并提供了更多资金以实现最终的触碰生效（失效）期权特征。最后一个特征是，只要汇率保持在界内，触碰生效（失效）期权就保证出口商能以某个"优于市场的汇率"用美元兑换韩元。因此，当即期市场汇率可能仅为 910 韩元/美元时，这种组合结构让韩国出口商可以继续以 980 韩元＝1.00 美元的汇率用美元兑换韩元。

然而，这不是"锁定汇率"。汇率必须保持在上限和下限之间才能获得更高的"担保"汇率。如果即期汇率大幅降低到触碰失效汇率以下，则触碰失效特征将使协议失效。这尤为麻烦，因为这正是出口商需要获得保护的范围。在上限之上——触碰生效特征，即期汇率升至触碰生效汇率以上，出口商必须以规定汇率向银行交割美元，尽管这种方向的变化实际上对出口商有利。而且，由于出售了多倍敞口，因此触碰生效头寸的潜在成本基本上是无限的，这使出口商处于纯粹投机状态。

[①] 2015 年©亚利桑那州立大学雷鸟全球管理学院版权所有。本案例由迈克尔·H. 莫菲特教授编写，仅用于课堂讨论。

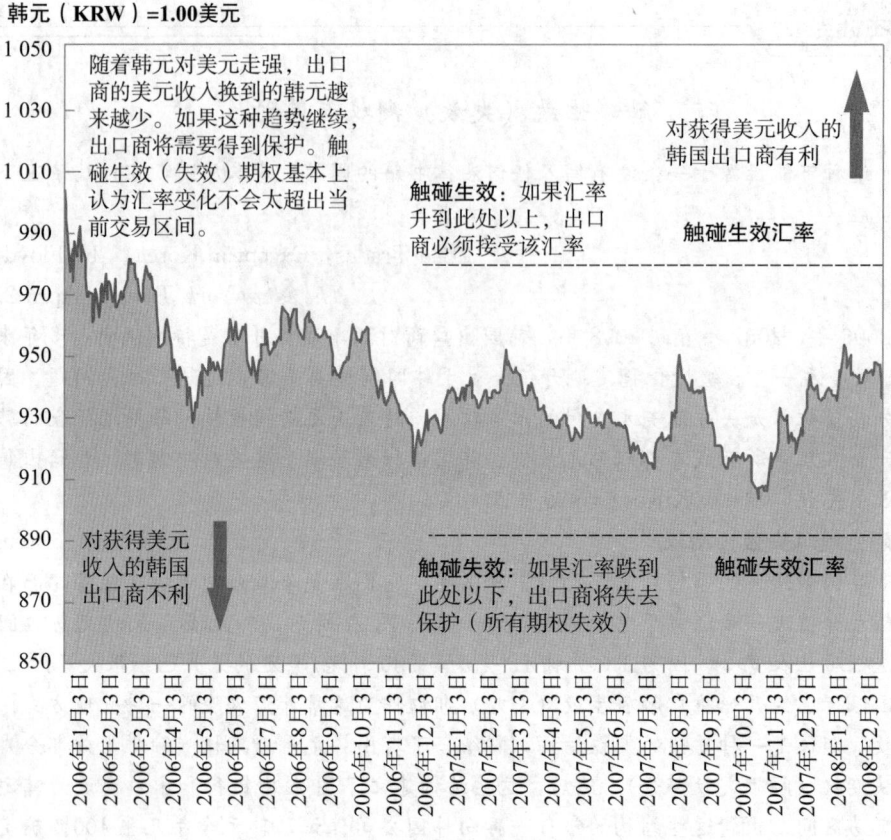

图 A　韩元的稳定升值

2008 年和金融危机

没过多久，一切都开始出岔子。2008 年春，韩元对美元价值开始迅速下跌。如图 B 所示，韩元即期汇率迅速突破典型的触碰生效汇率上限。2008 年 3 月，韩元对美元汇率超过 1 000 韩元/美元。卖出的触碰生效看涨期权被执行而不利于韩国制造商。损失是巨大的。截至 8 月底，也就是美国金融危机爆发前几天，据估计韩国出口商在触碰生效（失效）期权上的亏损已经超过 1.7 万亿韩元（约合 16.7 亿美元）。本应对出口商有利的汇率变化现在产生了巨额损失。

Caveat Emptor（买家自慎）

巨额损失很快使韩国法院收到成百上千起诉讼。购买触碰生效（失效）期权的韩国制造商起诉韩国银行以避免遭受亏损，这在很多情况下会使公司破产。

出口商认为，韩国银行向它们出售了它们不了解的复杂产品。这种不了解至少体现在两个不同层面。首先，许多触碰生效（失效）期权合约只有英文版，而许多韩国买家都不懂英文。这些合约使用英文的原因是触碰生效（失效）期权最初并不是由韩国银行设计的。它们由一些大型西方对冲基金设计，然后它们通过韩国银行销售这些产品，韩国银行销售的触碰生效（失效）期权越多，获得的费用也越多。然而，韩国银行对于触碰生效（失效）期权有支付责任；如果出口公司没有或不能进行支付，银行将不得不进行支付。

其次，出口商认为，银行并未向它们充分解释与触碰生效（失效）期权相关的风险，尤其是名义本金为基础风险敞口多倍的触碰生效风险。出口商认为，韩国银行有责任向它们充分解释风险——更重要的是——只向它们出售适合其需求的产品。（根据美国法律，这被称为信托责任。）韩国银行则认为它们没有这种责任，无论如何，它们已经充分解释了风险。银行辩称，这不是新手买家不了解复杂产品的情况；买卖双方都非常精明，能够理解这些结构的复杂运作和风险。

韩元（KRW）=1.00美元

2008年8月30日，出口商承受了超过1.7万亿韩元（约合16.7亿美元）的外汇亏损

2008年春，韩元对美元价值开始下跌——激活触碰生效汇率

触碰生效汇率

触碰失效汇率

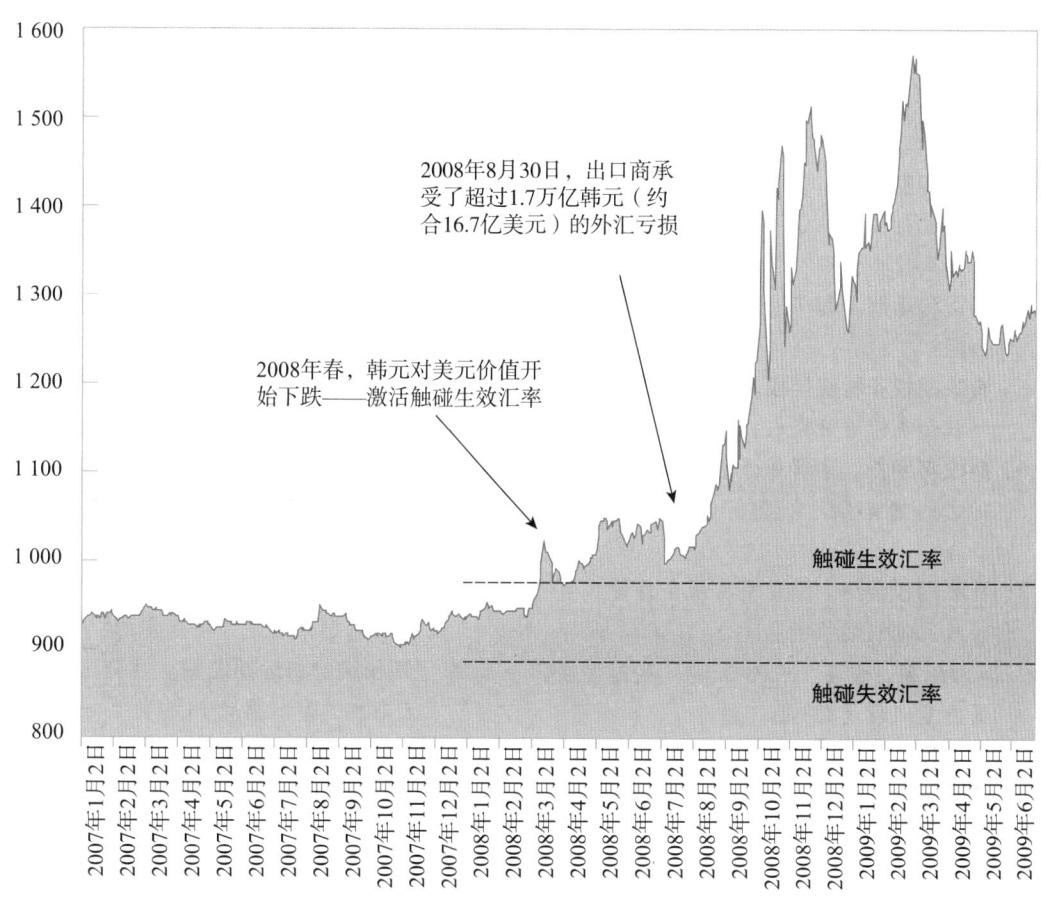

图 B　韩元的下跌和触碰生效

事实上，银行已经详细解释了出口商如何平仓然后限制亏损，但出口商选择不这样做。最终，韩国法院在某些案件中支持出口商，而在另一些案件中支持银行。法院遵循的一条原则是，当出口商"所处环境发生了变化"因而无法预见即期汇率的变化，且导致的亏损过大时，则做出有利于出口商的判决。但是仍有一些公司损失惨重，例如，通用大宇损失了11.1亿美元。一些韩国银行也遭受了重大损失，并且事实上可能助长了2008年的金融危机从美国和欧盟转移到世界上许多新兴市场。

迷你案例问题

1. 购买触碰生效（失效）期权的韩国出口公司的预期和担忧是什么？
2. 向客户提供和推广这些衍生产品的银行的责任是什么？银行是否有责任保护客户的利益？在这种情况下，您认为谁有过错？
3. 如果您是一家咨询公司的顾问，负责解释外汇衍生产品的使用，您会从这个案例中吸取什么教训，您将如何与客户沟通？

问题

7.1 外汇期货。 什么是外汇期货？

7.2 期货术语。 请解释以下合约要素在国际商业中的意义和潜在重要性：
 a. 名义本金；
 b. 保证金；
 c. 盯市。

7.3 多头和空头。 如何利用外汇期货对汇率变化进行投机？多头和空头在这种投机中起到什么作用？

7.4 期货和远期。 如何比较外汇期货和外汇远期？

7.5 看跌期权和看涨期权。 请定义英镑看跌期权和英镑看涨期权。

7.6 期权与期货。 请解释外汇期权和外汇期货之间的差异，以及何时使用它们最适合。

7.7 看涨期权合约。 假设交易所交易美式英镑看涨期权的执行价格为 1.460，明年 3 月到期，现在报价为 3.67。这对潜在买方意味着什么？

7.8 期权费、价格和成本。 期权价格、期权价值、期权费和外汇期权成本之间的差异是什么？

7.9 三种价格。 每份外汇期权合约的三种不可或缺的不同价格或"汇率"是什么？

7.10 卖出期权。 为什么有人明知期权费收益是固定的，但如果基础价格朝错误方向变化亏损可能非常大，还会卖出期权？

7.11 决策价格。 一旦购买了期权，只有两种价格或汇率影响持权人的决策过程。它们是哪两种价格？为什么？

7.12 期权现金流和时间。 本币为美元的投资者的欧元看涨期权相关现金流发生在不同时点。它们是哪些时点？时间要素有多重要？

7.13 期权估值。 期权的价值为其内在价值与时间价值之和。请解释这些术语的含义。

7.14 时间价值下降。 期权价值会随着时间的推移而下降，但并不是均匀下降。请解释这对期权估值意味着什么。

7.15 期权价值和价格。 期权常常被称为价内期权、平价期权或价外期权。这是什么意思？它是如何确定的？

7.16 期权定价和远期汇率。 远期汇率与外汇期权的期权费之间的关系或联系是什么？

7.17 期权 delta。 什么是期权 delta？当期权是价内期权、平价期权或价外期权时，它将如何变化？

7.18 历史波动率与隐含波动率。 历史波动率和隐含波动率之间有什么区别？

习题

7.1 仙人掌基金（Saguaro Funds）的托尼·比盖伊（Tony Begay）。 芝加哥仙人掌基金的外汇交易员托尼·比盖伊使用以下英镑（£）期货报价推测英镑价值。

习题 7.1 仙人掌基金的托尼·比盖伊

英镑期货，美元/英镑（芝加哥商品交易所） 1 份合约=62 500 英镑

期限	开盘价	最高价	最低价	结算价	价格变化	历史最高价	未平仓合约数量
3 月	1.424 6	1.426 8	1.421 4	1.422 8	0.003 2	1.470 0	25 605
6 月	1.416 4	1.418 8	1.414 6	1.416 2	0.003 0	1.455 0	809

a. 如果托尼买入 6 月 5 日英镑期货，且到期时的即期汇率为 1.398 0 美元/英

镑，那么他的头寸价值是多少？

b. 如果托尼卖出 3 月 12 日英镑期货，且到期时的即期汇率为 1.456 0 美元/英镑，那么他的头寸价值是多少？

c. 如果托尼买入 3 月 3 日英镑期货，且到期时的即期汇率为 1.456 0 美元/英镑，那么他的头寸价值是多少？

d. 如果托尼卖出 6 月 12 日英镑期货，且到期时的即期汇率为 1.398 0 美元/英镑，那么他的头寸价值是多少？

7.2 **劳拉·塞万提斯（Laura Cervantes）**。我们在本章遇到的外汇投机者劳拉·塞万提斯以表 7-1 中的收盘价卖出了 8 份规格为 500 000 比索的 6 月期货合约。

a. 如果期末的即期汇率为 0.120 00 美元/比索，那么她在到期时的头寸价值是多少？

b. 如果期末的即期汇率为 0.098 00 美元/比索，那么她在到期时的头寸价值是多少？

c. 如果期末的即期汇率为 0.110 00 美元/比索，那么她在到期时的头寸价值是多少？

7.3 **雅加达的高茜茜**。高茜茜是雅加达苏门答腊基金的外汇交易员。她几乎将所有时间和注意力都用来跟踪美元/新加坡元（$/S$）的交叉汇率。当前即期汇率为 0.600 0 美元/新加坡元。经过大量研究后，她得出的结论是，新加坡元对美元将在未来 90 天内升值，可能达到约 0.700 0 美元/新加坡元。她有以下新加坡元期权可供选择：

期权	执行价格 （美元/新加坡元）	期权费 （美元/新加坡元）
新加坡元 看跌期权	0.650 0	0.000 03
新加坡元 看涨期权	0.650 0	0.000 46

a. 茜茜应该买新加坡元看跌期权还是新加坡元看涨期权？

b. 茜茜在第（a）问中购买的期权的盈亏平衡价格是多少？

c. 根据第（a）问的答案，如果 90 天结束时的即期汇率确实为 0.700 0 美元/新加坡元，那么茜茜的毛利润和净利润（包括期权费）是多少？

d. 根据第（a）问的答案，如果 90 天结束时的即期汇率为 0.800 0 美元/新加坡元，那么茜茜的毛利润和净利润（包括期权费）是多少？

7.4 **日内瓦的卡宾斯基资本（Kapinsky Capital）(A)**。克里斯托弗·霍菲曼（Christoph Hoffeman）是日内瓦卡宾斯基资本的外汇交易员。克里斯托弗开始时有 1 000 万美元，他必须在每笔投机结束时列明所有利润，30 天远期汇率为 1.335 0 美元/欧元。

a. 如果克里斯托弗认为欧元对美元将继续升值且预期在 30 天结束时即期汇率为 1.360 0 美元/欧元，他应该怎么做？

b. 如果克里斯托弗认为欧元对美元将贬值且预期在 30 天结束时即期汇率为 1.280 0 美元/欧元，他应该怎么做？

7.5 **日内瓦的卡宾斯基资本（B）**。卡宾斯基资本的克里斯托弗·霍菲曼现在认为瑞士法郎对美元将在未来 3 个月内升值。他有 100 000 美元可以投资。当前即期汇率为 0.582 0 美元/瑞士法郎，3 个月期远期汇率为 0.564 0 美元/瑞士法郎，他预期 3 个月后的即期汇率将达到 0.625 0 美元/瑞士法郎。

a. 假设克里斯托弗采用了纯即期市场投机策略，请计算他的预期利润。

b. 假设克里斯托弗买入或卖出 3 个月期瑞士法郎远期，请计算他的预期利润。

7.6 **基科·佩莱（Kiko Peleh）的看跌期权**。基科·佩莱卖出了一份执行价格为 0.008 000 美元/日元（125.00 日元/美元)、期权费为 0.008 0 美分/日元、6 个月后到期的日元看跌期权。期权价值为 12 500 000 日元。如果期末即期汇率为 110 日元/美元、115 日元/美元, 120 日元/美元、125 日元/美元、130 日元/美元、135 日元/美元和 140 日元/美元, 那么基科在期权到期时的利润或亏损是多少？

7.7 **查韦斯公司（Chavez S. A.）**。委内瑞拉的查韦斯公司希望借入 8 000 000 美元, 为期 8 周。纽约、英国和瑞士的潜在贷款人报出的年利率为 6.250%, 它们分别使用国际欧洲债券、英国欧洲债券和瑞士欧洲债券的利息定义（天数计算惯例）。虽然这三个外汇市场在计算利率时均假设一年为 360 天, 但美国市场和英国市场使用特定时期内的确切天数, 在本例中为 56 天, 而瑞士市场则使用每月为 30 天的标准假设。查韦斯公司应该从哪个来源借钱?

7.8 **梵蒂冈资本（Vatic Capital）**。卡奇塔·海恩斯（Cachita Haynes）是洛杉矶梵蒂冈资本公司的外汇投机者。她预期美元将对日元显著升值, 因此她最近的投机头寸旨在根据该预期获利。当前即期汇率为 120.00 日元/美元。她必须在以下 90 天期日元期权之间做出选择：

期权	执行价格 （日元/美元）	期权费 （日元/美元）
日元看跌期权	125	0.004 69
日元看涨期权	125	0.071 98

a. 卡奇塔应该买入日元看跌期权还是日元看涨期权？

b. 卡奇塔在第（a）问中买入的期权的盈亏平衡价格是多少？

c. 根据您对第（a）问的答案, 如果 90 天结束时的即期汇率为 140 日元/美元, 那么卡奇塔的毛利润和净利润（包括期权费）是多少?

7.9 **亨里克（Henrik）的期权**。假设亨里克以 3.80 美分/欧元（0.038 0 美元/欧元）的期权费卖出一份执行价格为 1.250 0 美元/欧元, 3 个月后到期的欧元看涨期权。该期权的面值为 100 000 欧元。假设执行价格从 1.10 美元/欧元升至 1.40 美元/欧元, 每次升值幅度为 0.05 美元, 当欧元以上述执行价格即期交易时, 请计算亨里克在到期前执行期权的利润或亏损。

7.10 **贝克街（Baker Street）**。亚瑟·道尔（Arthur Doyle）是伦敦私人投资公司贝克街的外汇交易员。贝克街的客户是一群富有的私人投资者, 每人最低投资额为 250 000 英镑, 他们希望对外汇走势进行投机。投资者的预期年收益率超过 25%。虽然该公司地址位于伦敦, 但所有账户和预期值均以美元计价。

亚瑟确信英镑价值将在未来 30~60 天显著下跌——可能达到 1.320 0 美元/英镑。当前即期汇率为 1.426 0 美元/英镑。亚瑟希望买入英镑看跌期权, 这将使他的投资者获得 25% 的收益率。您建议他购买以下哪些期权？请证明您选择的是执行价格、期限和预付期权费的最优组合。

执行价格 （美元/英镑）	期限 （天）	期权费 （美元/英镑）
1.36	30	0.000 81
1.34	30	0.000 21
1.32	30	0.000 04
1.36	60	0.003 33
1.34	60	0.001 50
1.32	60	0.000 60

7.11 加拿大帝国商业银行（CIBC）的卡兰德拉·帕纳加科斯（Calandra Panagakos)。卡兰德拉·帕纳加科斯在多伦多的 CIBC 货币基金工作。卡兰德拉属于逆向投资者——与大多数预测相反,她认为未来 90 天加拿大元(C$)相对于美元将升值。当前即期汇率为 0.675 0 美元/加拿大元。卡兰德拉可以在以下加拿大元期权之间进行选择。

期权	执行价格 (美元/加拿大元)	期权费 (美元/加拿大元)
加拿大元 看跌期权	0.700 0	0.000 03
加拿大元 看涨期权	0.700 0	0.000 52

a. 卡兰德拉应该买入加拿大元看跌期权还是加拿大元看涨期权?

b. 第(a)问中卡兰德拉买入的期权的盈亏平衡价格是多少?

c. 根据您对第(a)问的答案,如果 90 天后的即期汇率实际为 0.760 0 美元/加拿大元,那么卡兰德拉的毛利润和净利润(包括期权费)是多少?

d. 根据您对第(a)问的答案,如果 90 天后的即期汇率为 0.825 0 美元/加拿大元,那么卡兰德拉的毛利润和净利润(包括期权费)是多少?

为您自己的期权定价

您可以从 www.pearson.com/mylab/finance 找到标题为"外汇期权定价"(FX Option Pricing)的 Excel 工作簿。该工作簿有五张电子表格,用于为以下五种货币对的外汇期权定价(工作簿中的美元/欧元电子表格见下表):美元/欧元、美元/日元、欧元/日元、美元/英镑和欧元/英镑。请使用工作簿中的相应电子表格回答习题 7.12~习题 7.16。

习题 7.12~习题 7.16　为您自己的期权定价

	欧元外汇期权定价			
	一家希望买入或卖出欧元(外币)的美国公司		一家希望买入或卖出美元(外币)的欧洲公司	
	变量	值	变量	值
即期汇率(本币/外币)	S_0	1.248 0	S_0	0.801 3
执行汇率(本币/外币)	X	1.250 0	X	0.800 0
国内利率(年利率%)	r_d	1.453	r_d	2.187
国外利率(年利率%)	r_f	2.187	r_f	1.453
时间(年,365 天)	T	1.000	T	1.000
等值天数		365.00		365.00
波动率(年波动率%)	s	10.500	s	10.500
看涨期权的期权费(本币/外币)	c	0.046 1	c	0.036 6
看跌期权的期权费(本币/外币)(欧式定价)	p	0.057 0	p	0.029 5
看涨期权的期权费(%)	c	3.69	c	4.56
看跌期权的期权费(%)	p	4.57	p	3.68

7.12 美元/欧元。 上页表显示了 1 年期欧元看涨期权,执行汇率为 1.25 美元/欧元,买方支付的价格为 0.063 2 美元/欧元,即 4.99%。但假设即期汇率为 1.267 4 美元/欧元时的波动率为 12.000%。如果即期汇率降至 1.248 0 美元/欧元,那么当波动率降至 10.500% 时,相同看涨期权的价格是多少?

7.13 美元/日元。 假设初始值如外汇期权定价工作簿所列,一家日本公司购买金额为 750 000 美元的看跌期权的本币期权费是多少?

7.14 欧元/日元。 一家法国公司向一家日本半导体公司出口产品,因此预期将在 90 天后收到 1 040 万日元。该公司购买执行价格为 0.007 2 欧元/日元的日元看跌期权总共需要支付多少?

7.15 美元/英镑。 假设外汇期权定价工作簿中的美元/英镑交叉汇率初始值不变,如果期限从 90 天增加到 180 天,英镑看涨期权的价格是多少?期限加倍后,该期权的价格增长率是多少?

7.16 欧元/英镑。 如果外汇期权定价工作簿中列出的初始值中,欧元利率变为 4.000%,那么有权以欧元购买英镑的看涨期权的期权费将如何变化?

网络练习　　　　　部分习题答案

请扫描二维码或登录中国人民大学出版社官网 www.crup.com.cn 下载。

附录　外汇期权定价理论

这里提出的外汇期权模型是欧式期权,它是布莱克和斯科尔斯(1972),考克斯和罗斯(Cox and Ross,1976),考克斯、罗斯和鲁宾斯坦(Cox,Ross,and Rubinstein,1979),加曼和科尔哈根(Garman and Kohlhagen,1983),博杜塔和库尔塔东(Bodurtha and Courtadon,1987)的研究成果。虽然我们没有说明以下期权定价模型的理论推导,但布莱克和斯科尔斯推导出的原始模型基于无风险对冲投资组合的形式,该投资组合由一个证券、资产或货币的多头和一个欧洲看涨期权组成。该模型的预期收益率的解为期权费。

欧式看涨期权定价的基本理论模型为:

$$C = e^{-r_f T} S N(d_1) - E e^{-r_d T} N(d_2)$$

其中,

　　C = 欧式看涨期权的期权费
　　e = 连续时间贴现

$S=$即期汇率(美元/外币)
$E=$执行汇率
$T=$距到期时间
$N=$累计正态分布函数
$r_f=$外国利率
$r_d=$国内利率
$\sigma=$资产价格的标准差(波动率)
$\ln=$自然对数

两个密度函数 d_1 和 d_2 的定义为：

$$d_1=\frac{\ln\left(\frac{S}{E}\right)+\left(r_d-r_f+\frac{\sigma^2}{2}\right)T}{\sigma\sqrt{T}}$$

和

$$d_2=d_1-\sigma\sqrt{T}$$

重新整理该式，用远期汇率表示欧式看涨期权的期权费：

$$C=e^{-r_f T}FN(d_1)-e^{-r_d T}EN(d_2)$$

其中，即期汇率和外国利率已被远期汇率 F 替代，第一项和第二项均在连续时间内贴现（e）。如果我们现在稍做简化，就会发现期权费是两个累积正态密度函数之差的现值。

$$C=[FN(d_1)-EN(d_2)]e^{-r_d T}$$

现在，两个密度函数定义为：

$$d_1=\frac{\ln\left(\frac{F}{E}\right)+\left(\frac{\sigma^2}{2}\right)T}{\sigma\sqrt{T}}$$

和

$$d_2=d_1-\sigma\sqrt{T}$$

根据每个公式解出 d_1 和 d_2，即可确定欧式看涨期权的期权费。根据下式即可推导出欧式看跌期权的期权费 P：

$$P=\{F[N(d_1)-1]-E[N(d_2)-1]\}e^{-r_d T}$$

欧式看涨期权：数字例子

期权费的实际计算过程并不像之前的公式看上去那样复杂。假设基础汇率和利率的值如下，期权费的计算过程是相对简单的。

即期汇率＝1.700 0 美元/英镑

90天期远期汇率＝1.700 0美元/英镑
执行汇率＝1.700 0美元/英镑
美元利率＝8.00%（年利率）
英镑利率＝8.00%（年利率）
时间（天数）＝90
标准差（波动率）＝10.00%
e（无限贴现）＝2.718 28

首先推导出两个密度函数的值：

$$d_1 = \frac{\ln\left(\frac{F}{E}\right) + \left(\frac{\sigma^2}{2}\right)T}{\sigma\sqrt{T}} = \frac{\ln\left(\frac{1.700\ 0}{1.700\ 0}\right) + \left(\frac{0.100\ 0^2}{2}\right) \times \frac{90}{365}}{0.100\ 0 \times \sqrt{\frac{90}{365}}} = 0.025$$

和

$$d_2 = 0.025 - 0.100\ 0 \times \sqrt{\frac{90}{365}} = -0.025$$

然后，在累积正态概率表中查到d_1和d_2的值：

$N(d_1) = N(0.025) = 0.51$
$N(d_2) = N(-0.025) = 0.49$

有"远期平价"执行汇率的欧式看涨期权的期权费为：

$$C = (1.700\ 0 \times 0.51 - 1.700\ 0 \times 0.49) \times 2.718\ 28^{-0.08 \times (90/365)} = 0.033(美元/英镑)$$

这就是看涨期权的期权费、价格、价值或成本。

第 8 章
利率风险与利率互换

> 对市场和金融机构的信心就像氧气一样。当你拥有它时,你甚至想不起来它。但它必不可少。你可能很多年都想不起来它,但只要它消失五分钟,你脑子中就只有它。对信贷市场和金融机构的信心已经流失。
> ——沃伦·巴菲特,2008 年 10 月 1 日接受查理·罗斯(Charlie Rose)的采访;
> 摘自 CNBC 发布的采访稿

学习目标

8.1 解释利率的基础,包括利率计算和参考利率
8.2 确定政府(主权借款人)和公司借款人的债务成本
8.3 分析利率风险并分析各种利率管理方法
8.4 探讨利率期货和远期利率协议在管理利率风险中的应用
8.5 分析如何使用利率互换管理跨国企业的利率风险

所有企业——无论是国内企业还是跨国企业,小型企业还是大型企业,杠杆化企业还是非杠杆化企业——对利率变化都很敏感。虽然存在各种利率风险,但本书的重点是非金融(非银行)跨国企业的财务管理。这些跨国企业所在的国际金融市场主要由利率和汇率决定,这些理论联系建立在第 6 章的平价关系上。现在,我们将转向利率结构和在多货币利率环境中经营的公司面临的挑战。

本章关于利率基础的第一节详细介绍了所有跨国企业交易中使用的各种参考利率和浮动利率。然后,本章介绍了政企利率关系,它决定了资本成本和资本可得性。第三节重点关注跨国企业面临的各种形式的利率风险。第四节和第五节详细介绍了如何用各种金融衍生工具(包括利率互换)管理这些利率风险。本章结尾的迷你案例"阿根廷与秃鹰基金"举例说明了主权国家试图摆脱过高负债和债务违约并实现经济复苏时所面临的风险。

8.1 利率基础

我们对利率的讨论从某些定义开始,即国际利率计算实务和参考利率的使用。

利率计算

国际利率计算是在全球借款或投资的公司首先关注的重要问题。根据计算时使用的时期天数以及一年中天数定义（用于财务目的）的不同，利率计算方法也有所不同。表 8-1 举例说明了对于年利率为 5.500%、期限恰好为 28 天的 1 000 万美元贷款，三种不同计算方法如何算出不同的 1 个月期利息。

第一个例子为国际惯例，使用一个财政年度为 360 天、1 个月为 28 天的假设。结果是利息为 42 777.78 美元：

$$0.055 \times 10\ 000\ 000 \text{ 美元} \times (28/360) = 42\ 777.78 \text{ 美元}$$

但是，如果使用瑞士惯例（欧洲债券）计算利率，即假设 1 个月为 30 天，则同样是 1 个月期的利息成本将为 45 833.33 美元，高出 3 055.56 美元。显然，计算方法很重要。

参考利率：LIBOR

参考利率——例如美元 LIBOR——是标准报价、贷款协议或金融衍生产品估值中使用的利率。人们使用的大部分参考利率是被广泛引用的银行同业利率、主要金融机构之间的隔夜贷款利率、日贷款利率或多日贷款利率。LIBOR 或现在有时所称的 ICE LIBOR 是伦敦银行同业拆借利率，是最为广泛使用和引用的基准利率。第二个参考利率来源是政府借款利率。美国国库券利率、中期债券利率和长期债券利率就是这种常用参考利率。

LIBOR 由洲际交易所（ICE）基准管理局（IBA）管理，LIBOR 报价涉及五种不同货币：美元（USD）、欧元（EUR）、英镑（GBP）、日元（JPY）和瑞士法郎（CHF）。此外，LIBOR 报价还涉及七种不同期限：隔夜、一周、1 个月、2 个月、3 个月、6 个月和 12 个月。数十年来，LIBOR 均由英国银行家协会计算和公布，但正如"全球金融实务 8-1"所述，发生该专栏所述的欺诈行为之后，管理方式发生了变化。

洲际交易所基准管理局在收集和计算 LIBOR 时遵循非常严格审慎的过程。每家接受每日调查的银行都需要根据以下问题提交 LIBOR：贵行可以按什么利率借入资金？其方式是否为恰好在伦敦时间上午 11 点前对合理市场规模资金的银行同业拆借利率询价然后接受报价？这要求银行报告其认为能以怎样的最低利率获得特定期限、特定币种的资金。"合理市场规模"这个短语故意做了模糊处理，因为典型交易规模经常变化，这些交易的价值根据不同币种会有很大差异。

在全球常用的利率报价中，所有 ICE LIBOR 均按年利率报价。例如，使用表 8-1 中介绍的惯例，隔夜英镑利率报价为 2.000 00% 表示某家银行预期将对贷款本金支付的利率为 2% 除以 365。

表 8-1 国际利率计算

惯例	期内天数	日/年	贷款金额为 1 000 万美元，年利率为 5.500%	
			使用的天数	利息金额（美元）
国际惯例	确切天数	360	28	42 777.78
英国惯例	确切天数	365	28	42 191.78

续表

惯例	期内天数	日/年	贷款金额为1 000万美元,年利率为5.500%	
			使用的天数	利息金额(美元)
瑞士(欧洲债券)惯例	假设为30天/月	360	30	45 833.33

注:根据一个时期内天数定义(例如,1个月中的实际天数还是标准的1个月30天)以及一年内天数定义(360天还是365天)的不同,国际利率计算方法也有所不同。例如,许多国家沿用出现计算器或计算机之前使用的方法,因为用1个月30天除以一年360天比除以365天容易得多。该示例重点介绍了对于年利率为5.500%、确切贷款期为28天的1 000万美元贷款,不同方法如何计算出不同的1个月期利息。

全球金融实务8-1

出问题的LIBOR

> 我的意思是说,LIBOR已死。
> ——Mervyn King, Bank of England Governor, Press conference on Central Bank's Financial Stability Report, 2012.

没有哪个利率比LIBOR对全球金融市场的运行更重要了。但早在2007年,大西洋两岸银行同业市场的一些参与者就开始怀疑LIBOR存在问题。几十年来,LIBOR一直在英国银行家协会(BBA)的主持下发布。

流程

每天,作为报价银行的16家大型跨国银行需要提交无担保银行同业市场上的估计借款利率,然后按三个步骤收集、修改和公布这些利率。

在第一步中,LIBOR报价银行将在伦敦时间上午11:10之前提交估计借款利率。这些利率被直接提交给汤森路透,汤森路透代表英国银行家协会执行该程序。在第二步中,汤森路透去掉所提交利率中最低25%和最高25%的利率。然后,它使用剩余的50%借款利率报价计算不同期限和币种的平均利率。在第三步也是最后一步中,英国银行家协会在20分钟后,即伦敦时间上午11:30公布当天的伦敦银行同业拆借利率。

同样的流程被用于发布一系列期限的多币种LIBOR。3个月和6个月是最重要的期限,因为它们广泛用于各种贷款协议和衍生产品协议,美元和欧元则是使用最广泛的货币。

问题

然而,这里有一些问题。首先是银行所提交利率的源头。这些利率基于"估计借款利率",目的是避免仅报告实际交易,因为许多银行可能不会每天进行所有期限和币种的实际交易。结果从源头上看,每家银行提交的利率就有任意性。

其次,银行——具体来说就是银行内部的货币市场和衍生产品交易员——有一些利益受到银行当天报告的借款成本的影响。其中一个例子就是2008年9月信贷危机全面爆发时,银行同业市场上银行的担忧。当一家银行报告它被其他银行收取更高利率时,实际上是自我报告市场评估其风险增加。用一位分析师的话来说,就像"在脖子上挂一块牌子,上面写着我有传染病"。

市场分析师估计,许多LIBOR报价银行报告的借款利率比整个金融危机期间的实际利率低30~40个基点。虽然法院文件继续在揭示市场操纵的深度,但人们仍不知道这些市场操纵在多大程度上取得了成功。最后，英国银行家协会 LIBOR 的众多问题导致现在采用了新的 ICE LIBOR 计算方法。

然而，银行同业利率市场并不局限于伦敦。每个交易日，全球共有 35 种不同的 LIBOR 利率报价。最常见的报价是 3 个月期美元利率。多数主要国内金融中心都有自己的当地贷款协议银行同业拆借利率。仅举数例，这些利率包括 PIBOR（巴黎银行同业拆借利率）、MIBOR（马德里银行同业拆借利率）和 SIBOR（新加坡银行同业拆借利率）。

图 8-1 显示了过去几十年的 3 个月期美元 LIBOR。它的变化范围显然很大，从 20 世纪 80 年代后期的超过 11⅜变为 2008 年金融危机后的接近 0。唯一最引人注目的利率特征是 LIBOR 下跌如何导致重大经济衰退。这是理解公司贷款需求和实践的关键。由于经济放缓且新投资前景下滑，各种形式的债务需求都有所下降，利率也有所下降。在图 8-1 中还可以看到在 2008—2009 年金融危机之后使用的量化宽松政策（QE），它将流动性注入了金融体系。

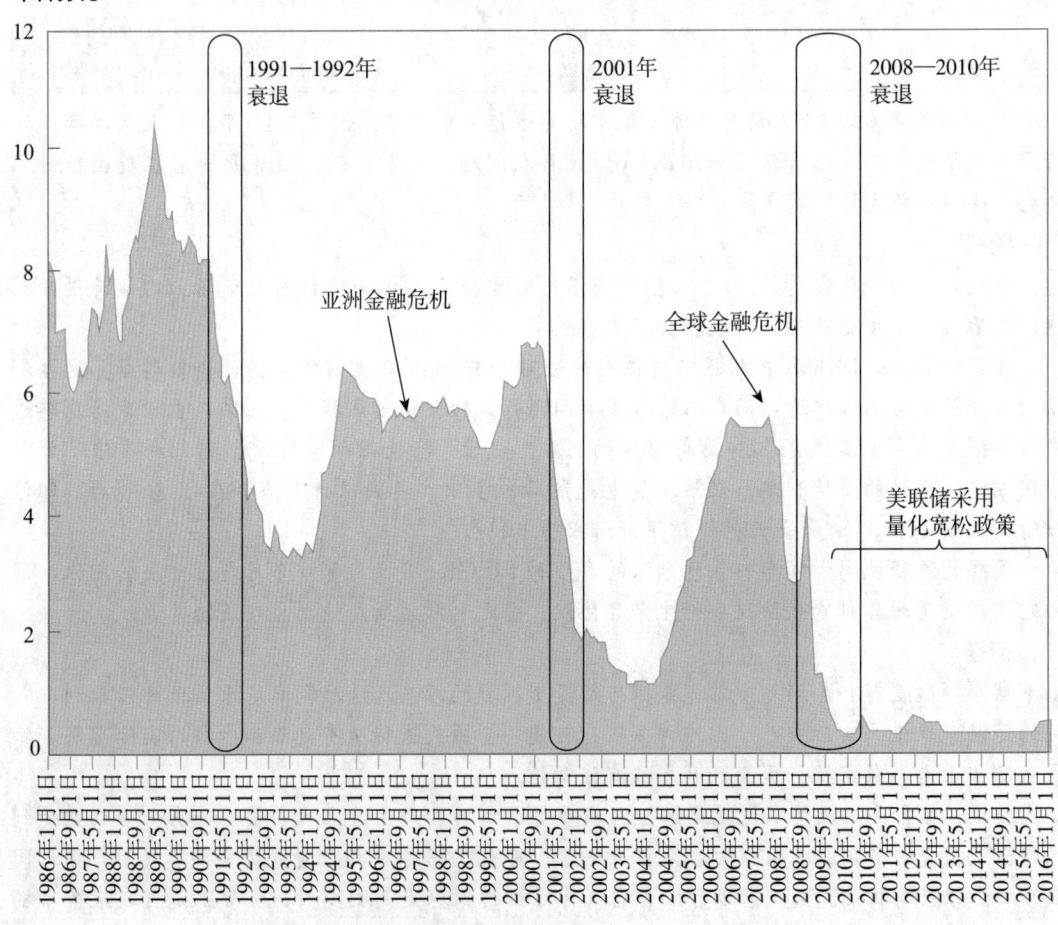

图 8-1　3 个月期美元 LIBOR（月度数据，1986—2016 年）

资料来源：LIBOR 数据来自圣路易斯联邦储备银行的美联储经济数据（FRED）。

但是，正如我们在第6章中指出的，在国际平价条件中，利率是依具体货币而定的。图8-2非常明确地显示出这一点，它给出了全球五大金融市场（美元、欧元、瑞士法郎、英镑和日元）的3个月期LIBOR利率。这里，短期利率的真实波动率很清晰，因为在过去短短15年中，这些主要的贷款利率基础已从近7.00%跌至接近或——在最近某些情况下——低于零。

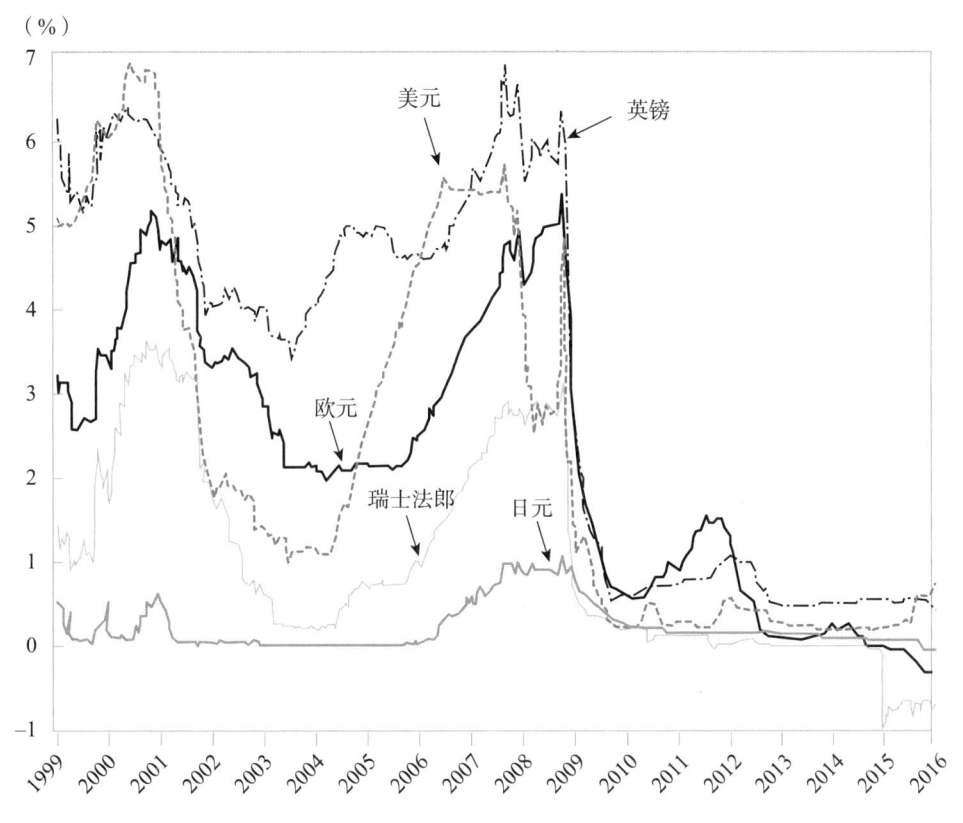

图8-2　部分货币的3个月期LIBOR（月度数据，1999年1月——2016年8月）

8.2　债务成本

借款人，无论是政府还是公司，都拥有自己的信用质量——市场对其及时偿还债务能力的评估。这些信用评估根据资本成本和资本获取渠道的差异给出了不同评级。这意味着这些借款人不仅支付不同的借款利率（不同的利率），而且能获得的资本或债务金额也不同。

因此，任何借款人的债务成本都包含两个组成部分：基准利率（LIBOR等参考利率或美国国库券等无风险利率）$k_{\text{美国}}^{\$}$，加上反映具体借款人信用质量评估结果的信用风险溢价$RPM_{\text{评级}}^{\$}$。举借美元债务的美国借款人的债务成本（$k_{\text{债务}}^{\$}$）为

$$k_{\text{债务}}^{\$}=k_{\text{美国}}^{\$}+RPM_{\text{评级}}^{\$}$$

信用风险溢价代表借款人的信用风险。在信贷市场上，这种溢价通常基于借款人的信用评级，它由主要信用评级机构——穆迪、标准普尔和惠誉——之一评定。表8-2概述了这些信用评级。虽然每家评级机构都采用不同的方法，但它们都考虑了一套标准的共同特征，包括企业所在的行业、收入的多样性和可持续性、当前负债水平，以及过去、现在和未来的经营业绩。

表8-2 信用评级与资金成本

投资级	穆迪	标准普尔	惠誉	5年期平均利率	与国债利率的利差*
优级	Aaa	AAA	AAA	1.92%	0.18%
高级	Aa1	AA+	AA+	2.24%	0.50%
高级	Aa2	AA	AA		
高级	Aa3	AA−	AA−		
中高级	A1	A+	A+	2.35%	0.61%
中高级	A2	A	A		
中高级	A3	A−	A−		
中低级	Baa1	BBB+	BBB+	2.81%	1.07%
中低级	Baa2	BBB	BBB		
中低级	Baa3	BBB−	BBB−		
投机级					
投机级	Ba1	BB+	BB+	4.69%	2.95%
投机级	Ba2	BB	BB		
投机级	Ba3	BB−	BB−		
高度投机级	B1	B+	B+	7.01%	5.27%
高度投机级	B2	B	B		
高度投机级	B3	B−	B−		
显著风险	Caa1	CCC+	CCC	8.56%	6.82%
极度投机	Caa2	CCC			
濒临违约	Caa3	CCC−			
违约	C	C, D	DDD, DD, D		

* 这些为长期信用评级。利率报价全部为2014年10月28日的5年期利率。5年期国债利率为1.74%。

信用评级和资金成本

虽然信用评级显然有很多种，但投资级与投机级的区别极为重要。投资级借款人（Baa3级、BBB−级及以上）被视为高质量借款人，无论发生何种市场事件或经营业绩如何，预期均能及时偿还新债务。投机级借款人（Ba1级或BB+级及以下）被认为是风险较高的借款人，根据市场低迷或商业冲击的性质，可能难以偿还新债务。

表8-2还说明了债务成本如何随信贷质量的变化而变化。此时，5年期美国国债的年利率为1.74%。一般A级借款人（"A"）支付的5年期年借款利率为2.35%，比美国国债利率高0.61%。请注意，对于投资级借款人而言，信用质量的成本——信用利差——非常小。然而，投机级借款人在市场上被收取高额溢价。例如，一般B级借款人支付的借款利率比美国国债利率高5.27%。

公司借款人的债务成本也随着期限而变化。图8-3显示了与表8-2具有相同信用评级和成本的全部期限的债务。美国国债收益率曲线——美国政府在不同期限的资金成本——确定了所有公司信贷的定价基准利率。请注意，AAA级公司（目前只有两家公司——微软和强生，埃克森美孚公司在2016年春失去了AAA评级）支付的借款成本只比美国政府略高一点。今天在美国经营的大部分标准普尔500指数大型公司的评级均为A级、BBB级或BB级。美国国债收益率曲线相当平坦，但仍然向上倾斜，表明短期资金比长期资金便宜。（我们将该图的期限限定为10年。实际上美国国债期限最长为30年。）

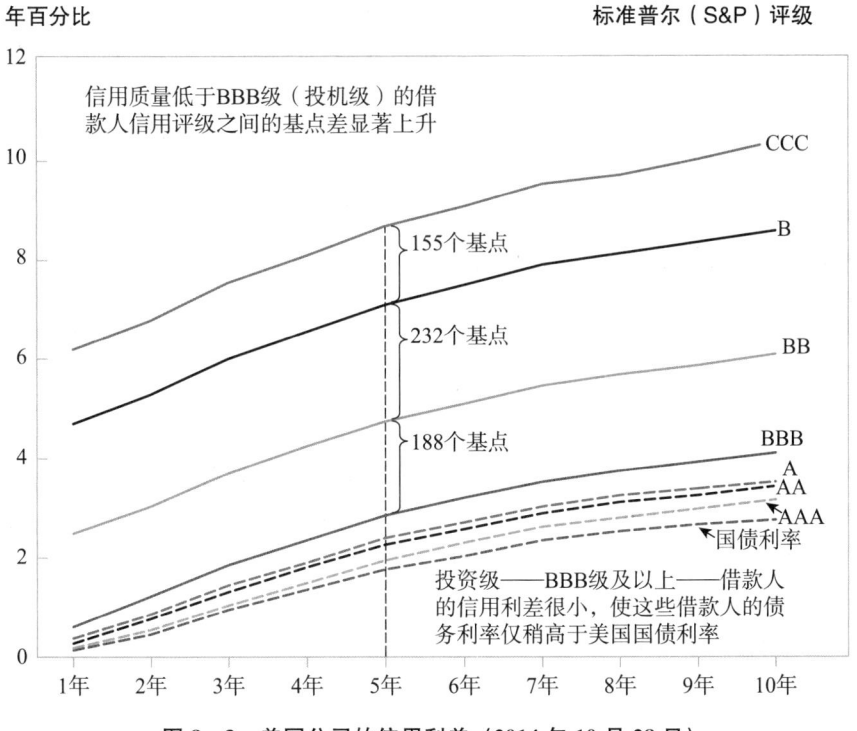

图8-3 美国公司的信用利差（2014年10月28日）

每个具有成熟金融体系的国家都存在这种利差结构——国债收益率和公司借款利率。除美国以外，世界上最大的此类体系是欧盟、英国和日本的体系。然而，正如我们将在本章后面看到的，不同国家和货币的资金成本截然不同。

信用风险和重新定价风险

对于公司借款人而言，区分信用风险和重新定价风险尤为重要。信用风险（有时称为展期风险）是借款人在续借贷款时其信誉——信用评级——被贷方重新分类的可能性。这可能导致费用变化、利率变化、信贷额度变更，甚至被拒绝发放贷款。重新定价风险是指在重新确定金融合约利率时支付（赚取）的利率发生变化的风险。正在续借贷款的借款人将面临以基准融资利率为基础的当前市场条件，该基准融资利率是真正的浮动利率。

主权债务

政府发行的债务——主权债务——在历史上被认为是最高质量的债务，其质量高于同一国家的非政府借款人债务。这种质量偏好源于政府对本国人民征税的能力，以及在需要时发行更多货币的能力。虽然前者可能以失业的形式造成重大经济损失，而后者可能以通货膨胀的形式造成重大经济损失，但它们都是主权国家可以使用的工具。因此，当债务以本币标价时，政府有能力以其中一种方式偿还自身债务。

政府也实行自己的货币政策，通常是通过中央银行。货币政策将结合经济增长和通货膨胀的经济条件，确定自身所有期限债务的整体利率结构。根据国内金融市场的深度和广度——国内金融市场的复杂程度，这些期限可能很短，也可能很长。像美国或日本这样的大型工业国可以发行期限为 30 年或更长的债务工具（借款）。所有债务工具均以本币计价，并在全球市场上出售给国内外买家。例如，美国通过向世界各地的各种投资者——私人、组织和政府——出售美国国债为一大部分政府债务融资。

国内利率是本币利率，正如关于国际平价条件的第 6 章所讨论的，利率本身就是根据币种而定的。只有在将利率全部转换为一种货币（例如分析各种无抛补利息套利机会时的情况），或者不同国家以同一种货币（例如美元）举借债务，或者汇率从未变化时，直接比较不同国家的利率才在经济上真正可行。

主权债务利差

许多发展中国家的政府都在国际市场上举债，这些债务的标价货币通常是世界上交易最广泛的货币之一，例如美元、欧元或日元。图 8-4 比较了过去 20 年几个主权借款人借入美元时必须支付的高于美国国债的利率——美元主权债务利差。

图 8-4 详细介绍了全球金融市场对主权债务信用风险——这些主权债务借款人及时偿还外币计价债务（在本例中为美元债务）的能力——的评估。例如，巴西主权美元债务（$k^{\$}_{巴西}$）的成本，即巴西政府在全球市场上筹集美元债务的成本，可以分解为两个基本组成部分：(1) 美国政府自身的美元债务成本（$k^{\$}_{美国}$）；(2) 巴西主权债务利差，即必须获得美元偿还债务的美元借款人面临的美元风险溢价（$RPM^{\$}_{巴西}$）：

$$k^{\$}_{巴西} = 美国国债的美元利率 + 巴西主权债务利差 = k^{\$}_{美国} + RPM^{\$}_{巴西}$$

如图 8-4 所示，对于俄罗斯或巴基斯坦等部分国家借款人而言，主权债务利差在某些时期非常高。这可以作为国际金融市场给出的一个明确指标，即这些主权借款人——在这些特定时点——被认为是有重大风险的借款人。例如，2015 年年初，主要信用评级机构将俄罗斯降级为"投机级"。这次降级是由于西方国家（与乌克兰相关的）制裁造成的经济衰退以及石油价格下跌（它提供了俄罗斯政府 50% 以上的收入）减少了俄罗斯获得资本的机会。

高出美国国债的基点

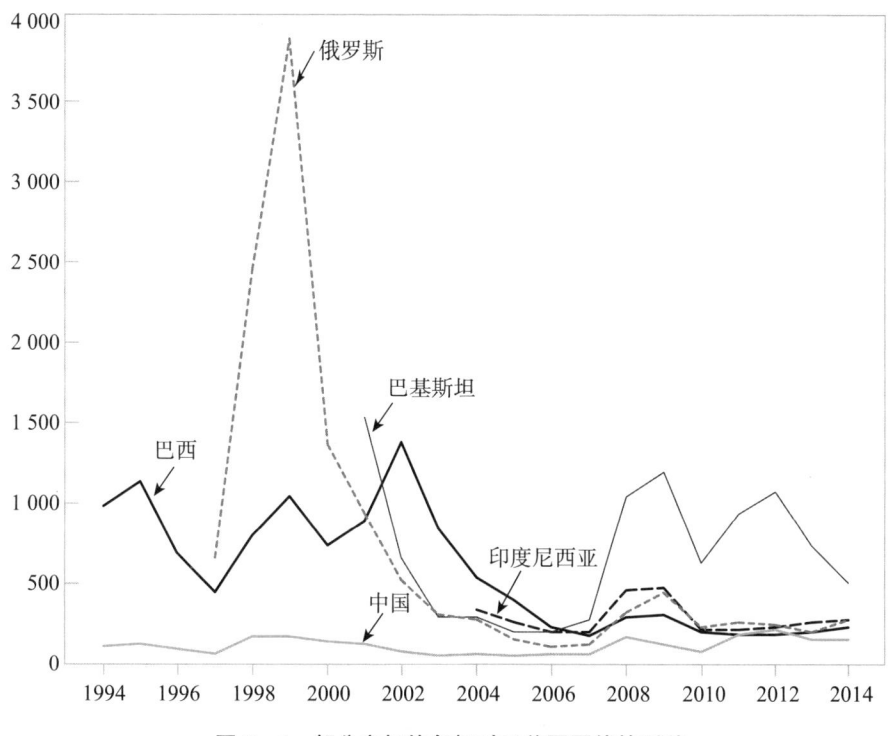

图 8-4 部分主权债务相对于美国国债的利差

欧洲主权债务

与典型经济学入门课程介绍的财政政策和货币政策传统结构相比，欧盟是一个复杂有机体。随着参与欧元区的欧盟成员国采用共同货币，它们放弃了发行货币（以偿还债务）的专有权。因为欧元是一种共同货币，所以没有任何一个欧盟成员国有权发行更多欧元——这是欧洲中央银行的政策领域。但欧盟成员国有制定本国财政政策（政府支出、税收以及产生政府盈余或赤字）的自由。这种结构形成了一种在全球颇为独特的主权债务状况。

每个欧盟主权债务借款人都有能力在国际市场上举债，但这是以本币（即欧元）举债。然而，金融市场有能力通过评估信用质量来区分借款人。这导致欧盟各成员国的主权债务成本差异很大。一些欧盟成员国——尤其是希腊、葡萄牙和爱尔兰——近年来一直在努力应对经济衰退和债务成本上升。

在2008—2009年的全球金融危机冲击之后，一些欧盟成员国遭受了严重的经济危机。它们的部分经济困境包括市场日益担心它们偿还未清偿主权债务的能力。如图8-5所示，这些市场担忧将它们在国际市场上的资金成本推到非常高的水平，显示出主权债务成本的显著区别。最大的区别出现在最高质量的欧盟借款国——德国——与同期最低质量的借款国——希腊——之间。

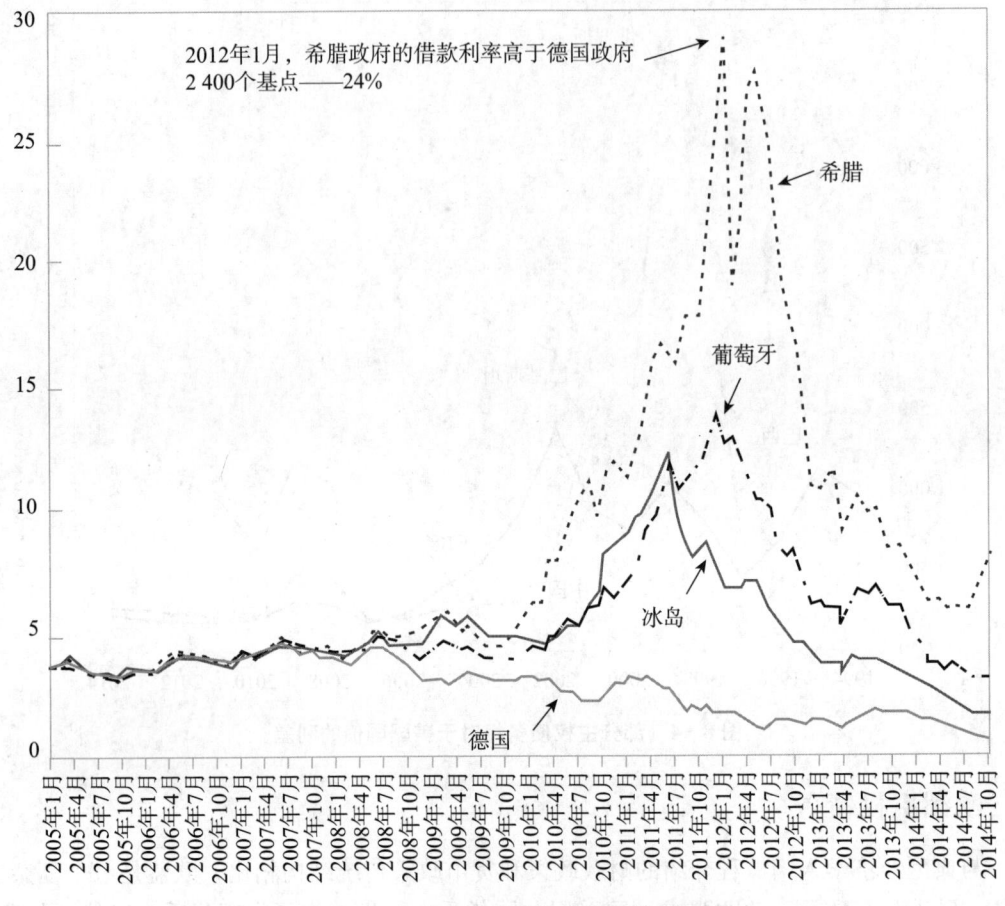

图 8-5　部分欧盟成员国的主权债务利差

资料来源：欧洲中央银行欧盟成员国的长期（10 年期）利率统计数据。

8.3　利率风险

非金融公司最大的利率风险来自偿还债务。跨国企业的债务结构具有不同的债务期限、不同的利率结构（例如固定利率与浮动利率）以及不同的标价货币。因此，这种债务组合的管理可能非常复杂，而且在所有情况下都很重要。跨国企业的第二大常见利率风险来自其持有的利率敏感证券。与记录在公司资产负债表右侧（负债）的债务不同，公司的有价证券组合出现在资产负债表左侧（资产）。有价证券代表公司的潜在利润或利息流入。不断增加的竞争压力促使财务经理收紧对企业资产负债表左右两侧的利率管理。

债务结构与策略

假设美国医疗设备制造商 MedStat 正在考虑三种不同的银行贷款结构。每种贷款结构都旨在提供 100 万美元的 3 年期融资。

策略 1：以固定利率借入 100 万美元，为期 3 年。

策略 2：以浮动利率 LIBOR＋2% 借入 100 万美元，为期 3 年（每年重新确定 LIBOR）。

策略 3：以固定利率借入 100 万美元，为期 1 年，然后每年续贷。

虽然资金成本最低始终是一个主要选择标准，但它并不是唯一标准。如果 MedStat 选择策略 1，将确保按已知利率获得 3 年期融资。它最大限度地提高了债务现金流的可预测性。它在某种程度上牺牲了利率在此期间下降时享受较低利率的能力。当然，它也消除了利率在此期间上升时面临更高利率的风险。

策略 2 提供了策略 1 没有的灵活性。它也确保 MedStat 获得 3 年期足额融资。这消除了信用风险。然而，策略 2 中仍然显著存在重新定价风险。如果 LIBOR 在第二年或第三年发生大幅变化，则 LIBOR 变化将完全转嫁给借款人。然而，利差仍然是固定的（反映出信用评级在整个 3 年期内均被锁定）。灵活性需要付出代价；在这种情况下，代价是利率可能上升也可能下降的风险。

策略 3 为 MedStat 提供了更大的灵活性和更高的风险。该企业以短期收益率借款。如果像主要工业国市场普遍存在的情况那样，收益率曲线为正斜率，那么基准利率应该更低。但短期收益率的波动性也较大。与长期利率相比，它对短期事件的反应明显得多。该策略还使企业面临续贷时信用评级变好或变差的可能性。请注意，信用评级通常旨在确定企业能否在经济状况恶化时履行偿债义务，与信誉较低（投机级）的企业相比，信誉较高（投资级）的企业可能将策略 3 视为更重要的选择。

虽然前面的例子只展示了企业内部融资决策和选择的部分复杂性，但它说明了信用风险和重新定价风险的多种密切关系。"利率风险"是一个复杂的概念，在管理利率风险之前正确衡量风险至关重要。我们现在将介绍最常见的公司债务形式（浮动利率贷款）的利率风险。

示例：MedStat 的浮动利率贷款

浮动利率贷款是全球企业广泛使用的债务来源。它们也是最大、最常见的公司利率风险来源。表 8-3 显示了 MedStat 借入的 3 年期浮动利率贷款的成本和现金流。对于这笔金额为 1 000 万美元的贷款，该公司将每年支付利息并在 3 年期期末偿还全部本金。

表 8-3　MedStat 的浮动利率贷款

贷款利息	第 0 年	第 1 年	第 2 年	第 3 年
LIBOR（浮动利率）		5.000%	5.000%	5.000%
信用利差（固定利率）		1.250%	1.250%	1.250%
应付利息总计		6.250%	6.250%	6.250%
本金支付				
贷款本金	10 000 000 美元			
贷款发放费　1.50%	（150 000 美元）			

续表

贷款利息	第0年	第1年	第2年	第3年
贷款所得	9 850 000 美元			
本金偿还				(10 000 000 美元)
利息现金流				
LIBOR（浮动利率）		(500 000 美元)	(500 000 美元)	(500 000 美元)
信用利差（固定利率）		(125 000 美元)	(125 000 美元)	(125 000 美元)
应付利息总计		(625 000 美元)	(625 000 美元)	(625 000 美元)
贷款现金流总计	9 850 000 美元	(625 000 美元)	(625 000 美元)	(10 625 000 美元)
总成本（AIC）或内部收益率（IRR）	6.820%			

注：金额为1 000万美元，每年支付一次利息的3年期浮动利率贷款的预期利率和现金流。MedStat事先支付的初始（贷款发放）费用为本金的1.500%。

MedStat的有效资金成本（税前）——总成本——是通过计算与贷款所得和贷款偿还相关的总现金流的内部收益率得出的。初始贷款协议的总成本（不计费用）为6.250%。

这笔贷款的定价为美元LIBOR+1.250%（请注意，资金成本——利息——通常被称为价格）。在约定日期（比如付款前两天）将重新设定LIBOR基准。虽然LIBOR确实是浮动的，但1.250%的利差实际上是利息的固定部分，它在贷款存续期内是已知的。

在完全偿还贷款之前，MedStat不知道贷款的实际利息成本。MedStat的首席财务官凯特琳·凯利（Caitlin Kelly）可以预测贷款期限内的LIBOR，但在支付所有利息之前，她无法确定地知道LIBOR。这种不确定性不仅是利率风险，而且是与利息相关的实际现金流风险。虽然固定利率贷款也有机会成本形式的利率风险，但借款人承诺偿还的确切现金流规模是已知的。

表8-3显示了浮动利率贷款的现金流和总成本。通过计算总现金流（包括前期贷款所得和分期还款）的内部收益率，可以计算出总成本。该基线分析假设LIBOR在贷款期限内保持为5.000%。如果将1.50%的前期贷款发放费包括在内，则MedStat的总成本为6.820%（不计该费用时，总成本为6.250%）。但这只是假设，因为MedStat及其银行都认为LIBOR会随时间推移发生变化。它将朝哪个方向变化以及每年变化多少当然是未知的。贷款的LIBOR部分而非信用利差产生了MedStat的偿债现金流风险。

如果MedStat公司在取得贷款后希望管理与贷款协议相关的利率风险，将有一些管理方案可供选择：

■ 再融资。MedStat可以再次找到贷方并对整个协议进行重组和再融资。这种方案并不总是可行的，而且通常很昂贵。

■ 利率期货。利率期货已经被企业部门广泛接受。MedStat可以通过持有利率期货头寸锁定未来的利率支付。

■ 远期利率协议（FRA）。MedStat可以通过远期利率协议——一种类似于外汇远期合约的利率合约——锁定未来支付的利率。

■ 利率互换。MedStat 可以与银行或互换交易商签订另一份协议，在该协议中规定交换——互换——未来现金流，使浮动利率贷款的利息变为固定利息。

以下两节详细介绍了前述后三种利率衍生产品的管理方案：它们如何运作以及企业借款人如何使用它们。

8.4 利率期货和远期利率协议

就像基于外汇的金融衍生产品一样，市场上也有许多基于利率的金融衍生产品。在学习利率互换之前，我们将首先介绍利率期货和远期利率协议。

利率期货

与外汇期货不同，利率期货的使用相对广泛，使用者主要是非金融公司的财务经理和资金主管。它们之所以广受欢迎，源于利率期货市场的高流动性、使用方便性以及多数公司拥有的高度标准化利率敞口。两种最为广泛使用的期货合约是在芝加哥商品交易所交易的欧洲美元期货和在芝加哥期货交易所交易的美国国债期货。为了说明如何用期货管理利率风险，我们将重点考察 3 个月期欧洲美元期货合约。表 8-4 显示了 2 年间欧洲美元期货的情况（它们实际上在未来 10 年都会进行交易）。

表 8-4 欧洲美元期货价格

期限	开盘价	最高价	最低价	结算价	收益率	未平仓合约数量
2010 年 6 月 10 日	94.99	95.01	94.98	95.01	4.99	455 763
2010 年 9 月	94.87	94.97	94.87	94.96	5.04	535 932
2010 年 12 月	94.60	94.70	94.60	94.68	5.32	367 036
2011 年 3 月 11 日	94.67	94.77	94.66	94.76	5.24	299 993
2011 年 6 月	94.55	94.68	94.54	94.63	5.37	208 949
2011 年 9 月	94.43	94.54	94.43	94.53	5.47	168 961
2011 年 12 月	94.27	94.38	94.27	94.36	5.64	130 824

注：《华尔街日报》的典型报价方法。表中只显示了常规的季度期限。所有合约的面值均为 100 万美元；1 点相当于 1%。

期货合约的收益率是根据结算价计算的，结算价是该交易日的收盘价。例如，一位财务经理正在分析表 8-4 中 2011 年 3 月合约的欧洲美元报价，他看到前一天的结算价为 94.76，年收益率为 5.24%：

$$收益率 = 100.00\% - 94.76\% = 5.24\%$$

由于每份合约的期限为 3 个月（一个季度），且名义本金为 100 万美元，因此每个基点的实际价值为 25.00 美元（=0.000 1×1 000 000 美元×90/360）。

如果某位财务经理有兴趣对冲 2011 年 3 月到期的浮动利率利息支付（即管理其风

险），那么她需要卖出期货——做空。这种策略被称为空头，因为这位财务经理卖出的是她不拥有的东西（正如第 7 章介绍的卖空普通股或卖空外汇期货）。如果正如这位经理预测的，利率在 3 月份上升，那么期货价格将下跌，她平仓时将能盈利。这笔利润将大致抵消与债务利息增加相关的亏损。然而，如果这位经理预测错误，利率实际上在到期日之前下跌，导致期货价格上涨，那么她将遭受亏损，这将抵消浮动利率利息支付低于她的预期所"节省"下来的钱。因此，通过卖出 2011 年 3 月期货合约，这位经理将利率锁定为 5.24%。

显然，人们可以纯粹出于投机目的购买利率期货，并且经常这样做。尽管这里的分析是从管理角度出发，因此投机操作不是重点，但这个例子显示了认为利率将向某个方向变化并期望获利的投机者可以如何持有头寸。如前所述，非金融公司最常见的利率敞口是债务的应付利息。然而，这种敞口并不是唯一的利率风险。随着越来越多的企业管理其整张资产负债表，左侧的利息收入正在受到越来越严格的监督。如果财务经理预期有息证券（有价证券）将获得更高利息，他们很可能发现利率期货市场的第二个用途——锁定未来的利息收入。表 8-5 概述了这两种基本利率敞口和管理策略。

表 8-5 普通敞口的利率期货策略

敞口或头寸	期货操作	利率	头寸结果
在未来日期支付利息	卖出期货（空头）	如果利率上升	期货价格下跌；空头获利
		如果利率下降	期货价格上涨；空头亏损
在未来日期获得利息	买入期货（多头）	如果利率上升	期货价格下跌；多头亏损
		如果利率下降	期货价格上涨；多头获利

远期利率协议

远期利率协议是一种银行间交易合约，用于买卖对名义本金支付的利率。这些合约以现金结算。远期利率协议的买方获得锁定所需期限（始于某个未来日期）的利率的权利。这种合约规定，如果利率超过约定利率，远期利率协议的卖方将向买方支付根据名义金额（名义本金）增加的利息费用，但如果利率跌破约定利率，买方将向卖方支付利息费用之差。可用的期限通常为 1 个月、3 个月、6 个月、9 个月和 12 个月。

与外汇远期合约一样，远期利率协议对管理具体敞口也很有用。企业在远期利率合约中承诺，允许少量灵活性以利用有利变化，例如上一节所述的 LIBOR 下降的情况。如果企业计划在未来日期投资证券，但担心利率可能在投资日期之前下降，那么它们也会使用远期利率协议。然而，由于可用的期限和币种有限，在最大的工业经济体和货币以外，远期利率协议并未被广泛使用。

8.5 利率互换

互换是交换或互换一系列现金流的合约协议。这些现金流通常是与偿债相关的利息支付——与固定利率债务和浮动利率债务相关的支付。

互换结构

互换有两种主要类型，即利率互换和货币互换，一个互换可以包含两种类型的要素。例如，互换协议可以是用固定利率美元支付换取浮动利率欧元支付。

- **利率互换**。如果协议是一方用固定利率支付换取另一方的浮动利率支付，则称为利率互换，有时也称为普通互换。
- **货币互换**。如果协议是互换偿债货币，例如用瑞士法郎利息支付换取美元利息支付，则称为货币互换或交叉货币互换。

在所有情况下，互换都会改变企业的现金流债务，例如将浮动利率支付变为与现有债务相关的固定利率支付。互换本身不是资金来源，而是改变了与支付相关的现金流。

双方签订协议的动机可能多种多样。例如，一种非常普遍的情况是：一个信誉良好的企业借款人现在需要支付浮动利率利息。该借款人分析了当前的市场状况并形成对未来的预期后，可能会得出利率即将上升的结论。为了避免该企业的利息支付额上升，该企业的资金部可能会签订互换协议以支付固定利率利息/收取浮动利率利息。这意味着该企业现在将支付固定利率利息并从互换交易对手那里收取浮动利率利息。该企业收取的浮动利率利息被用于偿还企业的债务，因此该企业现在的净结果是支付固定利率利息。衍生产品通过合成方式将浮动利率债务转变为固定利率债务。这种方法不会出现现有债务再融资的成本和复杂性。

利率互换的现金流为规定金额（名义本金）与利率之积。因此，这些现金流也称为息票利息互换。进行利率互换的企业规定名义本金，使利率互换产生的现金流满足其利率管理需求。利率互换是企业与互换交易商之间的合约承诺，完全独立于企业的利率风险敞口。也就是说，企业可以出于其认为合适的任何理由进行互换，且互换的名义本金可以小于、等于甚至大于其所管理的总头寸。例如，如果一家企业在账面上拥有多种浮动利率贷款，那么如果该公司愿意，可以仅对现有本金的70%进行利率互换。互换名义本金的大小纯粹是企业管理层的选择，并不局限于现有浮动利率贷款的规模。

还应该指出，利率互换市场填补了市场效率的空白。如果无论利率结构或标价货币是什么，所有企业都能自由平等地进入资本市场，那么互换市场很可能就不存在了。事实是，互换市场不仅存在而且欣欣向荣，为各方带来利益，这在某种程度上就是众所周知的"免费午餐"。

典型案例：MedStat的浮动利率债务

MedStat是一家总部位于美国的公司，拥有4 000万美元浮动利率银行贷款。该公司的贷款协议已经进行了两年（现在是2017年第三季度末），还剩下三年。该贷款的定价为3个月期LIBOR加上1.250%的信用风险溢价。LIBOR和MedStat浮动利率债务的变化如图8-6所示。

年利率（%）

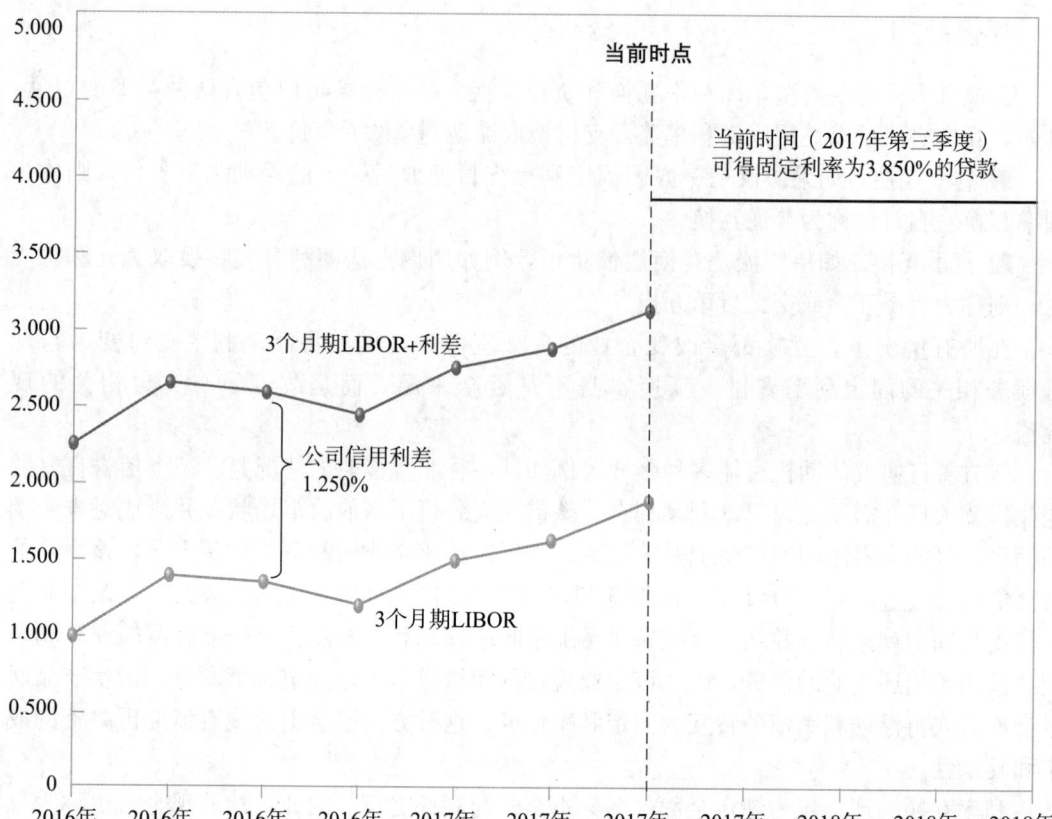

[图表：显示2016年第一季度至2018年第三季度的利率走势，包含3个月期LIBOR+利差曲线和3个月期LIBOR曲线，公司信用利差为1.250%。当前时点标注为2017年第三季度，当前时间（2017年第三季度）可得固定利率为3.850%的贷款。]

图8-6 MedStat考虑进行普通利率互换

MedStat有4 000万美元浮动利率贷款，支付浮动利率LIBOR+1.250%。去年，LIBOR呈上升趋势。现在，公司管理层正在考虑用浮动利率债务互换固定利率债务——支付固定利率，收取浮动利率——即普通利率互换。如果该公司现在进行互换，就可以锁定支付3.850%的固定利率（支付固定利率）以换取LIBOR（收取浮动利率）。

如图8-6所示，LIBOR在过去一年开始上升。MedStat的管理层现在担心利率将继续上升，使该公司的利息成本随之上升。管理层正在考虑支付固定利率、收取浮动利率的普通利率互换。MedStat的纽约银行已报出3.850%的固定利率以作为支付LIBOR的交换。MedStat必须选择互换的名义本金，即计算利息现金流的基础金额。在这种情况下，它们决定将互换的名义本金定为浮动利率贷款的金额——4 000万美元。与MedStat目前的浮动利率债务结合时，计划互换的利率如下：

债务/互换的组成部分	浮动利率	固定利率
浮动利率贷款	（LIBOR）	（1.250%）
互换（支付固定利率、收取浮动利率）	LIBOR	（3.850%）
互换后的浮动利率贷款	—	（5.100%）

MedStat 现在将从银行收到浮动利率 LIBOR，然后将其用于支付浮动利率贷款中的 LIBOR 那部分。MedStat 剩下的就是支付贷款的固定利率利差——1.250% 的利差——加上互换要求支付的固定利率 3.850%，总计为 5.100%。对 MedStat 的固定利率报价基于 AA 级公司发行人的 3 年期利率报价，这是支付浮动利率贷款利息所需的互换时间长度。因此，互换市场中的可得固定利率将始终反映相应货币市场中的国债收益率曲线和公司收益率曲线，在本例中这种货币是美元。

请注意，互换协议仅互换浮动利率部分，即 LIBOR，而不以任何方式互换或处理信用利差。这是因为两条原则：（1）互换市场不希望处理具体借款人的信用风险，而只处理核心的固定利率基础和浮动利率基础；（2）固定利率信用利差其实是固定利率部分，在贷款期限内不会发生变化。互换市场只是为了解决真正的浮动利率部分，因此互换后 MedStat 的最终合并固定利率债务只支付固定利率，合并利率为 5.100%。普通利率互换是一种改变债务现金流的非常便宜和有效的方法。它允许公司改变与债务相关的利率，而不用承担偿债成本和再融资成本（时间和金钱）。

MedStat 支付固定利率的互换（签订利率互换协议，支付固定利率以换取浮动利率）策略是否正确取决于未来季度的情况。如果 LIBOR 在未来两三个季度上升，但升幅很小，那么互换决策可能不是最优决策。然而，如果 LIBOR 显著上升，那么互换可能会为 MedStat 节省相当多的利息费用。

考虑 MedStat 决定不执行互换时可能发生的情况也很重要。图 8-7 提供了一种未来可能发生的情况：LIBOR 继续上升，MedStat 的利息成本管理面临的状况愈发严峻。浮动利率和固定利率现在都更高。这是因为随着短期利率的上升，市场上的固定利率也会上升。在这种情况下，随着 3 个月期 LIBOR 从 1.885% 升至 2.250%，普通互换的固定利率从 3.850% 升至 4.200%。该公司仍可以进行互换交易，但现在所有利率——不论是固定利率还是浮动利率——都升高了。

普通互换策略

公司使用普通互换市场的目的可以分为两个基本类别：债务结构和债务成本。

债务结构。所有公司追求的目标债务结构都结合了期限、组成货币和固定利率/浮动利率定价。固定利率/浮动利率目标是许多公司最没有信心确定的目标之一，它们通常只是试图照搬行业平均值。

信用质量非常高，因此有优势进入固定利率债务市场的公司，例如沃尔玛或 IBM 等 A 级或 AA 级公司，往往以固定利率举借大额长期债务。然后，它们使用普通互换市场将选定金额的固定利率债务变更为浮动利率债务，以实现其预期目标。互换让它们可以快速轻松地改变固定利率/浮动利率组合，而不用支付直接债务市场上的贷款发放费和注册费。

信用质量较差的公司——有时评级低于投资级——常常发现固定利率债务市场不对它们开放。对它们来说，获得固定利率债务要么不可能，要么成本太高。这些公司通常会举借浮动利率债务，然后定期评估普通互换市场是否提供有吸引力的替代方案，以便从支付浮动利率互换为支付固定利率。普通互换市场也经常被公司用来调整其固定利率/浮动利率债务结构。之前介绍的 MedStat 的情况就是如此。利率上升预期促使该公司利用普通互换将支付浮动利率换成支付固定利率。2009—2014 年期间，由于美元债务市场和欧元债务市场的利率经常达到历史低点,因此许多公司经常利用互换市场将浮动利率债务逐渐互换为固定利率债务。

年利率(%)

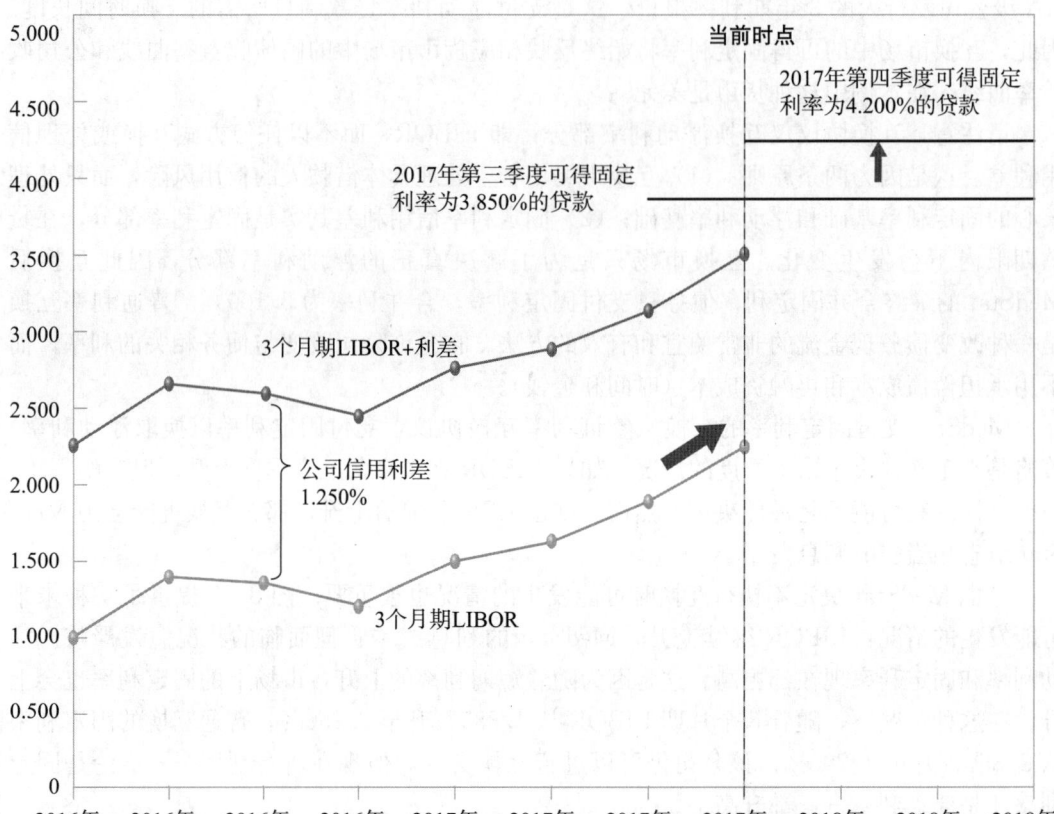

[图表:显示2016年第一季度至2018年第三季度期间的利率走势。图中包含"3个月期LIBOR+利差"曲线和"3个月期LIBOR"曲线,两者之间的公司信用利差为1.250%。图中标注:2017年第三季度可得固定利率为3.850%的贷款;当前时点;2017年第四季度可得固定利率为4.200%的贷款]

图8-7 MedStat的选择随着LIBOR的上升而变差

如果MedStat决定不执行互换,且LIBOR继续上升,MedStat的选择将越来越差。如果MedStat决定现在签订支付固定利率、收取浮动利率的互换协议,该公司现在可得的固定利率将升高至4.200%,而不是之前的报价3.850%。这是因为随着LIBOR等短期浮动利率的上升,市场上的固定利率也会上升。

债务成本。所有公司总是对降低债务成本的机会感兴趣。普通互换市场是一种容易进入且成本很低的方法。

假设MedStat定期寻找债务市场和互换市场上的机会。在我们之前的例子中,2017年第三季度,MedStat发现可以将其现有债务中的4 000万美元互换为利率为5.100%的全固定利率债务(互换固定利率加上剩余信用利差)。与此同时,银行可能以5.20%或5.30%的固定利率向该公司提供相同规模的3年期固定利率贷款。如果MedStat愿意,可以将浮动利率债务换成固定利率债务,以锁定更便宜的固定利率债务。

通过普通互换市场降低的成本可能仅仅反映了短期市场不完全和低效或某些借款人通过部分金融服务提供商在特定市场上拥有的比较优势。节省的成本可能很大——30个基点、40个基点,甚至偶尔达到50个基点,也可能很小。需要节省多少成本才值得花时间和精力来执行互换由公司管理层和公司资金部决定。银行推动了互换市场，并定期向公司资金部推销交易。一位公司资金部主管曾向笔者表示，除非对方建议的结构或交易至少能为公司节省 15 或 20 个基点，否则他不想听银行废话。

交叉货币互换

由于所有互换利率均来自每种主要货币的收益率曲线，因此每种货币存在的固定利率换浮动利率互换都让公司可以在货币之间进行互换。表 8-6 列出了欧元、英镑、美元、日元和瑞士法郎的典型互换利率。这些互换利率是基于每个货币市场的政府证券收益率，再加上适用于各市场上投资级借款人的信用利差。

表 8-6 利率互换报价（2014 年 12 月 31 日）

年份	欧元 买价	欧元 卖价	英镑 买价	英镑 卖价	瑞士法郎 买价	瑞士法郎 卖价	美元 买价	美元 卖价	日元 买价	日元 卖价
1	0.14	0.18	0.63	0.66	−0.14	−0.08	0.42	0.45	0.11	0.17
2	0.16	0.20	0.91	0.95	−0.18	−0.10	0.86	0.89	0.11	0.17
3	0.20	0.24	1.11	1.15	−0.14	−0.06	1.26	1.29	0.13	0.19
4	0.26	0.30	1.28	1.33	−0.07	0.01	1.55	1.58	0.15	0.21
5	0.34	0.38	1.42	1.47	0.02	0.10	1.75	1.78	0.19	0.25
6	0.42	0.46	1.53	1.58	0.11	0.19	1.90	1.93	0.24	0.30
7	0.51	0.55	1.62	1.67	0.21	0.29	2.02	2.05	0.30	0.36
8	0.60	0.64	1.69	1.74	0.30	0.38	2.11	2.10	0.36	0.42
9	0.70	0.74	1.76	1.81	0.39	0.47	2.19	2.22	0.42	0.48
10	0.79	0.83	1.82	1.87	0.47	0.55	2.26	2.29	0.49	0.55
12	0.95	0.99	1.91	1.98	0.59	0.69	2.37	2.40	0.61	0.69
15	1.12	1.16	2.02	2.11	0.75	0.85	2.48	2.51	0.82	0.90
20	1.30	1.34	2.12	2.25	0.95	1.05	2.59	2.62	1.09	1.17
25	1.39	1.43	2.15	2.28	1.06	1.16	2.64	2.67	1.22	1.30
30	1.44	1.48	2.17	2.30	1.11	1.21	2.67	2.70	1.29	1.37

《金融时报》的典型报价形式。买卖价差为截至伦敦交易日收盘时的报价。美元报价是针对 3 个月期 LIBOR 的报价；日元报价是针对 6 个月期 LIBOR 的报价；欧元和瑞士法郎报价是针对 6 个月期 LIBOR 的报价。

请注意，表 8-6 中的互换利率未按信用评级进行评级或分类。这是因为互换市场本身并不体现与具体借款人相关的信用风险。借款人的债务如果以 LIBOR 加上某个利差定价，那么将始终保留该利差。固定利差（信用风险溢价）仍由公司自身承担。例如，评级较低的公司可能要在 LIBOR 之上支付 3% 或 4% 的利差，而一些全球规模最大、财务状况最好的跨国企业或许能以 LIBOR 利率筹集资金。互换市场不区分参与者的利率；所有互换都是固定利率与 LIBOR 互换。

货币互换的通常动机是用所需货币的现金流替换不需要的货币的现金流。所需货币可能是公司未来经营收入产生的货币。公司的筹资货币通常是它们不拥有大量收入或其他自然现金流的货币。它们这样做的原因是成本；特定公司可能发现特定条件下的特定货币资金成本具有价格吸引力。然而，在筹集资金后，该公司可能希望将还款货币换为另一种货币——该公司产生未来经营收入（现金流入）的货币。

货币互换市场对跨国企业来说很实用。如果一家跨国企业希望换出固定利率为2.29%的10年期美元现金流，那么该公司可以换入固定利率为0.83%的欧元现金流，固定利率为1.87%的英镑现金流，固定利率为0.55%的瑞士法郎现金流或固定利率为0.55%的日元现金流。除了互换为固定利率以外，它还可以从固定利率美元互换为各种货币的浮动利率LIBOR。任何互换交易都可以与互换交易商/银行在几小时内安排完成，其成本只是实际借入这些货币的交易成本和费用的一小部分。

典型案例：MedStat使用交叉货币互换

我们将再次用MedStat公司来说明如何使用交叉货币互换。筹集了1 000万美元浮动利率资金，然后互换为固定利率支付后，MedStat认为该公司更愿意以英镑偿还债务。MedStat最近与一个英国买家签订了一份销售合约，该合约规定该买家将在未来3年向MedStat支付英镑。这将成为未来3年自然产生的英镑流入，而MedStat希望通过交叉货币互换匹配这笔现金流的标价货币。

MedStat签订了一份支付英镑、收取美元的3年期交叉货币互换协议。两种利率都是固定利率。MedStat将支付1.15%（卖出利率）的英镑固定利率并收取1.26%（买入利率）的美元固定利率（互换利率摘自表8-6）。如图8-8所示，MedStat选择的3年期货币互换在两个重要方面不同于普通利率互换：

（1）协议生效日期的即期汇率确定了目标货币的名义本金。目标货币为MedStat换入的货币，在本例中为英镑。10 000 000美元名义本金被换为6 410 256英镑名义本金。这是用于确定MedStat承诺支付的实际现金流的本金。

（2）名义本金本身是互换协议的一部分。在普通利率互换中，两种利息支付现金流均基于相同的名义本金（同一种货币）。因此，没有必要在协议中包含本金。然而，在交叉货币互换中，由于名义本金以两种不同的货币标价，并且这两种货币之间的汇率可能随时间而变化，因此名义本金是互换协议的一部分。

互换开始时，两个头寸的净现值相同。MedStat的互换承诺未来支付三笔英镑现金并收取三笔美元现金。支付金额已经确定。会计实务要求MedStat根据当前汇率和利率定期跟踪其头寸并对其估值——盯市互换。如果在互换开始后，英镑对美元升值，MedStat支付英镑，那么MedStat的互换将记录会计亏损。（同理，这笔交易的互换交易商一方将记录会计收益。）同时，如果英镑市场的利率上升，而MedStat的互换承诺支付固定利率1.15%，那么互换价值的利息部分将产生收益。简而言之，互换损益——至少在会计意义上——将在整个互换期限内持续存在。此处介绍的货币互换是非分期付款互换，互换各方在到期时支付整笔本金，而不是在互换协议期限内分期支付本金，这是市场上的标准做法。

| 互换部分 | 第0年 | 第1年 | 第2年 | 第3年 |

MedStat将收到的美元固定利率为　　　　　　　　1.26%　　　　　1.26%　　　　　1.26%

美元名义本金　　10 000 000美元

美元总现金流　　　　　　　　　　126 000美元　　126 000美元　　10 126 000美元

即期汇率　　1.56美元 = 1.00英镑

英镑总现金流　　　　　　　　　　73 718英镑　　　73 718英镑　　　6 483 974英镑

英镑名义本金　　6 410 256英镑

MedStat将支付的英镑固定利率为　　　　　　　　1.15%　　　　　1.15%　　　　　1.15%

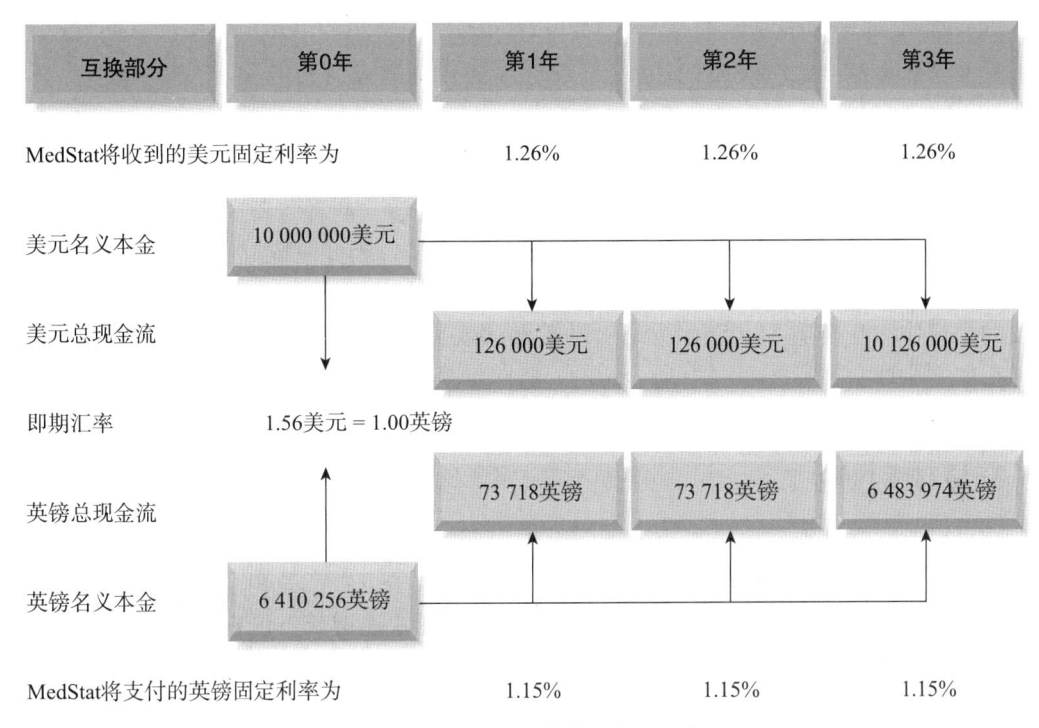

图 8-8　MedStat 的交叉货币互换

注：美国收取的固定利率为表 8-6 中的 3 年期买入利率。英镑支付的固定利率为表 8-6 中的 3 年期卖出利率。所有利率均为年利率，每年支付一次利息，到期偿还全部本金。

典型案例：MedStat 解除货币互换

与所有初始贷款协议一样，在未来某个日期，互换合作伙伴可能希望在协议到期之前终止协议。例如，如果一年后，MedStat 公司的英国销售合同终止，MedStat 将不再需要互换作为其对冲计划的一部分。MedStat 可以与互换交易商终止或解除互换交易。

解除货币互换要求以当前利率对互换协议的剩余现金流进行贴现，然后将目标货币（本例中为英镑）兑换回公司的本币（对 MedStat 而言为美元）。如果 MedStat 在互换协议中剩余两笔支付（一笔纯利息支付以及一笔本金和利息支付），且现在 2 年期英镑固定利率为 1.50%，则 MedStat 承诺支付的英镑现值为

$$PV(\pounds) = \frac{73\ 717.95\ 英镑}{(1.015)^1} + \frac{6\ 483\ 974.36\ 英镑}{(1.015)^2} = 6\ 366\ 374.41\ 英镑$$

与此同时，互换中支付美元一方的剩余现金流现值是用当前的 2 年期固定美元利率 1.40% 确定的：

$$PV(\$) = \frac{126\ 000.00\ 美元}{(1.014)^1} + \frac{10\ 126\ 000.00\ 美元}{(1.014)^2} = 9\ 972\ 577.21\ 美元$$

如果 MedStat 现在解除货币互换协议，将产生 9 972 577.21 美元的现金流入净现值（它根据互换协议收到的金额）以及 6 366 374.41 英镑的现金流出净现值（它根据互换协

议支付的金额)。如果现在汇率为 1.65 美元/英镑，那么该货币互换的净结算金额将为

$$结算金额 = 9\,972\,577.21\text{ 美元} - (6\,366\,374.41\text{ 英镑} \times 1.65\text{ 美元/英镑})$$
$$= -531\,940.57\text{ 美元}$$

因此，MedStat 必须向互换交易商支付 531 941.57 美元现金，以解除互换交易。MedStat 这笔互换的现金损失主要来自英镑对美元的升值（两种货币的利率均小幅上涨）。由于 MedStat 已承诺支付现在价值更高的货币——英镑，因此解除互换将付出高昂成本。（例如，如果汇率仍为 1.56 美元/英镑，MedStat 平仓可获得 41 033 美元的收益。）然而，重要的是记住，互换是 MedStat 为了对冲英镑多头而签订的。它不是一种金融投资。但是，正如"全球金融实务 8-2"所介绍的，解除互换协议有时可能复杂得多，例如宝洁公司解除购自信孚银行的互换的情况。

交易对手风险

交易对手风险是指公司承担的金融合约乙方无法履行合约规定的义务的潜在风险。交易者时常会担心交易对手风险，它通常与广为人知的大型衍生产品和互换违约有关。迄今为止，尽管外汇金融衍生产品和利率金融衍生产品市场快速增长，但它们的违约率低得惊人，尤其是在基本上不受监管的全球市场上。

长期以来，交易对手风险一直是人们喜欢使用交易所交易衍生产品而非场外交易衍生产品的主要因素之一。大多数交易所，例如交易货币期权的费城证券交易所或交易欧洲美元期货的芝加哥商品交易所，本身就是所有交易的交易对手。这使所有公司都很有把握能快速买卖交易所交易衍生产品，而不必担心交易所本身的信用质量。金融交易所通常要求交易所的所有交易商支付少量费用，作为专门保护各方利益的保险费。然而，场外交易衍生产品是公司的直接信用风险，因为这种合约通常是在买方公司和卖方金融机构之间签订的。当今世界金融中心的多数金融衍生产品仅由最大、最稳健的金融机构出售或担任经纪商。然而，这种结构并不意味着公司可以与这些金融机构签订持续协议而不用承担一定程度的实际金融风险或者高枕无忧。

签订货币互换协议或利率互换协议的公司负有及时偿还自身债务的最终责任。虽然互换协议可能构成用美元支付交换欧元支付的合约，但实际持有美元债务的公司仍然有偿还债务的法律责任。初始债务仍然留在借款人的账簿上。如果互换的交易对手未按约定付款，则法律上持有债务的公司仍要负责偿还债务。当这种互换未能进行时，将通过抵消权终止支付，减轻与互换失败相关的亏损。

利率互换或货币互换的实际风险敞口不是总名义本金，而是自互换协议开始以来的利息差额或货币利息支付差额的盯市价值（重置成本）。实际风险敞口类似于通过前述解除互换过程发现的互换价值变化。该金额通常仅为名义本金的 2%~3%。

全球金融实务 8-2

宝洁与信孚银行

1994 年，宝洁公司（P&G）宣布它与信孚银行（Bankers Trust）进行的利率互换交易平

仓后，产生了 1.57 亿美元税前亏损。这笔亏损将导致第三季度税后利润减少 1.02 亿美元。据宝洁公司称，这笔互换是一笔非常复杂的投机交易，与宝洁对债务组合的保守管理政策背道而驰。

像这样的衍生产品很危险，我们损失严重。我们不会再让这种情况发生。我们正在认真考虑我们可能对信孚银行采取的法律措施，正是这家金融机构设计了这些互换并将它们介绍给我们。

——Edwin L. Artzt, chairman of Procter & Gamble, as quoted in
"Procter & Gamble's Tale of Derivative Woe," by Lawrence Malkin,
The New York Times, April 14, 1994.

宝洁公司希望继续支付浮动利率，收取固定利率，以维持其固定利率债务和浮动利率债务之间的平衡。这笔互换基本上将宝洁公司现有的固定利率债务以极具吸引力的利率转变为浮动利率债务。据美国信孚银行称，宝洁公司有信心明年利率不会大幅上升（尽管当时利率处于历史低位）。宝洁公司希望获得与刚到期的另一笔互换利率相同的优惠浮动利率，即商业票据利率减去 40 个基点。但该公司不希望招致重大风险。

信孚银行向宝洁公司出售了"5/30 年关联互换"，这是一种名义本金为 2 亿美元的 5 年期互换结构。信孚银行向宝洁公司支付 5.30% 的固定利率，每半年付息一次。宝洁公司反过来将在互换协议的前 6 个月向信孚银行支付商业票据利率减去 75 个基点，并在此后支付商业票据利率减去 75 个基点加上额外利差，这个利差永远不会低于零，将在前 6 个月结束时确定。该利差的计算公式如下：

$$利差 = \frac{98.5 \times \dfrac{5\text{年期国债收益率}}{5.78\%} - \text{收益率为 } 6.25\% \text{ 的 30 年期国债价格}}{100}$$

利差公式实际上是对整条美国国债收益率曲线的投机操作。如果 5 年期美国国债相当稳定地保持在当前水平上，那么利差将几乎保持在零附近。然而，由于利差可能随着利率增加而呈几何式增长，而不是标准利率变化通常的算术式增长，因此该工具被认为是高杠杆工具。

利差公式对 5 年期美国国债收益率的上涨也非常敏感。5 年国债收益率每增加 1%，宝洁公司在杠杆互换下每年增加的支付金额将超过名义本金的 17%（商业票据利率 + 1 700 个基点），而长期债券价格每下降 1%，宝洁公司将需要支付名义本金的 1%。宝洁公司将利差理解为 0.17%，而不是 17%。一些分析师指出了利差的特殊表示方式。除以 100 后得出的数字小于 1，看上去不到 1%。最后，宝洁和其他看到宝洁公司陷入困境的公司得到的教训是，不应该做自己不了解的交易。正如那句经常被引用的拉丁语所言："caveat emptor"——"买者自慎"。

要点总结

■ 非金融公司最大的利率风险来源于偿债。跨国企业的债务结构具有不同的债务期限、不同的利率结构（例如固定利率与浮动利率）以及不同的标价货币。

■ 世界各地的利率波动性增加，加上全球公司越来越多地使用短期利率债务和浮动利率债务，导致许多公司积极管理其利率风险。

■ 非金融跨国企业的主要利率风险来源是短期借款、短期投资和长期偿债。

■ 利率风险管理中使用的技术和工具在很多方面类似于外汇风险管理中使用的技术和工具。用于利率风险管理的主要工具包括再融资、远期利率协议、利率期货和利率互换。

■ 利率互换市场和货币互换市场让很难获得特定货币结构和利率结构的公司能以相对较低的成本获得这些结构。这反过来让这些公司能更有效地管理其外汇风险和利率风险。

■ 交叉货币利率互换让公司可以改变偿债现金流的计价货币和固定利率换浮动利率结构或浮动利率换固定利率结构。

迷你案例

阿根廷与秃鹰基金[1]

事实证明，2001 年，阿根廷的外汇主权债务违约是一场无休止的噩梦。在这次违约发生 13 年后的 2014 年 6 月，美国最高法院确认了一项下级法院裁决，这将迫使阿根廷再次考虑对其国际债务违约。

但这个故事是错综复杂的，涉及世界各地的投资者、国际金融法、纽约州法院和欧盟法院以及对冲基金和所谓的秃鹰基金（这种基金以低价购买不良主权债务，然后通过诉讼追讨全部债务）之间的斗争。时间不多了。

违约

阿根廷的货币和经济在 1999 年几乎崩溃。阿根廷政府的主权债务，也就是以美元和欧元计价的债务不断上升，而阿根廷的经济岌岌可危，无力偿还这些债务。2001 年 12 月底，阿根廷正式对其外债违约：818 亿美元的私人债务，欠巴黎俱乐部的 63 亿美元债务，欠国际货币基金组织的 95 亿美元债务。

这些债务最初发行于 1994 年，并根据纽约州相关法律登记。之所以专门选择纽约州法律，是因为阿根廷被认为是连续违约者。这些债券是以财政代理协议这种特定结构发行的（因此被称为财政代理协议债券），这要求通过纽约的代管账户偿还所有债务。

违约后的正常程序是债务人与债权人进行谈判以重组债务。然而，就主权债务重组达成共识可能很困难，因为没有类似于国内破产法的主权债务违约国际法律制度。这样就只剩三种选择：(1) 集体解决方案；(2) 自愿用旧债务交换重组债务；(3) 诉讼。

第一种选择，即集体解决方案，通常是通过使用集体行动条款（collective action clauses, CACs）来完成的，一旦特定比例（75%～90%）的债权人同意重组条款，就将对所有债权人实施类似的重组条款。这些集体行动条款可以防止少数债权人——拒不让步者——阻止重组。遗憾的是，阿根廷的债券没有集体行动条款。

---

[1] 2015 年©亚利桑那州立大学雷鸟全球管理学院版权所有。本案例由迈克尔·H. 莫菲特教授编写，仅用于课堂讨论。

鉴于没有集体行动条款，阿根廷只有第二种选择，即自愿用旧债务交换新债务。债务重组本身通常包括四个关键要素：(1)减少债务本金；(2)降低利率；(3)延长债务期限；(4)漏付利息资本化。总结果是债务净现值减少，即所谓的债务削减（haircut），削减幅度从30%到70%不等。

主权债务中包含的第二个常见条款，平等条款（拉丁语为 pari passu，意即"平等步骤"，字面意思是"平等中的平等"），要求所有债权人得到平等对待，确保不进行优待某些债权人的私下交易或个别交易。阿根廷的主权债务确实包含同等条款［阿根廷财政代理协议（1994）第1c条］：

> 这些证券将构成［……］阿根廷的无条件、无担保、非次级直接债务，在任何时候都应享有同等地位，并且彼此之间没有任何优先权。阿根廷对这些证券的偿付次序在任何时候都应至少与阿根廷其他所有现有和未来的无担保和非次级外债（按照本协议的定义）相同。①

债务重组

2001年12月发生违约之后，阿根廷与其债权人展开了债务重组讨论。从一开始，阿根廷就采取了强硬立场。重组方案的几乎每个方面都有争论，但阿根廷提出的70%的削减幅度是最大的问题。接下来，如图A所示，解决债务问题的道路漫长而曲折。值得注意的是，二级市场上的许多债券买家并非初始投资者——它们故意购买违约债券。经过三年唇枪舌剑的谈判和两次不成功的提案，阿根廷在2005年年初向所有债权人提出了单方重组要约。在准备这份要约时，阿根廷通过了《禁止债务重组法》（也称《门栓法》）（Lock Law）。《禁止债务重组法》禁止阿根廷做出任何偿付未交换债务的安排：

> 纽约州禁止就财政代理协议债券进行任何类型的庭内和解、庭外和解或私下和解。
>
> ——美国纽约南区地方法院（2011年12月7日）

《门栓法》旨在为所有债权人提供更多激励，以便立即以旧债务交换新债务。

该方案的特征是"要么接受要么不接受"要约，它向债权人提供债券初始面值净现值的26%～30%，并且由于《门栓法》，这只是一次性要约。该要约被75%的阿根廷债权人接受，将未清偿私人债务从818亿美元减少到186亿美元。该要约是通过用初始债券交换新的阿根廷债券来执行的。

次年，阿根廷偿还了欠国际货币基金组织的95亿美元债务。2010年，为了清理剩余的未清偿私人债务，阿根廷暂时中止《门栓法》，允许再次向私人债务持有者提供相同的债券交换条款。这第二个要约将未清偿私人债务本金减少至86亿美元。目前，92%的初始债权人已将初始债务换成减值新债务。但是一些债权人仍然坚持拒绝交换债务，并且提起诉讼。

在2005年和2010年债务交换要约的说明书中（表A总结了这两个要约），阿根廷明确表示它不打算继续偿还最初的财政代理协议债券：

> 未清偿的违约［财政代理协议债券］可能会无限期保持违约……阿根廷预期不会在交换要约到期后继续偿还仍未清偿的［财政代理协议债券］……无法保证［未交换财政代理协议债券的持有者］未来将收到任何偿付或能通过诉讼收到偿付……
>
> ——美国纽约南区地方法院

---

① Gelpern, A. (December 4, 2014). *SOVEREIGN DEBT CONTRACTS: RECENT DEVELOPMENTS*.

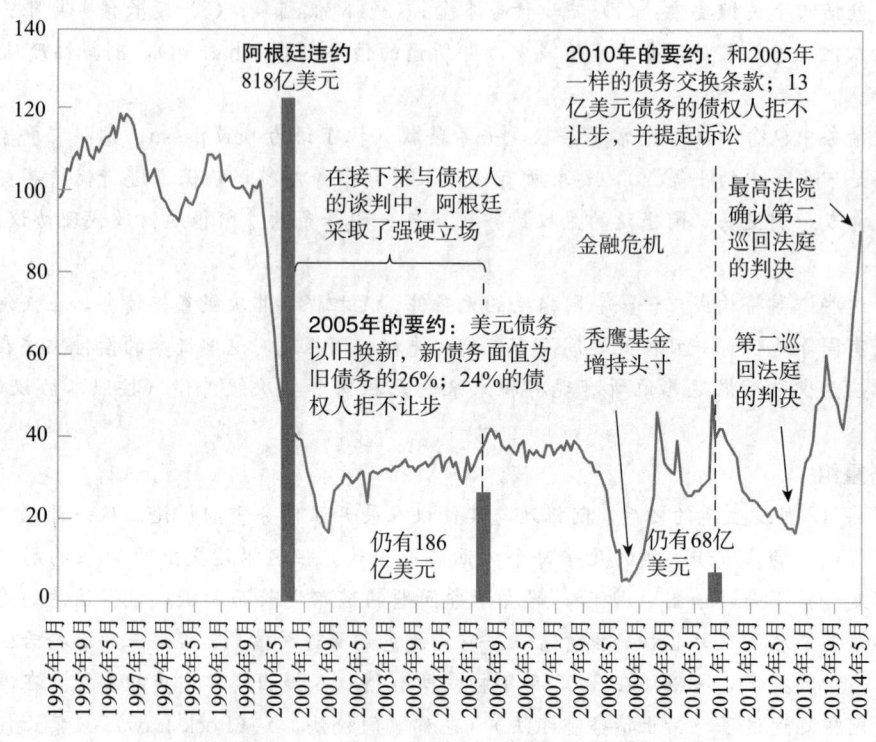

债券价格（2002年11月到期/违约，占面值的百分比）

图A 阿根廷主权债券价格与违约（2002年11月到期/违约）

对冲基金的决斗

不良主权债务并不罕见，因此一些对冲基金将买卖公开交易的不良债券作为业务并不奇怪。然而，对冲基金对公司不良债务与主权不良债务的投资存在根本区别。购买大量不良公司债务的基金可能会整体参与改组公司；购买大量不良主权债务的情况则与之不同。

表A　2010年阿根廷债券交换条款

债券特征	散户投资者	机构投资者
债券类型	平价债券（支付面值）	折价债券（比面值减少66.3%）
金额	最高为20亿美元	最高为163亿美元
到期日	2038年12月	2033年12月31日
年利率	从2.5%逐渐升至5.25%	8.28%
逾期利息	现金支付	另一只利率为8.75%的2017年全球债券
银行手续费	0.40%	0.40%

资料来源：Securities and Exchange Commission, Amendment #5 to Argentina 18-K, April 19, 2010, and Prospectus Directive, April 27, 2010, pp. 11, 33–42, and 106–112.

格拉梅西（Gramercy）。值得注意的一位主权债务投资者是格拉梅西。在格拉梅西推销表B所示的不良债务基金时，它强调了其对阿根廷债务的投资。请注意，所列目标收益率大大超过到期收益率（持有证券至到期的潜在投资者在发行证券时的预期收益率）。目标收益率较高是因为相对于格拉梅西希望/预期在未来日期出售证券的价格，买价的折扣很高。据报道，2012年格拉梅西持有4亿美元阿根廷债券，并且2014年仍然持有这些债券。

表 B　格拉梅西持有的阿根廷债券

证券	期限	到期收益率	平均买入价格	目标卖出价格	目标收益率
利率为2.5%的阿根廷平价债券（美元）	2038年12月	11.82%	32.67美元	59.00美元	88.25%
利率为7%的阿根廷博纳债券（美元）	2017年4月	14.42%	66.20美元	100.00美元	61.63%
利率为8.28%的阿根廷折价债券（美元）	2033年12月	12.81%	65.79美元	107.50美元	75.99%

资料来源："Gramercy Distressed Opportunity Fund Ⅱ," September 2012, Current Investments, p. 12.

除了购买不良主权债务以外，格拉梅西还通过使用信用违约互换积极保护其投资，避免下行风险。信用违约互换是一种衍生产品合约，其价值衍生自特定资产的信用质量和表现。信用违约互换允许投资者押注特定证券是无法按时支付还是根本无法支付。在某些情况下，信用违约互换为借款人无法还款的可能性上了保险。在另一些情况下，信用违约互换允许投机者做空风险升高的证券。在传统保险中，资产所有者为资产购买保险，而信用违约互换的投资者不需要拥有该资产（就像您的邻居为您的房子购买火灾险一样）。

格拉梅西的首席投资官是罗伯特·柯尼希斯贝格尔（Robert Koenigsberger），他曾是雷曼兄弟（Lehman Brothers）主权债务重组团队的经理。在美国法院和欧洲法院的法庭辩论中，柯尼希斯贝格尔曾担任阿根廷的顾问。事实上，格拉梅西说服了阿根廷在2010年重新开始2005年的债务重组谈判。

格拉梅西支持2010年的债务重组要约，它认为根据政府债务占国内生产总值的百分比，市场对阿根廷债务的定价是错误的。尽管阿根廷的债务/GDP比率较低，仅为46.4%，但阿根廷的信用违约互换利差高达700个基点——比美国国债高7.00%。与此同时，巴西的信用违约互换利差为119个基点，债务/GDP比率为61.7%，土耳其的信用违约互换利差为150个基点，债务/GDP比率为49.0%。如果格拉梅西是正确的，那么只要市场"纠正其错误"，阿根廷债券的价格就将大幅上涨。

艾略特（Elliot）管理公司。第二家对冲基金，艾略特管理公司，对阿根廷及其债务发起的诉讼已经持续多年。艾略特管理公司的领导者是68岁的亿万富翁保罗·辛格（Paul Singer），他是美国共和党的著名支持者，上诉阿根廷的首席诉讼当事人之一。辛格被称为秃鹰基金之父，近年来在秘鲁、刚果民主共和国和巴拿马使用了同样的投资策略。

艾略特管理公司旗下基金NML资本有限公司（NML Capital Ltd.）在2001年阿根廷违约之前首次投资阿根廷债券，但持有的大部分债券是在2008年全球金融危机期间以抄底价格购买的。（一篇报道称，艾略特用4 870万美元的价格购买了面值为8.32亿美元的债券——1美元面值折合价格为0.06美元。）艾略特管理公司现在称该公司持有的到期债券为25亿美元。作为拒不让步者的领头人，艾略特管理公司在2005年和2010年都拒绝了交换要约。艾略特管理公司以强硬策略著称，实际上它在加纳的一个港口扣押了阿根廷海军训练舰自由号两个多月，试图将其作为抵押品。

NML 资本有限公司诉阿根廷

由于不良债务,尤其是财政代理协议,属于纽约州法律的管辖范围,因此该案最终在美国地方法院审理。财政代理协议规定,债券将由阿根廷通过一家纽约受托银行进行偿付,这赋予了美国法院管辖权。2012 年 10 月 25 日,美国纽约南区地方法院的托马斯·P. 格里萨(Thomas P. Griesa)法官在 NML 资本有限公司诉阿根廷案中支持原告:

……地区法院的判决(1)对原告提出的违反平等待遇条款的主张做出即决审判;(2)命令阿根廷在确认偿付 2005 年和 2010 年重组债务持有者的同时或之前"按相应比例偿付"原告。①

这项法院判决产生了巨大影响。阿根廷立即宣布它不会遵守该法院的判决。一个月后,阿根廷败诉,格里萨法官责令阿根廷迅速采取行动,遵守法院的判决。阿根廷再次拒绝遵守判决。随后,全球三大主权信用评级机构之一的惠誉将阿根廷的(长期外币债务)信用评级从 B 级降至 CC 级,并指出"阿根廷可能违约"。

市场密切关注此案。如表 C 所示,在判决后数天和数月内,未清偿阿根廷交换债券的价值暴跌。例如,在法院判决一天后,息票利率为 8.75% 的阿根廷 2017 年全球债券(2005 年的交换债券)下跌 9.9%,并在接下来的一周累计下跌 24%。在随后举行的听证会上,格里萨法官劝告阿根廷谨慎变更债券支付程序。这是对阿根廷最新策略的回应,这项策略是通过美国境外金融机构处理向交换债券持有者的支付,从而规避美国法院的判决。财政代理协议债券及其管辖法律明确要求通过纽约金融机构处理此类支付。

表 C 地区法庭判决对交换债券价值的影响

日期	阿根廷全球债券(交换债券),8.75%,2017 年			阿根廷全球债券(2005 年交换债券),8.28%,2033 年		
	价格	变化率	与美国国债的利差	价格	变化率	与美国国债的利差
2012 年 10 月 25 日	100.053 美元		3.04%	80.428 美元		
2012 年 10 月 26 日	90.157 美元	−9.9%		72.125 美元	−10.3%	1.5%
2012 年 11 月 2 日	76.483 美元	−23.6%	7.79%	61.278 美元	−23.8%	3.74%

资料来源:调案复审令,美国最高法院,第 13 号,交换债券持有者团体诉 NML 资本有限公司,2014 年 2 月 21 日。

在上诉中,阿根廷辩称,地方法院误解了平等条款,但第二巡回法庭没有被说服。该法庭指出,综合交换债券的发行和偿还情况,阿根廷并没有向拒不让步者进行相同支付,同时表明根据《门栓法》规定,不会向拒不让步者进行支付,这实际上是对初始债务进行排序或将其变为次级债务。该法庭接着指出了平等条款尤为关键的作用:

主权债务违约时不会进入由债务法律顺序决定债权人被偿付顺序的破产程序。而主权国家可以自行选择偿付债权人的顺序。在这种情况下,[平等条款]防止阿根廷作为偿付人歧视财政代理协议债券而偏向其他非次级外国债券。②

值得赞扬的是,阿根廷在修复与外界的关系方面做出了巨大的努力。到 5 月底,阿根廷已

---

① NML Capital, Ltd. v. Republic of Argentina. (October 26, 2012). UNITED STATES COURT OF APPEALS.
② Don't Cry for Me Argentine Bondholders: the Second Circuit.

承诺偿还欠巴黎俱乐部的 97 亿美元，并同意偿还西班牙雷普索尔（Repsol）的 50 亿美元阿根廷债券，因为阿根廷在 2013 年早些时候没收了雷普索尔的阿根廷子公司。

2014 年 6 月 25 日（星期一），阿根廷向一家纽约银行存入 8.32 亿美元，准备支付其交换债券的利息。这将与法院判决直接冲突。据阿根廷经济部部长称："遵守判决并不能免除我们偿还债务的责任。阿根廷将履行责任，偿还债务，遵守承诺。"阿根廷在英国《金融时报》上发布整版官方公报解释该国的立场。但法院令阻止银行对重组债务进行支付，除非拒不让步的债权人也得到偿付。阿根廷认为，由于它已将资金存入用于支付的转账账户，因此债券持有者已获得偿付。法院不同意这种说法。

现在怎么办？

阿根廷对美国法院的最新判决做出了愤怒回应。几天之内，阿根廷宣布了一项计划，将由美国法律管辖的现有债券换为根据阿根廷法律发行的债务。虽然这在主权债务市场是前所未有的做法，但这一举措在市场分析师的预料之内。如果投资者愿意进行交换，他们将获得世界上最高的利息收益率之一——上述违约债券的利息收益率，但他们将放弃美国法律提供的所有法律权利和保护。

格里萨法官发表声明称，阿根廷通过重组债务继续偿付债务而不首先与拒不让步者达成和解是非法的。阿根廷继续辩称这是不可能的。根据阿根廷财政部部长的说法，如果阿根廷与拒不让步者达成和解，交换债券持有者可能起诉要求获得平等待遇——RUFO（Rights Upon Future Offer，未来受偿权）条款，总索偿金额可能达到 1 200 亿美元。2005 年和 2010 年发行的所有交换债券中均包含 RUFO 条款，它提供给交换债券持有者的权利和偿付与可能提供给拒不让步债券持有者的权利和偿付相同。鉴于阿根廷正在遭受新的货币危机，阿根廷的硬通货储备估计仅为 300 亿美元，不足以解决潜在的 RUFO 索偿。

2014 年 6 月 30 日，阿根廷未能偿付其未清偿交换债券。在进入选择性违约之前，阿根廷有 30 天的宽限期。7 月初，阿根廷财政部和艾略特集团的代表召开会议，以了解是否能找到可接受的解决方案。

迷你案例问题

1. 主权债务中的集体行为条款和平等条款等法律条款发挥了什么作用？
2. 投资于主权债务（甚至是不良主权债务）的典型对冲基金与所谓的秃鹰基金有什么区别？
3. 如果您被法院任命为调解员以寻求解决方案，您会建议采用哪些选择或替代方案来解决这一危机？

问题

8.1 参考利率。 什么是参考利率？如何用它确定具体借款人的利率？

8.2 一言九鼎的 LIBOR。 为什么 LIBOR 在国际商业和金融合同中起着如此核心的作用？为什么最近关于其报告值的争论会对此提出质疑？

8.3 信用风险溢价。 什么是信用风险溢价？

8.4 信用风险和重新定价风险。 从借款公司的角度来看，什么是信用风险和重新定价风险？请说明公司可以采取什么步骤以尽量降低这两种风险。

8.5 信用利差。 什么是信用利差？哪些信用评级变化对公司借款人支付的信用利差影响最深刻？

8.6 投资级与投机级。 投资级和投机级这两大类信用评级表示什么?

8.7 **主权债务**。什么是主权债务?主权债务的哪些具体特征对主权债务发行人构成最大风险?

8.8 **浮动利率贷款风险**。为什么信用质量较低的借款人经常发现他们只能借入浮动利率贷款?

8.9 **利率期货**。什么是利率期货?如何用它们降低借款人的利率风险?

8.10 **利率期货策略**。如果将在某个未来日期支付利息的借款人预期利率将上升,那么他的首选策略是什么?

8.11 **远期利率协议**。以浮动利率借款的公司如何使用远期利率协议降低利率风险?

8.12 **普通利率互换**。什么是普通利率互换?互换是跨国企业的重要资金来源吗?

8.13 **互换和信用质量**。如果利率互换不是政府借款成本,那么它们表示怎样的信贷质量?

8.14 **与LIBOR持平的利率**。为什么固定利率换浮动利率的利率互换从来不互换浮动利率贷款中的信用利差部分?

8.15 **债务结构互换策略**。跨国企业如何利用利率互换管理其债务结构?

8.16 **基于成本的互换策略**。公司借款人如何使用利率互换或交叉货币互换降低债务成本?

8.17 **交叉货币互换**。为什么一家支付英镑利息的公司希望将其换成支付美元利息?

8.18 **交叉货币互换的价值波动**。为什么交叉货币互换的价值波动幅度明显大于普通利率互换?

8.19 **解除互换**。公司如何取消或解除互换?

8.20 **交易对手风险**。有组织的交易所交易互换如何消除互换协议的交易对手不履行协议的风险?

习题

8.1 **2009年的国库券收益率**。由于与全球金融危机有关的各种事件,2009年年初,美国国债的利息收益率降至非常低的水平。请计算2009年3月9日拍卖的下列3个月期国库券和6个月期国库券的简单收益率和年化收益率。

	3个月期国库券（美元）	6个月期国库券（美元）
国库券面值	10 000.00	10 000.00
售价	9 993.93	9 976.74
贴现利息	6.07	23.26

8.2 **全球信贷危机中的TED利差**。金融危机期间,短期利率通常会迅速变化(通常是上升),表明市场处于严峻压力之下。下表显示的利率是2008年9—10月部分日期的利率。不同出版物以不同方式定义TED利差,即国债-欧洲美元利差。一种测度方式是隔夜美元LIBOR与3个月期美国国库券利率之差。

a. 请计算2008年9月和10月的TED利差——表中显示的两种市场利率之差。

b. 哪天的利差最小?哪天的利差最大?

c. 当利差大幅扩大时,可能表明存在某种形式的金融焦虑或金融危机,此时哪种利率变化最大?为什么?

日期	隔夜美元LIBOR（%）	3个月期美国国库券利率（%）	TED利差
2008年9月8日	2.15	1.70	——
2008年9月9日	2.14	1.65	

续表

日期	隔夜美元 LIBOR（%）	3 个月期美国国库券利率（%）	TED 利差
2008 年 9 月 10 日	2.13	1.65	——
2008 年 9 月 11 日	2.14	1.60	——
2008 年 9 月 12 日	2.15	1.49	——
2008 年 9 月 15 日	3.11	0.83	——
2008 年 9 月 16 日	6.44	0.79	——
2008 年 9 月 17 日	5.03	0.04	——
2008 年 9 月 18 日	3.84	0.07	——
2008 年 9 月 19 日	3.25	0.97	——
2008 年 9 月 22 日	2.97	0.85	——
2008 年 9 月 23 日	2.95	0.81	——
2008 年 9 月 24 日	2.69	0.45	——
2008 年 9 月 25 日	2.56	0.72	——
2008 年 9 月 26 日	2.31	0.85	——
2008 年 9 月 29 日	2.57	0.41	——
2008 年 9 月 30 日	6.88	0.89	——
2008 年 10 月 1 日	3.79	0.81	——
2008 年 10 月 2 日	2.68	0.60	——
2008 年 10 月 3 日	2.00	0.48	——
2008 年 10 月 6 日	2.37	0.48	——
2008 年 10 月 7 日	3.94	0.79	——
2008 年 10 月 8 日	5.38	0.65	——
2008 年 10 月 9 日	5.09	0.55	——
2008 年 10 月 10 日	2.47	0.18	——
2008 年 10 月 13 日	2.47	0.18	——
2008 年 10 月 14 日	2.18	0.27	——
2008 年 10 月 15 日	2.14	0.20	——
2008 年 10 月 16 日	1.94	0.44	——
2008 年 10 月 17 日	1.67	0.79	——

8.3 **马德夫（Madeoff）的抵押贷款**。伯尼·马德夫（Bernie Madeoff）花 240 000 美元购买了内华达州托诺帕（Tonopah）郊外一栋 2 400 平方英尺的四卧新居。他计划支付 20% 的首付款，但难以确定他需要 15 年期固定利率（6.400%）抵押贷款还是 30 年期固定利率（6.875%）抵押贷款。

a. 假设这笔完全分期偿还抵押贷款在抵押贷款期限内等额还款,那么15年期抵押贷款和30年期抵押贷款的月供分别是多少?请使用电子表格计算器计算月供金额。

b. 假设他不是支付20%的首付款,而是支付10%的首付款,并以7.125%的固定利率借入剩余金额,期限为15年。他的月供是多少?

c. 假设房屋总价值下跌了25%。如果伯尼以新的市场价格出售房屋,假设所有抵押贷款本金不变,那么他的房屋和抵押贷款的收益或亏损是多少?请使用与第(a)问相同的假设。

8.4 **博特尼湾公司(澳大利亚)**。澳大利亚的博特尼湾公司(Botany Bay Corporation, BBC)希望在欧洲美元市场上借入 30 000 000 美元。资金需求期为两年。通过分析,该公司得到了三种可能方案。请比较这些方案并提出建议。

(1) 博特尼湾公司可以按5%的固定利率借入 30 000 000 美元,为期2年。

(2) 博特尼湾公司可以按 LIBOR+1.5%的利率借入 30 000 000 美元。现在 LIBOR 为3.5%,利率将每6个月调整一次。

(3) 博特尼湾公司以仅 4.5%的利率借入 30 000 000 美元,为期1年。在第一年结束时,博特尼湾公司必须对新的1年期贷款进行谈判。

8.5 **戴姆勒-克莱斯勒公司(DaimlerChrysler)的债务**。克莱斯勒有限责任公司——被戴姆勒-克莱斯勒出售后现为私人控股公司——必须在3个月后支付浮动利率。该公司希望通过购买利率期货合约锁定这些利息支付。从现在起3个月后的利率期货结算价为93.07,年收益率为6.93%。

a. 如果从现在起3个月后的浮动利率为 6.00%,那么克莱斯勒的损益是多少?

b. 如果从现在起3个月后的浮动利率为 8.00%,那么克莱斯勒的损益是多少?

8.6 **奥赖利(O'Reilly)和 CB Solutions**。CB Solutions 的财务主管希瑟·奥赖利(Heather O'Reilly)认为利率将上升,因此她希望将未来的浮动利率支付换成固定利率支付。目前,该公司在未来两年内对 5 000 000 美元的债务支付 LIBOR+2%的年利率,每半年付息一次。现在 LIBOR 为 4.00%(年利率)。希瑟今天刚刚支付了利息,所以下一笔利息将在6个月后支付。希瑟发现她可以将当前的浮动利率支付换成年利率为 7.00%的固定利率支付。(CB Solutions 的加权平均资本成本为 12%,按照希瑟的计算,6个月期利率为 6%,每半年按复利计息。)

a. 如果从明天开始,LIBOR 以每6个月 50 个基点的速度上升,那么希瑟通过这次互换为她的公司节省(或耗费)了多少钱?

b. 如果从明天开始,LIBOR 以每6个月 25 个基点的速度下降,那么希瑟通过这次互换为她的公司节省(或耗费)了多少钱?

8.7 **主权债务谈判**。一位主权借款人正在考虑借入1亿美元的贷款,期限为4年。这将是一笔分期偿还贷款,意味着在贷款期限内,每年的利息和本金偿付之和不变。然而,关于合适的利率还存在争议。借款人认为,其当前信用状况在当前市场上的合适利率为10%,但与其谈判的一些国际银行认为,合适的利率最可能是12%,最低为10%。这些不同利率对未来的年偿付金额有何影响?

习题 8.7　主权债务谈判

贷款		偿付金额	1	2	3	4
本金	100美元	利息	(10.00)	(7.85)	(5.48)	(2.87)
利率	0.10	本金	(21.55)	(23.70)	(26.07)	(28.68)
期限（年）	4.0	总计	(31.55)	(31.55)	(31.55)	(31.55)

8.8 **撒哈拉国的债务谈判。** 撒哈拉国正在与一家国际银团谈判一份新的贷款协议。双方达成了本金为2.2亿美元的初步协议。但它们对最终利率和期限的看法仍存在很大分歧。银团希望贷款期限为较短的4年，而撒哈拉国则希望贷款期限为较长的6年。银团还认为年利率必须为12.250%，但撒哈拉国认为该利率过高，应该为11.750%。

a. 按照银团的建议，贷款的年分期付款金额是多少？

b. 按照撒哈拉国的贷款偏好，贷款的年分期付款金额是多少？

c. 如果同一笔贷款的期限从4年延长到6年，那么银团所提方案的年偿付金额将下降多少？

习题 8.8　撒哈拉国的债务谈判

贷款	0	偿付金额	1 (百万美元)	2 (百万美元)	3 (百万美元)	4 (百万美元)	5 (百万美元)	6 (百万美元)
本金	2.2亿美元	利息	(26.950)	(23.650)	(19.946)	(15.788)	(11.120)	(5.881)
利率	12.250%	本金	(26.939)	(30.239)	(33.943)	(38.101)	(42.769)	(48.008)
期限（年）	6.0	总计	(53.889)	(53.889)	(53.889)	(53.889)	(53.889)	(53.889)

8.9 **提洛岛的债务重新谈判（A）。** 两年前，提洛岛借了8 000万欧元。这笔贷款是一笔分期偿还贷款，为期6年，年利率为8.625%。提洛岛已成功偿还完2年的债务，但现在希望与贷方重新协商贷款条款，以减少其年度偿付金额。

a. 根据初始贷款协议，提洛岛每年的还本付息金额是多少？

b. 偿还完2年的债务后，还有多少本金尚未清偿？

c. 如果贷款重组后展期2年，每年的还本付息金额是多少？这是否比初始协议的年偿付金额大幅减少？

8.10 **提洛岛的债务重新谈判（B）。** 协议进行2年后，提洛岛继续重新谈判之前的贷款协议（6年期8 000万欧元贷款，年利率为8.625%）。提洛岛现在面临严重的税收收入不足，并担心其偿还债务的能力。所以它决定采取更积极的做法并重新找到贷款人，要求削减债务，减少剩余贷款金额。到目前为止，银行只同意对贷款协议进行重组，将贷款期限展期2年（发放一笔金额相当于本金余额的6年期新贷款），但利率则高出200个基点，为10.625%。

a. 如果提洛岛接受银行发放金额相当于剩余本金的6年期贷款（将贷款期限延长了2年，因为原来的6年已经过去了2年）但收取新利率的建议，它的年偿付金额是多少？这为提洛岛减免了多少年偿付额？

b. 提洛岛对债务削减的要求是基于减少新的年偿付额。如果提洛岛同意新的贷款条款，那么它应该从贷方那里获得多大的债务削减幅度才能将年偿付额减少到1 000万欧元？

8.11 **莱德·加洛伊斯（Raid Gauloises）。** 莱德·加洛伊斯是一家快速发展的法国体育用品和探险竞速服装品牌。该公司决定通过4年期欧元-欧元浮动利率贷款借入20 000 000欧元。莱德必须在两家银行的两笔竞争性贷款之间做出选择。

巴黎银行提供4年期欧元贷款，利率为LIBOR+2%，事先收取1.8%的贷款发放费。然而，索邦银行提供的欧元贷款利率为LIBOR+2.5%，利差更高，但是在期限和本金相同的情况下，不事先收取贷款发放费。两家银行都在每年年底调整利率。

欧元LIBOR目前为4.00%。莱德的经济学家预测LIBOR每年将上涨0.5%。然而，索邦银行预测欧元LIBOR每年将上涨0.25%。莱德·加洛伊斯的资本成本为11%。您建议莱德·加洛伊斯采用哪种贷款方案？

8.12 佛罗伦萨汽车公司（Firenza Motors）（意大利）。 意大利的佛罗伦萨汽车公司最近借入了500万欧元的4年期浮动利率贷款。然而，该公司现在担心利息成本上升。虽然该公司获得贷款时最初认为欧元区的利率将呈下降趋势，但最近的经济指标显示通胀压力正在增加。分析师预测欧洲央行将放缓货币增长，推动利率上升。

佛罗伦萨汽车公司正在考虑是否寻求一些保护措施以防止欧元LIBOR上涨并与一家保险公司签订远期利率协议。根据该协议，佛罗伦萨汽车公司将在每年年底向该保险公司支付初始利息成本LIBOR+2.50%（6.50%）与LIBOR下降导致的利息成本降幅之差。如果情况相反，该保险公司将向佛罗伦萨汽车公司支付佛罗伦萨汽车公司的初始利息成本与LIBOR上升导致的利息成本增幅之差的70%。目前LIBOR为4.00%。

购买浮动利率协议将花费100 000欧元，在贷款开始时支付。如果LIBOR以0.5%的增幅上升或下降，佛罗伦萨汽车公司现在的年融资成本是多少？佛罗伦萨汽车公司使用12%作为加权平均资本成本。您是否建议佛罗伦萨汽车公司购买远期利率协议？

8.13 露维亚（Lluvia）制造公司和帕拉瓜斯（Paraguas）产品公司。 露维亚制造公司和帕拉瓜斯产品公司都希望以尽可能低的成本融资。露维亚更喜欢浮动利率借款的灵活性，而帕拉瓜斯则希望获得固定利率借款的安全性。露维亚是信誉更高的公司。它们面临以下利率结构。露维亚的信用评级较高，因此两种借款的借款成本都较低。露维亚希望借入浮动利率债务，这样它就能以LIBOR+1%的利率借款。然而，它可以按8%的固定利率借款并换为浮动利率债务。帕拉瓜斯公司希望借入固定利率债务，这样它就能将借款利率固定为12%。然而，它可以按LIBOR+2%的浮动利率借款并换为固定利率债务。这两家公司应该怎么做？

8.14 加纳多（Ganado）的交叉货币互换：瑞士法郎换美元。 加纳多公司进行了一笔3年期交叉货币利率互换，收取美元并支付瑞士法郎。然而，加纳多公司在一年后决定解除互换——因此在一年后付出结算成本解除互换后还有两年时间。请再次计算解除互换的损益，但假设现在适用以下数据。

习题8.14 加纳多的交叉货币互换：瑞士法郎换美元

假设	值	互换汇率	3年期买入利率	3年期卖出利率
名义本金	10 000 000美元	初始汇率：美元	5.56%	5.59%

续表

假设	值	互换汇率	3年期买入利率	3年期卖出利率
初始即期汇率（瑞士法郎/美元）	1.500 0	初始汇率：瑞士法郎	1.93%	2.01%
新的（1年后）即期汇率（瑞士法郎/美元）	1.155 60			
新的固定美元利率	5.20%			
新的固定瑞士法郎利率	2.20%			

8.15 加纳多的交叉货币互换：日元换欧元。 请使用本章中的互换利率表（表8-6），并假设加纳多签订了收取欧元并支付日元，名义本金为5 000 000欧元的互换协议。互换时的即期汇率为104日元/欧元。

a. 请计算互换协议有效期内的所有欧元和日元还本付息金额。

b. 假设互换协议已经生效一年，加纳多决定解除互换协议并以欧元结算。假设现在的2年期日元固定利率为0.80%，2年期欧元固定利率为3.60%，即期汇率为114日元/欧元，那么互换协议的净现值是多少？由谁支付给谁？

8.16 猎鹰公司（Falcor）（美国）。 猎鹰公司是美国汽车零部件供应商，2000年从通用汽车公司剥离出来。该公司的年销售额超过260亿美元，为了追求更多元化的客户群，该公司将市场扩展到传统汽车制造商市场以外。作为整体多元化目标的一部分，该公司也希望将其债务组合的标价货币多元化。假设猎鹰公司进行了一笔面值为5 000万美元的7年期交叉货币利率互换——支付欧元并收取美元。请使用表8-6中的数据解答以下问题：

a. 计算互换期限内两种货币的所有还本付息金额。

b. 假设三年后猎鹰公司决定解除互换协议。如果现在4年期欧元固定利率已升至5.35%，4年期美元固定利率已降至4.40%，当前即期汇率为1.02美元/欧元，那么互换协议的净现值是多少？请准确说明双方应支付的金额。

8.17 阿拉伯联合酋长国小企业贷款（A）。 穆罕默德最后一次试图解释该公司的阿拉伯联合酋长国银行提供的贷款结构。而他的老板只是盯着他看。穆罕默德按照银行的详细说明，解释了每年还本付息金额的详细计算方法。

贷款金额为500万美元，为期五年，利率为8.200%。

第1步：计算贷款本金的一年期单利。

第2步：将该利息乘以贷款年数。银行将其称为"总利息"。

第3步：将计算出的总利息加到贷款本金上。

第4步：将计算出的总额除以贷款年数。这是贷款每年的还本付息金额（本金和利息）。

第5步：请使用第4步中计算出的年度还本付息金额，设计偿付结构以预先支付所有利息（利息之和为第2步的总利息）。一旦支付了所有利息，与年偿付金额相关的剩余现金流将被视为本金偿还额。

a. 请完成贷款计划的全部计算，包括全部5年的本金、利息和总偿付金额。

b. 请估计这笔融资的总成本。

c. 请使用传统的西方财务计算方法重新计算相同的 5 年期 500 万美元贷款的所有还本付息金额。请在计算中考虑资金的总成本。

d. 请比较两种贷款结构。为什么您认为阿拉伯联合酋长国银行更偏好这种结构?

请扫描二维码或登录中国人民大学出版社官网 www.crup.com.cn 下载。

第 9 章
汇率决定与干预

> 预测师的羊群本能让羊看起来都像独立思想家。
>
> ——埃德加·R. 菲德勒（Edgar R. Fiedler）

学习目标

9.1 考察汇率决定的三种主要理论方法
9.2 详细说明中央银行如何以及为何对外汇市场进行直接干预和间接干预
9.3 分析新兴市场货币汇率失衡的主要原因
9.4 观察预测师如何结合技术分析与三种主要的汇率预测理论方法

什么决定了货币之间的汇率？事实证明，这个问题很难回答。公司和经济行为主体需要外币购买进口产品，它们可以通过出口赚取外币。投资者需要外币投资于外国市场的有息工具，例如固定收益证券（债券）、上市公司股票或其他新型混合工具。游客、外来务工人员、汇率变化投机者，所有这些经济行为主体每天都在买卖外币。本章提供了将这些要素、力量和原则组织起来的基本理论框架。

第 6 章介绍了将汇率与通货膨胀率和利率结合起来的国际平价条件，并为全球金融市场和国际金融业务管理提供了理论框架。第 3 章详细分析了一国的国际经济活动及其国际收支如何影响汇率。在本章第一节，我们将在汇率决定思想流派讨论的基础上，考察另一种思想流派——资产市场法。然后，本章将分析政府对外汇市场的干预。在第三节和最后一节，我们将讨论几种在实践中使用的外汇预测方法。本章最后的迷你案例"冰岛——一个全球危机中的小国"是高度工业化国家在定义自身及其货币时必须做出的艰难理论选择的经典案例。

9.1 汇率决定：理论主线

基本上有三种汇率观点。第一种是将汇率作为货币的相对价格（货币法）；第二种

> 是将汇率作为商品的相对价格（购买力平价法）；第三种是将汇率作为债券的相对价格。
> ——Rudiger Dornbusch, "Exchange Rate Economics: Where Do We Stand?," *Brookings Papers on Economic Activity*, Vol. 1 (1980), pp. 143 – 194.

多恩布什教授对汇率理论的三种观点是一个很好的起点，但在某些方面不够稳妥——据我们拙见，无法反映大量理论和方法。因此，本着尊重传统和追求完整的精神，我们在下面的讨论中修改了多恩布什的三个观点，并增加了几种思想流派。

图 9-1 概述了主要的汇率思想流派——理论决定因素。该图的组织结构既参考了三种重要思想流派——平价条件法、国际收支法、货币法与资产市场法，也参考了每种方法中的各个驱动因素。乍一看，存在三种不同理论可能令人生畏，但重要的是记住，这些不是互斥理论，而是互补理论。

如果不结合各种方法的深度和广度，我们就无法反映全球外汇市场的复杂性。除了图 9-1 中介绍的三种思想流派之外，请注意另外两个制度层面——该国是否拥有推动和发现价值所必需的资本市场和银行体系。最后，请注意，即期汇率的多数决定因素也受即期汇率变化的影响。换言之，它们不仅相互关联，而且相互决定。

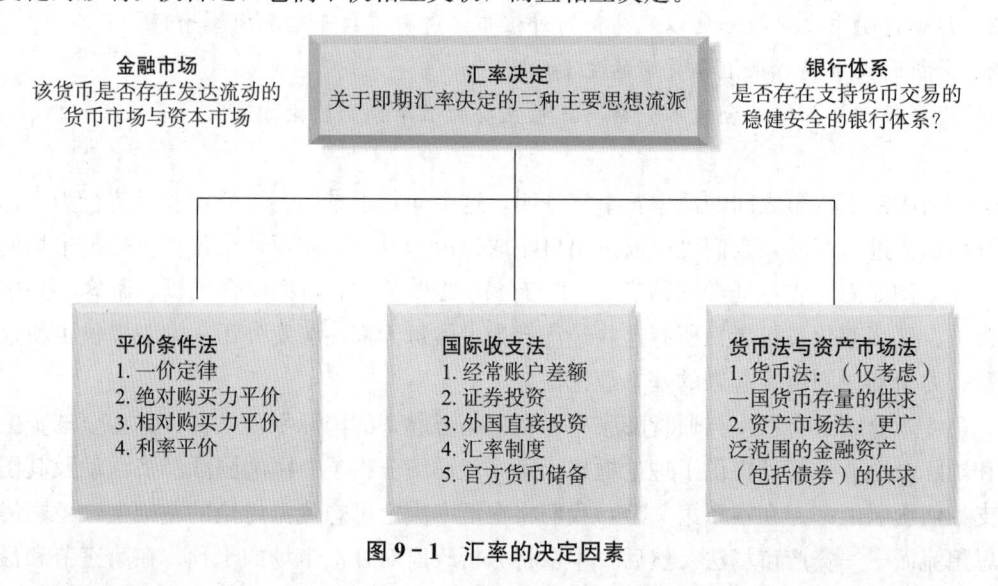

金融市场
该货币是否存在发达流动的货币市场与资本市场

汇率决定
关于即期汇率决定的三种主要思想流派

银行体系
是否存在支持货币交易的稳健安全的银行体系？

平价条件法
1. 一价定律
2. 绝对购买力平价
3. 相对购买力平价
4. 利率平价

国际收支法
1. 经常账户差额
2. 证券投资
3. 外国直接投资
4. 汇率制度
5. 官方货币储备

货币法与资产市场法
1. 货币法：（仅考虑）一国货币存量的供求
2. 资产市场法：更广泛范围的金融资产（包括债券）的供求

图 9-1 汇率的决定因素

平价条件法

> 在国际经济学家的外表下，深藏着对某种购买力平价汇率理论变形的牢固信念。
> ——"Flexible Exchange Rates in the Short Run," Rudiger Dornbusch, Paul Krugman, Brookings Institution Press, Vol. 1976, No. 3 (1976), pp. 537 – 584.

许多不同的理论构成了平价条件法：一价定律、绝对购买力平价、相对购买力平价和利率平价。所有这些理论都在第 6 章中详细讨论过。最广为接受的购买力平价理论——绝对购买力平价和相对购买力平价——表明，长期均衡汇率由国内价格与国外价格之比决定。购买力平价理论是图 9-1 描述的汇率理论中最古老、最广为遵循的理论，多数汇率决定理论都将购买力平价要素纳入其中。人们认为，三种理论中的最后一种，即相对购买力平价，对汇率价值驱动因素的解释最为一致贴切。实质上，它指出是各国之间相对价格的变化推动了汇率变化。

例如，如果日元和美元的当前即期汇率为 90.00 日元＝1.00 美元，下一期日本价格和美国价格的变化率分别为 2％和 1％，则下一期的即期汇率将为 90.89 日元/美元。

$$S_{t+1}=S_t \times \frac{1+\Delta \text{日本价格}}{1+\Delta \text{美国价格}}=90.00\text{日元/美元} \times \frac{1.02}{1.01}=90.89\text{日元/美元}$$

虽然购买力平价似乎具有符合常识的核心要素，但事实证明它在预测汇率方面效果相当差（至少在短期和中期是如此）。问题既在于理论方面，也在于实证方面。理论问题主要在于其基本假设，即假设唯一重要的因素是相对价格变化。然而，许多货币供求力量都受到其他因素的影响，包括投资动机、经济增长和政治变革。实证问题主要在于除了用选择的指数"预测价格变化"以外，决定在不同国家使用哪些指标或价格指数。

国际收支法

在购买力平价之后，最常用的汇率决定理论方法可能就是国际收支法，它涉及外汇市场上的货币供求关系。正如第 3 章所述，这些汇率流动反映了一国国际收支平衡表中记录的经常账户交易和金融账户交易。基本国际收支法认为，当经常账户活动产生的外汇净流入（或净流出）与金融账户活动产生的外汇净流出（或净流入）匹配时，就得到了均衡汇率。

国际收支法仍然广受青睐，因为国际收支交易是最常被反映和报告的国际经济活动之一。贸易顺差和贸易逆差，经常账户中服务活动的增长，以及国际资本流动的近期增长和重要性都支持这一理论。

对国际收支法的批评来自强调货币和资本流动而不是货币或金融资产存量的理论。在这种理论中，货币或金融资产的相对存量对汇率决定没有任何作用，这是下面讨论的货币法与资产市场法的一个缺点。奇怪的是，虽然学术界基本上不考虑国际收支，但市场参与者（包括货币交易者本身）仍然依赖该理论的变形做出大部分决策。

货币法与资产市场法

第三种汇率决定方法由同一主题的两种变形组成——汇率由货币供求（货币法）决定还是由金融资产供求（资产市场法）决定。

货币法。最简单形式的货币法认为，汇率由一国货币存量的供求关系以及货币存量的预期未来水平和增长率决定。其他金融资产（例如债券）与汇率决定无关，因为国内债券和外国债券被视为完美替代品。决定汇率的完全是货币存量。

货币法关注货币供求变化，认为它是通货膨胀的主要决定因素，进而认为相对通货膨胀率的变化将通过购买力平价效应改变汇率。（购买力平价再次被嵌入另一种汇率决定理论中。）货币法则假设价格在短期和长期都是灵活的，因此通货膨胀压力的传导机制将立即受到影响。

汇率决定货币模型的缺点在于，实际经济活动的作用被弱化为仅通过货币需求变化影响汇率。货币法也因其遗漏了一些国际金融领域专家普遍认为对汇率决定很重要的因素而受到批评，包括：（1）购买力平价在中短期内不成立；（2）随着时间的推移，货币需求似乎变得相对不稳定；（3）经济活动水平和货币供应似乎是相互依存而不是彼此独立的。

资产市场法。 资产市场法有时被称为债券相对价格或投资组合余额法，它认为汇率是由包括债券在内的各种金融资产的供求决定的。各种金融资产的供求变化改变了汇率。货币政策和财政政策的变化改变了金融资产的预期收益和相对风险，这反过来改变了汇率。

近年来的许多宏观经济理论发展都聚焦于货币政策和财政政策的变化如何改变人们对金融资产存量的收益和风险的相对看法，而这些金融资产存量推动了汇率变化。货币替代理论，即散户投资者和商业投资者改变其投资组合构成的能力，遵循投资组合平衡和再平衡框架的相同基本前提。

遗憾的是，纵观过去 50 年来所有优秀工作和研究，从短期到长期的汇率预测能力——正如弗兰克尔（Frankel）和罗斯（Rose）在下一段文字摘录中指出的那样——仍然乏善可陈。虽然学术界和从业者都同意，从长远来看，购买力和外部平衡等基本原则推动了币值，但在中短期，没有哪种基本理论被证明非常有用。

……汇率宏观经济决定因素的研究情况令人遗憾。结果表明，基于诸如货币供应、实际收入、利率、通货膨胀率和经常账户差额等标准基本因素的模型都无法成功解释或预测汇率的高波动率，至少在短期或中期是如此。

——Jeffrey A. Frankel and Andrew K. Rose, "A Survey of Empirical Research on Nominal Exchange Rates," NBER Working Paper No. 4865，1994.

这些主要理论思想流派（三种方法）的预测能力不足导致了技术分析的日益普及。技术分析是对过去价格行为（例如，价格变化的趋势和形成）的研究，旨在深入了解未来价格走势。技术分析的主要特征是假设汇率或所有市场影响的价格都存在某种趋势。这些趋势可以被分析和预测，以预测未来的短期和中期价格变化。"全球金融实务 9-1"举例说明了日元-美元交叉汇率的简化技术分析。

多数技术分析理论将公允价值与市场价值区分开来。公允价值是价格将最终保持的真正长期价值。市场价值则受到当时市场参与者的普遍观点和看法引起的众多变化和行为的影响。

全球金融实务 9-1

日元/美元汇率的技术分析（2011年1月—2014年2月）

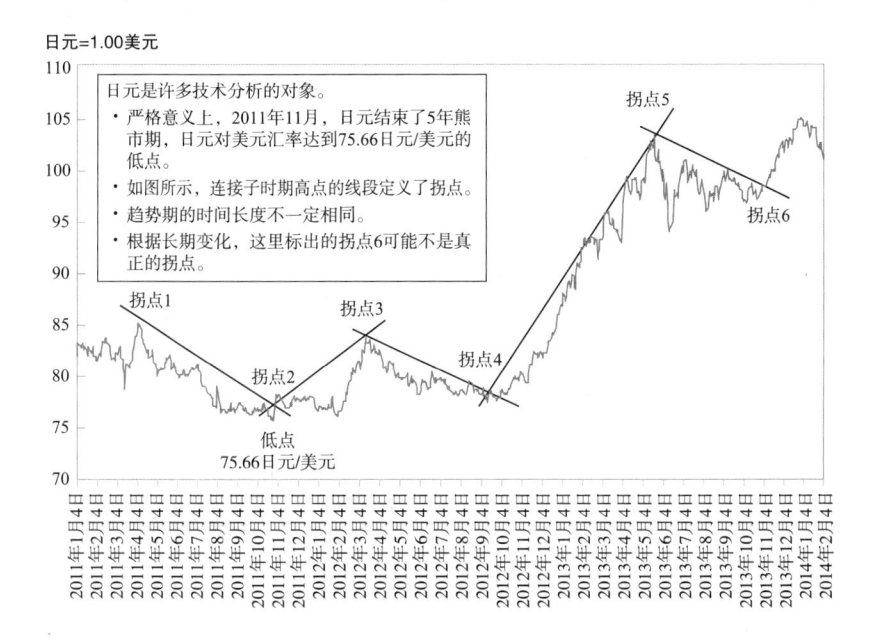

日元=1.00美元

日元是许多技术分析的对象。
- 严格意义上，2011年11月，日元结束了5年熊市期，日元对美元汇率达到75.66日元/美元的低点。
- 如图所示，连接子时期高点的线段定义了拐点。
- 趋势期的时间长度不一定相同。
- 根据长期变化，这里标出的拐点6可能不是真正的拐点。

拐点1、拐点2、拐点3、拐点4、拐点5、拐点6

低点 75.66日元/美元

资产市场预测法。 外国投资者愿意在高度发达国家持有证券并进行外国直接投资，这主要是基于这些国家的相对实际利率（也是一种平价条件）以及经济增长和盈利前景。

例如，尽管美国经常账户差额持续恶化，但美元在1990—2000年期间走强。无论是名义汇率还是实际汇率，美元的强势都是外国资本流入造成的，而推动外国资本流入的是股价和房地产价格上涨、低通货膨胀率、高实际利息收益率以及对未来经济前景看似无尽的"非理性繁荣"。这种"泡沫"在2001年9月11日美国遭受恐怖袭击之后破灭。恐怖袭击及其后果导致投资者对美国的长期增长和盈利前景（以及美国本身新形成的政治风险水平）重新做出负面评估。美国股市大幅下跌以及一系列大公司（安然等）爆出公司治理失败丑闻加剧了这种负面前景。正如国际收支法和资产市场法所预测的，美元贬值。

美国以及其他高度发达国家的经验说明了为什么一些预测师认为汇率受经济前景的影响多于受经常账户的影响。下面以另一种资产价格的情况为例进行说明。

假设油价已连续数年下跌（例如2014—2016年的情况），导致石油和天然气公司的利润大幅下降。因此，它们的股价下跌。但那是过去。现在石油和天然气公司的股价应反映市场对未来利润、未来石油价格以及公司未来利润的预期——而不是反映过去的指标。同样的逻辑也适用于货币的相对价值，即汇率。只有对未来事件、未来资本跨国流动的预期才会反映在汇率价值中。其他所有过去和现在的事件以及同期资本流动已经反映在当前的汇率中。

用资产市场法进行预测也适用于新兴市场。然而，在这种情况下，其他许多变量也参与确定汇率。举例来说，这些变量包括流动性不足的资本市场、薄弱的经济和社会基础设施、不稳定的政治、不健全的公司治理法律和实务、易受传染影响以及广泛投机。本章后面将在详述重大汇率危机时说明这些变量和其他变量。

9.2 外汇市场干预

> 汇率的一个基本问题是，没有一种被普遍接受的方法可以估计官方干预外汇市场的有效性。许多相互关联的因素都影响给定时间的汇率，并且当许多相互依赖的变量同时起作用时，没有哪个定量模型能计算出干预与汇率之间的因果关系强度。
> ——"Japan's Currency Intervention: Policy Issues," Dick K. Nanto, CRS Report to Congress (United States), July 13, 2007, CRS-7.

外汇干预——主动管理、操纵或干预市场对一国货币的估值——是货币估值和预测中不容忽视的组成部分。一国的货币价值对政府的经济、政治政策和目标具有重大利益。这些利益有时会影响其他国家，但实际上可能反映某种形式的集体国家利益。尽管许多国家很久以前就已不再采用固定汇率制，但是许多实行浮动利率制的政府和中央银行仍然在私下和公开宣称其币值"应该保持"在可控范围内，无论当时该货币的市场是否同意这种观点。

外汇市场干预的动机

长期以来一直有种说法："银行家担心的是通货膨胀，但民选官员担心的是失业。"这个想法实际上非常有助于理解外汇市场干预的各种动机。根据一国的中央银行是独立机构（例如美联储）还是民选政府的下属机构（例如多年以来的英格兰银行），银行政策可能是对抗通货膨胀或对抗缓慢的经济增长，但它们很少能同时做到这两点。

传统上，许多国家都采取压低币值的政策以维持出口价格的竞争力。长期以来，这种被称为"以邻为壑"的政策目标引起了数不胜数的竞争性贬值。然而，它并没有过时。2012年、2013年和2014年，许多国家经济增长缓慢且就业问题久拖未决，导致一些政府——典型例子是美国和欧盟——努力降低币值。

另一种情况是，本币价值下跌将大大降低国民的购买力。如果各种原因迫使该国继续购买进口产品（例如，由于没有国内替代品而进口石油），货币贬值就可能导致高度通货膨胀，并且在极端情况下使该国人民陷入贫困（例如委内瑞拉的情况）。

人们经常提到，多数国家希望看到汇率稳定并避免与操纵货币价值相关的麻烦。遗憾的是，这也意味着它们对当前汇率对国家层面竞争力的影响感到满意。

国际货币基金组织的基本原则之一（第四条）鼓励成员避免通过"操纵汇率"获得相对于其他成员的竞争优势。国际货币基金组织将操纵定义为"在汇率市场中实行大规模单向干预"[1]。然而，许多政府似乎经常选择忽视国际货币基金组织的建议。

---

[1] *IMF Survey No. 2*, International Monetary Fund, 2005.

干预方法

政府可以独自或与中央银行合作通过多种方式改变其货币价值。然而,应该指出的是,市场干预方法在很大程度上取决于一国经济的规模、全球外汇交易规模以及国内金融市场的发展深度和广度。干预方法主要包括直接干预、间接干预和资本管制。

直接干预。直接干预是主动进行本币与外币之间的买卖。这传统上要求中央银行像外汇市场中的其他交易者一样行动——尽管它的规模很大。如果目标是增加本币价值,中央银行将使用其外汇储备购买本币,至少达到它可以容忍的外汇储备消耗限度。如果目标是降低本币价值——以对抗外汇市场上的本币升值,中央银行将卖出本币以换取外币,通常是美元和欧元等主要硬通货。虽然中央银行卖出本币的能力并无实际限制(理论上它们可以不断"印钞"),但中央银行很谨慎地控制通过干预改变货币供应的程度。

直接干预是多年来使用的主要方法,但从20世纪70年代开始,世界外汇市场的规模变得如此之大,以至于任何参与者,甚至是中央银行,都可能不具备推动市场的资源——外汇储备。面对这种市场规模挑战,一个解决方案是偶尔使用合作干预,即几个主要国家或某个国家集团(例如工业国组成的八国集团)一致认为特定货币的价值与其集体利益不一致。在这种情况下,这些国家可以合作进行干预,推动币值向理想方向变化。1985年9月的《广场协议》是由十国集团成员国在纽约市广场酒店签署的一项协议,它就属于合作干预协议。这些成员国一致认为币值波动过大或过于极端不利于稳健的经济政策管理。当然,合作干预的问题是在各国之间达成协议,这被证明是使用合作干预的主要难点。

间接干预。间接干预是改变经济或金融基本面以推动资本流入和流出特定货币。鉴于全球外汇市场规模相对于中央银行金融资源的增长,这是市场操纵的合理发展。

这里最明显、最广为使用的因素是利率。根据之前关于平价条件的讨论中概述的金融原则,实际利率升高会吸引资本。例如,如果中央银行希望"捍卫币值",它可能会采取限制性货币政策,这将推动实际利率上升。因此,这种方法不再局限于该国持有的外汇储备数量。相反,它仅限于该国承受实际利率升高的国内影响以吸引资本流入并因此推高对其货币需求的意愿。

另外,在希望本币价值下跌的国家,尤其是当该国货币对主要贸易伙伴国货币持续升值时,中央银行可能会努力降低实际利率,减少资本收益率。

由于间接干预使用的是货币政策工具——经济政策的基本手段之一,因此影响的程度和范围可能远远超出币值。过度刺激经济活动,或使货币供应增长率超过实际经济活动增长率,可能会导致通货膨胀。使用利率等影响广泛的工具来操纵币值需要确定目标重要性,这在某些情况下可能需要选择以牺牲国内经济政策目标为代价来追求国际经济目标。

资本管制。资本管制是指政府限制外币获取能力。这涉及限制用本币兑换外币的能力。被允许获得和交易外汇时,交易者只能与政府或中央银行指定的官方人员进行交易,并且只能按照指定汇率进行交易。

通常,政府将限制获取外币用于商业交易:例如,只允许获取硬通货用于进口商品。为进行投资而获取外币——尤其是投资者在有息账户中存取款以及买卖证券或其他基金等短期投资——通常被禁止或限制。中国对人民币获取和交易的监管是对币值实施资本管制的典型例子。除了由政府规定每日汇率之外,外汇交易还受到复杂且有时间要求的官僚批准程序的限制，并且获得的外汇只能用于商业交易。

外汇干预失败

重要的是记住，干预可能——而且经常——会失败。近年来土耳其和日本的干预就是典型的例子。

2014年的土耳其。 2014年的土耳其货币危机是一个典型的例子，它表明大幅间接干预最终只会减缓资本外逃和货币崩溃的速度。土耳其在2012年和2013年的汇率一直比较稳定，但2013年年底，土耳其经济（所谓的脆弱五国之一，其他四国为南非、印度、印度尼西亚和巴西）的经常账户逆差不断扩大，通货膨胀率上升。随着2013年第四季度新兴市场越来越担心美联储宣布放缓购买债券（减购债券计划，基本上是一种紧缩货币政策），资本开始退出土耳其。里拉受到越来越大的下行压力。

然而，土耳其陷入了矛盾。为了捍卫币值，土耳其中央银行需要提高利率。但土耳其总统希望中央银行降低利率，他坚持认为这将刺激土耳其经济（降低利率使借款更便宜，有望使更多公司借款和扩张）。但是，降低利率将进一步鼓励资本外逃。里拉的贬值压力在2014年1月初加剧。此时，土耳其中央银行别无选择，只能将土耳其的一周银行回购利率（repo rate）从4.5%提高到10.0%，以阻止资本外流。尽管前几个小时显示出缓解迹象，里拉相对于美元（和欧元）的价值略微回升，但在几天之内再次走弱。在这种情况下，事实证明间接干预不仅是失败的，而且这种做法最终可能会使经济恶化。

了解外汇市场干预的动机和方法对于确定未来汇率的分析至关重要。尽管最终通常无法确定干预是否成功——无论是直接干预还是间接干预，但它是外汇市场普遍而持久的特征。在货币疲软时期，各国政府总是努力捍卫其币值。最后，干预的成功可能既取决于运气，也取决于才能。"全球金融实务9-2"简要列出了可能的最优有效干预实务。

全球金融实务9-2

有效干预的经验法则

许多外汇交易者都认为，各种因素、特征和策略都会影响干预行为的有效性。

不要逆风操作

显著朝一个方向变化的市场——例如2010年秋的日元走强——非常难以逆转。在强劲的市场变化中进行干预被称为"逆风操作"，它很可能导致代价高昂的失败。外汇交易者认为，中央银行应该非常谨慎地确定干预时机，选择交易量较小且方向接近持平的时间。

协调时机和行动

如果市场认为干预行动反映的是基本变化，而不是单个交易实体或银行的活动，那么市场更有可能受到影响。因此，利用各种地区市场和交易中心（可能还有其他中央银行）的交易商进行交易可以提高有效性。

利用好消息

如果爆出与一国外汇市场密切相关的正面经济、金融或商业新闻，那么选在此时进行干预可能事半功倍，尤其是在试图阻止货币贬值时。交易员经常说"市场希望庆祝好消息"，外汇市场可能也没什么不同。

一鼓作气

交易员担心错过时机，而彼此配合的及时大规模干预可能让他们担心自己偏向错误的方向。成功的干预在很多方面都是心理战，可以用于杠杆化交易员的不安全感。如果干预措施似乎逐渐产生了预期影响，就应该不断加码投入战斗。别贪便宜。

2010 年的日本。 2010 年 9 月，日本银行近六年来首次干预外汇市场。据报道，为了减缓日元升值，日本购买了近 200 亿美元。财务省官员公开表示，82 日元/美元可能是他们对日元升值的容忍度极限——他们的容忍度正在受到考验。

正如图 9-2 所示，由于日元逼近 82 日元/美元，日本中央银行于 9 月 13 日进行了干预。（日本银行能够独立执行日本货币政策，但作为日本财务省的下属机构，它必须代表日本政府进行外汇操作。）据报道，日本官员已将其行动通知美国和欧盟，但他们没有要求许可或支持。这次干预引发了从北京、华盛顿到伦敦对"外汇干预新时代"的公开强烈抗议。

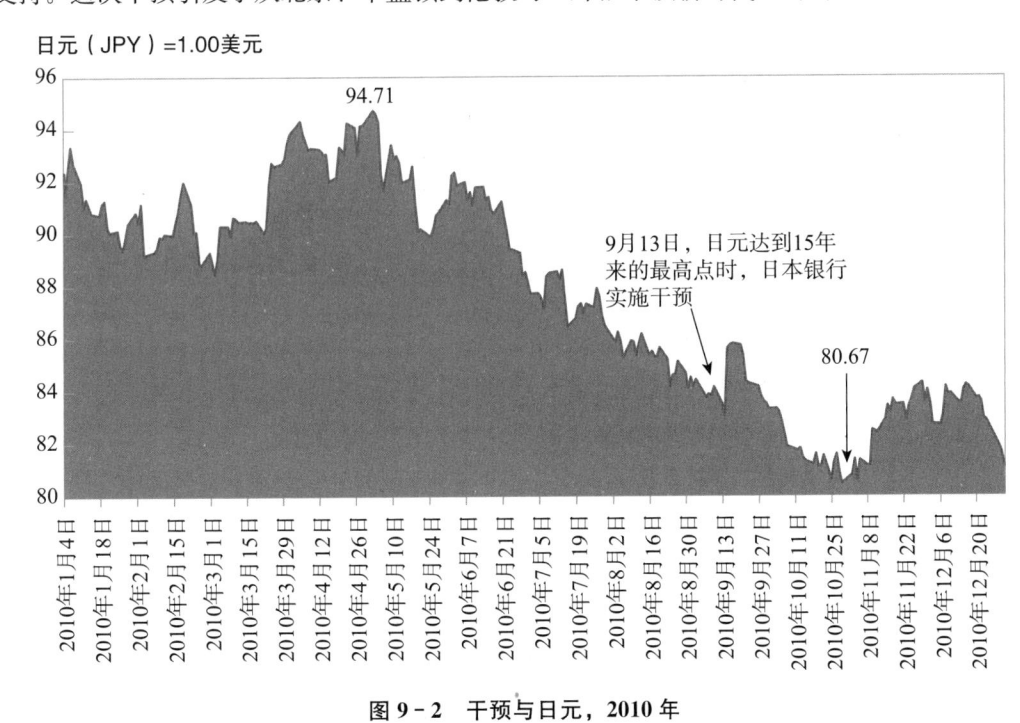

图 9-2 干预与日元，2010 年

虽然市场干预总是被自由市场支持者蔑视，但日本的举动尤为令人沮丧。正如经济学家努里尔·鲁比尼（Nouriel Roubini）指出的，"我们处在一个人人都想要弱势货币的世界"[①]，市场上所有国家都希望通过极低利率和相应的低币值来刺激国内经济——全球逐底。

讽刺的是，正如图 9-2 所示，干预措施似乎很不成功。当日本中央银行开始在日元升值的市场上买入美元时——所谓的逆风干预策略或单向干预策略，它希望能阻止日元升

---

① Hotten, R. (Sep 16, 2010). *Currency intervention's mixed record of success.*

值，改变即期汇率的变化方向，或者两者兼而有之。但这两种努力似乎都失败了。正如一位分析师指出的，这基本上是对长期问题的短期解决方案。虽然日元大幅贬值了几天（每美元兑换的日元增加），但一周之内日元再次重归升值路径。图9-3使用传统的供求框架来说明日本试图通过干预达到什么目标。

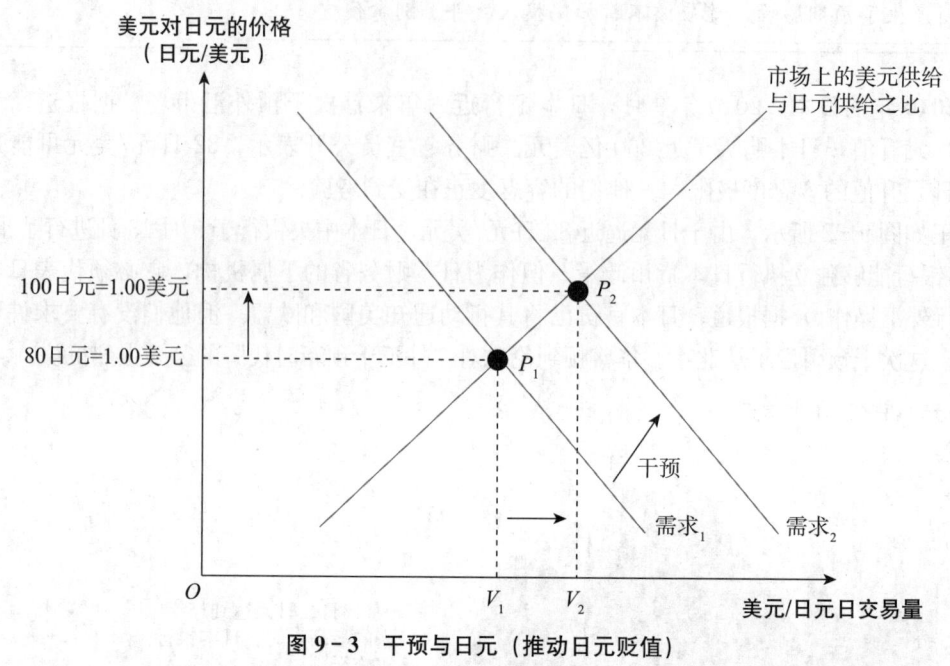

图9-3　干预与日元（推动日元贬值）

日本银行的干预是指日本银行进入外汇市场产生美元需求——卖出日元，买入美元。如果该银行干预的时间和程度足够，就能将美元需求向外推移，推动美元价值上涨，日元价值下降（需要更多日元购买1美元）。

日本的频繁干预一直是许多研究的主题。国际货币基金组织在2005年8月的一项研究中指出，在1991—2005年期间，日本中央银行进行了340天干预，而美联储进行了22天干预，欧洲央行仅进行了4天干预（自1998年成立以来）。虽然国际货币基金组织从未发现日本的干预是官方"汇率操纵"，但是高俊伊藤（Takatoshi Ito）在2004年的分析得出的结论是，日本的干预造成的市场汇率平均变化为1日元/美元，即约为1%。

> 没有历史案例表明，卖出日元的干预行为立即成功阻止了日元业已存在的长期升值趋势。
>
> ——佐佐木融（Tohru Sasaki），外汇策略分析师，JP摩根

然而，日本的干预并不是企图操纵市场的唯一例子。即使是瑞士国家银行——市场和工具稳定性的堡垒，也在2009年一再干预，以阻止瑞士法郎对美元和欧元升值。

经济联盟和一体化组织提供了外汇市场干预的极端例子。正如第2章所述，经历了20年的经济、货币和汇率协调与干预，欧元才于1999年推出。该体系，即欧洲货币体系，使用了一套精心设计的双边责任制度，其中双方政府都致力于维持平价汇率。它们的承诺包括两类干预——直接干预和间接干预。"全球金融实务9-3"介绍了欧洲货币体系，即所谓的"蛇形浮动"。

全球金融实务 9-3

欧洲货币体系的"蛇形浮动"

1979—1999 年推出欧元这段时期使用的欧洲货币体系确定了两种货币之间的中心汇率（或平价汇率），这是目标长期汇率。当时，汇率可以通过自由交易确定，只要它保持在中心汇率±2.25％的范围内。如果汇率超过干预汇率的上限或下限，那么两国都必须开始进行干预，将汇率推回中心汇率交易区。

该体系的一项基本原则——也是该体系取得成功的主要原因——是建立了两国维持汇率的双边责任。举例来说，如果德国马克（Deutsche mark，DM）对法国法郎（French franc，FF）升值，并且市场汇率超过了干预汇率的界限，那么两国政府都必须进行干预，要么是直接干预（在市场上买卖本国货币），要么是间接干预（例如改变利率），或两者兼而有之，以使交易汇率保持在中心汇率附近。

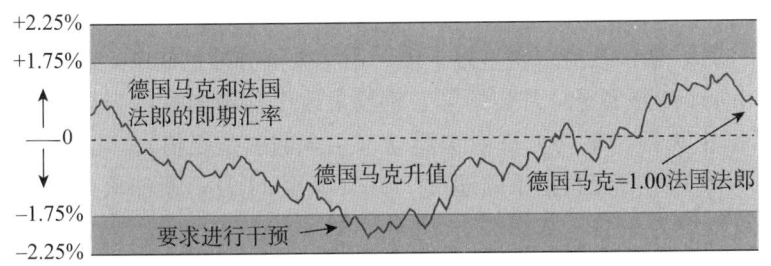

9.3 不均衡：新兴市场的汇率

尽管之前图 9-1 描述的三种不同的汇率决定思想流派使理解汇率看上去很简单，但真实情况很少这样简单。流动性较好的大型资本市场与外汇市场在中长期内很好地遵守了之前介绍的许多原则。然而，流动性较差的小型市场经常表现出看似违反理论的行为。问题不在于理论，而在于理论的基础假设的相关性。对新兴市场危机的分析说明了其中一些看似矛盾的问题。

经过多年全球经济相对平稳的时期，从 20 世纪 90 年代后半叶开始，一系列外汇危机冲击了所有新兴市场。1997 年 7 月的亚洲金融危机和 2002 年的阿根廷比索贬值表明了新兴市场经济的一系列失败，每次失败都有其复杂原因和未知前景。这些危机也说明了资本外逃以及外汇市场和证券市场上的短期国际投机等日益严重的问题。我们将利用每次危机聚焦具体的原因和后果。

1997 年亚洲金融危机

在 1998 年关于亚洲金融危机的会议上，一位发言者指出，全世界对印度尼西亚经济问题的关注令人难以理解，因为亚洲经济的规模太小了，印度尼西亚的国内生产总值只与北卡罗来纳州相当。然而，接下来的发言者说，上次他核实过了，北卡罗来纳州没有2.2亿人口。

亚洲货币危机源于该地区的根本经济变化，即许多亚洲国家从净出口国转变为净进口国。从1990年的泰国开始，远东的快速经济扩张开始使进口超过出口，需要大量净资本流入来支持其货币。只要资本——用于制造业工厂、大坝项目、基础设施开发甚至房地产投机的资本——继续流入，该地区的钉住汇率制就可以维持。然而，当投资资本停止流入时，危机将不可避免。

最明显的危机根源是泰国的过度资本流入。在经济快速增长和利润增长的背景下，泰国企业、银行和金融公司随时可以在国际市场上获得资本，并发现离岸美元债务很便宜。泰国银行继续在国际上筹集资本，向各种国内投资和企业发放信贷，超出了泰国经济可以支持的范围。随着流入泰国市场的资本创下历史新高，大量资金流入各种投资。随着投资"泡沫"的扩大，一些参与者对泰国经济偿还不断上升的债务的能力提出质疑。泰铢遭到攻击。

危机。1997年5月和6月，泰国政府多次直接干预（用尽大部分外汇储备）和间接干预（通过提高利率）外汇市场。6月底至7月初的第二轮投机攻击让泰国货币当局难以招架。1997年7月2日，泰国中央银行最终允许泰铢浮动（在本例中是贬值）。几小时内，泰铢对美元价值下跌17%，泰铢对日元价值下跌超过12%。截至11月，泰铢从25泰铢/美元跌至40泰铢/美元，跌幅约为38%，如图9-4所示。

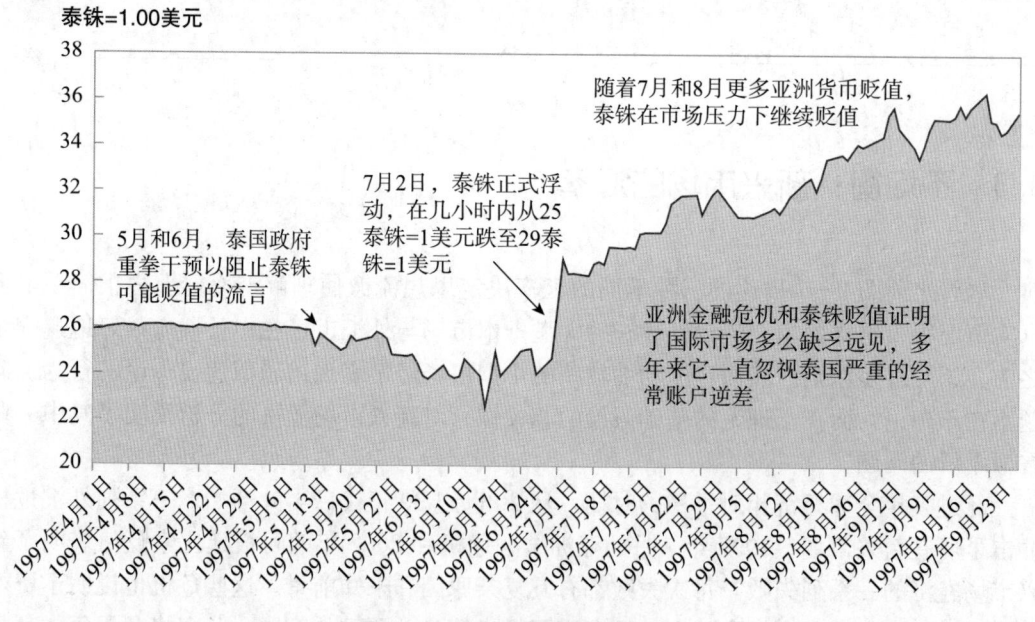

图9-4 泰铢与亚洲金融危机

在亚洲版龙舌兰效应中，一些与之毗邻的亚洲国家和地区——其中有些国家和地区与泰国有相似特征，有些国家和地区与泰国没有相似特征——受到外汇交易商和资本市场的投机性攻击。7月泰铢贬值后的几个月内，菲律宾比索、马来西亚林吉特和印度尼西亚卢比的价值纷纷下跌。1997年10月底，中国台湾市场失衡，突然出现15%的竞争性贬值。台币贬值似乎只是这场危机的新开始。尽管港元挺了过来（付出了高昂的外汇储备成本），但韩元并不那么幸运。1997年11月，历史上一直很稳定的韩元也遭受了袭击，从900韩元/美元跌至超过1 100韩元/美元。除了港元之外，唯一没有贬值的货币是当时不能自由兑换的人民币。

因果复杂性。 亚洲经济危机——因为这场危机不仅仅是货币危机——除了传统的国际收支困境之外还有很多根源。虽然每个国家的危机原因都有所不同，但所有国家都有三个共同原因：企业社会主义、公司治理任人唯亲和银行业不稳定。

- 企业社会主义。许多快速增长的出口导向亚洲国家只知道稳定。由于政府和政治在商业领域的影响，即使经营失败，人们也认为政府不会允许企业倒闭、工人失业或银行关门。持续数十年没有面临挑战的做法（例如终身雇用制）现在已不再可持续。

- 公司治理任人唯亲。在远东商业环境中经营的许多公司主要由家族或与该国执政党或执政组织有关的团体控制。这种任人唯亲的理念意味着和企业管理层的主要动机相比，少数股东和债权人的利益往往是次要的。

- 银行业不稳定。银行业落后了。世界各地的银行监管结构和市场几乎无一例外地放松了管制。银行在商业经营方面发挥的核心作用在很大程度上被忽视了。随着亚洲各地的公司破产，国库空虚，银行倒闭。没有了银行，商业经营的渠道就被关闭了。

在亚洲金融危机爆发之后，国际投机者乔治·索罗斯（George Soros）被指控为这场危机的煽动者。正如"全球金融实务9-4"所述，索罗斯可能只是信使。

全球金融实务9-4

乔治·索罗斯是亚洲金融危机的罪魁祸首吗？

对泰国来说，将自身的困境归咎于索罗斯先生就像谴责一个埋葬自杀者的人。
——*The Economist*，August 2，1997，p. 57.

1997年7月亚洲金融危机爆发后的几周内，包括泰国和马来西亚在内的一些国家的官员指责国际金融家乔治·索罗斯引发了这场危机。其中尤为重要的声音来自马来西亚总理马哈蒂尔·穆罕默德博士（Dr. Mahathir Mohamad），他一再暗示索罗斯有政治企图，这与缅甸加入东南亚国家联盟（东盟）的计划有关。马哈蒂尔在一些公开演讲中指出，索罗斯可能一直在发表政治声明，而不仅仅是对货币价值的投机。马哈蒂尔认为，马来西亚、泰国、菲律宾和印度尼西亚的穷人将为索罗斯对亚洲货币的袭击付出巨大代价。

乔治·索罗斯可能是全球历史上最著名（或许也是最成功）的货币投机者。他被公认为要对1992年欧洲金融危机和1993年法国法郎贬值负主要责任，在泰铢和马来西亚林吉特贬值之后，他再次受到批评。

九年后的2006年，马哈蒂尔和索罗斯首次见面。马哈蒂尔道歉并撤回了他先前的指控。在索罗斯于1998年出版的《全球资本主义危机：濒危的开放社会》（*The Crisis of Global Cap-*

italism: Open Society Endangered)一书中，索罗斯解释道，他的基金从 1997 年年初开始卖空泰铢和马来西亚林吉特（签署在未来日期向其他买家交割货币的协议）。他认为这意味着当他的基金在春末抛补头寸时，他们是货币的买方而非卖方，因此是"好的一方"，并且随着基金实现利润，实际上有助于支持币值。遗憾的是，1997 年年初形成的大量空头是索罗斯基金预期泰铢和林吉特将下跌的明确市场信号（消息在外汇市场上快速传播）。

2002 年的阿根廷危机

> 现在，大多数阿根廷人都责怪腐败的政治家和外国鬼子给他们带来灾祸。但是很少有人自省主流社会理念，比如"viveza criolla"，这是一种为耍滑头得逞者喝彩的阿根廷文化陋习。这是大规模逃税背后的原因之一：每三个阿根廷人就有一个这样做——很多人都以此为荣。
> ——Anthony Faiola, "Once-Haughty Nation's Swagger Loses Its Currency,"
> *The Washington Post*, March 13, 2002.

历史上，阿根廷的经济起伏与阿根廷比索的稳健状况密切相关。20 世纪 80 年代，南美洲最南端的居民——他们通常认为自己比南美洲人更加欧洲化——遭受了恶性通货膨胀，国际债务居高不下，经济崩溃。到 1991 年，阿根廷人民已经受够了。经济改革是阿根廷人民的共同目标。他们感兴趣的不是速效对策，而是持久的变化和稳定的未来。他们几乎实现了这个目标。

1991 年，阿根廷比索以一比一的汇率与美元挂钩。该政策与固定货币汇率的传统方法背道而驰。阿根廷采用的是货币局制度，这种结构——而不仅仅是承诺——限制经济中的货币增长。在货币局制度下，中央银行只能通过增加其持有的硬通货储备来增加银行体系中的货币供应。在本例中，硬通货储备是美元。阿根廷认为，通过取消政府扩大货币供应增长率的能力，消除了破坏其生活水平的通货膨胀来源。这既是一张保守和审慎金融管理的处方，也是一个取消政治家（无论是否通过选举产生）行使判断（无论好坏）的权力的决定。这是一条不可撼动的自动规则。

这种"疗法"是限制性货币政策，减缓了经济增长。阿根廷的失业率在 1994 年升至两位数，并保持在该水平上。实际 GDP 增长率在 1998 年年底陷入衰退，经济在 2000 年继续萎缩。阿根廷银行允许存款人持有比索或美元资金。这旨在为银行体系和政治体系提供一种市场约束，并证明政府坚定不移地致力于维持比索与美元的平价。虽然阿根廷打算建立对该体系的信心，但最终事实证明，它对阿根廷银行体系是一场灾难。

经济危机。事实证明，1998 年的经济衰退没有终止。三年半之后，阿根廷仍处于衰退之中。2001 年，危机状况揭示出阿根廷经济的三个非常重要的基本问题：（1）阿根廷比索被高估了；（2）货币局制度已经断除了宏观经济政策的货币政策选择；（3）阿根廷政府预算赤字失控。通货膨胀尚未消除，而全世界市场都在关注。

南美洲的多数主要经济体现在都陷入了衰退。随着经济活动放缓，进口下降。多数南美国家货币对美元的价值都在下跌，但由于阿根廷比索仍与美元挂钩，因此阿根廷出口价格上涨得过高。阿根廷的缓慢经济增长需要采取扩张性经济政策，但货币局制度的基本前提是金融体系的货币供应扩张不能超过或快于经济获取美元储备的能力——这消除了货币政策的空间。

然而，政府支出并没有放缓。随着失业率的上升，贫困和社会动荡的加剧，无论是在阿根廷的中心城市布宜诺斯艾利斯还是在外省，政府都面临着缩小经济和社会差距的压力。政府支出仍在增加，但税收没有增加。阿根廷转而求助于国际市场为其赤字支出融资。阿根廷的外债总额开始急剧上升。只有国际货币基金组织的几笔注资阻止了该国的外债总额暴涨。然而，到20世纪90年代末，阿根廷的外债总额翻了一倍，经济的盈利能力却没有增加。

随着经济状况继续恶化，银行遭受不断加剧的挤兑。存款人担心比索贬值，他们排起长队取款——既提取阿根廷比索现金，也提取美元现金。比索被兑换成美元，再次为日益加剧的外汇危机火上浇油。由于担心银行资金日益流失导致银行倒闭，政府关闭了银行。消费者每周提取的现金不能超过250美元，他们被指导使用借记卡和信用卡购买商品并进行社会所需的日常交易。

贬值。2002年1月6日（星期日），爱德华多·杜哈德（Eduardo Duhalde）总统在其第一届总统任期中将比索从1.00阿根廷比索/美元贬值至1.40阿根廷比索/美元。但经济困境仍在继续。比索贬值两周后，银行仍然关门。2002年2月3日，阿根廷政府宣布比索将浮动，如图9-5所示。政府将不再试图将其价值修正或管理到任何特定水平，并允许市场发现或确定汇率。

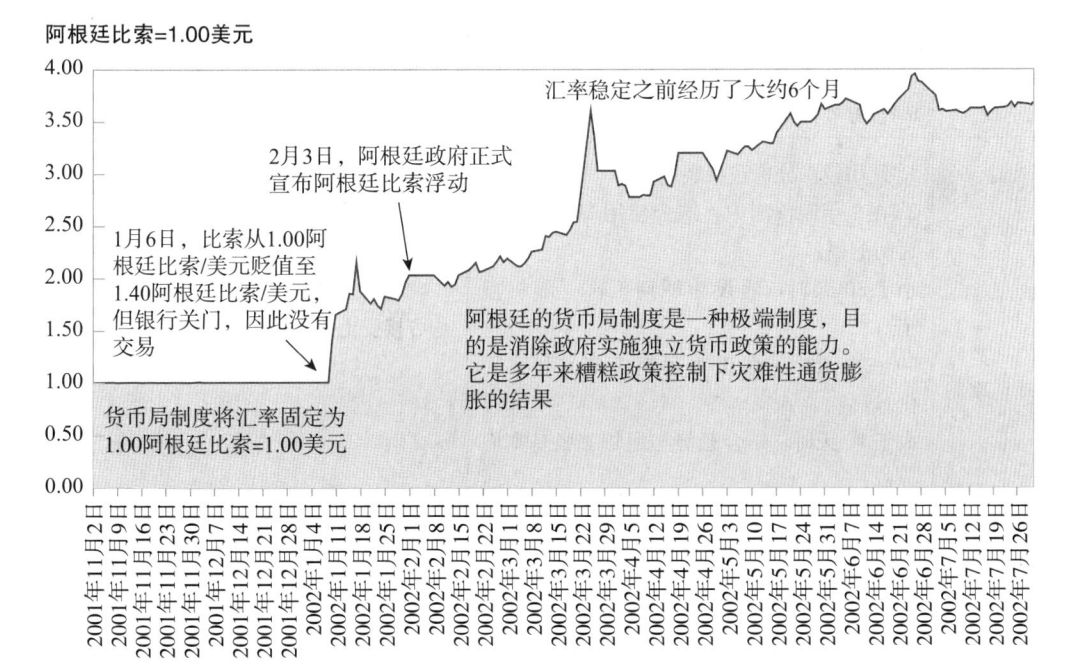

图9-5 阿根廷比索的崩溃

从阿根廷的案例中吸取的教训有些复杂。一开始，阿根廷和国际货币基金组织就都知道货币局制度是风险很高的策略，但考虑到阿根廷长期以来的灾难性汇率经历，它们认为值得采取该策略。然而，尽管阿根廷已尽力而为，但事实证明，使用如此严格的汇率制度——乃至政府几乎完全放弃了对其主权货币体系的控制——是不可持续的。

9.4 实践中的汇率预测

市场上有许多汇率预测服务，其中许多是由银行和独立顾问提供的服务。此外，一些跨国公司也拥有内部预测能力。预测可能基于计量经济模型、技术分析、直觉和一定的胆量。

表9-1总结了不同的预测时期、汇率制度和最广为采用的方法。预测服务是否物有所值取决于预测动机以及准确性要求。例如，长期预测的动机可能是一家跨国企业希望在日本进行外国投资，或者是筹集日元长期资金，或者是某个投资组合经理正在考虑加入长期日本证券以实现多元化。预测的时间范围越长，预测越不准确，但预测的重要性也可能越小。

表9-1 汇率预测实践

汇率制度	短期预测建议	长期预测建议
固定汇率制	1. 假设保持固定汇率。 2. 固定汇率是否有受到压力的迹象？ 3. 是否实际存在资本管制？ 4. 货币是否存在活跃的黑市？ 5. 政府是否有无力维持汇率的迹象？ 6. 官方外汇储备上升还是下降？	1. 使用基本面分析评估货币。 2. 该国的国际收支状况如何？ 3. 政府能否控制国内通货膨胀？ 4. 该国的贸易为顺差还是逆差？ 5. 如果积极进行干预，该国产生并保持硬通货储备的能力如何？
浮动汇率制	1. 使用技术分析法反映趋势。 2. 在1年期预测中，结合使用即期汇率和远期汇率： 小于30天时，假设为即期汇率（随机漫步）； 30~90天时，假设为远期汇率（利率平价）； 大于90天时，结合趋势与通货膨胀基本面分析。 3. 使用通货膨胀基本面分析。 4. 考虑政府关于汇率目标的声明与协议。 5. 考虑与其他主要贸易伙伴的合作协议。	1. 重点为通货膨胀基本面和购买力平价。 2. 考虑经济健康程度的基本指标。 3. 对长期趋势进行技术分析。 4. 考虑政府声明的汇率目标和指令，尤其是可接受汇率变化的上限和下限。

短期预测的动机通常是希望在一段时期内（比如三个月）对冲应收账款、应付账款或股利。短期预测较少依赖于长期经济基本面，而更多依赖于市场中的技术因素、政府干预、新闻以及交易者和投资者的心血来潮。预测的准确性至关重要，因为即使日常波动性可能很高，多数汇率变化也相对较小。

预测服务通常通过基本经济分析进行长期预测，有些预测服务基于相同的基本模型进行短期预测。还有些预测服务基于类似于证券分析中的技术分析进行短期预测。它们试图将汇率变化与其他各种变量联系起来,无论这种联系是否存在经济依据。

这些预测能否一直有用或帮助投资者实现盈利取决于投资者是否认为外汇市场有效。外汇市场越有效,汇率越有可能为"随机漫步",历史价格表现不提供关于未来价格表现的线索。外汇市场效率越低,预测者被运气眷顾并找到关键关系的概率越大,至少在短期内是如此。然而,如果这种关系始终存在,其他人很快就会发现它,市场对于这条信息而言将再次变得有效。

技术分析

技术分析师——传统上被称为图表专家——关注价格和数量数据以确定预期将持续到未来的历史趋势。技术分析中最重要的一点是未来汇率是基于当前汇率产生的。类似于股票价格变化,汇率变化可以细分为三个时间范围:(1)看似随机的每日变化;(2)从几天到持续数月的短期变化;(3)以长期涨跌趋势为特征的长期变化。由于近期研究发现浮动汇率制下可能存在汇率变化的长期"波动",长期技术分析重新受到青睐。

预测的时间范围越长,预测就可能越不准确。虽然长期预测必须依赖于汇率决定的经济基本面,但企业的许多预测需求在时间范围上为短期到中期,因此可以用理论性较弱的方法来解决。基于时间(时间序列方法)的技术分析不用理论或因果关系来推断,只是根据不久以前的数据预测未来数值。预测师可以自由结合基本理论——之前在图9-1中列出的三种方法——和技术分析,这大概是因为预测就像掷马蹄铁一样——接近者胜。图9-6简要分析了一家著名预测机构在三年中的预测准确度。

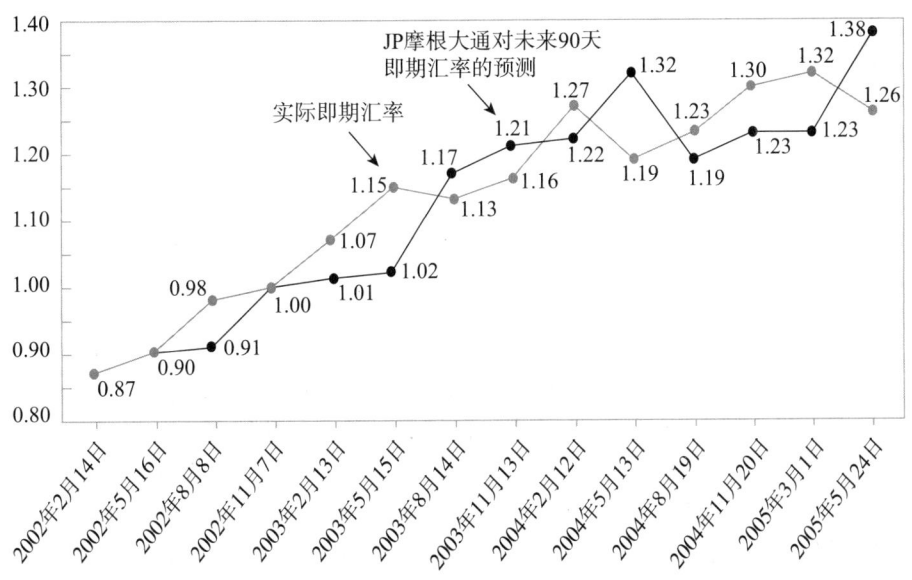

图9-6 JP摩根大通对美元/欧元的预测

市场上有许多不同的外汇预测服务和服务提供商。JP摩根大通(JPMorgan Chase, JPMC)是最负盛名和广为使用的公司之一。图9-6显示了JP摩根大通对2002—2005年期间美元/欧元即期汇率的预测的准确性（以 90 天为单位）。① 图 9-6 显示了这段时期的实际即期汇率以及 JP 摩根大通对同一时期即期汇率的预测。

从中既可以看到好消息，也可以看到坏消息。好消息是，JP 摩根大通对 2002 年 5 月和 11 月实际即期汇率的预测完全准确。坏消息是，之后它的预测就对不上了。当预测方向错误时，情况令人担忧。例如，2004 年 2 月，JP 摩根大通预测即期汇率将从 1.27 美元/欧元变为 1.32 美元/欧元，但事实上，美元在接下来的三个月内大幅升值，收于 1.19 美元/欧元。这个差异实际上十分巨大。应该吸取的教训可能是，不管预测师多么专业和有名，也不管他们过去的预测准确程度如何，预测未来——对于预测任何对象的任何人而言——至少是具有挑战性的。

预测中的交叉汇率一致性

国际财务经理必须经常预测公司东道国的本币汇率，不仅是为了决定是否进行对冲或投资，也是为了用本币编制多国经营预算。根据这些经营预算，人们可以判断外国子公司经理的业绩。检查交叉汇率一致性——具体预测中隐含的交叉汇率的合理性——可以作为一种现实核查方法。

预测：应该考虑什么因素？

显然，面对形形色色的理论和实践，预测未来的汇率将是一项艰巨的任务。我们的想法和经验总结如下：

■ 从几十年的理论和实证研究中可以看出，汇率确实遵循前面概述的基本原则和理论。基本面分析确实适用于长期汇率预测。因此，货币价值存在某种基本均衡路径。

■ 在短期内，各种随机事件、制度摩擦和技术因素似乎会导致货币价值显著偏离其长期基本路径。这有时被称为噪音。因此，我们显然可能预期汇率不仅会偏离长期路径，而且这种偏离可能存在某些规律性和相对长期性。

图 9-7 说明了这种综合预测思想。货币的长期均衡路径——虽然回过头看相对明确——在短期内并不总是显而易见的。汇率本身可能在某个周期或波动中偏离长期路径。

如果市场参与者对汇率的一般长期路径有一致看法和稳定预期，那么币值将定期回到长期路径上。然而，至关重要的是，当币值升至长期路径之上时，多数市场参与者将认为它被高估，反应是卖出货币——导致币值下跌。同理，当币值跌至长期路径以下时，市场参与者的反应是买入货币——推动币值上涨。这就是稳定预期的含义：市场参与者通过买入或卖出不断做出对汇率偏离长期路径的反应，以推动币值回到长期路径上。

如果由于某种原因，市场变得不稳定，如图 9-7 中的虚线偏离路径所示，那么汇率可能在较长时期内显著远离长期路径。这些破坏市场稳定的原因——薄弱的基础设施（例如银行体系）和影响经济行为的政治或社会事件——通常是投机者行为和低效市场。

---

① 本分析使用了《经济学人》季刊公布的汇率数据。正如《经济学人》所指出的，汇率预测来源为 JP 摩根大通。

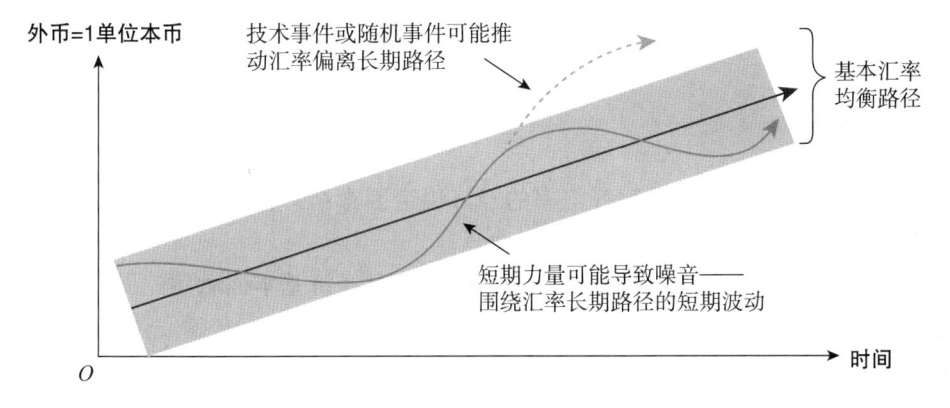

图 9-7 短期噪音与长期趋势

如果市场参与者有稳定预期，那么当各种力量将币值推向长期基本均衡路径下方时，他们将买入货币，推动其价值回到基本均衡路径。如果市场参与者有不稳定预期，那么当各种力量推动币值偏离基本路径时，参与者可能不会立即行动或大量买卖以将币值推回较长时期内的基本均衡路径（或建立新的长期基本均衡路径）。

汇率动态：了解市场变化

尽管关于汇率决定的各种理论是清晰可靠的，但每天都可能出现外汇市场漠视这些理论的情况——它们不会读书！困难在于了解哪些基本因素在哪些时点影响市场。

这种相对不明朗的汇率动态的一个例子是汇率超调现象。如图 9-8 所示，假设美元与欧元的当前即期汇率为 S_0。美联储宣布实行扩张性货币政策，降低美元利率。如果欧元利率保持不变，则汇率市场根据利差预期的新即期汇率为 S_1。这种直接汇率变化是市场对新闻、清晰可见的经济和政治事件的典型反应。因此，美元-欧元汇率的直接变化是基于利差的。

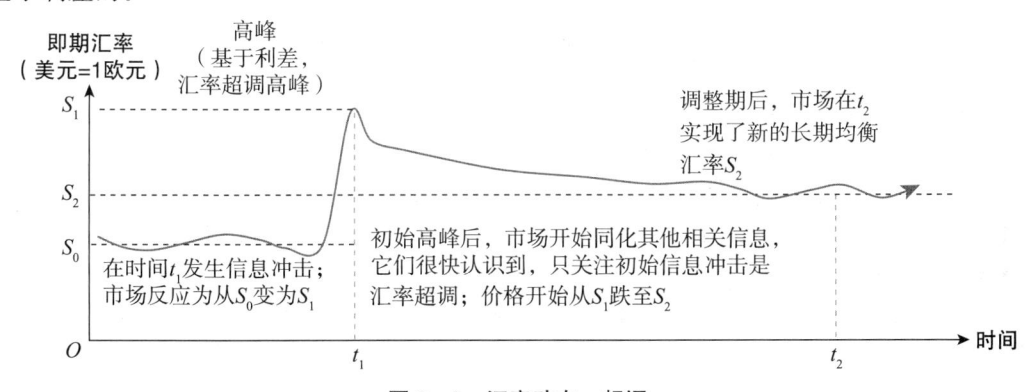

图 9-8 汇率动态：超调

然而，随着时间的推移，货币政策变化的价格影响开始在经济中发挥作用。随着价格在中长期发生变化，购买力平价的力量推动市场发生变化，即期汇率从 S_1 向 S_2 移动。虽然 S_1 和 S_2 都是由市场决定的，但它们反映了不同理论原则的主导地位。因此，较低的初始美元价值 S_1 被称为长期均衡价值 S_2 的超调。

当然，这只是一系列可能的事件和市场反应。外汇市场每天、每小时都会受到新闻的影响，因此很难预测短期汇率变化。从长期来看，如图 9-8 所示，市场通常会回归到汇率决定的基本面上。

要点总结

■ 三种主要理论方法可以解释汇率的经济决定因素：平价条件法、国际收支法以及货币法与资产市场法。

■ 汇率危机的反复出现不仅表明货币价值依然对经济基本面敏感，而且表明许多新兴市场的货币很脆弱。

■ 外汇市场干预方式可以是直接干预，即买卖本币，或间接干预，即改变资本流入流出一国及其货币的动机和规则。

■ 许多新兴市场货币不时出现基本汇率不均衡。过去，最常见的汇率不均衡的原因是恶性通货膨胀，但今天最常遇到的挑战是非经常账户资本的大量快速流入和流出。

■ 汇率预测是全球商业的一部分。所有类型的企业都必须对未来的发展形成某种预期。

■ 在实践中，固定汇率制下的短期汇率预测主要关注当前即期汇率，浮动汇率制下的短期汇率预测主要关注汇率走势和远期汇率。长期汇率预测需要回归对汇率基本面（例如国际收支、相对通货膨胀率和相对利率，以及购买力平价的长期特性）的基本分析。

■ 在短期内，各种随机事件、制度摩擦和技术因素都可能导致货币价值显著偏离长期基本路径。在长期内，汇率似乎确实遵循基本均衡路径，这与汇率决定的基本理论一致。

迷你案例

冰岛——一个全球危机中的小国[①]

历史上有短暂的汇率危机，也有复杂漫长的汇率危机。冰岛两者都经历过。这些危机的寓意是什么？寓意是宁为鸡头不为凤尾，一朝被蛇咬十年怕井绳，还是别的什么？

冰岛是一个只有 30 万人口的国家。它在地理上相对孤立，但其文化和经济与欧洲，尤其是北欧和斯堪的纳维亚的文化和经济密切相关。它曾是丹麦的领地，自认为既是独立国家又留有丹麦印记。历史上，冰岛经济由渔业和自然资源开发推动。虽然没有用任何漂亮词汇来形容，但事实证明它们是稳固持久的产业，并且近年来利润越来越丰厚。至少在冰岛发现"银行业"之前是如此。

冰岛危机：短危机

冰岛经济在 2000—2008 年期间增长迅速。在如此强劲迅速的增长下，通货膨胀——过去多数经济体中的弊病——成为日益严重的问题。作为一个开放的小型工业化经济体，随着经济的变化，资本被允许流入和流出冰岛。随着通货膨胀压力的上升，冰岛中央银行收紧货币政

[①] 2015 年©亚利桑那州立大学雷鸟全球管理学院版权所有。本案例由迈克尔·H. 莫菲特教授编写，仅用于课堂讨论。

策,利率上升。利率升高吸引了冰岛国外的资本,主要是欧洲资本,银行体系涌入大量资本。这些银行进而重金投资于从房地产到路虎的各行各业。

然后,2008年9月危机爆发。全球金融危机——主要源于美国及其房地产证券化抵押贷款债务信用违约互换危机——导致大部分国际金融体系和主要工业经济体陷入停滞。投资纷纷失败——不论是在美国、欧洲还是冰岛。为这些不良投资提供融资的贷款被拖欠。冰岛经济及其货币——克朗——崩溃了。如图A所示,冰岛克朗对欧元的价值在大约30天内跌幅超过40%,在90天内跌幅超过50%。公司破产,银行倒闭,失业率上升,通货膨胀率飙升。最终,一场漫长、缓慢而痛苦的复苏开始了。

冰岛克朗(ISK)=1.00欧元(EUR)

日期	冰岛克朗=1.00欧元	变化率
2008年9月3日	121.28	
2008年10月6日	172.16	-42.0%
2008年12月2日	187.70	-54.8%

图A 冰岛的短期危机——克朗价值下跌

冰岛危机:漫长的危机

冰岛漫长的危机源于20世纪90年代中期,当时冰岛与其他许多主要工业经济体一样,欣然迎接私有化并放松管制。曾经完全由政府拥有和经营的金融业于2003年实行私有化并在很大程度上放松管制。2003年,住房抵押贷款取消管制;新抵押贷款只需要10%的首付款。投资——外国直接投资(foreign direct investment,FDI)——迅速流入冰岛。很大一部分新投资投向铝生产,这是能源密集型行业,可以利用冰岛的大量天然水力(大规模建设大坝后形成的天然水力）发电。但各种外国直接投资也流入冰岛，包括家庭资本和企业资本。

新的冰岛金融业由三家银行主导：格里特利尔银行（Glitnir）、考普森银行（Kaupthing）和冰岛国民银行（Landsbanki Islands）。它们似乎在国内外都拥有无限的增长和盈利机会。冰岛在欧洲经济区（European Economic Area，EEA）的成员国资格为冰岛银行提供了在更广阔的欧洲市场扩大影响力的金融护照。随着资本在2003—2006年迅速流入冰岛，冰岛克朗币值上升，增加了冰岛人的购买力，但引起了投资者和政府的担忧。2004年，冰岛国内生产总值的增长率为8%；2005年，冰岛国内生产总值的增长率为6%；到2006年，冰岛国内生产总值的增长率仍高于4%。虽然主要经济大国的平均失业率约为6%，但经济过热的冰岛的失业率仅为3%。然而，正如经济史上频繁发生的情况，小型经济体的快速经济增长引发了通货膨胀。然后，冰岛政府和中央银行采用了标准处方：放缓货币供应增长，以试图控制通货膨胀力量。结果——不出所料——是利率升高。

没有吸取的教训

Brennt barn forðast eldinn.（被火烫过的孩子懂得远离火。）

——冰岛谚语

2006年冰岛遭受的小型冲击很短暂，投资者和市场迅速摆脱了其影响。银行贷款得到偿还，而两年后，冰岛经济陷入了史无前例的困境。

2007年和2008年，冰岛的利率——市场利率（例如银行隔夜拆借利率）和中央银行政策利率——继续上升。全球信贷机构将主要冰岛银行评为AAA级。资金流入冰岛的银行，这些银行又将资金用于所有可能的国内外投资（和贷款）。冰岛的银行创建了Ice-save，这是一个互联网银行系统，可以服务于英国和荷兰的存款人。这个系统卓有成效。2003年，冰岛的银行资产负债表规模为GDP的100%，到2008年已增长至略低于GDP的1 000%。

现在，冰岛的银行比冰岛更加国际化。（截至2007年年底，它们的存款总额中英镑占45%，冰岛克朗占22%，欧元占16%，美元占3%，其他占14%。）冰岛房地产和股票价格飙升。消费者和企业的支出增加导致商品和服务进口增长，而克朗升值抑制了出口。经常账户中的商品服务和收入差额均出现逆差。就像刚刚发现石油的新兴市场国家一样，冰岛人放弃了他们的鱼钩，抛弃了他们的船只，摇身一变成了银行家。每个人都想分一块馅饼，而这张馅饼似乎正在以无限速度增长。每个人都可能发家致富。

然后一切突然毫无预兆地停了下来。很难说原因是美国雷曼兄弟的破产还是受到了同一类事件的波及。但从2008年9月开始，冰岛克朗开始贬值，资本开始外逃。利率进一步上升，试图诱使（或"贿赂"）资金以冰岛克朗形式留在冰岛。这没有奏效。正如图B所示，冰岛克朗大幅度贬值，甚至在某种程度上是永久性贬值。回想起来，2006年的危机只是一道涟漪；而2008年的危机则是一场海啸。

现在，同样是这些由市场和政策推动的利率阻止了抵押贷款以任何形式续贷——在新商业前景有限的情况下，商业贷款变得过于昂贵，因此要么无法获得这些贷款，要么无力负担这些贷款。国际银行同业市场在2008年9月至10月危机期间基本冻结，现在该市场对待冰岛金融业的态度就像对待麻风病人一样。正如图C所示，利率距离跌至底部还有很长一段路（冰岛中央银行的隔夜利率升至20%以上）。

后果：政策反应

当政府和中央银行成为金融危机的受害者时，它们达成共识：拯救银行。无论银行和银行家被认为是危机的原因还是同谋（冰岛中央银行的一位银行家称他们为通常嫌疑人），人们普

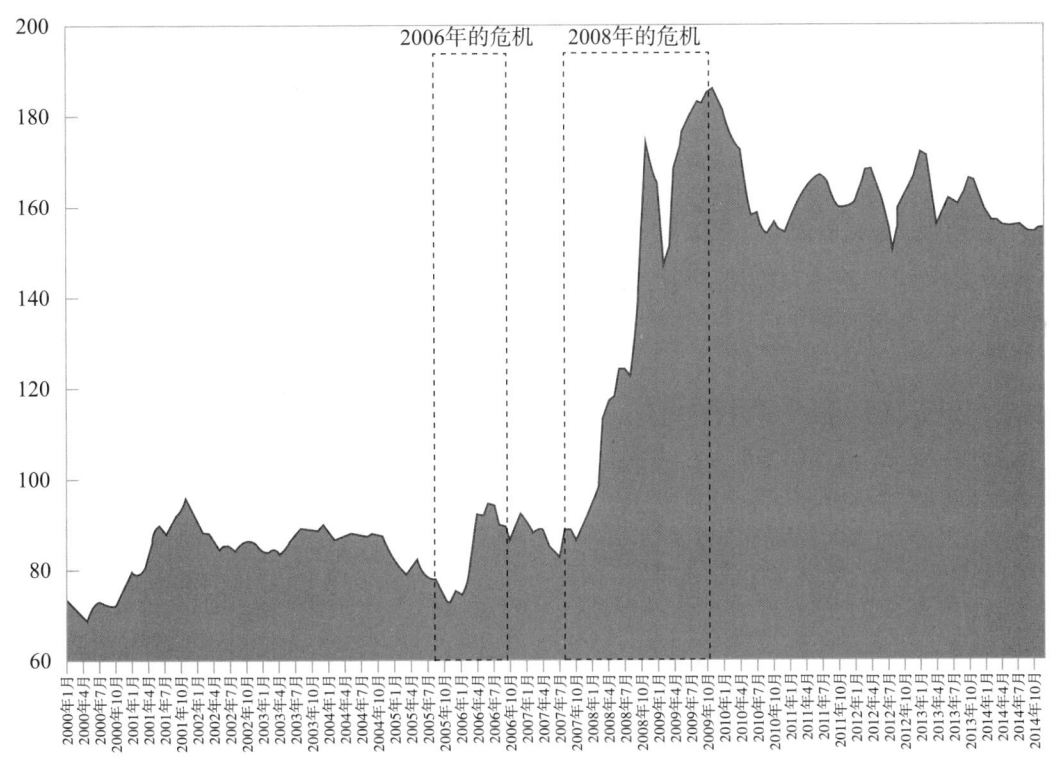

图 B　冰岛克朗-欧元即期汇率

遍认为所有经济体都需要有运作良好的银行体系，这样才有望实现商业振兴和恢复就业。这与 20 世纪 30 年代的美国以及 1997 年和 1998 年的整个南亚使用的规则相同。

但是冰岛人没有开出通常的处方。他们选择让银行倒闭。街头上演了所谓的锅碗瓢盆革命，人们不想要银行、银行家、银行监管机构甚至是总理。他们的逻辑是"让自由市场发挥作用"和"我想报复"的某种组合。这实际上非常类似于许多分析师在美国政府放任雷曼兄弟倒闭时对美国情况的争论。

与 2008 年金融危机爆发之后，美国根据"太大而不能倒"的口号对银行的救助行动相比，冰岛的银行被认为"太大而无法挽救"。三大银行——实际上都在 2008 年 10 月的第二周被国有化——均已倒闭。正如图 D 所示，虽然冰岛的银行资产和对外负债规模庞大且增长迅速，但冰岛不是唯一有此特征的地区。每家倒闭银行的资产都被当局重组为一家优质银行和一家坏账银行，而不是将它们统一合并为优质银行和坏账银行。

2008 年秋，仍在执政的政府当局采取了三点应急计划：（1）稳定汇率；（2）重新实现财政可持续性；（3）重建金融业。主要工具是资本管制。冰岛关闭了资金出入该国的边境关口和互联网渠道。最直接的问题是汇率。冰岛克朗贬值削弱了购买力，进口商品价格上涨使通货膨胀压力进一步增加。

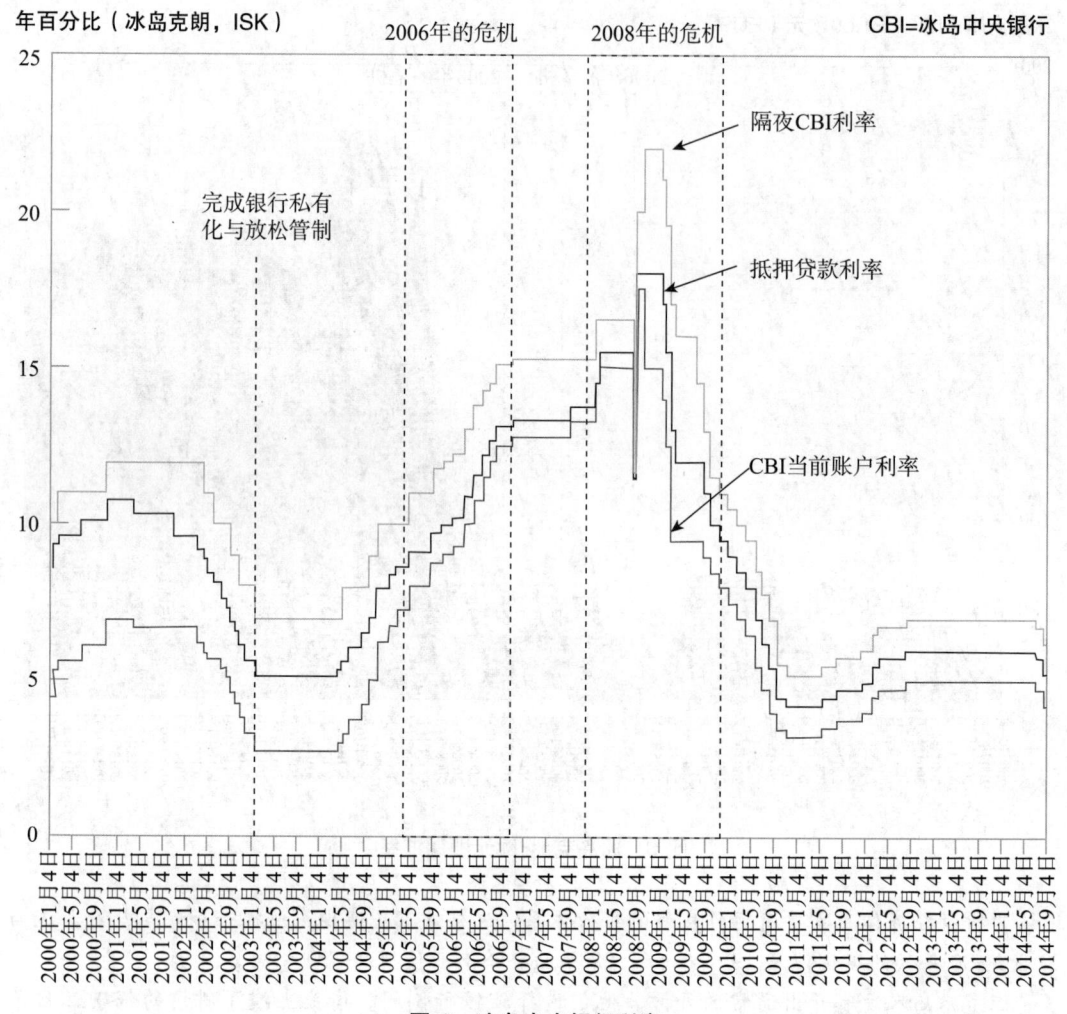

图 C 冰岛中央银行利率

注：作者根据冰岛中央银行汇编的数据绘制。

鉴于巨大的宏观经济风险，在 2008 年 12 月初重新开启银行同业外汇市场时，资本管制是政策组合中令人遗憾但不可或缺的用于稳定克朗的因素。

——Capital Control Liberalisation, Central Bank of Iceland, August 5, 2009, p. 2.

银行倒闭（没有进行救助）引发了冰岛与英国、欧盟、荷兰和其他国家之间严肃而有争议的讨论。由于冰岛银行的许多存款来自外国存款人，因此这些存款人的母国希望确保其公民的金融资产受到保护。在冰岛，尽管政府向国内居民保证他们的资金有保险（保险有上限），但外国存款人没有这种保险。在冰岛金融机构开有账户的外国居民被禁止将资金取出冰岛和卖掉冰岛克朗。

根据国际货币基金组织的建议，冰岛于 2008 年 10 月开始进行资本管制，然后在 2008 年 11 月和 12 月以及 2009 年 3 月更改和扩大了资本管制。

与经常账户交易和对内外国直接投资相关的支付将在短期后公布。因此，可以进行涉及货物和服务实际进出口的交易，而且如果在规定时限内进行上述交易，也可以支付利息。

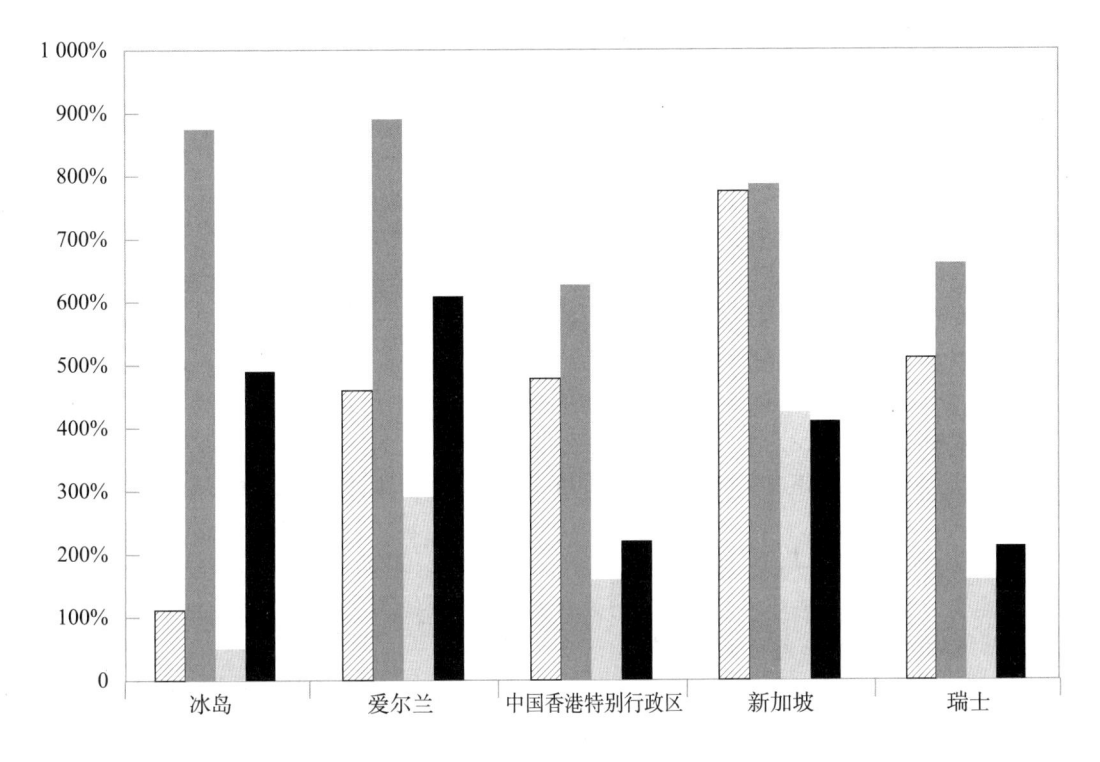

```
1000%
 900%
 800%
 700%
 600%
 500%
 400%
 300%
 200%
 100%
   0
         冰岛        爱尔兰     中国香港特别行政区    新加坡        瑞士

☐ 2001年银行资产与GDP之比     ■ 2007年银行资产与GDP之比
░ 2001年银行外债与GDP之比     ■ 2007年银行外债与GDP之比
```

图 D 潜在危机中的冰岛银行与其他地区银行的比较

资料来源：IMF 和冰岛中央银行。

居民和非居民的多数资本交易均受到管制；也就是说，他们在冰岛克朗和外汇之间的兑换能力受到限制。冰岛克朗债券和其他类似工具在到期时不能兑换为外币。收入必须再投资于其他冰岛克朗工具。此外，资本管制规定要求居民汇回他们获得的所有外币。

——Capital Control Liberalisation, Central Bank of Iceland, August 5, 2009, p. 23.

事实还证明，危机本身并不令人十分意外。2008 年春（危机爆发前几个月），冰岛中央银行曾与欧洲中央银行、英格兰银行和美联储接洽，希望在外汇储备不足时安排外汇互换协议。该请求被拒绝了，基本上可以概括为"与 IMF（国际货币基金组织）谈谈吧"。最终，国际货币基金组织确实提供了帮助，提供了一项备用安排，为冰岛进入外国资本市场提供了有利渠道，并为冰岛政府的经济复苏计划提供了额外贷款和信用。

正如之前的图 B 所示，冰岛克朗的价值稳定了下来，但一直保持疲软，这有助于商品贸易账户在随后几年恢复顺差。通货膨胀需要更长时间才能得到控制，但到 2010 年年底已成功降至接近 2%。以公共债务和私人债务占 GDP 的百分比衡量，冰岛仍然是一个负债累累的小国（根据英国《金融时报》）。

后见之明

有趣的是，在危机发生后的几年里，对冰岛应对危机的评价出现了逆转（或者如某位作者所称的后见之明）。在最初几年里，人们认为冰岛的经济复苏将比 2009 年和 2010 年陷入危机的其他欧洲国家（比如爱尔兰、爱沙尼亚和其他国家）耗时更短、力度更强。但是，经过几年时间，修正的后见之明得出的结论是，冰岛的经济复苏速度更慢、力度更弱，并且不如其他国家那么成功，部分原因是冰岛允许银行倒闭，部分原因是该国对资本管制"成瘾"。

人们从冰岛传奇中吸取了哪些教训？放松对金融体系的管制有风险吗？银行和银行家不值得信任吗？跨国银行业务存在风险吗？不恰当的跨国银行监管是否任由银行在不应借款时借款过多，而在不应投资时投资过多？银行贷款账户和银行资本需要加以监管吗？小国家不能实行独立的货币政策吗？小鱼不应该在大池塘里游泳吗？还是……

文章的结论是，为了防止未来发生类似规模的金融危机，小国不可能拥有大规模的国际银行业、自己的货币和独立的货币政策。

——Rob Spruk, "Iceland's Economic and Financial Crisis：Causes, Consequences and Implications," European Enterprise Institute，February 23，2010.

迷你案例问题

1. 您认为像冰岛这种规模的国家——小国——对全球资本流动的潜在影响更敏感还是更不敏感？

2. 许多国家多年来一直利用提高利率来保护本国货币。使用这种策略有哪些优缺点？

3. 冰岛的案例与我们对不可能三角的理解有哪些吻合之处？在您看来，冰岛本应采取措施更严格地控制不可能三角的哪个要素？

4. 冰岛多年来能够保持巨额经常账户逆差，同时利率不断上升，货币也不断走强。然后有一天，一切都改变了。为什么会发生这种情况？

问题

9.1 汇率决定。 汇率决定的三种基本理论方法是什么？

9.2 购买力平价法的缺陷。 最广为接受的汇率决定理论是购买力平价法，但事实证明它预测未来即期汇率的效果相当差。为什么？

9.3 数据和国际收支法。 一国国际收支的统计数据经常被商业媒体和企业本身用于预测汇率，但学术界非常不赞成这种做法。为什么？

9.4 供求。 三种主要理论方法中的哪一种看起来最重视货币供求？它的主要缺点是什么？

9.5 资产市场预测法。 请解释如何用资产市场法预测即期汇率。资产市场法与国际收支法（图9-1列出了这些方法并且第3章进行了详细介绍）在预测上有何不同？

9.6 技术分析。 请解释如何使用技术分析预测即期汇率。

9.7 干预。 什么是外汇干预？它是如何实现的？

9.8 干预动机。 为什么政府和中央银行会干预外汇市场？如果市场有效，为什么不让它确定货币价值？

9.9 直接干预的效果。 何时直接干预可能是最成功的？何时直接干预可能是最不成功的？

9.10 干预的缺点。 直接干预和间接干预的缺点是什么？

9.11 资本管制。 资本管制到底是一种外汇市场干预方法，还是更偏向于一种对外汇市场活动的拒绝？它是否符合第2章和第6章中讨论的不可能三角概念？

9.12 1997年亚洲金融危机与不均衡。 1997年亚洲的哪种主要不均衡可能导致了亚洲金融危机？您认为可以避免这种不均衡吗？

9.13 **基本均衡。** 货币价值的"基本均衡路径"是什么意思？什么是"噪音"？

9.14 **阿根廷的失败。** 阿根廷货币局制度的基础是什么？为什么它在2002年失败了？

9.15 **不同期限的预测。** 在固定汇率制和浮动汇率制下，短期预测和长期预测的主要差异分别是什么？

9.16 **汇率动态。** "过冲"一词是什么意思？是什么导致过冲？如何纠正过冲？

9.17 **外汇投机。** 由于投机猖獗，1997—2002年的新兴市场金融危机恶化。是投机者导致了这种危机吗？还是说他们只是对币值疲软的市场信号做出反应？政府如何管理外汇投机？

9.18 **预测中的交叉汇率一致性。** 请解释跨国企业使用的"交叉汇率一致性"的含义。跨国企业如何在实践中使用交叉汇率一致性进行检查？

9.19 **稳定预期与不稳定预期。** 请定义稳定预期和不稳定预期，并说明它们如何在长期汇率决定中发挥作用。

9.20 **汇率预测服务。** 许多跨国企业经常使用预测服务。如果预测基本上是"预示未来"，而这在理论上是不可能的，为什么这些企业会花钱购买这些服务？

习题

9.1 **厄瓜多尔苏克雷。** 厄瓜多尔苏克雷（S）在整个1999年都饱受恶性通货膨胀的压力。它的价值从5 000苏克雷/美元变为25 000苏克雷/美元。其价值变化率是多少？

9.2 **加拿大元/美元。** 近年来，加拿大元兑美元汇率出现了一些重大变化。请使用1980—2010年年底这30年内的加拿大元/美元汇率曲线图（见下图）估计以下时期的加拿大元（昵称为"loonie"）对美元的价值变化率。
a. 1980年1月至1986年1月；
b. 1986年1月至1991年10月；
c. 1991年10月至2001年12月；
d. 2001年10月至2011年4月；
e. 2011年4月至2015年1月。

习题9.2 加拿大元/美元

9.3 **尼日利亚奈拉危机。** 2016年6月17日（星期五），尼日利亚中央银行放弃了尼日利亚奈拉（NGN或₦）的固定汇率并允许奈拉浮动。之前奈拉对美元的固定汇率为196.50尼日利亚奈拉＝1.00美元，6月20日（星期一），即奈拉浮动后的第一个交易日，奈拉收于279.50尼日利亚奈拉/美元。8月18

日，奈拉迅速浮动（贬值）至 324.50 奈拉/美元。类似地，6 月 20 日，奈拉从 221.200 1 尼日利亚奈拉＝1.00 欧元跌至 316.729 4 尼日利亚奈拉/欧元，并在 8 月 18 日跌至 347.772 1 尼日利亚奈拉/欧元。

a. 在首个交易日，尼日利亚奈拉对美元的价值变化率是多少？

b. 截至 2016 年 8 月 18 日，尼日利亚奈拉对美元的价值变化率是多少？

c. 在首个交易日，尼日利亚奈拉对欧元的价值变化率是多少？

d. 截至 2016 年 8 月 18 日，尼日利亚奈拉对欧元的价值变化率是多少？

9.4 **土耳其里拉危机**。2001 年 2 月，在严重的政治和经济危机期间，土耳其政府正式将土耳其里拉（TL）贬值。土耳其政府于 2 月 21 日宣布，里拉将贬值 20%。2 月 20 日的即期汇率为 68 000 土耳其里拉/美元。

a. 贬值后的汇率是多少？

b. 土耳其里拉汇率跌至 100 000 土耳其里拉/美元后，价值变化率是多少？

9.5 **阿根廷比索危机**。正如本页下方的图所示，阿根廷比索在 2002 年 1 月初的几天内从固定汇率 1.00 比索/美元变为 2.00 比索/美元。经过短暂的高波动率期，比索的价值似乎稳定在 2.0～2.5 比索/美元。如果您要预测 2002 年 3 月 30 日的阿根廷比索汇率，您将如何使用该图中的信息——贬值后几周内自由浮动的比索价值——预测其未来价值？

习题 9.5　阿根廷比索危机

阿根廷比索（ARG）=1.00美元（USD）　　日数据：2001年12月17日—2002年2月28日

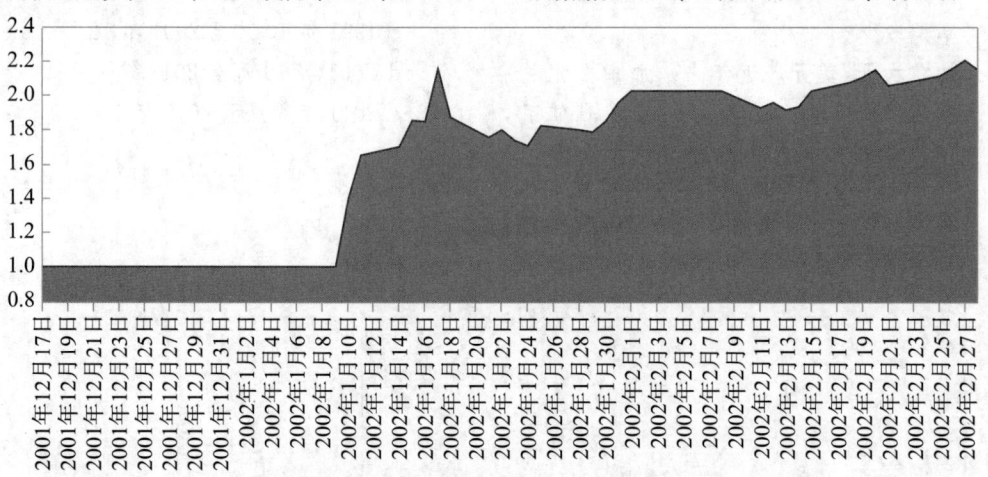

9.6 **泰铢危机**。泰国政府于 1997 年 7 月 2 日将泰铢（THB）从 25 泰铢/美元贬值至 29 泰铢/美元。泰铢的贬值率是多少？

9.7 **雷亚尔危机**。2008 年 1 月 24 日（星期四），巴西雷亚尔（BRL 或 R＄）的价值为 1.80 巴西雷亚尔/美元。然后，2009 年 1 月 26 日，巴西雷亚尔的价值暴跌至 2.39 巴西雷亚尔/美元。其价值变化率是多少？

俄罗斯卢布-瑞士法郎的交叉汇率——2015 年

瑞士长期以来一直坚守银行保守主义，也是货币危机中的安全港。瑞士银行长期以来一直被来自世界各地的投资者当作对存款人财富严格保密的财务安全金融机构。它提供的大部分安全保障来自瑞士法郎本身。近年来，富有的俄罗斯公民大量使用瑞士银行保护其在俄罗斯国内外（欧盟和美国）的资本免受政治影响。但从2014年秋开始，俄罗斯卢布对瑞士法郎的价值开始下滑，威胁到他们的财富。请使用以下图表回答习题9.8～习题9.10。

习题9.8～习题9.10：俄罗斯卢布-瑞士法郎的交叉汇率——2015年

俄罗斯卢布对瑞士法郎的震荡下跌（俄罗斯卢布=1.00瑞士法郎，2014年11月—2015年1月）

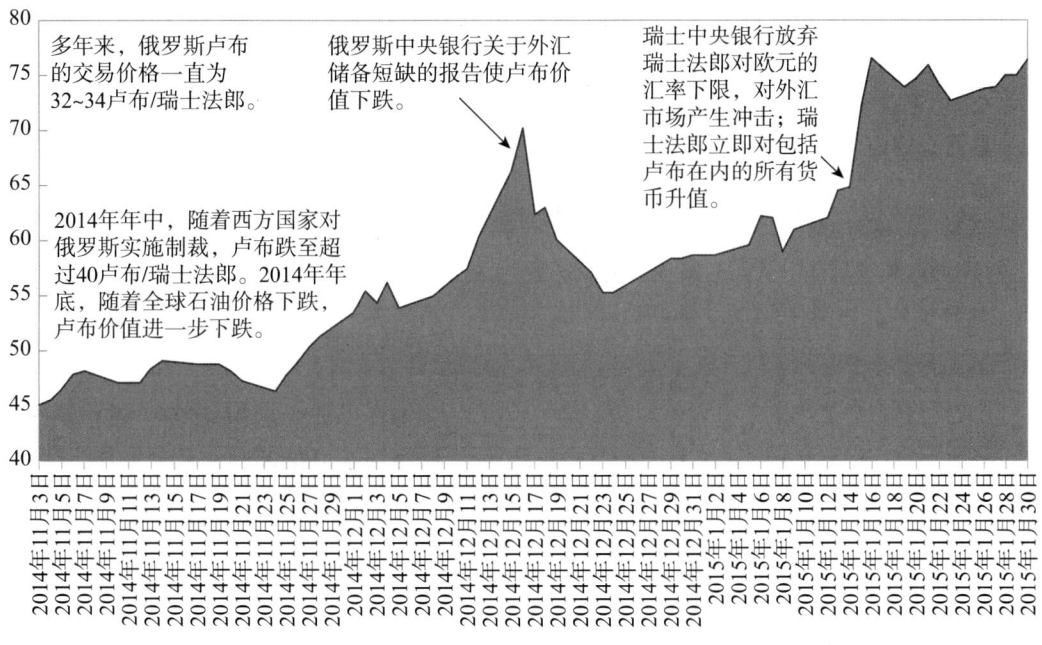

多年来，俄罗斯卢布的交易价格一直为32~34卢布/瑞士法郎。

2014年年中，随着西方国家对俄罗斯实施制裁，卢布跌至超过40卢布/瑞士法郎。2014年年底，随着全球石油价格下跌，卢布价值进一步下跌。

俄罗斯中央银行关于外汇储备短缺的报告使卢布价值下跌。

瑞士中央银行放弃瑞士法郎对欧元的汇率下限，对外汇市场产生冲击；瑞士法郎立即对包括卢布在内的所有货币升值。

汇率	2013年11月7日	2014年11月7日	2014年12月4日	2014年12月16日	2014年12月24日	2015年1月16日
俄罗斯卢布/瑞士法郎	35.286	48.252	56.249	70.285	55.362	76.639
俄罗斯卢布/美元	32.408	46.730	54.416	67.509	54.619	65.071
美元/瑞士法郎	1.0888	1.0326	1.0337	1.0411	1.0136	1.1778

9.8 米哈伊尔的困境。 米哈伊尔·霍多尔科夫斯基（Mikhail Khodorkovsky）是恶名昭彰的俄罗斯寡头之一，随着苏联解体，他在20世纪90年代中期积累了数十亿美元的财富。但在2003年，他被俄罗斯判处十年监禁。2013年获释后，他携其财富来到瑞士定居。2014年11月，米哈伊尔在瑞士银行持有2亿美元和1.5亿瑞士法郎，此外他还在俄罗斯账户中持有12亿卢布。请使用汇率表回答以下问题：

a. 以俄罗斯卢布衡量，米哈伊尔的投资组合的价值是多少？

b. 以瑞士法郎衡量，米哈伊尔的投资组合的价值是多少？

c. 以美元衡量，米哈伊尔的投资组合的价值是多少？

d. 哪种货币的总价值在六个日期中表现出的波动率最大？

9.9 特雷巴克（Trepak）——俄罗斯民族舞。 请计算表中显示的六个日期的三种不同交叉汇率下的卢布价值变化率。卢布对美元或瑞士法郎的价值是否进一步下跌？

9.10 **2015年的英国石油公司和俄罗斯石油公司。** 英国石油公司（英国）和俄罗斯石油公司（俄罗斯）在2013年组建了一家长期合资企业，俄罗斯石油公司以550亿美元现金和俄罗斯石油公司20%的权益（股权）买下英国石油公司。俄罗斯石油公司通过大量借款筹得大部分收购资金。第二年，即2014年7月，英国石油公司收到了其持有的俄罗斯石油公司所有权的股利240亿卢布。但俄罗斯石油公司的业绩一直在下滑，俄罗斯卢布也在贬值。2014—2015年，欧洲的冬季相对温暖，欧洲购买的俄罗斯石油公司天然气数量减少，天然气价格也有所下跌。俄罗斯石油公司的总销售额下降，卢布价值明显下跌（见上页表）。雪上加霜的是，2015年，俄罗斯石油公司还要偿还为收购英国石油公司而欠下的195亿美元债务。

a. 假设2014年7月的即期汇率为34.78卢布＝1.00美元，那么支付给英国石油公司的美元股利是多少？

b. 如果俄罗斯石油公司将在2015年7月向英国石油公司支付相同的股利，当时的即期汇率为75卢布＝1.00美元，那么英国石油公司将收到多少美元？

c. 如果西方对俄罗斯的制裁和全球油价下跌真的让俄罗斯经济陷入衰退，且2015年7月的即期汇率为75卢布＝1.00美元，那么2015年7月英国石油公司的股利可能是多少？

预测泛太平洋三国的汇率： 请使用下列数据回答习题9.11～习题9.16。

	国内生产总值				工业产值	失业率
国家	上季度	本季度*	2007年预测值	2008年预测值	上季度	上季度
澳大利亚	4.3%	3.8%	4.1%	3.5%	4.6%	4.2%
日本	1.6%	−1.2%	2.0%	1.9%	4.3%	3.8%
美国	1.9%	3.8%	2.0%	2.2%	1.9%	4.7%

	消费价格			利率	
国家	一年前	最新数据	2007年预测值	最新3个月期利率	最新1年期政府债券利率
澳大利亚	4.0%	2.1%	2.4%	6.90%	6.23%
日本	0.9%	−0.2%	0.0%	0.73%	1.65%
美国	2.1%	2.8%	2.8%	4.72%	4.54%

	贸易差额	经常账户		经常账户单位（每美元）	
国家	最近12个月（10亿美元）	最近12个月（10亿美元）	2007年预测值（占GDP的百分比）	10月17日	1年前
澳大利亚	−13.0	−47.0	−5.7%	1.12	1.33
日本	98.1	197.5	4.6%	117	119
美国	−810.7	−793.2	−5.6%	1.00	1.00

资料来源：数据摘自2007年10月20日印刷版《经济学人》。除非另有说明，否则百分比均为1年期变化率。2007年的值为估计值或预测值。

9.11 **当前即期汇率。** 以下交叉汇率的当前即期汇率是多少？
 a. 日元/美元汇率；
 b. 日元/澳大利亚元汇率；
 c. 澳大利亚元/美元汇率。

9.12 **购买力平价预测。** 假设购买力平价成立，且预测消费价格变化是预测通货膨胀率的良好替代指标，请预测以下交叉汇率：
 a. 一年后的日元/美元汇率；
 b. 一年后的日元/澳大利亚元汇率；
 c. 一年后的澳大利亚元/美元汇率。

9.13 **国际费雪效应预测。** 假设国际费雪效应——购买力平价的一个版本——适用于明年，请使用相关货币的政府债券利率预测以下未来即期汇率：
 a. 一年后的日元/美元；
 b. 一年后的日元/澳大利亚元；
 c. 一年后的澳大利亚元/美元。

9.14 **隐含实际利率。** 如果名义利率为政府债券利率，且当前的消费价格变化率被用作预期通货膨胀率，请计算不同货币的隐含"实际"利率。
 a. 澳大利亚元"实际"利率；
 b. 日元"实际"利率；
 c. 美元"实际"利率。

9.15 **远期汇率。** 请使用表中的即期汇率和3个月期利率计算90天期远期汇率：
 a. 日元/美元汇率；
 b. 日元/澳大利亚元汇率；
 c. 澳大利亚元/美元汇率。

9.16 **实际经济活动和痛苦指数。** 请计算一国的痛苦指数（失业率＋通货膨胀率），然后像使用利差一样用其预测一年后的未来即期汇率。
 a. 一年后的日元/美元汇率；
 b. 一年后的日元/澳大利亚元汇率；
 c. 一年后的澳大利亚元/美元汇率。

9.17 **日元升值与欧洲。** 日元-欧元交叉汇率是全球贸易与商业中尤为重要的汇率之一。下图显示了从1999年1月推出欧元到2015年1月的日元-欧元交叉汇率。请估计日元在以下四个趋势期的价值变化。
 a. 1999年1月至2000年9月；
 b. 2000年9月至2008年9月；
 c. 2008年9月至2012年9月；
 d. 2012年9月至2015年1月。

习题 9.17 日元升值与欧洲

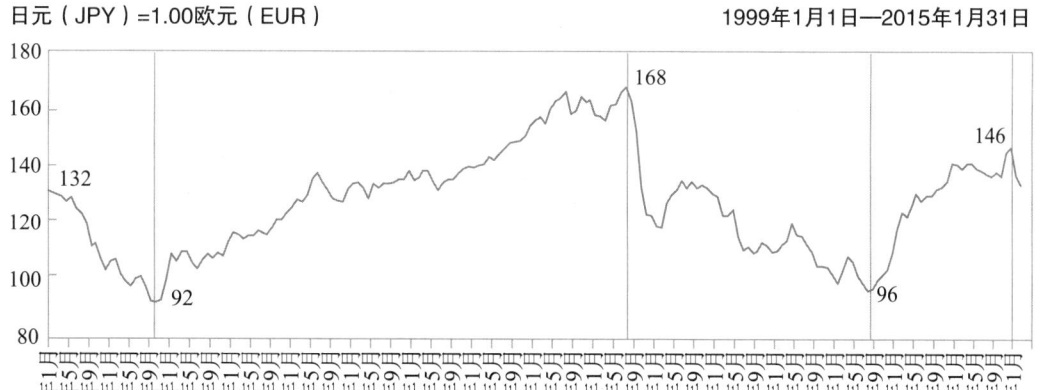

网络练习　　　　部分习题答案

请扫描二维码或登录中国人民大学出版社官网 www.crup.com.cn 下载。

第三部分

外汇风险

- 第10章　交易风险
- 第11章　折算风险
- 第12章　经营风险

第10章
交易风险

> 在人的一生中，有两种时候不应该投机：一种是当他没有能力时；另一种是当他有能力时。
>
> —— "Following the Equator, Pudd'nhead Wilson's New Calendar," Mark Twain.

学习目标

10.1 分析公司面临的三种主要外汇风险
10.2 考察公司对冲外汇风险的原因
10.3 分析如何定义和衡量交易风险
10.4 描述一家公司如何对冲交易风险
10.5 详细说明当今公司如何进行外汇风险管理

外汇风险衡量的是汇率变化导致公司的盈利能力、净现金流和市场价值发生变化的可能性。财务经理的一项重要任务就是衡量和管理外汇风险，以最大限度地提高公司的盈利能力、净现金流和市场价值。本章深入讨论了交易风险，这种风险通常是公司财务管理中最受关注的风险。之后两章的重点分别是折算风险（第11章）和经营风险（第12章）。本章最后的迷你案例"中国诺亚公司"分析了一家中国公司的外汇对冲实务。

10.1 外汇风险的类型

当汇率发生变化时，公司会发生什么情况？公司有两种不同的外汇风险，即基于会计的外汇风险和源于经济竞争力的外汇风险。会计风险，具体来说包括交易风险和折算风险，来自以外币计价的合约和账户。我们称为经营风险的经济风险是由汇率决定的全球竞争力发生变化而导致公司价值变化的可能性。

图10-1显示了三种主要的外汇风险：交易风险、折算风险和经营风险：

	交易风险	**经济/经营风险**
已实现风险	应收账款和应付账款等公司可识别交易的账面价值变化。收入和税项的已实现外汇损益。	意外汇率变化导致的公司预期未来现金流变化。在汇率变化下，公司自身销售收入、利润和现金流的实际变化以及竞争者的反应变化都会导致公司未来现金流的变化。

短期变化、中期变化
到长期变化
→

折算风险

未实现风险 　　公司的定期合并价值变化；不会导致现金流或（未实现）全球应纳税款的变化，只会改变向市场报告（如果公司为上市公司）的合并财务业绩。它通常被称为"会计风险"。

即期汇率（美元=1.00欧元）

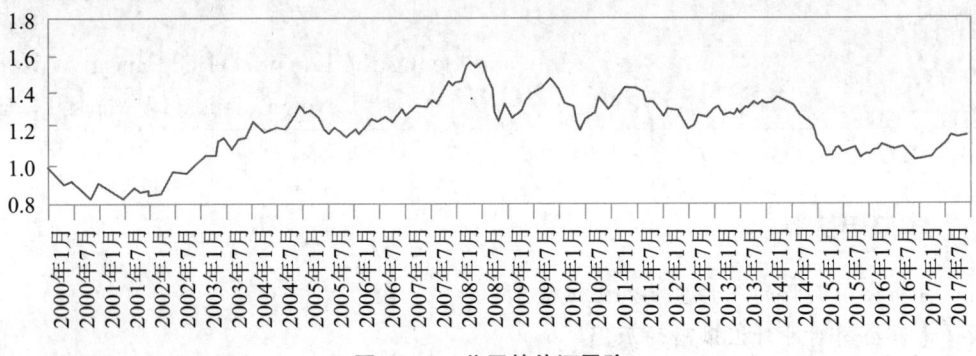

图 10-1　公司的外汇风险

■ 交易风险衡量了在汇率变化前发生，但在汇率变化后才结算的未清偿金融债务的价值变化。因此，它与现有合同债务产生的现金流变化有关。

■ 折算风险是指由于需要将外国子公司的外币财务报表"折算"为单一报告货币以编制全球合并财务报表而可能导致的所有者权益或合并收入的会计变化。

■ 经营风险——通常也称为经济风险或竞争风险——衡量了意外汇率变化导致的公司未来经营现金流变化产生的公司现值变化。这种现值变化取决于汇率变化对未来销量、价格和成本的影响。

交易风险和经营风险之所以存在，都是因为未来现金流的意外变化。然而，虽然交易风险涉及的是已签订合约的未来现金流，但经营风险主要集中在因汇率变化改变国际竞争力而可能导致的预期（尚未签订合约的）未来现金流变化。

这三种外汇风险影响跨国企业财务报表的方式截然不同。如图 10-1 所示，交易风险为已实现风险——它可能会增加或减少公司的现金流（影响现金流量表）及其账面盈利能力（影响利润表）。折算风险是第二种基于会计的外汇风险，它可能影响公司的账面合并收入和权益。然而，这种影响纯属会计性质，不会改变公司的现金流。第三种即最后一种外汇风险是经营风险，它代表了公司在当前经营时期以后的未来销售收入、成本、利润、现金流和资产价值的风险。它们确实可能影响公司的未来及其财务业绩，但不会影响当前时期。

10.2 为何进行对冲？

正如第1章所述，跨国企业由大量现金流组成，这些现金流对汇率、利率和商品价格的变化很敏感。本章关注的是汇率变化如何改变跨国企业的未清偿债务（其中许多为合约性债务）。我们首先将探讨是否应该管理外汇风险的问题。

对冲的定义

许多公司试图通过对冲管理其外汇风险。对冲要求公司持有价值与现有头寸（风险敞口）价值的涨跌方向相反的头寸（资产、合约或衍生产品）。对冲可以保护现有资产所有者免受损失。但是，它也消除了被对冲资产价值增加带来的收益。问题仍然存在：公司从对冲中获得了什么收益？

根据金融理论，公司价值是所有预期未来现金流的净现值。这些现金流均为预期现金流，这强调了未来任何情况都是不确定的。如果许多现金流的账面货币价值均因汇率变化而变化，那么对冲了外汇风险的公司将减少其未来预期现金流价值的方差。于是，公司的外汇风险可以定义为意外汇率变化引起的预期现金流的方差。

图10-2显示了一家公司的预期净现金流分布。对冲这些现金流将缩窄现金流在均值附近的分布。外汇对冲降低了风险。然而，降低风险并不等同于增加价值或收益。只有当对冲实际上使分布的均值右移时，才会增加图10-2中的公司价值。事实上，如果对冲不是"免费的"，也就是说公司必须花费资源进行对冲，那么只有当右移足以弥补对冲成本时，对冲才会增加价值。

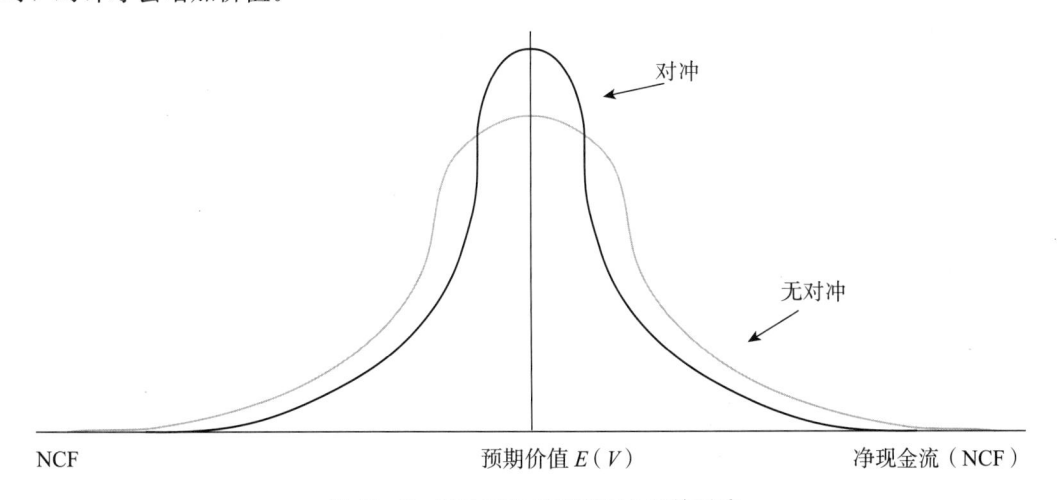

图10-2 对冲对公司预期现金流的影响

对冲降低了预期现金流在分布均值附近的方差。降低这种分布方差就是降低风险。

对冲的利弊

降低现金流波动率是外汇风险管理的充分理由吗？

优点。对冲的支持者提出了以下论点：

- 降低未来现金流的风险可以提高公司的规划能力。如果公司能更准确地预测未来现金流，就能进行其本来可能无法考虑的特定投资或活动。
- 降低未来现金流的风险降低了公司现金流不足以偿还债务从而无法继续运营的可能性。这种最低现金流水平通常被称为财务困境点，位于预期现金流分布中心的左侧。对冲降低了公司现金流降至这一水平的可能性。
- 在了解公司的实际外汇风险方面，管理层相对于个人股东具有比较优势。无论公司向公众的披露程度如何，管理层在对真实风险深度和广度的了解上都具有优势。
- 由于结构和制度上的不完善以及意外外部冲击（例如石油危机或战争），市场通常处于不均衡状态。管理层比股东更容易识别不均衡状态，并利用某个机会通过选择性对冲——只对冲异常风险，或者仅在管理层对汇率变化方向有明确预期时使用对冲——提升公司价值。

缺点。对冲的反对者通常会提出以下论点：

- 股东比公司管理层更有能力分散外汇风险。如果股东不希望接受某家公司的外汇风险，他们可以对投资组合实行分散化，以满足其个人偏好和风险承受能力的方式管理风险。
- 外汇对冲不会增加公司的预期现金流。然而，外汇风险管理会消耗公司资源，从而减少现金流。对价值的影响是现金流减少（降低价值）和方差减少（增加价值）的组合。
- 管理层经常进行对冲活动，以牺牲股东利益为代价，使管理层受益。被称为代理理论的金融领域常常认为管理层普遍比股东更厌恶风险。
- 管理者不能看透市场。如果市场在平价条件上处于均衡状态，对冲的预期净现值应为零。
- 管理层减少波动性的动机有时是出于会计原因。管理层可能认为，如果产生外汇亏损而不是由于对冲产生更高的现金成本，它将受到更严厉的批评。外汇亏损在利润表中被非常明显地单列一项或列为脚注，但通过对冲产生的更高保护成本则隐藏在营业费用或利息费用中。
- 有效市场理论家认为，投资者可以看透"会计面纱"，因此已经将外汇影响纳入公司的市场估值。对冲只会增加成本。

最终，每家公司决定了自身是否希望对冲、对冲目的和对冲方式。但正如"全球金融实务10-1"所说明的，这往往会带来更多问题和更多疑虑。

全球金融实务 10-1

对冲与德国汽车业

长期以来，德国的主要汽车制造商一直是世界上最大的外汇对冲倡导者。宝马（BMW）、梅赛德斯（Mercedes）、保时捷（Porsche）——以及保时捷的所有者大众（Volkswagen）——

等公司多年来一直积极对冲其外汇收入以应对其结构性风险：在欧元区生产时，它们越来越依赖美元、日元或其他外汇（非欧元）市场的销售收入。

然而，具体公司的对冲方式有很大差异。一些公司，例如宝马，明确表示它们"为保护收入而进行对冲"，但它们并不进行投机。还有一些公司，如过去的保时捷和大众汽车，有时40%以上的利润来自"对冲"。

以赚钱为目的的对冲仍在给全球监管机构、审计师和投资者带来挑战。如何定义对冲，以及对冲是否只应"作为成本"而非"追求盈利"，推迟了2008年金融危机以后时期美国和欧洲许多新监管措施的实施。如果一家上市公司——例如汽车制造商——能持续从对冲中获利，那么它的核心竞争力是汽车制造和装配，还是对汇率变化的对冲/投机？

10.3 交易风险

交易风险衡量了因结算以外币标价的现有金融债务而产生的损益。跨国企业面临的各种交易风险来自各种商业活动：

- 购买或出售以外币计价和结算的商品或服务；
- 借入或贷出以外币还款的资金；
- 购买任何种类的外币资产或产生任何种类的外币负债。

购买和出售以外币计价和结算的商品或服务

最常见的交易风险例子是，一家公司销售商品并收到买方的付款承诺（应收款项）或购买投入品并承诺将来付款（应付款项），且该交易以外币计价。（严格来讲，这些类型的买卖交易被称为赊销或赊购，因为商品是在支付价款之前发货和交割的。）图10-3说明了公司销售如何产生应收账款风险，该风险在其生命周期中如何变化，以及如何将其分解为子风险——报价风险、未交订单风险和开票风险。

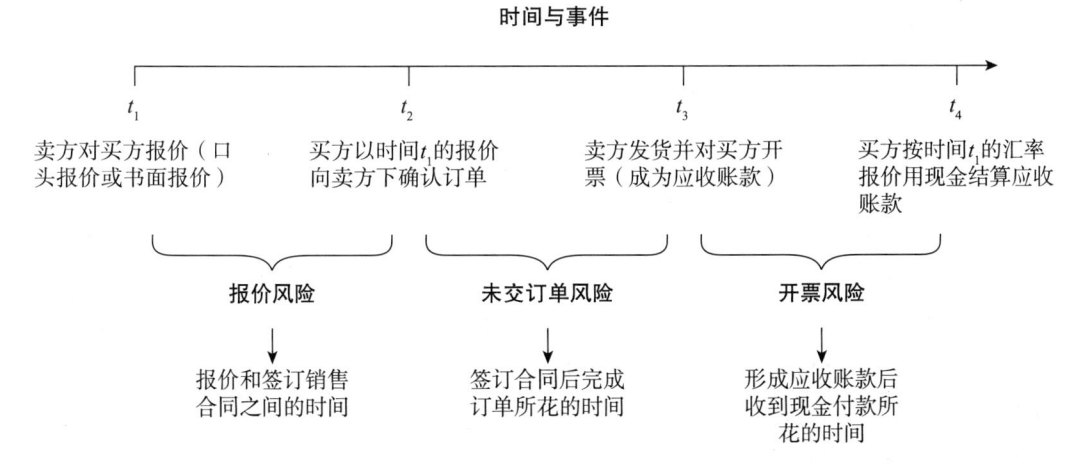

时间与事件

t_1	t_2	t_3	t_4
卖方对买方报价（口头报价或书面报价）	买方以时间t_1的报价向卖方下确认订单	卖方发货并对买方开票（成为应收账款）	买方按时间t_1的汇率报价用现金结算应收账款

报价风险	未交订单风险	开票风险
↓	↓	↓
报价和签订销售合同之间的时间	签订合同后完成订单所花的时间	形成应收账款后收到现金付款所花的时间

图10-3 交易风险的生命周期

理论上，交易风险在卖方向潜在买方报出外币价格的第一时间（即 t_1）就产生了。报价可以是口头报价，例如电话报价，也可能是书面报价或印制的价格表。这是报价风险。在时间 t_2 下单时，在报价时产生的潜在风险转换为实际风险。这被称为未交订单风险，因为产品已经签订合同但尚未发货或交割。未交订单风险持续到商品在 t_3 发货并开票时，此时它变为开票风险，持续到卖方在时间 t_4 收到付款时。

然而，许多公司直到时间 t_3 才确认产生的风险为交易风险。这是因为在报价期经常发生许多不同的业务和合同变更，包括合同撤销，而卖方仍然可以控制商品。

假设美国的加纳多公司以 1 800 000 欧元的价格向比利时买家赊销商品，并且该交易将在 60 天后付款。销售当日的即期汇率为 1.120 0 美元/欧元，卖方预期在收到付款时将欧元兑换为 1 800 000 欧元×1.12 美元/欧元＝2 016 000 美元。2 016 000 美元是公司账簿上的销售价值。会计实务规定，外币交易按交易日的实际即期汇率列示。

因为加纳多公司存在实际收到的销售收入不同于 2 016 000 美元的预期（账面）销售收入的风险，因此产生了交易风险。例如，如果收到付款后欧元跌至 1.100 0 美元/欧元，美国卖家将只收到 1 800 000 欧元×1.100 美元/欧元，即 1 980 000 美元，比销售时的预期收入低约 36 000 美元。

交易结算价格：

  1 800 000 欧元×1.100 0 美元/欧元＝1 980 000 美元

交易账面价格：

  1 800 000 欧元×1.120 0 美元/欧元＝2 016 000 美元
  销售收入的外汇损益＝－36 000 美元

然而，如果欧元涨至 1.300 0 美元/欧元，加纳多公司将收到 2 340 000 美元，比预期金额增加 324 000 美元。因此，加纳多公司的风险是结算金额与账面销售金额相比的损益可能。

这位美国卖家可以通过向比利时买家开具美元发票来避免交易风险。当然，如果这家美国公司只以美元出售商品，那么它一开始就可能做不成买卖。即使比利时买家同意以美元付款，也不会消除交易风险。相反，交易风险被转移给比利时买方，在未来 60 天内，它的美元应付账款成本未知。

借入或贷出以外币还款的资金

借入或贷出资金且相关金额以外币计价时，会产生第二种交易风险。例如，1994 年，百事公司在美国以外最大的装瓶商是墨西哥装瓶集团（Grupo Embotellador de Mexico，Gemex）。1994 年 12 月中旬，墨西哥装瓶集团的美元债务为 2.64 亿美元。当时，墨西哥的新比索（"Ps"）交易价格为 3.45 比索/美元，这一钉住汇率自 1993 年 1 月 1 日创建新货币单位以来基本保持不变，只有小幅波动。1994 年 12 月 22 日，由于墨西哥国内的经济和政治事件，比索被允许浮动，并在一天内跌至 4.65 比索/美元。在接下来的 1 月份的大部分时间里，比索的交易范围接近 5.50 比索/美元。

1994 年 12 月中旬的美元债务：

  264 000 000 美元×3.45 比索/美元＝910 800 000 比索

1995 年 1 月中旬的美元债务：

264 000 000 美元×5.50 比索/美元＝1 452 000 000 比索

用墨西哥比索衡量的美元债务增加额＝541 200 000 比索

偿还美元债务所需的比索数量增加了 59%！以美元表示的比索价值下降意味着墨西哥装瓶集团需要多付相当于 98 400 000 美元的比索才能偿还其债务。

导致交易风险的其他原因

当一家公司签订远期外汇合约时，它是在有意产生交易风险。这种风险通常用于对冲现有交易风险。例如，一家美国公司需要购买 1 亿日元以支付 90 天后从日本进口商品的价格，它可能希望抵消这笔支付。抵消这笔支付的一种方法是今天在远期市场上购买在 90 天后交割的 1 亿日元。通过这种方式，日元相对于美元的任何价值变化都被抵消了。因此，应付账款的潜在交易亏损（或收益）被远期合约的交易收益（或亏损）抵消。但无论该公司是否在 90 天后实际支付日元，根据合约，该公司都有义务与远期外汇合约提供商（通常是一家银行）结算远期外汇合约。因此，该合约本身就是交易风险。

10.4　交易风险管理

外汇交易风险可以通过合约对冲或经营对冲来管理。合约对冲，也被称为金融对冲，它利用的是远期市场、货币市场、期货市场和期权市场。经营对冲利用的是经营现金流——来自公司经营活动的现金流，包括风险分担协议和使用先付款和后付款的支付策略。金融对冲利用的是融资现金流——来自公司融资活动的现金流，包括特定类型的债务和外汇衍生产品，例如互换。第 12 章详细介绍了经营对冲和金融对冲。

自然对冲一词是指抵消性经营现金流，即经营业务产生的应付款项。金融对冲是指抵消性债务（例如贷款）或某类金融衍生产品（例如利率互换）。应该注意用金融学中区分经营现金流和融资现金流的方式来区分对冲。以下案例说明了如何用合约对冲方法来防范交易风险。

加纳多公司的交易风险

玛丽亚·冈萨雷斯是加纳多公司的首席财务官。她刚刚完成一笔谈判，以 1 000 000 英镑的价格向英国的摄政王公司（Regency）出售涡轮发电机。与加纳多公司目前的业务相比，这笔交易的规模相当大。加纳多公司目前没有其他外国客户，因此这笔交易的外汇风险尤其令人担忧。这笔交易是在 3 月进行的，应在 3 个月后的 6 月收到货款。图 10－4 总结了玛丽亚为分析外汇风险问题而收集的金融信息和市场信息。未知变量——交易风险——是 90 天后美元应收账款的实际价值。

加纳多公司的经营利润率相对较小。尽管如果英镑对美元升值，玛丽亚和加纳多公司会非常高兴，但其担心集中在英镑下跌的可能性上。由于从财务角度和战略角度看，这笔交易都很合意，因此加纳多公司对该合约定价和做预算时，仅以最低的可接受利润率将销售价格定为 1 700 000 美元。因此，预算汇率——最低可接受美元/英镑汇率——被定为 1.70 美元/英镑。任何低于该预算汇率的汇率都会导致加纳多公司在这笔交易中无法获利。

加纳多公司可以使用四种方法来管理该交易风险：(1) 不进行对冲；(2) 在远期市场上进行对冲；(3) 在货币市场上进行对冲；(4) 在期权市场上进行对冲。

加纳多的加权平均资本成本=12.00%（90天为3.00%）
3个月期美元借款利率=每年8.00%（90天为2.00%）
3个月期美元投资利率=每年6.00%（90天为1.50%）

销售收入=1 764 000美元

美元市场

应收账款=? ??? ???美元

即期汇率=1.764 0美元/英镑

90天期

90天期远期汇率 F_{90}=1.754 0美元/英镑

S_{90}^e=1.760 0美元/英镑 外汇顾问的预测

英镑市场

应收账款=1 000 000英镑

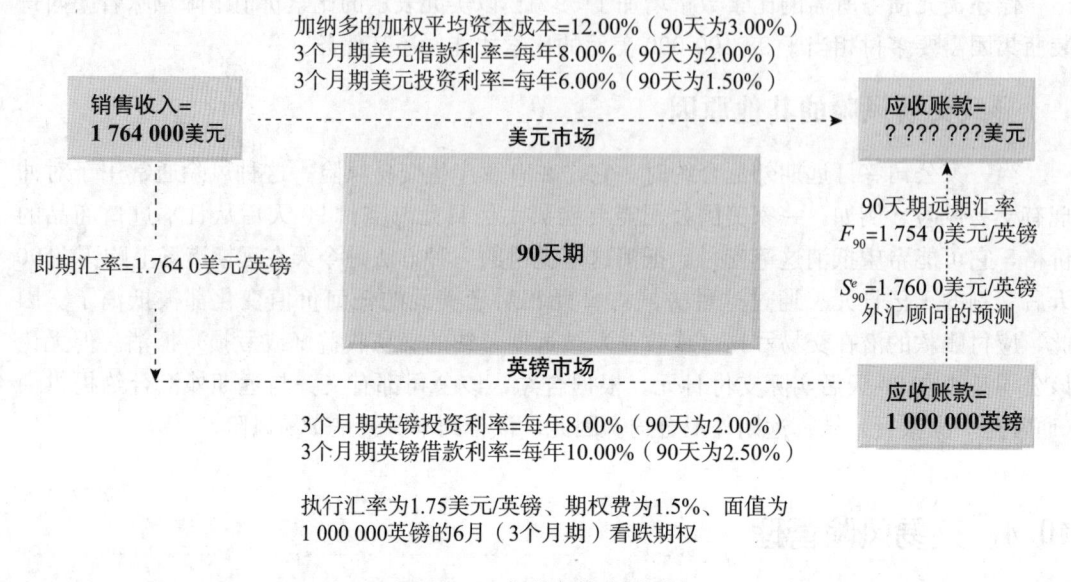

3个月期英镑投资利率=每年8.00%（90天为2.00%）
3个月期英镑借款利率=每年10.00%（90天为2.50%）

执行汇率为1.75美元/英镑、期权费为1.5%、面值为1 000 000英镑的6月（3个月期）看跌期权

图 10-4　加纳多的交易风险

未对冲头寸

玛丽亚可能决定接受交易风险。如果她相信外汇顾问，那么她预期 3 个月后将获得 1 000 000 英镑×1.76 美元/英镑＝1 760 000 美元。但是，这是有风险的金额。例如，如果英镑跌至 1.65 美元/英镑，她将只能收到 1 650 000 美元。然而，外汇风险不是单方面的；如果交易无抛补且英镑涨幅超过预期，加纳多公司将获得远远超过 1 760 000 美元的金额。

未对冲方法的本质如下：

今天 ———————————— 从今天起3个月后

什么也不做。

收到1 000 000英镑。以即期汇率卖出1 000 000英镑，并以当天的即期汇率收到美元。

远期对冲

远期对冲涉及远期（或期货）合约和履行该合约的资金来源。远期合约是在产生交易风险时签订的。在加纳多公司的例子中为3月，即将对摄政王公司的销售收入作为应收账款入账的时间。

进行此类以外币计价的销售交易时，将按记账日期的即期汇率入账。在本例中，销售日期的即期汇率为 1.764 0 美元/英镑，因此账面应收账款为 1 764 000 美元。该公司将在 6 月获得履行远期合同的资金，届时摄政王公司将向加纳多公司支付 1 000 000 英镑。如果手头有履行远期合约的资金或由于业务运营而届时产生履行远期合约的资金，则该对冲被视为抛补对冲、完美对冲或一致对冲，因为不存在残余外汇风险。现有资金或即将收到的资金与即将支付的资金相匹配。

如果在某些情况下，手头没有用于履行远期外汇合约的资金，以后也不会收到可用于履行远期合约的资金，而必须在未来某个日期在即期市场上购买这些资金，那么这种对冲就是开放对冲或无抛补对冲。它涉及相当大的风险，因为对冲者必须冒险以不确定的未来即期汇率购买外汇以履行远期合约。在以后某个日期购买此类资金被称为抛补。

如果加纳多公司希望通过远期对冲其交易风险，那么它现在将以 3 个月期远期汇率 1.754 0 美元/英镑卖出 1 000 000 英镑远期。这是一笔抛补交易，公司不再承担任何外汇风险。3 个月后，该公司将从英国买家那里获得 1 000 000 英镑，将该笔款项交给银行执行其卖出的远期，并获得 1 754 000 美元。这将在加纳多公司的利润表中记录为 10 000 美元的外汇亏损（账面价值为 1 764 000 美元，结算金额为 1 754 000 美元）。

远期对冲的本质如下：

今天	从今天起 3 个月后
以 1.754 0 美元/英镑的汇率卖出 1 000 000 英镑远期。	收到 1 000 000 英镑。 交割 1 000 000 英镑用于执行卖出的远期。 收到 1 754 000 美元。

如果玛丽亚对未来汇率的预测与远期报价中隐含的预测相同，即 1.754 0 美元/英镑，那么无论该公司是否进行对冲，预期收入都将相同。但是，无对冲交易的实际收入可能与有对冲交易的实际收入有很大差异。永远不要低估结果可预测性（以及 90 个夜晚的踏实睡眠）的价值。

货币市场对冲（资产负债表对冲）

与远期市场对冲一样，货币市场对冲（通常也称为资产负债表对冲）需要签订合约并有履行合约的资金来源。在本例中，合约为贷款协议。希望建立货币市场对冲的公司借入一种货币并将收入兑换为另一种货币。履行合约以偿还贷款的资金来自业务经营。在本例中，应收账款产生了偿还贷款的资金。

货币市场对冲可以抛补单笔交易，例如加纳多的 1 000 000 英镑应收账款，也可以抛补重复交易。对冲重复交易被称为匹配。它要求公司按货币和期限匹配预期外币现金流入和外币现金流出。例如，如果加纳多公司长期向英国客户出售商品并获得大量英镑销售收入，那么它的英镑现金流入就在一定程度上可以预测。在这种情况下，适当的货币市场对冲方法是借入与预期英镑流入的典型规模和期限匹配的英镑。然后，如果英镑贬值或升值，外汇对英镑现金流入的影响将被外汇对英镑还本付息现金流出的影响抵消。

货币市场对冲的结构类似于远期对冲。不同之处在于，决定货币市场对冲成本的利率不同于形成远期汇率时使用的利率。一家私人公司在两个独立的国家市场上借款面临的利差可能不同于这两个市场中的无风险国库券利差或欧洲货币利差。在有效市场中，利率平价应确保这些成本几乎相同，但并非所有市场在任何时候都是有效的。

为了在货币市场上进行对冲，玛丽亚将立即在伦敦借入英镑，并立即将借入的英镑兑换成美元，在3个月后用发电机的销售收入偿还英镑贷款。她将需要借入足够的资金，并用销售收入还本付息。年借款利率为10%，3个月期借款利率为2.5%。因此，现在需要借入并在3个月后偿还的金额为975 610英镑：

$$\frac{1\ 000\ 000\ \text{英镑}}{1+0.025} = 975\ 610\ \text{英镑}$$

玛丽亚现在将借入975 610英镑，并在3个月后用应收账款偿还该金额加上24 390英镑的利息。加纳多公司将把975 610英镑的贷款收入以当前即期汇率1.764 0美元/英镑兑换成美元，一次性收到1 720 976美元。

如果加纳多公司选择进行货币市场对冲，则会产生以英镑计价的负债——英镑贷款，以抵消以英镑计价的资产——应收账款。货币市场对冲是根据计价货币匹配资产和负债的对冲。下面使用简单的T形账户说明加纳多公司的资产负债表，其中英镑贷款可以被视为抵消了英镑应收账款：

资产		负债和净值	
应收账款	1 000 000 英镑	银行贷款（本金）	975 610 英镑
		应付利息	24 390 英镑
	1 000 000 英镑		1 000 000 英镑

该贷款是对英镑应收账款的资产负债表对冲，并且基于货币市场贷款（90天期贷款）。

远期对冲和货币市场对冲的比较

为了比较远期对冲与货币市场对冲，我们必须分析如何在未来3个月使用加纳多公司的贷款收入。请记住，贷款收入是在今天收到的，但远期合约收入是在3个月后收到的。为了进行比较，我们必须计算贷款收入的终值或远期合约收入的现值。由于这里的主要不确定性是3个月后的美元价值，因此我们将在本例中使用终值。

由于远期合约收入和贷款收入相对确定，因此可以根据哪种方法产生的美元收入较高在两种方案之间做出明确选择。反过来，这一结果取决于假设的投资收益率或贷款收入的用途。

对于未来3个月贷款收入的假设投资收益率，至少存在三种合理选择。第一，如果加纳多公司的现金充裕，那么可以将贷款收入投资于年收益率为6%的美元货币市场工具。第二，玛丽亚可以用英镑贷款收入偿还目前年成本为8%的美元贷款。第三，玛利亚可以将贷款收入投资于公司的一般经营，在这种情况下，适当的利率是年资本成本12%。财务上通常使用公司的资本成本［加权平均资本成本（weighted average cost of capital, WACC)］将资本向前和向后贴现。因此，我们将使用12%的加权平均资本成本（这里为90天期加权平均资本成本，即3%）来计算货币市场对冲下的收入终值：

1 720 976 美元×1.03＝1 772 605 美元

现在可以计算远期对冲和货币市场对冲之间的收支平衡利率。假设 r 为未知的 3 个月期投资收益率（以小数表示），它将使远期市场对冲和货币市场对冲的收入相等。我们有

贷款收入×(1＋利率)＝远期收入
1 720 976 美元×(1＋利率)＝1 754 000 美元
利率＝0.019 2

现在，我们将这个 3 个月（90 天）期投资收益率转换为等值年投资收益率，假设一个财政年度为 360 天：

$$0.019\ 2 \times \frac{360}{90} \times 100\% = 7.68\%$$

换言之，如果玛丽亚·冈萨雷斯能以高于 7.68% 的年利率对贷款收入进行投资，那么她将选择货币市场对冲。如果她只能以低于 7.68% 的年利率进行投资，那么她将更愿意进行远期对冲。

货币市场对冲的本质如下：

今天	从今天起3个月后
借入975 610英镑。以1.764 0美元/英镑的汇率兑换975 610英镑。收到1 720 976美元现金。	收到1 000 000英镑。偿还975 610英镑贷款加上24 390英镑利息，总计1 000 000英镑。

因此，货币市场对冲导致预先（在期初）收到现金，这些现金可以及时换算为终值以便与其他对冲方案进行比较。

期权市场对冲

玛丽亚·冈萨雷斯还可以通过购买看跌期权抛补 1 000 000 英镑风险敞口。这种方法属于期权对冲，让她可以对英镑上涨潜力进行投机，同时将下跌风险限制为已知金额。玛丽亚可以按 1.75 美元/英镑的平价（at-the-money，ATM）执行价格向其银行购买面值为 1 000 000 英镑的 3 个月期看跌期权，期权费为 1.50%。期权的总成本计算如下：

期权规模×期权费×即期汇率＝期权总成本
1 000 000 英镑× 0.015×1.764 0 美元＝26 460 美元

因为我们使用终值比较各种对冲方案，所以必须预测 3 个月后的期权费。我们将使用 12% 的年资本成本或 3% 的季度资本成本。因此，截至 6 月份，看跌期权的期权费为 26 460 美元×1.03＝27 254 美元。这相当于 0.027 3 美元/英镑（＝27 254 美元÷1 000 000 英镑）。

6 月收到 1 000 000 英镑时，美元价值取决于当时的即期汇率。英镑升值潜力是无限的，这与无对冲方案相同。只要汇率高于 1.75 美元/英镑，加纳多公司就将任由期权过期

而不执行，并以即期汇率用英镑兑换美元。如果预期汇率 1.76 美元/英镑得以实现，加纳多公司将在即期市场上将 1 000 000 英镑兑换为 1 760 000 美元。净收入为 1 760 000 美元减去期权成本 27 254 美元，即 1 732 746 美元。

与无对冲方案相比，期权方案的下跌风险有限。如果英镑贬值至 1.75 美元/英镑以下，玛丽亚将执行期权，以 1.75 美元/英镑的汇率卖出 1 000 000 英镑，总收入为 1 750 000 美元，扣除 27 254 美元的期权成本后为 1 722 746 美元。虽然这种贬值结果差于远期市场对冲或货币市场对冲的贬值结果，但上涨潜力无限。

平价看跌期权市场对冲的本质如下：

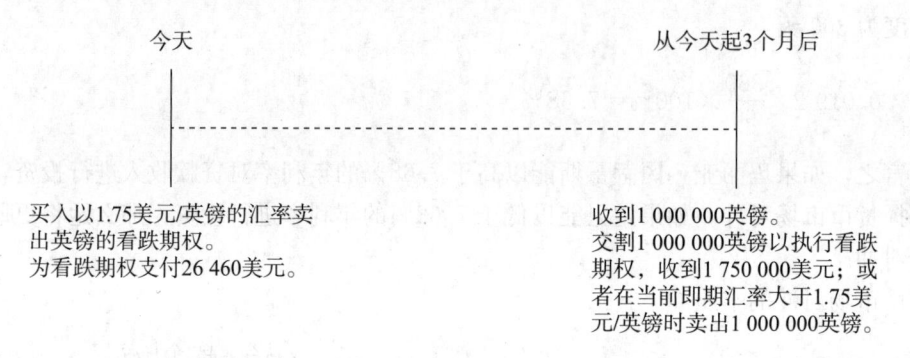

今天 | 从今天起3个月后

买入以1.75美元/英镑的汇率卖出英镑的看跌期权。
为看跌期权支付26 460美元。

收到1 000 000英镑。
交割1 000 000英镑以执行看跌期权，收到1 750 000美元；或者在当前即期汇率大于1.75美元/英镑时卖出1 000 000英镑。

我们可以计算英镑的交易范围，该交易范围定义了期权相较于其他策略的盈亏平衡点。该交易范围的上限是通过与远期汇率进行比较而确定的。英镑价值必须升至高于 1.754 0 美元/英镑的远期汇率并足以弥补 0.027 3 美元/英镑的期权成本。因此，英镑的盈亏平衡即期价格必须为 1.754 0 美元/英镑＋0.027 3 美元/英镑＝1.781 3 美元/英镑。如果即期英镑升值至 1.781 3 美元/英镑以上，则期权策略的收入将高于远期对冲的收入。如果即期价格最终低于 1.781 3 美元/英镑，那么回过头看远期对冲是更优的选择。

该交易范围的下限由无对冲策略确定。如果即期汇率跌至 1.75 美元/英镑以下，玛丽亚将执行看跌期权并以 1.75 美元/英镑的汇率卖出收入。净收入将为 1.75 美元/英镑减去 0.027 3 美元/英镑的期权成本，即 1.722 7 美元/英镑。如果即期汇率低于 1.722 7 美元/英镑，那么执行期权的净收入将大于在即期市场上出售无对冲英镑的净收入。只要即期汇率高于 1.722 7 美元/英镑，剩余无对冲英镑的即期收入就将更高。

外汇期权有多种对冲用途。当建筑公司和出口商必须以外币提交固定出价，而要等到日后才知道它们的出价是否成功时，看跌期权对它们就是有用的。同样，如果未来可能需要用外币付款，那么看涨期权对于对冲收购外国公司的出价就是有用的。在任何一种情况下，如果出价被拒绝，损失将仅限于期权成本。

对冲方案的比较

图 10-5 显示了加纳多公司的 1 000 000 英镑应收账款在一系列可能的期末即期汇率和对冲方案下的价值。该图清楚地表明，该公司对汇率可能变化的看法有助于做出对冲选择，如下：

■ 如果预期汇率变化不利于加纳多公司，处于 1.76 美元/英镑左侧，那么货币市场对冲显然是首选方案，它的价值可以确保为 1 772 605 美元。

■ 如果预期汇率变化有利于加纳多公司，处于 1.76 美元/英镑右侧，那么首选方案就不那么明确了，介于保持不对冲、货币市场对冲或看跌期权之间。

90天后加纳多公司1 000 000英镑应收账款的美元价值

- 看跌期权执行价格为1.75美元/英镑
- 远期汇率为1.754 0美元/英镑
- 不管期末即期汇率是多少，无抛补应收账款都有收益
- 执行价格为1.75美元/英镑的看跌期权
- 货币市场收益1 772 605美元
- 执行价格为1.75美元/英镑的看跌期权确保最低收益为1 722 746美元
- 远期对冲收益1 754 000美元

期末即期市场汇率（美元=1.00英镑）

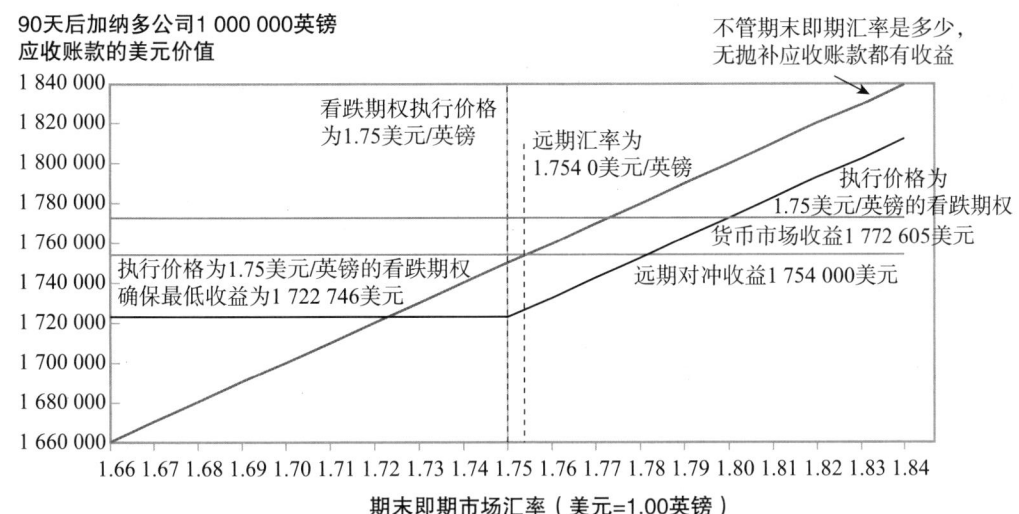

图10-5　加纳多公司的应收账款交易风险对冲选择

保持不对冲很可能是一个不可接受的选择。如果事实证明玛丽亚对未来即期汇率的预期是错误的，且即期汇率跌至1.70美元/英镑以下，那么她将无法达到其预算汇率。看跌期权提供了一种独特选择。如果汇率变化对加纳多公司有利，那么除了前期成本之外，看跌期权提供的上涨潜力几乎与无对冲方案相同。然而，如果汇率变化对加纳多公司不利，看跌期权将把下跌风险限制在1 722 746美元。

那么玛丽亚·冈萨雷斯应该如何在不同对冲策略中做出选择呢？她必须根据两个决策标准进行选择：(1)加纳多公司政策所表明的风险承受能力；(2)她自己对未来90天内汇率变化方向（和距离）的看法或预期。

加纳多公司的风险承受能力是管理层对交易风险的态度和财务活动具体目标的结合。许多公司都认为，外汇风险是经营国际业务必然会遇到的，因此，它们从无对冲基线开始分析。然而，还有一些公司认为外汇风险是不可接受的，它们要么从完全抛补远期合约基线开始分析，要么干脆要求所有交易风险由远期合约完全抛补，而不管其他对冲方案的价值如何。多数公司的资金部都是公司的成本中心或服务中心。另外，如果资金部作为利润中心运作，它可能会容忍承担更多风险。

在不同对冲方案之间的最终选择——如果玛丽亚·冈萨雷斯确实预期英镑将升值——结合了公司的风险承受能力、观点以及对其观点的信心。有对冲合约的交易风险管理需要管理层做出判断。"全球金融实务10-2"介绍了为何对冲选择也可能受到盈利能力和远期溢价的影响。

全球金融实务 10-2

远期汇率与对冲成本

一些跨国企业用"对冲的总现金流成本"占初始账面外汇交易的百分比衡量对冲成本。它

们将"对冲的总现金流成本"定义为现金购买成本（例如，预付的期权费，包括货币的时间价值）加上最终现金流结算金额与账面交易金额之差。

如果公司使用远期合约，则没有前期成本，因此总现金流成本仅是远期结算金额和账面交易金额之差（使用这种对冲成本定义）。这就是远期溢价。但远期溢价很高，有时会导致公司避免使用远期合约。

假设一家美国公司的1年期应收账款为100万英镑。当前即期汇率为1.600 0美元＝1.00英镑。如果美元利率和英镑利率分别为2.00%和4.00%，那么远期汇率将为1.569 2美元/英镑。因此远期溢价为－1.923%（以相对于美元1.923%的折价卖出英镑远期），在该公司看来，对冲交易的成本为1.923%。

但是，如果英镑利率显著提高，例如升至8.00%，则1年期远期汇率为1.511 1美元/英镑，远期溢价为－5.556%。在这种情况下，一些跨国企业认为使用远期合约过于昂贵，因为超过5.5%的交易结算金额在对冲中"亏损"了。"过于昂贵"的定义必须基于公司的理念、对外汇风险的风险承受能力以及公司和行业本身的盈利能力。尽管金融理论的基本原理认为这两种情况并非真正不同，但在当今的全球商业中，根据定价方式，5.56%的销售结算金额亏损可能侵蚀大部分净销售利润。

对冲应付账款

当公司需要在某个未来日期支付外币时，应付账款的管理与应收账款的管理类似但不完全相同。如果加纳多公司将在90天后支付1 000 000英镑应付账款，则对冲选择包括以下内容。

保持不对冲。 加纳多公司可以等待90天，届时将美元兑换为英镑并付款。如果加纳多公司预期90天后的即期汇率为1.760 0美元/英镑，则预期支付金额将为1 760 000美元。然而，该金额是不确定的；90天后的即期汇率可能与预期汇率截然不同。

远期市场对冲。 加纳多公司可以购买1 000 000英镑远期合约，将汇率锁定为1.754 0美元/英镑，总美元成本为1 754 000美元。这比保持不对冲的预期成本少6 000美元，因此明显优于第一种方案。

货币市场对冲。 应付账款的货币市场对冲与应收账款的货币市场对冲存在明显不同。在本例中，为了实施货币市场对冲，加纳多公司将兑换即期美元，并将其投资于英镑计息账户，为期90天。在90天期结束时，英镑本金和利息将用于支付1 000 000英镑应付账款。

为了确保本金加上利息恰好等于90天后到期的1 000 000英镑，加纳多公司将在90天后按8%的英镑投资利率贴现1 000 000英镑，贴现期为90天，以确定今天需要的英镑金额：

$$\frac{1\,000\,000 \text{ 英镑}}{1+0.08 \times \frac{90}{360}} = 980\,392.16 \text{ 英镑}$$

按照当前的即期汇率1.764 0美元/英镑，今天需要的980 392.16英镑相当于1 729 411.77美元：

980 392.16 英镑×1.764 0 美元/英镑＝1 729 411.77 美元

最后，为了将货币市场对冲结果与其他对冲方案进行比较，必须计算现在的1 729 411.77美元成本在90天后与其他对冲选择相同的未来日期的终值。如果按加纳多公司的加权平均资本成本12%计算当前美元成本的终值，那么货币市场对冲的总成本为1 781 294.12 美元。这高于远期对冲的总成本，因此没有吸引力。

$$1\ 729\ 411.77\ 美元 \times \left(1 + 0.12 \times \frac{90}{360}\right) = 1\ 781\ 294.12\ 美元$$

期权对冲。 加纳多公司可以通过购买1 000 000 英镑看涨期权抛补其1 000 000 英镑应付账款。执行价格为1.75 美元/英镑（接近平价）的6月英镑看涨期权的成本为期权费的1.5%，即1 000 000 英镑×0.015×1.764 0 美元/英镑＝26 460 美元。

无论是否执行看涨期权，加纳多公司都将提前支付该期权费。按照加权平均资本成本12%计算其90天后的终值，其期末成本将提高至27 254 美元。如果90天后的即期汇率低于1.75 美元/英镑，则加纳多公司将任由该期权过期，并在即期市场上购买1 000 000 英镑支付应付账款。如果期权未被执行，看涨期权对冲的总成本理论上将小于其他任何策略的总成本（保持不对冲的情况除外，因为仍然支付并损失了期权费）。如果90天后的即期汇率超过1.75 美元/英镑，则将执行看涨期权。

如果执行看涨期权，则看涨期权对冲的总成本如下：

执行看涨期权(1 000 000 英镑×1.75 美元/英镑)＝1 750 000 美元
看涨期权的期权费(90 天后的终值)＝27 254 美元
以看涨期权对冲的应付账款的最高总支出＝1 777 254 美元

策略选择。 图10-6总结了管理加纳多公司1 000 000 英镑应付账款的四种对冲方法。远期市场对冲和货币市场对冲的成本是确定的。使用看涨期权对冲的成本按照最大值计算，保持不对冲的成本高度不确定。

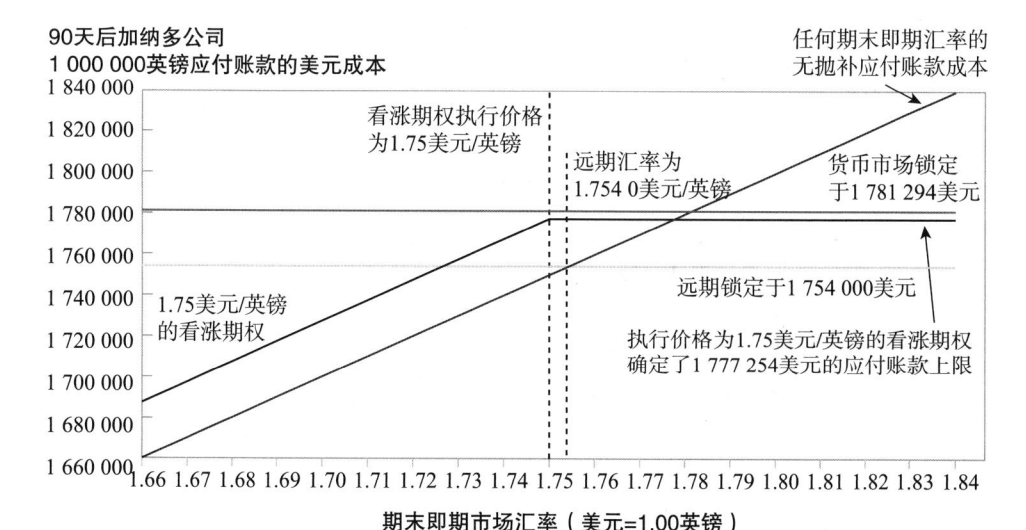

图 10-6 加纳多公司应付账款交易风险对冲选择

与加纳多公司的应收账款一样，最终的对冲选择取决于玛丽亚的汇率预期和她承担风险的意愿。在支付应付账款的情况下，远期对冲提供了最低的成本，这是确定的。如果美元对英镑走强，最终以低于1.75美元/英镑的即期汇率结算，那么看涨期权可能是成本最低的对冲。然而，鉴于预期即期汇率为1.76美元/英镑，远期对冲似乎是首选策略。

10.5 交易风险管理实务

> 理论上，理论与实际没有区别。实际上，它们有区别。
> ——约吉·贝拉（Yogi Berra）

有多少家公司，就有多少种交易风险管理方法。近年来，美国、英国、芬兰、澳大利亚和德国对公司风险管理实务进行了各种调查，结果表明，对于最优方法并不存在真正的共识。以下总结了我们对公司交易风险管理中最常使用的目标、风险、方法与对冲的调查结果。

管理目标

多数私营公司的资金部（通常负责交易风险管理的部门）通常被视为成本中心或共享服务中心。资金部很少是利润中心；它的任务不是通过承担风险增加公司利润。然而，这并不是说它的任务不是为公司增加价值。在管理公司资金时，外汇风险管理者往往会犯偏于保守的错误。与此同时，大多数跨国企业都不期望其资金部能击败市场或预测出汇率变化。它们通常希望完成以下任务的某种组合：平滑财务业绩，保护或保障公司现金流（尤其是以公司预算为依据），并提高对未来现金流的预测能力。

外汇对冲中最常见的企业资金目标是尽量减少汇率引发的利润波动。上市公司的投资者更喜欢可预测的稳定利润，当然也寻求利润增长。但如果一家公司的对冲计划可以"平滑掉利润波动"，那么许多公司都会尝试这样做。然而，这种对利润的关注与所有权结构有关。对公司对冲行为的调查[①]通常显示，上市公司（即必须定期报告利润的公司）与私人公司相比，对冲频率要高得多，未来对冲时期也更长。[②]

如果目标是平滑或保护利润，那么通常会形成或确定风险管理的时间范围。许多风险计划既近乎强制地对冲现有风险敞口（最常见的是对冲一个季度以内的风险敞口），也管理至少未来12个月的大量风险敞口和对冲。

管理的交易风险

实际上，交易风险管理越来越多地将现有风险敞口（资产负债表风险敞口）与预期风险敞口（有时称为"预计交易"或未入账但高度可能发生的交易）相结合。显然，越来越

---

① 参见 Wells Fargo's *2016 Risk Management Practices Survey*。
② 积极对冲外汇风险的公司之间的另一个重要区别是公司规模；在总收入方面，被调查的私营公司通常远远小于被调查的上市公司。公司越大，公司内部越可能有具备专业知识和丰富资源进行外汇交易风险管理的风险经理。

多的公司愿意积极对冲预期风险敞口。

过去，许多公司的政策是禁止对冲尚未进入资产负债表的风险敞口。它们的道理很简单：直到交易存在于公司会计账簿上，实际发生风险的概率都被认为低于100%，而作为对冲购买的任何金融衍生产品都有100%的确定性。保守的对冲政策规定，对冲合约仅可用于现有风险敞口。

公司最经常对冲两种类型的预期风险敞口：合同风险敞口和公司内部交易。合同风险敞口是指在持续合同下发生的外币计价交易。例如，一家公司可能每90天将一批产品发货给客户，而这两家公司目前签订了三年合同。每件发出的产品都会产生明确可识别的交易风险（对于一方为应收账款，对于另一方为应付账款）。尽管未来的产品尚未发货且尚未入账，但仍属于合同义务。虽然它们尚未入账，但它们入账的可能性非常高。

公司内部交易，即同一家公司旗下单位之间的交易，例如子公司之间或子公司与母公司之间的交易，是当今全球商业的重要组成部分。[①] 全球供应链的增长和一体化公司规划使这些公司内部交易是一项高度可预测的稳定业务。随着供应链参与者制定计划并依赖相关供应商满足其生产需求，所产生的预期风险变得越来越可预测。对于一些公司来说，对冲这些风险现在已经成为常规。

风险抛补水平

许多跨国企业实行相当严格的交易风险对冲政策，要求按比例对冲总风险敞口。这需要确定币种、期限，然后通过抛补比例和对冲工具进行选择性对冲。

例如，一家美国公司可能会累计在一周内产生的所有日元空头和日元多头，然后将净头寸按期限分组（例如，少于30天，30~90天，超过90天）。然后，该公司将根据市场状况、预期以及公司对金融衍生产品的具体态度，每周按期限对该净风险头寸进行对冲。这些政策通常要求对一定比例的现有交易风险进行合约对冲（例如，抛补所有期限不长于30天的风险敞口的90%，至少抛补期限为30~90天的风险敞口的50%，选择性抛补期限长于90天的风险敞口）。所需的远期抛补率将随着风险敞口的期限延长而下降。

然后，选择哪种金融衍生产品或结构用于对冲将由市场状况、金融衍生产品种类（非常类似于本章中使用的加纳多公司的例子）和一般企业对不同对冲结构和衍生产品的适应程度综合确定。实践中有一些常见做法。

图10-7总结了德勤最近进行的对冲实务调查的结果。例如，根据这项对上市公司的调查，83%的公司积极对冲期限为0~3个月的交易风险，平均抛补率为风险敞口的68%。调查结果清楚显示了未来12个月的高度公司对冲。在一年期之后，正如一位对冲者最近所述，"超出车头灯照射范围"后，对冲活动和抛补率显著减少。也就是说，29%的被调查公司预期将积极对冲未来两年以上的交易风险，这个比例已经很高了。

---

① 据估计，超过80%的美国西岸国际商业交易是在相同跨国企业旗下单位之间，而不是不同公司之间进行的，例如，日本丰田和其美国子公司之间进行的交易。

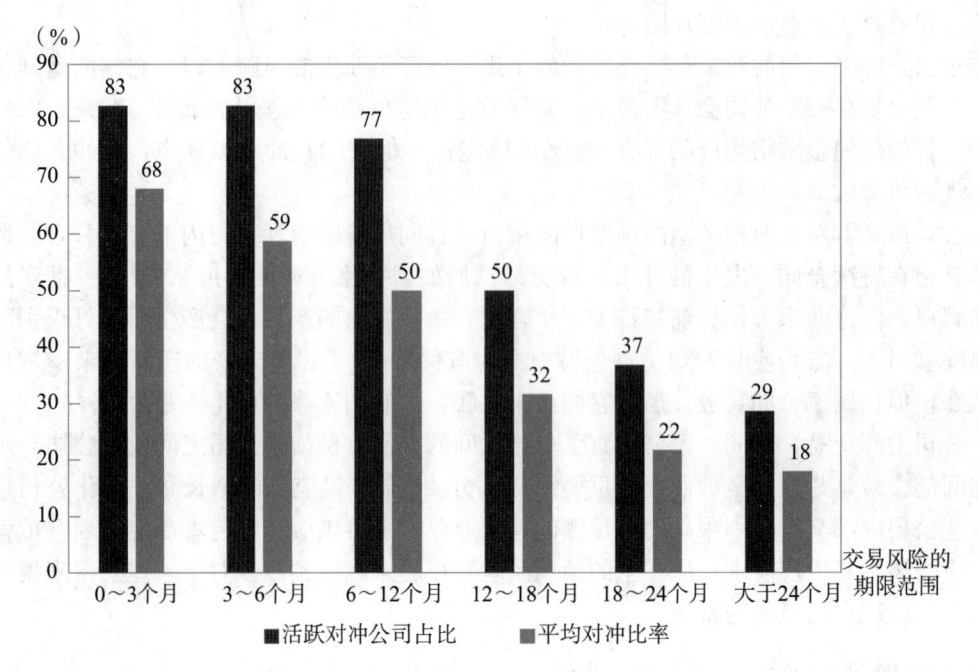

图 10-7 交易风险的期限和抛补率：调查结果

资料来源：作者绘制，参考资料为 Continued Evolution：2016 Global Foreign Exchange Survey，Deloitte, p. 15。

柱状图数据：
期限范围	活跃对冲公司占比	平均对冲比率
0~3个月	83	68
3~6个月	83	59
6~12个月	77	50
12~18个月	50	32
18~24个月	37	22
大于24个月	29	18

管理使用的对冲工具和结构

外汇远期合约仍然是交易风险管理的主要工具。例如，德勤的调查表明，92%的公司使用远期合约（包括不可交割远期合约）。超过60%的公司使用某种形式的远期互换，但只有30%的公司购买期权，更少的公司——15%——使用某种形式的外汇领式期权。（本章附录A介绍了领式期权。）20%的公司使用交叉货币互换，18%的公司使用外币债务进行对冲。富国银行最近的调查显示出更高的远期合约使用率，97%的公司使用远期对冲现有交易风险，92%的公司使用远期对冲预测交易风险。

正如人们所料，交易风险的管理计划通常按"期权"划分，也就是分为使用期权的管理计划和不使用期权的管理计划。不使用购买的期权通常有各种原因——成本太高、结构复杂以及它们只会限制风险敞口。（"全球金融实务10-3"说明了在危机期间期权可能变得多么昂贵，以及多少跨国企业对这些成本做出反应。）不使用外汇期权的公司几乎完全依赖远期合约和货币市场对冲。

全球金融实务 10-3

2009 年的全球信用危机与期权波动率

2008—2009年全球信用危机严重影响了外汇期权在对冲上的应用。汇率波动率上升到多年来的最高水平并居高不下。这导致期权费大幅上涨，以至于许多公司在使用外汇期权进行风险管理方面变得格外挑剔。

美元对欧元汇率的波动是一个很好的例子。2007年7月,这个交易最广泛的货币对的1周~3年期隐含交叉汇率波动率低于7%。到2008年10月,1个月期隐含波动率已达到29%。虽然这看起来是峰值,但2009年1月的1个月期隐含波动率仍超过20%。

这使期权变得非常昂贵。例如,在金融危机之前的2008年夏季,当美元对欧元汇率波动率为7%时,平价远期执行汇率的1个月期欧元看涨期权的期权费为0.009 6美元/欧元。截至2009年1月底,美元对欧元汇率的波动率已升至20%,推动相同期权的期权费涨至0.028 6美元/欧元。当名义本金为100万欧元时,这相当于期权价格从9 600美元增加到28 600美元。这将使任何资金部的预算产生缺口。

由于远期合约的应用如此广泛,因此对冲交易风险的公司通常会关注并使用一些远期合约规则:

(1) 当市场状况表明使用远期合约将锁定远期外汇收益时(相对于账面销售收入或应付账款而言),100%的抛补率很常见。

(2) 当市场条件表明远期溢价(或折价)非常小(1%~2%)时,将要求或鼓励高水平的远期抛补率。

最后,几乎所有公司随时都在使用远期。

要点总结

■ 跨国企业面临三种类型的外汇风险:交易风险、折算风险和经营风险。

■ 交易风险衡量了因结算以外币计价的金融债务而产生的收益或亏损。

■ 关于企业是否应该对冲外汇风险存在相当多的理论争议。从理论上讲,对冲可以降低公司现金流的波动率。它不会增加公司的现金流。事实上,对冲成本可能会减少现金流。

■ 交易风险可以通过合约方法和某些经营策略来管理。合约对冲方法包括远期对冲、期货对冲、货币市场对冲和期权对冲。

■ 选择使用哪种合约对冲取决于具体公司的外汇风险承受能力及其对交易风险期内汇率变化的预期。

■ 在实践中,风险管理要求公司的资金部确定其目标,选择和识别要管理的外汇风险,然后选择使用的对冲工具或结构的类型。

迷你案例

中国诺亚公司[①]

中国消费者的庞大需求已经渗透到印度尼西亚的每个角落。中国在每个市场中都变得

---

① 2014年©亚利桑那州立大学雷鸟全球管理学院版权所有。本案例由肖梁琴(音)和英妍(音)在迈克尔·H.莫菲特教授的指导下编写,仅用于课堂讨论,不表示有效或无效的管理。

日益重要是全球趋势，但中国和印度的需求增长对印度尼西亚产生的影响尤为巨大。里昂证券雅加达办事处的尼克·卡什莫尔（Nick Cashmore）创造了一个新术语来描述这种共生关系："亚洲铁三角（Chindonesia）"。

—— "Special Report on Indonesia: More Than a Single Swallow,"
The Economist, September 10, 2009.

2010年年初，中国诺亚公司（诺亚）的首席财务官萨维奥·周（Savio Chow）先生担心他的公司转而从印度尼西亚采购大部分木材可能产生的外汇风险。诺亚是中国领先的地板生产商，每年购买超过1亿美元的木材，这些木材主要来自中国当地的木材供应商。但由于印度尼西亚丰富的木材资源和中国日益紧张的木材供应市场，周先生计划转向印度尼西亚供应商采购一大部分原材料。周先生知道他需要一项明确的外汇风险管理策略。

中国诺亚

诺亚是一家由其创始家族拥有的私营公司，是中国最大的地板生产商之一。该公司由现任董事会主席、澳门居民余学彬先生于1982年成立。该公司的大部分高管团队自公司成立以来一直在这里工作。

诺亚的主要产品是实木地板，它使用100%天然木材切割成地板、打磨并上光。中国经济的快速增长以及中国人民生活水平的提高和对环保的重视使消费者喜欢在家庭和办公室中使用木制品。除了天然之外，木制品还被认为对身心健康有益。诺亚在中国经营着五家地板制造工厂和一个拥有超过1 500家直销店的全国分销/零售网络。

正如表A所示，诺亚近年来发展迅速，销售收入从2007年的12.9亿元增长到2009年的16.03亿元（按当前即期汇率6.92元人民币＝1.00美元计算，约为2亿美元）。同期净利润从1.50亿元增至1.87亿元（2 700万美元）。周先生是一位规划者，如表A所示，他和诺亚公司都预期未来五年的销售收入将以年均20%的速度增长。诺亚公司2010年的预测销售收益率不错，为13.5%。但如果周先生的预测准确无误，2015年的销售收益率将暴跌至3.7%。

表A　中国诺亚的合并利润表（实际值与预测值）

	2007年	2008年	2009年	2010年预测值	2011年预测值	2012年预测值	2013年预测值	2014年预测值	2015年预测值
销售收入(百万元)	1 290.4	1 394.6	1 602.7	1 923.2	2 307.9	2 769.5	3 323.4	3 988.0	4 785.6
销货成本(百万元)	(849.4)	(943.4)	(1 110.0)	(1 294.0)	(1 610.3)	(2 000.7)	(2 491.1)	(3 096.8)	(3 848.2)
毛利润(百万元)	441.0	451.2	492.7	629.3	697.6	768.8	832.2	891.2	937.4
毛利润率	34.2%	32.4%	30.7%	32.7%	30.2%	27.8%	25.0%	22.3%	19.6%
销售费用(百万元)	(216.0)	(208.0)	(201.8)	(242.3)	(290.8)	(349.0)	(418.7)	(502.5)	(603.0)
管理费用(百万元)	(19.6)	(20.0)	(20.1)	(24.1)	(28.9)	(34.7)	(41.7)	(50.0)	(60.0)
EBITDA(百万元)	205.7	223.6	271.1	362.8	377.9	385.1	371.8	338.7	274.4
EBITDA利润率	15.9%	16.0%	16.9%	18.9%	16.4%	13.9%	11.2%	8.5%	5.7%
折旧(百万元)	(40.3)	(45.3)	(49.4)	(57.5)	(60.8)	(64.0)	(67.3)	(70.5)	(73.7)
EBIT(百万元)	165.6	178.4	221.9	305.3	317.1	321.1	304.5	268.2	200.7

续表

	2007年	2008年	2009年	2010年预测值	2011年预测值	2012年预测值	2013年预测值	2014年预测值	2015年预测值
EBIT利润率	12.8%	12.8%	13.8%	15.9%	13.7%	11.6%	9.2%	6.7%	4.2%
利息费用(百万元)	(7.1)	(12.0)	(15.1)	(15.9)	(13.9)	(11.2)	(7.7)	(4.4)	(2.2)
EBT(百万元)	158.5	166.4	206.8	289.4	303.2	309.9	296.8	263.8	198.5
所得税(百万元)	(8.4)	(18.0)	(20.0)	(28.9)	(30.3)	(31.0)	(29.7)	(26.4)	(19.9)
净利润(百万元)	150.1	148.4	186.8	260.5	272.9	278.9	267.1	237.5	178.7
销售收益率	11.6%	10.8%	11.7%	13.5%	11.8%	10.1%	8.0%	6.0%	3.7%

假设销售收入每年增长20%。假设1 344卢比=1.00元人民币并据此计算估计成本。假设预期销售费用占销售收入的12.6%，管理费用占销售收入的1.3%，所得税费用占EBT的10%。2010—2015年的预测销货成本假设基于表C。EBITDA为息税折旧摊销前利润，EBIT为息税前利润，EBT为税前利润。表中括号代表负值。

供应链

地板行业的一个关键特征是木材占所有原材料和直接成本的绝大部分。过去三年，诺亚生产的每平方米地板的木材成本为60~65元。这意味着木材成本几乎占销货成本的90%。鉴于地板行业的激烈竞争，控制和降低木材成本的潜在能力是提高企业利润率的主要动力。诺亚从未拥有自己的森林，该公司从中国森林所有者或木材贸易商那里购买木材。根据全球标准，中国木材价格长期以来一直相当便宜。但由于中国转向环境保护，森林资源日益稀缺，木材供应现已大幅收紧，这种供应紧张导致木材价格上涨。

世界野生动物基金会估计，中国国内木材供应量仅能满足中国目前木材消费量的一半，而各种价格预测确实让周先生惴惴不安。例如，摩根士丹利预测未来五年中国木材价格将上涨15%~20%。包括诺亚在内的主要中国地板生产商现在正在向巴西、俄罗斯和印度尼西亚等国家寻求更可持续和更便宜的木材来源。

诺亚的印度尼西亚交易

过去几个月，周先生一直在寻求与印度尼西亚木材供应商联盟达成几笔交易以取代向中国的部分采购。初步报价令人鼓舞，价格为62.6元/平方米，比目前的中国价格便宜约8%。上周，他向诺亚董事会提交了一份可能的印度尼西亚供应商联盟条款清单（表B）。诺亚预期将于2010年出售总计1 720万平方米地板，其中30%向印度尼西亚采购，该条款清单就是基于这部分采购开出的。

表B 印度尼西亚木材供应商联盟的条款清单

买方	中国诺亚公司
卖方	印度尼西亚木材供应商联盟
数量	516万平方米，占2010年诺亚公司木材产量的30%
单位价格	84 090卢比/平方米（按即期汇率换算相当于62.6元/平方米）
总支付金额	4 338.4亿卢比
支付时间	必须在6个月后以卢比结算支付

周先生希望迅速采取行动,试图控制——并可能降低——诺亚今年和未来几年的木材成本。目前印度尼西亚木材供应商联盟的报价是 84 090 卢比/平方米,换算为人民币相当于价格为 62.6 元/平方米:

$$价格^{CNY} = \frac{84\ 090\ 卢比/平方米}{1\ 344\ 卢比/元} = 62.6\ 元/平方米$$

62.6 元/平方米的价格比目前相同木材的中国价格(67.8 元/平方米)便宜了 7.7%。由于预期中国木材价格将在可预见的未来每年上涨 4%~5%,但印度尼西亚木材供应商联盟愿意将年价格涨幅限制为 4%,如果卢比/元汇率保持不变,折价也可能增加。

周先生预期未来五年诺亚的产量将增加一倍以上,从 2010 年的 1 720 万平方米增加到 2015 年的 4 280 万平方米,如表 C 所示。如果 2010 年诺亚公司 30% 的木材从印度尼西亚采购,然后每年在该比例的基础上增加 10%,那么到 2015 年诺亚大约一半的木材将采购自印度尼西亚。

表 C 中国诺亚公司的销货成本构成

	2007年	2008年	2009年	2010年预测值	2011年预测值	2012年预测值	2013年预测值	2014年预测值	2015年预测值
木材成本									
中国木材成本(元/平方米)	59.9	61.8	65.2	67.8	70.5	73.3	76.3	79.3	82.5
中国占比	100%	100%	100%	70%	67%	64%	60%	56%	52%
印度尼西亚木材成本(卢比/平方米)				84 090	87 454	90 952	94 590	98 373	102.308
成本(元/平方米)				62.6	65.1	67.7	70.4	73.2	76.1
印度尼西亚占比	0%	0%	0%	30%	33%	36%	40%	44%	48%
加权木材成本	59.9	61.8	65.2	66.2	68.7	71.3	73.9	76.6	79.4
其他成本									
包装	2.9	2.9	3.0	3.1	3.2	3.3	3.4	3.5	3.6
水电费	0.4	0.4	0.4	0.4	0.4	0.4	0.5	0.5	0.5
劳动力	1.0	1.0	1.1	1.1	1.2	1.2	1.2	1.3	1.3
配送	1.4	1.4	1.5	1.5	1.6	1.6	1.7	1.7	1.8
沙子	0.9	0.9	0.9	0.8	0.9	0.9	0.9	0.9	0.9
其他	2.0	2.0	2.0	2.1	2.1	2.2	2.3	2.3	2.4
总销货成本(元/平方米)	68.5	70.4	74.0	75.2	78.0	80.8	83.8	86.8	89.9
地板产量(百万平方米)	12.4	13.4	15.0	17.2	20.6	24.8	29.7	35.7	42.8
木材/销货成本	87.4%	87.8%	88.1%	88.0%	88.1%	88.2%	88.2%	88.3%	88.3%
总销货成本(百万元)	849.4	943.4	1 110.0	1 294.0	1 610.3	2 000.7	2 491.1	3 096.8	3 848.2

假设 2010—2015 年 1 344 卢比=1.00 元;地板产量增长率为 20%,中国木材价格每年提高 4%,印度尼西亚木材价格每年提高 4%,印度尼西亚采购占比在 2010 年的 30% 的基础上每年增加 10%。

印度尼西亚的增长

印度尼西亚的森林面积占该国国土面积的60%。近年来，该国的众多人口和迅速工业化已导致严重的环境问题，包括大规模砍伐森林，大部分森林砍伐都是非法的。也就是说，印度尼西亚正迅速成为重要的木材出口国。就宏观经济而言，与邻国相比，印度尼西亚受近期全球经济衰退的影响较小。统计数据显示，2009年印度尼西亚的国内生产总值增长率为4.5%，预期在未来十年内每年增长近7%。印度尼西亚可能很快与金砖四国（巴西、俄罗斯、印度和中国）实现经济平价。稳定的政治条件——尽管2009年举行了大选——和强劲的国内需求可以推动这种增长。

外汇风险

印度尼西亚是受1997—1998年亚洲金融危机影响最严重的国家之一。卢比对美元汇率从大约2 600卢比/美元跌至14 000卢比/美元的低点，其经济萎缩率达到令人震惊的14%——尽管在接下来几年中有所反弹。此后，卢比汇率稳定在8 000~10 000卢比/美元的范围内。

正如图A所示，除了全球信用危机之外，在过去10年里，卢比一直在1 000~1 400卢比/人民币的范围窄幅交易。由于卢比是一种自由浮动货币，而中国人民币是一种受到高度管控的货币，因此危机总是对卢比造成更大的打击。由于诺亚正在考虑从根本上改变其木材采购策略和结构，因此卢比与人民币的长期汇率被认为是至关重要的。

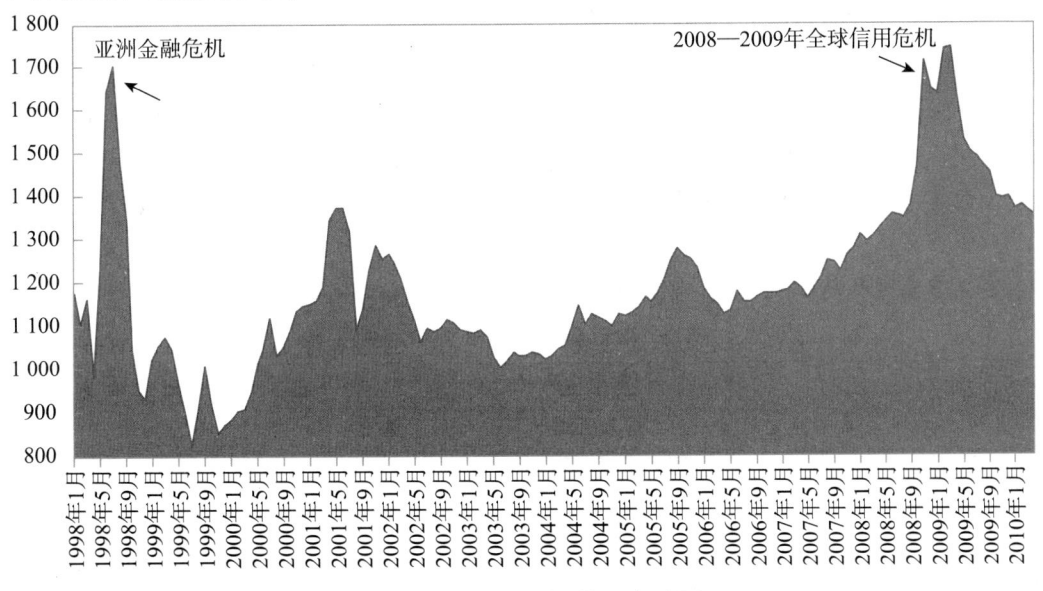

图A 卢比对人民币即期汇率（月）

对冲外汇风险

印度尼西亚木材采购合同将使诺亚在以6个月为一期的一系列时期（2010年3月，2010年9月，2011年3月，等等）中面临外汇风险。周先生没有多少管理外汇风险的经验，他从诺亚的财务顾问摩根士丹利那里得到了一些详细建议。

摩根士丹利指出，中国政府一直面临着包括美国在内的许多国家要求人民币升值的压力。与人民币不同，卢比的价值是浮动的，但其价值往往与美元密切相关。如果人民币对美元确实升值，卢比汇率将跟随美元"下跌"，进而导致卢比走弱。周先生考虑对冲方案的第一步是收集不久以后的卢比/元即期汇率报价和衍生产品报价。

即期汇率预测。 摩根士丹利对2015年卢比/元即期汇率的预测显示，未来五年卢比对人民币将缓慢升值，如图B所示。

远期汇率。 周先生还要求几家银行提供远期汇率报价。图B也显示了它们的平均报价。与即期汇率预测不同，基于利差的远期汇率报价显示未来五年卢比将对人民币快速贬值。

卢比=1.00元

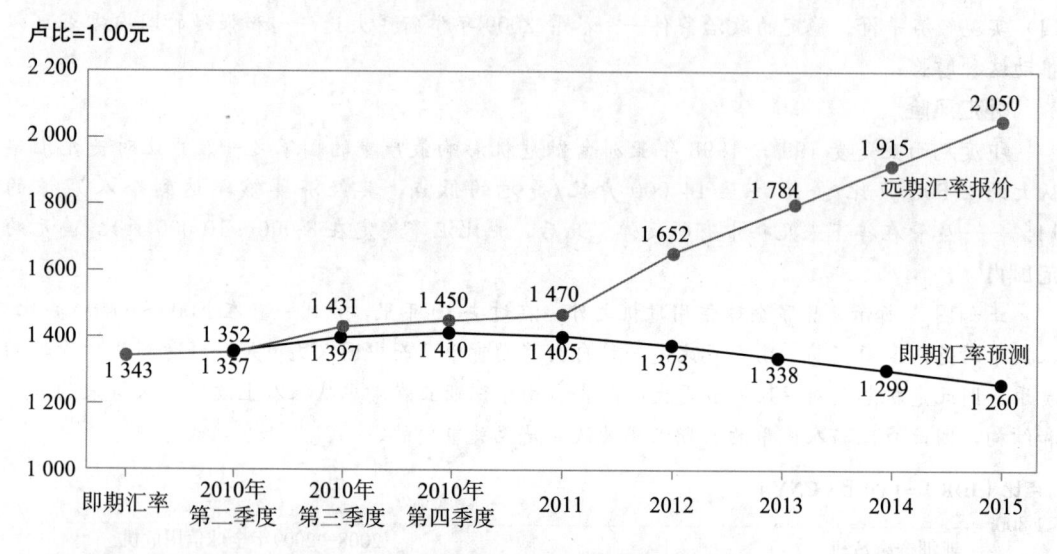

时间	即期汇率预测	远期汇率报价
即期汇率	1 343	
2010年第二季度	1 357	1 352
2010年第三季度	1 397	1 431
2010年第四季度	1 410	1 450
2011	1 405	1 470
2012	1 373	1 652
2013	1 338	1 784
2014	1 299	1 915
2015	1 260	2 050

图B 卢比/元即期汇率的预测值和远期汇率

外汇期权。 远期对冲将消除诺亚的下行风险，但也会消除任何从卢比进一步走弱中受益的机会——如果发生这种情况的话。由于周先生对外汇衍生产品的经验有限，外汇期权使他感到紧张。但是，正如他告诉财务主管的，他决心考虑所有可用的适当方法。表D根据现有市场数据列出了诺亚在不同执行价格下的可能期权头寸。当然，表D中的报价仅适用于前6个月的支付；对冲未来的卢比风险需要更长期限的期权头寸。

表D 外汇期权的执行汇率与期权费

执行汇率（卢比/元）	（每元）人民币看跌期权的期权费	（每元）人民币看涨期权的期权费
1 300	2.82%	30.59%
1 350	3.20%	28.16%
1 400	3.73%	25.89%
1 450	4.41%	23.77%
1 500	5.23%	21.79%
1 550	6.19%	19.94%
1 600	7.32%	18.27%
1 650	8.58%	16.73%
1 700	9.98%	15.33%

续表

执行汇率（卢比/元）	（每元）人民币看跌期权的期权费	（每元）人民币看涨期权的期权费
1 750	11.50%	14.05%
1 800	13.13%	12.88%

注：报价为100万元人民币名义本金期权的报价。

货币市场对冲。由于诺亚的外汇风险敞口是应付账款——未来以6个月为一期的卢比应付账款，因此货币市场对冲需要现在将资金存入支付卢比利息的卢比账户。印度尼西亚的利率始终高于中国的可比利率。如图C所示，人民币6个月期存款利率为1.98%，而印度尼西亚的6个月期存款利率为6.74%。

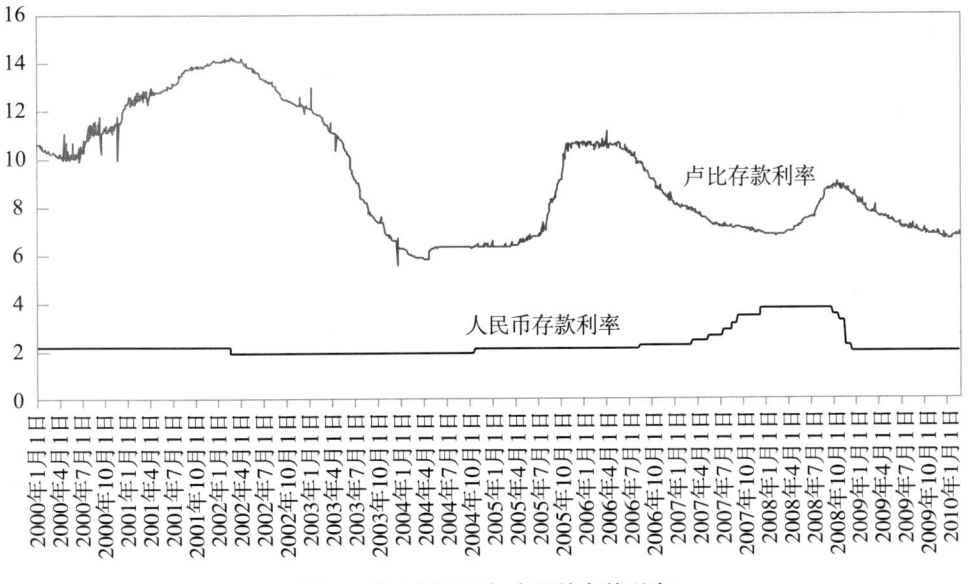

图C 印度尼西亚与中国的存款利率

外汇调整条款。银行还鼓励周先生采用外汇调整条款（Currency Adjustment Clause，CAC）。诺亚公司的银行认为，如果从印度尼西亚采购成为诺亚与印度尼西亚木材供应商联盟之间的长期合作关系，那么外汇调整条款基本上会允许双方分担外汇风险，无论汇率是上涨还是下跌。

外汇调整条款的基本原理类似于利润分享计划或风险分担计划，其中买方/卖方最初同意锁定外币结算金额的本币价格（在本例中是卢比买价）。只要汇率保持在中心汇率附近的某个明确范围内，比如，在当前即期汇率1 344卢比/元的±5%，则卢比价格将保持不变。但是，如果支付时的即期汇率超过±5%的界限，则双方可以分享（分担）当前即期汇率与初始中心汇率之间的差额。

周先生估计即期汇率附近4%的波动率将是触发利润分享/风险分担的合理基准。从这个意义上讲，诺亚公司可能的外汇调整条款最初将把其应付价格锁定为62.6元/平方米。一旦汇率变化超过该界限，外汇调整条款将要求通过预先确定的方法自动重新计算价格，例如使用即期汇率与结算日期汇率之间的中点。周先生认为印度尼西亚木材供应商联盟可能会对外汇调整条款做出积极反应，因为许多人都预测卢比对人民币可能下跌。

时间不多了。中国诺亚公司的董事会正在等待周先生的外汇管理策略提案。

迷你案例问题

1. 中国诺亚的潜在外汇风险的商业原因是什么？该公司真的需要承受巨大的外汇风险吗？中国诺亚的风险是"重大风险"吗？您认为诺亚应该对冲这种风险吗？
2. 中国诺亚的盈利能力（使用销售收益率作为主要指标）如何变化取决于卢比/元汇率遵循（a）预测即期汇率，（b）远期汇率报价，还是（c）固定汇率基准假设？
3. 假设诺亚从印度尼西亚购买木材需每6个月支付一次价款，外币支付时间表是什么？
4. 您如何看卢比和人民币的未来发展方向？这会影响诺亚使用的对冲方法吗？
5. 您推荐哪种对冲选择？

问题

10.1 外汇风险。 请定义外汇风险的三种类型。

10.2 外汇风险和合约。 三种外汇风险中哪些与合约现金流有关，哪些与合约现金流无关？

10.3 外汇风险。 请定义外汇风险。

10.4 对冲。 什么是对冲？它与投机有什么不同？

10.5 公司价值。 根据金融理论，公司价值是什么？

10.6 现金流变化。 外汇对冲在理论上如何改变公司的预期现金流？

10.7 支持外汇对冲的理由。 请列举支持公司采用积极外汇风险管理计划的四个理由。

10.8 反对外汇对冲的理由。 请列举反对公司采用积极外汇风险管理计划的六个理由。

10.9 交易风险。 产生交易风险的四种主要交易类型是什么？

10.10 交易风险的生命周期。 请画出赊销产品产生的风险生命周期图。请在这张图上定义并标明报价风险、未交订单风险和开票风险。

10.11 未履行合约。 哪种合约更可能不被履行？是客户的外币应付款项（外汇风险），还是与银行签订的按合约汇率用外币兑换公司本币的远期合约（外汇对冲）？

10.12 现金余额。 为什么外币现金余额不会导致交易风险？

10.13 合约外汇对冲。 用于对冲交易风险的四种主要合约工具是什么？

10.14 货币市场对冲。 应收账款和应付账款的货币市场对冲有何不同？这种区别是否有意义？

10.15 资产负债表对冲。 资产负债表对冲、金融对冲和货币市场对冲之间有什么区别？

10.16 远期对冲与货币市场对冲。 从理论上讲，远期合约对冲和货币市场对冲难道不应该有相同结果吗？它们是否都使用相同的三个输入变量：初始即期汇率、国内资金成本和外国资金成本？

10.17 外汇期权的期权费。 为什么许多公司反对购买外汇期权对冲？公司是否会购买远期合约对冲？如果是的话，远期和期权有何不同？

10.18 决策标准。 最终，资金主管必须在管理交易风险的不同策略中做出选择。请说明必须使用的两个主要决策标准。

10.19 风险管理对冲实务。 根据对公司实务的调查，多数公司最常对冲哪些外汇风险？

10.20 对冲账面风险。 为什么许多公司只允许对冲现有风险，而不允许对冲预期风险？

习题

10.1 BioTron Medical 公司。 日本客户沼田公司找到医疗设备分销商 BioTron Medical 公司的首席财务官布伦特·布什（Brent Bush），提出如果该公司 12 500 000 日元的常规订单获得 4.5% 的折扣，便可以每两个月以现金（日元）付款一次。沼田公司目前的支付条款是每 30 天付款一次，没有折扣。布什将使用以下报价和沼田公司的估计资本成本比较该提议与用远期合约抛补的日元支付。布伦特·布什应该接受沼田公司的建议吗？

即期汇率：　111.40 日元/美元
30 天期远期汇率：
　　　　　111.00 日元/美元
90 天期远期汇率：
　　　　　110.40 日元/美元
180 天期远期汇率：
　　　　　109.20 日元/美元
沼田公司的加权平均资本成本：
　　　　　8.850%
BioTron 的加权平均资本成本：
　　　　　9.200%

10.2 山猫公司（Bobcat Company）。 总部位于美国的工业设备制造商山猫公司刚刚收购了一家韩国公司，这家韩国公司生产用于重型设备的塑料螺母和螺栓。买价为 75 亿韩元。山猫公司已经支付了 10 亿韩元，剩余的 65 亿韩元将在 6 个月后支付。当前即期汇率为 1 110 韩元/美元，6 个月期远期汇率为 1 175 韩元/美元。6 个月期韩元年利率为 16%，6 个月期美元年利率为 4%。山猫公司可以按这些利率进行投资，或者以高于这些利率 2% 的年利率借款。执行价格为 1 200 韩元/美元的 6 个月韩元看涨期权的期权费率为 3.0%，而相同执行价格的 6 个月看跌期权的期权费率为 2.4%。

山猫公司的加权平均资本成本为 10%。请比较山猫处理其外汇风险的其他可能方式。您建议该公司如何做？为什么？

10.3 暹罗水泥（Siam Cement）。 1997 年亚洲金融危机爆发之际，总部位于曼谷的水泥生产商暹罗水泥遭受了巨大损失。该公司在 20 世纪 90 年代中期一直采取非常积极的增长战略，借入大量外币债务（主要是美元）。1997 年 7 月，当泰铢从钉住汇率 25.0 泰铢/美元贬值时，暹罗水泥的未清偿美元债务仅利息支付就超过 9 亿美元（当时其美元债务的平均利率为 8.40%）。假设 1997 年 6 月，暹罗水泥以 8.40% 的利率借入了 5 000 万美元债务，且必须在一年后偿还这笔债务，届时即期汇率将稳定在 42.0 泰铢/美元，这笔交易产生的外汇亏损是多少？

10.4 宝洁印度（P&G India）。 宝洁公司的印度子公司宝洁印度从一家日本公司采购大部分卫浴用品。由于印度的营运资本短缺，印度进口商的付款期限通常为 180 天或更长。宝洁印度希望对冲 850 万日元应付账款。虽然印度卢比（Rs）没有期权，但有日元远期汇率。此外，印度的通常做法是让宝洁印度这种公司与外汇代理商合作，在本例中，外汇代理商将锁定当前即期汇率并收取 4.85% 的费用。请使用以下汇率和利率数据，提出对冲策略建议。

即期汇率：　120.60 日元/美元
180 天期远期汇率：

2.400 日元/卢比

180 天后的预期即期汇率：

2.600 0 日元

180 天期印度卢比投资收益率：

8.000%

180 天期日元投资收益率：

1.500%

外汇代理商的费率：

4.850%

宝洁印度的资本成本：

12.000%

10.5 埃朗制药（Elan Pharmaceuticals）。 总部位于美国的跨国制药公司埃朗制药正在评估一笔计划向某家印度尼西亚分销商出口降胆固醇药物的交易。这笔交易的买价将为 16.5 亿印度尼西亚卢比，当前即期汇率为 9 450 印度尼西亚卢比/美元，相当于近 175 000 美元。虽然按公司标准这不是一笔大买卖，但公司政策要求销售收入必须至少以最低毛利率结算，在本例中，现金结算金额为 168 000 美元。当前 90 天期远期汇率为 9 950 印度尼西亚卢比/美元。虽然这个汇率似乎没有吸引力，但埃朗制药甚至在得到印度尼西亚卢比的远期报价之前就不得不联系几家大银行。然而，目前外汇预测师的共识是，在未来 90~120 天内，印度尼西亚卢比汇率将保持相对稳定，可能降至 9 400 印度尼西亚卢比/美元。请分析预期销售收入并提出对冲建议。

10.6 巴西航空工业公司（Embraer of Brazil）。 巴西航空工业公司是全球两大支线飞机制造商之一（另一家是加拿大庞巴迪公司）。支线飞机比空中客车和波音公司生产的传统民用客机小，平均可容纳 50~100 人。巴西航空工业公司与一家美国支线航空公司达成协议，以 8 000 万美元的价格生产四架飞机并在一年后交货。

虽然巴西航空工业公司将收到美元货款，但它的投入品也有外汇风险——它必须在一年后向外国供应商支付 2 000 万美元购买投入品（但它们将花一整年陆续交付子部件）。巴西雷亚尔的当前即期汇率为 1.824 0 巴西雷亚尔/美元，但过去三年来巴西雷亚尔对美元稳步升值。远期合约很难获得并被认为很昂贵。花旗银行（巴西）尚未明确向巴西航空工业公司提供远期汇率报价，但已表示可能会根据当前 4.00% 的美元欧洲货币利率和 10.50% 的巴西政府债券利率为远期汇率定价。请向巴西航空工业公司提出关于外汇风险的建议。

10.7 克里斯塔尔（Krystal）。 克里斯塔尔是一家总部位于美国的公司，生产、销售和安装水净化设备。4 月 11 日，该公司向日本长崎市出售了一套系统，用于安装在长崎著名的格洛弗花园中（普契尼歌剧《蝴蝶夫人》中蝴蝶夫人等待平克顿上尉归来的地方）。这笔交易的日元价格为 20 000 000 日元，3 个月后付款。

即期汇率（收盘中间汇率）：

118.255 日元/美元

1 个月期远期汇率（年期权费率为 5.04%）：

117.760 日元/美元

3 个月期远期汇率（年期权费率为 4.88%）：

116.830 日元/美元

1 年期远期汇率（年期权费率为 5.16%）：

112.450 日元/美元

货币利率	美国	日本	差异率
1 个月期	4.875 0%	0.093 75%	4.781 25%
3 个月期	4.937 5%	0.093 75%	4.843 75%

续表

货币利率	美国	日本	差异率
12个月期	5.187 5%	0.312 50%	4.875 00%

请注意，由于报价的时间差异，利差与日元的远期折价略有不同。例如，即期汇率118.255日元/美元为某个中点范围。4月11日，即期日元在伦敦的交易价格从118.30日元/美元涨至117.550日元/美元。克里斯塔尔的日本竞争对手目前正在从日本银行借入日元，其利率比日本货币市场利率高出两个百分点。克里斯塔尔的加权平均资本成本为16%，该公司希望保护这笔应收账款的美元价值。

九州银行提供3个月期权：执行价格为118.00日元/美元的20 000 000日元看涨期权，期权费率为1%；或者执行价格为118.00日元/美元的20 000 000日元看跌期权，期权费率为3%。

a. 不同对冲策略的成本和收益是什么？您会推荐哪种策略？为什么？

b. 比较远期策略和货币市场策略时，收支平衡再投资利率是多少？

10.8 **卡里布河公司（Caribou River）**。加拿大雨衣制造商卡里布河公司不会选择性地对冲其交易风险。相反，如果交易日期确切已知，则所有外币计价现金流必须使用以下强制性远期抛补公式：

强制性远期抛补	0~90天	91~180天	180天
支付远期点数	75%	60%	50%
收取远期点数	100%	90%	50%

卡里布河公司预期将在明年收到多笔丹麦克朗付款。90天后将收到3 000 000丹麦克朗；180天后将收到2 000 000丹麦克朗；1年后将收到1 000 000丹麦克朗。根据以下即期汇率和远期汇率，公司政策要求的每期远期抛补金额是多少？

即期汇率：
　　4.70丹麦克朗/加拿大元
3个月期远期汇率：
　　4.71丹麦克朗/加拿大元
6个月期远期汇率：
　　4.72丹麦克朗/加拿大元
12个月期远期汇率：
　　4.74丹麦克朗/加拿大元

10.9 **普普乐旅游公司（Pupule Travel）**。普普乐旅游公司是一家位于夏威夷火奴鲁鲁（檀香山）的100%私营旅游公司，该公司已签署协议收购台中旅游公司50%的股权，后者是一家中国台湾的私营旅行社，专门为赴台旅游的美国和加拿大客户提供服务。收购价格为700万元台币，3个月后以现金支付。

普普乐旅游公司的所有者托马斯·卡森（Thomas Carson）认为，未来3个月台币将保持稳定或略有下跌。以目前的即期汇率33.40元台币/美元计算，所需现金仅为200 000美元，但即使是这笔相对适中的金额，也需要由托马斯·卡森以个人名义借款。非居民的台湾计息存款由当局监管，目前年利率为1.5%。他在夏威夷银行有200 000美元信贷额度，目前的年借款利率为8%。他不认为自己可以计算出可靠的加权平均资本成本，因为他没有流通股，他的竞争对手也都是私营公司。由于这笔收购将耗尽其所有可用信贷，因此他想知道他是否应该对冲该交易风险。他获得了夏威夷银行的以下报价：

即期汇率：
　　33.40元台币/美元
3个月期远期汇率：

32.40 元台币/美元
3 个月期台币存款利率：
1.500%
3 个月期美元借款利率：
6.500%
3 个月期台币看涨期权：
无法获得

请分析每种方案的成本和风险，然后就托马斯·卡森应该选择哪种方案提出建议。

10.10 **美泰（Mattel）玩具**。美泰公司是一家总部位于美国的公司，其销售收入约三分之二为美元（亚洲和美洲），三分之一为欧元（欧洲）。9月，美泰公司向安特卫普的一家大型分销商交付大量玩具（主要是芭比娃娃和风火轮）。3 000 万欧元应收账款将在90 天后支付，这是欧洲玩具业的标准条款。美泰资金团队收集了以下货币的市场报价。该公司的外汇顾问认为，90 天后欧元汇率将达到约 1.420 0 美元/欧元。美泰的管理层不会在外汇风险管理活动中使用外汇期权。请向美泰公司提出最优对冲方案建议。

当前即期汇率：
1.415 8 美元/欧元
瑞士信贷银行的 90 天期远期汇率：
1.417 2 美元/欧元
巴克莱银行的 90 天期远期汇率：
1.419 5 美元/欧元
美泰玩具的加权平均资本成本（美元）：
9.600%
90 天期欧洲美元利率：
4.000%
90 天期欧元利率：
3.885%
90 天期欧洲美元借款利率：
5.000%
90 天期欧元借款利率：
5.000%

10.11 **克洛诺斯钟表（Chronos Time Pieces）**。克洛诺斯钟表（波士顿）向许多国家出口手表，以当地货币卖给商店和分销商。克洛诺斯以财务保守为荣。每笔交易风险至少有 70% 进行了对冲，主要是在远期市场上对冲，但偶尔也会用期权对冲。克洛诺斯的外汇政策是，如果即将出现贬值，对冲比例可能会从 70% 增至 120%。克洛诺斯刚刚向其主要的北美分销商发货。它已向买方开出 1 560 000 欧元的 150 天期发票。当前即期汇率为 1.222 4 美元/欧元，90 天期远期汇率为 1.227 0 美元/欧元。克洛诺斯的资金主管曼尼·埃尔南德斯（Manny Hernandez）向来对汇率变化的预测非常准确。他目前认为欧元对美元将在未来 90~120 天内走弱，可能达到 1.16 美元/欧元左右。

a. 请分别评估曼尼预测正确（情况 1：1.16 美元/欧元）和预测错误（情况 2：1.26 美元/欧元）时克洛诺斯的对冲方案。您有什么建议？
b. 对冲 120% 的交易风险是什么意思？
c. 被公司视为最保守的交易风险管理政策是什么？克洛诺斯如何进行比较？

10.12 **法拉牛仔裤（Farah Jeans）**。得克萨斯州圣安东尼奥市的法拉牛仔裤在危地马拉城附近建成了一座新装配厂。最终建设价款为 8 400 000 格查尔，将在 6 个月后支付。（"Q" 是危地马拉格查尔的货币符号。）法拉的年加权平均资本成本为 20%。今天的外汇和利率报价如下：

6 个月后支付的建设价款（应付

账款）：8 400 000 格查尔

当前即期汇率：

　　7.000 0 格查尔/美元

6 个月期远期汇率：

　　7.100 0 格查尔/美元

危地马拉的 6 个月期利率（年化利率）：14.000%

美元的 6 个月期利率（年化利率）：6.000%

法拉的加权平均资本成本：

　　20.000%

法拉的资金经理担心危地马拉的经济，他想知道法拉是否应该对冲其外汇风险。该经理自己的预测如下：

6 个月后的预期即期汇率：

最高预期汇率（反映格查尔显著贬值）：8.000 0 格查尔/美元

预期汇率：

　　7.300 0 格查尔/美元

最低预期汇率（反映格查尔升值）：6.400 0 格查尔/美元

法拉有哪些现实可行的支付方法？您会选择哪种方法？为什么？

10.13 **伯顿制造公司（Burton Manufacturing）**。贾森·斯特德曼（Jason Stedman）是伯顿制造公司的财务总监，伯顿制造公司是一家总部位于美国的库存管理掌上电脑系统制造商。伯顿的系统结合了贴在库存商品上的低成本有源标签（标签会发出极低等级频率的无线电）和可跟踪低等级讯号的定制设计库存管理硬件和软件。伯顿已向英国的佩吉大都会（Pegg Metropolitan）公司出售了一套库存管理系统，总价款为 1 000 000 英镑。本页底部显示的汇率为所示日期伯顿这笔出口交易对应的汇率。假设每个月为 30 天。

a. 结算时的外汇收益（亏损）金额是多少？

b. 如果贾森通过远期合约对冲风险，那么结算时的净外汇收益（亏损）是多少？

10.14 **米卡金属公司（Micca Metals, Inc）**。米卡金属公司是一家位于密歇根州底特律的特种材料和金属公司。该公司专门生产特种贵金属和材料，这些贵金属和材料在许多行业——包括化妆品、电器和各种高张力金属制造设备——中被用于制作各种着色剂。米卡金属公司刚从摩洛哥购买了 6 000 000 迪拉姆的磷酸盐，将在 6 个月后付款。

马格里布银行提供 6 000 000 迪拉姆的 6 个月看涨期权，执行价格为 10.00 迪拉姆/美元，期权费率为 2%。执行价格为 10.00 迪拉姆/美元的 6 000 000 迪拉姆 6 个月看跌期权的期权费率为 3%。请比较并对比米卡金属公司可以用来对冲外汇交易风险的不同方式。您有什么建议？

习题 10.13　伯顿制造公司

日期	事件	即期汇率（美元/英镑）	远期汇率（美元/英镑）	远期天数
2 月 1 日	佩吉大都会公司的报价	1.785 0	1.777 1	210
3 月 1 日	签署销售合同，合同金额为 1 000 000 英镑	1.746 5	1.738 1	180
6 月 1 日	发货给佩吉大都会公司	1.768 9	1.760 2	90
8 月 1 日	佩吉大都会公司收货	1.784 0	1.781 1	30
9 月 1 日	佩吉大都会公司付款	1.729 0	—	—

习题10.14 米卡金属公司

假设	价值	
从摩洛哥发出磷酸盐	6 000 000 迪拉姆	
米卡金属公司的加权平均资本成本	14.000%	
即期汇率	10.00 迪拉姆/美元	
6个月期远期汇率	10.40 迪拉姆/美元	
	美国	摩洛哥
6个月期借款利率（年化利率）	6.000%	8.000%
6个月期投资利率（年化利率）	5.000%	7.000%

10.15 **玛丽亚·冈萨雷斯和加纳多公司。** 本章讨论的美国加纳多公司售出了另一套大型电信设备，买方是摄政王（英国）公司。总计3 000 000英镑的货款将在90天后支付。玛丽亚·冈萨雷斯还了解到，加纳多公司每年只能以14%的年利率在英国借款（由于英国银行对该公司信用的担忧）。给定以下汇率和利率，现在哪种交易风险对冲最符合加纳多公司的利益？

习题10.15 玛丽亚·冈萨雷斯和加纳多公司

假设	价值	
90天期应收账款	3 000 000.00 英镑	
即期汇率	1.762 0 美元/英镑	
90天期远期汇率	1.755 0 美元/英镑	
3个月期美元投资收益率	6.000%	
3个月期美元借款利率	8.000%	
3个月期英国投资收益率	8.000%	
3个月期英国借款利率	14.000%	
加纳多公司的加权平均资本成本	12.000%	
90天后的预期即期汇率	1.785 0 美元/英镑	
	执行汇率（美元/英镑）	期权费率
英镑看跌期权	1.75	1.500%
	1.71	1.000%

10.16 **拉金液压机公司（Larkin Hydraulics）。** 5月1日，卡特彼勒（美国）[Caterpillar (U.S.)]的全资子公司拉金液压机公司以4 000 000欧元的价格向荷兰的里贝克·特维格公司（Rebecke-Terwilleger）出售了一台12兆瓦压缩涡轮机，里贝克·特维格公司将在8月1日支付2 000 000欧元，在11月1日支付2 000 000欧元。拉金液压机公司将其正常美元售价4 320 000美元除以当前即期汇率1.080 0美元/欧元，得出4月1日的

报价为4 000 000欧元。

5月1日收到订单并入账时，欧元已升至1.100 0美元/欧元，因此实际售价为4 000 000欧元×1.1000美元/欧元＝4 400 000美元。拉金已经从有利汇率变化中多获得了80 000美元。尽管如此，拉金的财务总监现在仍想知道该公司是否应该进行对冲以防近期欧元走势逆转。他有四种可以采用的方法：

(1) 在远期市场上对冲：3个月远期汇率报价为1.106 0美元/欧元，6个月期远期汇率报价为1.113 0美元/欧元。

(2) 在货币市场上进行对冲：拉金可以按8.00%的年利率向其美国银行的法兰克福分行借入欧元。

(3) 用外汇期权对冲：执行价格为1.100 0美元/欧元的8月看跌期权的期权费率为2.0%，执行价格为1.100 0美元/欧元的11月看跌期权的期权费率为1.2%。它可以购买执行价格为1.100 0美元/欧元的8月看涨期权，期权费率为3.0%，也可以购买执行价格为1.100 0美元/欧元的11月看涨期权，期权费率为2.6%。

(4) 什么都不做：拉金可以等到8月和11月收到销售收入，寄希望于近期欧元继续走强，并在即期市场上卖出收到的欧元。

拉金估计年股权资本成本为12%。作为一家小公司，拉金无法通过举借长期债务筹集资金。美国国库券的年收益率为3.6%。拉金应该怎么做？

10.17 **纳瓦罗（Navarro）的公司内部对冲。**纳瓦罗是一家总部位于美国的跨国公司，生产和销售用于隔音的特种材料。它最近在西班牙巴塞罗那成立了一家新的欧洲子公司，现在正在为美国母公司和巴塞罗那子公司之间的交易制定操作规则。伊格纳西奥·洛佩斯（Ignacio Lopez）是纳瓦罗的国际资金主管，并负责为新的子公司制定商业政策。

纳瓦罗即将向西班牙发出首批产品。这批产品的公司内部发票金额为500 000美元。该公司现在正试图决定以美元还是欧元向西班牙子公司开具发票以及是否应该对冲交易风险。伊格纳西奥的想法是获取最近历史时期的汇率报价和变化，并模拟纳瓦罗可用的开票策略和对冲策略，以了解不同选择的特征。

伊格纳西奥分析了于上周五结束的90天期交易（洲际交易的标准公司内部支付期限为90天）。本季度开盘时的即期汇率为1.064 0美元/欧元，同日的90天期远期汇率报价为1.061 5美元/欧元。该季度以1.098 0美元/欧元的即期汇率收盘。

a. 如果公司内部销售以美元开具发票，在完全不进行对冲和完全对冲两种情况下，哪个单位可能会有外汇收益（亏损）？

b. 如果公司内部销售以欧元开具发票，在完全不进行对冲和完全对冲两种情况下，哪个单位可能会有外汇收益（亏损）？

10.18 **韩国航空公司。**韩国航空公司刚刚与波音公司签订合同，以总计60 000 000美元的价格购买两架全新的747-400飞机，并分两笔等额付款。该公司刚刚支付了第一笔30 000 000美元的款项。接下来的30 000 000美元将于今天起3个月后支付。韩国航空公司目前在一家首尔银行拥有盈余现金25 000 000 000韩元，该公司计划用这笔钱支付下一笔款项。

当前即期汇率为800韩元/美元，该公司可以获得794韩元/美元的远期汇率（90天）。90天期欧洲美元利率为6.000%，而90天期韩元存款利率（没有欧元-韩元汇率）为5.000%。韩国航空公司可以在韩国以6.250%的利率借款，并且可以按9.375%的利率在美元市场借款。

在场外交易市场上，执行价格为790韩元/美元的3个月期美元看涨期权的期权费率为2.9%，在购买期权时支付期权费。执行价格同为790韩元/美元的90天期美元看跌期权的期权费率为1.9%（假设波动率为12%）。韩国航空公司的外汇顾问服务商预测3个月后即期汇率将为792韩元/美元。

如果韩国航空公司的目标是在3个月期结束时最大限度地增加银行中的韩元现金余额，那么该公司向波音公司的付款计划应该是什么？请提出建议并说明理由。

网络练习　　部分习题答案

请扫描二维码或登录中国人民大学出版社官网 www.crup.com.cn 下载。

附录A　复杂期权对冲

加纳多公司是本章使用的一家美国公司，它仍然拥有将在90天后结算的1 000 000英镑多头风险敞口——应收账款。图表10A-1总结了本附录中使用的假设、风险敞口和传统期权方案。该公司认为，90天内的汇率变化将对其有利（英镑将对美元升值）。尽管持有这种汇率变化方向观点或汇率预期，但该公司希望在英镑贬值的不利情况下获得保护。

图表 10A-1　加纳多公司的应收账款风险敞口和看跌期权对冲

即期汇率	1.479 0 美元/英镑			
90天期远期汇率	1.470 0 美元/英镑	看跌期权	执行汇率	期权费
90天期欧洲美元利率	3.250%	远期平价看跌期权	1.47 美元/英镑	0.031 8 美元/英镑
90天期欧洲英镑利率	5.720%	价外看跌期权	1.44 美元/英镑	0.018 8 美元/英镑
90天期美元/英镑波动率	11.000%			

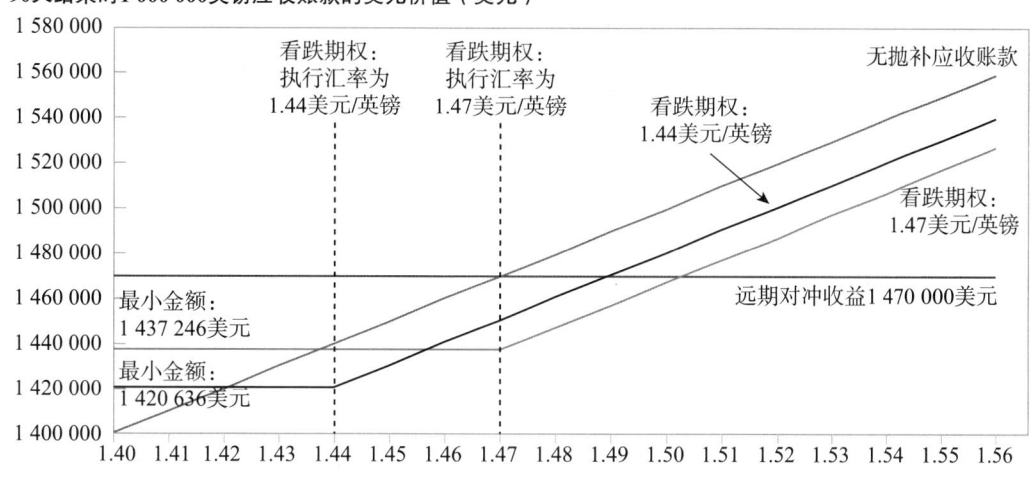

90天结束时1 000 000英镑应收账款的美元价值（美元）

期末即期汇率（美元=1.00英镑）

公司最感兴趣的风险管理区域是由无抛补汇率和远期汇率形成的两个相对的三角形。该公司希望保留右上三角形中的所有潜在区域，但最大限度地减少自身对左下三角形的潜在风险敞口。如果该公司认为英镑将升值，那么看跌期权的"扭折形状"就与公司的希望相符。

该公司可以考虑任意种不同的看跌期权执行价格，具体取决于该公司愿意接受的最低有保证价值——自我保险程度。图表10A-1说明了两种不同的看跌期权方案：执行价格为1.470 0美元/英镑的远期平价看跌期权和执行价格为1.440 0美元/英镑的远期价外看跌期权。由于外汇期权的实际价格是远期汇率（见第8章），而不是即期汇率，因此正确的方法是根据相同期限的远期汇率来判断看跌期权或看涨期权属于价内期权、平价期权还是价外期权。远期价外看跌期权以较低成本提供保护，但提供的保护水平也较低。

合成式远期

当远期汇率为1.470 0美元/英镑时，90天后远期合约的收益将为1 470 000美元。该公司的第二个方案是使用期权构建合成式远期。合成式远期要求该公司结合相同规模和期限的两种期权，两者的执行汇率均为远期汇率：

（1）买入执行价格为1.470 0美元/英镑的英镑看跌期权，支付0.031 8美元/英镑的期权费。

（2）卖出执行价格为1.470 0美元/英镑的英镑看涨期权，获得0.031 8美元/英镑的期权费。

公司购买看跌期权需要支付期权费，而卖出看涨期权可以获得期权费。如果两种期权的执行价格均为远期汇率（远期平价），则期权费应相同，支付的净期权费价值为零。

图表10A-2显示了无抛补头寸、基本远期汇率对冲以及可以构建合成式远期的看跌期权和看涨期权的具体特征。只需追踪1.470 0美元/英镑左侧所有汇率下的情况以及1.470 0美元/英镑右侧所有汇率下的情况，就可以很容易地确定合并头寸的结果。

在1.470 0美元/英镑左侧所有汇率下：

(1) 该公司将在 90 天后收到 1 000 000 英镑。

(2) 该公司出售的英镑看涨期权将在价外到期。

(3) 该公司将执行英镑看跌期权，以 1.470 0 美元/英镑的汇率卖出收到的英镑。

在 1.470 0 美元/英镑右侧所有汇率下：

(1) 该公司将在 90 天后收到 1 000 000 英镑。

(2) 该公司购买的英镑看跌期权将在价外到期。

(3) 该公司将把收到的 1 000 000 英镑交给看涨期权买方，后者现在对该公司执行看涨期权。该公司以 1.470 0 美元/英镑的汇率从看涨期权买方收到美元。

因此，在高于或低于 1.470 0 美元/英镑的所有汇率下，这家美国公司的本币净值均为 1 470 000 美元。合并即期期权头寸的表现与远期合约的表现相同。具有完全相反头寸（90 天后的 1 000 000 英镑应付账款）的公司可以按类似方法使用期权构建合成式远期。①

图表 10A-2　加纳多公司的合成式远期应收账款风险敞口对冲

即期汇率	1.479 0 美元/英镑			
90 天期远期汇率	1.470 0 美元/英镑	期权	执行汇率	期权费
90 天期欧洲美元利率	3.250%	卖出远期平价看涨期权	1.47 美元/英镑	0.031 8 美元/英镑
90 天期欧洲英镑利率	5.720%	买入远期平价看跌期权	1.47 美元/英镑	0.031 8 美元/英镑
90 天期美元/英镑波动率	11.000%			

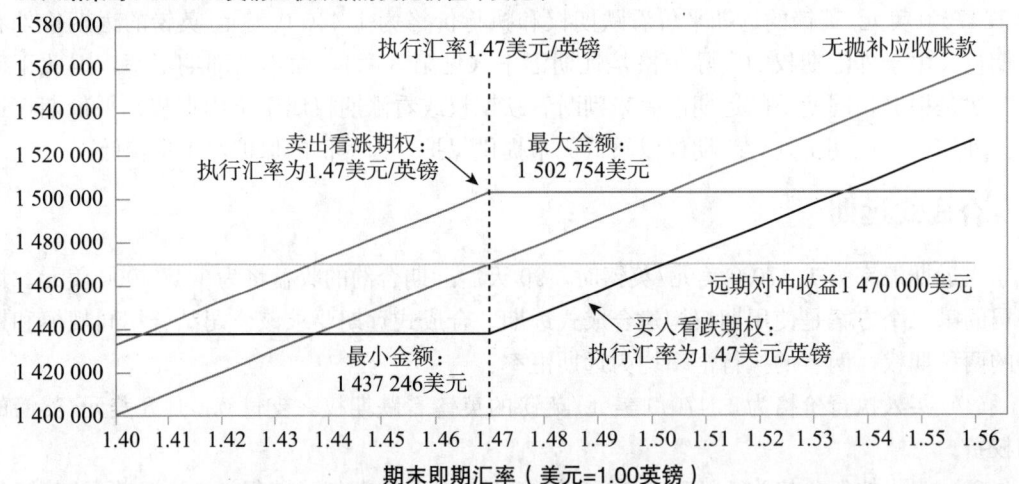

但是，为什么一家公司会持有这种相对复杂的头寸而只为了建立远期合约？从赚取和支付的期权费中就能找到答案。我们假设使用的期权执行价格恰好是远期平价汇率，而支付和收取的期权费完全相同。但事实并非如此。如果期权执行价格（请记住，买入的期权和卖出的期权的执行价格必须相同）并非恰好在远期平价上，那么这两种期权费可能略有

---

① 一家未来将获得 100 万英镑外币支付的美国公司可以通过以下方式构建合成式远期对冲：(1) 购买执行价格为 1.470 0 美元/英镑的 100 万英镑看涨期权；(2) 当远期汇率为 1.470 0 美元/英镑时，出售执行价格同样为 1.470 0 美元/英镑的 100 万英镑看跌期权。

不同。最后，净期权费头寸可能为净期权费收入或净期权费支出。如果该金额为正数，则将被加到应收账款收入中，从而使收到的总美元价值高于使用传统远期合约获得的总美元价值。第二种可能性是，该公司向出售期权的不同金融服务提供商询得了"胜过"远期的诱人定价。虽然这意味着理论上期权市场处于失衡状态，但这种情况经常发生。

第二代外汇风险管理产品

第二代外汇风险管理产品是用本书中使用的两种基本衍生产品构建的：远期和期权。我们将它们细分为两组：（1）零期权费期权产品，定价集中在远期汇率及其附近；（2）奇异期权产品（尚无更好的名称），采用其他定价目标。尽管风险管理公司将以下所有衍生产品均作为金融产品出售，但我们在传统外汇风险管理、远期和期权中遇到和使用每种衍生产品时，都将它们当作用类似于通用建筑模块（或乐高®）的头寸构建的组合。它们被统称为复杂期权。

零期权费期权产品

在公司眼中，使用风险管理期权的主要问题是预付期权费。虽然期权费只是对冲总结果的一部分，但许多公司认为购买金融衍生产品的大量资金支出过于昂贵。相比之下，消除外汇风险的远期合约不需要公司自付费用（并且不需要实际说明对汇率变化的预期）。

零期权费期权产品（或通过金融工程设计的衍生产品组合）的设计目的是无须在对冲开始时支付期权费。这类产品包括最常被称为范围远期或领子期权的产品以及参与远期。这两种产品都是（1）以远期汇率为基础定价；（2）预先支付的期权费为零；（3）允许对冲者利用汇率变化方向预期。对于这里的案例问题，这意味着所有以下产品都适用于美元将对英镑贬值的预期。如果对冲者不持这种观点，他们现在应该逆转操作方向（买入远期，或者什么也不买）！

范围远期或领式期权

服务商在推销基本的范围远期时会使用形形色色的名称，包括领式期权、弹性远期、缸式期权、篱式期权、最小最大期权或零成本隧道。无论它以哪个别名交易，都是通过两个步骤构建的：

（1）对于全部多头外汇风险敞口，买入执行汇率低于远期汇率的看跌期权（抛补率为100%）；

（2）对于全部多头外汇风险敞口，卖出执行汇率高于远期汇率的看涨期权（抛补率为100%），期限与买入的看跌期权相同。

对冲者选择"范围"或价差的一侧，通常是下行侧（看跌期权执行汇率），这决定了卖出看涨期权的执行汇率。选择的看涨期权执行汇率与远期汇率的距离必须和看跌期权执行汇率与远期汇率的距离相等。两个执行价格与远期汇率的距离应以百分比表示，比如与远期汇率相差±3%。

如果对冲者认为汇率变化方向很可能对公司有利，并且变化程度相当大，则可以将看跌期权最低汇率设定得相对较低，以使最高汇率更高于或更远离远期汇率，并仍享有零净期权费。设定下行保护的距离对公司来说是一个难以确定的问题。通常，公司的资金主管将决定在何种最低汇率下，公司能实现弥补现金流风险所需的最低业务利润率，有时它被称为预算汇率。

图表 10A-3 显示了通过买入执行价格为 1.450 0 美元/英镑的看跌期权，支付 0.022 6 美元/英镑的期权费，卖出执行价格为 1.490 0 美元/英镑的看涨期权，获得 0.023 1 美元/英镑的期权费构建的范围远期的最终结果。套利者限制了公司的应收账款价值作为无抛补头寸的变化范围，设定了看跌期权下限和所售看涨期权上限。虽然看跌期权的期权费和看涨期权的期权费在本例中并不完全相同，但它们足够接近，导致净期权费接近零（在本例中，期权费为 500 美元）：

$$净期权费 = (0.022\ 6\ 美元/英镑 - 0.023 1\ 美元/英镑) \times 1\ 000\ 000\ 英镑$$
$$= -500\ 美元$$

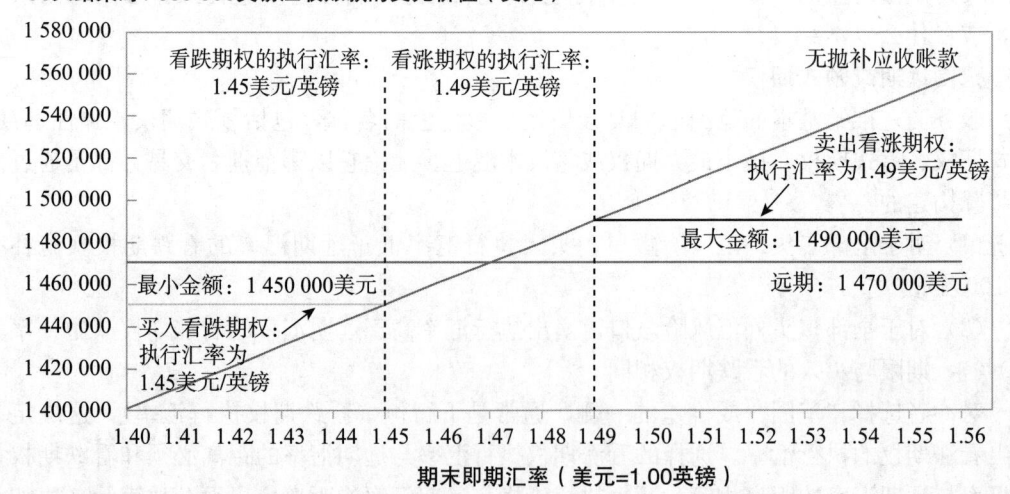

由于看跌期权的期权费为 22 600 美元，所以合并头寸的好处显而易见。如果选择期权的执行汇率时不用满足预付净期权费恰好为零（仍然将远期汇率包含在内）的要求，则称为领式期权或缸式期权。

图表 10A-3　加纳多公司的远期应收账款风险对冲

即期汇率	1.479 0 美元/英镑			
90 天期远期汇率	1.470 0 美元/英镑	期权	执行汇率	期权费
90 天期欧洲美元利率	3.250%	买入价外看跌期权	1.45 美元/英镑	0.022 6 美元/英镑
90 天期欧洲英镑利率	5.720%	卖出价外看涨期权	1.49 美元/英镑	0.023 1 美元/英镑
90 天期美元/英镑波动率	11.000%			

参与远期

参与远期也称为零成本比率期权和远期参与协议，它是一种期权组合，让对冲者可以分享——或参与——潜在的上行变化，同时提供基于期权的下行保护，且净期权费为零。参与远期是通过两个步骤构建的：

（1）对于全部多头外汇风险敞口，购买执行价格低于远期汇率的看跌期权（抛补率为 100%）；

(2) 对于一部分外汇风险敞口，卖出执行价格与看跌期权相同的看涨期权（抛补率低于100%）。

与范围远期相似，参与远期的买方将首先选择看跌期权的执行汇率。由于看涨期权的执行汇率与看跌期权相同，因此剩下的只是确定参与率，即作为看涨期权出售的风险敞口比例。

图表10A-4说明了本章习题中参与远期的构建。该公司首先选择看跌期权的保护水平，在本例中为1.450 0美元/英镑，期权费为0.022 6美元/英镑。以同样为1.450 0美元/英镑的执行汇率出售的看涨期权将使该公司获得0.042 5美元/英镑期权费。看涨期权的期权费大大高于看跌期权的期权费，因为看涨期权已经为价内（ITM）期权。该公司的目标是仅卖出购买看跌期权所需英镑金额的看涨期权。看跌期权的总期权费为：

看跌期权的总期权费＝0.022 6美元/英镑×1 000 000英镑＝22 600美元

然后用其确定恰好抵消看跌期权买价的看涨期权本金：

22 600美元＝0.042 5美元/英镑×看涨期权本金

解看涨期权本金，得到：

$$看涨期权本金 = \frac{22\,600 美元}{0.042\,5 美元/英镑} = 531\,765 英镑$$

图表10A-4　加纳多公司的参与远期应收账款风险对冲

工具	执行汇率	期权费	名义本金
买入看跌期权	1.45美元/英镑	0.022 6美元/英镑	1 000 000英镑
卖出看涨期权	1.45美元/英镑	0.042 5美元/英镑	531 765英镑

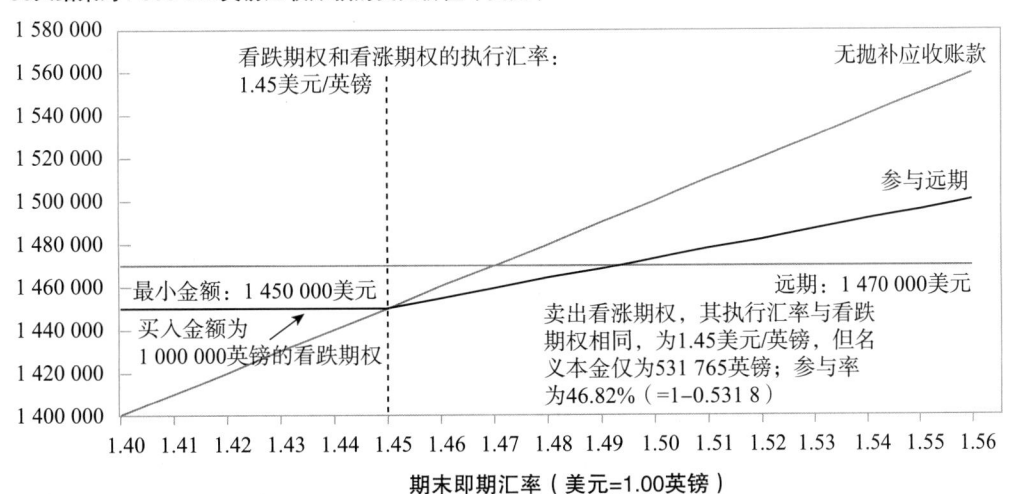

因此，该公司必须卖出执行价格为1.450 0美元/英镑的531 765英镑看涨期权，以支付购买看跌期权的价格。期权本金的这种错配使参与远期具有独特形状。期权费之比以及期权本金之比被称为抛补率：

$$抛补率 = \frac{531\ 765\ 英镑}{1\ 000\ 000\ 英镑} = 0.531\ 8 \approx 53.18\%$$

参与率是未通过出售看涨期权抛补的剩余风险敞口百分比。例如，如果抛补率为 53.18%，则参与率为 1-抛补率，即 46.82%。这意味着，在所有有利的汇率变化下（汇率高于 1.450 0 美元/英镑），对冲者将"参与"或享受差额的 46.82%。然而，与所有基于期权的对冲一样，下行风险受到看跌期权执行汇率的限制。

买方的预期类似于范围远期；只不过外汇看涨程度更大。为了使参与远期的结果优于范围远期，汇率必须更多地朝着有利的方向变化。

比率价差

从对冲者的角度来看，获得零期权费期权组合的一种传统方法，也是最危险的方法之一，是比率价差。这种结构使对冲者持有大量无抛补风险敞口。

假设加纳多公司决定以 0.031 8 美元/英镑的价格（总成本为 31 800 美元）购买执行汇率为 1.470 0 美元/英镑的看跌期权（远期平价）来建立最低保护水平。这是一大笔用于支付期权费的前期资金支出，而该公司的风险管理部门没有针对这样大规模支出的预算资金。该公司强烈感到美元将对英镑贬值，因此决定出售价外看涨期权为购买看跌期权"融资"。该公司研究了市场状况并考虑了一些看涨期权执行价格，这些执行价格显著处于价外，为 1.520 0 美元/英镑、1.540 0 美元/英镑甚至更高。

该公司决定卖出执行汇率为 1.540 0 美元/英镑、期权费为 0.008 9 美元/英镑的看涨期权，以赚取期权费并为购买看跌期权融资。但是，由于价外看涨期权的期权费远远小于远期平价看跌期权的期权费，因此必须卖出更多的看涨期权。该公司通过求解期权费的简单等式来确定看涨期权的规模，如下所示：

看跌期权的期权费成本＝看涨期权的期权费收益

代入看跌期权和看涨期权的期权费，得到：

0.031 8 美元/英镑×1 000 000 英镑＝0.008 9 美元/英镑×看涨期权规模

解卖出的看涨期权规模，如下：

$$\frac{31\ 800\ 美元}{0.008\ 9\ 美元/英镑} = 3\ 573\ 034\ 英镑$$

这种策略称为比率价差的原因是最终头寸，即看跌期权与看涨期权的规模之比是一个大于 1 的比率（在本例中为 3 573 034 英镑÷1 000 000 英镑，即大约 3.57）。

然而，该公司使用比率价差存在巨大风险。虽然难以相信，但即期汇率的变化可能非常之大，以至于使卖出的看涨期权在期末变为价内期权。在我们的例子中，这意味着该公司将卖出 2 573 034 英镑的无抛补看涨期权，该金额相当于看涨期权本金减去风险敞口（3 573 034 英镑-1 000 000 英镑）。抛补该头寸的潜在亏损是无限的。

比率价差的另一种形式是日历价差。日历价差结合了 90 天期看跌期权与卖出期限更长（例如，120 天或 180 天）的价外看涨期权。卖出的较长期限看涨期权可以为公司获得较高的期权费收入，要求较小的"比率"。然而，许多使用这种策略的公司都得到了惨痛的教训，那就是如果事实证明对冲者的预期不正确，且即期汇率变化超过卖出的看涨期权的执行价格,那么该公司将面临交割其不拥有的外币的风险。在这个例子中,如果即期汇率超过 1.540 0 美元/英镑,该公司将不得不抛补 2 573 034 英镑的头寸。

平均汇率期权

这些期权通常被归类为"路径依赖"外汇期权,因为它们的值取决于即期汇率在某个预先指定的时期内的平均值。在这里,我们介绍了路径依赖期权的两个例子,平均汇率期权和平均执行汇率期权:

(1) 平均汇率期权(average rate option,ARO),也称为亚式期权(Asian Option),它预先规定期权的执行汇率,如果期间的平均即期汇率(计划抽样的观察结果)小于预设期权执行汇率,则在到期时执行期权。

(2) 平均执行汇率期权(average strike option,ASO)将期权执行汇率确定为期权寿命期内的即期汇率平均值,如果执行汇率大于期末即期汇率,则执行期权。

与触碰失效期权类似,平均汇率期权的图形很难描绘,因为其价值不取决于期末即期汇率,而取决于即期汇率在规定期限内的路径。例如,执行价格为 1.470 0 美元/英镑的平均汇率期权的期权费仅为 0.018 6 美元/英镑。平均汇率是通过即期汇率的周观察值(整整 12 周,第一次观察发生在购买期权起 13 天后)计算出来的。显然,存在许多不同的即期汇率平均值或变化路径。一些不同情景有助于理解平均汇率期权的估值差异。

(1) 该期最初 70~80 天,即期汇率变化很小,在到期前的几天内,即期汇率突然变为 1.470 0 美元/英镑以下。尽管最终即期汇率低于 1.470 0 美元/英镑,但该期的平均汇率高于 1.470 0 美元/英镑,因此无法执行该期权。应收账款按即期汇率(低于 1.470 0 美元/英镑)进行兑换,仍然会发生期权费成本。

(2) 美元对英镑缓慢而稳步地贬值,汇率从 1.479 0 美元/英镑升至 1.48 美元/英镑、1.49 美元/英镑,并继续上升。在 90 天期结束时,期权以价外状态到期,应收账款以有利的即期汇率进行兑换,该公司享有平均汇率期权保护,且期权费大幅降低。

平均汇率期权的变形是回顾期权(lookback option),分为有执行价格的回顾期权和无执行价格的回顾期权。有执行价格的回顾期权是有预设执行汇率的欧式期权,该期权到期时的价值将相对于期权期限内达到的最高即期汇率或最低即期汇率确定。无执行价格的回顾期权通常是欧式期权,它将到期时的执行汇率规定为看涨期权寿命期内达到的最低汇率或最高汇率,并根据该执行汇率与期末即期汇率的比较结果执行。

金融机构出售各种不同类型的平均汇率外汇期权产品,每种都具有不同的报酬结构。由于路径依赖期权的价值很复杂,因此使用这些工具时必须小心谨慎。对于越来越复杂的金融衍生产品也是如此,买方需要小心谨慎。

附录 B 最优对冲比率和对冲有效性

外汇对冲还有其他许多在金融业实务中通常不会考虑的理论内容,包括最优对冲比率、对冲对称性、对冲有效性和对冲时间。

对冲比率。 交易风险是指资产价值的不确定性,例如,可能在未来某个时点确认或实现的特定外币金额。在本章的例子中,加纳多公司预期将在 90 天后收到 1 000 000 英镑,但不确定该 1 000 000 英镑当时的美元价值（90 天后的即期汇率）。

外汇对冲的目的是最大限度地减少汇率变化导致的资产敞口价值变化或现金流价值变化。对冲是通过结合资产敞口与对冲资产创建一个双资产组合，其中两种资产对汇率变化的反应大小基本相等但方向相反。一旦形成对冲，最常见的对冲目标就是构建使双资产组合的总价值变化（Δ 投资组合价值）为零（如果为完美对冲）的对冲：

$$\Delta 投资组合价值 = \Delta 即期汇率 + \Delta 对冲 = 0$$

传统的远期对冲构成了双资产组合，它结合了即期敞口与远期抛补。于是，双资产组合的价值是当前即期汇率下的外币金额（风险敞口）与以远期汇率出售的远期对冲金额之和。

$$双资产组合 = [(风险敞口 - 对冲) \times 即期汇率] + 对冲 \times 远期$$

例如，如果加纳多公司在时间 $t = 90$（结算前 90 天）以远期合约对冲 100% 的 1 000 000 英镑应收账款，假设即期汇率为 1.764 0 美元/英镑，90 天期远期汇率为 1.754 0 美元/英镑，则该双资产组合的价值将为：

$$\begin{aligned} V_t &= [(1\ 000\ 000\ 英镑 - 1\ 000\ 000\ 英镑) \times 1.764\ 0\ 美元/英镑] \\ &\quad + [1\ 000\ 000\ 英镑 \times 1.754\ 0\ 美元/英镑] \\ &= 1\ 754\ 000\ 美元 \end{aligned}$$

请注意，当进行完全远期抛补时，没有剩余未抛补风险敞口。在接下来 90 天内，该双资产组合按即期汇率计算的终值变化为零。它的价值是规定且确定的。另请注意，如果即期汇率和远期汇率恰好相等（在本例中它们不等），则总头寸将被称为完美对冲。

然而，如果加纳多公司的玛丽亚·冈萨雷斯决定有选择地对冲风险敞口，抛补率不到风险敞口的 100%，那么双资产组合的价值将随即期汇率的变化而变化，可能上升也可能下降。在这种情况下，玛丽亚·冈萨雷斯需要用一种方法来确定风险敞口 X_t 的抛补比例 β（因此 $\beta - X_t$ 是抛补的风险敞口金额）。现在该双资产组合被写为：

$$V_t = (X_t - \beta X_t) \times S_t + \beta X_t \times F_t$$

其中，对冲比率 β 的定义如下：

$$\beta = \frac{外汇对冲的价值}{外汇敞口的价值}$$

如果像加纳多之前的例子那样，抛补整个风险敞口，那么对冲比率为 1.0 或 100%。对冲比率 β 为风险敞口名义金额被远期合约或外汇期权等金融工具抛补的百分比。

对冲对称性。 在构建某些对冲时，可以使其价值在任何汇率变化下均不发生变化。在这样设计的对冲中，只要不利汇率变化（Δ 即期汇率）导致了即期价值亏损，该价值就被大小相等但方向相反的对冲资产价值变化（Δ 对冲）所取代。常用的 100% 远期合约抛补就是这种对冲。例如，在加纳多公司的例子中，如果卖出整笔 1 000 000 英镑的应收账款远期，那么无论在这段风险时期中汇率向什么方向变化，加纳多公司都可以确保在 90 天期限结束时获得相同的美元收入。

但基础即期汇率的变化不一定仅造成亏损；汇率变化同样可能产生收益。在加纳多公司的例子中，如果在90天内美元对英镑走弱，应收账款的美元价值就会上升。加纳多公司可以选择构建对冲，以最大限度地减少合并双资产组合的亏损（最小化负Δ值），但允许汇率变化带来的正价值变化（正Δ值）。使用外汇期权构建的对冲就追求这种对冲目标。对于加纳多公司而言，这是购买英镑看跌期权以防止价值亏损，但允许加纳多公司在汇率变化有利的情况下获得增值收益。

对冲有效性。对冲有效性取决于基础即期汇率变化时即期资产价值变化与大小相等但方向相反的对冲资产价值变化的相关程度。在外汇市场中，即期价格和期货价格接近相关但并非完全相关。这种不完全相关性被称为基差风险。

对冲时间。对冲者还必须确定对冲目标的时间。对冲者希望仅保护资产敞口在到期日或结算时的价值，还是希望保护资产敞口在资产敞口期限内不同时点的价值？例如，在加纳多公司的例子中，问题分析中探讨了各种对冲方案——远期对冲、外汇市场对冲、购买期权对冲，所有这些方案评估的都只是90天期末合并对冲投资组合的美元价值。但是，在某些情况下，加纳多公司可能希望保护资产敞口在到期前（例如，在风险敞口实际到期前的财务报告期期末）的价值。

第11章
折算风险

> 可衡量才可管理。
> ——佚名

学习目标

11.1 描述跨国企业的外国实体合并如何产生折算风险
11.2 分析两种主要的折算方法，包括其理论差异和实践差异
11.3 了解折算可能如何改变公司价值
11.4 探讨如何管理折算风险，包括一家公司如何使用互换交易管理折算风险

正如您在第10章中了解的，有两种不同类型的外汇风险，即基于会计的外汇风险和基于经济竞争力的外汇风险。两种会计风险是第10章介绍的交易风险和本章介绍的折算风险。

有外币计价合约和承诺的公司将产生交易风险。由于外国子公司的财务报表（以外币计价）必须以母公司的报告货币重新列示，以便公司编制合并财务报表，因此产生了折算风险。例如，美国公司的外国子公司必须将外币计价的财务报表重新用美元列示，以便将外国价值加到母公司以美元计价的资产负债表和利润表中。这种会计过程被称为折算。折算风险是指自上次折算以来的汇率变化导致母公司净值和（或）净收入发生正向变化或负向变化的可能性。

折算的主要目的是编制合并财务报表以供投资者、债权人和政府使用。然而，管理层也使用折算报表评估外国子公司的业绩。虽然管理层可以使用当地货币报表进行这种评估，但将所有子公司报表重新列示为单一货币（母公司的货币）报表有助于管理层进行比较和绩效评估。因此，折算对跨国企业既有财务影响也有管理影响。本章最后的迷你案例"瑞典伊莱克斯的外汇管理"将交易风险和折算风险结合起来，说明了一家大型跨国企业如何在全球范围内组织和管理其外汇风险。

11.1 折算概述

合并会计是将所有子公司的财务业绩汇总为母公司合并财务业绩的过程。合并财务业

绩对投资者、债权人、政府和其他公司利益相关者来说非常重要，并被他们用于评估这些实体的风险、收益和前景。然而，我们这里要讨论或详细说明的不是合并会计，而是跨国企业的外国子公司的外币计价财务报表进行货币折算时产生的外汇风险。

概念和定义

我们将使用跨国企业加纳多公司的例子（如图11-1所示）说明重要折算术语的精确定义。在我们开始之前，首先将详细介绍加纳多公司。

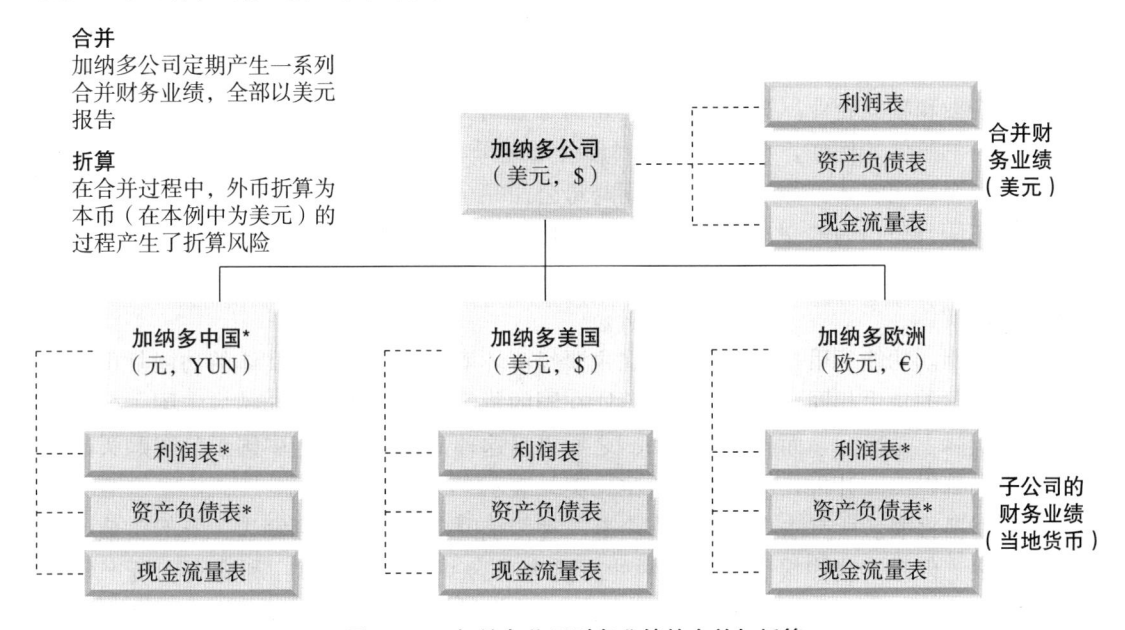

合并
加纳多公司定期产生一系列合并财务业绩，全部以美元报告

折算
在合并过程中，外币折算为本币（在本例中为美元）的过程产生了折算风险

图 11-1 加纳多公司财务业绩的合并与折算

* 为了合并财务报表，财务报表必须折算为美元。

■ 加纳多公司。加纳多公司是一家总部位于美国的跨国公司。它在一家美国证券交易所上市。法律要求根据美国公认会计原则以美元报告合并财务业绩——美元是其报告货币。

■ 加纳多中国。加纳多中国是加纳多公司的全资外国子公司。作为一家中国企业，它以人民币列示财务报表。加纳多中国的基本业务是从美国进口零部件，以美元计价，在中国完成最终组装，之后根据换算后的美元成本结构以人民币对产品计价。

■ 加纳多美国。这是加纳多公司的全资美国国内子公司。作为一家美国子公司，该公司以美元列示所有财务报表。和许多美国企业一样，它有时会与其他国际企业进行买卖交易。其中一些买卖交易以外币计价。对于这些交易，汇率在入账日期和结算日期之间的变化导致的任何交易价值变化都被记录为外汇损益。第10章详细介绍了这一点。

■ 加纳多欧洲。加纳多欧洲是加纳多公司的全资外国子公司。作为一家欧洲企业（位于德国），它以欧元列示财务报表。加纳多欧洲的业务与加纳多公司显著分离，因为它在欧洲市场上进行买卖和定价。

根据加纳多公司的结构和运营，我们现在通过以下一组关键定义为理解美国的折算实务做好准备。

报告货币。报告货币是报告实体用于编制财务报表和合并报告的货币。在加纳多公司的例子中，报告货币为美元。同一家跨国企业的实体在财务报表中使用的其他任何货币均为外币。对加纳多公司来说，这包括人民币和欧元。

外国实体。以母公司报告货币以外的货币编制财务报表的不同企业或独立企业被视为外国实体。出于折算目的，报告实体必须识别用外币列示报表的外国实体。对于加纳多公司——报告实体——而言，这意味着加纳多中国和加纳多欧洲是外国实体。由于加纳多美国是一家美国公司，并以该公司的报告货币（美元）列示财务报表，因此它不是外国实体，其财务报表不需要折算。

不同企业和独立企业。这是外国子公司与母公司关系的特征。如果外国子公司业务是母公司业务的延伸［例如，母公司产品（母公司在母国生产的产品）的外国分销商］，则应归类为整合外国实体。如果外国子公司与母公司完全独立运营（例如，被母公司收购的与其业务不同且公司内部交易很少的公司），则应归类为不同企业或独立企业。对于加纳多公司而言，加纳多欧洲被认为是不同且独立的企业，而出于折算目的，加纳多中国被视为整合外国实体。

功能货币。功能货币是不同实体所在主要经济环境的货币。外国实体的功能货币可能与经营所在国的货币相同，也可能与经营所在国的货币不同。例如，加纳多中国子公司的功能货币实际上是美元，而不是人民币。之所以是这种情况，是因为中国子公司购买的大部分投入品都以美元计价，产品的售价也用美元表示。

外币财务报表。所有法人公司都有全部三种传统财务报表——利润表、资产负债表和现金流量表。但是，这些报表中只有两种需要为了合并而进行折算：利润表和资产负债表。（现金流量表不是根据外国子公司的现金流量表折算而来的。合并现金流量表是根据合并利润表和合并资产负债表编制的。）合并要求将这些外币财务报表折算成母公司的报告货币。

调整与折算

以报告货币合并报告和编制跨国公司的财务报表是按照两个截然不同的程序进行的——它们有自己的独特术语。适用于外国实体的方法是基于外国实体及其财务报表的特征。

外币计量（调整）。如果外国实体的功能货币是报告货币（用于合并报告的母公司货币），则编制财务报表的过程被称为调整。这是外国实体用功能货币表示外币计价交易的过程。

例如，加纳多中国以美元作为其功能货币，与加纳多公司的报告货币相同。以美元之外的货币（例如人民币）计价的交易必须经过调整才能合并。调整产生的任何变化均包含在公司的合并净收入中。因此，它被视为外汇损益，类似于第10章所述的交易风险。

外币折算。如果外国实体的财务报表以功能货币列示，且该功能货币与母公司的报告货币不同，则编制财务报表的过程被称为折算。在我们的例子中，加纳多欧洲的功能货币是欧元。然后，它将遵循折算惯例，以报告货币——美元——编制财务报表。折算产生的任何变化均包括在权益账户"累计折算调整"（cumulative translation adjustment，CTA）中，是其他综合收入的一部分。

如今，跨国企业折算风险的真正意义在于如何计入折算产生的变化。由于调整变化被计入合并净收入——利润和每股利润，因此它们可能会改变这些上市公司被广泛报道并备受关注的财务业绩。然而，折算产生的变化——通过累计折算调整账户影响合并权益——很少被商业媒体注意到。但正如"全球金融实务11-1"所讨论的，折算有时会改变跨国企业内部的业绩衡量。

全球金融实务 11-1

功能货币与管理层业绩

与所有企业管理一样，跨国企业财务管理受到用于公司领导层业绩评估和奖励的各种措施的影响。在特定情况下，这包括折算——具体来说，就是外国子公司的功能货币选择。

几年前，一家总部位于美国的跨国电子公司（此处匿名）收购了德国的一家电子公司。最初，德国公司在经营和现金流方面与美国公司完全无关。此外，现金流入和现金流出以当地货币欧元标价。因此，功能货币被指定为欧元，并使用当前汇率折算法。

随着时间的推移，德国公司在结构上发生了变化并与美国母公司整合。德国公司越来越多地从美国用美元采购投入品。与此同时，德国公司的销售扩大到东欧和中东，货币现金流入日益从欧元转向美元。该公司的审计师建议将功能货币从欧元变为美元。

德国公司的管理团队在分析功能货币的变化对其业绩有何影响时，发现得出的业绩较差，因此可能降低其加薪金额或奖金。尽管该公司的审计师反对，但在接下来两年中，该公司仍允许功能货币保持为欧元。最后在第三年，审计师威胁说，除非更改功能货币，否则他不会在该公司的财务报表上签字。审计师赢了。

11.2 折算方法

世界各国采用两种基本折算方法：当前汇率法和时态法。无论采用何种方法，折算方法都必须指定具体资产负债表和利润表科目的汇率，并在资产负债表中的当期收入账户或股权准备账户中记录不均衡的情况。

当前汇率法

折算的当前汇率法——在美国的会计和折算实务中简称为"折算"——是当今世界上最普遍的折算方法。根据这种方法，所有财务报表项目均以"当前"汇率折算，几乎没有例外。

■ **资产和负债**。所有资产和负债均按当前汇率折算；也就是说，按资产负债表日的实际汇率折算。

■ **利润表科目**。所有科目（包括折旧和销货成本）均按各种收入、支出、损益发生日期的实际汇率或该期的适当加权平均汇率折算。

■ **股利分配。**已支付股利按支付日的实际汇率折算。

■ **权益科目。**普通股账户和实收资本账户按历史汇率折算。年末留存收益包括初始年初留存收益加上或减去当年的收入或亏损。

折算调整产生的损益不计入合并净收入。相反，折算损益单独报告并计入（合并资产负债表中）单独的股权准备账户，称为"累计折算调整"，但它取决于国别。如果外国子公司后来被出售或清算，则累计折算调整账户中累积的过去年度的折算损益将作为销售总损益或清算总损益的一部分报告。总损益将作为销售或清算发生时期的净收入或净亏损的一部分报告。

时态法

根据时态法，具体的资产和负债按照这些科目产生时的汇率进行折算。时态法假设定期调整一些资产科目，例如库存以及净厂房设备，以反映市场价值。如果这些项目没有调整，而是以历史成本列示，那么时态法将成为货币/非货币折算法，这种折算法至今仍被许多国家使用。根据时态法，需要定期调整的科目包括：

■ **货币资产和货币负债。**货币资产（主要是现金、有价证券、应收账款和长期应收账款）和货币负债（主要是流动负债和长期债务）按当前汇率折算。非货币资产和负债（主要是存货和固定资产）按历史汇率折算。

■ **利润表科目。**这些科目按当期平均汇率折算，但与非货币资产或负债直接相关的折旧和销货成本等科目除外。这些账户按历史汇率折算。

■ **股利分配。**已支付股利按支付日的实际汇率折算。

■ **权益科目。**普通股账户和实收资本账户按历史汇率折算。年末留存收益包括初始年初留存收益加上或减去当年的收入或亏损，再加上或减去折算产生的不均衡。

根据时态法，调整产生的损益直接计入当期合并收入，而非直接计入股权准备。因此，调整产生的外汇损益可能会使合并利润产生波动。

美国的折算程序

美国根据功能货币区分外国子公司。美国折算的主要原则总结如下：

■ 如果美国公司的外国子公司的财务报表以美元列示，则不需要折算。

■ 如果外国子公司的财务报表以当地货币列示且当地货币为功能货币，则使用当前汇率法折算。

■ 如果外国子公司的财务报表以当地货币列示且美元为功能货币，则使用时态法调整。

■ 如果外国子公司的财务报表以当地货币列示，且当地货币和美元都不是功能货币，则必须先用时态法将报表调整为功能货币，然后用当期汇率法折算为美元。

图11-2用基于决策的流程图总结了美国折算实务。然而，最后有一个重要之处需要注意。功能货币的选择由子公司面临的经济现状决定，而不是由管理层根据偏好的程序或结果任意决定。由于许多美国跨国企业都拥有众多外国子公司，一些子公司以美元作为功能货币，一些子公司以外币作为功能货币，因此外汇损益既可能计入当期合并收入，也可

能计入股权准备。①

```
                    当地货币是功能货币吗?
                   ╱                    ╲
                 否                       是
                 ↓                        ↓
          美元是功能货币吗?
         ╱              ╲
        是              否
        ↓               ↓
   调整为美元      从外币调整为功能货     折算为美元
   （时态法）      币（时态法），然后    （当前汇率法）
                  折算为美元（当前汇
                  率法）
```

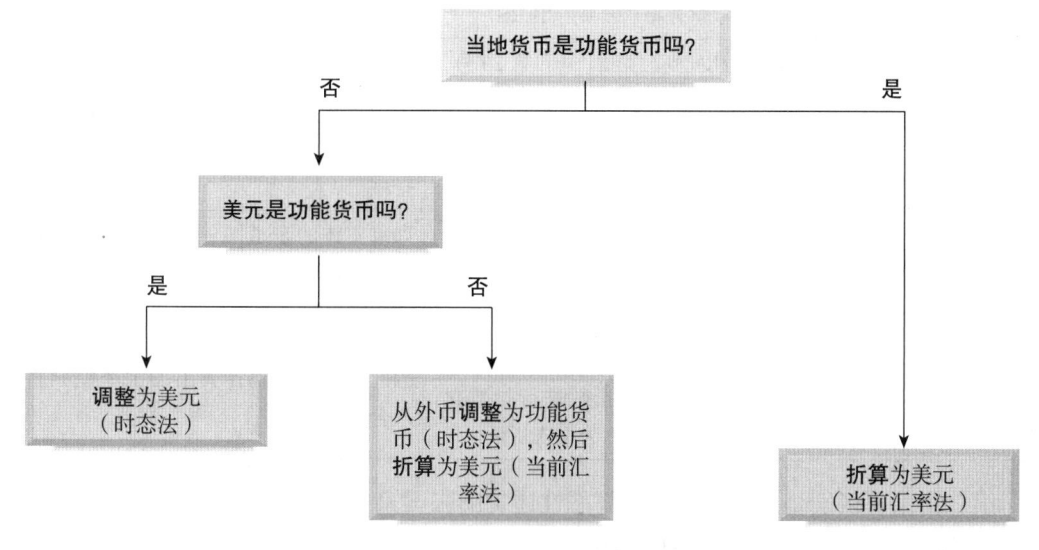

图 11-2　美国折算实务流程图

编制和报告合并财务报表时，外币财务报表必须转换为公司的报告货币。

国际折算实务

美国外币报告和折算问题的会计指南见财务会计准则委员会（Financial Accounting Standards Board，FASB）的《会计准则汇编》（ASC）主题 830：外币问题。然而，世界上大部分其他地区——超过 100 个国家和地区——都使用国际财务报告准则（International Financial Reporting Standards，IFRS）。

国际财务报告准则的外币折算会计指南见《国际会计准则》（IAS）第 21 号"汇率变化的影响"和《国际会计准则》第 29 号"恶性通货膨胀国家的财务报告"。好消息是，在外币折算的多数方面，它们都非常相似。

然而，也有一些不同之处需要注意。第一个区别纯粹是用语区别。尽管美国将外国实体分类为整合实体或不同/独立实体，但国际准则使用的是整合实体或自给自足实体。它们的定义相同。整合外国实体是作为母公司的延伸而经营的实体，其现金流和一般业务线与母公司的业务线高度相关。自给自足的外国实体是在独立于母公司的当地经济环境中经营的实体。

表 11-1 简要总结了基于美国公认会计准则的折算和更重要的基于国际财务报告准则的折算的两个主要差异：(1) 功能货币的确定；(2) 对遭受恶性通货膨胀的经济和货币的处理。美国要求"在确定功能货币时既应单独考虑又应整体考虑"各种指标——现金流、售价、销售市场、费用、融资以及公司间交易和安排——这有时会导致公司内外关于具体外国实体功能货币的意见差异。使用国际财务报告准则时则不会出现这种情况，因为它建立了显然更具确定性的指标层级。

---

① 近年来的一些研究调查得出结论，在美国跨国企业的所有外国子公司中，约三分之一为外国综合实体，三分之二为显著不同或独立的外国实体。

表 11-1 美国公认会计准则和国际财务报告准则关于折算的区别

问题	国际财务报告准则（IFRS）	美国公认会计准则（GAAP）
指南条款	《国际会计准则》第 21 号和第 29 号	《会计准则汇编》主题 830
功能货币的确定	国际准则规定了确定功能货币的指标层级（主要指标和次要指标）	美国实务要求分析多个因素以确定功能货币。这些指标不按任何一种层级结构排序
恶性通货膨胀经济	即使实体的东道国经济符合恶性通货膨胀标准，功能货币也保持不变	如果实体的东道国经济符合恶性通货膨胀标准，将以母公司的报告货币为功能货币调整财务报表
	任何期末尚未以当前汇率折算的金额都应该用一般价格指数进行指数化，然后以当前汇率折算为报告货币	因此，通过调整计算出的汇率差异将计入合并净收入

第二个重要区别是如何处理和折算恶性通货膨胀国家中外国实体的财务报表。美国的折算实务要求对处于严重通货膨胀环境（三年内累计通货膨胀率达到 100% 或更高的国家）的外国实体调整财务报表。美国的折算实务背后的逻辑是，遭受如此高通货膨胀率的货币不够稳定，无法作为真正的功能货币运作。正如表 11-1 所述，国际财务报告准则在很大程度上允许使用传统的功能货币定义，即使在恶性通货膨胀的情况下也是如此。领先国际财务报告准则多年出台的美国规定反映出，即使在最大的工业经济体中，当普遍存在通货膨胀时（20 世纪 80 年代初），人们也会产生担忧。今天的情况并非如此。

11.3　加纳多公司的折算风险

我们现在将使用图 11-1 中详述的加纳多公司，探讨用功能货币编制加纳多公司外国实体的利润表和资产负债表产生的折算风险的复杂性。

折算风险：收入

2014 年和 2015 年，加纳多公司经营单位的销售收入和利润如表 11-2 所示。

表 11-2 2014—2015 年加纳多公司的部分财务业绩

	销售收入			平均汇率			销售收入		
	2014	2015	变化率	2014	2015	变化率	2014	2015	变化率
美国	28 000 万美元	30 000 万美元	7.1%	—	—	—	28 000 万美元	30 000 万美元	7.1%
欧洲	11 800 万欧元	12 000 万欧元	1.7%	1.400 0 美元/欧元	1.320 0 美元/欧元	−5.71%	16 520 万美元	15 840 万美元	−4.1%
中国	60 000 万元	60 000 万元	0.0%	6.830 0 元/美元	6.700 0 元/美元	1.94%	8 780 万美元	8 960 万美元	1.9%
总计							53 300 万美元	54 800 万美元	2.8%

续表

	利润			平均汇率			利润		
	2014	2015	变化率	2014	2015	变化率	2014	2015	变化率
美国	2 820万美元	2 860万美元	1.4%	—	—	—	2 820万美元	2 860万美元	1.4%
欧洲	1 040万欧元	1 050万欧元	1.0%	1.400 0美元/欧元	1.320 0美元/欧元	−5.71%	1 460万美元	1 390万美元	−4.8%
中国	7 140万元	7 140万元	0.0%	6.830 0元/美元	6.700 0元/美元	1.94%	1 050万美元	1 070万美元	1.9%
总计							5 320万美元	5 310万美元	−0.2%

合并销售收入。 2015年，该公司的美国子公司的销售收入为3亿美元，欧洲子公司的销售收入为1.584亿美元（按1.32美元/欧元的汇率约合1.2亿欧元），中国子公司的销售收入为8 960万美元（按6.70元/美元的汇率约合6亿元人民币）。2010年的全球总销售收入为5.48亿美元，比2014年的销售收入增长了2.8%。

合并利润。 2015年，该公司的利润下降，从2014年的5 320万美元降至5 310万美元。尽管降幅不大，但华尔街也不会对合并利润的下降做出积极反应。

然而，仔细考察各国的销售收入和利润，可以得出一些有趣的见解。美国子公司的销售收入和利润均有所增长，销售收入增长了7.1%，利润增长了1.4%。由于美国子公司占该公司总销售收入和毛利润的一半以上，因此这非常重要。2014年和2015年，中国子公司以当地货币（人民币）计算的销售收入和利润相同。然而，人民币对美元升值，从6.83元/美元升至6.70元/美元。结果是中国销售收入和利润的美元价值均有所增加。

欧洲子公司的财务业绩更为令人吃惊。以欧元计算，2014—2015年，欧洲子公司的销售收入和利润均有所增长。销售收入增长了1.7%，利润增长了1.0%。但欧元对美元贬值，从1.40美元/欧元跌至1.32美元/欧元。5.71%的贬值幅度导致以美元计算的欧洲子公司财务业绩下跌。因此，加纳多公司的合并利润（以美元计）在2015年下跌。人们可以想象加纳多公司内部以及跟踪该公司的分析师们对该公司向华尔街报告的利润下跌的讨论和争议。

折算风险：资产负债表

让我们继续以加纳多公司为例，重点关注其欧洲子公司的资产负债表。我们之前介绍过加纳多欧洲是自给自足的子公司，因此采用当前汇率法。然而，在本节中，我们同时使用时态法和当前汇率法说明折算，以显示折算损益的任意性。加纳多欧洲的功能货币为欧元，其母公司加纳多公司的报告货币为美元。

我们的分析假设加纳多欧洲购买了厂房和设备，举借了长期债务，并在过去汇率为1.276 0美元/欧元时发行了普通股。现有存货是在前一个季度购买或生产的，当时的平均汇率为1.218 0美元/欧元。在2015年12月31日（星期一）营业结束时，当前即期汇率为1.200 0美元/欧元。新年假期过后的2016年1月3日，欧元对美元跌至1.000 0美元/欧元。

当前汇率法。 表11-3显示了使用当前汇率法时的折算亏损。我们假设欧元贬值发生在2015年12月31日午夜；欧元价值从1.20美元/欧元跌至1.00美元/欧元。欧元贬值前资产负债表（日期为 2015 年 12 月 31 日）的资产和负债按当前汇率 1.200 0 美元/欧元折算。资本存量按 1.276 0 美元/欧元的历史汇率折算，留存收益按复合汇率折算，相当于按过去每年的实际汇率折算当年的留存收益增加额。

表 11-3 加纳多欧洲在欧元贬值后的折算亏损：当前汇率法

	欧元	2015 年 12 月 31 日 汇率（美元/欧元）	折算账户（美元）	2016 年 1 月 2 日 汇率（美元/欧元）	折算账户（美元）
资产					
现金	1 600 000	1.200 0	1 920 000	1.000 0	1 600 000
应收账款	3 200 000	1.200 0	3 840 000	1.000 0	3 200 000
存货	2 400 000	1.200 0	2 880 000	1.000 0	2 400 000
净厂房与设备	4 800 000	1.200 0	5 760 000	1.000 0	4 800 000
总计	12 000 000		14 400 000		12 000 000
负债与净值					
应付账款	800 000	1.200 0	960 000	1.000 0	800 000
短期银行债务	1 600 000	1.200 0	1 920 000	1.000 0	1 600 000
长期债务	1 600 000	1.200 0	1 920 000	1.000 0	1 600 000
普通股	1 800 000	1.276 0	2 296 800	1.276 0	2 296 800
留存收益	6 200 000	1.200 0(a)	7 440 000	1.200 0(b)	7 440 000
累计折算调整（CTA）	—		(136 800)		(1 736 800)
总计	12 000 000		14 400 000		12 000 000

(a) 欧元贬值前的美元留存收益为所有往年留存收益增加额按当年汇率折算后的累计总额。
(b) 按欧元贬值前的相同汇率折算为美元。

留存收益和累计折算调整账户之和必须让资产负债表的负债和净值侧与资产侧"平衡"。如表 11-3 所示，"欧元贬值前"（2015 年 12 月 31 日）的美元折算结果报告的前期累计折算亏损为 136 800 美元。该余额是将之前年度的欧元报表折算为美元报表的累计损益。

欧元贬值后（2016 年 1 月 2 日），加纳多公司以 1.000 0 美元/欧元的新汇率折算资产和负债。包括留存收益在内的权益账户的折算方法与欧元贬值前一样，因此累计折算亏损增至 1 736 800 美元。该账户增加的 1 600 000 美元（从累计亏损 136 800 美元到新的累计亏损 1 736 800 美元）是按当前汇率法计算的折算亏损。

这种折算亏损是以母公司报告货币计算的"净资产敞口"权益减少。资产敞口是价值随着功能货币的贬值而下降，随着功能货币的升值而上升的资产。在这种情况下，净资产敞口是资产敞口减去负债敞口。如果资产敞口超过负债敞口，则净资产敞口为正（"多头"）。如果资产敞口小于负债敞口，则净资产敞口为负（"空头"）。

时态法。相同账户使用时态法的折算结果显示了折算损益的任意性。表 11-4 说明了这种情况。欧元贬值前欧元资产负债表中的货币资产和货币负债按当前汇率折算，但其他资产和权益账户按历史汇率折算。加纳多欧洲的存货的历史汇率与厂房和设备的历史汇率不同，因为存货是在更近时期购入的。

根据时态法，折算亏损不会累计在单独的权益账户中，而是直接计入每季的利润表。因此，在欧元贬值前折算的美元资产负债表中，留存收益是按当年实际历史汇率折算的所有往年利润，再加上所有往年折算损益的累计结果。在表 11-4 中，欧元贬值前的美元资产负债表中没有出现任何折算亏损，因为所有亏损都已计入留存收益。

表 11-4 加纳多欧洲在欧元贬值后的折算亏损：时态法

	欧元	2010年12月31日 汇率（美元/欧元）	折算账户（美元）	2011年1月2日 汇率（美元/欧元）	折算账户（美元）
资产					
现金	1 600 000	1.200 0	1 920 000	1.000 0	1 600 000
应收账款	3 200 000	1.200 0	3 840 000	1.000 0	3 200 000
存货	2 400 000	1.218 0	2 923 200	1.218 0	2 923 200
厂房与设备净值	4 800 000	1.276 0	6 124 800 1	1.276 0	6 124 800
总计	12 000 000		14 808 000		13 848 000
负债与净值					
应付账款	800 000	1.200 0	960 000	1.000 0	800 000
短期银行债务	1 600 000	1.200 0	1 920 000	1.000 0	1 600 000
长期债务	1 600 000	1.200 0	1 920 000	1.000 0	1 600 000
普通股	1 800 000	1.276 0	2 296 800	1.276 0	2 296 800
留存收益	6 200 000	1.243 7[a]	7 711 200	1.243 7[b]	7 711 200
折算收益（亏损）	—				(160 000)[c]
总计	12 000 000		14 808 000		13 848 000

（a）欧元贬值前的美元留存收益为按当年的汇率折算后的所有往年留存收益增加额的累计总额。
（b）按欧元贬值前的相同汇率折算为美元。
（c）根据时态法，160 000 美元的折算亏损将通过利润表计入留存收益，而不是像这里所示单列为一项。期末留存收益实际上为 7 711 200 美元－160 000 美元＝7 551 200 美元。

欧元贬值的影响是立即产生 160 000 美元的折算亏损。为了在本例中重点突出该金额，它在表 11-4 中单独显示为一项。根据时态法，160 000 美元的折算亏损将计入利润表，减少报告净收入并减少留存收益。事实上，期末留存收益为 7 711 200 美元减去 160 000 美元，即 7 551 200 美元。损益是否通过时态法计入利润表取决于国别。

在加纳多公司的例子中，根据当前汇率法，折算损益较大，因为库存和净房地产、厂房和设备以及所有货币资产均被视为风险资产。当净风险资产增加时，折算损益也将增加。如果管理层预期外币将贬值，可以通过减少净风险资产来最大限度地减少折算风险。

如果管理层预期外币将升值，则应增加净风险资产以获得收益。根据会计方法，管理层可能会选择不同资产和负债加以增减。因此，关于投资和融资的"真实"决策可能取决于使用哪种会计方法，此时它们的会计影响实际上应该是中性的。正如"全球金融实务 11-2"所示，交易风险/折算风险可能在子公司估值中交织存在。

全球金融实务 11-2

外国子公司的价值

由于跨国企业的价值至少是各部分价值的总和，因此保持和增加子公司的价值是至关重要的，包括汇率变化引起的价值变化。汇率变化导致的子公司价值变化可以分解为子公司的利润变化和资产变化。

$$\Delta 子公司的价值 = \Delta 资产价值 + \Delta 利润价值$$

子公司的利润

子公司的利润一旦按母公司的本币调整，将直接计入公司的合并净收入。汇率变化将导致子公司为跨国企业贡献的净收入价值出现波动。如果该子公司贡献了合并净收入中相对重要的一部分，则跨国企业的报告净收入（以及每股利润 EPS）变化可被视为纯粹由折算导致。

子公司的资产

子公司以报告货币表示的净资产价值变化计入合并净收入或合并权益。如果一家美国跨国企业的外国子公司被指定"以美元作为功能货币"，则调整报表将导致交易风险，并计入当期合并净收入。如果外国子公司被指定"以当地货币作为功能货币"，则折算会产生折算调整，并在合并权益中作为折算调整报告。它不会改变报告的合并净收入。

11.4 管理折算风险

"在对冲中抛补损益折算风险更复杂，因此企业抛补折算风险的程度不如抛补交易风险的程度，"卢森堡企业资金主管协会主席弗朗索瓦·马斯奎尔（Francois Masquelier）说，"当然，报告利润可能会产生正面影响或负面影响，具体取决于这种货币相对于功能货币的表现。如果您在美国产生亏损，那么它可以减少这些亏损（当美元对欧元走弱时），但如果您有利润，它就可能减少对息税折旧摊销前利润的贡献，从而减少您的净利润。"

—— "Translation risk hits corporate earnings," *FX Week*，09 May 2014.

折算风险对合并收入和合并权益均构成风险。尽管许多跨国企业定期管理资产负债表所产生的风险——对子公司的净股权投资，但一些公司也对冲其子公司利润产生的合并收入的风险。我们首先讨论子公司利润。

子公司利润

当跨国企业的大部分利润来自国外时，它们折算子公司利润时面临的外汇风险尤为显著。正如之前表11-2中加纳多公司的全球销售和利润业绩所示，折算可能导致利润波动，这对于上市公司的股价来说是一个问题。

原则上，许多投资者都理解并接受以多种非报告货币产生利润的跨国企业的收入风险。事实上，投资者可能希望产生这种风险，因此它也是跨国企业吸引力的一部分。子公司利润风险很高的跨国企业，例如丰田（日本）等公司，通常超过80%的利润来自国外，它们向投资者介绍各期业绩时会非常明确和详细地"剥离出"外汇影响。（之前表11-2显示了这一点，其中子公司的销售收入和利润的变化与相关汇率变化是分开的。）这种结合透明度与接受度的做法占主导地位，很少有公司试图管理子公司利润的折算风险。

一些公司——例如，可口可乐和固特异这两家公司——过去曾用金融衍生产品对冲子公司的利润。[①] 这需要预测很久以后（例如12~18个月）的子公司利润以提供实质保护。但利润来自各种风险和交易本身的相互作用，这使预测利润相当困难。当子公司宣布以外币分配股利时，许多公司经常对冲子公司宣布向母公司分配的股利。这显著降低了其本身的未对冲利润。

对冲子公司利润的最后一个缺点是会计处理。根据现行财务会计准则，对冲外国子公司利润不符合对冲会计的条件。（"全球金融实务11-3"详细说明了对冲会计。）正如我们之前指出的，认为其不符合对冲会计的条件，主要是因为其将来价值难以预测。这意味着，为对冲子公司利润购买的远期合约和外汇期权等金融衍生产品必须在定期报告的基础上独立于风险敞口本身重新估值（"盯市"）。这意味着金融衍生产品（对冲）的定期估值最终将更多地影响报告利润而非基础风险敞口（外国子公司利润）。如果一家公司试图在未来一年内对冲子公司利润，那么对冲可能会导致更多而非更少的利润波动。

全球金融实务 11-3

外汇对冲会计

外汇对冲的主要目标之一是减少因汇率波动导致的公司利润或现金流的损失或波动。通常，这是通过使用金融衍生产品实现的。但是，会计实务并非总能实现这个目标。主要问题是盯市（mark-to-market，MTM）会计，即在报告期结束时——风险敞口/对冲到期之前——要确定风险敞口和对冲风险敞口的金融衍生产品的价值。根据风险敞口和金融衍生产品的具体情况，盯市估值可能增加而非减少报告利润的波动性。

对冲会计的目的是将风险敞口与对冲联系起来，使一方的价值波动抵消另一方的价值波动——以便将其视为一个整体。会计准则规定了三类不同外汇对冲的对冲会计：

1. 现金流对冲。 现金流对冲可以用于很可能发生的预测交易、确定承诺（尚未记录在资产负债表上的交易）、已确认资产或负债的外币现金流或预测公司间交易。对冲会计允许以推

---

① 对公司对冲实务的调查通常发现，只有10%~15%的受调查公司积极对冲净投资风险或外国利润。

迟到交易发生再进行确认的方法来记录公司权益账户中金融衍生产品的价值波动，从而不影响利润。

2. 公允价值对冲。 公允价值对冲可以用于确定承诺（未记录）或已确认资产或负债的外币现金流。对冲会计允许对某种（被对冲的）资产或负债盯市，使其与金融衍生产品对冲的价值波动相匹配，从而抵消对利润的影响。

3. 净投资对冲。 净投资对冲可以用于对外国子公司或业务的净投资。对冲会计允许将折算亏损产生的利润波动与对冲（无论它是金融衍生产品还是债务工具）产生的价值波动相匹配。

当然，为了使用对冲会计，必须满足一些非常具体的要求，包括正确定义包销、很有可能发生的预测交易和对冲有效性。包销是在规定的未来日期以规定价格交易规定数量资源的具有约束力的协议。预测交易是未承诺但非常有可能发生的未来交易。对冲有效性是指对冲应抵消风险敞口价值波动的 80%～125% 的要求。

净股权投资

减少折算风险的主要方法被称为资产负债表对冲。有时，一些公司试图对冲远期市场上的折算风险。这种行为相当于在远期市场上进行投机，以期用实现的现金利润抵消折算产生的非现金亏损。这种方法的成功取决于对未来汇率的精确预测，因为这种对冲将在一系列可能的未来即期汇率上生效。此外，远期"对冲"（即投机）的利润是应税利润，但折算亏损不能抵减应税收入。

资产负债表对冲要求公司的合并资产负债表中的外币资产敞口和外币负债敞口金额相同。如果每种外币都能实现这一目标，则净折算风险将为零。汇率变化将使负债敞口价值与资产敞口价值的变化金额相等，但方向相反。如果一家公司通过时态法进行折算，则零净敞口被称为"货币平衡"。在当前汇率法下无法实现完全货币平衡，因为总资产必须与等额债务相匹配，但资产负债表中的权益部分仍然必须按历史汇率折算。

资产负债表对冲的成本取决于相对借款成本。如果在调整外汇风险后，外币借款成本高于本币借款成本，则资产负债表对冲的成本较高，反之亦然。然而，正常操作已经要求决定具体资产负债表账户的规模和币种。因此，资产负债表对冲是一种折中方案，改变资产负债表账户的币种——或许是以利息费用或牺牲经营效率为代价——是为了实现某种程度的外汇保护。

为了实现资产负债表对冲，加纳多公司必须（1）减少欧元资产而不同时减少欧元负债，或（2）增加欧元负债而不同时增加欧元资产。实现该目标的一种方法是将现有欧元现金兑换为美元。如果加纳多欧洲没有大量欧元现金余额，那么它可以借入欧元并将借入的欧元兑换为美元，也可以由另一家子公司借入欧元并兑换为美元。也就是说，对冲的本质是母公司或其子公司举借欧元债务并将所得金额兑换为美元。

当前汇率法。 根据当前汇率法，加纳多应借入 8 000 000 欧元资金。第一步的初始影响是在加纳多欧洲的资产负债表上增加资产敞口（现金）和负债敞口（应付票据），对净资产敞口没有直接影响。所需后续步骤可以采取两种形式：（1）加纳多欧洲可以将购买的欧元兑换为美元并自己持有这些美元，或者（2）它可以将借入的欧元转账给加纳多公司，形式可能是支付欧元股利或偿还公司内部债务。然后，加纳多公司可以将这些欧元兑换为美元。

另一种选择是加纳多公司或姊妹子公司借入欧元，从而使欧元债务完全不出现在加纳多的账户上。然而，第二步对于消除欧元风险仍然至关重要；借款实体必须将欧元兑换为美元或其他无风险资产。任何此类借款均应与所有其他欧元借款协调，以避免一家子公司在另一家子公司偿还欧元债务的同时借入欧元以降低折算风险的可能性。（请注意，只需通过延迟偿还现有欧元债务即可"借入"欧元；目标是增加欧元债务，而不是字面意义上的借款。）

时态法。 如果通过时态法进行折算，则只需借入少得多的金额，即 800 000 欧元。和之前一样，加纳多欧洲可以用贷款收入购买美元。但是，加纳多欧洲也可以将贷款所得用于购买欧洲的存货或固定资产。根据时态法，当欧元贬值时，这些资产不被视为风险敞口，美元价值不会降低。

何时资产负债表对冲是合理的？

如果某家公司的子公司使用当地货币作为功能货币，则在下列情况中使用资产负债表对冲是合理的：

- 外国子公司即将被清算，因此将实现其累计折算调整价值。
- 该公司有债务契约或银行协议，要求该公司的债务/股权比率保持在规定限额内。
- 根据受折算损益影响的某些利润表和资产负债表指标评估管理层。
- 外国子公司在恶性通货膨胀环境中经营。

如果某家公司使用母公司的本币作为外国子公司的功能货币，则所有交易损益都计入利润表。对投资者和债券评级机构来说，对冲这种合并收入以降低其波动性可能非常重要。最后，折算风险是一个备受关注的问题，对所有跨国企业来说都需要做出复杂选择，包括是否对冲折算风险，以及如果要对冲折算风险，如何对冲它。

使用互换对冲折算风险的例子：麦当劳

麦当劳公司（纽约证券交易所股票代码：MCD）是世界上最知名和最有价值的品牌之一。但随着麦当劳在全球范围内的发展和扩张，它在 100 多个国家的投资也产生了投资风险。与多数跨国企业一样，它认为其对外国子公司资本的股权投资存在风险——亏损风险、国有化风险和币值风险。麦当劳对这些合并外汇风险的对冲一直颇具创新性，它找到了构建旧方案的新方法——例如胡佛对冲，不过需要使用交叉货币互换。

胡佛对冲。 当像麦当劳这样的母公司创建并投资外国子公司时，它将产生一项资产，即对外国子公司的外国投资，这对应着外国子公司资产负债表上的股权投资。但是，外国子公司的股权投资现在以当地货币，即外国商业环境的货币表示。如果这是该子公司业务的主要货币，则它是该子公司的功能货币。然后，随着两种货币之间的汇率变化，母公司的股权投资将受到外汇风险的影响。

许多跨国企业通过所谓的资产负债表对冲来规避这种股权投资风险。由于母公司拥有外币长期资产，因此母公司试图通过创建与之匹配的同币种长期负债来对冲该资产。常用的是以外国子公司的货币计价的长期贷款。贷款本身的结构通常为子弹式贷款，即分期支付利息，但是在到期时一次性偿还所有本金——子弹式结构。这样，长期贷款的本金就与长期股权投资相匹配。

在胡佛公司（一家真空吸尘器制造商）诉美国国税局的案件之后，这些对冲通常被称为胡佛对冲。该案件的主要问题是，在计算税款时，胡佛公司用作对冲的外汇卖空交易损益应被视为普通亏损、经营费用还是资本损益。虽然当地货币借款很常用，但还有其他许多可选的股权投资对冲，包括卖空交易和使用传统外汇衍生产品，例如远期合约和外汇期权。

麦当劳的经营形式。 麦当劳根据市场以各种不同方式设计经营结构。在美国，该公司利用特许经营结构，向私人投资者授予特许经营权。然后，该投资者将拥有在指定特许经营区内销售和分销麦当劳产品和服务的专有权。麦当劳公司拥有土地和建筑物，但特许经营者负责根据特许经营协议投资购置餐馆所需的所有设备和家具——按他们的说法，是"添添补补"。这种结构让麦当劳可以凭借较低的投资水平进行扩张（特许经营者投入了大量资金），同时为特许经营者提供了经济激励，使其专心致力于餐厅的成功和盈利。作为回报，麦当劳从特许经营销售收入中获得特许权使用费，通常是销售收入的5%~5.5%。

或者，在麦当劳希望拥有更多直接控制权并且愿意自己进行更多投资的市场中，它将使用更常见的直接所有权形式。虽然不得不承担开办这些餐馆所需的全部资金，但麦当劳可以更直接地控制经营。麦当劳的大部分国际扩张都采用这种更常见的直接所有权方式，但也要冒重金投资的风险，因为该公司希望在越来越多的国家市场上占据重要地位。

英国子公司和外汇风险。 在英国，麦当劳拥有大部分餐厅。这些投资使母公司产生了三种不同的英镑外汇风险（详见图11-3）。

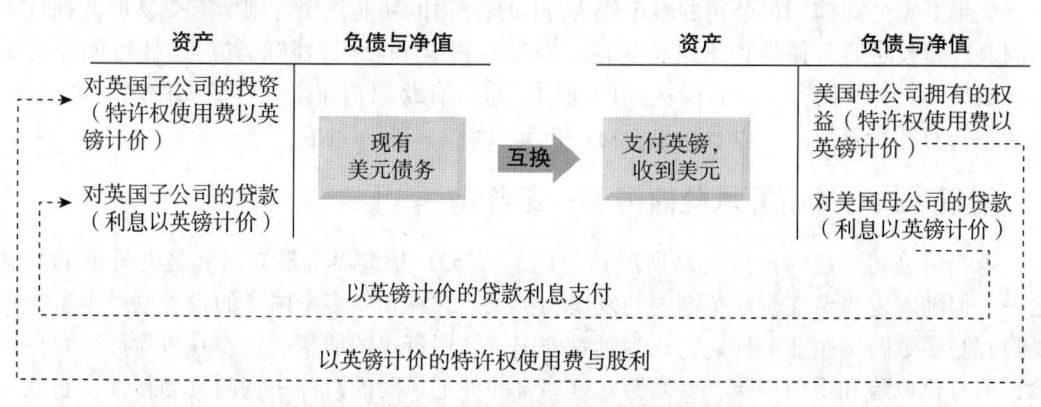

图11-3 麦当劳在英国的交叉货币互换策略

由于英国子公司用英镑向美国母公司支付所有款项，因此麦当劳美国持有英镑多头。通过支付英镑、收取美元的互换，互换产生了由美元流入支持的英镑流出。但交叉货币互换对于麦当劳而言有另一个有用的重要特征：交叉货币互换有很高的未清偿本金（子弹式偿付），它可以用来平衡——匹配——对英国子公司的长期投资。

（1）英国子公司拥有股权资本，这是母公司以英镑计价的资产。

（2）母公司以4年期贷款的形式提供公司内部债务。贷款为固定利率，以英镑计价。

（3）英国子公司向母公司支付固定比例的总销售收入作为特许权使用费。这笔费用也以英镑计价。

另一个技术细节使情况进一步复杂化。当母公司向英国子公司提供公司内部贷款时，根据美国会计和税法实务,它必须指定该贷款是否"永久"投资于该国。虽然从表面上看,将 4 年视为"永久"似乎不合逻辑,但贷款本身可以由母公司不断展期,因而实际上从未被偿还过。

如果贷款未被指定为"永久性"贷款,那么根据作为美国外币报告主要标准的美国会计实务,与贷款有关的外汇损益将直接流向母公司的利润表。但是,如果贷款被指定为永久性贷款,那么与公司内部贷款相关的外汇损益将仅流向累计折算调整账户,即公司合并资产负债表中合并权益部分。迄今为止,麦当劳已选择将这些贷款指定为永久性贷款。英国子公司用于合并的功能货币是当地货币,即英镑。

交叉货币互换对冲。 麦当劳过去通过进行美元-英镑交叉货币互换来对冲其相当复杂的英镑敞口。这些互换的期限可能彼此不同且越来越长,但都是收取美元、支付英镑的协议。与所有交叉货币互换一样,该协议要求麦当劳(美国)定期支付以英镑计价的利息并在互换协议结束时一次性偿还本金(名义本金)。

交叉货币互换被用来对冲向美国母公司定期支付的特许权使用费和英镑利息,英镑的未清偿互换名义本金被用来对冲麦当劳美国母公司对英国子公司的股权投资。根据会计实务,公司可以选择收取外币贷款的利息,并将其直接转入母公司的合并收入。麦当劳过去就是这么做的,并从这种会计处理中受益。

要点总结

■ 折算风险来自将外国子公司的外币计价报表折算为母公司的报告货币以编制合并财务报表的过程。

■ 外国子公司的功能货币是该外国子公司在日常经营中使用的标价货币。

■ 折算的技术问题包括何时确认损益、区分功能货币和报告货币,以及恶性通货膨胀国家中的子公司处理等问题。

■ 折算损益可能与经营损益截然不同,这种差异不仅体现在大小上,也体现在方向上。在决定首先管理哪种敞口之前,管理层可能需要确定哪种敞口更重要。

■ 管理折算风险的主要方法是资产负债表对冲。这要求拥有相同金额的外币资产敞口和外币负债敞口。

■ 即使管理层选择采用对冲折算风险的积极政策,也几乎不可能同时抵消交易风险和折算风险。如果被迫选择,多数经理将选择防止交易亏损,因为它会影响合并利润。

迷你案例

瑞典伊莱克斯的外汇管理[①]

如果有人要创建一家象征全球经济的公司,那么它可能看起来很像伊莱克斯(Electrolux)。这家公司的总部设在瑞典,但是以英语(世界通用语言)举行董事会

---

① 2015 年 ©亚利桑那州立大学雷鸟全球管理学院版权所有。本案例由迈克尔·H. 莫菲特教授编写,仅用于课堂讨论,不表示有效或无效的管理。

会议。高层管理人员来自包括巴西、牙买加和德国在内的国家。

—— "Straberg's Strategy: Cutting Costs Led Electrolux to Memphis,"

The Commercial Appeal, Sept. 18, 2011.

瑞典伊莱克斯是全球首屈一指的家电制造商之一。但它在一个竞争激烈的行业中经营，因此历史上利润空间十分微薄。鉴于这种对管理成本和经营水平的关注，外汇亏损可能会破坏盈利能力和股东价值。伊莱克斯制定了一个高度结构化的外汇风险管理计划，以保护这些宝贵但微薄的利润空间。

伊莱克斯

总部位于瑞典斯德哥尔摩的 AB 伊莱克斯成立于 1901 年，最初是一家名为 AB Lux 的煤油灯公司。1919 年，在一次新的公司合并中，其名称改为 Elektrolux，最终定名为伊莱克斯。2016 年，它的产品销往 150 个国家。

如图 A 所示，伊莱克斯的财务业绩在过去 16 年中一直极为稳定。尽管自 2001 年以来销售收入几乎每年都在下降，但近年已经稳定下来并且呈现出微弱增长。尽管全球竞争激烈，企业竞相降低成本，但伊莱克斯每年都实现盈利，平均每期销售收益率（净收入/销售收入）为 2.13%。即使在 2008 年和 2009 年的全球金融危机期间，该公司仍然保持盈利。

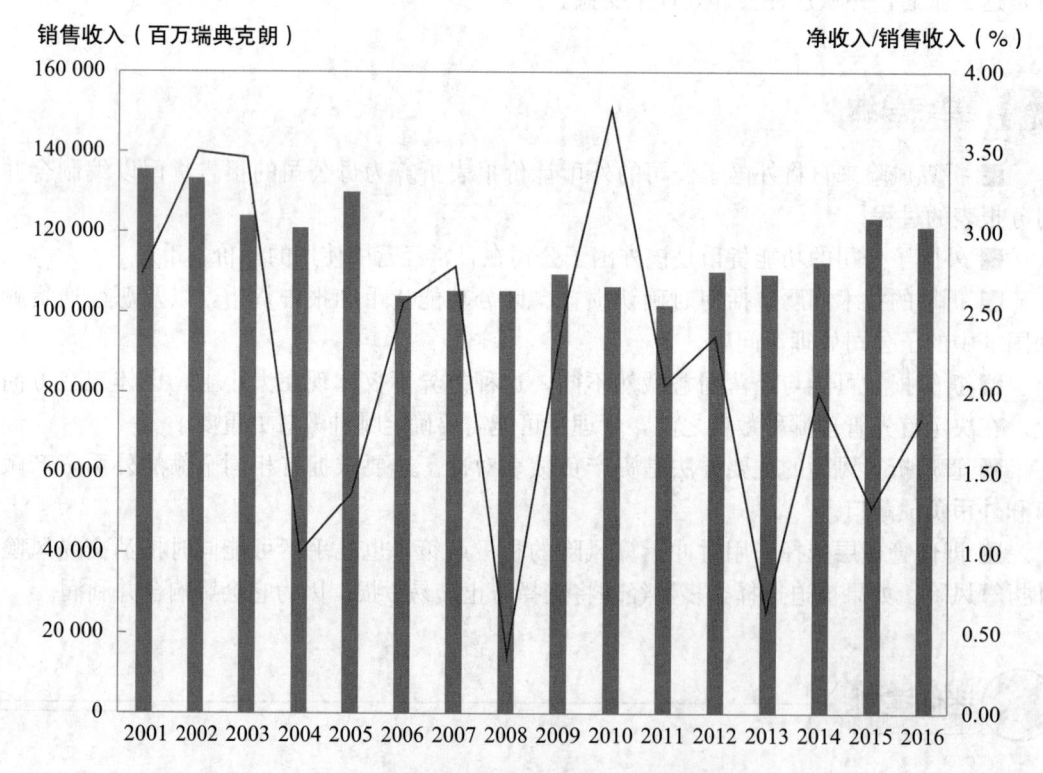

图 A　伊莱克斯的全球销售收入与盈利能力

资料来源：作者根据伊莱克斯的年报绘制。

虽然伊莱克斯是世界上仅次于惠而浦（美国）的第二大家电制造商，但长期以来一直受到制造成本，尤其是劳动力成本的困扰。20 世纪 90 年代末，它关闭了西欧（包括母国瑞典）的制造工厂，首先将重要生产转移到劳动力成本较低的东欧，最终转移到中国。在此过程中，它在全球裁员 12 000 人。2002—2014 年，在一系列重新开始的裁员中，该公司在全球范围内又裁减了30 000个工作岗位，使在低成本国家进行生产的比例从仅20%升至60%以上。2016年，伊莱克斯在全球拥有55 400名员工。

全球经营结构

伊莱克斯将其产品组合分为三个部分：（1）大家电，占2016年全球销售收入的88%；（2）小家电，占2016年全球销售收入的7%；（3）专业产品，占2016年全球销售收入的5%。大家电显然是核心业务，它的全球经营又分为四个主要的地理区域：欧洲、中东和非洲（EMEA）；北美洲；拉丁美洲；亚太地区。

如表A所示，尽管伊莱克斯是一家全球公司，但它的大部分利润来自两个主要地区——北美洲以及欧洲、中东和非洲。尽管亚太地区的经营利润率很健康且类似于北美洲以及欧洲、中东和非洲，但该地区较低的销售收入使其利润无法达到同等水平。拉丁美洲虽然销售收入很高，但目前仍处于亏损状态。

表A 伊莱克斯2016年的业务销售收入与经营收入

伊莱克斯的业务	净销售收入（百万瑞典克朗）	占总额的百分比	经营收入（百万瑞典克朗）	占总额的百分比	经营利润率
大家电：欧洲、中东和非洲	37 844	31.3%	2 546	40.6%	6.7%
大家电：北美洲	43 402	35.8%	2 671	2.2%	6.2%
大家电：拉丁美洲	15 419	12.7%	−68	−0.1%	−0.4%
大家电：亚太地区	9 380	7.7%	626	0.5%	6.7%
小家电	8 183	6.8%	238	0.2%	2.9%
专业产品	6 865	5.7%	954	0.8%	13.9%
其他	0	0.0%	−693	−0.6%	—
	121 093	100.0%	6 274	5.2%	5.2%

资料来源：Electrolux Annual Report 2016，p. 140.

全球经营和外汇风险

一家公司的全球外汇风险是其制造和销售结构（业务）以及如何进行经营（管理）的组合。伊莱克斯有一个相当独特的组合，提出了两个非常独特的外汇风险挑战。

首先，尽管该公司在瑞典注册和提交财务报告，但几乎没有实际外汇交易涉及本币瑞典克朗（SEK）。这使得几乎其他所有货币都成为"外币"。其次，该公司越来越多地使用中国生产的产品，这改变了该公司的净外汇风险。伊莱克斯子公司和其他制造商采购的大部分中国产成品均以美元（USD）而非人民币（CNY）计价。只有北美子公司大量以人民币从中国采购。这两种力量以不同方式结合起来，构成了伊莱克斯的全球外汇交易。

欧洲、中东和非洲。 伊莱克斯在欧洲——既包括西欧又包括东欧——拥有庞大而历史悠久的基础。欧洲、中东和非洲地区的销售收入产生的外汇利润以美元、欧元（EUR）、埃及镑（EGP）、俄罗斯卢布（RUB）、瑞士法郎（CHF）和英镑（GBP）计价。从历史上看，欧洲、中东和非洲地区销售的大部分产品均采购自该地区，这意味着材料和采购费用主要以欧元计价。然而，在不断追求降低成本以提高竞争力的情况下，越来越多的产品转而向中国采购，增加了美元费用。结果是欧洲、中东和非洲地区每年都出现美元和欧元净空头，而其他所有欧洲、中东和非洲地区的销售收入货币为净多头。

北美洲。 伊莱克斯的北美业务更为复杂。在美国和加拿大的销售产生了当地货币［美元和加拿大元（CAD）］多头。然而，除了以当地货币计价的费用和采购以外，伊莱克斯还向全球多家工厂进行采购。外币采购定期产生中国人民币、泰铢（THB）和墨西哥比索（MXN）空头。

拉丁美洲。 该公司在阿根廷（货币 ARS）、巴西（货币 BRL）和智利（货币 CLP）进行生产和销售。在这些国家的销售和支出分别产生三种东道国货币的净货币多头。由于该公司从中国采购，因此外国采购成本以美元计价，还有少量专门从欧洲采购的产品以欧元计价。

亚太。 主要由澳大利亚的销售收入（澳大利亚元多头）组成，材料和零部件采购自泰国、中国和欧洲。这些采购产生了泰铢、美元和欧元净空头。

表 B 定量验证了这些经营地区的外汇风险。该定量验证为伊莱克斯的经营风险管理提供了基线分析。由公司资金部估算的净风险随后转移到各地区或各国的业务部门。在进行对冲之后，外汇损益被转移到实际产生风险的部门。该公司希望当地业务部门的领导通过降低成本和调整价格来尽可能消化这些外汇损益。

表 B　伊莱克斯 2017 年的全球净外汇风险预测（百万瑞典克朗）

地区	USD	EUR	CNY	THB	MXN	ARS	EGP	RUB	CLP	CHF	CAD	BRL	AUD	GBP
北美洲	2 000	(300)	(2 737)	(100)	(400)						2 036			
欧洲	(3 175)	(3 728)					700	800		1 557				3 247
亚太	(4 400)	(240)		(1 043)									2 829	
拉丁美洲	(2 400)	(200)				200			1 179			1 895		
净风险	(7 975)	(4 468)	(2 737)	(1 143)	(400)	200	700	800	1 179	1 557	2 036	1 895	2 829	3 247

资料来源：作者根据伊莱克斯 2015 年和 2016 年的年报编制。某些值为近似值。

外汇管理

外汇风险是指汇率变化对本集团收入和股权的不利影响。为了管理此类影响，本集团在财务政策框架内抛补这些风险。本集团的整体外汇风险被集中管理。

——Electrolux Annual Report，2016，p. 70.

伊莱克斯的风险管理包括三个主要领域：经营风险（如市场风险、定价风险、客户风险、商品价格风险、重组风险）、金融风险（融资风险、利率风险、退休金开支风险和外汇风险）和其他风险（监管风险和声誉风险）。

与许多跨国企业一样，伊莱克斯集中管理本公司的全球外汇风险。每月，公司资金部使用所有经营单位提供的数据构建未来 12 个月的所有交易货币现金流预测。这让该公司可以估计来年主要货币的净流入和净流出。表 C 总结了 2016 年的预测对冲头寸和后续对冲头寸。[①]

[①] 伊莱克斯的净交易和对冲头寸为 2016 年的数据；该公司 2016 年的财务报表未披露 2017 年的预测交易对冲头寸。

表C 伊莱克斯2015年的预测交易流和对冲（百万瑞典克朗）

货币头寸	USD	EUR	CNY	EGP	CLP	CHF	CAD	BRL	AUD	GBP	其他	总计
货币流入	9 667	4 859	—	955	1 349	2 094	3 691	4 892	2 271	3 090	18 407	51 275
货币流出	(21 023)	(8 608)	(2 618)	(162)	(310)	(733)	(1 358)	(23)	(182)	(634)	(15 624)	(51 275)
总交易流	(11 356)	(3 749)	(2 618)	793	1 039	1 361	2 333	4 869	2 089	2 456	2 783	—
对冲头寸	1 298	1 691	2 086	793	(198)	(519)	(858)	(457)	(899)	(963)	(489)	
净交易流	(10 058)	(2 058)	(532)	1 586	841	842	1 475	4 412	1 190	1 493	2 294	—

资料来源：作者根据伊莱克斯2015年的年报编制。伊莱克斯将流入归类为多头，将流出归类为空头。阿根廷比索、墨西哥比索、俄罗斯卢布和泰铢的交易流计入其他表格。

表C显示，伊莱克斯预测来年的美元、欧元、人民币和泰铢为净空头（流出将超过流入）。然后，公司资金部有选择地对冲这些空头，在对冲之后，全部四种货币仍为净空头。这些剩余风险敞口是该公司对其外汇风险敞口的估计。

伊莱克斯的财务政策——用于外汇管理的官方公司管理流程——最近发生了变化。2015年，该政策要求对冲2个月内到期的风险敞口的100%，对冲6个月内到期的风险敞口的70%。伊莱克斯认为，这项政策产生了"预测交易流的3~8个月对冲期"[①]。

2016年1月，该公司采用了一项新政策（并立即实施），仅限于对冲开票风险。这是一个重大变化。它意味着，虽然一个单位——比如澳大利亚子公司——经常从中国（以美元）和泰国（以泰铢）购买零部件和材料，但如果这些交易尚未开具发票（尽管购买的可能性超过80%或90%），就不能使用金融衍生产品对冲这些预期风险敞口。[②]

然而，限制使用金融衍生产品并不意味着不管理风险敞口。伊莱克斯要求所有经营单位通过其地区资金管理中心（如果有的话）以自然对冲（以目标货币计价的抵消性支付）、价格调整或降低成本的方法管理风险敞口。

作为该公司外汇管理计划的一部分，公司资金部定期对所有外汇风险进行敏感性分析，模拟特定货币对汇率变化10%对合并利润（全球利润）的影响。例如，美元/瑞典克朗交叉汇率变化-10%估计将使2014年产生1 083瑞典克朗收益，使2015年产生1 014瑞典克朗收益。表D显示了2016年的分析。这些敏感性分析被用于定期识别哪些货币对企业盈利能力的潜在风险最高。每种货币相对于瑞典克朗的价值涨跌10%对合并利润的模拟影响如下。

表D 主要货币的敏感性分析

货币与瑞典克朗	符号	变化率	2016年对利润（亏损）的影响	2015年对利润（亏损）的影响
澳大利亚元	AUD	-10%	-319	-308
英镑	GBP	-10%	-313	-319
加拿大元	CAD	-10%	-228	-273
巴西雷亚尔	BRL	-10%	-213	-258

① Electrolux Annual Report 2015. Exchange-rate exposure at Electrolux.
② 全球外汇管理计划中有一种货币例外情况：人民币/美元头寸。由于资金流入和流出中国的情况比较复杂，以及很难保证对人民币进行有效对冲，因此伊莱克斯公司资金部允许对人民币/美元交叉汇率进行期限较长的货币对冲。

续表

货币与瑞典克朗	符号	变化率	2016年对利润（亏损）的影响	2015年对利润（亏损）的影响
瑞士法郎	CHF	−10%	−165	−166
智利比索	CLP	−10%	120	−114
泰铢	THB	−10%	99	110
中国人民币	CNY	−10%	244	296
欧元	EUR	−10%	321	241
美元	USD	−10%	6 608	1 041

资料来源：Electrolux Annual Report, 2016, p. 106.

伊莱克斯按币种衡量的实际净交易风险并未随着时间的推移发生显著变化。销售和制造结构决定了净风险敞口，只有战略性经营变化——比如越来越多地向中国采购——能改变净风险敞口。同样显而易见的是，美元和欧元的净风险敞口显然最大且最有可能是主要风险敞口。正是这些主要世界货币的对冲和管理主导了公司资金部的思维模式。该公司逐渐了解到，伊莱克斯的合并财务业绩受益于美元和欧元走弱，以及与巴西雷亚尔、英镑、加拿大元和澳大利亚元相关的重要净正外汇风险敞口的增加。

折算风险

伊莱克斯以瑞典克朗编制报告，并且几乎所有财务业绩——利润、资产和现金流——均以瑞典克朗以外的货币计价。这意味着折算风险对该公司来说也是持续的挑战。由于该公司的大部分实际利润——合并净收入，它也是每股利润的驱动因素——均来自美元和欧元，因此这两种货币是大多数折算管理活动的重点。

伊莱克斯采用其2016年年报（第103页）中所述的传统折算实务：

■ 外币交易使用每笔交易当日的通行汇率折算为功能货币。

■ 以外币计价的货币资产和货币负债按年末汇率计算，任何汇率差异均计入当期收入，除非递延到其他综合收入中作为有效的合格净投资对冲。

■ 合并财务报表以瑞典克朗表示，瑞典克朗是母公司的功能货币和呈报货币。

■ 外国子公司的资产负债表按年末收盘汇率折算为瑞典克朗。利润表已按当年的平均汇率折算。由此产生的折算差异已计入其他综合收入。

令人感到有些意外的是，尽管该公司近100%的合并利润都受到外国子公司利润表折算为瑞典克朗所产生的外汇风险的影响，但该公司并没有对冲这种风险。

迷你案例问题

1. 根据2015年的财务政策，伊莱克斯对冲的是哪种外汇风险——交易风险、折算风险还是经营风险？根据2016年的财政政策呢？

2. 为什么伊莱克斯不断出现这么大的美元空头？未来怎样做可以改变这种情况？

3. 伊莱克斯承认其合并利润受到折算风险的影响，但明确表示不会对冲这种风险。您认为该公司做出这一决定的理由是什么？

问题

11.1 折算。"折算"这个词是什么意思？为什么折算风险被称为会计风险？

11.2 因果关系。什么活动会产生折算风险？

11.3 转换金融资产。在编制合并财务报表时,"折算"和"转换"是同义词吗?

11.4 子公司的特征。自给自足的外国实体和整合外国实体之间有什么区别?

11.5 功能货币。什么是功能货币?您认为"非功能货币"是什么?

11.6 功能货币的指定。公司是否可以或是否应该按年更改指定的外国子公司功能货币?如果是这样,何时这样做才合理?

11.7 折算方法。全球使用的两种基本折算方法是什么?

11.8 当前汇率与历史汇率。折算方法之间的主要区别之一是资产负债表组成部分按当前汇率还是历史汇率折算。为什么会计实务使用的是历史汇率?

11.9 折算资产。用当前汇率法和时态法折算资产的主要区别是什么?

11.10 折算负债。用当前汇率法和时态法折算负债的主要区别是什么?

11.11 利润或股权。您认为多数公司更偏好货币折算不均衡还是调整盈利或合并股权?为什么?

11.12 折算风险管理。企业可以用来管理折算风险的主要选择是什么?

11.13 会计或现金流。一家总部位于美国的跨国公司 80% 以上的利润来自美国以外的欧元区和日本,而欧元和日元相对于美元的价值均大幅下跌,正如 2014 年下半年发生的情况。这对于公司是只有会计影响还是会改变现金流,还是两者兼而有之?

11.14 资产负债表对冲的理由。什么时候进行资产负债表对冲是合理的?

11.15 实现和确认。跨国企业何时会实现并确认与子公司相关的累计折算亏损?

11.16 应纳税款。折算如何改变一家公司的全球应纳税款?如果一家跨国企业的合并利润因合并和折算而增加,那么对应纳税款的影响是什么?

11.17 恶性通货膨胀。什么是恶性通货膨胀?对有恶性通货膨胀国家的外国财务报表进行折算会产生什么后果?

11.18 交易亏损与折算亏损。交易风险产生的亏损和折算风险产生的亏损的主要区别是什么?

习题

11.1 加纳多欧洲(A)。使用加纳多欧洲案例中的基本信息,假设在表 11-3 中 2016 年 1 月 2 日的汇率从 1.200 0 美元/欧元跌至 0.900 0 美元/欧元(而不是 1.000 0 美元/欧元)。请使用当前汇率法,按新汇率重新计算 2016 年 1 月 2 日加纳多欧洲的折算资产负债表。

a. 折算损益的金额是多少?

b. 折算损益应出现在财务报表中的何处?

11.2 加纳多欧洲(B)。使用加纳多欧洲案例中的基本信息,假设在表 11-3 中 2016 年 1 月 2 日的汇率从 1.200 0 美元/欧元跌至 0.900 0 美元/欧元(而不是 1.000 0 美元/欧元)。请使用时态法,按新汇率重新计算 2016 年 1 月 2 日加纳多欧洲的折算资产负债表。

a. 折算损益的金额是多少?

b. 折算损益应出现在财务报表中的何处?

c. 为什么使用时态法的折算损益与使用当前汇率法的折算损益不同?

11.3 加纳多欧洲(C)。使用加纳多欧洲案例中的基本信息,假设在表 11-3 中 2016 年 1 月 2 日的汇率从 1.200 0 美元/欧元升至 1.500 0 美元/欧元。请使用当前汇率法,按新汇率计算 2016 年 1 月 2 日加纳多欧洲的折算资产负债表。

a. 折算损益的金额是多少?

b. 折算损益应出现在财务报表中的何处?

11.4 加纳多欧洲（D）。 使用加纳多欧洲案例中的基本信息，假设在表 11-3 中 2016 年 1 月 2 日的汇率从 1.200 0 美元/欧元升至 1.500 0 美元/欧元。请使用时态法，按新汇率计算 2016 年 1 月 2 日加纳多欧洲的折算资产负债表。
a. 折算损益金额是多少？
b. 折算损益应出现在财务报表中的何处?

11.5 特里斯坦·纳尔巴哈公司（Tristan Narvaja S. A.）（A）。 特里斯坦·纳尔巴哈公司是一家美国制造公司的乌拉圭子公司。其 1 月 1 日的资产负债表如下。1 月 1 日美元与乌拉圭比索（$U）之间的汇率为 20 乌拉圭比索/美元。请使用当前汇率法确定特里斯坦·纳尔巴哈公司在 1 月 1 日对母公司折算风险的贡献。

资产负债表（千乌拉圭比索）

资产		负债与净值	
现金	60 000	当期负债	30 000
应收账款	120 000	长期债务	90 000
存货	120 000	股本	300 000
厂房与设备净值	240 000	留存收益	120 000
	540 000		540 000

11.6 特里斯坦·纳尔巴哈公司（B）。 使用与习题 11.5 相同的资产负债表，如果 12 月 31 日的汇率为 22 乌拉圭比索/美元，请计算特里斯坦·纳尔巴哈公司对其母公司折算亏损的贡献。假设所有比索账户与年初保持相同。

11.7 特里斯坦·纳尔巴哈公司（C）。 如果 12 月 31 日的汇率为 12 乌拉圭比索/美元，请使用当前汇率法计算特里斯坦·纳尔巴哈公司对母公司折算损益的贡献。假设所有比索账户与年初保持相同。

持相同。

11.8 曼谷仪器有限公司（A）。 曼谷仪器有限公司是一家美国公司的泰国子公司，生产地震仪器。曼谷仪器有限公司生产的仪器主要用于全球石油和天然气业——尽管近期包括铜在内的各种商品价格均有所上涨，但其业务开始快速增长。该公司的销售主要面向位于美国和欧洲的跨国企业。截至 3 月 31 日，曼谷仪器有限公司的资产负债表如下（单位为千泰铢）：

3 月 31 日 曼谷仪器有限公司资产负债表（千泰铢）

资产		负债与净值	
现金	24 000	应付账款	18 000
应收账款	36 000	银行贷款	60 000
存货	48 000	股本	18 000
厂房与设备净值	60 000	留存收益	72 000
	168 000		168 000

将资产负债表折算为美元的汇率为：

40.00 泰铢/美元——贬值25%后4月1日的汇率。

30.00 泰铢/美元——贬值25%前3月31日的汇率。所有存货均以此汇率购入。

20.00 泰铢/美元——购置厂房和设备的历史汇率。

使用上述数据，假设泰铢在3月31日至4月1日期间从30泰铢/美元贬值至40泰铢/美元。假设这两天之间资产负债表账户没有变化，请通过当前利率法和时态法计算折算损益。请根据敞口账户的价值变化解释折算损益。

11.9 曼谷仪器有限公司（B）。 使用上述曼谷仪器有限公司的原始数据，假设泰铢在3月31日至4月1日期间从30泰铢/美元升值至25泰铢/美元。假设这两天之间资产负债表账户没有变化，请通过当前利率法和时态法计算折算损益。请根据敞口账户的价值变化解释折算损益。

11.10 开罗铸锭有限公司（Cairo Ingot, Ltd.）。 开罗铸锭有限公司是跨地中海铝业公司（Trans-Mediterranean Aluminum）的埃及子公司，后者是一家英国跨国企业，用铝制作汽车发动机模块。跨地中海铝业公司的母国报告货币是英镑。开罗铸锭12月31日的资产负债表如下表所示。截至本资产负债表日，埃及镑与英镑之间的汇率为5.50埃及镑/英镑。

单位：埃及镑

资产		负债与净值	
现金	16 500 000	应付账款	24 750 000
应收账款	33 000 000	长期债务	49 500 000
存货	49 500 000	投入资本	90 750 000
厂房与设备净值	66 000 000		
	165 000 000		165 000 000

使用当前汇率法，开罗铸锭对跨地中海铝业公司12月31日折算风险的贡献是多少？如果下一季度末的汇率为6.00埃及镑/英镑，请计算跨地中海铝业公司的折算风险亏损。假设季末与季初的所有资产负债表账户相同。

第12章 经营风险

> 土狼总是伺机而动。土狼总是饥肠辘辘。
>
> ——纳瓦霍民间谚语

学习目标

12.1 通过企业现金流的意外变化分析跨国企业如何产生经营风险

12.2 分析如何通过数量、价格、成本和其他关键变量的变化顺序衡量经营风险对经营单位的影响

12.3 评估管理经营风险的战略选择

12.4 详细说明公司用于管理经营风险的主动政策

本章分析了公司的经济风险（即我们所称的经营风险）随时间的变化。经营风险，也称为竞争风险或战略风险，是指汇率意外变化导致的未来经营现金流变化造成的公司现值变化。经营风险分析评估了汇率变化对公司数月和数年内的经营以及相对于其他公司的竞争地位的影响。目标是确定公司为了在汇率发生意外变化时提高其价值而可能希望采取的战略措施或经营方法。

经营风险和交易风险是相关的，因为它们都涉及未来现金流。在管理层考虑的现金流以及为何这些现金流会随汇率变化而变化等方面，它们存在差异。首先，我们将重新使用加纳多公司的例子，并考察它的结构如何决定可能的经营风险。本章将继续介绍一系列用于管理经营风险的策略和结构，章末的迷你案例"英国脱欧与劳斯莱斯"介绍了时下关于一国政治决策如何影响其跨国公司经营风险的争论。

12.1 跨国公司的经营风险

跨国公司的结构和经营决定了其经营风险的性质。加纳多公司的基本结构和经营货币如图12-1所示。作为一家总部位于美国的上市公司，最终所有财务指标和价值都必须合并并且用美元表示。第11章介绍了公司的会计风险——折算风险。但是，在经营上，各子公司的功能货币共同决定了公司的总体经营风险。

图 12-1 加纳多公司：结构与经营

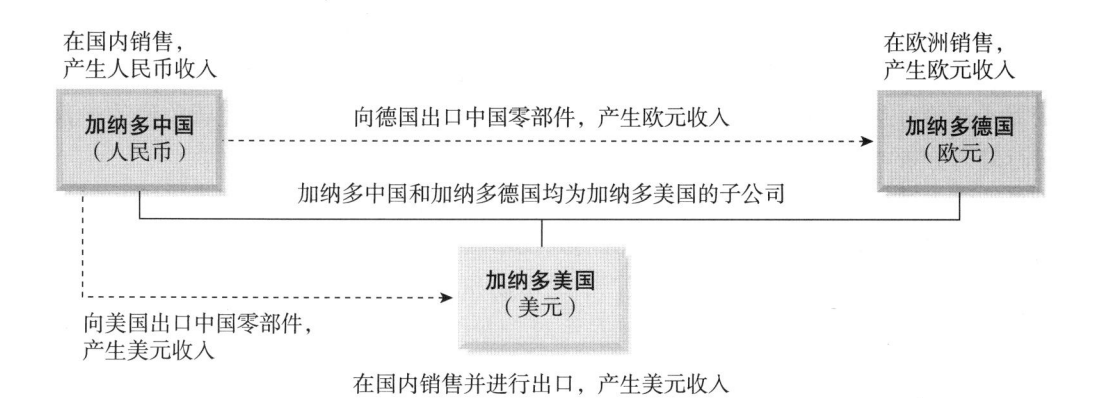

（图示说明）

- 加纳多中国（人民币）：在国内销售，产生人民币收入；向德国出口中国零部件，产生欧元收入；向美国出口中国零部件，产生美元收入
- 加纳多德国（欧元）：在欧洲销售，产生欧元收入
- 加纳多美国（美元）：在国内销售并进行出口，产生美元收入
- 加纳多中国和加纳多德国均为加纳多美国的子公司

加纳多中国	材料和人工成本均以人民币计价 50%的销售收入来自国内（人民币），50%的销售收入来自出口（美元和欧元）	人民币为功能货币
加纳多德国	材料和人工成本均以欧元计价 50%的销售收入来自国内（欧元），50%的销售收入来自出口（欧元）	欧元为功能货币
加纳多美国	材料和人工成本均以美元计价 50%的销售收入来自国内（美元），50%的销售收入来自出口（美元）	美元为功能货币

任何业务或业务单位的经营风险均为按币种计算的现金流入和流出净额，以及该净额与在同一市场竞争的其他公司的比较结果。应收账款是销售产生的现金流收入，应付账款是与购买劳动力、材料和其他投入品相关的所有持续经营成本。本质上，这种净结果通常是企业的命脉，也是企业日积月累创造的价值来源。例如，加纳多德国在当地销售产品，也出口产品，但销售的所有产品均以欧元开具发票。因此，所有经营现金流入均以本币欧元计价。在成本方面，劳动力成本和许多实物投入品都是在本地用欧元购买的。加纳多德国也从加纳多中国采购零部件，但这些零部件也以欧元开具发票。加纳多德国显然以欧元作为功能货币，所有现金流入和现金流出均为欧元。加纳多美国在结构上与加纳多德国相似。来自国内外的所有销售现金流入均为美元。来自国内外的所有成本（包括人工和材料）均以美元开具发票。这包括从加纳多中国购买的人工和材料。因此，加纳多美国显然以美元作为功能货币。

加纳多中国的情况更为复杂。现金流出（包括雇用人工和采购材料产生的现金流出）均发生在国内，并以人民币支付。然而，现金流入由三种不同的货币产生，因为该公司在当地销售并产生人民币收入，也出口到德国和美国并产生欧元和美元收入。从净值上看，虽然美元和欧元都有一些现金流入，但主要货币是人民币。

静态经营风险与动态经营风险

衡量加纳多这种公司的经营风险需要预测和分析该公司未来的所有交易风险以及该公司在全球的所有竞争对手和潜在竞争对手的未来风险。短期汇率变化会影响当前合约和即将签订的合约，这些合约通常被称为交易。但从长期来看，随着价格发生变化，竞争对手做出反应，企业更基本的经济和竞争驱动因素可能会改变所有单位的所有现金流。

考虑加纳多公司的三家经营子公司——分别位于美国、中国和欧洲。2012年，市场上的美元开始对欧元贬值。与此同时，人民币升值。于是，需要对每个经营单位的经营风险进行静态分析（交易风险）和动态分析（尚未签约的未来商业交易）。

加纳多中国。 销售收入以美元计价将导致当期人民币收入减少。根据人民币相对于欧元的汇率变化，欧元销售收入可能保持在与人民币收入大致相同的水平上。一般盈利能力将在短期内下降。从长期来看，根据其产品的市场和竞争性质，它可能需要提高出口产品的售价，甚至是向美国母公司的售价。

加纳多德国。 由于该经营单位的现金流入和现金流出都是欧元，因此没有即将发生的交易风险或变化。如果加纳多中国确实通过提高价格推动零部件销售收入增加，未来可能会面临一定的投入品成本上涨。盈利能力在短期内不受影响。

加纳多美国。 和加纳多德国一样，加纳多美国全部的现金流入和现金流出均为当地货币。美元价值下跌不会立即产生影响（交易风险），但可能在中长期内发生变化，因为随着中国子公司试图重新实现之前的利润率，来自中国的投入品成本可能会逐渐上升。但是，与德国子公司一样，它的短期盈利能力不会受到影响。

加纳多公司的净结果可能是公司短期内的总盈利能力下降，主要源于中国子公司的利润下降，即短期交易风险/经营风险的影响。然而，短期内的美元贬值可能对折算风险产生正面影响，因为人民币和欧元的利润将折算为更多美元。华尔街更喜欢早拿到收益。

经营现金流和融资现金流

跨国企业的现金流可分为经营现金流和融资现金流。加纳多公司的经营现金流来自公司之间（不相关公司之间）和公司内部（同一公司的单位之间）的应收账款和应付账款，例如使用厂房和设备的租金收入和支出，使用技术和知识产权的特许权使用费和许可费，以及提供服务的各种管理费。融资现金流是使用公司间贷款和公司内部贷款所支付的金额（本金和利息）以及对股东权益支付的金额（新股权投资和股利）。每笔现金流都可能以不同的时间间隔产生，有不同金额和不同计价货币，并且每笔现金流的发生可预测性都不同。我们在图12-2中总结了加纳多中国和加纳多美国的现金流可能性。

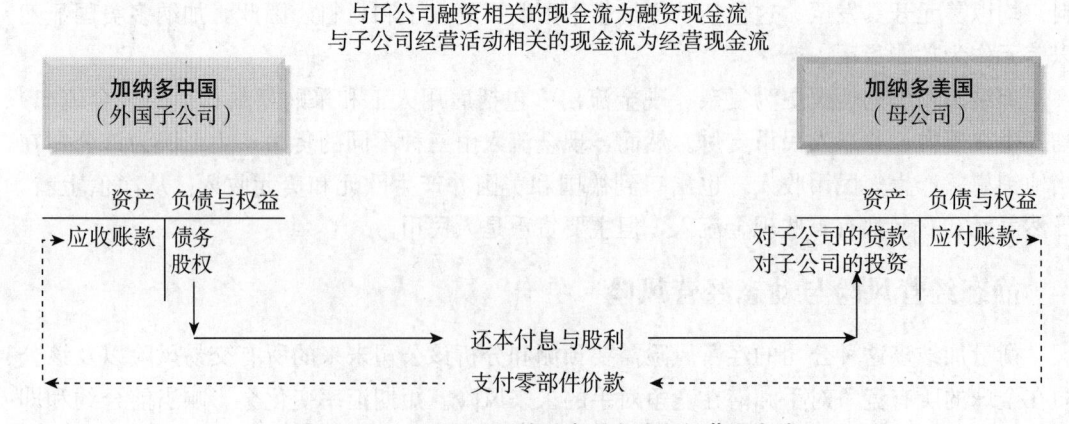

与子公司融资相关的现金流为融资现金流
与子公司经营活动相关的现金流为经营现金流

图12-2 子公司之间的融资现金流和经营现金流

现金流的预期变化与意外变化

与交易风险或折算风险引起的变化相比,经营风险对企业的长期健康发展重要得多。然而,经营风险不可避免地具有主观性,因为它取决于对任意指定的时间范围内未来现金流变化的估计。因此,它不是产生于会计过程,而是产生于经营分析。针对经营风险制定计划是一项全面管理责任,并依赖于财务战略、营销战略、采购战略和生产战略的相互作用。预期汇率变化不包括在经营风险的定义中,因为管理层和投资者都应已将这些信息纳入对预期经营业绩和市场价值的评估中。"预期变化"产生于以下不同角度:

- 从管理角度来看,预算财务报表已经反映了关于预期汇率变化的影响的信息。
- 从还本付息的角度来看,分期偿还债务的预期现金流应已反映了国际费雪效应。预期还本付息水平应该是预期汇率而非现行即期汇率的函数。
- 从投资者角度来看,如果外汇市场有效,那么关于预期汇率变化的信息应该广为人知,并反映在市场价值中。只有意外汇率变化或无效外汇市场才会导致市场价值的变化。
- 从更广泛的宏观经济角度来看,经营风险不仅是公司未来现金流对意外汇率变化的敏感性,还是公司未来现金流对其他关键宏观经济变量的敏感性。这个因素被称为宏观经济不确定性。

我们在"全球金融实务12-1"中深入探讨了这一点。正如关于平价条件的第6章所述,汇率、利率和通货膨胀率之间的理论均衡往往处于不均衡状态。因此,利率和通货膨胀率(平价条件的组成部分)的意外变化也可能对未来现金流同时产生不同影响。

全球金融实务 12-1

预期贬值——福特与委内瑞拉

了解经营风险的关键是,预期汇率变化不包括在公司的经营风险中。假设是市场已将这种价值变化考虑在内。

但这个假设是合理的吗?

以福特汽车公司为例。2013年12月,福特非常公开高调地宣布其对委内瑞拉货币未来走势的预期——进一步贬值——及其对福特财务业绩的意义。在向美国证券交易委员会提交的文件中,福特报告称它在委内瑞拉投资了8.02亿美元,预期委内瑞拉玻利瓦尔对美元汇率将从6.3玻利瓦尔/美元跌至12玻利瓦尔/美元,并可能因此遭受3.5亿美元财务亏损。该公司这样说是出于某种经验。当年早些时候,当委内瑞拉将玻利瓦尔从4.3玻利瓦尔/美元贬值到6.3玻利瓦尔/美元时,它亏损了1.86亿美元。

衡量经营风险

那么,意外汇率变化对公司经营现金流的可能影响是什么?为了探讨这个问题,我们将按照不同时段（短期、中期和长期）和经济情况（价格变化、数量变化和结构变化）对可能的影响进行分解。表12-1介绍了这种分类法。

表12-1 经营风险的调整间隔与反应

时间间隔	时间	价格变化	数量变化	结构变化
短期	少于1年	价格固定/已签订合同	数量由合同规定	没有竞争性市场变化
中期：均衡	2～5年	汇率变化全部传导	数量开始对价格有部分反应	现有竞争者开始有部分反应
中期：不均衡	2～5年	汇率变化部分传导	数量开始对价格有部分反应	现有竞争者开始有部分反应
长期	超过5年	完全灵活	完全灵活	新进入者产生威胁并改变竞争者的反应

短期。短期影响的对象是一年期经营预算内的预期现金流。损益取决于预期现金流的计价货币。它们既包括现有交易风险，也包括预期风险。现有债务甚至是隐含债务（例如购买承诺或销售承诺）的计价货币无法更改。除了实际债务或隐含债务以外，在短期内也很难改变售价或重新协商要素成本。因此，实际现金流将与预算中的预期现金流不同。但是，随着时间的推移，价格和成本可能会变化，以反映汇率变化导致的新的现实竞争状况。

中期：均衡。中期影响的对象是预期中期现金流，例如2～5年预算中的现金流，假设汇率、国家通货膨胀率和国家利率之间存在平价条件。在均衡条件下，公司应能逐渐调整价格和要素成本，以维持预期现金流水平。在这种情况下，预期现金流的计价货币不像现金流来源国那么重要。一国的货币政策、财政政策和国际收支政策决定了是否存在均衡条件以及公司是否可以调整价格和成本。

如果持续存在均衡，且公司可以自由调整价格和成本以维持其预期竞争地位，则经营风险可能为零。由于汇率变化在预料之中，因此其预期现金流将会实现，从而使市场价值保持不变。但是，也有可能存在均衡条件，但公司不愿意或无法调整经营以适应新的竞争环境。在这种情况下，公司将面临经营风险，因为其实际现金流将不同于预期现金流。因此，其市场价值也可能发生变化。

中期：不均衡。假设在不均衡条件下，中期影响的对象是预期中期现金流。在这种情况下，公司可能无法调整价格和成本以反映汇率变化导致的新的现实竞争状况。主要问题可能是现有竞争对手的反应。公司的实际现金流将不同于预期现金流。由于未预期到的业绩，公司的市场价值可能发生变化。

长期。长期影响的对象是预期长期现金流，即超过5年的现金流。在这个战略层面，公司的现金流将受到现有竞争者和潜在竞争者（可能的新进入者）对非均衡条件下汇率变化的反应的影响。事实上，所有受国际竞争影响的公司，无论是纯国内公司还是跨国企业，只要外汇市场并非持续处于均衡状态，就会在长期面临外汇经营风险。

12.2 衡量经营风险：加纳多德国

图 12-3 显示了加纳多公司由于欧元（反映德国子公司经济结果的货币）价值出现意外变化而面临的两难困境。加纳多公司的大量报告利润——向华尔街报告的利润和每股利润——均来自欧洲子公司。如果欧元价值意外下跌，那么加纳多德国的业务价值将如何变化？

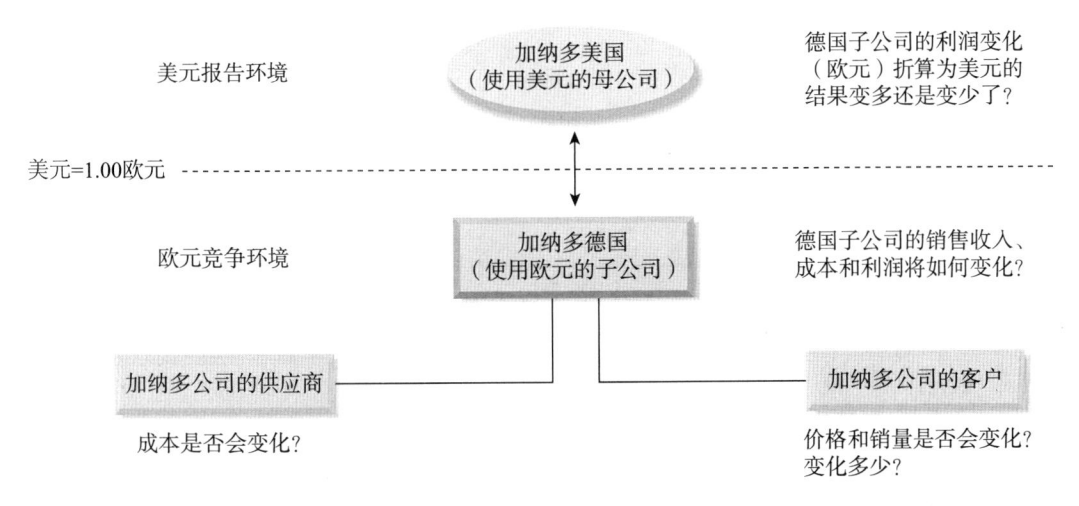

图 12-3 加纳多公司与加纳多德国

在财务上，价值就是经营现金流。如果加纳多公司希望衡量加纳多德国对意外汇率变化的经营风险，可以评估汇率变化对公司（加纳多德国）经营现金流可能产生的影响。具体而言，意外汇率变化将导致经营现金流的主要影响因素——价格、成本和销量——如何变化？竞争对手的价格、成本和销量将如何变化？竞争对手将如何应对这些变化？以下部分说明了这些价值在短期和中期可能对欧元对美元的价值下跌做出什么反应（强调"可能"）。

基本案例

加纳多德国在德国生产，在国内销售和出口；所有销售交易均以欧元开具发票。表 12-2 总结了现在对 2014—2018 年期间加纳多德国的收入和经营现金流的基线预测（假设现在是 2013 年）。假设销量固定为每年 100 万单位，单位售价为 12.80 欧元，单位直接成本为 9.60 欧元。德国的企业所得税税率为 29.5%，汇率为 1.20 美元/欧元。

表 12-2 加纳多德国的估值：基线分析

假设	2014	2015	2016	2017	2018
销量（单位）	1 000 000	1 000 000	1 000 000	1 000 000	1 000 000
单位售价（欧元）	12.80	12.80	12.80	12.80	12.80

续表

假设	2014	2015	2016	2017	2018
单位直接成本（欧元）	9.60	9.60	9.60	9.60	9.60
德国企业税税率（%）	29.5	29.5	29.5	29.5	29.5
汇率（美元/欧元）	1.200 0	1.200 0	1.200 0	1.200 0	1.200 0
利润表					
销售收入（欧元）	12 800 000	12 800 000	12 800 000	12 800 000	12 800 000
直接销货成本（欧元）	−9 600 000	−9 600 000	−9 600 000	−9 600 000	−9 600 000
现金经营费用（固定，欧元）	−890 000	−890 000	−890 000	−890 000	−890 000
折旧（欧元）	−600 000	−600 000	−600 000	−600 000	−600 000
税前利润（欧元）	1 710 000	1 710 000	1 710 000	1 710 000	1 710 000
所得税费用（欧元）	−504 450	−504 450	−504 450	−504 450	−504 450
净收入（欧元）	1 205 550	1 205 550	1 205 550	1 205 550	1 205 550
用于估值的现金流					
净收入（欧元）	1 205 550	1 205 550	1 205 550	1 205 550	1 205 550
加回折旧（欧元）	600 000	600 000	600 000	600 000	600 000
净营运资本变化（欧元）	0	0	0	0	0
用于估值的自由现金流（欧元）	1 805 550	1 805 550	1 805 550	1 805 550	1 805 550
经营现金流（美元）	2 166 660	2 166 660	2 166 660	2 166 660	2 166 660
现值@15%（美元）	7 262 980				

注：为了简化分析，我们假设加纳多德国没有债务，因此没有利息费用。我们还假设在所示5年中不要求增加资本支出。我们还假设没有期终价值；加纳多公司仅根据未来5年的预期现金流进行估值。由于销售收入是固定的，因此在基本案例中不要求增加净营运资本。在接下来的情景中，假设应收账款的收款日期为销售后45天，存货期限为产生销货成本后10天，应付账款的付款日期为购买后38天。

这些假设产生的销售收入为 12 800 000 欧元，净收入为 1 205 550 欧元。将净收入与折旧和净营运资本变化（在基本案例中为零）相加，得到 1 805 550 欧元的经营现金流，以 1.20 美元/欧元的汇率折算为 2 166 660 美元。加纳多公司的管理层通过计算未来5年这些自由现金流总额的现值（假设贴现率为15%）来为其子公司估值。通过基线分析，得出加纳多德国的现值为 7 262 980 美元。

2014年1月1日，在商业活动开始之前，欧元从 1.200 0 美元/欧元意外跌至 1.000 0 美元/欧元。经营风险取决于意外汇率变化是否会导致销量、售价或经营成本出现意外变化。在欧元贬值之后，加纳多德国可能选择保持以欧元计价的国内售价不变，也可能尝试提高国内价格，因为现在欧洲的竞争进口产品价格更高。该公司可能选择保持以外币、欧元或其他某种货币（部分传导）计价的出口价格不变。所采取的策略在很大程度上取决于管理层对需求价格弹性的看法，其中还包括管理层对竞争对手反应的评估。在成本方面，加纳多德国可能提高价格，原因可能是进口原材料或零部件涨价，也可能是德国的所有国内价格均有所上涨，劳动力现在要求提高工资以弥补国内通货膨胀。

加纳多德国的国内销售收入和成本也可能部分取决于欧元贬值对需求的影响。如果欧元贬值刺激人们购买经济中进口竞争部门的欧洲商品，也使德国商品的价格最初更具竞争力而刺激德国商品出口，那么德国的国民收入应该增加。这假设欧元贬值对比较价格的有利影响不会立即被升高的国内通货膨胀率抵消。因此，加纳多德国可能由于价格和收入的影响而在国内销售更多商品，并可能由于价格影响而在国际上销售更多商品。

为了说明欧元贬值后各种情况对加纳多德国经营风险的影响，请考虑四种简单情况。

情况1：贬值（所有变量保持不变）。
情况2：销量增加（其他变量保持不变）。
情况3：售价上涨（其他变量保持不变）。
情况4：售价、成本和销量增加。

为了计算每种情景下的价值变化，我们将考察五年期内美元/欧元汇率变化引起的现金流变化。

情况1：欧元贬值——所有变量保持不变

假设在未来五年内销量、售价或经营成本不会发生变化。未来一年的欧元利润将和预期相同，经营现金流仍为1 805 550欧元。净营运资本（应收账款加上存货减去应付账款）没有变化，因为所有欧元业绩保持不变。然而，汇率变化意味着以美元计价的经营现金流降至1 805 550美元。这一系列经营现金流的现值为6 052 483美元，加纳多德国的价值——以美元计价——下降了1 210 497美元。

情况2：销量增加——其他变量保持不变

假设在欧元贬值后，欧洲的销量增加了40%，达到1 400 000单位（假设其他所有变量保持不变）。现在，贬值使德国制造的电信零部件与进口产品相比更具竞争力。此外，因为现在德国制造的零部件比货币没有贬值的国家更便宜，因此出口量增加。以欧元计价的售价保持不变，因为加纳多德国的管理层没有观察到德国当地经营成本出现任何变化，也因为它看到了增加市场份额的机会。

加纳多德国的净收入升至2 107 950欧元，在净营运资本一次性增加203 397欧元（使用一部分增加的现金流）后，第一年的经营现金流增至2 504 553欧元。在接下来四年中，年经营现金流为2 707 950欧元。加纳多德国的现值比基线分析得出的价值增加了1 637 621美元，达到8 900 601美元。

情况3：售价上涨——其他变量保持不变

假设欧元售价从每单位12.80欧元升至每单位15.36欧元，以保持美元价格不变（这一变化抵消了欧元贬值的影响），其他所有变量保持不变。

	涨价前	涨价后
欧元价格（欧元）	12.80	15.36
汇率（美元/欧元）	1.20	1.00
美元价格（美元）	15.36	15.36

同时假设，尽管价格上涨，但销量保持不变（基线分析中的 1 000 000 单位）；也就是说，客户希望支付相同的美元价格，而本地成本没有变化。

由于钉住国际价格水平的售价上涨，因此欧元贬值后加纳多德国的情况将变得更好。销量也没有下降。年净收入增至 3 010 350 欧元，2014 年的经营现金流增至 3 561 254 欧元（营运资本增加 49 096 欧元后），未来四年每年将增加 3 610 350 欧元。加纳多德国的价值现已增至 12 059 761 美元。

情况 4：售价、成本和销量增加

如表 12-3 所示，我们分析的最后一个案例是不同可能结果的组合。价格上涨 10% 至 14.08 欧元，单位直接成本上涨 5% 至 10.00 欧元，销量上升 10% 至 1 100 000 单位。收入增加超过成本，加纳多德国的净收入增至 2 113 590 欧元。2014 年的经营现金流增至 2 623 683 欧元（在净营运资本增加之后），并且在接下来四年中每年增加 2 713 590 欧元。现在加纳多德国的现值为 9 018 195 美元。

表 12-3 加纳多德国：情况 4——售价、成本和销量增加

假设	2014	2015	2016	2017	2018
销量（单位）	1 100 000	1 100 000	1 100 000	1 100 000	1 100 000
单位售价（欧元）	14.08	14.08	14.08	14.08	14.08
单位直接成本（欧元）	10.00	10.00	10.00	10.00	10.00
德国企业税税率（%）	29.5	29.5	29.5	29.5	29.5
汇率（美元/欧元）	1.000 0	1.000 0	1.000 0	1.000 0	1.000 0
利润表					
销售收入（欧元）	15 488 000	15 488 000	15 488 000	15 488 000	15 488 000
直接销货成本（欧元）	−11 000 000	−11 000 000	−11 000 000	−11 000 000	−11 000 000
现金经营费用（固定，欧元）	−890 000	−890 000	−890 000	−890 000	−890 000
折旧（欧元）	−600 000	−600 000	−600 000	−600 000	−600 000
税前利润（欧元）	2 998 000	2 998 000	2 998 000	2 998 000	2 998 000
所得税费用（欧元）	−884 410	−884 410	−884 410	−884 410	−884 410
净收入（欧元）	2 113 590	2 113 590	2 113 590	2 113 590	2 113 590
用于估值的现金流					

续表

假设	2014	2015	2016	2017	2018
净收入（欧元）	2 113 590	2 113 590	2 113 590	2 113 590	2 113 590
加回折旧（欧元）	600 000	600 000	600 000	600 000	600 000
净营运资本变化（欧元）	−89 907	0	0	0	0
用于估值的自由现金流（欧元）	2 623 683	2 713 590	2 713 590	2 713 590	2 713 590
经营现金流（美元）	2 623 683	2 713 590	2 713 590	2 713 590	2 713 590
现值@15%（美元）	9 018 195				

其他可能性

如果任何一部分销售收入都以其他货币标价，情况将有所不同。加纳多德国可能保持国外售价不变，实际上提高了欧元价格。或者，它也可以保持欧元价格不变，从而降低国外售价以增加销量。当然，它也可以采取这两个极端做法之间的做法。根据弹性和国外销售收入与国内销售收入之比，总销售收入可能上升，也可能下降。

如果部分或全部原材料或零部件均以硬通货（公认价值将保持不变的全球货币，例如欧元、美元和日元）进口和支付，那么欧元贬值后的欧元经营成本将会增加。另一种可能性是，欧元贬值后，本地（非进口）欧元成本将上升。

亏损的衡量

表 12-4 总结了欧元价值瞬间永久从 1.20 美元/欧元变为 1.00 美元/欧元时，我们的几种简单情况下加纳多德国的价值变化。这些情况通过衡量子公司价值（未来五年的经营现金流现值）变化来估算加纳多德国的经营风险。

表 12-4 相对于欧元贬值的加纳多德国的价值变化总结

情况	汇率（美元/欧元）	价格（欧元）	销量（单位）	成本（欧元）	价值（美元）	价值变化（美元）	价值变化率（%）
基线	1.20	12.80	1 000 000	9.60	7 262 980	—	—
1：无变量发生变化	1.00	12.80	1 000 000	9.60	6 052 483	(1 210 497)	−16.7
2：销量增加	1.00	12.80	1 400 000	9.60	8 900 601	1 637 621	22.5
3：售价上涨	1.00	15.60	1 000 000	9.60	12 059 761	4 796 781	66.0
4：售价、成本和销量增加	1.00	14.08	1 100 000	10.00	9 018 195	1 755 215	24.2

在情况 1 中，欧元贬值（所有变量保持不变），加纳多德国子公司的价值下降幅度为汇率变化率。在情况 2 中，由于价格竞争力提高，销量增加了 40%，德国子公司的价值增

加了22.5%。在情况3中，汇率变化完全传导并转化为售价升高，结果是子公司价值大幅增加了66.0%。最后一种情况，即情况4，结合了所有三个收入影响因素的增长。由此得出的子公司价值变化率24.2%可能逼近"现实结果"，但显然存在无限多种可能性，子公司的管理团队应该能缩窄这些可能性。最后，尽管衡量经营风险确实很困难，但在先进的财务管理中并非不可能——而且可能值得花时间和精力。

12.3 经营风险的战略管理

　　管理经营风险和交易风险的目的是预测和影响意外汇率变化对公司未来现金流的影响，而不仅仅是希望获得最好结果。为了实现这一目标，管理层可以改变公司的经营政策和融资政策，或者使公司的经营结构和融资结构多元化。"全球金融实务12-2"强调了对管理意识的挑战之一——固定汇率。

　　在战略层面管理经营风险的关键是管理层在发生平价条件不均衡时识别出这种不均衡，并预先准备好做出适当反应。如果一家公司在国际上实现经营多元化和融资多元化，就能最好地完成这项任务。经营多元化意味着销售、生产工厂地点和原材料来源多元化。融资多元化意味着在多个资本市场中筹集多币种资金。

　　多元化战略允许公司根据管理层的风险偏好主动或被动地应对外汇市场、资本市场和产品市场中的不均衡条件提供的机会。这种策略不需要管理层预测不均衡，而只需要在发生不均衡时识别它。它确实需要管理层考虑竞争对手如何根据自身的经营风险预先进行准备。这种信息将揭示出在不同的不均衡情景下，哪些公司将受益，哪些公司将受损。

全球金融实务 12-2

固定汇率是否会增加新兴市场中公司的外汇风险？

　　长期以来人们一直认为，当公司认为汇率不会变化时，例如当某国货币与某种主要全球货币实行官方固定汇率且已经固定了相当长一段时期时，它们在这个国家开展业务时就会认为没有外汇风险。正如一项关于印度外汇风险的研究指出的："这些结果支持这样一种假设，即钉住汇率会导致道德风险并增加金融脆弱性。"

　　道德风险是指一方——代理人、个人或公司——知道或相信对方将处理、消化或预防公司风险承担行为的负面影响时，将承担更多风险。换言之，当某家公司知道其他方会承担成本时，可能会容忍更多风险。在固定汇率制或管理汇率制中，"其他方"就是中央银行，中央银行告诉所有承担交叉货币合同义务和风险的公司，汇率不会变化。

　　尽管对多数新兴市场来说仍然缺少关于这种具体实务的研究，但随着许多新兴市场成为主要新国际资本流动的目标——所谓的金融全球化，它可能在未来成为一个重要的问题。如果这些市场中的商业公司意识不到本国敞开大门允许国际资本流出和流入所可能承担的风险以及这些资本流动可能对该国汇率产生的影响，那么这些公司就可能出现财务动荡。

多元化经营

多元化经营是预先使公司准备好管理经营风险的一种结构性战略。假设购买力平价暂时处于不均衡状态。尽管不均衡可能是无法预测的,但一旦发生不均衡,管理层通常就会识别出其征象。例如,管理层可能会注意到该公司位于不同国家的工厂的比较成本发生变化,或者观察到不同国家市场之间的销量此消彼长。

识别出全球竞争环境的变化使管理层能改变经营战略。管理层可能在原材料、零部件或产成品采购上做出微调。如果存在闲置生产能力,则可能在一个国家增加生产,在另一个国家减少生产。在企业产品的价格竞争力由于不均衡条件而增强的出口市场中,营销活动可能加强。除了识别这种变化之外,正如"全球金融实务12-3"所述,另一个挑战是了解变化是暂时性的还是半永久性的。

全球金融实务 12-3

英国与欧洲:跨海峡汇率变化

英国最大的贸易伙伴是欧盟,尽管双方多年来的关系一直密不可分,但英国最近退出欧盟的决定在许多方面并不令人意外。英国从未加入欧元区,保持独立的货币——英镑,以及制定本国货币政策和货币的相关能力一直是英国自豪感和独立性的基本支柱。但这种独立性是有代价的——它可以被称为跨海峡(英吉利海峡)汇率变化。

跨海峡汇率变化年代

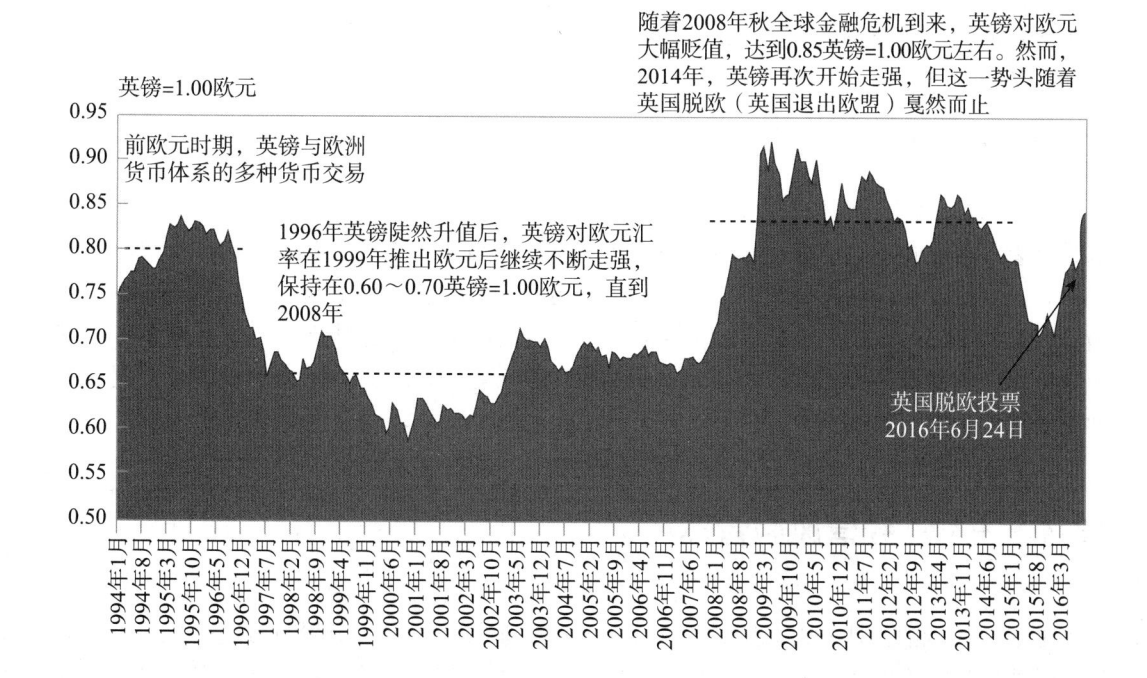

英镑=1.00欧元

前欧元时期,英镑与欧洲货币体系的多种货币交易

1996年英镑陡然升值后,英镑对欧元汇率在1999年推出欧元后继续不断走强,保持在0.60~0.70英镑=1.00欧元,直到2008年

随着2008年秋全球金融危机到来,英镑对欧元大幅贬值,达到0.85英镑=1.00欧元左右。然而,2014年,英镑再次开始走强,但这一势头随着英国脱欧(英国退出欧盟)戛然而止

英国脱欧投票 2016年6月24日

在过去 20 年里，英镑和欧元（欧元正式诞生之前即欧洲货币单位）之间的相对强弱至少经历了三个不同的汇率时代。在推出欧元之前，是"英镑相对弱势"时期。但在 1996 年，情况发生了巨大变化——英镑汇率从大约 0.80 英镑＝1.00 欧元变为 0.65 英镑＝1.00 欧元，这种转变持续了十多年。在此期间，欧洲大陆上的所有英国商品都变得相对昂贵。英国的出口价格竞争力明显下降，而欧洲对英国的出口则以英国为代价受益。正如全球多次出现的情况一样，这种基本贸易条件转变改变了国民经济基本面。人们都在猜测下一个时代或下一个周期是什么样子。但是，不管政治组织如何兴衰，欧盟成员国之间的关系如何变化，英吉利海峡两岸跨国企业之间的经济联系是不可否认的。"跨海峡汇率变化"就是正在进行的经营风险管理。

即使管理层在汇率变化时没有积极改变正常运营，公司也应受益于投资组合效应。由于生产、采购和销售的国际多元化，其现金流波动性可能会下降，因为在非均衡条件下的汇率变化可能增加公司在某些市场上的竞争力，同时降低公司在另一些市场上的竞争力。在这种情况下，经营风险将被中和。与实现国际多元化的跨国企业相比，即使纯国内公司没有外汇现金流，也可能受到外汇风险的全面影响。例如，它在国内市场上可能遇到在币值低估的国家进行生产的竞争公司的激烈进口竞争。

纯国内公司不能选择以与跨国企业相同的方式对国际不均衡条件做出反应。事实上，一家纯国内公司甚至意识不到存在不均衡，因为它缺乏来自内部的比较数据。到它可以使用外部数据时，做出反应往往为时已晚。即使一家国内公司识别出这种不均衡，它也不能迅速将生产和销售转移到之前没有进入的外国市场。

一些约束可能限制了生产地点多元化的可行性。特定行业的技术可能需要大型规模经济。例如，像英特尔这样的高科技公司更愿意选址在能轻松接触到高科技供应商、有受过高等教育的劳动力以及一所或多所一流大学的地方。其研发工作与最初的生产和销售活动密切相关。

多元化融资

如果一家公司令融资来源多元化，它将事先准备好利用与国际费雪效应的暂时偏离。如果利差不等于预期汇率变化，则存在降低公司资本成本的机会。然而，为了能转变融资来源，公司必须在国际投资界广为人知，并与银行建立稳固关系。同样，国内公司通常没有这种选择。正如我们将在第 13 章中说明的，无论计价货币是什么，多元化融资来源都可以降低公司的资本成本并增加其资本可得性。从分割市场以外获取资金的能力对处于新兴市场的公司尤为重要。

12.4　主动的经营风险管理

通过采用抵消预期外汇风险的经营政策或融资政策，可以部分管理经营风险和交易风险。五种最常用的主动政策是：(1) 匹配外汇现金流；(2) 风险分担协议；(3) 背靠背贷款或平行贷款；(4) 交叉货币互换；(5) 合约方法。

匹配外汇现金流

抵消预期持续存在的长期特定外汇风险的一种方法是举借以该外汇计价的债务。图12-4介绍了一家持续向加拿大出口的美国公司的风险。为了在加拿大市场上有效竞争,该公司以加拿大元对所有出口产品开发票。该政策导致该公司每月持续收到加拿大元。如果出口是保持供应商关系的一部分,则加拿大元多头相对可预测且保持不变。正如第9章所述,这种无穷尽的一系列交易风险当然可以通过远期合约或其他合约对冲进行持续对冲。

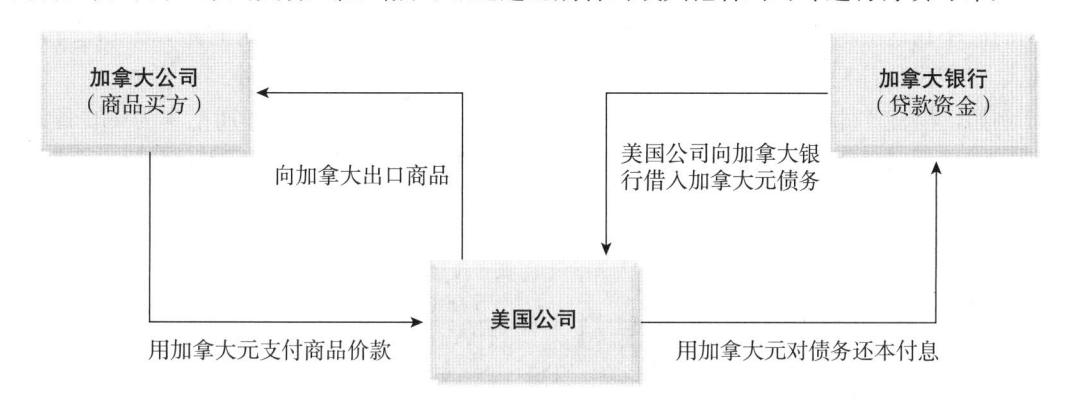

风险:向加拿大出售商品产生了来自加拿大元流入的外汇风险。
对冲:偿付加拿大元债务起到了金融对冲的作用,因为偿债是加拿大元流出。

图12-4 作为金融对冲的债务融资

但是,如果该公司为其持续流入的加拿大元找到了持续用途(这是现金流出)呢?如果这家美国公司要在加拿大元市场上获得部分债务资金,它可以使用出口产生的相对可预测的加拿大元现金流入偿还加拿大元债务的本金和利息,并使现金流相匹配。这家美国公司通过创造财务现金流出来对冲经营现金流入,因此它不必用合约金融工具(例如远期合约)主动管理风险。当风险现金流相对固定且可预测时,这种形式的对冲(有时称为匹配)可以有效消除外汇风险。

可供采用的匹配策略几乎无穷无尽。第二种选择是这家美国公司寻找加拿大的潜在材料或零部件供应商,以替代向美国或其他外国公司的采购。然后,该公司将既拥有加拿大元经营现金流入——应收账款,又拥有加拿大元经营现金流出——应付账款。如果现金流的大小和时间大致相同,那么这种策略就是自然对冲,"自然"指的是基于经营的活动。

第三种替代方案通常称为货币转换,它是指向外国供应商支付加拿大元。例如,如果一家美国公司从墨西哥进口零部件,那么墨西哥公司本身可能会欢迎以加拿大元付款,因为它们在其跨国现金流网络中持有加拿大元空头。

风险分担协议

对于有持续买方-供应商关系的公司,管理其长期现金流风险的另一种安排是风险分担协议。风险分担协议是一种合同安排,其中买方和卖方同意"分担"或分割汇率变化对彼此之间的支付的影响。如果这两家公司对基于产品质量和供应商可靠性的长期关系而不是外汇市场的变幻无常感兴趣，它们就可能需要一份分担外汇风险的合作协议。

如果福特的北美公司长年累月地从马自达（日本）进口汽车零部件，那么大幅汇率波动可能使一方受益而使另一方受损。（福特当时是马自达的股东，但不控制马自达的经营。因此，风险分担协议尤为合适；两者之间的交易本质上既是公司间交易，又是公司内交易。风险分担协议巩固了合伙关系。）

一个可能的解决方案是福特和马自达达成协议，例如，只要开票日期的即期汇率在 115 日元/美元和 125 日元/美元之间，福特就按当前汇率用日元支付所有买价。如果付款日期的汇率在这些值之间，福特就同意接受任何存在的交易风险（因为它是以外币支付）。但是，如果付款日期的汇率超出该范围，福特和马自达将平均分担差额。

例如，福特 3 月的应付账款为 25 000 000 日元。如果开票日期的即期汇率为 110 日元/美元，则日元对美元升值，导致福特购买汽车零部件的价格上升。由于该汇率超出合同范围，因此马自达将同意接受用日元支付全部款项，导致 5 日元/美元（=115 日元/美元－110 日元/美元）的差额。福特支付的金额如下：

$$\frac{25\ 000\ 000\ \text{日元}}{115.00\ \text{日元/美元} - \frac{5.00\ \text{日元/美元}}{2}} = \frac{25\ 000\ 000\ \text{日元}}{112.50\ \text{日元/美元}} = 222\ 222.22\ \text{美元}$$

在没有风险分担协议的情况下，当即期汇率为 110 日元/美元时，福特 3 月的成本为 227 272.73 美元。然而，在有风险分担协议的情况下，福特使用 112.50 日元/美元的汇率计算支付金额，支付金额为 222 222.22 美元。风险分担协议为福特节省了 5 050.51 美元（节省的这笔金额降低了成本增加额，而不是真正降低了成本）。因此，双方都会因超出规定范围的汇率变化而产生成本和收益。请注意，如果即期汇率变为 130 日元/美元，那么这种变化很容易对马自达有利。

风险分担协议旨在平滑波动和不可预测的汇率变化对双方的影响。当然，当一种货币相对于另一种货币持续升值时，需要通过谈判达成新的风险分担协议，但协议的最终目标是减轻对持续商业关系的汇率压力。

这种风险分担协议已在世界市场上使用了将近 50 年。20 世纪 60 年代，当《布雷顿森林协定》下的汇率相对稳定时，它们变得罕见。但随着 20 世纪 70 年代浮动汇率制的回归，拥有跨国长期客户-供应商关系的公司重新采用了保持互利长期贸易的某些传统方法。"全球金融实务 12-4"介绍了美国的哈利-戴维森（Harley-Davidson）公司如何使用风险分担协议。

全球金融实务 12-4

对冲生猪交易：哈利-戴维森公司的风险分担协议

哈利-戴维森（美国）是一家有代表性的公司，它集中进行生产（全部在美国生产，成本以美元表示），并在全球销售（销售收入主要为美元、欧元、澳大利亚元和日元）。因此，外国经销商向哈利-戴维森购买产品并以当地货币在当地市场出售。外国经销商需要确保稳定的产品成本——向哈利-戴维森（美国）购买生猪的可预测当地货币价格——以便在国内提供稳定和有竞争力的价格。只要该期间的即期汇率保持在中性区内，哈利-戴维森公司就有责任管理其公司层面产生的外汇风险。如果在此期间即期汇率进入分担区，则定价中使用的汇率将进行调整以平均"分担"汇率变化。如果在此期间即期汇率超出分担区，进入重新谈判区，则哈利-戴维森公司将与外国经销商共同确定新的未来中心汇率。

背靠背贷款或平行贷款

背靠背贷款是指两个不同国家的商业公司在特定时期内借入彼此货币的安排，也称为平行贷款或信用互换。在约定的终止日期，它们将返还借款货币。这种操作在外汇市场之外进行，但即期汇率报价可用作确定待互换金额的参考汇率。这种互换产生了防止汇兑亏损的抛补对冲，因为每家公司的表内借款货币都与偿债货币相同。当投资在两国之间的转移实际受到法律限制或预期将受到法律限制时，也会使用背靠背贷款。

典型背靠背贷款的结构如图 12-5 所示。一家希望向荷兰子公司投资的英国母公司找到了一家希望在英国投资的荷兰母公司。英国母公司完全避开外汇市场，向英国的荷兰子公司贷出英镑，而荷兰母公司则向荷兰的英国子公司贷出欧元。按照规定期限，这两笔贷款以当前即期汇率计算的价值相等。到期时，这两笔独立的贷款将分别偿还给初始贷款人，同样无须使用外汇市场。这两笔贷款都没有外汇风险，且因为不属于获取外汇用于投资，所以无须相关政府监管机构的批准。

背靠背贷款不需要母公司担保，因为当另一笔贷款违约时每笔贷款都有抵消权。如果两国之间的即期汇率发生变化，可以用另一种协议维持本金平价。例如，如果 30 天内的英镑跌幅超过 6%，那么英国母公司可能决定向荷兰子公司发放更多英镑贷款，以使这两笔贷款的本金回归平价。如果欧元走弱，类似规定将保护英国子公司。虽然这种平价条款可能导致各方在协议期间必须贷出的本币金额发生变化，但它不会增加外汇风险，因为到期时所有贷款都将以贷款货币偿还。

广泛使用背靠背贷款存在两个基本障碍。第一，公司很难找到货币、金额和时间都符合需求的合作对象（称为交易对手）。第二，存在一方未能在规定到期日归还借款的风险——尽管这种风险被最小化，因为贷款各方实际上都有 100% 的抵押品，只不过币种不同。这些缺点导致了交叉货币互换的快速发展和广泛使用。

1. 英国公司希望对其荷兰子公司投资
2. 英国公司找到一家希望对其英国子公司投资的荷兰公司

```
英国母公司                              荷兰母公司
   |   \                              /   |
英镑直   \        间接融资           /   欧元直
接贷款    \                        /    接贷款
   ↓      \                      /      ↓
荷兰公司的                              英国公司的
 英国子公司                              荷兰子公司
```

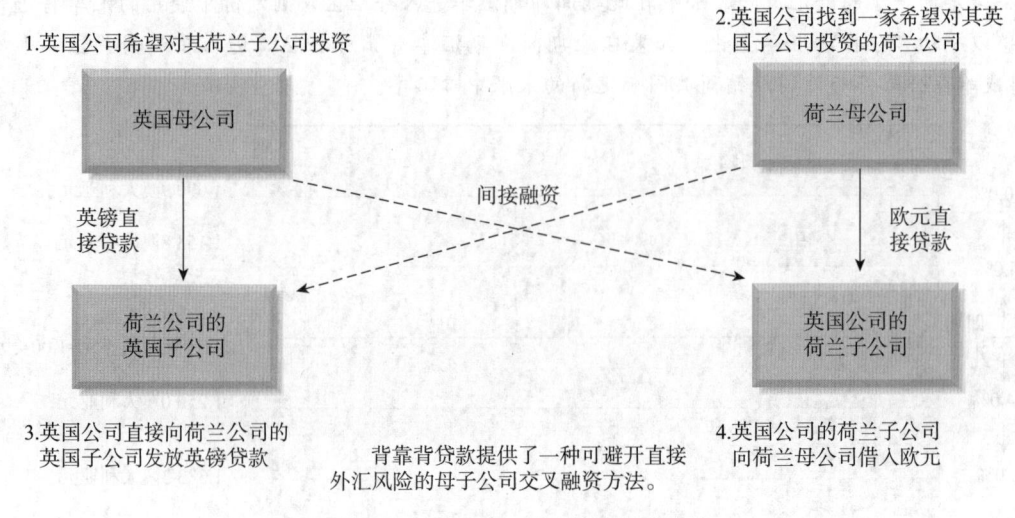

3. 英国公司直接向荷兰公司的英国子公司发放英镑贷款

背靠背贷款提供了一种可避开直接外汇风险的母子公司交叉融资方法。

4. 英国公司的荷兰子公司向荷兰母公司借入欧元

图 12-5　用于外汇对冲的背靠背贷款

交叉货币互换

　　交叉货币互换类似于背靠背贷款，除了它不出现在公司的资产负债表上。正如第 8 章所述，国际金融中以多种方式使用互换一词，应注意辨别特定情况下的确切用法。在货币互换中，公司和互换交易商（或互换银行）同意在规定时期内交换相同金额的两种不同货币。在某些情况下，协商达成的货币互换期限最长可达 30 年。互换交易商或互换银行在签订互换协议时充当中间人。

　　典型的货币互换首先要求两家公司在其为人熟知的市场上以相应货币借款。例如，一家日本公司通常会在本国市场上定期借入日元。然而，如果这家日本公司出口到美国并赚取美元收入，那么它可能希望建立匹配的现金流对冲以便用赚取的美元定期偿还美元债务。然而，如果这家日本公司在美国金融市场上并不为人熟知，它就可能无法借入美元债务。

　　实际上，这家日本公司借入美元的一种方式是参与交叉货币互换，如图 12-6 所示。该公司可以将其日元偿债支付与另一家用美元偿还债务的公司进行互换。这种互换将使日本公司"支付美元"和"收取日元"。于是，这家日本公司将在没有实际借入美元的情况下偿还美元债务。同时，一家美国公司实际上将在相反方向进行交叉货币互换——"支付日元"和"收取美元"。互换交易商扮演中间人的角色。

　　互换交易商以盲目方式安排大多数互换交易，这意味着发起公司不知道互换安排的另一方——交易对手——是谁。发起公司将交易商或银行视为交易对手。由于互换市场由全球主要货币中心的银行主导，因此交易对手风险被认为是可以接受的。由于互换交易商的业务是安排互换，因此交易商通常可以安排所需互换的币种、金额和时间。美国的会计师将货币互换视为外汇交易而非债务，并且他们将日后反向互换的义务视为远期外汇合约。（这种处理反映了互换的基本原则——它们不是资本来源，而是偿债货币和利率的交换。）远期外汇合约可以与资产相匹配，但它们出现在公司的资产负债表附注而不是资产负债表科目中。结果是避免了折算风险和经营风险，资产负债表上既没有长期应收账款也没有长

370

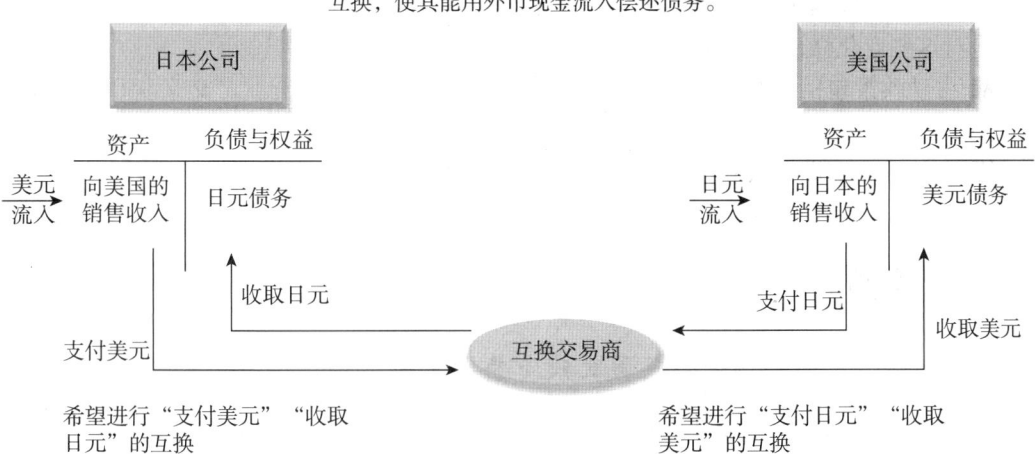

图 12-6 使用交叉货币互换

期债务。

合约方法：对冲不可对冲风险

一些跨国企业现在试图通过合约策略对冲经营风险。许多像默克（美国）这样的公司持有长期外汇期权头寸——旨在抵消不利汇率变化导致的收入亏损。这种对冲被许多公司称为战略风险对冲或竞争风险对冲，它似乎公然挑战了传统理论。

公司对冲"不可对冲风险"的能力取决于可预测性：（1）公司未来现金流的可预测性；（2）公司竞争对手对汇率变化的反应的可预测性。尽管许多公司的管理层可能认为他们能预测自己的现金流，但实际上很少有人认为自己能准确预测竞争对手的反应。许多公司仍然发现很难及时衡量风险。

默克是管理层自认为同时具备两种能力的公司之一。由于制药行业的产品利基性质，该公司拥有相对可预测的长期收入流。作为一家出口到外国市场的美国出口商，其市场上的产品销售水平相对可预测且价格通常由政府监管，因此默克可以准确预测未来 5~10 年的净长期外币现金流。默克拥有相对非多元化的经营结构，并且进行研发和产生生产成本的地点高度集中。默克公司的管理者认为，如果要应对长期意外汇率变化，除了合约对冲之外，公司没有真正的替代方案。默克购买了外币与美元的场外市场交易长期看跌期权以防范汇率变化可能导致的收入亏损。

用合约对冲对冲经营风险的真实效果仍然是一个重要问题。事实是，即使考虑了对汇率变化的担忧和看跌期权头寸的报酬，该公司的竞争力仍然受到了不利影响。购买这种大型看跌期权头寸所需的资本支出本来有可能用于多元化经营，从长远来看，后者可能会更有效地维持公司的全球市场份额和国际竞争力。

要点总结

■ 经营风险衡量了意外汇率变化引起的未来经营现金流变化导致的公司价值变化。

- 管理经营风险的经营策略强调公司的经营结构,以创建按币种匹配的现金流。
- 经营风险管理的目的是预测和影响意外汇率变化对公司未来现金流的影响,而不是被迫对这些变化做出被动反应。
- 主动政策包括匹配外汇现金流、风险分担协议、背靠背贷款、交叉货币互换和合约方法。
- 合约方法(即期权和远期)偶尔会被用来对冲经营风险,但成本高昂且可能无效。

迷你案例

英国脱欧与劳斯莱斯[①]

劳斯莱斯表示,该公司"将继续在英国经营,这里是我们的总部,我们直接聘用了超过 23 000 名出色的敬业员工,并在这里开展绝大部分研发工作。英国的决定不会对我们的日常业务产生直接影响。"

——"'Business as usual' for Rolls-Royce as it remains on course despite Brexit,"
The Telegraph,28 June 2016.

英国人民在 2016 年 6 月决定退出欧盟——英国脱欧,这引发了关于英国众多跨国企业未来的许多问题。其中一家引人注目的跨国企业就是劳斯莱斯,它是全球首屈一指的航空发动机制造商之一。劳斯莱斯是英国的主要出口商之一,为该国贡献了约 2% 的年出口收入。在英国脱欧以及英镑急剧下跌之后,分析师试图评估英国脱欧将如何改变该公司的经营,以及该公司的领导层将如何应对。

商业对冲和外汇对冲

劳斯莱斯控股公共有限公司(Rolls-Royce Holdings PLC)是一家总部位于英国的跨国集团,为(民用和国防)航空航天、海运、核能和其他行业设计、制造和分销动力系统。[②] 该公司在伦敦证券交易所上市并且是英国富时 100(FTSE 100)指数的成分股。它是全球第二大飞机发动机制造商,2015 年收入为 137.25 亿英镑,净收入为 0.84 亿英镑。近年来,该公司几乎所有利润都来自航空航天业。

但劳斯莱斯公司有一个严重的长期结构性货币问题。虽然总部位于英国,大部分制造业务均以英镑计价,但其全球销售收入主要以美元计价。这反映了波音和空中客车等主要客户的位置和身份。正如图 A 所示,这种结构性货币错配意味着该公司存在严重的经营风险问题,在支付英镑和欧元的同时,主要收入是美元。(由于劳斯莱斯使用的许多零件、部件和子组件都采购自欧洲大陆,因此该公司也持有欧元净空头。)因为劳斯莱斯的许多销售计划均为长期计划,通常为 3~6 年,因此美元多头不仅很大,而且在一段时间内是相对可预测的。

对冲计划

劳斯莱斯的发言人简·特里(Jane Terry)在一份电子邮件声明中说:"劳斯莱斯的经营周期非常长,因此我们有一项长期对冲计划,为我们的未来现金流提供一定程度的确

[①] 2015 年©亚利桑那州立大学雷鸟全球管理学院版权所有。本案例由迈克尔·H. 莫菲特教授编写,仅用于课堂讨论,不表示有效或无效的管理。

[②] 请注意,劳斯莱斯汽车不是该公司的一部分,前者于 1973 年被出售。如今,该汽车部门归德国宝马公司所有。

定性。"

——"Rolls-Royce May Rue Long-Term Hedging Decision as Pound Plunges,"
Bloomberg.com，March 15，2013.

与大多数跨国企业一样，劳斯莱斯公司重视现金流的可预测性。为了提高英镑销售收入的可预测性，鉴于汇率波动情况，劳斯莱斯在2012年启动了一项大型——超过200亿美元——长期外汇对冲计划，其中部分头寸的久期超过六年。该对冲计划的大部分将美元收入锁定为1.60美元/英镑的平均汇率，主要使用为期6年的远期合约。

表A显示了2014年和2015年12月31日劳斯莱斯的外汇衍生产品计划状态。请注意，主要价值是售出的美元远期金额——主要换取的是英镑，但也有一些换取的是欧元和其他未指明货币。

劳斯莱斯的业务结构存在货币错配。尽管全球销售收入以美元计价，但成本仍然主要以英镑计价。

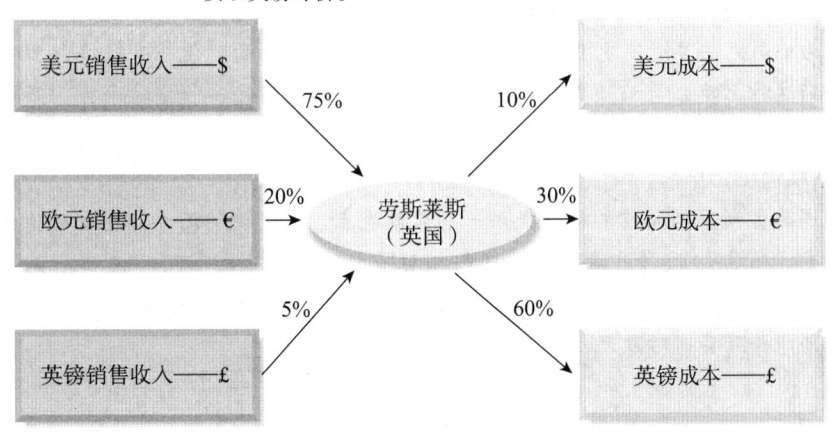

因此，它是一家有美元多头和英镑空头的跨国公司。如果美元对英镑升值，则劳斯莱斯受益。然而，如果美元对英镑贬值，则以英镑报告的销售收入、利润和现金流价值将下降。

图A 劳斯莱斯全球业务的货币结构

表A 与外汇风险相关的衍生金融工具

2015年12月31日，卖出远期货币	购买远期货币					
	英镑（百万英镑）	美元（百万英镑）	欧元（百万英镑）	其他（百万英镑）	总计（百万英镑）
英镑	0	383	0	221	604
美元	18 869	0	1 552	902	21 323
欧元	2	76	0	125	203
其他	131	12	143	2	288

2014年12月31日，卖出远期货币	购买远期货币				
	英镑（百万英镑）	美元（百万英镑）	欧元（百万英镑）	其他（百万英镑）	总计（百万英镑）
英镑	0	429	0	199	628

续表

| 2014年12月31日，卖出远期货币 | 购买远期货币 |||||
	英镑（百万英镑）	美元（百万英镑）	欧元（百万英镑）	其他（百万英镑）	总计（百万英镑）
美元	16 659	0	2 014	938	19 611
欧元	150	61	0	185	396
其他	167	9	114	10	300

资料来源：Rolls-Royce Group plc, Annual Report 2015，p. 143.

与不可预测市场的情况一样，在事后看来，对冲并不总是有利可图。2014年夏，英镑对美元开始贬值，这个变化对劳斯莱斯有利，但该公司因其锁定对冲计划而无法充分享受该变化。和以往的情况一样，锁定有保证的汇率意味着当汇率变化对公司有利时，其保护将成为一种成本，因为公司无法享受有利变化。遗憾的是，英镑对美元的贬值一直持续到2016年。

劳斯莱斯这种上市公司必须随时关注短期市场走势，同时保持长期竞争力。虽然该公司认为其长期对冲计划符合公司的长期利益，但短期内总会存在使该计划看起来是一个错误的时候（反映在短期股价变化中）。

图B试图为劳斯莱斯面临的挑战提供一些长期观点。最重要的汇率，美元对英镑汇率和欧元对英镑汇率，在过去25年中表现出不同的相对强弱时期。从图B可以看出，英镑对美元和欧元长期处于相对弱势地位。但英国脱欧公投似乎将英镑对美元价值推低至过去25年以来从未出现的水平，并且英镑对欧元价值也接近历史低点。

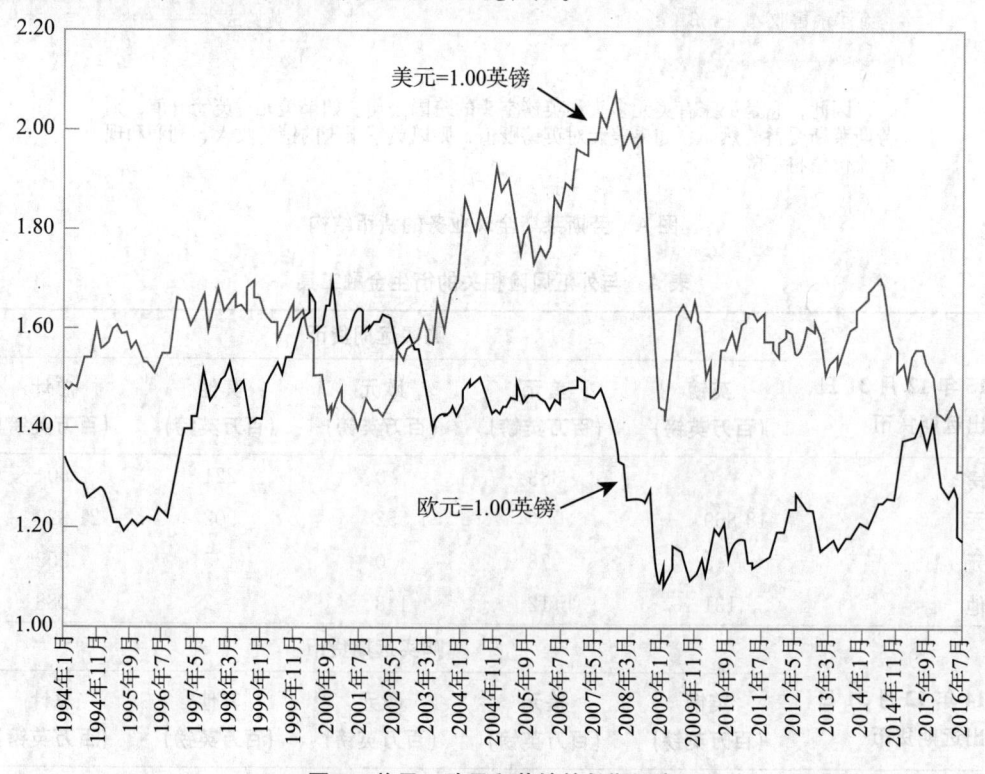

图B 美元、欧元和英镑的长期汇率

英国脱欧

> 嘿，欧洲，怎么样？最近掉了几镑？
>
> ——2016年7月伦敦酒吧窗口上的字条

英国在2016年6月投票退出欧盟，主要是基于社会和政治问题，而不是经济或金融问题。[①] 英国从未采用欧元，许多年来更倾向于保持英镑和货币政策独立。如图C所示，2016年是美元/英镑汇率相对稳定的一年，至少直到6月24日英国脱欧公投之前是如此。脱欧公投对英镑价值产生了明显的负面影响。8月，英镑对美元价值跌幅超过12%。

日期	美元=1.00英镑	变化率（%）
6月23日	1.480 1	
6月24日	1.363 3	−7.89%
8月9日	1.300 9	−12.11%

图C 2016年的美元/英镑汇率（日汇率）

但英镑走弱对劳斯莱斯来说基本上是好消息，正如脱欧公投后的股价暴涨及其上半年业绩所示（见图D）。

劳斯莱斯是少数几家在脱欧公投结果公布之日股价上涨的公司之一，分析师指出，英镑走弱使这家出口依赖公司的产品更便宜，因此更具竞争力。[②]

劳斯莱斯在英国脱欧公投后不久提交的上半年业绩与预期一致，但预期一直很低。6月下

[①] 按照官方定义，英国是一个包括英格兰、苏格兰、威士（不列颠岛的半自治区）和北爱尔兰的国家——大不列颠及北爱尔兰联合王国。

[②] "'Business as usual' for Rolls-Royce as it remains on course despite Brexit; Rolls-Royce says there will be no 'immediate impact' on it as a result of the referendum," Alan Tovey, *The Telegraph*, 28 June 2016.

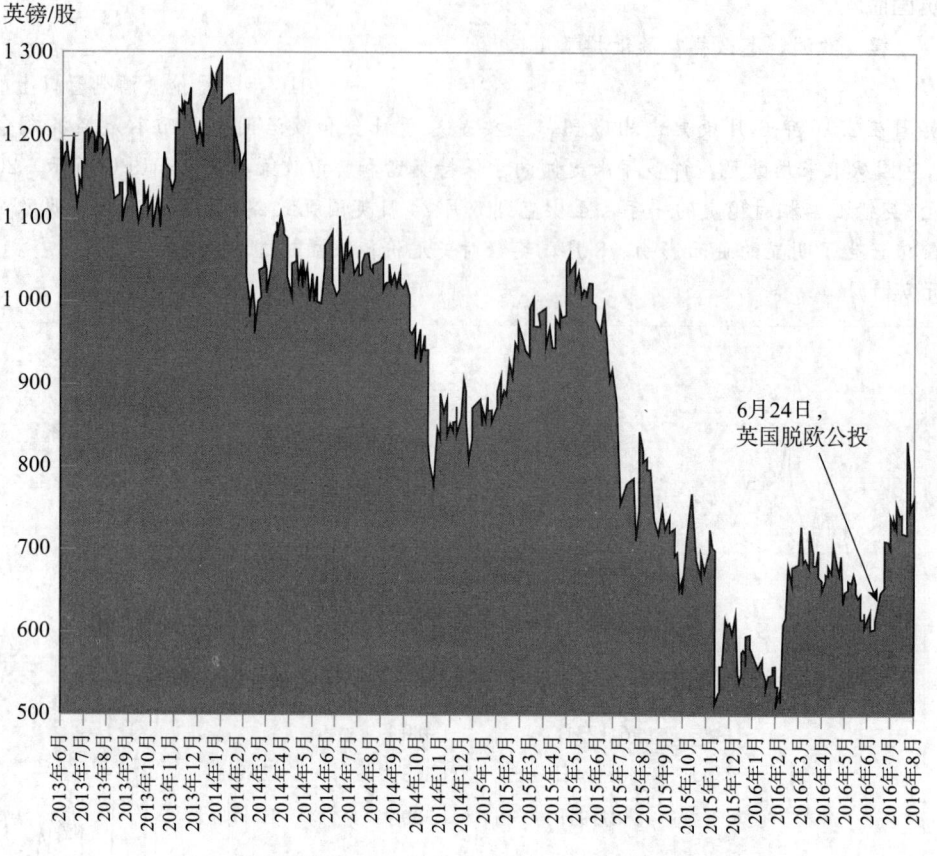

图 D　劳斯莱斯集团的股价（2013 年 6 月—2016 年 8 月）

旬，英镑对美元价值下滑，再加上大型远期合约对冲头寸，迫使该公司错失大量外汇收益。这导致该公司产生了货币对冲亏损。正如一位记者所解释的：

> 因此，劳斯莱斯的情况仍然和英国脱欧前一样。这里实际上要说的是，如果劳斯莱斯没有进行对冲，那么它将比今天多得到 20 亿英镑，但它确实做了对冲，所以它没有得到这笔钱。①

劳斯莱斯本身继续试图向市场阐明其对冲计划的前景，该计划目前的名义本金超过 300 亿美元。② 通过我们的对冲活动，我们寻求降低收入、成本和利润率的波动性。我们的对冲工具足够灵活，使我们能在短期和中期内以接近平均对冲汇率（2015 年年底约为 1.59 美元）的水平实现近 100% 的交易抛补率。从长期来看，如果英镑/美元汇率保持在目前的较低水平，我们应该能增加更多对冲并实现更低的平均汇率。由于我们的对冲账目现已超过 300 亿美元，因此英镑/美元汇率降低的影响在近期内有限。

除了汇率问题以外，英国脱欧还使劳斯莱斯面临一系列严重的长期问题——投资问题和战略问题。与其他英国公司一样，劳斯莱斯试图决定是继续投资于该公司在英国的子公司和厂房，还是转而投资于欧洲大陆。如果英国不再是欧盟成员国，总部设在英国的公司将可能被欧洲大陆市场视为外部人，引发贸易限制、监管区别、文件要求和延迟等威胁。劳斯莱斯表示，

---

① "The Mystery of Rolls Royce's Loss from Sterling's Post Brexit Slump," Tim Worstall, *Forbes*, July 25, 2016.
② *Investor Update*, Rolls-Royce Group plc, July 2016, p. 5.

该公司已经与多位部长就英国脱欧公投后亟待解决的领域举行了"高层"会谈,而空中客车的英国老板表示,他不想在与欧洲大陆的同事打交道时处理成千上万页的文件和关税。①

迷你案例问题

1. 您认为劳斯莱斯为什么长期以来一直承受这种结构性货币错配?为什么该公司没有像许多汽车公司那样,将部分制造和装配业务转移到客户所在的国家?

2. 为什么劳斯莱斯的外汇对冲表现如此糟糕?对冲不是应该保护其销售收入和利润免受汇率变化的影响吗?

3. 如果您是劳斯莱斯领导团队的成员,您会建议该公司如何管理英国脱欧产生的风险?

问题

12.1 **风险的定义**。请定义经营风险、经济风险和竞争风险。您如何看待使用不同术语背后的意义?

12.2 **经营风险与折算风险**。您认为经营风险和折算风险之间的主要区别是什么?这对私营公司的意义和对上市公司的意义相同吗?

12.3 **意外汇率变化**。为什么意外汇率变化会导致经营风险,但预期汇率变化不会?

12.4 **时间范围**。请说明用于分析和衡量意外汇率变化的时间范围。

12.5 **静态与动态**。静态风险与动态风险的例子有哪些?

12.6 **经营现金流与融资现金流**。根据金融理论,哪种现金流对公司价值更重要,融资现金流还是经营现金流?

12.7 **宏观经济不确定性**。请说明宏观经济不确定性的概念如何扩展经营风险的分析范围。

12.8 **战略反应**。经营风险和交易风险管理的目标是预测和影响意外汇率变化对公司未来现金流的影响。哪些战略政策能使管理层管理这些风险?

12.9 **管理经营风险**。在战略层面管理经营风险的关键是管理层在发生平价条件不均衡时识别出它并预先准备好做出适当反应。如何才能最好地完成这项任务?

12.10 **多元化**。跨国公司如何实现经营多元化?它如何使融资多元化?您是否认为这些是管理经营风险的有效方法?

12.11 **主动管理**。通过采用抵消预期外汇风险的经营政策或融资政策,可以部分管理经营风险。四种最常用的主动政策是什么?

12.12 **匹配外汇风险**。请说明如何用匹配外汇现金流抵消经营风险。

12.13 **风险分担协议**。对于具有持续买方-供应商关系的公司,管理它们之间的经营风险的另一种安排是风险分担协议。请说明风险分担协议的作用原理。

12.14 **背靠背贷款**。请说明背靠背贷款如何对冲外汇经营风险。公司是否会对背靠背贷款中的合作伙伴有所担心?

12.15 **货币互换**。请解释货币互换如何对冲外汇经营风险。货币互换的会计优点是什么?

12.16 **对冲不可对冲风险**。一些公司如何通过合约对冲对冲长期经营风险?为证明用合约对冲经营风险的合理性,它们做出了哪些假设?您认为这种合约对冲的效果如何?

---

① "Airbus and Rolls-Royce say UK must quickly get beneficial EU trade deals;Two of Britain's biggest manufacturers say favourable agreements have to be reached speedily to avoid jeopardising investment," Graham Ruddick, *The Guardian*, 12 July 2016.

习题

12.1 莫纳罗亚夏威夷果公司（Mauna Loa Macadamia）。莫纳罗亚夏威夷果公司是好时公司（Hershey's）的夏威夷果子公司，在夏威夷希洛岛（Hilo）的希洛火山上拥有种植园，向世界各地出口夏威夷果。日本市场是其最大的出口市场，对日本客户的年均销售收入为1 200 000 000日元。按当前汇率125日元/美元折算，相当于9 600 000美元。该公司的销售收入在全年的分布相对平均。它在莫纳罗亚公司的资产负债表上显示为250 000 000日元应收账款。每个客户的信用条款均规定付款期限为60天。月现金收入通常为100 000 000日元。莫纳罗亚公司希望对冲其日元收入，但该公司的客户和交易太多，因此卖出每笔应收账款的远期是不可行的。该公司也不想使用期权，因为该公司认为用期权来实现这个目的太昂贵了。因此，该公司决定通过借入日元来使用"匹配"对冲。该公司得到的日元借款利率报价为4.00%。

a. 莫纳罗亚公司应借入多少日元？
b. 日元贷款的支付条款应该是什么？

12.2 阿库尼亚皮革制品公司（Acuña Leather Goods）。德马吉斯特里时装公司（DeMagistris Fashion Company）的总部位于纽约，从阿库尼亚皮革制品公司进口皮衣，阿库尼亚皮革制品公司是一家可靠的长期供应商，总部位于阿根廷布宜诺斯艾利斯。支付货币为阿根廷比索。2002年1月，比索失去与美元的平价，在2002年10月贬值至4.0比索/美元。未来比索价值可能进一步下跌。由于德马吉斯特里和阿库尼亚都希望继续保持长期合作关系，因此它们达成了风险分担协议。只要开票日期的即期汇率在3.5比索/美元和4.5比索/美元之间，德马吉斯特里就将根据即期汇率付款。如果汇率超出该范围，德马吉斯特里将与阿库尼亚平均分担差额。风险分担协议将持续六个月，届时将重新评估汇率限额。德马吉斯特里承诺在未来六个月以当前即期汇率4.0比索/美元从阿库尼亚进口价款为8 000 000比索（2 000 000美元）的皮衣。

a. 如果汇率立即变为6.00比索/美元，德马吉斯特里在这六个月的美元进口成本是多少？
b. 当汇率为6.00比索/美元时，阿库尼亚皮革制品公司向德马吉斯特里时装公司的比索出口销售收入是多少？

12.3 马尼托瓦克起重机公司（Manitowoc）（A）。马尼托瓦克起重机公司（美国）向几家中国码头工厂出口重型起重机设备。目前的销量为每年10 000台，销售收入以人民币计价，相当于每台24 000美元。人民币的交易价格为8.20元/美元，但一家香港咨询公司预测人民币价值将在下周跌至9.00元/美元，之后至少十年保持不变。马尼托瓦克起重机公司接受这一预测，并必须在人民币即将贬值前做出定价决策。它可以（1）保持人民币价格不变，实际上降低美元售价，在这种情况下，向中国的销量不会变化；或（2）保持美元价格不变，提高中国的人民币价格以抵消贬值影响，销量下降10%。直接成本是美国售价的75%。

a. 每种定价策略的短期（一年期）影响是什么？
b. 您推荐哪种策略？

12.4 马尼托瓦克起重机公司（B）。假设情况与习题12.3相同。此外，该公司的财务高管认为，如果保持人民币售价不变，八年内的销量将以每年12%的速度增长。美元成本不会改变。10年后，马尼托瓦克公司的专利到期，不再向中国出口。人民币贬值至9.20元/美元后，预期不会进一步贬值。如果马尼托瓦克起重机公司提高人民币价格以保持美元价格不变，八年内的销量将从每年9 000台的较低初始基数开始，每年仅增加1%。美元成本仍然不会改变，八年后，马尼托瓦克起重机公司将停止向中国出口。马尼托瓦克公司的加权平均资本成本为10%。考虑到这些因素，马尼托瓦克公司的定价政策应该是什么？

12.5 **麦克拉伦汽车（MacLoren Automotive）。** 麦克拉伦汽车生产英国跑车，其中一些跑车出口到新西兰，以英镑支付价款。分销商在新西兰销售跑车，获得新西兰元价款。新西兰分销商无力承担所有外汇风险，除非麦克拉伦分担部分外汇风险，否则不会出售麦克拉伦的跑车。麦克拉伦已经同意，给定车型年份最初按新西兰元和英镑之间的"基准"即期汇率确定售价，该汇率为该车型年份年初的即期中间汇率。只要实际汇率在该基准汇率的±5%范围内，就以英镑付款。也就是说，新西兰分销商承担所有外汇风险。但是，如果发货时的即期汇率超出该范围，麦克拉伦将平均分担（即按50/50的比例分担）实际即期汇率与基准汇率之间的差额。当前车型年份的基准汇率为1.640 0新西兰元/英镑。

a. 在什么汇率范围以外，新西兰进口商必须以当时的即期汇率付款？

b. 如果麦克拉伦在即期汇率为1.700 0新西兰元/英镑时向新西兰分销商发货10辆跑车，且每辆车的发票价格为32 000英镑，那么分销商支付的新西兰元价款是多少？麦克拉伦将收到多少英镑？这与麦克拉伦预期的每辆车32 000英镑的销售收入相比如何？

c. 如果麦克拉伦汽车在即期汇率为1.650 0新西兰元/英镑时向新西兰发货相同的10辆跑车，那么分销商将支付多少新西兰元？麦克拉伦汽车将收到多少英镑？

d. 此类风险分担协议是否会将外汇风险从交易的一方转移给另一方？

e. 为什么这种风险分担协议对麦克拉伦有利？为什么它对新西兰分销商有利？

12.6 **加纳多德国-所有国内竞争对手。** 请使用表12-2和表12-3中对加纳多德国的分析，如果加纳多德国和主要国内竞争对手在接近纯国内成熟市场中经营，当欧元贬值时，售价、成本和销量将如何变化？

12.7 **加纳多德国-所有外国竞争对手。** 加纳多德国目前正在许多国际（出口）市场、成长型市场中进行竞争，其中大部分竞争对手都是外国公司。现在，您预期欧元贬值将使加纳多德国的经营风险如何变化？

12.8 **劳斯莱斯涡轮发动机。** 劳斯莱斯公司正在纠结于其对欧洲大陆的一些主要客户，尤其是空中客车的定价战略。由于劳斯莱斯公司是一家英国公司，它生产的多数空中客车发动机都产自英国，因此成本主要以英镑计算。但在下页表（a）所示的时期内，即2007—2009年，英镑对欧元稳步走弱。劳斯莱斯和空中客车的销售合同传统上以空中客车的本币欧元计价。请在完成下页表（b）后回答以下问题。

a. 假设卖给空中客车的每台劳斯莱斯发动机的初始售价均为2 250万英镑，那么按照当前即期汇率以欧元定价时，所示时期的发动机价格将如何变化?

b. 三年中发动机欧元价格的累计变化率是多少?

c. 如果劳斯莱斯卖给空中客车的发动机相对缺乏需求价格弹性,并且发动机的英镑价格在此期间从未发生变化,那么该价格变化对于劳斯莱斯向空中客车销售该发动机的总销售收入意味着什么?

d. 请比较表(b)所示三年中每年第一季度的价格和销量。谁从汇率变化中受益最多?

习题 12.8 劳斯莱斯涡轮发动机 (a)

日期	2007 年第一季度	2007 年第二季度	2007 年第三季度	2007 年第四季度	2008 年第一季度	2008 年第二季度
价格(百万英镑)	22.50	22.50	22.50	22.50	22.50	22.50
即期汇率(欧元/英镑)	1.491 8	1.473 3	1.469 6	1.410 7	1.319 8	1.261 7
价格(百万欧元)	33.57	33.15	33.07	31.74	29.70	28.39
日期	2008 年第三季度	2008 年第四季度	2009 年第一季度	2009 年第二季度	2009 年第三季度	2009 年第四季度
价格(百万英镑)	22.50	22.50	22.50	22.50	22.50	22.50
即期汇率(欧元/英镑)	1.259 0	1.192 4	1.101 7	1.137 5	1.146 7	1.106 6
价格(百万欧元)	28.33	26.83	24.79	25.59	25.80	24.90

习题 12.8 劳斯莱斯涡轮发动机 (b)

	2007 年第一季度	2008 年第一季度	2009 年第一季度	变化率(%)
价格(百万英镑)	22.50	22.50	22.50	____
即期汇率(欧元/英镑)	1.491 8	1.319 8	1.101 7	
价格(百万欧元)	33.57	29.70	24.79	____
销量(发动机)	200	220	240	20.0%
空中客车的总成本(百万欧元)	6 713.10	6 533.01	5 949.18	____
劳斯莱斯的总收入(百万英镑)	4 500.00	4 950.00	5 400.00	

12.9 赫特-帕罗西泽产品公司(Hurte-Paroxysm Products, Inc.)(A)。美国的赫特-帕罗西泽产品公司向巴西出口电脑打印机,巴西货币雷亚尔(R$)的交易价格为 3.40 雷亚尔/美元。目前该公司每年出口到巴西 50 000 台打印机,每台打印机的价格相当于 200 美元。据传,巴西政府将在两周内将雷亚尔贬值至 4.00 雷亚尔/美元。如果发生货币贬值,预期未来十年的雷亚尔汇率将保持不变。

如果接受这一预测,赫特-帕罗西

泽产品公司就必须在雷亚尔实际贬值之前做出定价决定：赫特-帕罗西泽产品公司可能（1）保持雷亚尔价格不变，即美元销售收入减少，在这种情况下巴西的销量不会变化，或（2）保持美元价格不变，提高巴西的雷亚尔价格以弥补贬值的影响，且销量下降20%。美国的直接成本是美国售价的60%。每种定价策略的短期（1年期）含义是什么？您推荐哪种策略？

12.10 **赫特-帕罗西泽产品公司(B)**。假设情况与习题12.9相同。赫特-帕罗西泽产品公司还认为，如果它将保持巴西雷亚尔价格不变作为一项永久性政策，那么六年内的销量将每年增加10%，成本不会改变。六年后，赫特-帕罗西泽产品公司的专利到期，它将不再向巴西出口。雷亚尔贬值至4.00雷亚尔/美元后，预期不会进一步贬值。如果赫特-帕罗西泽产品公司提高雷亚尔价格以保持美元价格不变，那么六年内的销量将从较低的初始基数40 000台开始，每年仅增加4%。美元成本不会变化，六年后，赫特-帕罗西泽产品公司将停止向巴西出口。赫特-帕罗西泽产品公司的加权平均资本成本为12%。考虑到这些因素，您对赫特-帕罗西泽产品公司的定价政策有何建议？请说明这项建议的理由。

12.11 **特拉基·泰科公司（Truckee Tec）的日元风险**。特拉基·泰科是一家私人控股电池制造商，位于内华达州里诺市郊外。该公司是锂离子电池的主要制造商之一，专门为汽车市场供货。几个月来，特拉基一直与一家日本汽车制造商进行紧张的合同谈判。时值2016年12月下旬，双方都希望在新的一年之前达成协议。

这家日本汽车制造商希望签订每年销售18 000个12 V锂离子电池组，为期两年的供货协议。多年来，电池价格一直在急剧下降，但特拉基目前每个12V电池（1342OR）1 100美元的售价已保持数月不变。买方正在推动降低单位价格，但特拉基反过来希望获得更长期的合同以及更高的销量。经过数月的谈判，买方同意将合同延长到三年，并将年采购量增加到20 000个。但反过来，买方希望每个电池的价格降为1 050美元，并且希望用日元支付。特拉基提出以下建议作为回应。假设每年销售20 000个电池，平均价格为每个电池1 052美元，当前即期汇率为114.00日元/美元，则每年的合同购买金额为：

年合同金额＝20 000×1 052美元×114.00日元/美元＝2 398 560 000日元

买方在24小时内接受了该建议，签署并公布了销售协议。交易做成了。

特拉基的公司资金部几乎立即对合同感到不满。该部门认为，过去两个月日元开始对美元暴跌，因此接受日元付款的风险太高。此外，该报价基于115日元/美元的即期汇率，但过去两周的汇率已经变为117日元/美元。特拉基的公司资金部希望立即采取措施来对冲长期风险。（该集团经过内部讨论认为，从技术上这是预期交易风险，而不是纯经营风险，因为它只是一笔交易——不过是合约交易。它将持续三年，但目前尚未入账。）与银行协商后，他们希望利用交叉货币互换管理日元风险，这是特拉基支付日元并收取美元的互换。该公司的银行提供了一种互换，其中特拉基将收取美元LIBOR，以换取支付4.500%的日元利率。该互换协议将持续三年，所有款项均按季支付，以匹配日本客户的预期日元现金流入。

a. 给定最终合同价值，日本买方认为他们为每个电池支付的价格是多少？

b. 特拉基的外汇风险敞口金额是多少？

c. 如果互换协议是季度利率为4.500%的3年期贷款，那么这笔贷款的本金金额（名义本金）是多少？

d. 在提出最终合同要约之前，销售团队显然没有更新其汇率假设。因此，假设互换在收盘即期汇率报价当天执行，锁定的三年期实际汇率是多少？

e. 您认为特拉基应该如何更有效地管理外汇风险？

即期汇率，日元=1.00美元（日汇率，2016年8月1日—2016年12月28日）

特拉基的销售团队未能在谈判的最后几周更新他们对日元价值的假设。当最终协议于12月28日签署时，日元汇率已跌破118日元/美元。

在2016年的大部分时间里，日元都在100日元/美元到106日元/美元之间窄幅交易。然而在该年的最后几个月，日元突然稳步下跌。

117.66日元

网络练习　　部分习题答案

请扫描二维码或登录中国人民大学出版社官网 www.crup.com.cn 下载。

第四部分

全球企业融资

- 第13章　全球资本成本与资本可得性
- 第14章　跨国企业融资
- 第15章　跨国税收管理
- 第16章　国际贸易融资

第13章
全球资本成本与资本可得性

> 资本必须以自身利益为动力；它不能心慈手软。
> ——沃尔特·白哲特（Walter Bagehot），1826—1877

学习目标

13.1 研究企业战略和金融全球化协调方式的演变
13.2 分析国际投资组合理论和多元化如何改变全球资本成本
13.3 描述国际证券投资者如何影响资本成本
13.4 比较跨国企业的加权平均资本成本与国内交易对手的加权平均资本成本
13.5 分析诺和实业的资本成本和资本可得性国际化战略的经典案例

公司如何利用全球资本市场来最大限度地降低资本成本并提高资本可得性？它们为什么要这样做？全球资本更便宜吗？本章探讨了这些问题，章末的迷你案例"法拉利的首次公开募股——跃马的潜力"详细介绍了一个独特的奢侈品牌如何在全球市场上筹集股权，尽管它增加销售收入、利润或现金流的潜力有限。

13.1 金融全球化与战略

资本市场的全球一体化使许多公司除获得本国市场上的可得资源以外，还能获得更便宜的新资金来源。然后，这些公司可以接受更多的长期项目，并在改良性资本支出和扩张性资本支出方面投入更多资金。如果一家公司位于资本市场流动性不足和（或）市场分割的国家，它可以通过适当设计和实施某种战略来实现较低的全球成本和更高的资本可得性。图13-1介绍了资本成本和资本可得性的不同层面。

必须在流动性很差的国内证券市场上获得长期债务和股权的公司可能有相对较高的资本成本，而这些资本的可得性有限，这反过来又会降低其国际竞争力和相对于本国市场上的外国公司的竞争力。这类公司既包括资本市场仍不发达的新兴市场上的公司，也包括因公司规模太小而无法进入本国证券市场的公司。许多家族企业都属于这一类，因为它们选择不利用证券市场满足长期资本需求。

当地市场	公司的具体特征	全球市场
公司的证券只能吸引国内投资者	↔	公司的证券吸引全球证券投资者
	公司证券的市场流动性	
流动性不足的国内证券市场和有限的国际流动性	↔	高流动性的国内市场和广泛的国际参与
	市场分割对公司证券与资本成本的影响	
根据国内标准为股票定价的分割国内证券市场	↔	能进入根据国际标准为股票定价的国际证券市场

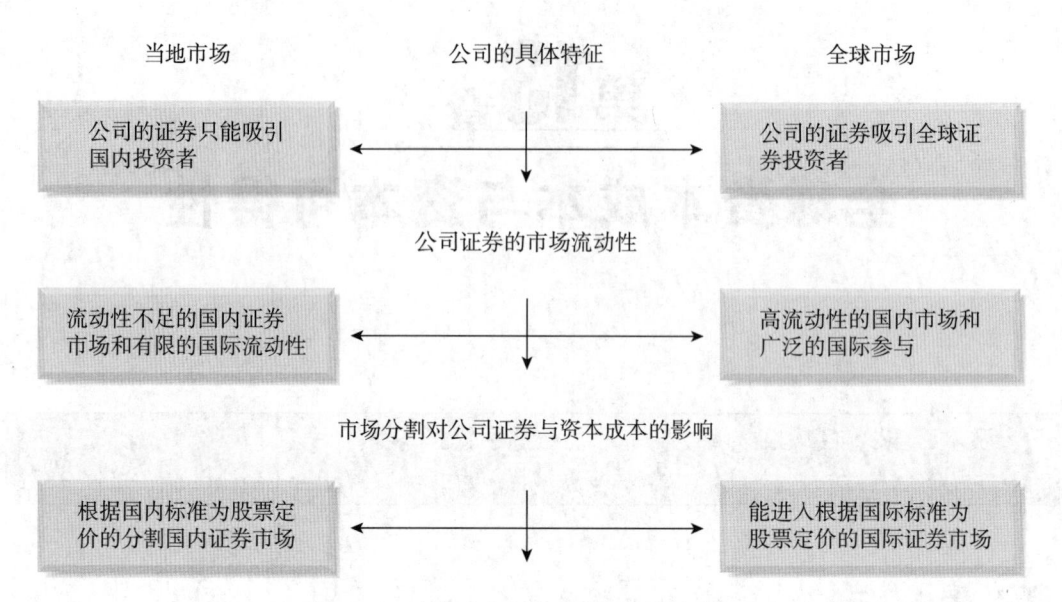

图 13-1 资本成本与资本可得性战略的层面

资本市场较小的工业国中的公司通常在本国具有部分流动性的国内证券市场上筹措长期债务和股权。这些公司的资本成本和资本可得性优于资本市场流动性不足的国家的公司。但是，如果这些公司能利用高度流动的全球市场，它们还能增强其在获取资本方面的竞争优势。

资本市场分割的国家中的公司必须制定战略以摆脱其长期债务和股权需求对该市场的依赖。如果该市场上的证券的必要收益率不同于在其他证券市场上交易的类似预期收益率和风险证券的必要收益率，则该国的资本市场就是分割市场。导致资本市场分割的因素包括监管控制过度、政治风险、预期外汇风险、缺乏透明度、信息不对称、任人唯亲、内幕交易以及其他许多市场不完全。受其中任何条件约束的公司都必须制定战略，以脱离本国有限的资本市场，在海外筹措部分长期资本。然而，正如"全球金融实务 13-1"中关于英国脱欧的影响所述，分割市场的产生原因可能有很多。

全球金融实务 13-1

英国脱欧与资本成本

英国退出欧盟的决定导致越来越多的公司在英吉利海峡两岸的资本成本均有所升高。英吉利海峡两岸的银行业重组将产生直接成本以及更多分割市场。这些都出现在全球利率——美元利率、英镑利率和欧元利率——预期将随着金融危机的余波不断减退而开始上升时。

对银行的影响。 英国的银行已经产生了相当大的重组成本。许多伦敦银行已经迅速将大部分业务和工作转移到欧洲大陆，以留住客户和市场份额。据估计，伦敦银行仅重组成本就可能在 2 亿~4 亿美元之间。银行本身的资本成本预计至少上升 4%，许多银行希望通过成立欧洲银行来留住欧洲大陆的客户，这将使其资本基础增加 30% 以上。

对借款人的影响。 意料之外的一个结果是，许多银行正在降低许多中小企业的信贷额度并提高对它们收取的费用。根据欧盟的统计，年收入不超过 1 000 万欧元的公司被定义为小型企业，收入在1 000万～5 000万欧元之间的公司为中型企业。这部分借款人对这些变化尤为敏感，因为其中许多公司只使用一家银行提供大部分金融服务。如果没有替代银行提供替代服务或有竞争力的利率，它们就会开始感到服务减少和成本增加的影响。随着银行费用和替代服务的缩减，多数借款人都预期2018年和2019年的债务成本将会上升。

这最终将如何影响商业活动还很难说，但这些分割市场的早期迹象并不令人鼓舞。包括纽约大学斯特恩商学院的阿斯沃斯·达摩达兰（Aswath Damodaran）教授在内的一些专家一直鼓励公司关注企业价值的三个驱动因素——现金流、增长率和贴现率——并且不要成为悲观主义的牺牲品。他将英国脱欧称为大多数企业应该忍受得住的"普通危机"。

然而，许多公司开始削减新投资项目。资本成本上升降低了预期投资的经济可行性。一些借款人已经注意到，他们的公司现在有意努力增加现金余额——一种预防性资金来源，因为它们担心获得可负担债务的渠道将减少。

资本成本

国内公司通常通过评估其筹集资本的地点和对象来确定资本成本。资本成本取决于对公司感兴趣的投资者，愿意并能够购买其股票的投资者，以及公司可以从国内银行和债务市场筹集的债务，根据这三者的不同组合，资本成本将有明显差异。

公司通过结合股权成本与债务成本来计算加权平均资本成本，其中股权成本和债务成本所占比例为公司最优长期财务结构中它们各自的相对权重。具体来说，

$$k_{WACC} = k_e \frac{E}{V} + k_d(1-t)\frac{D}{V}$$

其中，

k_{WACC}＝加权平均税后资本成本
k_e＝风险调整后的股权成本
k_d＝税前债务成本
t＝边际税率
E＝公司股权的市场价值
D＝公司债务的市场价值
V＝公司证券的市场价值$(D+E)$

股权成本

目前，最广为接受和使用的公司股权成本计算方法是资本资产定价模型（capital asset pricing model，CAPM）。资本资产定价模型将股权成本定义为无风险利息部分和超出该无风险部分的公司特定利差之和，如以下公式所示：

$$k_e = k_{rf} + \beta_j(k_m - k_{rf})$$

其中，

k_e＝预期（必要）股权收益率

k_{rf}＝无风险债券（例如国债）利率
β_j＝公司的系统性风险系数（beta）
k_m＝市场股票组合的预期（必要）收益率

资本资产定价模型的关键组成部分是 beta（β_j），即系统性风险的衡量指标。系统性风险衡量的是公司的收益率如何随所在交易市场的收益率变化。beta 是公司股票预期收益率标准差与市场指数收益率标准差之比以及公司预期收益率与市场指数预期收益率的相关程度的函数。它的正式表达式为：

$$\beta_j = \frac{\rho_{jm}\sigma_j}{\sigma_m}$$

其中，

β_j（beta）＝证券 j 的系统性风险指标
ρ（rho）＝证券 j 与市场之间的相关系数
σ_j（sigma）＝公司 j 收益率的标准差
σ_m（sigma）＝市场收益率的标准差

如果公司收益率的波动率低于市场收益率的波动率，则 beta 值小于 1.0；如果公司收益率与市场收益率的波动率相同，则 beta 值等于 1.0；如果公司收益率的波动率——或风险——高于市场收益率的波动率，则 beta 值大于 1.0。资本资产定价模型假设预计必要收益率表示投资者保留对相关股权的投资还需要满足的条件。如果股权收益率未达到预期收益率，资本资产定价模型假设个人投资者将变现其持有的股份。

资本资产定价模型面临的最大挑战是最有用的 beta 应该是未来的指标，而不是过去的报告。潜在投资者感兴趣的是未来期间具体公司的收益率将如何变化。遗憾的是，由于未来是未知的，因此任何公司估计股权成本时使用的 beta 都基于不久以前的实证结果。

债务成本

公司举借债务的形式包括商业银行贷款——最常见的债务形式——或者在债务市场上出售证券，例如票据和债券等工具。衡量债务成本的正常程序需要预测未来几年的利率，公司预期将使用的各类债务的比例以及企业所得税税率。然后，根据债务结构中不同债务的比例求出不同债务的利息成本平均值。然后用企业所得税调整该税前平均值，即用 k_d 乘以（1－税率），得到 $k_d(1-t)$，即税后债务成本。

只要公司的新项目与现有项目处于相同风险大类，通常就用加权平均资本成本作为风险调整贴现率。另外，如果新项目与现有项目的商业风险或财务风险不同，则应该用项目特定的必要收益率作为贴现率。

13.2 国际投资组合理论与多元化

公司在全球市场上筹集资本的潜在好处是基于国际投资组合理论，即国际多元化的好处。在分析在全球市场上筹集资本的成本和能力之前，我们先简要回顾一下这些原则。

投资组合风险降低

投资组合的风险以投资组合收益率的方差与市场收益率的方差之比来衡量。这是投资组合的 beta。随着投资者增加投资组合中的证券数量，投资组合的风险首先迅速下降，然后逐渐逼近市场的系统性风险水平。因此，任何投资组合的总风险均由系统性风险（市场风险）和非系统性风险（证券风险）组成。增加投资组合中的证券数量可以降低非系统性风险，但系统性风险保持不变。完全多元化的国内投资组合的 beta 值为 1.0。这是标准的国内金融理论。

图 13-2 显示了国内多元化和国际多元化的收益增加额。图 13-2 中较低的线表示已添加外国证券的投资组合（国际股票组合）。它具有与美国股票组合相同的整体风险形状，但投资组合的 beta 较低。这意味着国际投资组合的市场风险低于国内投资组合的市场风险。出现这种情况是因为外国股票的收益率与美国股票并不完全相关。

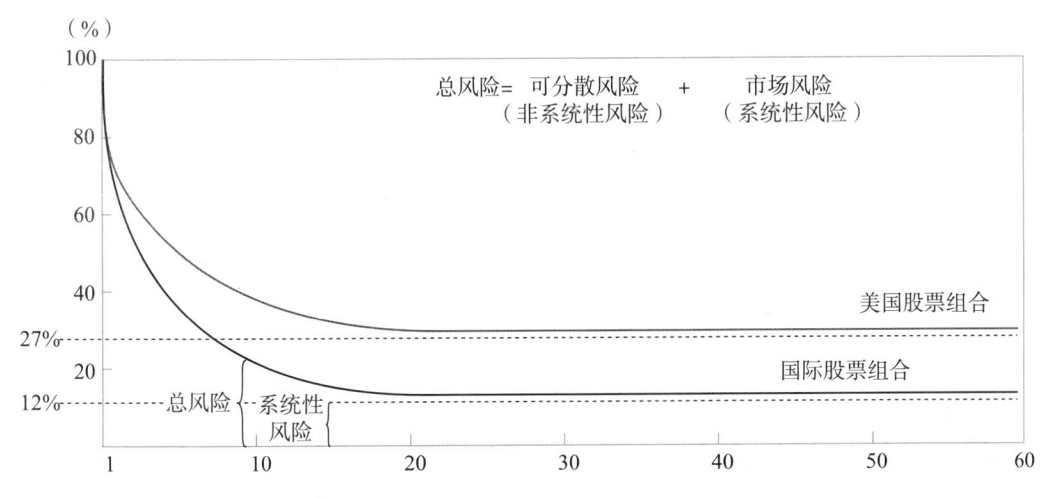

图 13-2 市场流动性、市场分割和边际资本成本

当投资组合多元化时，投资组合收益率的方差相对于市场收益率的方差（beta）被降低到系统性风险水平——市场本身的风险水平。当投资组合实现国际多元化时，投资组合的 beta 将降低。

外汇风险

无论是跨国企业的证券组合还是一般投资组合，都可以通过国际多元化降低投资组合的外汇风险。国际多元化投资组合的构建与传统国内投资组合的构建既相同又不同。国际多元化投资组合在原则上是相同的，因为投资者试图将不完全相关的资产组合起来，从而降低投资组合的总风险。此外，通过添加本国市场之外的资产——以前无法获得这些资产以使投资组合的预期收益率和风险平均化，投资者进入了更大的潜在投资池。

但是，构建国际投资组合的不同之处还包括，当投资者从东道国市场以外购买资产或证券时，投资者购买的还可能是外币计价资产。[①] 因此，投资者实际上购买了两笔资

---

① 情况并非总是如此。例如，许多美国投资者通常只在二级市场上购买和持有欧洲美元债券（在首次发行期间这样做是违法的），这对于美国投资者并不构成外汇风险，因为它们是用投资者的本币标价的。

产——标价货币和随后以该货币购买的资产,它们原则上是一种资产,但有两种预期收益率和风险。

我们可以用一个数字例子说明与国际投资组合多元化和外汇风险相关的难点。一位美国投资者在1月1日用1 000 000美元投资于在东京证券交易所交易的股票。1月1日的即期汇率为130.00日元/美元。因此,100万美元将兑换为130 000 000日元。该投资者使用130 000 000日元在东京证券交易所以每股20 000日元的价格购买了6 500股股票,并持有这些股票一年。

一年后,投资者以市场价格出售6 500股股票,现在的市场价格为每股25 000日元;每股股价上涨了5 000日元。按照每股25 000日元的价格,6 500股股票的收益为162 500 000日元。

然后,以现在的实际即期汇率125.00日元/美元兑换回投资者的本币——美元。这产生了1 300 000.00美元的总收入。因此,总投资收益率为:

$$\frac{1\ 300\ 000\ 美元-1\ 000\ 000\ 美元}{1\ 000\ 000\ 美元}=30.00\%$$

美元总收益率实际上是日元收益率(在本例中为正)和在东京证券交易所上市的股票收益率(也为正)的组合。该值可以通过分离出股价变化率($r_{股票}$)与币值变化率($r^{¥/\$}$)来表示:

$$R^\$ =[(1+r^{¥/\$})(1+r^{股票,¥})]-1$$

在本例的美国投资者眼中,日元价值上涨了4.00%(从130日元/美元涨至125日元/美元),而在东京证券交易所中交易的股票价格上涨了25.00%。因此,以美元计算的总投资收益率为

$$R^\$ =[(1+0.040\ 0)\times(1+0.250\ 0)]-1=0.300\ 0\ 或\ 30.00\%$$

显然,国际多元化的风险(包括外汇风险)本质上比国内投资的风险更复杂。但是,您还应该看到,外汇风险的存在可能会改变不同国家和货币的证券相关性,从而提供新的投资组合构成和多元化可能性。结论是:

■ 国际多元化的好处使投资者产生外国证券需求(所谓的买方需求)。

■ 如果在投资者的投资组合中添加外国证券有助于降低给定收益率水平的风险,或者增加了给定风险水平下的预期收益率,那么该证券就增加了投资组合的价值。

■ 投资者对能增加价值的证券有需求。鉴于潜在的证券供应限制,需求增加将抬高证券价格,从而降低公司的资本成本。因此,发行证券的公司(卖方)能以较低成本筹集资本。

国际资本资产定价模型(ICAPM)

资本资产定价模型的传统形式,即前面讨论的国内资本资产定价模型,假设公司在纯国内市场进行股权交易。因此,在股权成本计算中使用的beta和市场风险溢价(k_m-k_{rf})基于纯国内证券市场和选择。但是,如果全球化开辟了全球市场并实现了与全球市场的一体化,允许投资者在全球投资组合中进行选择,那应该如何做?

国际资本资产定价模型假设存在一个全球市场,公司股票在这个市场上交易,公司的

beta（β_j^g）和市场风险溢价（$k_m^g - k_{rf}^g$）的估计值必然反映该全球投资组合。

$$k_e^{\text{global}} = k_{rf}^g + \beta_j^g(k_m^g - k_{rf}^g)$$

无风险利率 k_{rf}^g 的价值可能不会变化（因此 $k_{rf}^g = k_{rf}$），因为无论是国内投资组合还是国际投资组合，美国国库券利率都可能是美国投资者的无风险利率。市场收益率 k_m^g 将发生变化，反映未来时期的全球市场平均预期收益率。该公司的 beta（β_j^g）肯定会发生变化，因为它现在将反映出更大的全球投资组合的预期变化。然而，beta 将如何变化取决于相关因素。

案例计算：加纳多公司的资本成本

加纳多公司的首席财务官玛丽亚·冈萨雷斯希望计算该公司的两种形式（传统的资本资产定价模型和国际资本资产定价模型）的加权平均资本成本。

玛丽亚使用美国政府的 10 年期国债利率，假设无风险利率（k_{rf}）为 4%。假设市场投资组合的预期收益率（k_m）为 9%，即由充分多元化的国内投资者持有的市场投资组合的预期收益率。加纳多公司对其国内投资组合的自身系统性风险（beta）的估计为 1.2。因此，加纳多公司的股权成本为

$$k_e = k_{rf} + \beta(k_m - k_{rf}) = 4\% + 1.2 \times (9\% - 4\%) = 10.00\%$$

加纳多公司的债务成本（k_d）是通过观察加纳多的未清偿债券和银行债务的当前收益率估计的税前债务成本，为 8%。假设美国的企业所得税税率为 35%，加纳多公司的税后债务成本为

$$k_d(1-t) = 8\% \times (1 - 0.35) = 8\% \times 0.65 = 5.20\%$$

加纳多的长期资本结构是 60% 的股权（E/V）和 40% 的债务（D/V），V 是加纳多的总市值。加纳多的加权平均资本成本 k_{WACC} 是

$$k_{\text{WACC}} = k_e \frac{E}{V} + k_d(1-t)\frac{D}{V} = 10\% \times 0.60 + 5.20\% \times 0.40 = 8.08\%$$

这是加纳多公司使用传统的国内资本资产定价模型股权成本估计得出的资本成本。但玛丽亚·冈萨雷斯想知道这种方法是否适合加纳多公司。随着加纳多公司对其业务活动进行全球化，拥有加纳多股票的投资者也广泛分布于全球。除了在纽约证券交易所上市之外，加纳多公司的股票现已在伦敦和东京上市。现在，超过 40% 的加纳多股票由外国证券投资者持有作为其全球多元化投资组合的一部分，而加纳多公司的美国投资者通常也持有全球多元化投资组合。

加纳多股权成本的第二种计算方法是使用国际资本资产定价模型，这次会产生不同结果。针对大型全球股票市场指数（包括这些外国市场及其投资者）计算加纳多的 beta 时，结果为较低的 0.90。大型全球一体化股票市场的预期市场收益率也较低，为 8%。国际资本资产定价模型的股权成本低得多，为 7.60%。

$$k_e^{\text{global}} = k_{rf}^g + \beta_j^g(k_m^g - k_{rf}^g) = 4\% + 0.90 \times (8\% - 4\%) = 7.60\%$$

玛丽亚现在使用国际资本资产定价模型的股权成本估计重新计算加纳多公司的加权平

均资本成本,假设债务和股权比例相同,并且当前债务的成本相同。现在估计的加纳多公司加权平均资本成本较低,为 6.64%。

$$k_{WACC}^{ICAPM} = k_e^{global}\frac{E}{V} + k_d(1-t)\frac{D}{V} = 7.60\% \times 0.60 + 5.20\% \times 0.40 = 6.64\%$$

玛丽亚认为,这是对加纳多公司资本成本更恰当的估计。加纳多公司与其在全球电信硬件行业的主要竞争对手充分竞争,后者主要分布在美国、英国、加拿大、芬兰、瑞典、德国、日本和荷兰。加纳多公司获得有利的资本成本和资本可得性的关键在于其吸引和留住拥有其股票的国际证券投资者的能力。

国际资本资产定价模型的考虑因素

从理论上讲,使用国际版的资本资产定价模型估计具体公司的股权成本的主要区别在于"市场"的定义以及公司重新计算的市场 beta。然后,必须重新考虑资本资产定价模型的三个基本组成部分。

雀巢(Nestlé)是一家总部位于瑞士的跨国公司,生产和分销各种糖果产品,它是一个很好的例子,可以告诉我们国际投资者如何以不同于国内投资者的方式看待全球资本成本,以及这对雀巢公司自身股权成本估计意味着什么。[1] 表 13-1 总结了雀巢的数字案例。

表 13-1 瑞士雀巢公司的股权成本

瑞士投资者的国内组合	瑞士投资者的全球组合
$k_{RF} = 3.3\%$(瑞士债券指数收益率)	$k_{RF} = 3.3\%$(瑞士债券指数收益率)
$k_M = 10.2\%$(以瑞士法郎计价的瑞士市场组合)	$k_M = 13.7\%$(以瑞士法郎计价的《金融时报》全球指数)
$\beta_{雀巢} = 0.885$(雀巢与瑞士市场组合)	$\beta_{雀巢} = 0.585$(雀巢与瑞士法郎《金融时报》指数)
$k_{雀巢} = k_{RF} + \beta_{雀巢}(k_M - k_{RF})$	
雀巢的必要收益率: $k_e^{雀巢} = 9.4065\%$	雀巢的必要收益率: $k_e^{雀巢} = 9.3840\%$

资料来源:所有值均摘自 Rene Stulz, "The Cost of Capital in Internationally Integrated Markets: The Case of Nestlé," *European Financial Management*, Vol. 1, No. 1, March 1995, pp. 11-22.

就雀巢而言,某位潜在瑞士投资者可能假设瑞士法郎无风险收益率为 3.3%——瑞士政府债券指数的收益率。同样,这位瑞士投资者也可能假设瑞士法郎预期市场收益率为 10.2%——瑞士股票投资组合(即《金融时报》瑞士指数)的平均收益率。假设无风险利率为 3.30%,预期市场收益率为 10.2%,$\beta_{雀巢}$ 为 0.885,瑞士投资者预期明年雀巢的收益率为 9.4065%。

$$k_{雀巢} = k_{RF} + \beta_{雀巢}(k_M - k_{RF}) = 3.3\% + (10.2\% - 3.3\%) \times 0.885 = 9.4065\%$$

---

[1] René Stulz, "The Cost of Capital in Internationally Integrated Markets: The Case of Nestlé," *European Financial Management*, Vol. 1, No. 1, March 1995, pp. 11-22.

但是，如果瑞士投资者持有国际多元化投资组合呢？预期市场收益率和雀巢自己的 beta 估计值都将以不同方式定义和确定。与之前同期相比，全球投资组合指数（如以瑞士法郎计价的《金融时报》全球指数）将显示市场收益率为 13.7%（而瑞士国内指数收益率为 10.2%）。此外，雀巢公司对雀巢公司收益率相对于全球投资组合指数的 beta 估计值将小得多，仅为 0.585（而之前为 0.885）。一位国际多元化瑞士投资者预期雀巢将获得以下收益率：

$$k_{雀巢}=k_{RF}+\beta_{雀巢}(k_M-k_{RF})=3.3\%+(13.7\%-3.3\%)\times 0.585=9.3840\%$$

不可否认，最终结果并没有太大区别。然而，考虑到市场收益率平均值和公司 beta 的变化幅度，显然结果很容易就变化几百个基点。正确构建投资者的投资组合以及正确描述投资者对风险和机会成本的看法对于确定公司股权资本的全球成本显然非常重要。最终，一切都取决于具体情况——公司、国家市场和全球投资组合。这里，我们遵循将国际多元化投资组合称为全球投资组合而非世界投资组合的惯例。这一区别很重要。世界投资组合是世界上所有证券的指数。然而，即使继续放松管制并提高金融一体化程度，进入一些证券市场仍然受到限制。投资者实际可得的证券是全球投资组合。

国际资本成本有许多不同的计算公式。随着分析扩展到快速发展的市场，公式和数据的问题都急剧增加。如果您希望扩展阅读面和研究范围，可以参考 Harvey（2005）的文章作为研究这个问题的起点。[①]

全球 beta

国际投资组合理论通常认为，将国际证券添加到国内投资组合中将降低投资组合的风险。虽然这个想法是许多国际金融理论的基础，但它仍然取决于具体市场中的具体公司。当使用全球股票组合计算时，雀巢的 beta 下跌，但情况可能并非总是如此。根据公司、业务线、公司母国以及公司开展竞争（国内竞争和全球竞争）的行业，全球 beta 可能上升也可能下降。

研究人员经常提到的一家公司是巴西国家石油公司（Petrobrás）。虽然由政府控股，但该公司是上市公司。其股票在圣保罗和纽约上市。它在全球石油市场上经营，其价格和价值以美元计算。因此，其国内 beta 或本国 beta 的估计值为 1.3，但其全球 beta 更高，为 1.7。这只是众多例子中的一个。虽然在有些人看来，随着市场定义范围的不断扩大，公司收益率与市场收益率的相关性显然应该下降，但事实证明这更偏向于实证分析问题，而无法预先用相关性和协方差概念来解释。

股权风险溢价

在实践中，公司股权风险溢价的计算更具争议性。虽然资本资产定价模型现已成为全球商业中广为接受的公司股权成本首选计算方法，但在应用中应使用哪些数值，尤其是股权风险溢价，争论越来越多。股权风险溢价是投资者的预期年均市场收益率超过无风险债务的部分（k_m-k_{rf}）。

[①] "12 Ways to Calculate the International Cost of Capital," Campbell R. Harvey, Duke University, unpublished, October 14, 2005.

金融界确实一致认为，股权成本计算应具有前瞻性，这意味着公式中的输入值应代表预期将在相关未来时期内发生的值。然而，通常情况下，从业者使用历史实证作为前瞻性预测的基础。一项大型研究估计了1900—2002年期间16个不同发达国家的股权风险溢价。[①] 该研究发现，不同国家的股权收益率与国库券收益率和债券收益率（无风险利率的替代指标）的溢价存在显著差异。例如，意大利的股票风险溢价最高，为10.3%，德国为9.4%，日本为9.3%。丹麦最低，为3.8%。

这项研究还通过分析各种不同来源建议的美国股权风险溢价，凸显出关于在实践中使用哪种股权风险溢价的争论。假设公司的beta为1.0（估计公司风险等于市场风险）且无风险利率为4%，那么使用这些替代数值计算出的股权成本最低为9%，最高为12.8%。[②]

由于不同货币的利率以及与利率相关的收益率（例如无风险收益率）不同，因此不同国家市场的股票风险溢价也明显不同。从图13-3中可以明显看到，最近五年内各国的股票市场风险溢价相对稳定，但确实因国家而异。

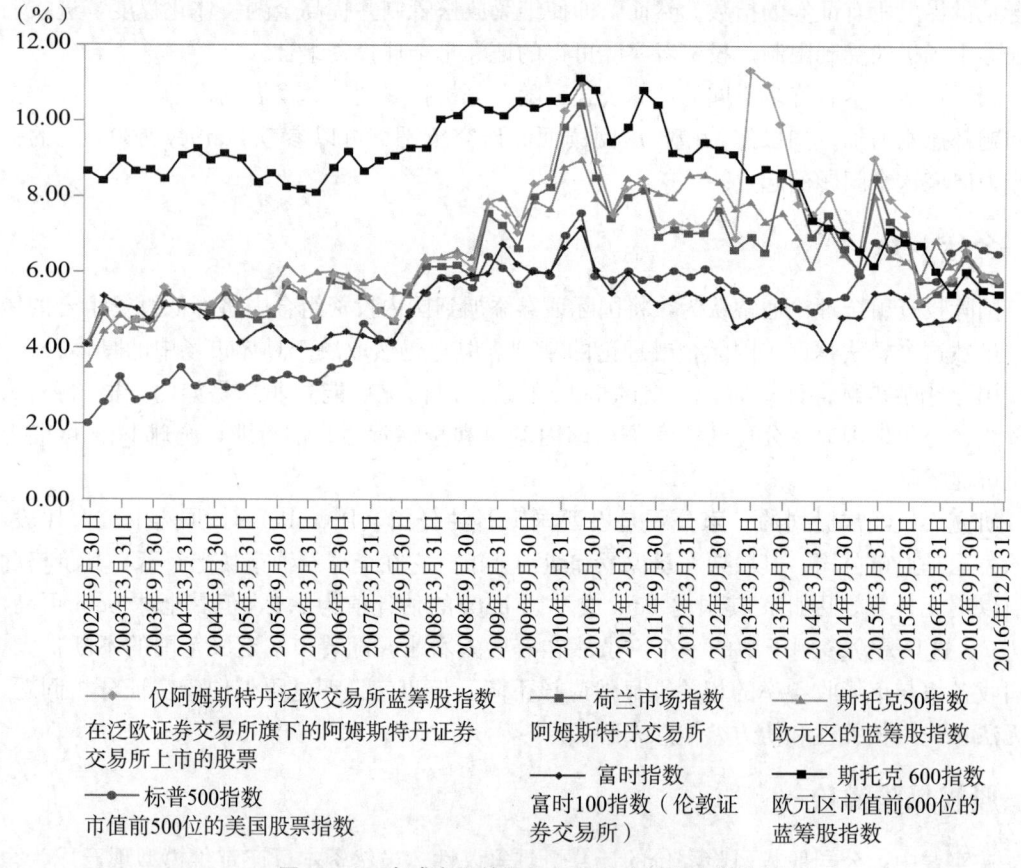

图 13-3 全球市场的股权风险溢价（隐含溢价）

资料来源：*Equity Market Risk Premium-Research Summary*，KPMG，13 January 2017，p.7. 毕马威从各种股票市场指数得到的隐含贴现率中减去无风险利率，得到隐含股票市场风险溢价。

[①] Elroy Dimson, Paul Marsh, and Mike Stanton, "Global Evidence on the Equity Risk Premium," *Journal of Applied Corporate Finance*, Vol. 15, No. 4, Fall 2003, p.31.

[②] 股权风险溢价报价摘自 "Stockmarket Valuations: Great Expectations," *The Economist*, January 31, 2002.

公司准确预测其股权成本有多重要？由于资本有限，公司必须每年确定将接受和拒绝哪些潜在投资。如果公司没有准确估计股权成本，因而无法准确估算一般资本成本，将无法准确估计潜在投资的净现值。

13.3 国际证券投资者的作用

过去30年逐步放松对股票市场的管制不仅引起国内竞争者的竞争加剧，而且还向外国竞争者开放了市场。国际证券投资和股票在外国市场交叉上市已经是司空见惯的事。

国内投资组合经理和国际投资组合经理都是资产配置者。他们的目标是在给定风险水平下最大化投资组合收益率，或者在给定收益率下将风险降至最低。国际投资组合经理可以从更大的资产池中进行选择，而国内投资组合经理只能对国内资产进行配置。因此，国际多元化投资组合往往具有较高的预期收益率，而且几乎总是具有较低的投资组合风险水平，因为各国证券市场彼此不完全相关。

根据投资组合经理的投资目标，可以从很多方面实现投资组合资产配置。例如，投资组合可以根据证券类型进行多元化。它们可以仅由股票组成，也可以仅由债券组成，或两者兼而有之。它们也可以按行业或资本规模（小型股票组合、中型股票组合和大型股票投资组合）进行多元化。

就我们的目的而言，最重要的方面是按国家、地区、发展阶段或这些（全球）因素的组合进行多元化。韩国基金是按国家进行多元化的一个例子。它曾经是外国投资者得以持有韩国证券的唯一工具，但近年来外国所有权限制已经松绑。典型的地区多元化就是众多亚洲基金。直到20世纪90年代后半叶日本和东南亚的"泡沫"爆发之前，这些基金的表现都异常出色。由新兴市场证券组成的投资组合是按发展阶段进行多元化的例子。它们由来自不同国家、地区和发展阶段的证券组成。正如"全球金融实务13-2"所示，公司治理可能是造成这些股权和发展阶段问题的因素之一。

全球金融实务 13-2

新兴市场成长型公司——首次公开募股与公司治理

经济合作与发展组织（简称经合组织）最近一直在探索新兴市场公司的公司治理实务与资本获取渠道（公司通过首次公开募股成功筹集股权资金的能力）之间的关系。所谓的成长型公司，即追求销售收入和员工人数相对快速增长的公司，需要大量外部资本。这些公司被认为在经济发展中起着至关重要的作用，但前提是它们可以逃脱经合组织所称的中等规模"静态"。

逃离"静态"需要外部资本，既包括债务资本也包括股权资本，尽管经合组织特别强调股权是发展的真正促进因素。重点是既有耐心——愿意持久支持研发和创新——又对公司负担有限的资本。之所以偏好股权，是因为它的现金流义务有限（与必须定期偿还的债务不同），让公司可以进行前瞻性投资。

但同样是股权，它也要求投资者对公司的公司治理实务充满信心。要获得股权融资渠道，必须满足并超越投资者对公司治理实务的期望。经合组织自身的公司治理原则（第 4 章曾详细介绍）被认为是建立投资者信心框架的支柱之一。

然而，全球资本市场尚未达到这个水平。自 2008 年全球金融危机以来，通过首次公开募股进行的所有全球股权筹资中，约有一半由新兴市场的公司发起。但这些公司仍然保持封闭持股，通常由一个主导所有者控股，这种结构无法支持最优公司治理。

资本成本与资本可得性之间的联系

计算加纳多公司的加权平均资本成本时，假设即使加纳多公司扩大资本预算，也总能以相同的必要收益率获得股权资本和债务资本。考虑到加纳多公司可以顺利通过纽约证券交易所接触到全球资本市场上的国际证券投资者，这是一个合理的假设。然而，对于位于流动性不足或分割的资本市场的公司、小型国内公司以及位于任何资本市场的家族企业来说，这是一个不合理的假设。我们现在将研究市场流动性和市场分割如何影响公司的资本成本。

提高市场流动性。虽然人们尚未对市场流动性的定义达成共识，但我们可以通过关注公司在不降低现有市场价格的情况下发行新证券的能力来观察市场流动性。在国内环境中，一个基本假设是，企业在任何时间的总资本可得性由国内资本市场的供求决定。

企业始终应按照与其最优财务结构相同的比例筹集资金来扩大资本预算。然而，随着预算的绝对增长，其边际资本成本最终将增加。换言之，即使保持最优财务结构不变，在资金供应商不愿提供更多资金之前，公司也只能在短期内利用资本市场获得有限资金。从长远来看，这可能不是一个限制，它取决于市场流动性。

在跨国案例中，公司能通过在欧洲市场（货币、债券和股权）筹集资金，通过在国外发行证券以及通过外国子公司利用当地资本市场来提高市场流动性。这些活动理应使跨国企业的短期筹资能力强于被限制在本国资本市场上筹资的情况。这种情况假设公司保持最优财务结构。

市场分割。如果所有资本市场完全一体化，那么在调整外汇风险和政治风险后，具有可比预期收益率和风险的证券应在各国市场上具有相同的必要收益率。这个定义既适用于股权，也适用于债务，尽管经常发生一国市场或另一国市场比交易对手一体化程度更高的情况。

资本市场分割是一种金融市场不完全，它主要是由政府约束、制度实践和投资者认知引起的。最重要的不完全之处包括国内外投资者之间的信息不对称、缺乏透明度、高交易成本、外汇风险、政治风险、公司治理差异以及各种监管障碍。

市场不完全并不一定意味着一国证券市场效率低下。一国证券市场可能在国内环境中是高效的，但在国际环境中是分割的。根据金融理论，如果一个市场中的证券价格反映所有可得相关信息并快速根据相关新信息进行调整，该市场就是有效的。因此，具体证券的价格反映了其"内在价值"，任何价格波动都将围绕该价值"随机漫步"。市场效率假设交易成本很低，市场中有许多参与者，并且这些参与者有足够财务实力使证券价格发生变化。对市场效率的实证检验表明，多数主要国家市场都是合理有效的。

有效的国家证券市场可以根据参与该市场的投资者可获得的信息，对在该市场上交易的所有证券正确定价。但是，如果该市场是分割的，外国投资者将无法参与。资本可得性取决于公司是否可以获得债务和股票的流动性以及这些证券基于国际标准而非国家标准的价格。实际上，这意味着公司必须制定吸引国际证券投资者的策略，从而摆脱其自身流动性不足或分割国家市场的约束。

市场流动性与市场分割的影响。 资本市场流动性不足或市场分割的程度对公司的边际资本成本和加权平均资本成本具有重要影响。资本边际成本是下一个货币单位筹资的加权平均成本。图13-4对此进行了说明，该图显示了从国内边际资本成本到全球边际资本成本的转变。

资本成本
（使用者的边际资本成本，提供者的收益率，%）

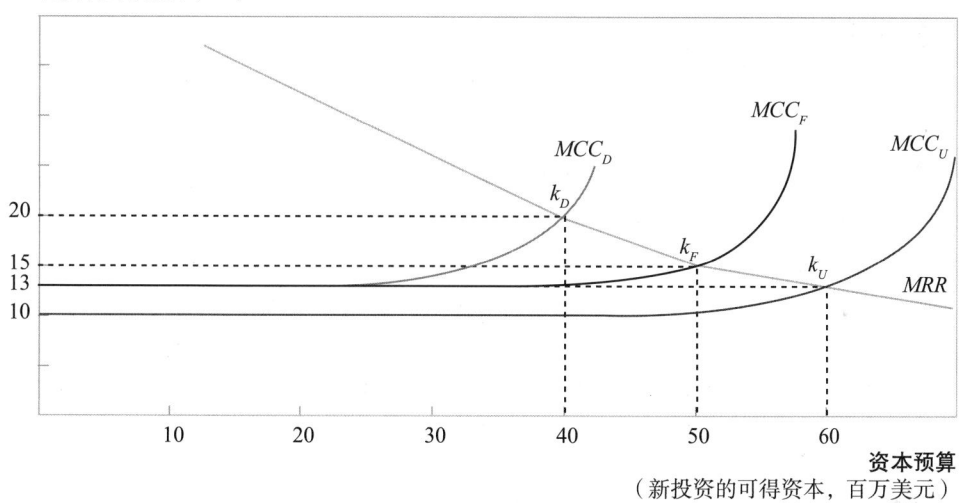

图13-4 市场流动性、市场分割和边际资本成本

图13-4显示，跨国企业在不同预算水平上有给定的边际资本收益率，以 MRR 线表示。这种需求是根据净现值或内部收益率对潜在项目进行排序来确定的。纵轴显示了资本供应商的收益率和资本使用者的资本成本。如果公司仅限于在国内市场上筹集资金，则 MCC_D 线显示了不同预算水平（横轴）上的边际国内资本成本（纵轴）。前面曾经提到，随着公司扩大预算，将继续保持债务比率不变，以保持财务风险不变。国内案例中的最优预算为4 000万美元，其中边际资本收益率（MRR）恰好等于边际资本成本（MCC_D）。在该预算中，边际国内资本成本 k_D 等于20%。

如果跨国企业在缺乏流动性的国内资本市场之外可以获得其他资本来源，那么边际资本成本应该向右移动（MCC_F 线）。换言之，当国内市场由于被其他借款人或股权发行人大量使用而饱和，或者在短期内无法再吸收跨国企业发行的证券时，可以利用外国市场获得长期资金。图13-4显示，通过利用外国资本市场，该公司已将其边际国际资本成本降至15%，尽管它又筹集了1 000万美元。这假设该公司在国外筹集了约2 000万美元，因为它在国内只能以15%的边际资本成本筹集大约3 000万美元。

如果这家跨国企业位于既缺乏流动性又分割的资本市场，则 MCC_U 线表示该公司获准进入其他股票市场时降低的边际资本成本。由于资本可得性提高和公司证券国际定价的综

397

合影响，边际资本成本 k_U 降至 13%，最优资本预算升至 6 000 万美元。

对市场分割的大多数检验都受到常见模型问题的困扰——需要从现实中抽象出来以得到可检验模型。我们认为，一种现实检验是观察单个证券最初仅在国内市场上交易，然后被外国投资者"发现"，开始在国外市场上交易后的价格变化。套利应该保持两个市场上的市场价格相等。但是，如果在转变期间我们观察到证券价格发生重大变化，而该价格变化与任何基础证券市场的价格变化均不相关，我们就可以推断国内市场是分割的。

遗憾的是，很少有案例研究证明公司逃离了分割的资本市场。在实践中，这种逃离通常意味着在纽约或伦敦等外国股票市场上市和（或）在外国资本市场上出售证券。我们将在本章后面以诺和公司为例分析这种从分割市场中逃离的公司。

全球金融实务 13-3

文化与投资行为

传统金融基于有效市场假设以及均值和方差等统计数字的最优化，它表明投资与数学有很大关系。然而，行为金融学重新将焦点放回人的身上。人会犯错误——即使是在投资决策中，这导致市场效率低下。根据行为金融学，80%的投资都是心理学。

——"Behavioral Finance: The Psychology of Investing," by Thorsten Hens and Anna Meier, a white paper from Behavioral Finance Solutions GmbH, the University of Zurich and CreditSuisse, Private Banking North America, undated, p. 41.

行为经济学和行为金融学领域的一些近期研究揭示了一些关于文化如何影响投资行为的有趣结果。瑞士信贷资助的一项近期研究发现：

- 东欧人是世界上最厌恶风险的投资者。
- 美国拥有世界上"自我意识最强的交易者"和以高度个人主义为特征的投资环境。
- 美国注重快速获利，而北欧国家则表现出高度耐心。
- 美国人和非洲人的风险厌恶程度相似。

如果投资确实涉及人和文化，那么关于文化、投资和资本之间的关系，我们还有许多需要了解。

证券市场全球化

20 世纪 80 年代，许多北欧公司和其他欧洲公司在伦敦证券交易所和纽约证券交易所等主要外国证券交易所交叉上市。它们在主要证券市场上发行股票和债务。在大多数情况下，它们成功降低了资本成本并提高了资本可得性。

20 世纪 90 年代，在经合组织（世界上多数工业化程度最高的国家组成的联合体）的压力下，对跨国证券投资的国家限制逐渐放松。欧洲证券市场自由化由于欧盟建立无障碍单一市场的努力而加速。新兴国家市场紧随其后，苏联解体后的国家也是如此。新兴国家市场这样做的动力往往是筹集外国资本用于实行大规模私有化的需求。

现在，虽然各国市场的流动性仍然有限，但市场分割已经显著减少。多数观察家认为，无论好坏，我们已经实现了全球证券市场。好消息是，许多公司在此帮助下已成为跨国企业，因为它们现在可以获得全球成本和全球资本。坏消息是，证券市场之间的相关性有所增加，从而减少了——但并未消除——国际投资组合多元化的好处。正如2008—2009年美国金融危机和2009—2010年欧洲主权债务危机所示，证券市场全球化也导致了更多波动性和投机行为。但正如"全球金融实务13-3"介绍的行为金融领域的研究所示，不管市场一体化如何发展，越来越多的证据都表明，投资者及其相关文化在追求收益率时的风险接受意愿仍然存在显著差异。

13.4 跨国企业与国内企业的资本成本比较

跨国企业的加权平均资本成本是高于还是低于国内企业？在数学上，这只需比较公司资本成本的不同组成部分——相对税后债务成本、最优债务比率和相对股权成本。但是，正如我们将在下一节中探讨的，不同公司和不同国家的资本成本和资本可得性差别很大。

资本可得性

在本章前面，我们看到，与大多数国内公司相比，跨国企业或者能吸引国际证券投资者的其他大公司获得国际资本的能力使它们能降低股权成本和债务成本。此外，即使必须筹集大量新资金，国际资本可得性也让跨国公司可以维持理想的债务比率。换言之，跨国企业的边际资本成本在相当大的资本预算范围内是不变的。对大多数国内公司而言，情况并非如此。它们必须依靠内部产生的资金或从商业银行借入中短期贷款。

跨国企业的财务结构、系统性风险和资本成本

从理论上讲，跨国企业应该比国内企业更有能力支持较高的债务比率，因为它们的现金流实现了国际多元化。如果现金流波动性被降到最低，企业在不同产品市场、金融市场和外汇市场条件下有能力支付固定费用的概率将会提高。

通过实现国际现金流多元化，跨国企业或许能与在国际上进行证券组合多元化的证券投资者降低相同程度的现金流波动性。同样的论点也适用于现金流多元化——因为各国的收益率并不完全相关。例如，在2000年，日本陷入衰退，但美国正在经历快速增长。我们基于现金流或利润的预期收益率可能在日本降低而在美国提高。在两国都开展经营的跨国企业可以依靠强大的美国现金流入来偿还债务，即使日本子公司的净现金流入减少。

有意思的是，尽管这一假设在理论上很通顺，但实证研究得出了相反的结论。[1] 尽管现金流的国际多元化将产生有利影响，但跨国企业和国内企业的破产风险大致相同。然而，跨国企业面临更高的代理成本、政治风险、外汇风险和信息不对称。这些因素导致跨国企业的债务比率下降，甚至使其长期债务成本升高。国内企业更多地依赖于中短期债

---

[1] Lee, Kwang Chul and Chuck C. Y. Kwok, "Multinational Corporations vs. Domestic Corporations: International Environmental Factors and Determinants of Capital Structure," *Journal of International Business Studies*, Summer 1988, pp. 195-217.

务,这些债务处于收益率曲线的低成本一端。

更令人惊讶的是,一项研究发现,跨国企业的系统性风险水平高于国内企业。[①] 导致这种现象的原因正是导致跨国企业债务比率较低的原因。这项研究的结论是,国际化所增加的现金流标准差超过了多元化所降低的相关性。如前所述,系统性风险项 β_j 的定义为

$$\beta_j = \frac{\rho_{jm}\sigma_j}{\sigma_m}$$

其中,ρ_{jm} 是证券 j 与市场之间的相关系数;σ_j 是公司 j 收益率的标准差;σ_m 是市场收益率的标准差。如果由于国际多元化导致的相关系数 ρ_{jm} 减少值大于上述风险因素导致的标准差 σ_j 增加值,则跨国企业的系统性风险可能增加。这一结论与观察结果一致,即许多跨国企业使用较高的最低必要收益率贴现预期外国项目现金流。实质上,它们接受了它们认为比国内项目风险更高的项目,因此可能使它们感受到的系统性风险向上偏斜。至少,跨国企业需要获得高于国内企业的收益率才能保持其市场价值。

其他研究发现,国际化实际上允许新兴市场跨国企业承担更高的债务水平并降低其系统性风险。之所以会出现这种情况,是因为新兴市场跨国企业投资于更稳定的海外经济体,这种战略降低了经营风险、金融风险、外汇风险和政治风险。降低的风险超过增加的代理成本,使这些公司可以享有比美国跨国企业更高的杠杆率和更低的系统性风险。

悖论:跨国企业的资本成本是否更高?

这是我们的悖论:由于跨国企业可以获得全球成本和全球资本,因此跨国企业应该具有低于国内公司的边际资本成本,但实证研究并不支持这一点。实证研究表明,由于代理成本、外汇风险、政治风险、信息不对称以及国外业务的其他复杂性,跨国企业的资本成本实际上高于可比国内企业。

图 13-5 显示了跨国企业和国内企业的边际资本成本和一组可能的资本项目时间表,以说明一种可能的解释。请注意,跨国企业拥有更多可能的资本项目,但——最初——也因为边际资本成本高于国内企业而受到不利影响。

国内企业的最优资本预算是其边际资本成本($MCC_{国内企业}$)与一组可能资本项目($MRR_{国内企业}$)的交叉点,即图 13-5 中的 A 点。这意味着国内企业的最优资本预算为 1.2 亿美元,边际成本为 10%。在这些较低的预算水平上,跨国企业的边际资本成本高于国内企业的边际资本成本。这与近期的实证研究结果一致。

跨国企业的最优资本预算位于其边际资本成本($MCC_{跨国企业}$)与更多可能资本项目($MRR_{跨国企业}$)的交叉点,即图 13-5 中的 C 点。因此,跨国企业的最优资本预算为 3.8 亿美元,此时边际成本为 12%。在这些较高的预算水平下,跨国企业的资本成本远低于国内企业。正如本章前面所预测的,跨国企业的加权平均资本成本也可能低于国内企业的加

---

① Reeb, David M., Chuck C. Y. Kwok, and H. Young Baek, "Systematic Risk of the Multinational Corporation," *Journal of International Business Studies*, Second Quarter 1998, pp. 263-279.

资本成本
（使用者的边际资本成本，
提供者的收益率，%）

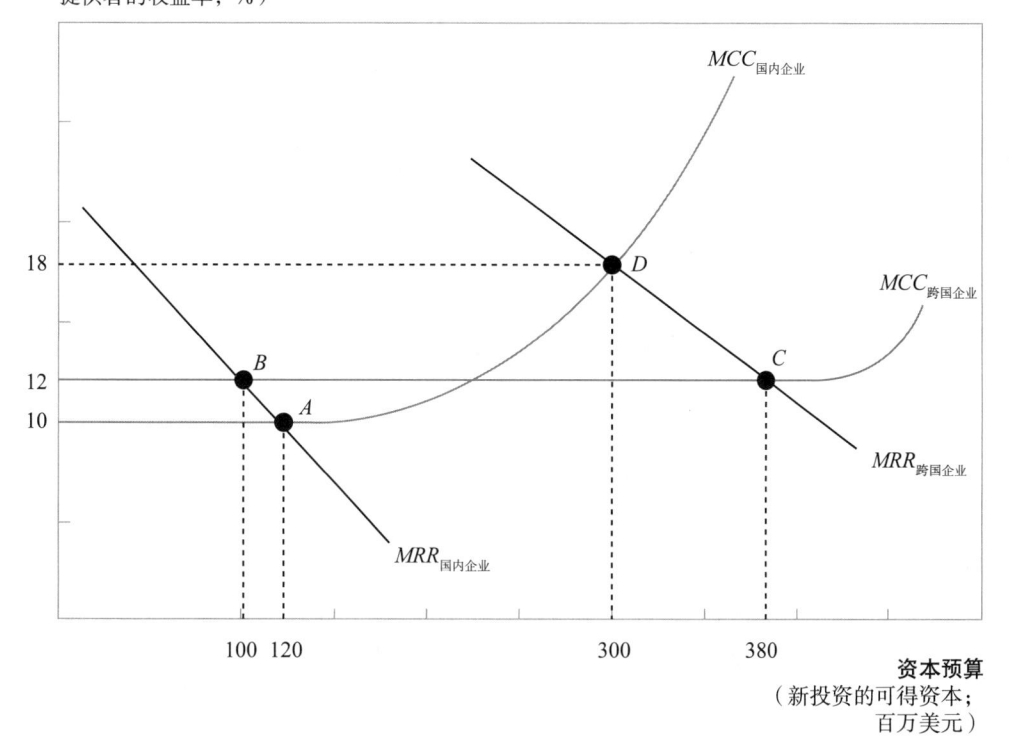

图 13-5　跨国企业与国内企业的资本成本比较

权平均资本成本。

然而，将这些结论一般化有点困难。对于跨国企业和国内企业实际发生的 A 点和 B 点，无论是在 MCC 的"平坦点"还是在 MCC 的"上升点"，对于实证研究来说都是一个问题。由于全球商业环境和金融环境既多样又复杂，因此企业的实际最优资本预算可能反映出独特的机会和环境。

实证研究表明，成熟的国内企业和跨国企业通常都不愿意承担边际资本成本和资本预算升高所增加的代理成本或破产风险。事实上，多数成熟公司都表现出一定程度的企业财富最大化行为。它们多少有些厌恶风险，往往避免重返市场筹集新股本。它们更愿意将资本预算限制在可以通过自由现金流融资的程度上。事实上，它们有所谓的啄食顺序，这决定了它们将利用哪些资金来源以及利用这些资金来源的优先顺序。这种行为促使股东更密切地监督管理层。他们将管理层薪酬与股票表现联系起来（期权）。他们还可能要求做出其他类型的合同安排，这些都是代理成本的组成部分。

总之，如果跨国企业和国内企业确实将资本预算限制为可以在不增加边际资本成本的情况下融资的程度，那么这支持了跨国企业的加权平均资本成本更高的实证结果，如图 13-6 所示。如果国内企业拥有如此好的增长机会，那么即使边际资本成本增加，它也会选择增长，这将推动国内企业的资本成本相对于跨国企业上升。

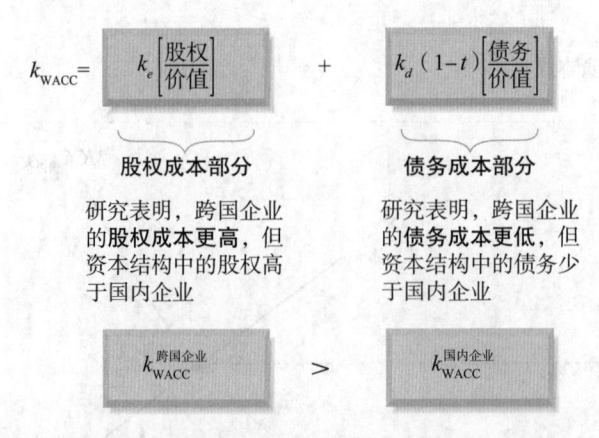

$$k_{WACC} = k_e \left[\frac{股权}{价值}\right] + k_d(1-t)\left[\frac{债务}{价值}\right]$$

股权成本部分

研究表明，跨国企业的**股权成本更高**，但资本结构中的股权高于国内企业

债务成本部分

研究表明，跨国企业的**债务成本更低**，但资本结构中的债务少于国内企业

$$k_{WACC}^{跨国企业} > k_{WACC}^{国内企业}$$

图 13-6 跨国企业的资本成本是否高于国内企业？

13.5 典型案例：诺和实业[①]

诺和公司是一家丹麦跨国企业，生产工业酶和药品（主要是胰岛素）。1977 年，诺和公司的管理层决定将其资本结构和资金来源"国际化"。之所以做出这一决定，是因为该公司观察到丹麦证券市场缺乏流动性并与其他资本市场分割。尤其是，在丹麦很难获得股权资本且股权资本成本很高，这导致诺和的资本成本高于其主要跨国竞争对手，例如礼来（美国）（Eli Lilly）、迈尔斯实验室（美国）（Miles Laboratories）（德国拜耳的子公司）和吉斯特-布罗卡斯特（荷兰）（Gist-Brocades）。

除了资本成本，诺和公司的预期增长机会也标志着在缺乏流动性的丹麦市场以外，它最终还需要筹集新的长期资本。由于诺和公司是其专业领域的技术领导者，因此无法推迟对工厂、设备和研究的计划资本投资，直至可以使用现金流进行内部融资。诺和的竞争对手将抢占任何诺和没有进入的市场。

即使在丹麦筹集所需规模的股权，必要收益率也会高得令人无法接受。例如，诺和的市盈率通常在 5 倍左右；其外国竞争对手的市盈率则远远超过 10 倍。然而，诺和的商业风险和金融风险似乎与其竞争对手大致相当。与具有可比商业风险和金融风险的其他国内公司相比，诺和的 5 倍市盈率似乎只有在丹麦国内是合适的。

如果丹麦的证券市场与世界市场融为一体，预期外国投资者将涌入并购买"价值被低估"的丹麦证券。在这种情况下，诺和这种公司将享有与外国竞争对手可比的国际资本成本。奇怪的是，丹麦政府没有实施限制措施阻止外国投资者持有丹麦证券。因此，我们必须将投资者认知视为当时丹麦市场分割的主要原因。

至少有六个特征要为丹麦股市的市场分割负责：（1）丹麦投资者和外国投资者的信息不对称；（2）税收；（3）可行投资组合的替代组合；（4）金融风险；（5）外汇风险；（6）政治

[①] *Internationalizing the Cost of Capital in Theory and Practice*: *The Novo Experience and National Policy Implications*. Copyright © 2001 by Arthur Stonehill and Kåre B. Dullum. （Copenhagen：Nyt Nordisk Forlag Arnold Busck，1982；and New York：Wiley, 1982）. 再版得到了亚瑟·斯通希尔（Arthur Stonehill）的许可。

风险。

信息不对称

丹麦的某些制度特征导致丹麦投资者和外国投资者缺乏关于对方股票的信息。最重要的信息障碍是丹麦法规禁止丹麦投资者持有外国私人部门证券。因此，丹麦投资者没有动力关注外国证券市场的发展或在对丹麦证券估值时考虑这些信息。因此，考虑丹麦的信息基础，在有效市场的意义上，丹麦证券相对于彼此的定价可能是正确的，但是综合考虑外国和丹麦的信息基础时，丹麦证券的定价就可能不正确。该法规的另一个不利影响是，外国证券公司没有在丹麦设立办事处或工作人员，因为它们没有在丹麦销售产品。在丹麦缺少实体证券公司降低了外国证券分析师跟踪丹麦证券的能力。

第二个信息障碍是，跟踪丹麦证券的丹麦证券分析师太少了。只有一家专业丹麦证券分析机构发布分析报告，而且是用丹麦语。一些丹麦机构投资者聘请了内部分析师，但他们的分析结果不向公众开放。几乎没有外国证券分析师跟踪丹麦证券，因为他们没有产品在这里出售，而且丹麦市场太小了（小国偏差）。

其他信息障碍包括语言原则和会计原则。当然，财务信息通常使用丹麦会计原则以丹麦语发布。一些公司，如诺和公司，发布英文版报告，但几乎没有公司使用美国或英国的会计原则或试图表明与这些原则进行了协调。

税收

丹麦的税收政策几乎消除了个人对普通股的投资。在 1981 年 7 月税法修改之前，持股期为两年以上的股票资本收益按 50% 的税率征税。持股期不足两年或出于"投机"目的持有股票按个人所得税税率征税，最高边际税率为 75%。相比之下，债券的资本收益是免税的。这种情况导致债券以很大折扣发行，因为到期时按面值赎回债券被视为资本收益。因此，多数个人投资者持有债券而非股票。如果股票要与债券竞争，这个因素会降低股票市场的流动性并增加股票的必要收益率。

可行的投资组合

由于禁止持有外国证券，丹麦投资者可以选择用于组成投资组合的证券非常有限。在实践中，丹麦的机构投资组合由丹麦股票、政府债券和抵押贷款债券组成。由于丹麦股票的价格变化彼此密切相关，因此丹麦投资组合具有相当高的系统性风险水平。此外，政府政策一直是提供相对较高的通货膨胀率调整后政府债券实际收益率。个人税收政策和有吸引力的政府债券实际收益率的最终结果是，按照国际标准，必要股票收益率相对较高。

从投资组合的角度看，丹麦股票为外国投资者提供了国际多元化的机会。如果丹麦的股价变化与世界的股价变化并不密切相关，那么将丹麦股票加入外国投资组合将降低这些投资组合的系统性风险。此外，由于税收协定提供的保护通常将外国投资者的税率限制为股利和资本收益的 15%，因此外国投资者不受丹麦高所得税税率的影响。由于具有国际多元化潜力，因此在其他条件相同时，外国投资者对丹麦股票要求的收益率可能低于丹麦投资者要求的收益率。然而，其他条件并不相同，因为外国投资者认为丹麦股票的金融风险、外汇风险和政治风险高于他们的国内证券。

金融风险、外汇风险和政治风险

根据美国标准和英国标准,丹麦公司使用的财务杠杆相对较高,但根据斯堪的纳维亚、德国、意大利或日本的标准,丹麦公司的财务杠杆并无异常。此外,大部分债务都是可变利率短期债务。外国投资者看待丹麦公司金融风险的方式取决于它们在本国遵循的规范。我们从诺和公司在1978年利用欧洲债券市场的经验中了解到,诺和的英国投资银行摩根建富(Morgan Grenfell)建议诺和将债务比率(债务/总市值)保持为接近50%,而不是丹麦传统的65%~70%。

丹麦证券的外国投资者面临外汇风险。这个因素是优势还是劣势取决于投资者的本币,对丹麦克朗未来走势的看法,以及对公司经营风险的影响。通过与外国投资者和外国银行的个人接触,诺和的管理层并不认为外汇风险是诺和股票价格的影响因素,因为它被认为实现了充分国际多元化。其90%以上的销售额来自丹麦以外的客户。

在政治风险方面,丹麦被视为稳定的西方民主国家,但有可能对外国投资者造成周期性问题。尤其是,丹麦的国债被认为价格太高,尽管这一判断尚未体现为丹麦欧洲货币银团贷款的风险溢价。

全球化之路

尽管1977年诺和的管理层希望摆脱丹麦资本市场分割和缺乏流动性的束缚,但仍有许多障碍需要克服。分析其中一些障碍是值得的,因为它们代表了分割市场中希望实现资本来源国际化的其他公司面临的障碍。

弥合信息差距。 诺和公司是20世纪20年代由彼泽森(Pedersen)兄弟创立的一家家族企业。1974年,该公司上市且"B股"在哥本哈根证券交易所挂牌。"A股"由诺和基金会持有,这些股票足以保持投票控制权。然而,在丹麦以外的投资界,诺和基本上不为人知。为了克服这种信息基础差异,诺和提高了丹麦语和英语的财务披露水平与技术披露水平。

当1978年摩根建富成功组建银团为诺和承销并出售价值2 000万美元可转换欧洲债券时,信息差距进一步缩小。与此次发行相关的是,诺和的股票在伦敦证券交易所上市以促进转换并提高知名度。这些双重行动是解决信息障碍的关键,当然,该公司还以优惠条件筹集了大量长期资本,这些条件在丹麦是无法获得的。

尽管发行欧洲债券对资本可得性产生了有利影响,但当丹麦投资者对转换权的潜在稀释影响做出负面反应时,诺和的资本成本实际上增加了。1979年,诺和的股价从每股300丹麦克朗左右跌至每股220丹麦克朗左右。

生物技术热潮。 1979年发生了一个偶然事件。生物科技开始吸引美国投资界的兴趣,基因泰克(Genentech)和赛特斯(Cetus)等初创企业发行了几只超额认购的股票,轰动一时。由于上述国内信息差距,丹麦投资者并未意识到这些事件,并继续以5倍的低市盈率对诺和进行估值,而其竞争对手的市盈率超过10倍,这些潜在新竞争对手的市盈率则为30倍或更高。

为了将自身打造为有可靠记录的生物科技公司,诺和于1980年4月30日在纽约组织了一次研讨会。研讨会结束后不久,一些老练的美国个人投资者开始通过伦敦证券交易所购买诺和的股票和可转换债券。丹麦投资者非常乐意满足这种外国需求。因此，尽管英美投资者的需求相对强劲，但诺和的股价仅逐渐上涨，并在仲夏时回升至 300 丹麦克朗的水平。

然而，在接下来几个月里，外国投资者的兴趣开始滚雪球式增长，到 1980 年年底，诺和的股价已达到 600 丹麦克朗的水平。此外，外国投资者的持股比例从几乎为零增至约 30%。诺和的市盈率已升至 16 倍左右，与其国际竞争对手的市盈率一致，但与丹麦市场上的市盈率不一致。此时，人们必然得出结论，诺和已经成功将其资本成本国际化。其他丹麦证券仍然锁定于分割的资本市场。

美国的定向股票发行。 1981 年上半年，在高盛的指导以及摩根建富和哥本哈根商业银行（Copenhagen Handelsbank）的协助下，诺和编写了招股说明书，将发行的美国股票在美国证券交易委员会登记，并最终在纽约证券交易所上市。这项工作中遇到的主要障碍具有普遍适用性，即需要编制符合美国会计原则的财务报表并满足美国证券交易委员会要求的更高披露水平。尤其是，从披露角度和会计角度看，行业部门报告是一个问题，因为无法从内部获得这种格式的会计数据。事实证明，美国的投资障碍相对容易处理，尽管要解决成本高昂和耗时的问题。

丹麦的各种制度和政府法规造成了更严重的障碍。后者的设计使公司无法以市场价值发行股票，因为丹麦公司通常以面值发行有优先认购权的股票。然而，此时在外国投资者持续购买该公司股票的推动下，诺和的股价已经高到没有丹麦人认为外国人愿意支付这种价格。事实上，在 1981 年 7 月股票发行之前，诺和的股价已经涨至超过 1 500 丹麦克朗，然后跌至 1 400 丹麦克朗左右。外国持股比例已增至诺和流通股的 50% 以上！

股市反应。 从丹麦投资者和外国投资者对 1981 年 5 月 29 日发布的 6 100 万美元美国股票发行公告的反应中，可以得到市场分割的最后一个证据。诺和的股价在哥本哈根的下一个交易日下跌 156 点，大约相当于其市值的 10%。诺和刚一开始在纽约交易，股价立即挽回了所有损失。作为缺乏流动性的市场，哥本哈根的反应很典型。投资者担心新股发行的稀释效应，因为它会使流通股数量增加约 8%。他们不相信诺和能按不会稀释未来每股利润的收益率进行新投资。他们还担心，如果生物科技的光环褪去，美国股票最终会流回哥本哈根。

美国对宣布发行新股的反应与人们对高流动性一体化市场的预期一致。美国投资者认为新股发行创造了更多股票需求，因为大型银团的积极营销使诺和变得更广为人知。此外，营销针对的是之前在诺和的美国投资者中缺少代表性的机构投资者。它们缺少代表性是因为美国机构投资者希望确保股票的市场流动性，从而需要时能在不压低股价的情况下退出。新股发行的推广效应，加上在美国证券交易委员会登记和在纽约证券交易所上市，都增加了流动性和全球资本成本。

对诺和加权平均资本成本的影响。 在 1981 年的大部分时间和之后多年，纽约证券交易所、伦敦证券交易所和哥本哈根证券交易所上的国际证券投资者推高了诺和的股价。这降低了诺和的加权平均资本成本和边际资本成本。诺和的系统性风险比之前有所降低，其之前的系统性风险是由非多元化（国际）丹麦机构投资者和诺和基金会决定的。然而，其适当债务比率也有所降低，以符合美国、英国和其他重要市场上的国际证券投资者的预期标准。实质上，美元成为国际投资者为诺和估值时的功能货币。理论上，为任何地方的新资本投资估值时，修订后的资本成本都应成为新的参考最低必要收益率。

采用诺和战略的其他公司的加权平均资本成本也可能受到国际证券投资者要求的影响。一些新兴市场国家的公司在贸易和营运资本融资中已经经历了"美元化"。这种现象可能会扩展到长期融资和加权平均资本成本。

对于希望摆脱分割和缺乏流动性的本国股权市场的其他公司而言，诺和的经验可以成为典范。尤其是，新兴市场的跨国企业经常面临障碍，缺少与诺和类似的知名度。它们可能通过采用诺和用于吸引国际证券投资者的积极策略而受益。但是，它们最好谨慎行事。诺和在两个重要的行业领域——胰岛素和工业酶——拥有出色的经营记录和强大的全球利基市场。这种记录仍在吸引丹麦投资者和外国投资者。其他渴望取得类似业绩的公司也需要有良好的记录来吸引外国投资者。

证券市场全球化。 20世纪80年代，其他许多北欧公司和欧洲公司都效仿诺和。它们在伦敦和纽约等主要外国交易所上市。它们在主要证券市场上发行股票和债务。在多数情况下，它们都成功降低了加权平均资本成本并提高了资本可得性。

20世纪80年代和90年代，在经济合作与发展组织（世界上多数工业国组成的联合体）的压力下，各国对跨国证券投资的限制逐渐放松。由于欧盟致力于建立没有障碍的单一欧洲市场，因此欧洲证券市场的自由化加速。新兴国家市场紧随其后，苏联解体后的国家也是如此。新兴国家市场这样做往往是出于筹集外国资本用于大规模私有化的需求。

现在，虽然各国市场的流动性仍然有限，但市场分割已经显著减少。多数观察家认为，无论好坏，我们已经形成了全球证券市场。好消息是，许多公司已经在帮助下成为跨国企业，因为它们现在可以获得全球成本和全球资本。坏消息是，证券市场之间的相关性有所增加，从而减少了但并未消除国际投资组合多元化的好处。正如1995—2001年的新兴市场危机所示，证券市场全球化也导致了更多的波动性和投机行为。

要点总结

- 能进入全球资本市场可以让公司降低资本成本。通过提高股票的市场流动性和逃离本国的分割资本市场可以实现这一目标。
- 资本成本和资本可得性与市场流动性和市场分割程度直接相关。
- 能进入高流动性、低分割程度的市场的公司应具有较低的资本成本和更好的筹集新资本的能力。
- 公司能通过在欧洲市场上举借债务和通过外国子公司利用当地资本市场来提高其市场流动性。市场流动性增加导致边际资本成本线在右侧变平坦。这使公司能以较低的边际成本筹集更多资本。
- 如果一国资本市场上的证券必要收益率不同于在其他国家证券市场上交易的类似预期收益率和风险的证券的必要收益率，则该国的资本市场就是分割市场。
- 资本市场分割是由政府约束和投资者认知导致的金融市场不完全。市场分割会导致资本成本升高和资本可得性下降。
- 如果一家公司位于分割的资本市场，那么它仍然可以通过在国外发行债务和股权来逃离该市场。结果应该是边际资本成本降低，股票流动性提高，资本预算增加。

- 跨国企业的资本成本是否低于国内企业取决于其最优财务结构、系统性风险、资本可得性和最优资本预算。

迷你案例

法拉利的首次公开募股——跃马的潜力[①]

2015年9月20日，星期二。猫头鹰项目（Project Owl）——法拉利首次公开募股的代码名称——顺利结束。在向美国证券交易委员会等机构提交的所有文件中，该公司的正式名称为荷兰新业务N.V.（New Business Netherlands N.V.），现在更名为法拉利N.V.（Ferrari N.V.）。法拉利在其目标价格区间的最高点开盘——在美国为每股52美元，为法拉利的所有者菲亚特公司筹集了近10亿美元。与多数首次公开募股一样，RACE（法拉利的股票代码）的股价在上市后几周内就已经确定。但现在，许多分析师和共同基金经理都在问同样一件事：法拉利的股票前景可期吗？还是说它只是近年来徒有其表的股市热门股之一？

法拉利的传承

> 如果你敢于梦想，你就能实现它。
>
> ——恩佐·法拉利（Enzo Ferrari）

法拉利是以恩佐·法拉利的名字命名的。恩佐终身从事汽车工程师的工作，在他于阿尔法·罗密欧（Alfa Romeo）公司任职的多年里做过形形色色的工作，包括车床师傅、试驾、赛车手，最终担任阿尔法·科尔塞（Alfa Corse）赛车部门的总监。

1929年，恩佐在意大利摩德纳建立了斯库德里亚（Scuderia）法拉利车队。斯库德里亚是一个赛车场，车主可以在场上驾驶自己的车辆展开竞赛。恩佐于1939年离开阿尔法·罗密欧，在摩德纳的维亚来特伦托特里埃斯特（Viale Trento Tieste）开设了自己的公司Avio Costruzioni（该工厂最终迁到了马拉内罗）。在第二次世界大战期间被迫停业后，法拉利在1947年推出了125 S，1947年5月25日，法拉利125 S赢得了第一场比赛——罗马大奖赛。法拉利此后在全球赢得了5 000多场比赛。

维持不断增长的大马力法拉利系列汽车的财务压力导致恩佐于1969年与菲亚特集团合作，菲亚特最初获得了50%的股权，然后在1988年增加到90%。恩佐剩余的10%股权在他去世当年转让给了他的儿子。现在，菲亚特集团及其家族公司负责运营恩佐·法拉利留下的公司。菲亚特新任首席执行官塞尔吉奥·马尔基翁内（Sergio Marchionne）现在是这家公司的领导者。

核心特征

法拉利认为它拥有许多核心支柱，这些特征构成了其价值和价值增长潜力的基础。[②]

- 拥有卓越、持久、受益于忠诚客户群的标志性品牌。
- 可以在全球创造财富增长。
- 卓越的定价能力和价值弹性。

[①] 2018年©亚利桑那州立大学雷鸟全球管理学院版权所有。本案例由迈克尔·H. 莫菲特教授与其研究助手——2016级MBA学生吉库·萨哈（Jeeku Saha）共同编写，仅用于课堂讨论。

[②] Securities and Exchange Commission (September 22, 2015). Amendment No. 2 to FORM F-1 REGISTRATION STATEMENT UNDER THE SECURITIES ACT OF 1933.

- 赛车传统。
- 领先的工程能力。
- 灵活高效的开发和生产流程。
- 强大而有韧性的财务业绩和形象。
- 优秀的人才。

最后,法拉利的领导层希望通过——用他们自己的话说——在发达市场和新兴市场的受控增长实现盈利性增长。

增长限制

> 我们采用小批量生产战略,以在汽车买家中保持产品独特而稀有的声誉,并精心监控和保持产量和交货等待时间,以提升这一声誉。
>
> ——New Business Netherlands N.V., Form F-1, U.S. Securities and Exchange Commission, p.22.

与其他稀有要素一样,法拉利的价值与其稀缺性相关。正如图 A 所示,法拉利有条不紊地控制销量增长,在 1997—2014 年期间年均增长率仅为 4.24%。在 2009 年后危机时期,销售增长率实际上甚至低于平均水平。2014 年的总销量为 7 255 辆汽车——根据任何汽车标准,这都是一个极小的数字。

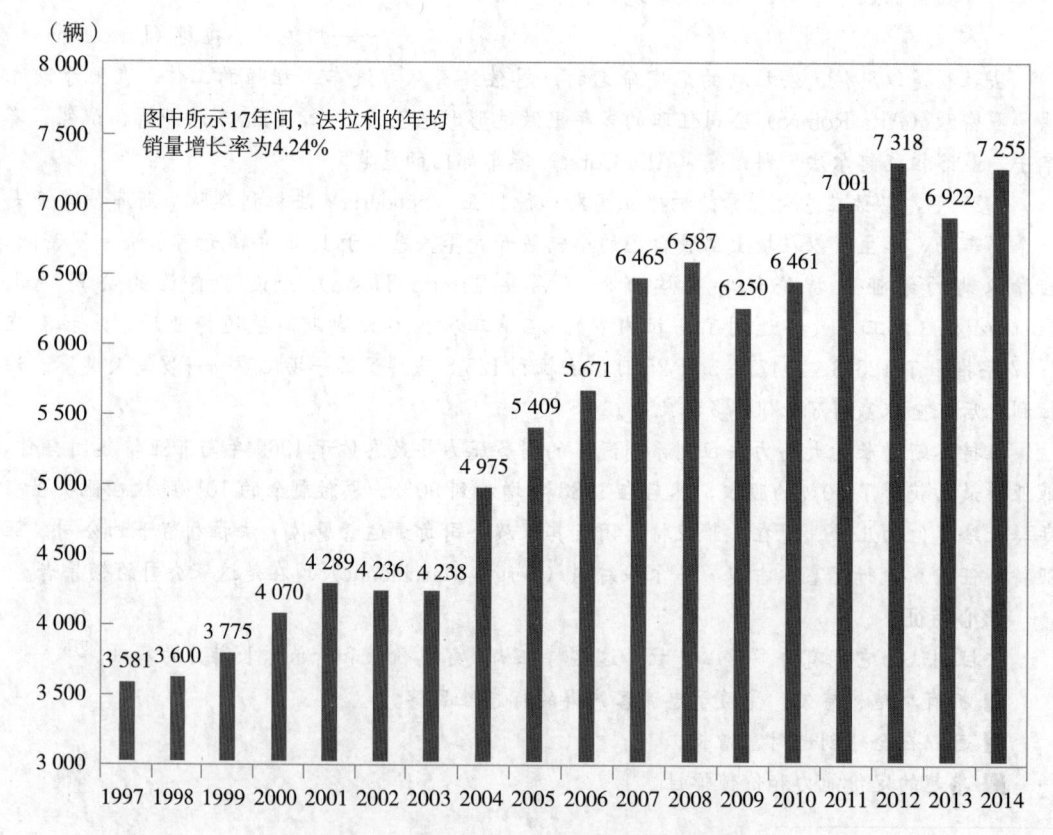

(辆)

年份	销量
1997	3 581
1998	3 600
1999	3 775
2000	4 070
2001	4 289
2002	4 236
2003	4 238
2004	4 975
2005	5 409
2006	5 671
2007	6 465
2008	6 587
2009	6 250
2010	6 461
2011	7 001
2012	7 318
2013	6 922
2014	7 255

图中所示17年间,法拉利的年均销量增长率为4.24%

图 A   1997—2014 年法拉利销量的逐步增长

稀缺性溢价。 对于保持法拉利的价值而言,这种相对稀缺性既是好消息也是坏消息。好消息是,领导层明显保持了产品在全球经济中的相对稀缺性,而全球经济增长速度和财富积累速度要快得多。根据最近的一项研究，高净值个人（high networth individuals，HNWIs）——法拉利的目标客户群（至少在历史上）——的人数及其财富在近30年内每年增长8.6%。[1]

推动法拉利销售的国家反映出财富创造的形势。2014年的法拉利销量分布约为：欧洲、中东和非洲，45%；美洲，35%；亚太地区，11%；其他，9%。这种全球销售分布似乎略微偏离欧洲、中东和非洲，亚太地区则有所增长。如果进行深入分析，可以看到四个国家的高净值个人占全球的60%：美国、日本、德国和中国。

在法拉利的招股说明书中，该公司非常看好中国的高净值个人。虽然中国仅占当前销售收入的9%，但中国的财富和奢侈品品味在强劲增长。对于许多奢侈品生产商而言，中国已经占据了（2014年）总销售收入的很大一部分：爱马仕——25%；路易威登——28%；普拉达——30%。[2] 如果法拉利的情况也是如此，该公司可能会发现需求压力不断增长。但有些人持怀疑态度，因为一些分析师担心中国经济已开始放缓。

坏消息是，如果销售收入和利润确实跟随销量增长率，那么对于股票而言，通过缓慢增长（4%）实现的这种相对稀缺性不是有前途的增长率。上市公司的股票通过股利收益和资本收益两种方式为投资者创造收益。但由于没有支付股利的计划，法拉利的价值主张完全依赖于资本收益。

对增长的不同看法也在法拉利内部引起严重争论。长期担任法拉利董事长的卢卡·德蒙泰泽莫洛（Luca De Montezemolo）在2015年突然离开该公司，据报道，他反对该公司上市。他认为首次公开募股将迫使该公司大幅加速增加销量。法拉利的首席执行官塞尔吉奥·马尔基翁内曾多次公开宣称，法拉利的未来是生意而不是艺术："有一种观点，如果独一无二变得遥不可及，就不再是独一无二，这就像你在读一部虚构小说一样……我们不要欺骗自己，我们的生意就是向客户卖车。"

监管限制。法拉利的未来增长还面临一个更具挑战性的限制：欧盟和美国政府的尾气排放和里程限制。法拉利被欧盟列为小型生产商，因此排放要求没有那么严格。然而，欧盟修改了2017—2021年的这些限制，法拉利的风险和威胁仍然存在。法拉利将在明年提交2017—2021年的排放计划。

根据现行美国法律，只要一家汽车制造商每年在全球销售的汽车不足10 000辆，就不受美国汽油里程目标和限制的约束。然而，如果法拉利的销量超过10 000辆，那么只要该公司没有改变产品组合以达到车队里程目标，车辆就无法在美国市场上销售。这意味着推出具有更小发动机和更优里程的车型。

法拉利在其招股说明书中指出，它已向美国环保署申请在2017—2019年期间实行替代标准，之后将根据综合平均燃油经济性（combined average fuel economy，CAFÉ）条款向美国国家公路交通安全管理局（National Highway Traffic Safety Administration，NHTSA）申请公司专门标准。法拉利指出，在这两种情况下，它预计都"将受益于比当前适用标准更宽松的标准"[3]。此外，还有传言称法拉利正在开发一款电动汽车，这将有助于实现车队里程目标。例

---

[1] Capgemini/RBC World Wealth Report, 2015. 高净值个人的定义是可投资资产（不包括基本住房、收藏品、消耗品和耐用消费品）不少于100万美元的个人。

[2] "The Ferrari Bond: Initiate Overweight at \$56 PT," Morgan Stanley, December 7, 2015, p.9. 摩根士丹利还指出，尽管中国对许多奢侈品生产商都很重要，但此时法拉利在中国市场上的知名度相对较低。

[3] Securities and Exchange Commission (September 22, 2015). Amendment No. 2 to FORM F-1 REGISTRATION STATEMENT UNDER THE SECURITIES ACT OF 1933.

如，保时捷刚刚宣布推出一款纯电动车型。

财务业绩

法拉利2012—2014年期间的财务业绩见表A。该公司的产品组合相对较小，包括8款车，占总收入的70%。该公司向玛莎拉蒂独家销售和租赁发动机（该公司自2003年起为玛莎拉蒂供应引擎），其他赞助收入则来自一级方程式赛车。

表A 经营业绩（截至12月31日之年度）

	2012年（百万欧元）	占净收入的百分比（%）	2013年（百万欧元）	占净收入的百分比（%）	2014年（百万欧元）	占净收入的百分比（%）
汽车与备用零件	1 695	76.2	1 655	70.9	1 944	70.4
发动机	77	3.5	188	8.1	311	11.3
赞助、商业广告与品牌	385	17.3	412	17.6	417	15.1
其他	68	3.1	80	3.4	90	3.3
净收入总计	2 225	100.0	2 335	100.0	2 762	100.0
净收入	2 225	100.0	2 335	100.0	2 762	100.0
销售成本	(1 199)	−53.9	(1 235)	−52.9	(1 506)	−54.5
销售费用、一般费用和管理费用	(243)	−10.9	(260)	−11.1	(300)	−10.9
研发费用	(431)	−19.4	(479)	−20.5	(541)	−19.6
其他费用净额	(17)	−0.8	3	0.1	(26)	−50.9
息税前利润	335	15.1	364	15.6	389	14.1
净财务收入（费用）	(1)	—	2	0.1	9	0.3
税前利润	334	15.0	366	15.7	398	14.4
所得税费用	(101)	−4.5	(120)	−5.1	(133)	−4.8
净利润	233	10.5	246	10.5	265	9.6

资料来源：Form F-1 Registration Statement，New Business Netherlands N.V.，p.52.

然而，与其他汽车生产商相比，法拉利的研发费用非常高。[①] 在全球大部分汽车业公司中，研发费用占销售收入的比例平均低于5%，而法拉利为20.3%。第二位的保时捷远远落后，为11.3%，大众为6.5%，宝马为5.7%，戴姆勒为4.4%，菲亚特为3.8%。[②]

法拉利的高价政策导致其毛利率更像硅谷互联网公司而非汽车生产商。如表B所示，2014年，法拉利的毛利率——净收入减去直接成本——为45.5%，是其他主要汽车公司的两倍多。这一巨大的毛利率反过来又产生了14.1%的极高经营利润率（息税前利润占销售收入的百分

[①] 请注意，表B包括载于利润表上的研发费用，也包括其他资本化研发支出，因此计入现金流量表而不是利润表。

[②] "Ferrari IPO: Why This Engine Runs Too Rich," by Abheek Bhattacharya, *The Wall Street Journal*, October 20, 2015.

比），这也是汽车业中的最高水平。

两个利润率之差，即毛利率减去经营利润率，为 31%——远远超出普通汽车生产商的财务业绩。在同类豪华汽车生产商中，同样的利润率之差平均仅为 12%，法拉利的利润率之差是其他主要生产者的两倍[1]，尽管法拉利在销量、员工规模、收入甚至是毛利润方面都相形见绌。

问题在于法拉利能否在未来五到七年内继续增加销量时保持这种利润率。一些分析师认为，随着销量增长，研发费用占销售收入的百分比不会快速增长，因为该公司享有以前投资的规模收益。然而，还有一些分析师认为，该公司将不遗余力地维持目前的投资结构和支出结构，因为它一直努力地维持业绩优势和品牌价值。

法拉利于 2015 年 10 月 20 日（星期二）首次公开募股，按照所有标准衡量，它的首次公开募股都取得了巨大成功。在法拉利公司登记的 1.89 亿股股票中，有 1 720 万股（9.1%）向公众出售。菲亚特以每股 52 美元的发行价筹集了 8.944 亿美元。超额认购又让它筹集了 2 860 万美元，使总额达到 9.23 亿美元。

这次首次公开募股的一个缺点是，筹集资本的目标不是对企业再投资——这在许多首次公开募股中很常见——而是为了补偿（菲亚特的）现有所有者减少的权益。对于一家信奉技术投资的公司来说，这是一种损失。

贴现现金流估值

表 C 显示了法拉利的基线贴现现金流（DCF）估值。根据由法拉利提供且之前显示在表 A 中的收入科目，贴现现金流价值由收入增长推动。该分析基于一项十年展望，假设 2015 年为第 0 年。

销量增长。 法拉利的领导团队向投资者保证销量将增长缓慢，并明确承诺 2019 年的销量不到 9 000 辆。以 2015 年的 7 500 辆作为起点，这相当于年增长率为 4.4%。

价格增长。 法拉利已经部分预见到汽车价格的增长潜力，并一再指出它"致力于提高产品的平均价格点"。假设法拉利维持销量增长的稀缺性原则，并且重点关注保持订单的四个月等待期，基线分析认为其年价格增长率可能为 2%。但是，年价格增长率也可能更高，达到 3%~4%。

其他收入。 法拉利向玛莎拉蒂销售发动机的收入、租金收入以及品牌赞助收入预期均将以每年 3% 的温和速度增长。一级方程式赛车收入是领导层认为对该品牌至关重要的一小部分收入，预计每年仅增长 1%。

销售成本变化和毛利率。 法拉利根据相对长期的合约向一小部分供应商采购。它雇用了 2 858 名工人，流动率很低。在基线分析中，劳动力成本和销售成本预期将以每年 2% 的速度增长。

销售费用、一般费用、管理费用和研发费用。 这是许多人眼中批量销售以外第二关键的估值要素。如果销售费用、一般费用、管理费用和研发费用均仅以每年 2% 的速度增长——许多分析师认为这反映出该公司的成本管理和战略发生变化，那么法拉利的经营利润率确实将在 10 年预测期内大幅增长。

---

[1] "Ferrari Does Not Stand For 'Fix It Again Tony,'" ADW Capital Management, LLC, August 2015, p. 8.

表 B 2014 年部分汽车生产商的财务利润率比较

	法拉利	大众	通用	丰田	福特	菲亚特	戴姆勒	宝马	奥迪
收入	276 200 万欧元	20 245 800 万欧元	15 592 900 万美元	2 569 191 100 万日元	13 578 200 万美元	9 609 000 万欧元	12 987 200 万欧元	8 040 100 万欧元	5 378 700 万欧元
毛利润	125 600 万欧元	3 652 400 万欧元	1 784 700 万美元	570 366 600 万日元	1 226 600 万美元	1 294 400 万欧元	2 818 400 万欧元	1 700 500 万欧元	937 200 万欧元
毛利率	45.5%	18.0%	11.4%	22.2%	9.0%	13.5%	21.7%	21.2%	17.4%
经营利润	38 900 万欧元	1 269 700 万欧元	153 000 万美元	229 211 200 万日元	202 300 万美元	322 300 万欧元	879 800 万欧元	911 800 万欧元	515 000 万欧元
经营利润率	14.1%	6.3%	1.0%	8.9%	1.5%	3.4%	6.8%	11.3%	9.6%
税后利润	26 500 万欧元	1 106 800 万欧元	401 800 万美元	182 311 900 万日元	318 700 万美元	63 200 万欧元	729 000 万欧元	870 700 万欧元	442 800 万欧元
净利润率	9.6%	5.5%	2.6%	7.1%	2.3%	0.7%	5.6%	10.8%	8.2%
毛利率一经营利润率	31.4%	11.8%	10.5%	13.3%	7.5%	10.1%	14.9%	9.8%	7.8%
汽车数量（辆）	7 255	10 212 562	9 925 000	9 032 000	6 323 000	5 640 000	2 500 00	2 117 965	17 471 100
员工人数（人）	2 858	592 586	216 000	330 000	187 000	225 587	27 857	116 324	68 804
汽车数量/员工人数	2.5	17.2	459.9	27.4	33.8	25.0	8.9	18.2	25.3

资料来源：作者根据公司年报计算。

表C 法拉利的贴现现金流估值（基线分析）

预测时期	假设	0 2013	2014	2015	1 2016	2 2017	3 2018	4 2019	5 2020	6 2021	7 2022	8 2023	9 2024	10 2025
汽车销售：														
法拉利的销量（辆）		6 922	7 255	7 500	7 830	8 175	8 534	8 910	9 302	9 711	10 138	10 584	11 050	11 536
销量增长率	4.4%				4.4%	4.4%	4.4%	4.4%	4.4%	4.4%	4.4%	4.4%	4.4%	4.4%
法拉利的平均售价（欧元）		239 093	267 953	273 312	278 778	284 354	290 041	295 842	301 759	307 794	313 950	320 229	326 633	333 166
售价增长率	2.0%				2.0%	2.0%	2.0%	2.0%	2.0%	2.0%	2.0%	2.0%	2.0%	2.0%
汽车销售收入与备用零部件		1 655	1 944	2 050	2 183	2 324	2 475	2 636	2 807	2 989	3 183	3 389	3 609	3 843
收入：														
汽车与备用零部件		1 655	1 944	2 050	2 183	2 324	2 475	2 636	2 807	2 989	3 183	3 389	3 609	3 843
向玛莎拉蒂销售发动机的收入和租金收入	3.0%	188	311	320	330	339	350	360	371	382	394	405	418	430
赞助、商业广告与品牌	3.0%	412	417	430	443	456	470	484	498	513	529	545	561	578
其他一级方程式赛车收入与金融收入	1.0%	80	90	91	92	93	94	95	96	97	98	99	100	101
净收入总计		2 335	2 762	2 891	3 047	3 213	3 389	3 575	3 772	3 981	4 203	4 438	4 687	4 952
销售成本	2.1%	(1 235)	(1 506)	(1 536)	(1 568)	(1 601)	(1 635)	(1 669)	(1 704)	(1 740)	(1 777)	(1 814)	(1 852)	(1 891)
					2.1%	2.1%	2.1%	2.1%	2.1%	2.1%	2.1%	2.1%	2.1%	2.1%
毛利润		1 100	1 256	1 355	1 479	1 612	1 754	1 906	2 068	2 241	2 426	2 624	2 836	3 061
毛利率		47.1%	45.5%	46.9%	48.5%	50.2%	51.8%	53.3%	54.8%	56.3%	57.7%	59.1%	60.5%	61.8%
销售费用、一般费用和管理费用	2.0%	(260)	(300)	(306)	(312)	(318)	(325)	(331)	(338)	(345)	(351)	(359)	(366)	(373)
研发费用	2.5%	(479)	(541)	(522)	(535)	(548)	(562)	(576)	(591)	(605)	(620)	(636)	(652)	(668)
其他费用净额	2.0%	2	(26)	(27)	(28)	(28)	(29)	(29)	(30)	(30)	(31)	(32)	(32)	(33)
息税前利润		363	389	500	604	717	838	969	1 110	1 261	1 423	1 598	1 786	1 987

续表

预测时期	假设	2013	2014	0 2015	1 2016	2 2017	3 2018	4 2019	5 2020	6 2021	7 2022	8 2023	9 2024	10 2025
息税前利润率(%)		15.5%	14.1%	17.3%	19.8%	22.3%	24.7%	27.1%	29.4%	31.7%	33.9%	36.0%	38.1%	40.1%
贴现现金流分析:														
息税前利润					604	717	838	969	1 110	1 261	1 423	1 598	1 786	1 987
所得税费用	33.5%				(202)	(240)	(281)	(325)	(372)	(422)	(477)	(535)	(598)	(666)
税后净经营现金流					402	477	557	644	738	838	947	1 063	1 187	1 321
加回折旧	2.0%				130	133	135	138	141	144	146	149	152	155
资本支出	2.0%				(130)	(133)	(135)	(138)	(141)	(144)	(146)	(149)	(152)	(155)
净营运资本变化	180/70/130				(72)	(76)	(81)	(86)	(92)	(97)	(103)	(110)	(117)	(124)
终值(利增长率)	0.0%				—	—	—	—	—	—	—	—	—	13 784
自由贴现现金流					330	400	476	558	646	741	843	953	1 071	14 982
加权平均资本成本	8.686 0%													
现金流现值				10 269										
减去债务市值				(510)										
股权价值				9 759										
流通股数(百万)				189										
每股价值				51.64 欧元		按		汇率(美元/欧元)	1.100	折算相当于	56.80 美元			

注：1. 净营运资本变化假设2015—2025年期间，应收账款周转天数为180天，存货周转天数为70天，应付账款周转天数为130天。
2. 未作特别说明的金额单位为百万欧元。

折旧和资本支出。 法拉利在招股说明书中指出，未来几年几乎不会对扩大批量生产所需的厂房和设备进行更多投资。该公司认为自身本质上具有敏捷性，产量增加是名义规模上的，并且有足够生产能力。

与此同时，历史财务报表显示该公司持续投资于房地产、厂房和设备以及无形资产（知识产权和相关工程知识）。2013 年的折旧费用总额为 1.2 亿欧元，2014 年为 1.26 亿欧元，2015 年预计折旧费用总额将达到 1.3 亿欧元。贴现现金流基线分析假设，在 2015 年的基础上增长不符合管理层制定的发展方向。然而，许多分析师认为，如果法拉利要保持技术优势，资本投资必须增长，至少这种增长要与直接成本的增长一致。在估值分析中假设资本支出和折旧大小相等。

净营运资本。 由于其经销商网络的融资计划，法拉利的净营运资本久期异常地长。法拉利向其经销商（独立拥有的企业）提供成本极低的贷款，以帮助它们购买汽车进行转售。这些贷款通常由汽车或其他担保品作为抵押。2014 年，应收账款总额（汽车交易本身的应收账款）以及融资活动产生的应收账款（向经销商发放的贷款）的平均周转天数为 180 天。法拉利手工生产汽车的平均存货周转天数为 72 天，交易应付账款的平均周转天数为 130 天。因此，基线贴现现金流分析假设应收账款、存货和应付账款的周转天数分别为 180 天、70 天和 130 天。

终值。 多数估值假设像法拉利这样的企业将继续长年运营。表 C 中的终值使用典型的永续年金计算表格。计算终值时为了保守起见，假设 2025 年以后所有年份的净自由现金流（net free cash flow, NFCF）——税后净经营现金流与折旧、资本支出和营运资本变化之和——增长率均为 0%。使用公司资本成本（下文将进行讨论）作为贴现率并假设永续增长率为 0%，基线情况的终值为 137.48 亿欧元：

$$\text{终值} = \frac{\text{NFCF}_{2025}(1+g)}{k_{\text{wacc}} - g}$$

$$= \frac{1\,194.13 \times (1+0\%)}{8.686\% - 0\%}$$

$$= 13\,748$$

请注意，尽管使用了保守假设，但终值仍然占总净现值的 59%。

资本成本

估值的最后一个部分是计算法拉利的加权平均资本成本。鉴于该公司刚刚从私人持股公司变为上市公司，计算起来当然很难。

债务。 两种债务成本都需要估算，且都以欧元计价。[①] 第一种债务成本是欧盟和欧元市场上的基线债务成本，即 10 年期德国政府债券利率。这被认为是欧元市场（k_{RF}）上的无风险利率，目前为 4.000%。所需的第二种债务成本是法拉利本身的成本（k_D）。虽然该公司自身迄今为止几乎没有借过债，但欧洲银行对该公司的利率报价为 6.000%（因此高于无风险利率的信用利差为 2.000%）。实际税率为 33.5%，税后债务成本为 3.990%。

股权。 要使用资本资产定价模型估计股权成本（k_e），就需要对无风险利率（k_{RF}）、市场风险溢价（MRP_m）和法拉利的 beta（β）做出假设。然后，股权成本的计算方法为无风险利率加上用 beta 调整后的市场风险溢价：

[①] 利率根据币种而定。假设以欧元计算法拉利的价值，那么法拉利的债务利率也必须是欧元利率。

$$股权成本 = k_e = k_{RF} + \beta \times MRP_m$$

无风险利率为 4.000%，目前假设市场风险溢价（MRP_m），即欧洲的股票预期收益率高出无风险利率的平均利差约为 5.500%。

从许多方面看，估计法拉利的 beta(β) 都是一种猜测而没有真实交易历史。从统计数据来看，公司的 beta 是公司收益率与市场收益率的协方差除以市场收益率的方差。根据定义，市场的 beta 为 1.0。当公司的收益率波动性低于市场收益率波动性时，公司的 beta 可能小于 1，通常介于 0.6 和 1.0 之间。当公司的收益率波动性高于市场收益率波动性时，公司的 beta 可能高达 1.8 或更高。没有任何历史或明确结论说明法拉利在市场眼中是汽车生产商还是奢侈品生产商（至少目前还没有），保守的假设是 beta 为 0.9。由此得到的股权成本为 8.950%。

$$股权成本 = k_e = 4.000\% + (0.90 \times 5.500\%) = 8.950\%$$

如表 D 所示，目前用债务市场成本和股权市场成本的估计值来计算加权平均资本成本。法拉利的资本结构以股权为主，未清偿有息债务为 5.1 亿欧元，仅占其资本结构的 5.3%。请注意，该分析按市场价值计算法拉利的股权价值，意味着股权价值为该公司的市值，1.89 亿股流通股的股票价格为每股 48 欧元（2015 年 12 月 31 日的市场收盘价）。加权平均资本成本的计算结果为 8.686%。

表 D　法拉利的假设资本成本

债务	值	股权	值	资本结构	值（百万欧元）	权重	资本成本	加权成本
债务成本	6.000%	无风险利率	4.000%	债务价值	510	5.3%	3.990%	0.212%
税率	33.500%	Beta	0.90	股权价值*	9 072	94.7%	8.950%	8.474%
		市场风险溢价	5.500%	企业价值	9 582	100.0%		
税后债务成本	3.990%	股权成本	8.950%	加权平均资本成本				8.686%

*假设股价为每股 48 欧元（2015 年 12 月 31 日的收盘价），流通股股数为 1.89 亿股。

使用计算出的法拉利加权平均资本成本及其预计现金流，表 C 中的基线贴现现金流分析估计净经营现金流的现值为 101.35 亿欧元。抵消 5.1 亿欧元公司债务后，所有预计经营现金流的现值为 96.25 亿欧元。给定流通股股数为 1.89 亿股，这相当于每股价值为 50.93 欧元（按 1.10 美元/欧元的汇率折算约为 56.02 美元）。显然，需要进行更深入的敏感性分析和情景分析，以便为贴现现金流估值提供更多范围和背景。

迷你案例问题

1. 法拉利认为其价值源于稀缺性。为保持这种稀缺性而实行缓慢销量增长策略会为投资者带来足够的财务收益吗？
2. 法拉利的研发支出在估值中起什么作用？
3. 通过贴现现金流分析，您认为法拉利在首次公开募股中的定价是否适当？

问题

13.1 分割市场。 分割市场中的公司在资本获取渠道方面面临的最常见的挑战是什么？

13.2 资本层面。 全球一体化使许多公司除获得本国市场上的可得资金以外还能获得更便宜的新资金来源。这种利用更低成本和更高资本可得性的战略包括哪些层面？

13.3 低资本成本的好处。 实现更低资本成本和更高资本可得性有哪些好处？

13.4 股权成本和风险。 在估算公司的股权成本时，定义风险所使用的分类是什么？

13.5 股权风险溢价。 什么是股权风险溢价？真正有用的股权风险溢价需要满足什么条件？

13.6 证券投资者。 国内投资组合经理和国际投资组合经理都是资产配置者。他们的投资组合管理目标是什么？

13.7 国际投资组合管理。 与仅限于国内资产配置的投资组合经理相比，国际投资组合经理的主要优势是什么？

13.8 国际资本资产定价模型。 国际资本资产定价模型试图反映哪些传统国内资本资产定价模型没有的基本特点？

13.9 资产配置层面。 根据投资组合经理的投资目标，可以在很多层面实现投资组合资产配置。请确定这些层面。

13.10 市场流动性。 市场流动性一词是什么意思？位于缺乏流动性的市场的公司有哪些主要劣势？

13.11 市场分割。 什么是市场分割？市场分割的六个主要原因是什么？

13.12 市场流动性。 市场流动性和市场分割对公司资本成本的影响是什么？

13.13 新兴市场。 位于缺乏流动性且分割的新兴市场的公司将受益于自身资本成本的国有化。它们需要怎样做？它们的努力要想取得成功必须具备哪些条件？

13.14 跨国企业的资本成本。 跨国企业的资本成本高于还是低于国内企业？这令人意外吗？

13.15 使用跨国债务。 跨国企业使用的债务多于还是少于国内企业？为什么？

13.16 跨国企业和 Beta。 跨国企业的 beta 值高于还是低于国内企业？

13.17 "悖论"。 什么是悖论？

13.18 新兴市场股票上市。 新兴市场跨国企业的股票为何可能在国外上市？

13.19 诺和和分割的资本市场。 在分割市场中经营对诺和有何影响？市场分割的主要原因是什么？

13.20 诺和逃离分割市场。 最终，诺和采取了哪些措施来逃离分割市场？

习题

13.1 瑞典的伊莱克斯。 克里斯蒂安·泰利斯（Kristian Thalen）刚刚加入瑞典跨国家电生产商伊莱克斯的公司资金部。伊莱克斯正在考虑对通用电气的家电业务出价，并希望修正其加权平均资本成本，以便用本币瑞典克朗进行分析。克里斯蒂安分到了这项任务。他将使用以下假设，逐步完成以下问题。

组成部分	值
瑞典克朗政府债券收益率（10 年期）	4.30%
伊莱克斯的信用风险溢价	1.20%
瑞典的企业所得税税率	26.00%
伊莱克斯的 beta	1.30

续表

组成部分	值
瑞典的股市风险溢价（股权收益率高于无风险收益率的部分）	4.00%
伊莱克斯的流通股股数	286 130 000
伊莱克斯的股价（瑞典克朗）	182.00
伊莱克斯的未清偿债务（瑞典克朗）	11 532 000 000

a. 伊莱克斯的瑞典克朗税后债务成本是多少？
b. 伊莱克斯的瑞典克朗股权成本是多少？
c. 伊莱克斯的市值是多少？
d. 伊莱克斯的流通股股权总价值是多少？
e. 伊莱克斯的资本结构中有多少比例是债务？
f. 伊莱克斯的资本结构中有多少比例是股权？
g. 伊莱克斯的加权平均资本成本是多少？

13.2 法拉利的首次公开募股和加权平均资本成本。 著名的高业绩汽车集团法拉利于 2015 年 10 月 20 日进行了首次公开募股。尽管每股股价最初涨至超过 57 欧元，但年底跌至 48 欧元。法拉利一直由菲亚特（意大利）所有，之前从未计算过自身独立于菲亚特的资本成本。它现在需要计算自身的资本成本，最初的挑战之一就是估计 beta。由于只有两个月的交易时间，因此该公司资金部从所谓的"可比公司"入手，对于法拉利来说，这意味着奢侈品行业而非汽车行业中的公司。奢侈品的历史波动性低于市场波动性，因此法拉利 beta 的初步猜测值是 0.90。请使用以下假设，回答问题。

组成部分	值
以欧元计价的意大利无风险债务成本	4.00%
法拉利的欧元债务成本	3.99%
意大利的企业所得税税率	33.50%
法拉利的估计 beta	0.90
意大利的股市风险溢价（股权收益率高于无风险收益率的部分）	5.50%
法拉利的流通股股数	189 000 000
以欧元计价的法拉利股价（欧元）	48.00
以欧元计价的法拉利的未清偿债务（欧元）	510 000 000

a. 法拉利的欧元税后债务成本是多少？
b. 法拉利的欧元股权成本是多少？
c. 法拉利的市值是多少？
d. 法拉利的流通股总价值是多少？
e. 法拉利的资本结构中有多少比例是股权？
f. 法拉利的资本结构中有多少比例是债务？
g. 法拉利的加权平均资本成本是多少？
h. 如果法拉利的 beta 像其他汽车公司一样高，比如 1.20，那么法拉利的加权平均资本成本是多少？

13.3 加纳多的资本成本。 玛丽亚·冈萨雷斯现在估计加纳多的无风险利率为 3.60%，该公司的信用风险溢价为 4.40%，国内 beta 估计为 1.05，国际 beta 估计为 0.85，而该公司现在的资本结构中 30% 为债务。其他所有值仍与本章"案例计算：加纳多公司的资本成本"一节中提供的值相同。对于国内资本资产定价模型和国际资本资产定价模型，请计算以下内容：

a. 加纳多公司的股权成本。
b. 加纳多公司的债务成本。
c. 加纳多公司的加权平均资本成本。

13.4 **加纳多公司和股权风险溢价**。请使用本章"案例计算：加纳多公司的资本成本"一节中使用的加纳多公司的原始加权平均资本成本数据，计算以下股权风险溢价估计下的资本资产定价模型加权平均资本成本和国际资本资产定价模型加权平均资本成本。

a. 8.00%。
b. 7.00%。
c. 5.00%。
d. 4.00%。

13.5 **雷马石油（Thunderhorse Oil）**。雷马石油是一家美国石油公司。该公司目前的债务成本为7%，10年期美国国债收益率（无风险利率的替代指标）为3%。市场投资组合的预期收益率为8%。该公司的实际税率为39%。其最优资本结构为债务占60%，股权占40%。

a. 如果雷马的beta估计值为1.1，那么雷马的加权平均资本成本是多少？
b. 如果由于全球能源行业的持续盈利前景，雷马的beta估计值显著降至0.8，那么雷马的加权平均资本成本是多少？

13.6 **瑞士雀巢公司重新进行股权成本分析**。

瑞士的雀巢公司正在重新进行股权成本分析。由于瑞士央行采取的一项特别行动，瑞士债券指数收益率（10年期）已降至0.520%的历史低位。瑞士股市的平均收益率为8.400%，而《金融时报》的全球股市收益率换算回瑞士法郎收益率为8.820%。雀巢公司的资金部员工估计该公司的国内beta为0.825，但全球beta（相对于更大的全球股票市场组合）为0.515。

a. 根据瑞士投资者的国内投资组合，雀巢的股权成本是多少？
b. 根据瑞士投资者的全球投资组合，雀巢的股权成本是多少？

13.7 **基督山制药（Corcovado Pharmaceuticals）**。基督山制药的债务成本为7%。无风险利率为3%。市场投资组合的预期收益率为8%。计算实际税款后，基督山制药的实际税率为25%。其最优资本结构为债务占60%，股权占40%。

a. 如果基督山制药的beta估计值为1.1，那么它的加权平均资本成本是多少？
b. 如果由于全球能源行业的持续盈利前景，基督山制药的beta估计值显著降至0.8，那么其加权平均资本成本是多少？

13.8 **西气运输公司（WestGas Conveyance, Inc.）**。西气运输公司是一家大型美国天然气管道公司，希望筹集1.2亿美元为扩张融资。西气运输公司希望拥有债务占50%、股权占50%的资本结构。其联邦企业所得税和州企业所得税的合并税率为40%。西气运输公司发现它可以按以下利率在美国国内资本市场融资。债务和股权都必须以2 000万美元的倍数出售，假设以股权筹集一半资金，以债务筹集另一半资金，这些成本数据显示了债务成本和股权成本。一家伦敦银行向西气运输公司建议，可以按以下成本在欧洲筹资，筹资金额也是2 000万美元的倍数，同时保持50/50的资本结构。增加的每笔成本都将受到总筹资金额的影响。也就是说，如果西气运输公司首先在欧洲市场上以6%的利率借入2 000万美元,并配以2 000万美元的股权筹资,那么超出该金额的债务在美国和欧洲的成本分别为12%和10%。对于股权融资,同样的关系也成立。

a. 请计算每增加4 000万美元新资本的最低平均资本成本,其中西气运输公司在股票市场上筹集2 000万美元,同时在债务市场上筹集2 000万美元。

b. 如果西气运输公司的计划扩张规模仅为6 000万美元,那么应该如何为该扩张融资?

c. 扩张的加权平均资本成本是多少?

习题13.8　西气运输公司

市场上的筹资成本	国内股权成本	国内债务成本	欧洲股权成本	欧洲债务成本
新资本不高于4 000万美元	12%	8%	14%	6%
新资本为4 100万~8 000万美元	18%	12%	16%	10%
8 000万美元以上	22%	16%	24%	18%

13.9 克什米尔的资本成本。 克什米尔是印度班加罗尔最大、最成功的特产公司。它尚未进入北美市场,但正在考虑通过一家全资子公司在美国建立生产和分销设施。它已接触了两家不同的投资银行顾问——高盛(Goldman Sachs)和纽约银行(Bank of New York),以估计未来几年其美国子公司计划在美国证券交易所上市时的资本成本。请使用两家不同顾问的假设(如下表所示),计算克什米尔(美国)的预期债务成本以及加权平均资本成本。

假设	符号	高盛	纽约银行
证券与市场之间的相关性估计	ρ_{jm}	0.90	0.85
克什米尔的收益率标准差估计	σ_j	24.0%	30.0%
市场收益率标准差估计	σ_m	18.0%	22.0%
无风险利率	k_{rf}	3.0%	3.0%
美国市场上克什米尔债务成本的估计	k_d	7.5%	7.8%
前瞻性市场收益率估计	k_m	9.0%	12.0%
企业税率	t	35.0%	35.0%
债务所占比例	D/V	35%	40%
股权所占比例	E/V	65%	60%

13.10 嘉吉(Cargill)的资本成本。 嘉吉通常被认为是世界上最大的私人控股公司。该公司总部位于明尼苏达州明尼阿波利斯市,过去五年的平均销售收入超过1 130亿美元。尽管该公司没有公开交易的股票,但为了对新投资建议做出合理决策,正确计算其加权平均资本成本仍然极为重要。假设无风险利率为4.50%,实际税率为48%,市场风险溢价为5.50%,请

首先估算 A 公司和 B 公司的加权平均资本成本，然后"估计"您认为适用于嘉吉公司的可比加权平均资本成本。

	A 公司	B 公司	嘉吉
公司销售额	105 亿美元	450 亿美元	1 130 亿美元
公司的 beta	0.83	0.68	??
信用评级	AA	A	AA
加权平均债务成本	6.885%	7.125%	6.820%
债务与总资本之比	34%	41%	28%
国际销售收入/销售收入	11%	34%	54%

13.11 图姆斯（The Tombs）。 你的朋友们每周聚在当地的图姆斯酒吧就国际金融问题展开辩论，你加入了他们。本周的主题是股权成本是否比债务成本便宜。讨论小组选择了 20 世纪 90 年代中期的巴西作为讨论对象。其中一名小组成员从一本书中撕下了一张数据表，这成了分析的主题。拉里（Larry）认为："这完全取决于预期成本与实际成本。拿股票投资者的预期成本来说，他们多年来经常发现实际成本非常低——甚至有时为负——实际上，股权成本比债务成本便宜。"

莫（Moe）打断了他的话："但你漏掉了一点。资本成本是投资者补偿投资风险所要求的成本。如果他最终没有得到它，也就是这里发生的情况，他就会撤资跑路。"

克利（Curly）是理论家。"女士们，这不是实证结果的问题；它事关风险调整收益率的基本概念。股票投资者知道，只有在向债务提供者提供所有补偿后，他才能获得收益。因此，与债务工具相比，他的收益风险总是更高，而且正如资本资产定价模型所述，股权投资者将其预期收益率设定为经过风险调整的收益率，它高于无风险工具收益率。"

这时，拉里和莫只是盯着克利——停顿片刻——然后要了更多啤酒。请使用下表提供的巴西数据，评论本周在图姆斯酒吧的辩论。

习题 13.11 图姆斯

巴西的经济表现	1995	1996	1997	1998	1999
通货膨胀率（IPC）	23.20%	10.00%	4.80%	1.00%	10.50%
银行贷款利率	53.10%	27.10%	24.70%	29.20%	30.70%
汇率（雷亚尔/美元）	0.972	1.039	1.117	1.207	1.700
股票收益率（圣保罗证券交易所）	16.0%	28.0%	30.2%	33.5%	151.9%

吉尼达克-霍根（Genedak-Hogan）
请使用下页表回答习题 13.12～习题 13.14。吉尼达克-霍根（G-H）是一家美国企业集团，正在积极讨论国际业务多元化对其资本结构和资本成本的影响。该公司计划在多元化后减少合并债务。

习题13.12～习题13.14 吉尼达克-霍根

假设	符号	多元化前	多元化后
吉尼达克-霍根和市场的相关系数	ρ_{jm}	0.88	0.76
吉尼达克-霍根收益率的标准差	σ_j	28.0%	26.0%
市场收益率的标准差	σ_m	18.0%	18.0%
无风险利率	k_{rf}	3.0%	3.0%
国际化增加的股权风险溢价	RPM	0.0%	3.0%
吉尼达克-霍根在美国市场上的债务成本估计值	k_d	7.2%	7.0%
市场风险溢价	$k_m - k_{rf}$	5.5%	5.5%
公司税率	t	35.0%	35.0%
债务比例	D/V	38%	32%
股权比例	E/V	62%	68%

13.12 **吉尼达克-霍根的股权成本。** 吉尼达克-霍根的高管正在积极讨论多元化对其股权成本的影响。所有人都同意未来该公司收益率与参考市场收益率的相关性将降低，财务顾问认为，市场对"进行国际化"的评估结果将是相对于基本资本资产定价模型股权成本增加3.0%的风险溢价。请计算吉尼达克-霍根在国际业务多元化前后，有额外风险溢价和没有额外风险溢价时的股权成本，并对讨论结果进行评论。

13.13 **吉尼达克-霍根的加权平均资本成本。** 请计算国际多元化前后吉尼达克-霍根的加权平均资本成本。

a. 债务成本降低是否会降低该公司的加权平均资本成本？您如何描述国际多元化对其资本成本的影响？

b. 将假设的风险溢价加到习题13.8的股权成本上（由于国际多元化，股权成本增加了3.0%），该公司的加权平均资本成本是多少？

13.14 **吉尼达克-霍根的加权平均资本成本和实际税率。** 在扩大国际业务时，许多跨国企业都提高了控制和降低实际税率的能力。如果吉尼达克-霍根能将综合实际税率从35%降低到32%，将对其加权平均资本成本产生什么影响？

第14章
跨国企业融资

> 任意而为将把资本置于风险之中。对受托人投资的所有要求，就是他应秉信而行并合理地相机抉择。他应该观察谨慎、持重和智慧的人在事关永久处置资金、考虑或有收入和投资安全性而非事关投机的问题上如何管理自己的事务。
> ——Prudent Man Rule, *Justice Samuel Putnam*, 1830.

学习目标

14.1 设计全球资本融资战略
14.2 分析跨国企业最优财务结构与国内企业最优财务结构的差异
14.3 描述可用于在全球股票市场中获取股权的各种金融工具
14.4 了解存托凭证在筹集股权中的作用
14.5 分析私募在筹集全球资本方面的独特作用
14.6 考察可用于全球债务融资的不同结构
14.7 详细说明外国子公司的结构设计与融资的替代方法

第13章分析了为什么获得进入全球资本市场的机会应该或能够通过克服市场分割来降低公司的资本成本，增加资本获取渠道以及提高股票流动性。追求这一崇高目标的公司，尤其是来自分割市场或新兴市场的公司，必须首先设计一种吸引国际投资者的金融战略。这包括选择进入全球资本市场的路径。

本章重点关注希望全球化资本成本和资本可得性的公司，其中许多公司位于流动性较差的分割市场或新兴市场。位于高度工业化大国的公司已能进入本国的高流动性非分割市场。虽然它们也可以从国外筹集股权和债务，但这不太可能对其资本成本和资本可得性产生重大影响。事实上，对于这些公司而言，从国外筹集资金的动机往往仅仅是为大型国外收购提供资金而不是为现有业务提供资金。

本章首先介绍了在全球范围内筹集股权资金和债务资金的金融战略。然后，本章分析了跨国企业及其子公司的最优财务结构，该财务结构可以最大限度地降低其资本成本。然后，我们考察了公司在全球市场上筹集资金时可能采取的替代路径，以及为外国子公司融资的替代战略和策略。本章最后的迷你案例"墨西哥水泥公司的债务困境"分析了一家大型跨国企业在过度激进的债务融资收购后经历的融资危机。

14.1 设计全球资本融资战略

设计资本融资战略要求管理层就长期财务目标达成一致，然后在各种替代路径中进行选择。图14-1直观表示了实现全球化资本成本和资本可得性最终目标的替代路径。

全球化资本成本和资本可得性的替代路径

通常，提早任命一家投资银行作为公司的官方顾问有助于选择和实施这种路径。投资银行与潜在外国投资者保持接触并随时了解他们的当前要求。它们还可以帮助解决必须满足的各种制度要求和障碍。它们的服务包括对是否交叉上市、何时交叉上市以及在何处开始交叉上市提出建议。如果需要发行股权或债务，它们通常会准备所需的招股说明书，帮助为证券定价，并维持售后市场以防止股价跌破发行价。

多数公司都在国内市场上筹集初始资本，如图14-1中左下角的起点所示。接下来，它们试图跳过所有中间步骤，直接在目标市场上发行股票或在全球市场上发行欧洲股票。这是优秀的投资银行顾问提供"现实核查"的时候。多数只在国内市场上筹集过资金的公司的知名度不足以吸引外国投资者。这是第12章中诺和学到的教训——从发行欧洲债券开始，逐步渗透到全球市场，实质上，这是一种市场渗透战略。

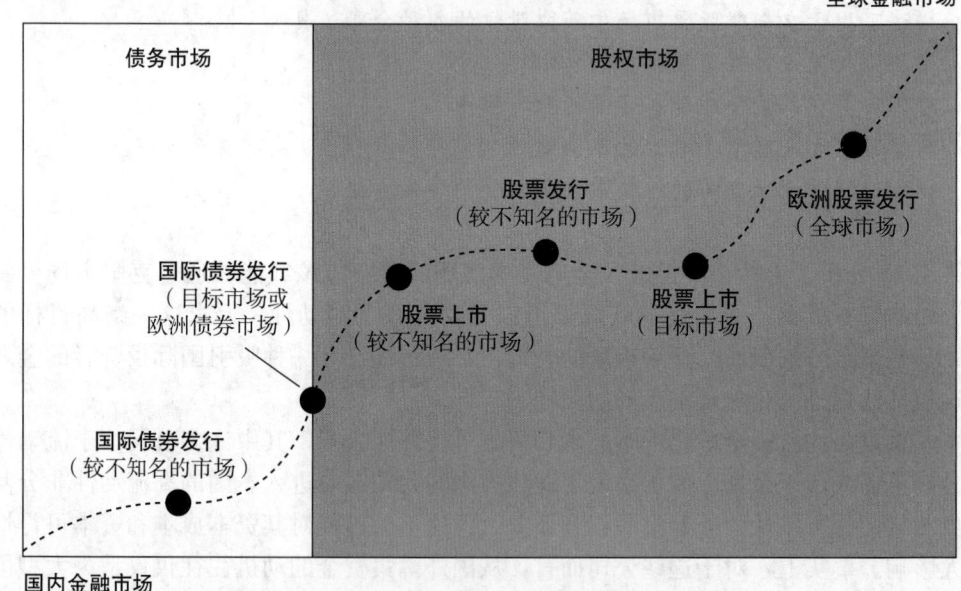

图14-1　全球化资本成本和资本可得性的替代路径

企业可以采取不同路径实现资本成本和资本可得性的全球化，它们都要经过从债务筹资到股权筹资（上市然后发行证券）的过程。这里显示的是诸多路径之一。

资料来源：作者根据以下文献介绍的原则绘制：*Corporate Strategies in Internationalizing the Cost of Capital*，Oxelheim, Stonehill, Randøy, Vikkula, Dullum, and Modén, Copenhagen Business School Press，1998.

14.2 最优财务结构

经过多年的争论，金融理论家现在一致认为公司有最优财务结构，实际上，他们就如何确定最优财务结构达成了一致。所谓的传统主义者与莫迪利亚尼和米勒思想学派之间的激烈争论已经以妥协告终：

> 当考虑税收和破产成本时，公司具有由债务和股权的特定组合决定的最优财务结构，该结构可以最小化公司在给定商业风险水平下的资本成本。

如果新项目的商业风险与现有项目的商业风险不同，那么债务和股权的最优组合将发生变化，以权衡商业风险和财务风险。

图 14-2 说明了资本成本如何随着债务使用金额的变化而变化。随着债务比率（定义为总债务市值除以总资产市值）的增加，税后加权平均资本成本（k_{WACC}）下降，因为低成本债务的权重 $[k_d(1-t)]$ 高于高成本股权的权重（k_e）。债务成本较低的部分原因是利息可以减免税款，$(1-t)$。

股权成本（k_e）的增加部分抵消了债务增加的有利影响，因为投资者认为财务风险增加了。尽管如此，随着债务比率的增加，平均资本成本（k_{WACC}）仍继续下降，直到财务风险变得非常严重，以至于投资者和管理层都认为存在丧失清偿能力的真实危险。该结果导致新的债务成本和股权成本急剧上升，从而增加了加权平均资本成本。由此得到的 U 形资本成本曲线的最低点（在图 14-2 中略低于 14%）定义了令资本成本最小化的债务比率范围。

多数理论家都认为，资本成本最低点实际上是一个相当宽泛的平坦区域，包含很大范围的债务比率（例如，图 14-2 中的 20%~50%），在这个范围内资本成本几乎没有差异。他们还普遍同意，至少在主要工业国家，这个平坦区域的范围和特定公司的债务比率在该范围内的位置由以下变量决定：(1) 公司所在的行业；(2) 销售收入和经营收入的波动性；(3) 资产的抵押品价值。

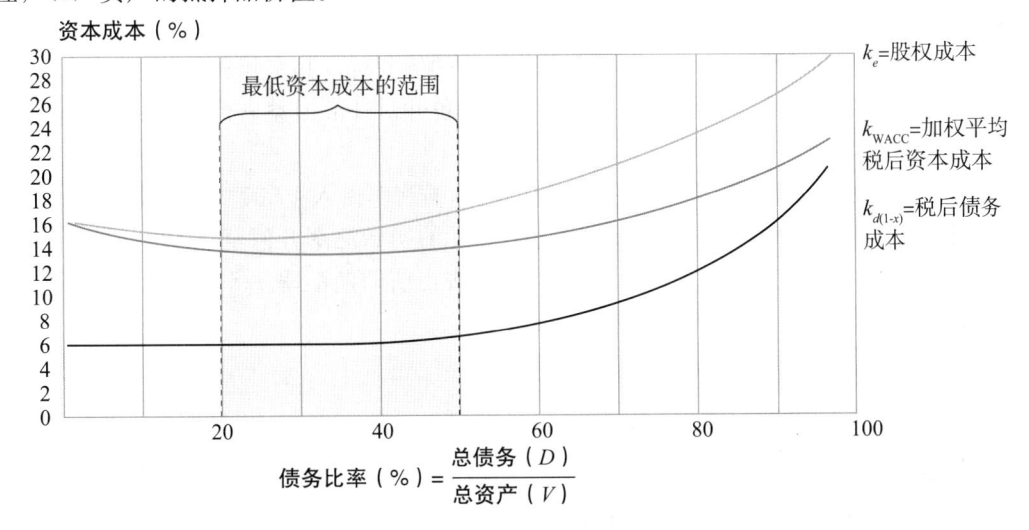

图 14-2 资本成本和金融结构

最优财务结构与跨国企业

国内最优财务结构理论需要用四个额外变量进行修正以适应跨国企业的情况。这些变量是：(1)资本可得性；(2)现金流多元化；(3)外汇风险；(4)国际证券投资者的预期。

资本可得性。第13章表明，与多数国内公司相比，能从全球市场上获得资本使跨国企业得以降低股权成本和债务成本。它还使跨国企业得以保持理想的债务比率，即使必须筹集大量新资金。换言之，在相当大的资本预算范围内，跨国企业的边际资本成本是不变的。对于多数小型国内公司而言，情况并非如此，因为它们无法进入国家股票市场或债务市场。它们必须依靠内部产生的资金或从商业银行借入中短期贷款。

位于资本市场缺乏流动性的国家的跨国企业与小型国内企业的情况几乎相同，除了它们能获得全球成本和全球资本。它们必须依靠内部产生的资金和银行借款。如果它们需要筹集大量新资金来为增长机会提供资金，可能需要借款且借款金额高于从最小化资本成本角度看的最优借款水平。这相当于说，在更高的预算水平上它们的边际资本成本将会增加。

现金流多元化。正如第13章所述，理论上存在这种可能性：跨国企业比国内企业更有能力支持更高的债务比率，因为它们的现金流是国际多元化的。如果使现金流波动性最小化，企业在不同产品市场条件、金融市场条件和外汇市场条件下将更有可能保障支付固定费用的能力。

通过现金流的国际多元化，跨国企业可以降低现金流的波动性，这与证券投资者对所持证券进行国际多元化的效果相同。各国之间的收益率并不完全相关。例如，相比之下，一家德国国内公司无法享受现金流国际多元化带来的好处。相反，它需要完全依靠自身的国内业务净现金流入。德国公司感受到的金融风险将高于跨国企业，因为其德国国内现金流的波动性无法被世界上其他地方的正现金流所抵消。

正如第13章所讨论的，多元化论点受到实证研究结果的挑战，即美国跨国企业的债务比率实际上低于国内企业。跨国企业的债务代理成本较高，政治风险、外汇风险和信息不对称程度也较高。

外汇风险与债务成本。当公司发行以外币计价的债务时，其实际成本等于以公司本币偿还本金和利息的税后成本。该金额包括以外币计价并对外汇损益进行调整后的名义本金和利息成本。

例如，如果一家总部位于美国的公司以 5.00% 的利率借入 1 500 000 瑞士法郎，为期一年，并且当年瑞士法郎从 1.500 0 瑞士法郎/美元的初始汇率升值至 1.440 0 瑞士法郎/美元，那么这笔债务的美元成本（$k_\$^d$）是多少？按当前即期汇率 1.500 0 瑞士法郎/美元计算，这笔初始借款的美元金额为：

$$\frac{1\,500\,000 \text{ 瑞士法郎}}{1.500\,0 \text{ 瑞士法郎/美元}} = 1\,000\,000 \text{ 美元}$$

一年后，这家美国公司负责偿还 1 500 000 瑞士法郎的本金加上 5.00% 的利息，总金额为 1 575 000 瑞士法郎。但是，这笔还款必须按 1.400 瑞士法郎/美元的期末即期汇率计算：

$$\frac{1\,500\,000\text{ 瑞士法郎}\times1.05}{1.440\,0\text{ 瑞士法郎/美元}}=1\,093\,750\text{ 美元}$$

偿还贷款的美元成本不是瑞士法郎名义利率 5.00%，而是 9.375%：

$$\frac{1\,093\,750\text{ 美元}}{1\,000\,000\text{ 美元}}-1=0.093\,75\approx9.375\%$$

由于瑞士法郎对美元升值，因此美元成本高于预期。这种本币总成本实际上是债务成本率与外币价值变化率的综合结果。我们可以用 1 加上瑞士法郎利息费用 k_d^{SF} 再乘以 1 加上瑞士法郎/美元汇率 s 的变化率，得到本币为美元的公司的瑞士法郎借款总成本 $k_d^\$$：

$$k_d^\$=(1+k_d^{SF})\times(1+s)-1$$

其中，$k_d^{SF}=5.00\%$，$s=4.166\,7\%$。当本币为美元时，瑞士法郎对美元价值的变化率为：

$$\frac{S_1-S_2}{S_2}\times100=\frac{1.500\text{ 瑞士法郎/美元}-1.440\,0\text{ 瑞士法郎/美元}}{1.440\,0\text{ 瑞士法郎/美元}}\times100$$
$$=+4.166\,7\%$$

综合名义利率和汇率变化率的总成本为：

$$k_d^\$=(1+0.050\,0)\times(1+0.041\,667)-1=0.093\,75\approx9.375\%$$

总资本成本为 9.375%，而不只是 5% 的外币利率。当美国所得税税率为 34% 时，这笔瑞士法郎债务的税后成本为：

$$k_d^\$(1-t)=9.375\%\times0.66=6.187\,5\%$$

对于增加的 4.166 7% 债务成本，该公司将作为外汇交易亏损以美元报告，并且可以抵扣税款。

国际证券投资者的预期。 第 13 章强调，获得全球资本成本和资本可得性的关键是吸引和留住国际证券投资者。这些投资者对公司债务比率和整体财务结构的预期是基于过去 30 年形成的全球标准。由于一大部分国际证券投资者都位于美国和英国等流动性最高且非分割的资本市场，因此他们的预期往往占主导地位并且比具体国家采用的惯例更重要。因此，无论其他因素如何，如果一家公司想在全球市场上筹集资本，它就必须采用接近美国和英国标准的全球标准。可接受的债务比率最高为 60%。当债务比率更高时，将较难出售给国际证券投资者。

14.3　在全球筹集股权

一旦跨国企业制定了金融战略并考虑了理想的目标资本结构，就会利用各种筹资途径和工具，在国内市场之外筹集资本——既包括债务资本也包括股权资本。

要理解公司筹集股权资本时必须面对的问题，需要具备表 14-1 介绍的三个关键要素。虽然商业媒体通常不做明确区分，但股票发行和股票上市之间存在根本区别。希望筹

集股权资本的公司最终寻求发行股票——表 14-1 中介绍的首次公开募股（IPO）或成熟公开募股（SPO）。这会产生现金收入用于业务融资和经营。但发行股票之前通常必须先进行股票上市，让股票在交易所上交易，从而在特定国家市场上获得知名度、关注度，并有望为在该市场上发行股票做好准备。

表 14-1　股票发行的场所、活动和特征

股票发行

■ 首次公开募股——私人公司向公众首次出售股票。首次公开募股是为了筹集资本，且通常使用承销商。

■ 成熟公开募股——后续出售上市公司的更多股票，筹集额外股权资本。

■ 欧洲股票——同时在两个或多个市场和国家首次出售股票。

■ 定向发行——上市公司向特定目标投资者或者公共市场或私人市场（通常在不同国家）出售股票。

股票上市

■ 上市公司的股票在交易所上市以供买卖。上市公司通常会聘请一家投资银行对股票做市。

■ 交叉上市是指一家公司的股票在不同国家市场的交易所上市。它旨在将公司股票的潜在市场扩展到更大的投资者群体。

■ 存托凭证（depositary receipt，DR）——银行发行的公司股票的所有权证明，代表对基础外国证券的索偿权。在美国，它被称为美国存托凭证（American Depositary Receipts，ADR），在全球出售时，它被称为全球存托凭证（Global Depositary Receipts，GDR）。

私募

■ 向私人投资者出售证券（股权或债务）。私人投资者通常是养老基金、保险公司或高净值私营实体等机构。

■ SEC 规则 144A 私募出售是指在没有在美国证券交易委员会注册的情况下向美国合格机构买家（qualified institutional buyers，QIB）出售证券。合格机构买家是拥有并自主投资 1 亿美元或以上金额的非银行企业。

■ 私募股权——大型有限合伙企业、机构投资者或富有私人投资者对公司进行的股权投资，目的是让目标公司私有化，振兴业务，然后在 1～5 年内将其在公开市场或私人市场上出售。

也就是说，发行不一定是公开的。上市公司或私人公司都可以向私人投资者募股，即私募。（请注意，私募可以指股权，也可以指债务。）私募可以采取多种不同形式，投资者可能出于被动目的（例如，144A 规则投资者），也可能出于主动目的（例如私募股权，其中投资者意图控制和改变公司）。私募持股者没有开放流动的市场可供交易证券。除了筹集股权资本以外，上市公司也追求更大的市场知名度和接触到越来越多的潜在投资者。预期随着投资者群体不断增加，股价将逐渐提高——增加所有者的收益。私人控股公司的目标更为单一：以尽可能低的成本筹集更多股权——私募。正如第 4 章所讨论的，工业化市场的所有权往往更倾向于私人所有权，而新兴市场国家的许多跨国企业对上市表现出日益浓厚的兴趣。

图 14-3 概述了当今跨国企业可用的四种主要股权方案。希望在本国市场之外筹集股权资本的公司可以采取公开方式或私人方式。公开方式包括定向发行公共股票或发行欧洲股票。另一种在过去十年中使用更频繁的方式是私人方式——私募、私募股权或战略联盟

下的私人股票出售。

首次公开募股	欧洲股票发行
● 私人公司首次向公开市场出售股票 ● 成熟发行——以后发行更多股票 ● 存托凭证——外国公司发行的证券	● 在两国或多国的两家或多家交易所同时进行首次公开募股 ● 在世界上任何地方发行和出售的国际证券的通称

定向公募/私募	私募
● 出售给特定市场或交易所的股票 ● 出售给特定私人利益群体的股票	● 公共股票或私人权益的私募 ● 私募股权 ● 战略合作伙伴/联盟

图 14-3　全球市场上的股权筹资方式

首次公开募股

私人公司通过首次公开募股发行公司的公共所有权。多数首次公开募股都是由投资银行服务提供商组成的承销团和银团发起的。然后，该承销团或银团根据公司所在的国家和所使用的证券交易所协助公司准备所需的监管备案和披露材料。公司将在首次公开募股日期之前数月内发布招股说明书。招股说明书介绍了公司的历史、业务、经营业绩和财务业绩、相关业务、金融风险或政治风险以及公司的未来商业计划，这些都是为了帮助潜在买家对公司进行评估。

公司首次发行的股票通常占公司所有权的 15%～25%（尽管近年来这一数字仅为 6%～8%）。公司可以在首次公开募股之后发售更多股票，称为成熟募股或后续募股（follow-on offering，FO），即在公开市场上出售更多该公司的所有权。在公开市场上交易的股票总数或股票比例通常被称为公众持股量或自由流通量。

一旦一家公司上市，它就将受到更高水平的公众监督。这种监督源于政府证券监管机构和证券交易所要求的定期详细公开披露和财务备案。这种持续披露对于成本或竞争的影响并非微不足道。上市公司的财务披露可能被视为泄露了客户、供应商、合作伙伴和竞争对手可能在与公司的往来中使用的大量信息。私营公司在这方面具有明显的竞争优势。上市公司股票的另一个区别是，它们只是在发行时为公司筹集资本。虽然股价的每日涨跌影响股票所有者的收益，但每日股价变化并不会改变公司的资本。

欧洲股票发行

欧洲股票或欧洲股票发行是同时在多个国家的多个交易所上进行的首次公开募股。几乎所有欧洲股票发行都由国际银团承销。在这种情况下，"欧洲"一词并不意味着发行人或投资者位于欧洲，也不意味着股票以欧元计价。它是在世界任何地方发行和销售的国际证券的通称。欧洲股票旨在通过接触到尽可能多的不同投资者来筹集更多资本。高知名度欧洲股票的两个例子是英国电信和著名的意大利奢侈品生产商古驰。

最大、最引人注目的问题与国有企业（state-owned enterprise，SOE）的私有化浪潮相关。1984年12月，英国撒切尔政府在对英国电信进行私有化时创造了这种模式。这笔证券发行规模非常庞大，除了出售给国内投资者之外，还需要向外国投资者出售组别。（组别是一种股票配置，通常出售给承销商，承销商将在指定地区市场上将这些组别出售给投资者。）目标是筹集资金并确保发行后的全球流动性。

欧洲股票私有化在国际证券投资者中尤为受欢迎，因为多数公司的规模都很大，在私有化时具有优异的信用评级和有利的准政府垄断地位。英国的私有化模式非常成功，其他许多国家也纷纷效仿，比如1996年德国电信130亿美元的首次公开募股。

国有企业——来自新兴市场的政府所有企业——已经用这些外国组别成功实施了大规模私有化计划。墨西哥电话公司巨头墨西哥电信公司（Telefonos de Mexico）在1991年发行了20亿美元欧洲股票，并且其在纽约证券交易所上市的股票仍具有极高的流动性。1993年，阿根廷国有石油公司YPF Sociedad Annima出售了30亿美元股票，这是在缺乏流动性的市场中的公司发行的规模最大的欧洲股票之一。约75%的股份以组别形式卖给了阿根廷境外投资者，仅美国投资者就持有46%。

定向公募/私募

股票定向公募或定向私募是指针对单个国家的投资者发行，并由该国的投资机构全部或部分承销的股票。该股票可能以也可能不以目标市场的货币计价，并且通常与在目标市场中的证券交易所交叉上市相结合。定向募股的动机可能是需要为目标外国市场上的收购或重大资本投资提供资金。对于位于较小的资本市场并且规模已经超出该市场容量的公司来说，这是一种非常重要的股权来源。

奈科明（Nycomed）是一家规模较小但声誉良好的挪威制药公司，它是这类定向募股与交叉上市相结合的动机的一个例子。该公司的商业增长战略是通过收购其他拥有相关技术、人才或利基市场的潜力公司（主要是欧洲和美国的公司）利用其对制药领域中某些利基市场和技术的经验知识。收购价格部分以现金支付，部分以股票支付。该公司通过在国外进行两笔定向募股为其收购战略融资。1989年，它在伦敦证券交易所交叉上市，向外国投资者筹集了1亿美元股权资金。奈科明在伦敦证券交易所上市和发行后，又在纽约证券交易所交叉上市和发行，向美国投资者筹集了7 500万美元。"全球金融实务14-1"提供了另一个定向募股的例子，在这个例子中，瑞典和挪威的一家上市公司发行了一只欧洲股票，为最近收购的一笔石油资产提供了部分开发资金。

全球金融实务 14-1

瑞典PA资源公司（PA Resources of Sweden）的计划定向股票发行

发行定向公共股票的一个例子是2005年PA资源（PAR.ST）发行的股票，这是一家瑞典石油和天然气储备收购与开发公司。自2001年首次在挪威奥斯陆证券交易所上市以来，PA资源于2005年宣布可能进行多达700万股的私募，专门向挪威投资者和国际投资者（非美国投资者）定向募股。预期发行所得将部分用于该公司最近在北海和突尼斯收购的石油和天然气储备的开发。据报道，该定向发行股票在公告发布后被大量超额认购。与美国境外的许多定向股票发行一样，发行公告明确表示该证券不会在美国发行或销售，因为根据美国《1933年证券法》，该证券没有也不会在美国注册。

14.4　存托凭证

存托凭证是由银行发行的可转让存单，代表在外国托管银行以信托方式持有的基础股票。全球存托凭证是指在美国境外交易的存托凭证，而美国存托凭证是指在美国交易，以美元计价的存托凭证。对于在美国境外注册并希望在美国交易所上市的公司，发行美国存托凭证的主要方式是通过美国存托凭证计划。如果在世界上任何一国注册的公司想在外国市场上市，则可以发行全球存托凭证。

美国存托凭证在美国以与股票相同的方式出售、注册和转让，每张美国存托凭证代表基础外国股票的倍数或一部分。这个倍数/部分让美国存托凭证可以有适合美国市场的每股价格（通常低于每股20美元），即使外国股票价格直接换算为美元的价格不适合美国市场。许多美国存托凭证，例如墨西哥电信公司的美国存托凭证，多年来一直是美国交易所中最活跃的股票之一。

第一个美国存托凭证计划是在1927年为英国公司塞尔福里奇（Selfridges）（一家著名的英国零售商）创建的。该美国存托凭证由摩根大通创建，股票在纽约场外证券交易所上市，该交易所几年后更名为美国证券交易所。与许多金融创新一样，创建存托凭证是为了突破监管限制。在这个例子中，英国政府禁止英国公司在没有英国转让代理商的情况下在外国市场上进行股票注册。实质上，存托凭证在国外创造了合成式股票，因此在最初的英国案例中，不需要在母国境外实际进行股票注册。

美国存托凭证的机制

图14-4说明了存托凭证计划的发行过程，在这个例子中，一位美国投资者购买了一家巴西上市公司的股票——美国存托凭证或美国存托凭证计划：

（1）美国投资者指示其经纪商购买巴西上市公司的股票。

（2）美国经纪商联系巴西的当地经纪商（通过经纪商的国际办事处或直接联系）并下单。

（3）巴西经纪商购买所需普通股，并将其交给巴西的托管银行。

（4）美国经纪商将从投资者处收到的美元兑换成巴西雷亚尔，向巴西经纪商支付购买股票的价款。

（5）在股票交付给巴西托管银行的同一天，托管银行向美国存托银行发出存款通知。

（6）收到通知后，美国存托银行发行存托凭证并将巴西公司股票的存托凭证交付给美国经纪商。

（7）然后，美国经纪商将存托凭证交付给美国投资者。

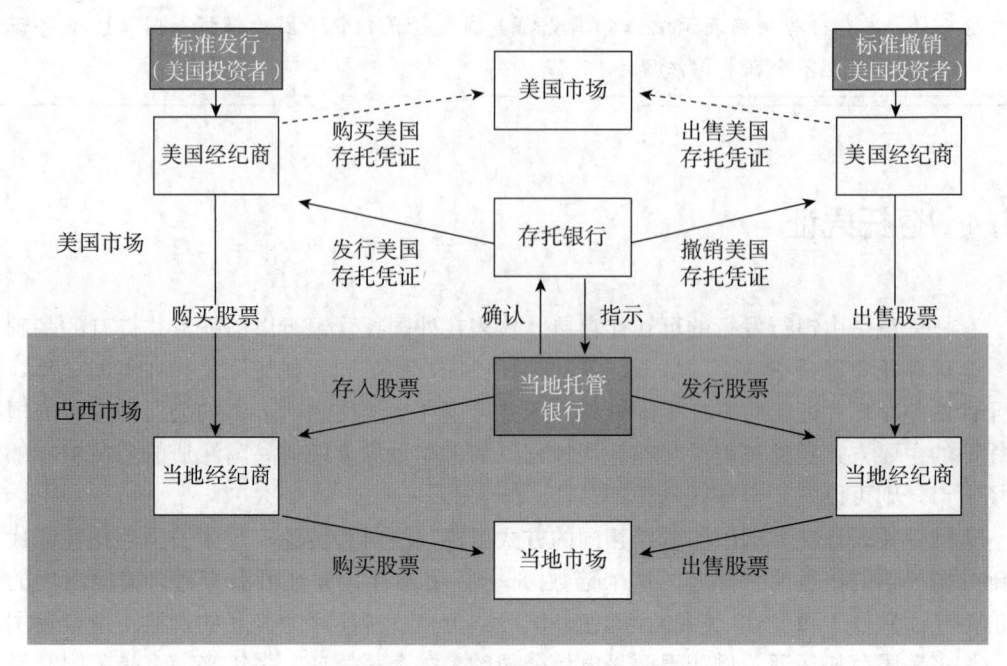

图 14-4　美国存托凭证的执行结构

资料来源：*Depositary Receipts Reference Guide*，JPMorgan，2005，p. 33.

现在，存托凭证像美国其他普通股一样被持有和交易。一旦存托凭证在美国交易所上市，投资者就可以像买卖任何股票一样买卖它们。这意味着经纪商可以通过购买现有存托凭证为美国投资者获得存托凭证——不需要通过新发行来创建更多存托凭证。图 14-4 还介绍了出售或撤销美国存托凭证的其他流程机制。

一旦创建了美国存托凭证，它们就像其他美国证券一样可以在美国市场上交易。只需将美国存托凭证从现有美国存托凭证持有者（卖方）转手给另一个存托凭证持有者（买方），就可以将其卖给其他美国投资者。这被称为市场内交易。这种交易的结算方式与其他美国交易相同，并在交易日后的第三个工作日以美元结算，并且通常使用存款信托公司（depository trust company，DTC）。市场内交易占当今所有存托凭证交易的近95%。

美国存托凭证可以用于交易基础外国股票，反之亦可，因此在调整转让成本后，套利使得给定股票的外国价格和美国价格相同。例如，某个市场的投资者需求将导致价格上涨，即使另一个市场上的投资者不那么看涨该股票，这也会导致该市场的套利价格上涨。

美国存托凭证向美国股东转移了某些技术优势。外国公司支付的股利将转移给托管银行，然后转移给发行美国存托凭证的银行。发行银行将外币股利兑换为美元，并将美元股利发给美国存托凭证持有者。美国存托凭证是记名证券而非无记名证券。根据美国法律和程序，所有权转让发生在美国。通常情况下，它的交易成本低于在本国市场买卖基础股票的交易成本，并且结算速度更快。

美国存托凭证计划的结构

上一节介绍了由于美国投资者希望购买巴西公司股票而发行巴西公司股票的存托凭证（在本例中为美国存托凭证）的机制。但是，存托凭证计划也可以从巴西公司的角度来看——它是巴西公司接触美国投资者的财务战略的一部分。

美国存托凭证计划在是否有保荐和认证水平方面有所不同。有保荐美国存托凭证是应希望其股票在美国上市或交易的外国公司的请求而创建的。公司向美国证券交易委员会和一家美国银行申请注册和发行美国存托凭证。外国公司支付创建此类有保荐美国存托凭证的所有费用。如果外国公司不寻求其股票在美国上市，但美国投资者对其股票感兴趣，那么美国证券公司可以创建美国存托凭证——一种无保荐美国存托凭证。美国证券交易委员会仍然要求无保荐美国存托凭证获得寻求股票上市的公司的批准。无保荐美国存托凭证计划只占所有存托凭证计划中相对较小的一部分。

美国存托凭证的第二个差异是认证级别，表14-2对其进行了详细介绍。三个一般承诺水平的区别在于披露程度、上市方案、是否可用于筹集资本（发行新股）以及实施计划通常所需的时间。（本章后面将详细介绍 SEC 规则 144A。）

表 14-2 美国存托凭证计划的不同级别

类型	描述	披露程度	上市方案	筹集资本的能力	执行时间表
Ⅰ级	场外交易美国存托凭证计划	无：应用本国标准	场外交易	—	6周
Ⅰ级全球存托凭证	144A/注册规则全球存托凭证计划	无	不上市	有，只面向合格机构买方	3周
Ⅱ级	在美国上市的美国存托凭证计划	详细的《萨班斯-奥克斯利法案》披露要求	在美国证券交易所上市	—	13周
Ⅱ级全球存托凭证	144A/注册规则全球存托凭证计划	无	数字金融交易所（DIFX）	无	2周
Ⅲ级	在美国上市的美国存托凭证计划	严格的《萨班斯-奥克斯利法案》披露要求	在美国证券交易所上市	有，公开发售	14周
Ⅲ级全球存托凭证	144A/注册规则全球存托凭证计划	欧盟招股说明书指令和（或）美国144A规则	伦敦、卢森堡、美国的 PORTAL 交易系统	有，只面向合格机构买方	2周

■ Ⅰ级计划（场外交易或粉单）是最简单、最快速的计划。Ⅰ级计划允许美国投资者购买和持有外国证券，而无须在证券交易委员会注册。这是成本最低的方法，但对流动性的影响可能很小。

■ Ⅱ级计划适用于希望现有股票在美国证券交易所上市的公司。它必须符合美国证券交易委员会的全部注册要求和具体交易所的规定。

■ 这也意味着其财务账户应根据美国公认会计原则进行调整，因而大大提高了成本。

■ Ⅲ级计划适用于出售为筹集股权资本而在美国发行的新股权。它必须符合美国证券交易委员会的全部注册要求并提供详尽的招股说明书。这是最昂贵的方案，但对于希望在全球最大的资本市场上筹集资本的外国公司来说，也是最有成效的方案。

当今的存托凭证市场：发行者、类型和地点

近年来新兴市场的快速增长部分是由于这些国家的公司能在全球股票市场上市并发行新股。它们希望有机会获取更多成本可负担的资本，这些公司的许多所有者也希望将现有价值变现，这导致新兴市场公司涌入存托凭证市场。

发行者。 现在，全球存托凭证计划的发行者包括来自世界各地的大型跨国企业，但近年来出现了工业国公司参与度重新提高的趋势。例如，2013年规模最大的发行来自英国石油公司、沃达丰、荷兰皇家壳牌和雀巢等知名跨国公司，但也包括俄罗斯的卢克石油公司和俄罗斯天然气工业股份公司。近年来，越来越多的中国公司和印度公司涌入该市场。2014年，该市场的繁荣主要来自中国发行者的推动，但这次首次公开募股激增是短暂的，2015年就恢复到了相对正常的水平。

类型。 在今天的全球存托凭证市场上，首次公开募股和后续发行（首次公开募股后的新增股票发行）各占半壁江山。看来，首次公开募股将继续占存托凭证股权筹资活动的大部分。

地点。 鉴于现在新兴市场公司在存托凭证市场上占据主导地位，因此存托凭证市场主要位于纽约和伦敦并不令人意外。比参与存托凭证市场的计划数量更重要的是公司通过全球存托凭证计划筹集的资本。

图14-5区分了通过首次公开募股和后续发行筹集的股权资本。不同时期的数据证明，存托凭证市场作为筹资市场卓有成效。更适合发行股票的年份也很明显——比如2000年，以及2006—2007年。

（百万美元）

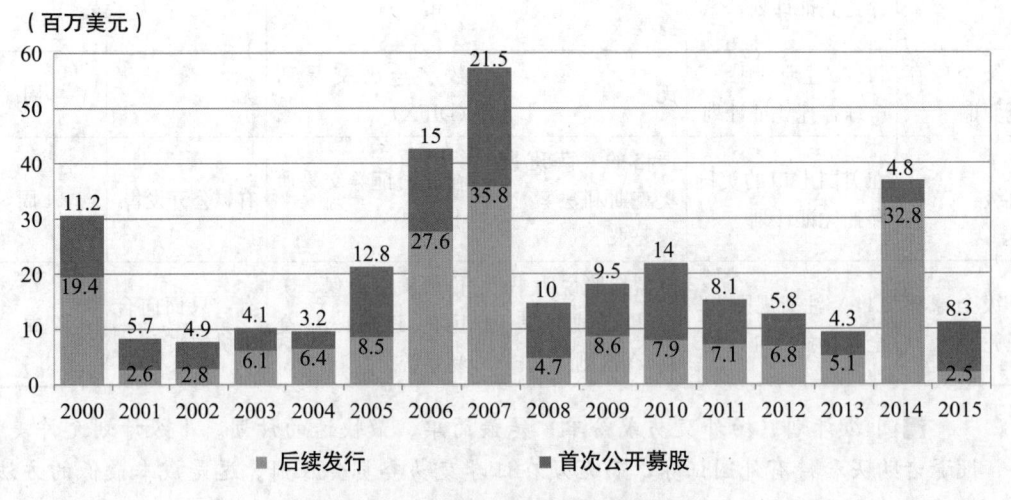

年份	后续发行	首次公开募股
2000	11.2	19.4
2001	5.7	2.6
2002	4.9	2.8
2003	4.1	6.1
2004	3.2	6.4
2005	12.8	8.5
2006	15	27.6
2007	21.5	35.8
2008	10	4.7
2009	9.5	8.6
2010	14	7.9
2011	8.1	7.1
2012	5.8	6.8
2013	4.3	5.1
2014	4.8	32.8
2015	8.3	2.5

图14-5 通过存托凭证筹集股权资本

资料来源："Depositary Receipts, Year in Review 2015," JPMorgan, p.3. Data derived by JPMorgan from other depositary banks, Bloomberg, and stock exchanges, 2015. 转载已获许可。

全球注册股票

全球注册股票（global registered share，GRS）是在没有转换的情况下跨国和跨市场交易的股票，其中本国交易所的一股等于外国交易所的一股。相同股票在不同证券交易所上市，但是以每个交易所所在国的货币上市。理论上，全球注册股票可以"跟着太阳"交易——依次在按时间顺序开放和关闭的全球各地市场上交易。股票以电子方式进行交易，无须存托凭证等股票发行所需的专业表格和受托人。

在以下示例中可以看到全球注册股票和全球存托凭证之间的差异。假设一家德国跨国企业的股票在法兰克福证券交易所上市，这些股票目前的交易价格为每股 4.00 欧元。如果即期汇率为 1.20 美元/欧元，那么这些股票将以每股 4.80 美元的价格在纽约证券交易所上市。

$$4.00\ 欧元 \times 1.20\ 美元/欧元 = 4.80\ 美元$$

这是标准的全球注册股票。但每股 4.80 美元对于纽约证券交易所和美国股市来说是极低的股价。

但是，如果这家德国公司的股票作为美国存托凭证在纽约上市，那么它们的价值将转变为针对目标市场——美国——的战略定价。在美国，战略定价意味着通常为每股 10~20 美元的股价，这个价格范围长久以来被认为可以最大化买方利益和流动性。然后设计美国存托凭证，使每张美国存托凭证代表该公司在本国市场上的 4 股，即：

$$4.80\ 美元 \times 4 = 19.20\ 美元/每股$$

这种区别是否重要？显然，全球注册股票比存托凭证更类似于普通股，因而可以更方便地进行比较和分析。但如果目标定价在美国等关键市场中很重要，那么美国存托凭证就为外国公司在美国获得吸引力提供了更好的机会。

支持使用全球注册股票而非美国存托凭证的人提出了两个基本论点，它们都基于纯全球化力量：

(1) 投资者和市场对证券的需求将继续增长，不同市场上的证券趋向同质——证券呈现出商品的特征，变化的只有当地交易所的计价货币。

(2) 管理跨国市场证券交易的法规将继续趋同为一套全球通用原则，从而无须根据当地市场特征或要求定制证券。

其他潜在区别包括是否可能保留所有投票权（根据定义，全球注册股票保留投票权，而某些美国存托凭证可能不保留投票权），以及美国存托凭证是为单独一种文化和法律环境——美国——设计的一般原则。至少迄今为止，全球注册股票还没有取代美国存托凭证或全球存托凭证。

14.5 私募

通过私募筹集股权资本在全球越来越普遍。上市公司和私人公司等都会不时地筹集私募股权资本。私募是指向一小部分合格机构买家出售证券。它的投资者传统上是保险公司和投资公司。由于这种证券不向公众出售，因此投资者通常遵循"买入并持有"政策。债务条款通常是在谈判的基础上定制设计的。大多数国家现在都有私募市场。

SEC 规则 144A

1990 年，美国证券交易委员会（SEC）批准了 144A 规则。它允许合格机构买家交易私募证券，而没有之前的持有期限制，也无须在证券交易委员会注册。合格机构买家是拥有和自主投资非关联公司证券的金额达到 1 亿美元的实体（不包括金融机构，例如银行或储贷协会）。银行和储贷协会必须符合这一标准，但同时最低净值必须达到 2 500 万美元。

美国证券交易委员会估计，大约有 4 000 个合格机构买家，主要是投资咨询机构、投资公司、保险公司、养老基金和慈善机构。随后，美国证券交易委员会修改了规定，允许外国发行人通过 SEC 规则 144A 发行证券进入美国私募市场，同时无须在美国证券交易委员会注册。美国证券交易委员会建立了一个名为 PORTAL 的交易系统，以支持证券分销，并建立流动的证券二级市场。

在美国证券交易委员会注册的要求被认为是希望在美国筹集资金的外国公司面临的主要障碍，因此事实证明，SEC 规则 144A 私募对股票和债券的外国发行人均具有吸引力。瑞典跨国工程公司阿特拉斯·科普柯（Atlas Copco）是首家利用 SEC 规则 144A 的外国公司。它通过美国存托凭证在美国筹集了 4 900 万美元股权，作为其 1990 年发行的 2.14 亿美元欧洲股票的一部分。从那时起，外国发行人每年通过发行私募股权在美国筹集到数十亿美元。但是，这种私募似乎没有对流动性或股价产生有利影响。

私募股权基金

私募股权基金通常是机构投资者和富有投资者的有限合伙企业，例如大学捐赠基金，它们在流动性最高的资本市场上筹集资金。它们最为人熟知的操作是购买上市公司的控制权，将其私有化，改善管理，然后在 1~3 年后将其转售。转售方式多种多样，包括将这些公司出售给其他公司，出售给其他私募股权基金，或者再次将其上市。私募股权基金本身往往规模很大，但也可能利用大量债务为其收购提供资金。这些"替代方案"需要 2% 的资产加上 20% 的利润作为手续费。

在新兴市场上，许多成熟的家族企业即使遵循本章建议的战略，也不太可能有资格获得全球成本和全球资本。尽管它们可能持续盈利并且不断增长，但它们的规模仍然太小，难以让外国投资者知晓，缺乏管理深度，无法筹措资金负担全球化战略的前期成本。对于这些公司而言，私募股权基金可能是一种解决方案。

私募股权基金与传统风险投资基金不同。后者通常主要在高度发达国家经营。它们通常投资于初创企业，目标是通过在同样高流动性的市场中进行首次公开募股退出投资。新兴市场上可得的风险投资很少，部分原因是在缺乏流动性的市场上很难通过首次公开募股退出投资。私募股权基金面临同样的问题，但它们的投资期似乎更长。它们投资于已经成熟且盈利的公司。如果能通过改善管理和与其他公司合并的方式投资于成长型公司，它们也感到满意。

外国股票上市与发行

根据之前图 14-1 所示的全球市场中的不同股权融资路径，公司需要选择一个或多个股票市场进行股票交叉上市并出售新股票。在哪里上市主要取决于公司的具体动机以及东道国股市接受该公司的意愿。通过在外国交易所交叉上市并出售股票，公司通常会尝试实现以下一个或多个目标：

- 提高股票的流动性，并支持在外国市场上所发行新股的流动二级市场。
- 通过纠正分割和低流动性的本国资本市场上的错误定价来提高股价。
- 提高公司在客户、供应商、债权人和东道国政府眼中的知名度和接受度。
- 建立流动的股票二级市场，用于购买东道国市场上的其他公司，并向外国子公司的当地管理层和员工发放薪酬。

最后一个动机——建立流动的股票二级市场——的近期例子是科斯莫斯能源（Kosmos Energy）。该公司于 2011 年 5 月在美国首次公开募股（纽约证券交易所代码：KOS）后，其股票在加纳证券交易所上市。该石油公司在加纳取得了重大发现且几乎所有收入都产生于该国。

14.6 在全球筹集债务

早在几个世纪之前，公司就能在全球范围内——在本国市场之外——筹集债务。大多数债务都有具体期限、明确的还款时间表以及明确的固定利率/浮动利率，这些因素使投资者跨国和跨币种出售债务的风险显著低于上一节中投资股票的风险。

国际债务市场为借款人提供的期限、还款结构和计价货币比本国通常提供的有限选择更广泛。市场以及市场上的许多不同工具因资金来源、定价结构、期限以及与其他债务工具和股权工具的从属关系或联系而异。

国际债务工具

图 14-6 概述了国际债务的三种基本形式：银行贷款（包括银团贷款）、欧洲票据和国际债券。事实证明，这三个债务池相较于过去相对分割的国家债务市场是重大进步，它们为跨国公司和主权政府等提供了一系列市场和工具选择，而以前只有少数几个主要的深度发达工业国资本市场能选择这些市场和工具。

欧洲债券市场的独有特征

尽管欧洲债券市场与欧洲美元市场的发展时间大致相同，但这两个市场存在的原因各不相同，且彼此都能独立存在。欧洲债券市场的存在归功于几个独特因素：没有监管干预、较不严格的披露、优惠税收待遇和评级。

没有监管干预。各国政府通常严格控制外国证券发行人在本国境内发行和出售以当地货币计价的证券。但是，一般而言，各国政府对该国市场中的外币计价证券以及向外币持有者出售外币计价证券的限制没有那么严格。实际上，欧洲债券的销售不属于任何一国的监管范围。

银行贷款与银团贷款 （浮动利率、短期到中期）	欧洲票据市场 （短期到中期）	国际债券市场 （固定利率和浮动利率，中期到长期）
• **国际银行贷款** 　• 类似于传统银行贷款 　• 通常被称为欧洲美元信贷和欧洲信贷 　• 享有很低的利差（1%）或低于存贷款利差 • **欧洲信贷** 　• 向跨国企业、主权政府和国际金融机构发行的币种不同于贷款人功能货币的银行贷款 　• 通常期限为6个月或更短，定价为LIBOR加上利差 • **银团贷款** 　• 和以主银行为首的贷款人提供的利率相比，贷款利差较大 　• 定价通常为LIBOR加上利差	• **欧洲票据和欧洲票据便利** 　• 通过承销商发行 　• 被证明是银团贷款的有价值替代品的短期债务 • **欧洲商业票据（ECP）** 　• 向市场发行（无承销便利） 　• 跨国企业或银行的短期债务 　• 通常期限为1个月、3个月和6个月 • **欧洲中期票据（EMTNs）** 　• 非承销便利 　• 弥合欧洲商业票据与债券等长期债务的期限差距 　• 采取美国的暂搁注册形式 　• 和债券的特征相同	• **欧洲债券** 　• 由国际银团承销，且只证券计价货币发行国以外的国家出售 　• 普通固定利率债券 　• 浮动利率票据（FRN） 　• 股权相关证券 • **外国债券** 　• 由一国的金融机构银团承销，通常以该国货币标价 　• 发行人基本上是一国债券市场上的外国发行人 　• 和传统债券的特征相同 　• 扬基债券（在美国发行的外国证券）、武士债券（在日本发行的外国证券）、斗牛犬债券（在英国发行的外国债券），等等

图 14-6 国际债务市场与工具

较不严格的披露。欧洲债券市场的披露要求远不如美国证券交易委员会对美国境内债券销售的披露要求严格。美国公司和非美国公司都经常发现欧洲债券的注册成本低于国内债券的注册成本，并且通过美国证券交易委员会注册在市场上发行新欧洲债券所需的时间更少。然而，美国证券交易委员会放宽了对某些私募（144A规则）的披露要求，这提高了美国国内债券和股票市场的吸引力。

优惠税收待遇。欧洲债券提供了税收匿名性和灵活性。欧洲债券支付的利息通常不需要扣缴所得税。正如人们所料，欧洲债券利息并非总是需要报税。欧洲债券通常以无记名形式发行，这意味着债券凭证上没有所有者的姓名和居住国。为了收到利息，持票人从债券上剪掉息票，并将其交给债券上所列的支付代理行。因此，不记名债券的地位通常与避税相关。

评级。评级机构，例如穆迪和标准普尔（S&P），为某些国际债券提供收费评级服务。穆迪应发行人的请求对国际债券进行评级，其评估基础是发行人以计价货币偿还债券的能力。根据所依据的财务报表和从发行人那里获得的其他材料，评级机构进行初步评级并通知发行人，然后发行人将有机会发表评论。在穆迪确定最终评级后，发行人可能决定不公布评级。因此，在公布的国际评级中，最高评级类别所占的比例畸高。

欧洲债券的买方通常不仅依赖债券评级服务机构或详细的财务报表分析。发行公司及其承销商的一般声誉是获得优惠条件的主要因素。因此，规模较大且知名度高的跨国企业、国有企业和主权政府能获得最低利率。人们通常认为，公众所熟知的公司比产品知名度较低的同等质量的公司具有优势。

获取债务资本的能力显然受到法律环境、税收环境和基本社会规范等方面的影响。实际上，甚至连宗教也影响着债务资本的使用和可得性。

14.7 外国子公司融资

假设跨国企业在给定商业风险水平和相关资本预算下追求综合资本成本最小化，则每家子公司的财务结构重要性仅限于其对该总体目标的影响。换言之，子公司在理论上并没有独立的资本成本，因此其财务结构并非基于资本成本最小化目标。但如果是这样，它又是基于什么？

这个问题的答案是理论与实践的复杂结合。从理论上讲，外国子公司是外国投资，因此具有与任何跨国投资相同的风险。正如我们前面提到的，其财务结构的重要性仅限于对跨国企业综合资本成本的边际影响。在实践中，外国子公司是在完全独立的经济环境中经营的企业，依据当地规范，有自己的法律实务、财务实务、外汇实务、税收实务和制度实务。每家外国子公司的融资最终都可能是独一无二的。

内部子公司融资和外部子公司融资

跨国企业的外国子公司既有来自内部的融资，也有来自外部的融资。内部融资包括跨国企业本身——母公司、其他子公司和关联公司——产生的所有潜在资金以及子公司自身产生的资金。外部融资既包括来自跨国企业以外的债务融资，也包括来自本地或全球潜在合作伙伴的股权融资。除了融资来源的内外之分以外，股权和债务之间的传统财务结构选择也很重要。

一般而言，虽然最初只需要母公司提供少量股权资本，但跨国企业通常会尽量减少在外国子公司的股权金额，以降低资本风险。正如关于外国子公司内部融资来源的图14-7所示，股权投资可以采取现金或实物（机器、设备、存货等实物）的形式。如果需要更多股权，跨国企业可以选择将利润留在子公司。

虽然债务是子公司融资的首选形式，但在外国子公司生命周期的早期阶段，获得东道国当地债务的能力有限。如果没有可靠的经营能力和偿债能力历史，外国子公司就可能需要（在开始经营后）向母公司或有母公司担保的无关方借入债务。一旦子公司有了经营能力和财务能力，就可以优先从当地借入债务。

如图14-8所示，外国子公司可获得的外部融资分为三类：(1)向母国举借的债务；(2)向母国以外的国家举借的债务；(3)当地股权或全球股权。向母国外部贷款人举借的债务反映了贷款人对母公司本身的熟悉和信心，尽管在这种情况下母公司并不提供偿还债务的明确担保。当地货币债务对于业务活动产生大量当地货币现金流入的外国子公司尤为有价值。然而，在一些新兴市场上，所有（本国或外国）借款人的当地货币债务都供不应求。

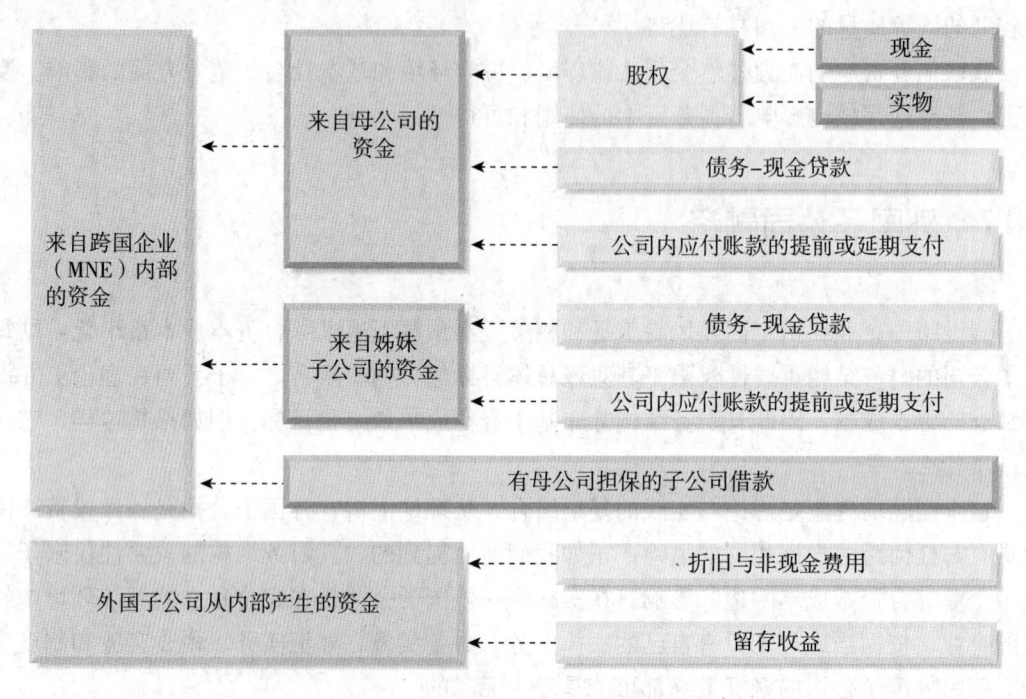

图 14-7 外国子公司的内部融资

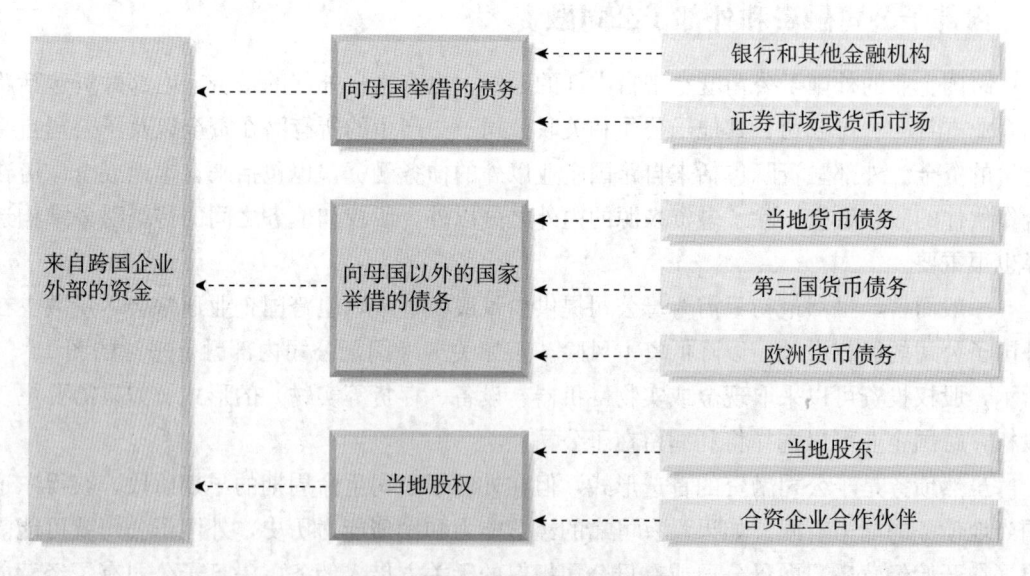

图 14-8 外国子公司的外部融资

东道国规范和债务。 不同国家的公司财务结构规范差异很大，但同一国家的公司财务结构规范差异较小。这种说法是一系列研究财务结构影响因素的实证研究的结论。多数这些国际研究得出的结论是，国别环境变量是债务比率的关键决定因素。这些变量包括历史发展、税收、公司治理、银行影响力、可存续的公司债券市场、对风险的态度、政府监管、资本可得性和代理成本，等等。

但是，在确定外国子公司的理想债务比率时，应该在多大程度上考虑当地债务比率规范？在下定义时，考虑的债务仅应包括从跨国企业以外的来源借入的资金。这种债务包括当地货币贷款、外币贷款和欧洲货币贷款。这样定义的原因是，母公司向外国子公司提供的贷款通常被视为等同于东道国的股权投资。母公司贷款的偿还优先顺序通常次于其他债务，且不会产生与外部贷款相同的丧失清偿能力威胁。

在极端情况下，东道国政府更愿意用股权为所有对内投资融资。它们还希望子公司产生的所有利润都再投资于该国，而不是通过公司内部股利返还给母公司。公司内部股利经常被视为选择性支付——选择不再投资于该国。然而，在极端情况下，跨国企业更愿意用债务为外国子公司融资。由此产生的偿债义务（包括本金和利息）将作为一种合同结构，即按期向跨国企业母公司汇回现金流，同时最大限度地减少自身的风险股权资本。

外汇问题。 虽然这取决于子公司的业务性质，但外汇风险可能成为初创子公司的负担。外币债务，或公司内部购买的外币计价产品和服务，可能会给初创企业带来过度的外汇风险管理负担。如果子公司对母公司有偿债义务，那么初创子公司更愿意以当地货币偿还债务。因此，如果可以借到当地债务，则当地债务是首选。

税务问题。 跨国企业尽量降低高税收环境中应纳税款的做法（下一章的主题）导致许多公司尽量增加外国子公司的债务——以期利用利息支付的税收抵免。东道国政府非常清楚这一原则，并且早已规定了子公司财务结构的最高债务水平（限制其可抵税金额）。无论如何，尽量降低应纳税款仍然是所有子公司融资的主要考虑因素。

子公司融资的变化

因此，任何子公司的财务结构和融资都将反映跨国企业自身业务、自身结构以及子公司所在市场的当地规范。但是，与任何企业一样，外国子公司的融资需求将不断变化。图14-9说明了外国子公司的融资需求、融资关注点和融资来源在企业生命周期的三个基本阶段（初创阶段、成长阶段和成熟阶段）中如何变化。

初创阶段。 初创企业需要充足的资金启动和维持经营。尽管企业或许能借到某种债务，即母公司提供的债务，但子公司在这个阶段的融资主要为股权融资。即使能获得母公司提供的债务，母公司也会尽量压缩这种债务的金额，以防止对初创企业造成现金流负担。经营能力将主要基于现金流；子公司本身不一定要盈利，但确实需要自己支付账单。

成长阶段。 随着子公司业务的增长，其资本需求可能迅速增长，具体取决于其业务性质。制造业务可能资本相对密集，而增加销量需要增加营运资本，而这又需要融资。对于资本要求相对较低的服务业，增长可能不需要大量新融资。管理层通常会在这个阶段更多

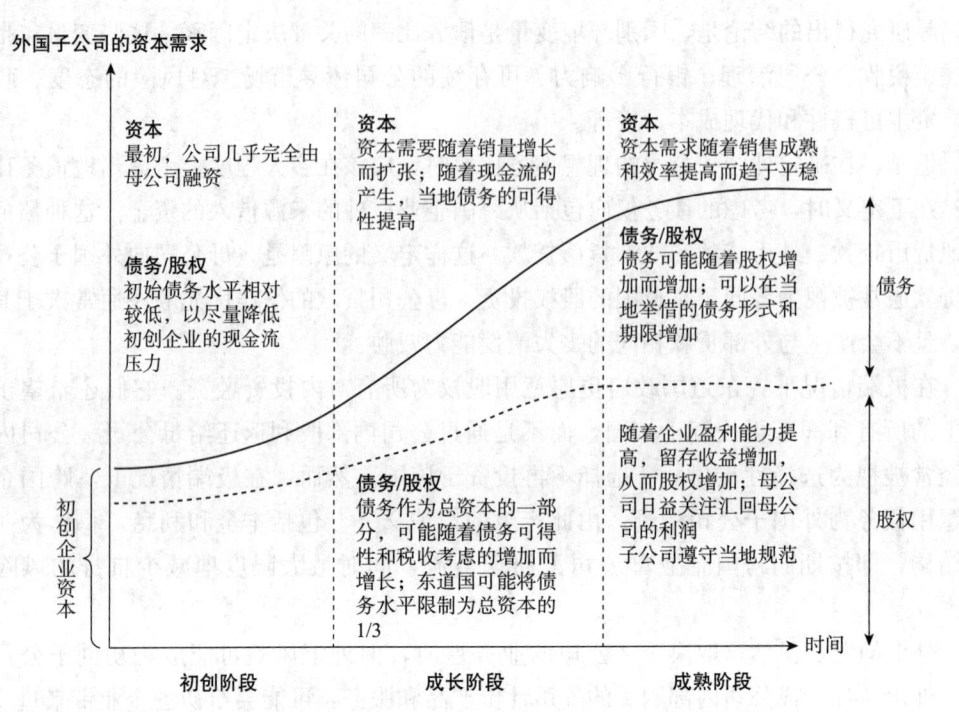

图 14-9 外国子公司的融资变化

外国子公司的资本需求

初创阶段

资本：最初，公司几乎完全由母公司融资

债务/股权：初始债务水平相对较低，以尽量降低初创企业的现金流压力

成长阶段

资本：资本需要随着销量增长而扩张；随着现金流的产生，当地债务的可得性提高

债务/股权：债务作为总资本的一部分，可能随着债务可得性和税收考虑的增加而增长；东道国可能将债务水平限制为总资本的1/3

成熟阶段

资本：资本需求随着销售成熟和效率提高而趋于平稳

债务/股权：债务可能随着股权增加而增加；可以在当地举借的债务形式和期限增加

随着企业盈利能力提高，留存收益增加，从而股权增加；母公司日益关注汇回母公司的利润。子公司遵守当地规范

假设的"典型外国子公司"在成长过程中将需要越来越多的资本。假设市场条件稳定，且盈利能力提高，子公司可以在当地规范的限制内，在其财务结构中使用越来越多的当地债务。

地使用债务，并且随着子公司的经营现金流增加，可能发现当地债务越来越具有吸引力和可得性。虽然更多地使用债务有明显的税收优势，但东道国当局将对过度使用债务很敏感（传统上将过度使用债务定义为债务超过总资本的三分之一）。

成熟阶段。 在子公司生命周期的第三个阶段也是最后一个阶段，业务增长放缓，额外融资需求也随之放缓。然而，子公司可以改变财务结构的构成，因为持续产生的利润既可以作为留存利润补充股权资本，也可以汇回母公司（成为母公司的明确现金流收益）。子公司的债务结构现在可能包括众多期限、利率结构和计价货币，因为它可以在当地市场和全球市场上获得越来越多的债务。

最后，跨国企业不过是它的各个部分之和。这些部分就是它的全球经营单位，跨国企业财务管理的任务涉及所有跨国资本和跨国现金流的结构、融资和管理。子公司融资是这个主体的核心要素。正如"全球金融实务 14-2"所示，合资企业和外国子公司的财务结构可能采取多种形式并逐渐演变。

全球金融实务 14-2

一家俄罗斯合资企业的财务结构

通用汽车和拉达（AvtoVAZ）的合资企业是合资企业成功融资的典型例子。这家合资企业最初成立于2001年，是一家由通用汽车公司、俄罗斯拉达和欧洲复兴开发银行（European Bank for Reconstruction and Development，EBRD）组建的三方合资企业，目标是生产一种质量更高的新型联合品牌汽车——雪佛兰尼瓦。

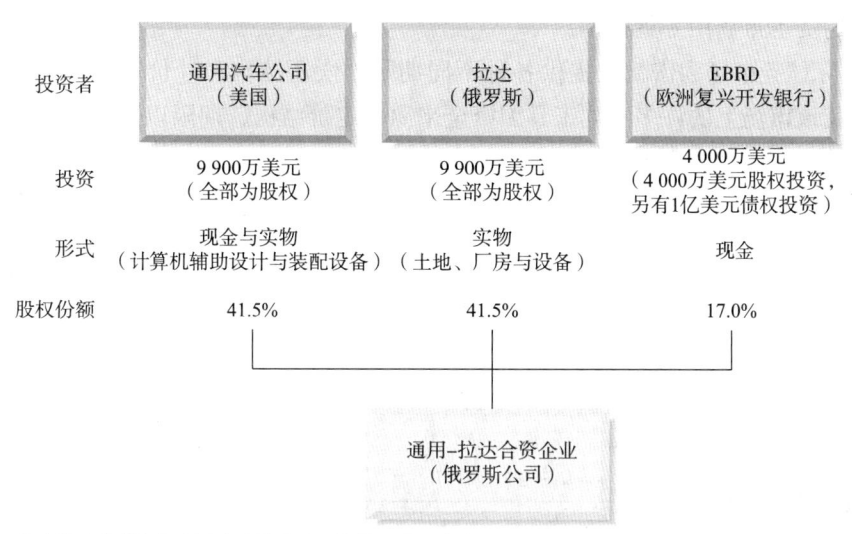

投资者	通用汽车公司（美国）	拉达（俄罗斯）	EBRD（欧洲复兴开发银行）
投资	9 900万美元（全部为股权）	9 900万美元（全部为股权）	4 000万美元（4 000万美元股权投资，另有1亿美元债权投资）
形式	现金与实物（计算机辅助设计与装配设备）	实物（土地、厂房与设备）	现金
股权份额	41.5%	41.5%	17.0%

通用-拉达合资企业（俄罗斯公司）

- 该合资企业的股权利益由出资占总股权的百分比决定。
- 该合资企业的资本结构总计为3.38亿美元，其中2.38亿美元为股权，1亿美元为债务。
- 该合资企业于2002年开业，成功产生了健康的经营现金流。
- 该合资企业最终偿还了欠欧洲复兴开发银行的债务，用当地债务取代了该债务。2012年，欧洲复兴开发银行将其在该合资企业的股权卖给合作伙伴，后者成为股权份额均等的所有者。
- 和合资企业持续经营5~7年的一般情况相反，通用-拉达合资企业2017年仍在经营，从开业后已整整经营了15年。

要点总结

■ 设计资本融资战略需要管理层设计长期财务战略。然后，公司必须在各种不同路径中进行选择以实现其目标，包括股票在哪里交叉上市，在哪里发行新股，以及以何种形式发行。

■ 跨国企业的边际资本成本在相当大的资本预算范围内保持不变。对于多数小型国内企业而言，这种说法并不正确。

■ 通过在国际上实现现金流多元化，跨国企业能实现与证券投资者在国际上进行投资组合多元化时相同的现金流波动率降幅。

■ 当公司发行外币计价债务时，其实际成本等于以公司本币偿还本金和利息的税后成本。该金额包括以外币计价并对外汇损益进行调整后的名义本金和利息成本。

■ 公司在全球寻找股权资金时可以从多种不同的股权筹资方式中进行选择，包括发行欧洲股票、定向发行外国证券、存托凭证计划和私募。

■ 美国存托凭证计划或全球存托凭证计划为成熟工业国市场以外的公司提供了一种极为有效的提高现有股票流动性或发行新股的方式。

■ 私募是一个不断增长的市场部门，它让新兴市场的公司只需有限披露和成本就可以在最大的资本市场中筹集资本。

■ 国际债务市场为借款人提供各种不同期限、偿还结构和计价货币的债务。国际债务市场以及该市场上的许多不同工具因资金来源、定价结构、期限以及与其他债务工具和股权工具的从属关系或联系而异。

■ 欧洲货币市场有两个重要目的：（1）欧洲货币存款是一种持有公司多余流动性的有效、方便的货币市场工具；（2）欧洲货币市场是短期银行贷款的主要来源，用于为公司营运资本需求提供融资，包括进出口融资。

■ 跨国企业的外国子公司的财务结构可能与企业整体的财务结构有很大差异，这通常是遵守东道国规范与内外融资选择相结合的结果。

迷你案例

墨西哥水泥公司的债务困境[①]

"墨西哥水泥公司（CEMEX）和林克（Rinker）的合并将为股东和客户，尤其是在美国增长地区的股东和客户创造价值，"墨西哥水泥公司首席执行官兼董事长洛伦索·H. 桑布拉诺（Lorenzo H. Zambrano）在一份声明中表示，"我们打算尽快恢复财务灵活性，并在两年内恢复稳定的资本结构。"

——洛伦索·H. 桑布拉诺，墨西哥水泥公司董事长兼首席执行官

2007年4月9日，林克集团有限公司（澳大利亚）董事会在墨西哥水泥公司（纽约证券交易所代码：CX）提高报价之后批准了每股15.85美元的修订报价。在管理层的支持下，墨西哥水泥公司于2007年7月10日获得了90%股东的批准，这是完成收购所必需的。墨西哥水泥公司几乎完全以短期债务为收购融资。

林克集团的交易

在之后几个月中，许多分析师一直在争论墨西哥水泥公司是否为林克支付了过高费用。根据市场标准，最终收购价15.85美元很高，比林克被收购前的收盘价10.30美元高出54%。

战略契合度

墨西哥水泥公司相信这笔交易是值得的，因为收购扩大了该公司在混凝土价值链的骨料和预拌混凝土环节的多元化程度和实力。它还提高了墨西哥水泥公司在美国几个主要增长市场（即佛罗里达州和亚利桑那州）的市场份额，并提高了该公司在澳大利亚和中国的市场份额。墨西哥水泥公司和林克在美国市场上的业务合并也将带来显著的成本协同效应（墨西哥水泥公

[①] 2017年©亚利桑那州立大学雷鸟全球管理学院版权所有。本案例由迈克尔·H. 莫菲特教授编写，仅用于课堂讨论，不表示有效或无效的管理。

司对 2008 年潜在成本协同效应的估计增至 4 亿美元以上）。正如表 A 所述，墨西哥水泥公司为与林克集团的交易辩护，认为它满足了该公司对所有收购的目标要求。

表 A　墨西哥水泥公司对收购林克的解释

　　本公司通过战略收购和资本投资来补充业务的有机增长。作为领先的行业整合者，本公司采取严格的资本配置方法。本公司根据三项投资标准评估潜在收购：

　　（1）此次收购应为本公司的投资提供远超过本公司加权资本成本的收益率。

　　（2）此次收购应使本公司能保持财务实力和投资级信用质量。

　　（3）本公司可以影响的因素——尤其是应用本公司的管理专长和重整专长——原则上将提高收购价值增加的可能性。

　　本公司最近对林克集团的收购符合所有这些标准，并与本公司的商业战略一致。首先，这笔收购将为本公司的投资提供远远超过资本成本的收益率。它也会立即增加本公司的自由现金流。其次，这次收购使本公司能保持财务实力和投资级信用质量。这笔交易提高了本公司的利润质量，将本公司的加权平均资本成本从 7.9% 降至 6.8%，并将使本公司的中期目标资本收益率达到 10%。最后，本次收购利用了本公司的管理专长、整合技术和全球经营网络。

　　资料来源：CEMEX Annual Report, 2007, p. 20.

　　在收购融资方面，墨西哥水泥公司是经验丰富的专家。在购买林克公司之前的两年里，该公司已将净债务（债务减去现金）从 104 亿美元降至 51 亿美元。此次收购将完全由债务融资，并要求墨西哥水泥公司承担 13 亿美元的林克公司现有债务。洛伦索·桑布拉诺承诺在两年内将墨西哥水泥公司的净债务总额降至 EBITDA 的 2.7 倍以下。

墨西哥水泥公司的收购流程

　　墨西哥水泥公司在 2007 年第三季度借入了 140 亿美元新债务为林克集团融资。如图 A 所示，这增加了墨西哥水泥公司的总债务/EBITDA 比率，这是该公司的银行用来跟踪该公司债务承担能力的负债指标。

　　在墨西哥水泥公司于 2006 年中期首次考虑向林克集团提出要约时，它预期现有业务和收购业务的核心利润将会增长。但即使该公司在 2006 年秋季和 2007 年春季进行收购时，对核心业务的预期也定期向下修正。建筑业的持续衰退不断恶化。2007 年夏，随着与林克集团交易的结束，墨西哥水泥公司的利润继续下滑。2008 年春，商业前景越来越让人焦虑。[①] 尽管 2008 年墨西哥水泥公司在美国的销售开始放缓，但该公司仍预期 2008 年的 EBITDA 将收报 56 亿美元，比 2007 年的 46 亿美元高 22%。

2008 年 9 月的金融危机

　　2008 年 9 月，现在通常所称的全球金融危机在美国爆发。2008 年 9 月 6 日，政府资助的两家抵押贷款协会——房利美和房地美——被政府托管。9 月 15 日，雷曼兄弟根据美国《破产法》第 11 章申请破产保护。第二天，即 9 月 16 日，美国政府接管了世界上最大的保险公司之一——美国国际集团（AIG）。在接下来的几个月里，各类企业的股价都大幅下挫。12 月，在一系列安排下，美国政府收购了通用汽车以避免其倒闭。

---

　　① "CEMEX: Adjusting Our Target Due to a Continued Difficult Environment—Downgrading to Hold," Santander, Mexico City, March 27, 2008.

债务与利润（百万美元）   杠杆（总债务/EBITDA）

	2007年第一季度	2007年第二季度	2007年第三季度	2007年第四季度
过去12个月的EBITDA	4 054	4 044	4 296	4 465
总债务	6 302	6 428	20 436	19 978
杠杆	1.55	1.60	4.76	4.47

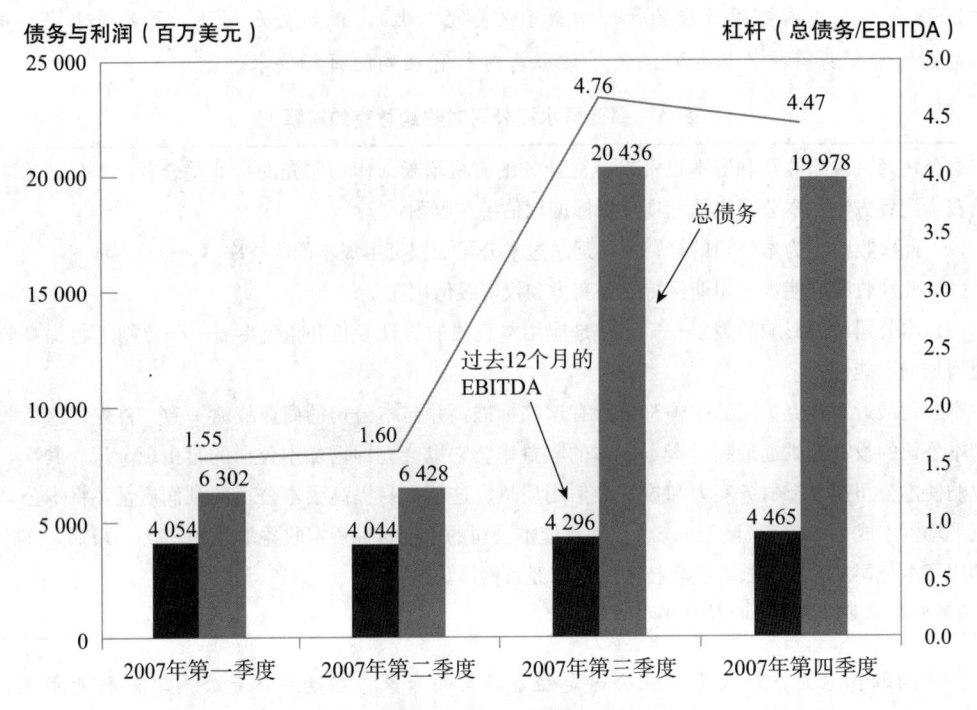

图 A　林克集团对 EBITDA 和债务的影响

资料来源：作者根据以下来源的数据绘制：CEMEX SAB de CV（ADR），RBC Capital Markets, October 4, 2011, p.13.

墨西哥水泥公司的销售收入在 2008 年第三季度开始暴跌。在西班牙的销售收入下降了 26%，在墨西哥的销售收入下降了 10%，在美国的销售收入降幅估计超过 25%。现在美国的住房开工率大约是两年前的四分之一。该公司现在的债务再融资遇到了麻烦，而债务再融资是桑布拉诺行之有效的收购和整合计划中不可或缺的一部分[①]：

> 他基本上避开了资本市场上的长期融资，转向短期银行贷款。他向贷款人显示这笔交易如何划算，然后在收购后一两年内对这些贷款进行再融资。假设债务市场总是对墨西哥水泥公司这样专业的企业开放。

现在，墨西哥水泥公司正逼近 164 亿美元至近 200 亿美元的债务高峰，根据所使用的会计原则，这至少是该公司股票市值的两倍。面对美国、西班牙和墨西哥这三个核心市场疲软的房地产行业，该公司很快就会难以产生足够现金以削减债务。其年度现金流约占其债务的 17%，低于 30% 的历史平均水平。

随着墨西哥水泥公司和多数市场的销售收入和利润下降，银行开始冻结资金供给，不愿对债务延期、展期或再融资。无论来电者是墨西哥水泥公司、雅虎还是沃尔玛，银行都不再接听电话了。正如一位资金主管指出的，它们不想对新融资说不，但它们也不能说是。2008 年 12 月，金融危机爆发 3 个多月后，墨西哥水泥公司处于危机模式。该公司开始削减其员工和支出。

[①] "Hard Times for Cement Man," by Joel Millman, *The Wall Street Journal*, December 11, 2008.

正如图 B 所示，住房开工率持续下降。金融危机最直接、最强烈的影响之一就是墨西哥比索贬值和美元升值。鉴于墨西哥水泥公司在经营中使用了众多货币且债务来源不同，因此利润进一步下滑。12 月初，该公司宣布以 7.11 亿美元的价格解除其失败的货币对冲计划。如前所述，墨西哥水泥公司现在需要在 2009 年偿还 55 亿美元债务。

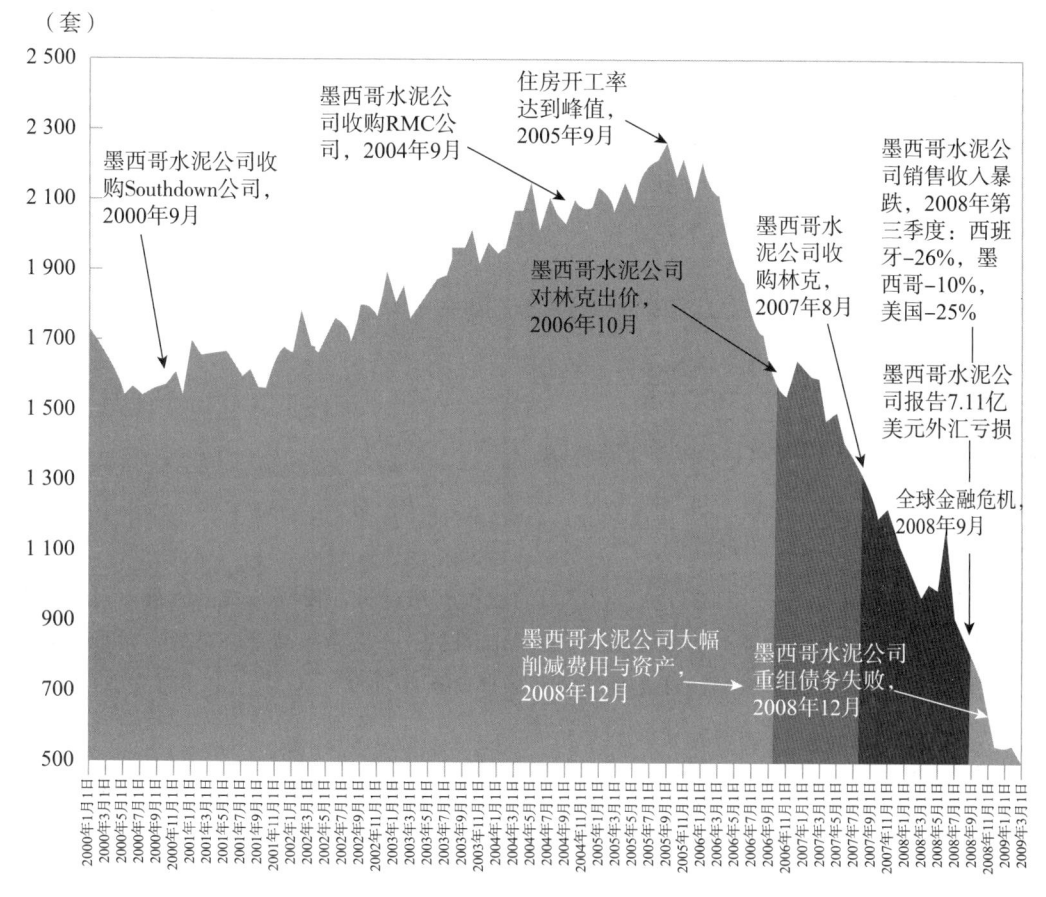

图 B　2000—2009 年墨西哥水泥公司与住房开工率

资料来源："New Privately Owned Housing Units Authorized by Building Permits in Permit-Issuing Places," U. S. Census Bureau, seasonally adjusted annual rate.

墨西哥水泥公司和该公司的债权人依靠该公司的核心利润——EBITDA——产生现金流以偿还债务。遗憾的是，对墨西哥水泥公司未来 EBITDA 的预期持续向下修正。2006 年 10 月墨西哥水泥公司开始恶意收购林克时，其 EBITDA 预计将在 2007 年达到 50.71 亿美元。最终，2007 年的实际结果仅为 45.9 亿美元。但是，2008 年的实际 EBITDA 成了最大的问题。虽然该指标预计将达到 46 亿美元，但 2008 年的实际结果仅为 35.65 亿美元。这与收购林克整整三年前的 2005 年基本相同。在 2008 年 10 月金融危机期间做出的当期预测认为利润将继续下降。

信用质量与企业现金流

收购林克立即改变了墨西哥水泥公司与其贷款人的信用状况，并对该公司偿还债务的能力提出了严重挑战。

债务承担能力

2008年，墨西哥水泥公司的信用评级进入投资级（标准普尔的BBB级）。但在BBB级上，只要不被归类为投机级，公司就不会被降级。企业信用评级基于多种因素，包括行业特征、产品特征或服务特征（主要是与其他竞争对手区分并获得定价权的能力）、业务周期性和债务水平。遗憾的是，墨西哥水泥公司处于一个高度周期性行业（建筑业），其产品被许多人认为是商品，并且最近借入了大量债务。

最广为使用的公司偿债能力衡量指标之一是净债务/EBITDA比率。该比率将净债务总额（未清偿有息债务减去现金）与公司的核心利润——EBITDA——进行比较。与大多数财务比率一样，它没有一个正确的值，尽管越小越好。墨西哥水泥公司官方考虑将该比率保持为2.5的稳态。

在收购林克之前，墨西哥水泥公司2006年年末的债务水平较低，现金余额较大，因此净债务/EBITDA比率较低，为1.44（所有价值的单位均为10亿美元）：

$$\frac{净债务}{EBITDA} = \frac{短期债务 + 长期债务 - 现金}{EBITDA}$$

然后，代入墨西哥水泥公司2006年年末的价值：

$$\frac{净债务}{EBITDA} = \frac{1.251 + 6.289 - 1.579}{4.137} = 1.44$$

关键影响因素很明确——EBITDA。该公司的核心利润越大，因此而产生的核心现金流越大，承担和足额偿还更多债务的能力就越强。银行使用同一个关系式估计公司的借债能力，即公司现金流可以支持的债务金额。这是通过倒算解出债务得到的：

$$借债能力 = EBITDA 乘数 \times EBITDA$$

EBITDA（信用）乘数在很大程度上依据具体时间和行业而定。对于2006—2007年的制造企业而言，4.0被认为是合适的平均EBITDA乘数。然而，墨西哥水泥公司处于正在快速下滑的住房和建筑业。许多银行现在都希望将乘数限制为2.5或3.0。

2006年，墨西哥水泥公司的EBITDA为41.37亿美元，假设基准EBITDA乘数为4.0，该公司被认为拥有165亿美元的借债能力。由于这远高于其2006年的净债务59.61亿美元，因此其信用评级仍为BBB级。但随着墨西哥水泥公司在2007年收购林克，情况发生了巨大变化。墨西哥水泥公司2007年年末的EBITDA为45.91亿美元，优于2006年，但远未达到该公司开始恶意收购林克时的预测值。凭借140亿美元的新债务，该公司2007年年末的净债务达到200亿美元，高于银行认为的合适水平。

2008年的金融危机使住房和建筑业的衰退速度不断增加。墨西哥水泥公司的利润暴跌，阻碍了其按计划偿还债务的能力。墨西哥水泥公司当前的债务契约要求该公司将净债务/EBITDA比率保持在2.5以下。林克将该比率推高至远高于2.5的水平，但银行在2008年8月前暂时免除了墨西哥水泥公司的偿债义务。但是8月过去，该公司的财务状况仍然没有显著改善。

信用评级下调

为回应债权人、股东和分析师日益增长的担忧，桑布拉诺将大部分短期债务转为长期债务,并承诺在 2009 年中期实现 2.7 或更低的净债务/EBITDA 比率。① 这增加了该公司 2009 年计划现金流的复杂性,因为它要求该公司将更多自由现金流(经营现金流-资本支出)用于偿还债务。很少有人相信它可以实现 2.7 的目标。

现在是 2008 年年末,三大信用评级机构中的两家——穆迪和惠誉——将墨西哥水泥公司的评级下调至投机级,标准普尔预计很快将跟进。最低投资级评级为 Baa3(穆迪)和 BBB-(标准普尔和惠誉)。再低一个评级就是投机级,Ba1(穆迪)和 BB+(标准普尔和惠誉)。

信用评级下调对公司借款人产生了两个直接影响:(1)降低了借款人的资本可得性,因为许多贷款人要么减少贷款,要么取消贷款;(2)以利率升高的形式增加了成本,通常伴随着取消固定利率贷款。从投资级降到投机级时,这些影响力被放大。

墨西哥水泥公司的大部分现有债务都是浮动利率债务,通常按美元定价,价格为 6 个月期 LIBOR 加上信用利差。信用利差反映了墨西哥水泥公司的信用风险和质量。如果墨西哥水泥公司确实被降级,那么利差可能会增加,但即便如此,也可能只增加 50 个基点(1% 的一半)。当前的金融危机有一个幸运特征,即美联储向金融体系注入了大量货币,使利率下降。现在,即 2008 年年末,6 个月期 LIBOR 的交易价格为 2.216 5%。

现金流计划

任何债务日益增长的公司都知道,优先考虑的首要问题是现金流:公司是否有用来如期偿还债务的现金流?随着 2008 年临近结束,对墨西哥水泥公司本年现金流的回顾显示出财务危机日益严重的迹象。

2008 年,该公司的净收入很低,仅为 1.66 亿美元。图 C 显示了公司 2008 年的现金流。遗憾的是,2008 年现金和经营现金流的主要来源是折旧和净营运资本的减少,其中净营运资本为应收账款和存货减去应付账款。该公司仍然管理着 17.47 亿美元资本支出。② 该公司还偿付了 10.4 万亿美元债务,并向股东分配了 4.76 亿美元股利。它通过出售 7.47 亿美元资产和发行 4.61 亿美元新股为这些活动提供部分融资。和上一年年末相比,该公司的现金余额增至 11.55 亿美元。但 2009 年提出了新的现金流挑战。

2009 年的财务计划

墨西哥水泥公司计划在 2009 年年末偿还 55 亿美元债务,其中 30 亿美元债务将于该年 12 月底到期。如果 2008 年的所有数值在 2009 年都不变,但 2009 年按计划将偿还 55 亿美元债务,那么墨西哥水泥公司将遇到严重的问题,如图 D 所示。

要素和替代方案

墨西哥水泥公司需要制定 2009 年的财务计划,以使其能继续经营并让债权人放心。这意味着重组图 D 所示的现金流,好撑过该年——在年末有正现金余额。如果不能做到这一点,就必须确定 2009 年无法偿还的债务金额,并努力与债权人合作为债务再融资——重组债务,以减少 2009 年的应还款金额,使一部分总债务在以后年份到期。成功的再融资计划将在允许公司在继续经营的同时继续偿还债务。

---

① "CEMEX Announces Increased Synergies from Rinker Integration," CEMEX Press Release, March 05, 2008.
② 墨西哥水泥公司将资本支出分为两类,维持性资本支出("为了确保公司持续经营而发生的投资")以及扩张性资本支出。扩张性投资被认为是自主性支出。

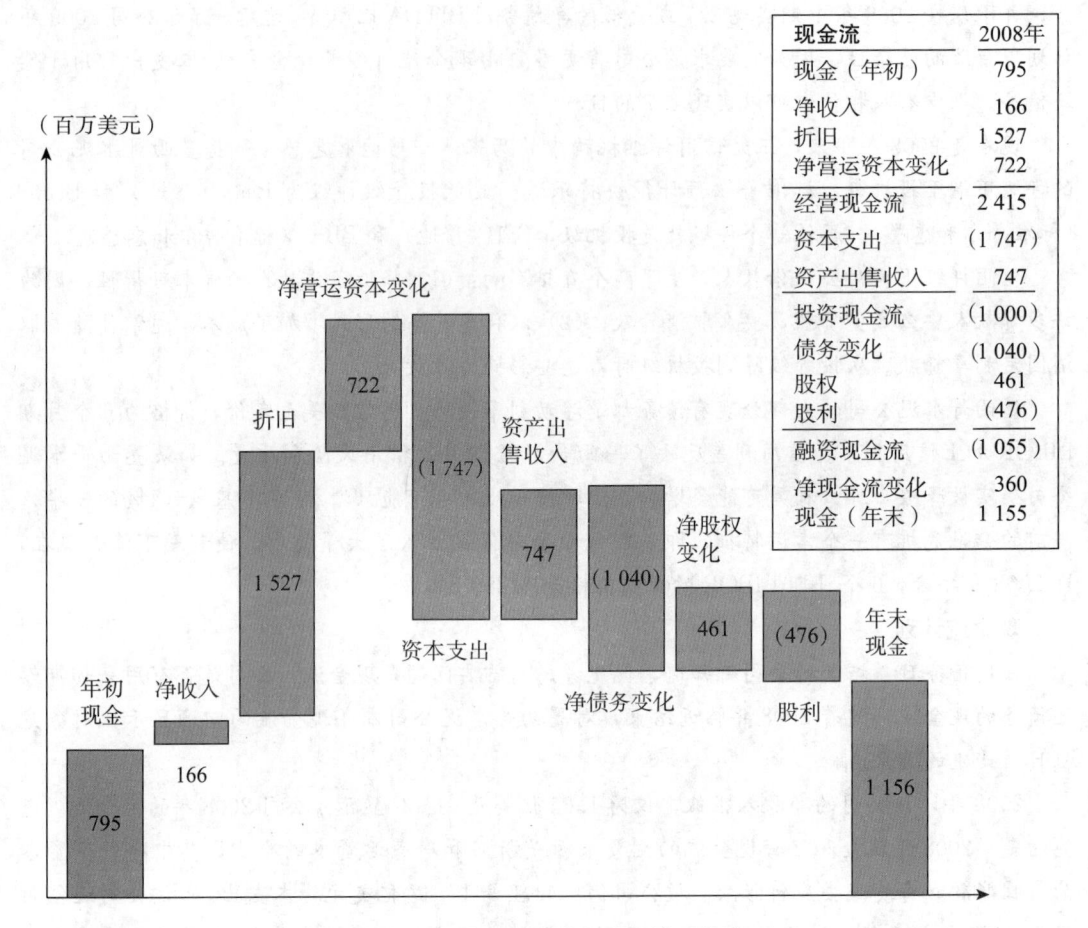

现金流	2008年
现金（年初）	795
净收入	166
折旧	1 527
净营运资本变化	722
经营现金流	2 415
资本支出	(1 747)
资产出售收入	747
投资现金流	(1 000)
债务变化	(1 040)
股权	461
股利	(476)
融资现金流	(1 055)
净现金流变化	360
现金（年末）	1 155

图 C 2008 年墨西哥水泥公司的现金流

墨西哥水泥公司的首要任务是检视图 C 和图 D 中显示的从净收入到股利的每个现金流要素，预测其价值，并分析如何在 2009 年管理它们以保持清偿能力。

净收入。如前所述，未来核心利润（EBITDA）一再向下修正。即使大幅削减开支，预计 2009 年的净收入也不会比 2008 年的 1.66 亿美元大幅改善。

折旧。折旧反映了上一年投资的计划扣除金额。随着时间的推移，折旧率一直稳步上升，所以 2009 年不会有太大不同。近年来的折旧平均值为 12 亿美元，但 2008 年已上升至 15 亿美元。

净营运资本变化。净营运资本不是墨西哥水泥公司现金流的重要组成部分。2008 年的销售收入下降导致净营运资本减少，因此该公司有净现金流入，但除非销售收入持续下降，否则预期净营运资本不会稳定减少。

资本支出。2009 年将没有扩张性资本支出，尽管任何资本拥有者都会发现这段时期有大量具有吸引力的购买机会。然而，维持性资本支出是维持业务所必需的。墨西哥水泥公司的领导层估计，该公司未来一两年内的内部投资可能为 7 亿～8 亿美元。

资产出售收入。出售资产是多数公司的一项普通活动，它属于现有业务活动的一部分。但是，在现金短缺时期出售资产筹集现金意味着牺牲公司的部分未来以渡过当前的难关。

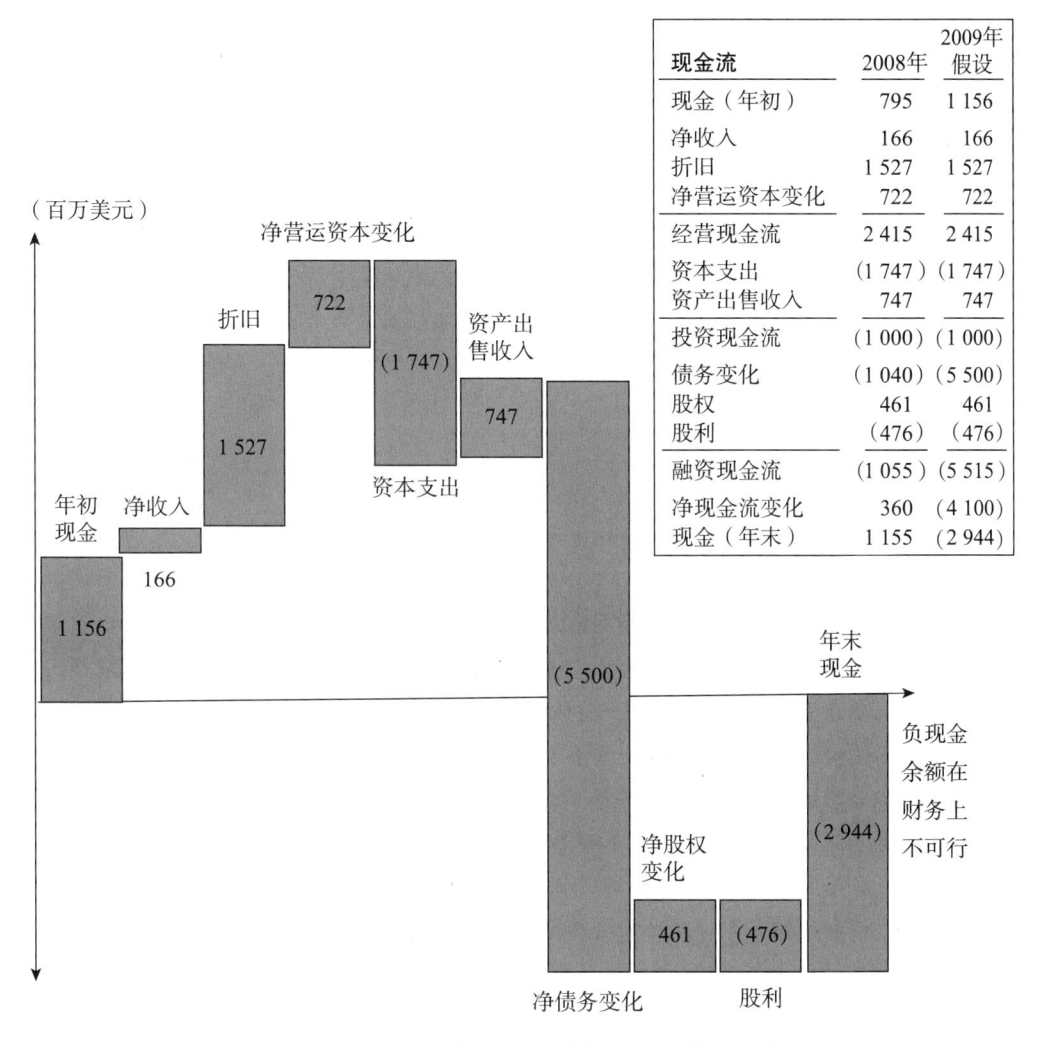

现金流	2008年	2009年假设
现金（年初）	795	1 156
净收入	166	166
折旧	1 527	1 527
净营运资本变化	722	722
经营现金流	2 415	2 415
资本支出	(1 747)	(1 747)
资产出售收入	747	747
投资现金流	(1 000)	(1 000)
债务变化	(1 040)	(5 500)
股权	461	461
股利	(476)	(476)
融资现金流	(1 055)	(5 515)
净现金流变化	360	(4 100)
现金（年末）	1 155	(2 944)

图 D　2009 年假设情况下墨西哥水泥公司的现金流

墨西哥水泥公司已经剥离了许多部门，该公司以 4.8 亿美元（约合 3.1 亿欧元）的价格将匈牙利和奥地利的业务卖给了奥地利的斯特拉堡（欧洲最大的公司）。这笔交易仍在等待欧盟当局的批准。2008 年 8 月，委内瑞拉政府征收了墨西哥水泥公司在该国的所有业务。墨西哥水泥公司并非唯一被征收的公司，该公司全球最大的两家竞争对手豪瑞（Holcim）和拉法基（Lafarge）也遭遇了相同的命运。但与墨西哥水泥公司不同，它们已经与委内瑞拉政府商定了结算价格。墨西哥水泥公司曾向委内瑞拉政府辩称其业务至少价值 16 亿美元，但分析师认为该公司最多价值 10 亿美元。12 月初，墨西哥水泥公司同意以 2.268 亿美元（约合 1.62 亿欧元）的价格将其加那利群岛的业务出售给西班牙的西姆泊投资公司（Cimpor Inversiones）。该公司还在等待监管机构的最终批准以完成这笔销售交易。

2009 年，该公司可能出售更多资产，但是在全球经济衰退期间建筑材料资产很难获得公允市场价值。这是出售建筑资产的最糟时机。可能被出售的一项资产是该公司的澳大利亚业务，即作为收购林克交易的一部分收购的预制混合品（Ready-Mix）业务。它从来不是这次收购的真正目标，出售它可能会获得4亿~5亿美元。

股利和股票发行。墨西哥水泥公司2008年的股利吸收了4.76亿美元现金流，低于2007年的6.08亿美元（今年第一季度削减了股利）。减少或取消股利总是有可能的，但显然股东非常不欢迎这样做。讨论的另一种选择是用股票股利取代现金股利，股东将额外获得一定比例的公司股票，而不是现金。

发行新股也是一种可能性。墨西哥水泥公司每年持续发行4亿~5亿美元的新股，这是规模迅速增长的公司的常见做法。这些股票中的大多数都是配股发行，即现有股东可以选择在新股上市之前购买新发行的股票，如果他们愿意，可以保留原有的所有权比例。但是现在经济状况下滑，建筑材料销量下降，墨西哥水泥公司的销量和利润也在下降。与资产出售一样，这不是发行新股的好时机。

债权人利益

与处于困境的借款人合作时，债权人关心三个基本问题：

(1) 保持贷款处于良好状态。银行不希望将未清偿贷款归类为不良贷款，然后按照法律要求开始减记贷款价值。无论债务契约和还款要求如何，银行都需要能将贷款分类为良好贷款。

(2) 继续赚取市场利率。与所有企业一样，银行的业务活动必须获得风险调整收益率。如果借款人的信用质量下降，意味着现在它们被认为风险升高，应调整贷款利息以反映升高的风险，就像借款人现在直接进入市场筹资一样。

(3) 有现实的全额还款计划。银行需要相信借款人的未来商业前景和现金流前景。借款人是否制定了看似合理的战略计划和财务计划，并提供足够的现金流以偿还债务？

无论墨西哥水泥公司制定的2009年财务计划是什么，都必须满足债权人的需求。

墨西哥水泥公司需要制定2009年的计划。该公司必须做出艰难的选择，如果它不尽快制定计划，市场——和债权人——就可能会为它们制定计划。无论采取何种具体行动，该公司显然都需要立即采取行动——对2009年到期的55亿美元贷款重新展开谈判。现在是时候开始与银行谈谈了。

迷你案例问题

1. 为什么您认为墨西哥水泥公司对林克付的价格过高？付价过高的结果是什么？
2. 墨西哥水泥公司和林克的经营EBITDA下降如何改变墨西哥水泥公司的借债能力？
3. 您建议墨西哥水泥公司采取何种行动组合——何种计划——来偿还该公司2009年的债务？

问题

14.1 股权融资战略。为什么股权融资战略始于债务？

14.2 最优财务结构。如果债务成本低于股权成本，为什么公司的资本成本不会随着债务使用的增加而继续减少？

14.3 跨国企业和现金流多元化。跨国企业的现金流多元化能力如何改变其使用更多债务的能力？

14.4 外币计价债务。借入外币如何改变与债务相关的风险？

14.5 全球股权筹资的三个关键要素。与在全球市场上筹集股权资本相关的三个关键要素是什么？

14.6 全球股权筹资的其他方法。在全球市场上筹集股权资本的其他可选结构有哪些?

14.7 **定向公募。**什么是定向公募?发行这种国际股票的目的是什么?

14.8 **存托凭证。**什么是存托凭证?以这种形式在外国股票市场上市和发行的股票是什么?

14.9 **全球存托凭证、美国存托凭证和全球注册股票。**全球存托凭证、美国存托凭证和全球注册股票有什么区别?这些区别有多大?

14.10 **有保荐和无保荐。**美国存托凭证和全球存托凭证可能有保荐也可能无保荐。这意味着什么?对购买股票的投资者有什么影响?

14.11 **美国存托凭证的承诺水平。**请区别在美国交易的美国存托凭证的三个承诺水平。

14.12 **首次公开募股和后续发行。**首次公开募股相对于后续发行的意义是什么?

14.13 **外国股票上市和发行。**请举出一家公司在流动性很高的证券交易所交叉上市并出售股票的五个理由。

14.14 **国外交叉上市。**导致公司在国外交叉上市的主要原因是什么?

14.15 **交叉上市的障碍。**在国外交叉上市有哪些主要障碍?

14.16 **私募。**什么是私募?私募与公募相比较的优点和缺点是什么?

14.17 **私募股权。**什么是私募股权?私募股权基金与传统风险投资公司有何不同?

14.18 **银行贷款与证券化债务。**与跨国企业的银行借款相比,在市场上出售的证券化债务工具的优点是什么?

14.19 **国际债务工具。**在国际市场上举借债务的主要替代工具是什么?

14.20 **欧洲债券与外国债券。**欧洲债券和外国债券之间有什么区别?为什么存在两种类型的国际债券?

14.21 **为外国子公司融资。**为外国子公司融资的主要方法是什么?东道国政府的担忧如何影响这些选择?

14.22 **当地规范。**跨国企业的外国子公司应该符合东道国的资本结构规范还是母公司的资本结构规范?

14.23 **外国子公司的内部融资。**子公司的"内部"融资和"外部"融资有什么区别?

14.24 **外国子公司的外部融资。**外国子公司外部融资的主要替代方法是什么?

习题

14.1 **铜山集团(Copper Mountain Group)(美国)。**铜山集团是一家总部位于美国科罗拉多州博尔德市的私募股权公司,该公司以 7.375% 的利率借入 5 000 000 英镑,为期一年。

a. 如果英镑价值在一年内从 2.026 0 美元/英镑跌至 1.946 0 美元/英镑,那么这笔债务的美元成本是多少?

b. 如果英镑价值在一年内从 2.026 0 美元/英镑升至 2.164 0 美元/英镑,那么这笔债务的美元成本是多少?

14.2 **事后借款成本。**许多国家的许多公司都以名义成本借款,后来的事实证明,这些借款成本差异很大。例如,德意志银行最近以每年 9.59% 的名义成本借款,但后来该债券以 7.24% 的收益率出售。与此同时,泰国以 8.70% 的名义成本借款,但后来该债务在市场上以 11.87% 的收益率出售。导致这些变化的原因是什么?管理层如何做才能受益(像德意志银行那样)而不是受损(像泰国那样)?

14.3 **麦克杜根联合公司(McDougan Associ-**

ates)（美国）。总部位于美国的投资合伙企业麦克杜根联合公司在汇率为 1.346 0 美元/欧元时借入了 80 000 000 欧元。该公司将在三年后偿还整笔本金，年利率为 6.250%，每年以欧元支付一次利息。预计欧元对美元将以每年 3% 的速度贬值。麦克杜根的这笔贷款的实际成本是多少？

14.4 **晨星航空（中国）**。总部位于中国昆明的晨星航空公司需要 25 000 000 美元为营运资本融资，为期一年。该航空公司有两种借款方式：

a. 以 7.250% 的年利率在伦敦借入 25 000 000 欧洲美元。

b. 以 7.00% 的年利率在香港借入 195 000 000 港元，并以 7.8 港元/美元的现行汇率将这些港元兑换为美元。

期末汇率为多少时，晨星航空对于借入美元和借入港元无差异？

14.5 **万神殿资本（Pantheon Capital, S. A.）**。如果万神殿资本通过具有以下特征的中期欧洲票据筹集资金，那么万神殿资本每售出 1 000 美元中期欧洲票据将获得多少美元？

票面利率：8.00%，每半年付息一次

付息日：6 月 30 日和 12 月 31 日

发行日期：2011 年 2 月 28 日

到期日：2013 年 8 月 31 日

14.6 **威斯敏斯特保险公司**。威斯敏斯特保险公司计划出售 2 000 000 美元欧洲商业票据，期限为 60 天，年贴现收益率为 4.60%。威斯敏斯特保险公司的直接收入是多少？

14.7 **旭日制造公司（Sunrise Manufacturing, Inc.）**。美国跨国企业旭日制造公司的合并资本中有以下债务资本。旭日的财务人员估计其股权成本为 20%。当前汇率也列于下表。在获得税收抵免后，该公司的全球所得税税率为 30%。请计算旭日的加权平均资本成本。您的计算中是否有隐含假设？

习题 14.7 旭日制造公司

构成	美元金额	占总金额的百分比（%）	税前成本（%）	税后成本（%）	组成部分的加权成本（%）
25 年期美元债券	10 000 000		6.000		
5 年期美元欧洲票据	4 000 000		4.000		
10 年期欧元债券			5.000		
20 年期日元债券			2.000		
股东权益	50 000 000		20.000		
总计		100			加权平均资本成本＝

假设	值
税率	30.00%
10 年期欧元债券（欧元）	6 000 000
20 年期日元债券（日元）	750 000 000
即期汇率（美元/欧元）	1.240 0
即期汇率（美元/英镑）	1.860 0
即期汇率（日元/美元）	109.00

14.8 伊维利科石油公司（Petrol Ibérico）。 欧洲天然气公司伊维利科石油公司通过银团欧洲贷款借款 650 000 000 美元，为期 6 年，利率比 LIBOR 高 80 个基点。贷款的 LIBOR 每 6 个月调整一次。这笔资金将由八家主要投资银行组成的银团提供，该银团将收取前期费用，总额为本金的 1.2%。如果 LIBOR 在前 6 个月为 4.00%，在之后 6 个月为 4.20%，则第一年的实际利息成本是多少？

14.9 金刚建筑设计公司（Adamantine Architectonics）。 金刚建筑设计公司由一家美国母公司以及马来西亚和墨西哥的全资子公司组成。下表显示了该公司的部分未合并资产负债表（折算为美元）。金刚公司的合并资产负债表中的债务比例和股权比例是多少？

习题 14.9　金刚建筑设计公司

假设	值	假设	值
金刚-马来西亚（林吉特）		金刚-墨西哥（比索）	
长期债务	11 400 000	长期债务	20 000 000
股东权益	15 200 000	股东权益	60 000 000
金刚建筑设计公司（未合并）			
对子公司的投资（美元）		母公司长期债务	12 000 000
对金刚-马来西亚的投资	4 000 000	普通股	5 000 000
对金刚-墨西哥的投资	60 000 000	留存收益	20 000 000
当前汇率			
马来西亚林吉特/美元（RM/$）	3.80		
墨西哥比索/美元（Ps/$）	10.00		

巴西石油公司：加权平均资本成本估计

巴西石油公司是巴西的国家石油公司。它是上市公司，但巴西政府拥有控股权。它是南半球市值最大的公司，也是南美洲最大的公司。作为一家石油公司，它生产的主要产品在全球市场上定价——石油价格——且大部分业务是以全球石油货币——美元——进行的。以下习题考察了各种不同的金融机构对该公司资本成本的估计。

14.10 JP 摩根。 JP 摩根南美洲股票研究部门计算的巴西石油公司与俄罗斯卢克石油公司的加权平均资本成本如下表所示。请评估计算中使用的方法和假设。假设这两家公司的税率均为 28%。

	巴西石油公司	卢克石油公司
无风险利率	4.8%	4.8%
主权风险	7.0%	3.0%
股权风险溢价	4.5%	5.7%

续表

	巴西石油公司	卢克石油公司
市场股权成本	16.3%	13.5%
beta（加回杠杆）	0.87	1.04
债务成本	8.4%	6.8%
债务/资本比率	0.333	0.475
加权平均资本成本	14.7%	12.3%

14.11 巴西联合银行集团（UNIBANCO）。 巴西联合银行集团估计巴西石油公司的巴西雷亚尔加权平均资本成本为13.2%。请评估计算中使用的方法和假设。

无风险利率	4.5%
债务成本（税后）	5.7%
beta	0.99
税率	34%
市场溢价	6.0%
债务/总资本	40%
国家风险溢价	5.5%

加权平均资本成本（巴西雷亚尔） 13.2%

股权成本（美元） 15.9%

14.12 花旗美邦（Citigroup SmithBarney）（美元）。 花旗美邦定期对巴西石油公司进行基于美元的贴现现金流估值。贴现现金流分析需要使用贴现率，以此为基础计算公司的加权平均资本成本。请评估在估计巴西石油公司的加权平均资本成本时使用的方法和假设（见下表）。

习题 14.12 花旗美邦（美元）

资本成本组成部分	2005年7月28日		2005年3月8日	
	2003年的实际值	2004年的估计值	2003年的实际值	2004年的估计值
无风险利率	9.400%	9.400%	9.000%	9.000%
杠杆beta	1.07	1.09	1.08	1.10
风险溢价	5.500%	5.500%	5.500%	5.500%
股权成本	15.285%	15.395%	14.940%	15.050%
债务成本	8.400%	8.400%	9.000%	9.000%
税率	28.500%	27.100%	28.500%	27.100%
税后债务成本	6.006%	6.124%	6.435%	6.561%
债务/资本比率	32.700%	32.400%	32.700%	32.400%
股权/资本比率	67.300%	67.600%	67.300%	67.600%
加权平均资本成本	12.20%	12.30%	12.10%	12.30%

14.13 花旗美邦（雷亚尔）。 花旗美邦计算了巴西石油公司的巴西雷亚尔加权平均资本成本。请评估计算该资本成本时使用的方法和假设。

无风险利率（巴西 C-债券） 9.90%
巴西石油公司的杠杆 beta 1.40
市场风险溢价 5.50%
股权成本 17.60%
债务成本 10.00%
巴西的企业税率 34.00%
长期债务比率（占资本的百分比） 50.60%
加权平均资本成本（雷亚尔） 12.00%

14.14 BBVA 投资银行。 BBVA 在关于巴西石油公司的报告中采用了一种相当创新的方法来处理国家风险和外汇风险。请评估计算该资本成本时使用的方法和假设。

14.15 巴西石油公司的加权平均资本成本比较。 对巴西石油公司资本成本的各种估计似乎截然不同，但事实是这样吗？请以 2004 年的估计值作为比较基础，将您对习题 14.10～习题 14.14 的答案重新整理为美元资本成本和巴西雷亚尔资本成本并进行比较。

14.16 莫德洛集团（Grupo Modelo S. A. B. de C. V.）。 莫德洛集团是一家墨西哥啤酒厂，出口科罗娜（Corona）、莫德洛（Modelo）和帕西菲科（Pacifico）等知名品牌啤酒，在墨西哥注册。但是，该公司以美元评估所有经营业绩，包括融资成本。该公司需要借入 10 000 000 美元或等值外币，为期四年。所有债券均在每年年末支付利息。可用的替代方案如下：

a. 以 3% 的年票面收益率出售日元债券。当前汇率为 106 日元/美元，预计每年日元对美元将升值 2%。

b. 以 7% 的年票面收益率出售欧元债券。当前汇率为 1.196 0 美元/欧元，预计每年欧元对美元将贬值 2%。

c. 以 5% 的年票面收益率出售美元债券。

您推荐莫德洛集团采取哪种方案？为什么？

第15章
跨国税收管理

> 法院反复说过，通过规划个人事务尽可能降低应纳税款是无罪的。不论是富人还是穷人，每个人都这样做，他们做的没错，因为没人有义务缴纳超过法律要求的税款：税收是强制征收，而不是自愿捐款。以道德名义要求多纳税是不可能的。
> ——Judge Learned Hand, *Commissioner v. Newman*, 159 F. 2d 848（CA-2，1947）.

学习目标

15.1 考察全球各国政府采用的税收原则和实务
15.2 分析跨国企业如何管理全球税负
15.3 分析谷歌如何创造性地按照税收管理目标重新配置全球利润
15.4 评估全球各国税收环境的相对税收竞争力
15.5 描述从2018年1月起生效的美国税法变化

跨国企业在投资地点、跨国业务结构以及全球业务的财务管理方式上有很多选择。跨国税务管理是这三个领域的关键组成部分。商业——尤其是资本——比以往流动性更强，数字化程度更高。因此，各国与其他国家"竞争"以吸引企业投资。有竞争力的税法是一国竞争力的重要内容。但这里要重申第1章中介绍的原则，即每个国家的税收制度都不同。

跨国业务的税收规划和管理极为复杂，但它是国际业务的重要方面。为了有效规划，跨国企业不仅必须了解自身全球业务的复杂性，还要了解各国税负的不同结构和解释。也就是说，跨国企业税收规划的主要目标非常明确：尽量减少企业的全球税负，尽量减少全球纳税总额。

但是，如果不充分认识到公司内部决策必须始终基于公司业务线的经济基础，而不是纯粹为降低税负而采取的复杂政策，就无法贯彻这一目标。从前几章可以看出，税收通过影响外国投资决策、财务结构、资本成本、外汇管理和财务控制影响企业的净收入和现金流。

本章概述了如何将税收应用于跨国企业以及这些跨国企业如何管理其全球税负。第一节向读者介绍了世界上各种形式的税收原则和实务。第二节分析了跨国企业，尤其是美国的跨国企业如何管理其全球税负。虽然我们的目的不是让本章以美国为中心,但我们确实需要说明美国对跨国企业的税收有何根本不同。之后,我们将通过一个关于谷歌的案例分析当今的数字公司如何重新配置利润以减少全球税负。第四节考察了现在各国如何进行税收竞争以吸引全球商业和投资。第五节,也是最后一节,介绍了从2018年起生效的众多美国税法变化。本章结尾是迷你案例"苹果的全球iTax战略"。

15.1 税收原则和实务

以下各节介绍了影响跨国企业国际税收环境和具体特征的最重要的因素。然而,在我们解释实践中跨国企业税收的具体细节之前,有必要介绍两个基本的税收原则:税收道德和税收中立。

税收道德

跨国企业不仅面临外国税收困境,还面临道德问题。在许多国家,纳税人——公司或个人——不自愿遵守税法。遵守税法(或不遵守税法)的决定被称为税收道德。小型国内企业和个人是主要的违反税法者。跨国企业必须决定向税务机关完全披露信息还是采用"入乡随俗"的理念。鉴于多数外国子公司在当地很显眼,多数跨国企业都采用完全披露信息的做法。然而,一些公司认为,如果它们不像国内竞争对手那样避税,竞争地位就会受到侵蚀。这个问题显然没有规范答案,因为商业道德在一定程度上受到文化传统和历史发展的影响。

近年来,一些全球商业力量共同增加了企业对税收道德的担忧。数字经济不断增长,知识产权价值日益增加,跨国企业越来越积极地降低其全球税负,这些因素共同造成了关于跨国企业在"合规"以外是否有更多责任的争论。企业社会责任的倡导者(详见第4章)认为跨国企业有社会责任或国家责任,应该更加爱国或对社会负责,以"缴纳公平的税收份额"。谷歌和苹果等公司虽然履行了税法的所有法律要求,但因其积极的最小化税负策略而遭受越来越多的批评。在某些情况下,公司声誉受损。

税收中立

当政府决定征税时,它不仅要考虑潜在税收收入和征税效率,还要考虑拟征税款对私人经济行为的影响。

理想的税收不仅应该有效提高财政收入,而且应该尽可能减少对经济行为的负面影响。一些理论家认为,理想的税收对私人决策的影响应该是完全中立的,对不同纳税人应该是完全公平的。这就是税收中立。但是,另一些理论家称,应通过积极的税收激励政策鼓励国家政策目标,例如国际收支平衡或对发展中国家的投资,而不是要求税收保持中立和公平。多数税收制度是这两种观点的折中。

看待中立的一种方法是要求跨国企业在母国经营中赚的每一美元、欧元、英镑或日元利润的税负都等于同一家企业在国外经营中赚的每种等值货币利润的税负。这被称为国内税收中立。看待中立的第二种方法是要求企业的每家外国子公司的税负都等于同一国家竞争对手的税负。这被称为外国税收中立。后一种解释往往得到跨国企业的支持，因为它更侧重于公司在各国市场上的竞争力。

税收中立不应与税收公平相混淆。理论上，税收公平是指对所有位于相同税收管辖区的纳税人施加相同的总税负。美国财政部称，对于外国投资收入，由于美国根据国籍原则行使税收管辖权，因此美国的外国子公司与美国的国内子公司属于相同税收管辖区。因此，在国外经营中赚取的美元应与在国内经营中赚取的美元按相同税率同时纳税。

国家税收环境

不管国家税务机关的基本目标是什么，人们普遍认为，税收确实会影响跨国企业做出的经济决策。各国之间的税收协定以及税收结构、税率和税收实务的差异都会导致跨国企业在世界市场上面临不公平的竞争环境。不同国家使用不同的收入分类（例如，已分配利润与未分配利润）和不同的税率，并且具有完全不同的税收制度，所有这些都促使跨国企业采用不同的全球税务管理战略。

各国通过两种基本方法构建税收制度：全球法或属地法。这两种方法都试图确定哪些公司——在国外注册的公司还是在国内注册的公司，或者哪些收入——外国收入还是国内收入——要向东道国税务机关纳税。

全球法。全球法，也称为居民法，对在东道国注册的公司赚取的收入征税，无论收入来自哪里（国内还是国外）。因此，东道国税务机关将对在国内外都有收入的跨国企业的全球收入征税。

例如，无论美国公司赚取的收入来自国内还是国外，美国都对其赚取的收入征税。在美国，来自外国的普通收入仅在汇入母公司时被征税。然而，与所有税收问题一样，这里存在许多条件和例外情况。主要问题是，没有提到在美国境内经营的外国公司赚取的收入。于是，美国等国家将属地税收原则应用于其法定管辖范围内的外国公司，对外国公司在美国的所有收入征税。

属地法。属地法，也称为来源法，关注的是公司在东道国而不是注册国法律管辖范围内赚取的收入。像德国这样采用属地法的国家，对外国公司或本国公司在该国赚取的收入平等征税，但原则上不对国外收入征税。如果居民公司在国外赚取收入但在获得利润的国家不纳税（在所谓的避税天堂中经营），那么属地法就像全球法一样，覆盖范围将产生巨大缺口。在这种情况下，税务机关将征税范围扩大到目前不在外国税务管辖范围内的国外收入。结合这两种税收方法对于全面覆盖收入同样是必要的。

正如表15-1所示，经济合作与发展组织（OECD，简称经合组织）的34个国家中有28个国家目前使用的是属地法。属地法的主导地位迅速增长，是因为这些经合组织国家中一半以上10年前使用的还是全球法。仅在2009年，日本和英国就都从全球法转向属地法。正如我们将在本章后面详细介绍的，继续使用全球法的国家被认为税制竞争力相对较低，难以吸引全球企业并成为它们的东道国。

表 15-1 经合组织34国的税收体制

属地法				全球法
澳大利亚	法国	荷兰	瑞典	智利

续表

属地法				全球法
奥地利	德国	新西兰	瑞士	爱尔兰
比利时	希腊	挪威	土耳其	以色列
加拿大	匈牙利	波兰	英国	韩国
捷克	冰岛	葡萄牙		墨西哥
丹麦	意大利	斯洛伐克		美国
爱沙尼亚	日本	斯洛文尼亚		
芬兰	卢森堡	西班牙		

资料来源：数据摘自 *Evolution of Territorial Tax Systems in the OECD*，PWC，April 2，2013。

递延纳税。 如果严格遵守国际税收的全球法，将终止许多跨国企业的递延纳税特权。跨国企业的外国子公司向东道国缴纳企业所得税，但许多母国会延迟对该外国来源收入征收额外所得税，直到其汇入母公司——这被称为递延纳税。例如，在国外注册的美国子公司的某些类型的外国来源收入将递延到利润汇给美国母公司时再缴纳美国企业所得税。但是，递延缴纳企业所得税的能力受到严格限制，并且在过去30年中一直是许多税法变更的主题。

税收协定

双边税收协定网络——其中许多以经合组织建议的协定格式为范本——提供了减少双重征税的手段。税收协定通常定义了一国是否对居民在另一国赚取的收入征税，如果是，如何征税。税收协定是双边协定，两个签署方规定了适用于两国之间各类收入的税率。

通过税收协定规定的双边税收管辖权对于主要向另一国出口而不是通过常设机构（例如制造工厂）在该国经营的公司尤为重要。一家只出口的公司不希望其他全球收入被进口国征税。税收协定定义了什么是常设机构以及什么在税收上构成有限存在。税收协定通常还会降低两个签署国之间的预扣税率，从而改善商业关系。

受控外国公司

美国税务机关（以及利用属地税制的其他国家）面临的一个长期挑战是，外国来源收入在美国的应纳税款可以递延（推迟）到利润汇回美国时再纳税。问题是许多跨国企业重组了外国子公司的所有权，在低税国家或避税天堂创建了控股子公司。这使利润可以汇入或留在低税收环境中，而不会汇到美国。

1962年，通过建立特殊的F分部收入，美国修订了关于受控外国公司的规则。受控外国公司（controlled foreign corporation，CFC）是指美国股东（包括母公司）持有超过50%合并投票权或总价值的外国公司。[①] 因此，美国母公司"控制"或指挥外国子公司的汇

[①] 美国股东是持有受控外国公司10%或10%以上投票权的美国人。美国人是美国公民或美国居民、国内合伙企业、国内公司、非外国信托公司或非外国托管机构。该百分比要求基于推定所有权，根据推定所有权，个人被视为拥有以其他家庭成员名义登记的股票、信托，等等。

款决定。这项修订旨在防止在避税天堂中使用重组公司作为延迟向美国纳税的手段并鼓励更多外国收入汇回美国。1986年的《税收改革法案》(Tax Reform Act)保留了F分部收入的概念，但做了一些改变，扩大了应税收入类别，减少了例外情况，提高或降低了界限。

根据这些定义，美国公司所持所有权比例超过50%的子公司为受控外国公司，而美国母公司将就受控外国公司的某些未分配收入——F分部收入——纳税。即使F分部收入没有汇回美国，美国也会立即对其征税，这是一种非常容易转移到国外以避免当期纳税的收入。它包括（1）外国公司收到的被动收入，如股利、利息、租金、特许权使用费、净外汇收益、净商品收益以及出售无收益财产的收入；（2）对美国风险的保险收入；（3）金融服务收入；（4）运费收入；（5）与石油有关的收入；（6）某些关联方销售收入和服务收入。

图15-1说明了根据F分部收入原则应该如何处理在英属维尔京群岛使用金融子公司（除了避税没有其他经济功能的子公司）的美国公司。各国的受控外国公司规则各不相同，包括"控制"的定义。美国将美国拥有50%所有权的外国公司定义为受控外国公司，还有一些国家，例如澳大利亚，将由四名或更少澳大利亚居民控股50%的外国公司或由一名澳大利亚居民控股40%的外国公司定义为受控外国公司。

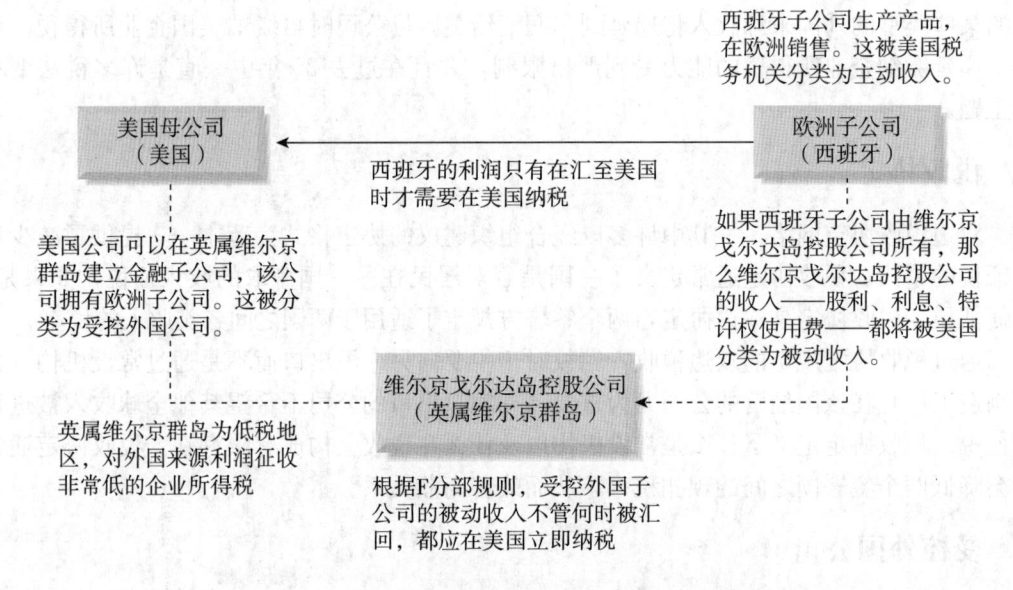

图15-1 美国对外国来源收入和F分部收入的征税

税收类型

对收入直接征收的税属于直接税，根据公司的其他可衡量业绩特征对收入征收的税属于间接税。

直接税。 许多政府依靠直接税——所得税，既包括个人所得税也包括企业所得税——作为主要收入来源。如表15-2所示，世界各经济体的企业所得税税率差异很大，且可能采取多种不同形式。例如，一些经济体对已分配收入和未分配收入征收不同的企业税率，已分配收入的企业税率通常较低，未分配收入的企业税率通常较高，以鼓励公司将更高比例的收入分配给所有者（后者将对这些收入缴纳个人所得税）。

表 15-2 部分经济体的企业所得税税率——2017 年

经济体	企业所得税税率	经济体	企业所得税税率	经济体	企业所得税税率
阿富汗	20%	博茨瓦纳	22%	萨尔瓦多	30%
阿尔巴尼亚	15%	巴西	34%	爱沙尼亚	20%
阿尔及利亚	26%	保加利亚	10%	斐济	20%
安哥拉	30%	布隆迪	30%	芬兰	20%
阿根廷	35%	喀麦隆	33%	法国	33.33%
亚美尼亚	20%	哥伦比亚	20%	加蓬	30%
阿鲁巴	25%	加拿大	26.5%	冈比亚	31%
澳大利亚	30%	开曼群岛	0%	格鲁吉亚	15%
奥地利	25%	智利	25.5%	德国	29.79%
巴哈马	0%	中国	25%	加纳	25%
巴林	0%	哥伦比亚	34%	直布罗陀	10%
孟加拉国	25%	哥斯达黎加	30%	希腊	29%
巴拉多斯	25%	克罗地亚	20%	危地马拉	25%
白俄罗斯	18%	库拉索	22%	根西	0%
比利时	33.99%	塞浦路斯	12.5%	洪都拉斯	25%
百慕大	0%	捷克	19%	匈牙利	9%
玻利维亚	25%	丹麦	22%	冰岛	20%
博奈尔、圣尤斯特歇斯、萨巴	25%	多米尼加	27%	印度	30%
波黑	10%	厄瓜多尔	22%	印度尼西亚	25%
伊拉克	15%	埃及	22.5%	南非	28%
爱尔兰	12.5%	摩洛哥	31%	韩国	22%
马恩岛	0%	莫桑比克	32%	西班牙	25%
以色列	24%	缅甸	25%	斯里兰卡	28%
意大利	24%	纳米比亚	32%	圣马丁岛	34.5%
牙买加	25%	荷兰	25%	苏丹	36%
日本	30.86%	新西兰	28%	瑞典	22%
泽西	20%	尼日利亚	30%	瑞士	17.77%
约旦	20%	挪威	24%	叙利亚	28%
哈萨克斯坦	20%	阿曼	15%	拉脱维亚	15%
肯尼亚	30%	巴基斯坦	31%	黎巴嫩	15%
科威特	15%	巴拿马	25%	利比亚	20%

续表

经济体	企业所得税税率	经济体	企业所得税税率	经济体	企业所得税税率
列支敦士登	12.5%	波兰	19%	特立尼达和多巴哥	25%
立陶宛	15%	葡萄牙	21%	突尼斯	25%
卢森堡	27.80%	卡塔尔	10%	土耳其	20%
马其顿	10%	罗马尼亚	16%	乌干达	30%
马拉维	30%	俄罗斯	20%	乌克兰	18%
马来西亚	24%	萨摩亚	27%	阿拉伯联合酋长国	55%
马耳他	35%	沙特阿拉伯	20%	英国	19%
毛里求斯	15%	塞内加尔	30%	美国	40%
墨西哥	30%	塞尔维亚	15%	乌拉圭	25%
摩尔多瓦	12%	塞拉利昂	30%	瓦努阿图	0%
摩纳哥	33.33%	新加坡	17%	委内瑞拉	34%
黑山共和国	9%	斯洛伐克	21%	越南	20%
巴布亚新几内亚	30%	斯洛文尼亚	19%	也门	20%
巴拉圭	10%	坦桑尼亚	30%	赞比亚	35%
秘鲁	29.5%	泰国	20%	津巴布韦	25%
菲律宾	30%				

注：税率包括各国的州税率、省税率、地方税率和其他平均有效税率。
资料来源：作者于2018年1月9日获取的毕马威企业税率表。

法定税率——公司预期在可能的扣除和调整之前缴纳的具体法定所得税税率——已经连续十年多下降。然而，这种下降趋势现在似乎趋于稳定。许多政府现在正在扩大间接税的使用。

这些差异反映了迅速变化的全球税收环境。在过去20年中，企业所得税一直普遍迅速下降。平均而言，非经合组织国家的平均利率相对较低。无论好坏，高度工业化国家一直不愿像许多新兴市场国家那样积极地降低企业所得税税率。

与企业盈利能力的任何负担一样，企业所得税税率已成为许多国家用于促进外来投资的竞争因素。如果企业税率确实是一个竞争因素，如图15-2所示，那么美国在2017/2018年修订税法之前显然输掉了这场竞争。2017年，美国在所示的30个经合组织国家中的企业所得税税率最高（美国的企业所得税税率为40%，包括州税率和地方税率加上35%的法定企业所得税税率）。从2018年开始，新的美国税率变为21%，现在美国是低税率的国家之一。

另一种形式的直接税是预扣税。甲国居民在乙国的税收管辖范围内获得的被动收入（例如股利、利息和特许权使用费）通常需要在乙国缴纳预扣税。征收预扣税的原因实际上非常简单：政府意识到多数国际投资者不会在他们获得收入的每个国家申报纳税。因此，政府希望确保收到最低税款。正如这个词所暗示的，预扣税是企业从支付给投资者的金额中扣缴的，然后将扣缴的税款交给税务机关。它是多数双边税收协定的主题，税率通常在0%～25%。

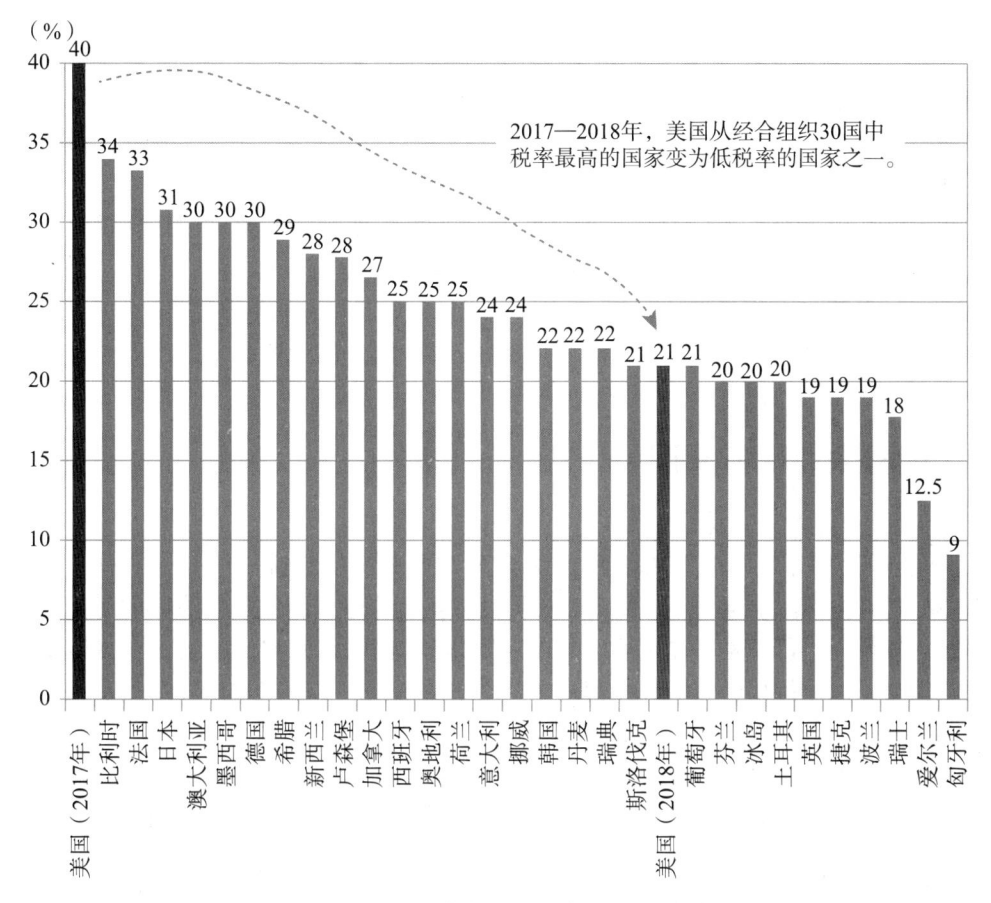

图 15-2 经合组织国家的企业税率比较

资料来源：数据摘自 2018 年 1 月 9 日毕马威企业税率表。

间接税。间接税有多种形式，包括增值税、商品和服务税、消费税、特种消费税和关税。

一种备受关注的间接税是增值税（value-added tax，VAT）。这是在每个生产阶段或消费品销售过程中征收的一种国家销售税，与该阶段的增加值成比例。一般而言，厂房和设备等生产资料不缴纳增值税。某些必需品（例如药品及其他与健康有关的支出）、教育和宗教活动，通常免缴增值税或税率较低。

增值税已被所有欧盟成员国、欧洲多数非欧盟国家、一些南美洲国家、加拿大和其他一些国家作为间接税的主要收入来源。尽管美国大多数州都征收销售税，但美国仍然是少数几个没有征收增值税的国家之一。目前，增值税的使用范围正在迅速扩大。

还有其他许多间接税，包括商品和服务税、消费税和各种特种消费税，它们在各国的重要性各不相同。

■ 商品和服务税（goods and service tax，GST）是适用于多数商品和服务销售的增值税。例如，在澳大利亚，商品和服务税是对生产过程中的交易征收的，但之后会退还给除了最终消费者以外生产链中的各方。

■ 消费税是指对购买商品和服务时的个人征收的税。与商品和服务税一样，这是在支出而非收入的时点上征收的税。美国的销售税是一种消费税。它通常按销售价格的一定百分比征收。

■ 特种消费税是对具体商品——目标商品——征收的税，且通常对具体物品按固定金额征收。它通常被称为使用费——对汽油、香烟、卡车运输、航空旅行等征收消费税在国际上非常普遍。所征收的税款可以用来支持机场运营或高速公路维护等基础活动。对烟酒征收的特种消费税还经常起到遏制其消费的作用。

国际上还使用许多其他间接税，例如金融营业税、买卖证券税，以及财产税和遗产税——对资产所有权转让征收的税。这些税的主要目的是收入和财富的社会再分配、创造财政收入或两者兼而有之。尽管直接税（企业所得税）目前已经逐渐下降到历史最低水平，但间接税并非如此。间接税呈现出上升趋势，并且占全球政府收入之比也在增加。

15.2 跨国企业税务管理

跨国企业的经营目标是实现综合税后收入——利润或每股利润——的最大化。这要求跨国企业尽量减少实际全球税负。由于在美国这种实行全球税制的国家注册的跨国企业要对全球收入纳税而不仅仅是对国内收入纳税（属地税制），因此它们将设计和实施税收结构和税收策略，以尽量减少在所有经营所在国缴纳的税款。本节将重点介绍这些税收管理策略，并特别关注美国跨国企业采用的策略。

以下税收结构和税收策略并非违法，但可能被视为极为积极地降低税负——避税。非法活动被称为逃税，而避税是指企业为了将税负降低到远低于多数政府预期的水平而采取的极为积极的策略和结构。后一类策略包括使用离岸避税天堂。然而，问题仍然是跨国企业是否也公平或道德地追求企业的非财务利益或责任。"全球金融实务15-1"说明了"巴拿马文件"披露的近年来最引人注目的避税案例之一。

有许多不同的策略、结构和实务可以用于避税。多数方法的前提是将应税利润转移到低税收环境，同时尽量减少高税收地区的应税收入。我们将重点讨论五种国际税收管理实务：债务分配、外国税收抵免、转移价格、交叉抵免和勾选原则。

债务分配和利润剥离

跨国企业可能在各外国子公司之间分配不同比例的债务，以减少高税收环境中的税负。高税收环境中的子公司可能分配到非常高的债务，以最大限度地利用该国提供的利息抵扣。这被称为利润剥离。这种税收策略通常受限于东道国政府对最低股权资本化率或利息抵扣限额的要求，即所谓的资本弱化规则。

美国将资本弱化定义为债务股权比高于3∶1，净利息超过调整后应税收入（应税收入加利息加折旧）的50%。如果超过50%的利息支出是支付给关联公司的，则超出部分不能抵扣美国税款。遗憾的是，这一规则也限制了跨国企业在许多与税收无关的情况下使用债务而非股权的能力。

外国税收抵免和递延纳税

为了防止对同一笔收入双重征税，多数国家都会对向东道国缴纳的所得税给予外国税收抵免。各国计算外国税收抵免的方法以及对抵免总额的限制各有不同。通常情况下，外国税收抵免也适用于向其他国家缴纳的股利、特许权使用费、利息以及汇给母公司的其他收入的预扣税。增值税和其他销售税不符合外国税收抵免的条件，但通常可以从税前收入中作为费用扣除。

税收抵免是直接减少到期应纳税款。它与可扣除费用不同，可扣除费用是在应用税率之前用于减少应税收入的费用。100 美元税收抵免减少了 100 美元应纳税额，而 100 美元可扣除费用减少了 100 美元应税收入和 100 美元×t 的应纳税额，其中 t 为税率。按等额美元计算，税收抵免比可扣除费用更有价值。

全球金融实务 15-1

巴拿马文件

2016 年 4 月 3 日，超过 1 100 万份文件被泄露给全球媒体，这些文件详细描述了巴拿马银行中私人和公职人员持有的资产和利益。这些文件被称为"巴拿马文件"，出自巴拿马律师事务所和企业服务提供商莫萨克·冯赛卡（Mossack Fonseca）。这些文件提供的证据显示出世界上有多少富人和掌权者隐藏了资产和离岸商业利益。尽管并非所有行为都构成非法活动，但在某些情况下，所有者被视为进行了避税活动或避免报告与受国际制裁的国家和公司进行的商业活动。

尽管多数文件只是说明某些人进行了所谓的"审慎财务管理"，但它们让一些人感到尴尬，包括英国首相和冰岛总理（他们最终因此辞职）。在多数情况下，使用巴拿马律师事务所和银行的主要动机都是避税。

如果已缴纳的外国税收没有税收抵免——东道国政府和母国政府依次征税，将产生非常高的累积税率。例如，假设一家跨国企业的全资子公司在缴纳地方所得税之前的收入为 10 000 美元，并支付了相当于其所有税后收入的股利。假设没有预扣税，东道国所得税税率为 30%，母国所得税税率为 35%。有税收抵免和无税收抵免的总税额见表 15-3。

表 15-3 外国税收抵免

	无外国税收抵免	有外国税收抵免
税前外国收入（美元）	10 000	10 000
减去外国所得税@30%（美元）	−3 000	−3 000
母公司可获得并作为股利支付的金额（美元）	7 000	7 000
减去额外母国所得税，税率为 35%（美元）	−2 450	—
减去增加的税额（抵免后）（美元）	—	−500
缴纳所有税款后的利润（美元）	4 550	6 500
两国的总税额（美元）	5 450	3 500
实际整体税率（总纳税额÷外国收入）	54.5%	35.0%

如果不允许税收抵免，则依次征收 30% 的东道国所得税和 35% 的母国所得税的结果是税率为 54.5%（占原税前收入的百分比）。如此高的累计税率将使许多跨国企业失去与当地公司竞争的能力。允许税收抵免的效果是将原税前收入的总税率限制为不超过相关税收管辖区的最高单一税率。

在表 15-3 所示的情况下，有外国税收抵免时的实际总税率为 35%，相当于较高的母国税率（收入来自母国时——国内来源收入——的应纳税率）。表 15-3 中税收抵免制度下多交的 500 美元母国所得税是将总税额（已经缴纳的 3 000 美元加上多交的 500 美元）提高到最初的 10 000 美元税前外国收入的 35% 但不超过 35% 所需的金额。

然而，问题在于，如果该公司将其外国企业的利润汇回母公司，则需要缴纳更多税款。如果它将这些利润留在国外，将可以递延纳税——它能推迟对外国来源收入缴纳额外的母国所得税，直到它将这些收入汇回母国。正如"全球金融实务 15-2"所示，这促使一些国家（例如美国）定期提供税收优惠以鼓励汇回利润。

全球金融实务 15-2

离岸利润与股利汇回

美国跨国企业在国外的未汇回利润超过 1 万亿美元。鉴于美国的实际企业所得税税率相对较高，汇回这些利润将导致在美国缴纳大量额外税款，正如 2018 年 1 月的情况。但在此之前，为了促使企业在 2004 年汇回这些利润，美国政府通过了《2004 年本土投资法》（Homeland Investment Act of 2004）。该法案在 2005 年提供了机会窗口，使汇回利润仅需再缴纳 5.25% 的税款。

如图所示，这项临时税法变化显然产生了刺激利润汇回的预期影响。2005 年的汇回股利从上一年的 600 亿美元飙升至超过 3 600 亿美元。临时税法修订案到期后，汇回股利下降，回到减税期之前年度的水平。

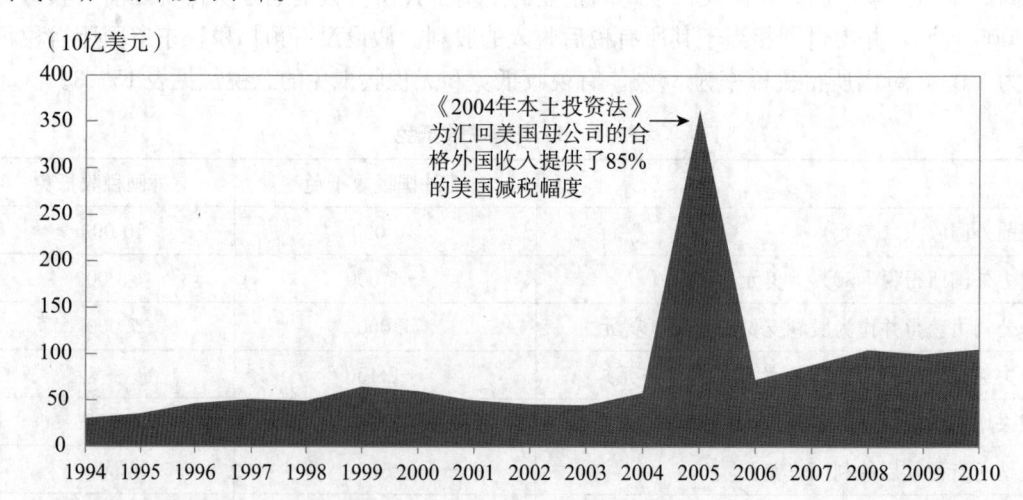

1994—2010 年美国的股利汇回

资料来源：Bureau of Economic Analysis, Joint Committee on Taxation, Congressional Research Service.

转移价格

从关联公司转移到外国子公司的商品、服务和技术的价格——转移价格——是从外国子公司转出资金的首要方法。这些成本直接计入子公司利润表的销货成本。对于跨国企业而言，这是一个尤为敏感的问题。即使是纯国内公司也很难就相关单位之间的最佳交易定价方法达成一致。对于跨国企业而言，管理者必须平衡相互冲突的考虑因素。这些考虑因素包括资金配置和所得税。

资金配置效应。 希望将资金转出特定国家的母公司可以向该国的子公司收取更高的商品售价——在政府法规允许的程度内。子公司向母公司或其他外国子公司支付的进口价款将资金从该子公司转移出去。因此，跨国企业可以收取更高的转移价格，从而在销售国积累资金并降低留在购买国子公司的资金（利润）。外国子公司的融资也可以通过转移价格和资金重新配置而改变。如果母公司降低向子公司出售的商品的转移价格（仍然在政府法规允许的程度内），则资金将在该子公司中累积。这实际上是从母公司到子公司的资金转移。

所得税效应。 设定转移价格时的一个主要考虑因素是所得税效应。当转移价格被定为令所得税税率较高国家的应税收入最小化，令所得税税率较低国家的应税收入最大化时，公司的全球利润可能会受到影响。希望降低高税收环境中的子公司应税利润的母公司可以将转移价格定得较高，以增加子公司的成本，从而减少应税收入。

表 15-4 的假设示例说明了所得税效应。假设德国的企业所得税税率为 45%，加纳多欧洲在相对高税率的环境中经营，假设美国企业所得税税率为 35%，加纳多美国在税率显著较低的环境中经营，这促使加纳多公司对在美国生产并出售给加纳多欧洲的商品向加纳多欧洲收取更高的转移价格。

如果加纳多公司采用高加价政策，以 1 700 000 美元的公司内部售价"出售"其商品，则同样的 800 000 美元税前合并收入将更多地分配给低税率的加纳多美国，更少地分配给高税率的加纳多欧洲。（请注意，是母公司加纳多公司而不是子公司本身必须采用转移价格政策，这将直接改变每家子公司的盈利能力。）因此，总税款减少 30 000 美元，合并净收入增加 30 000 美元，达到 500 000 美元。总销售收入保持不变。

加纳多公司自然更偏好美国向欧洲销售的高加价政策。毋庸置疑，政府税务机关意识到了转移价格操纵可能带来的收入扭曲。关于转移价格（包括费用、特许权使用费以及商品价格）的合理性有各种规定。政府税务机关显然有权拒绝其认为不合适的转移价格。

表 15-4 低转移价格与高转移价格对加纳多欧洲净收入的影响 单位：千美元

	加纳多美国 （子公司）		加纳多欧洲 （子公司）	欧洲子公司和美国 子公司的合并结果
低加价政策				
销售收入	1 400		2 000	2 000
减去销货成本	(1 000)	加纳多美国的 售价成为加纳多 欧洲的销货成本	(1 400)	(1 000)
毛利润	400		600	1 000

续表

	加纳多美国 （子公司）	加纳多欧洲 （子公司）	欧洲子公司和美国 子公司的合并结果
减去经营费用	(100)	(100)	(200)
应税收入	300	500	800
减去所得税 35%	(105)	45% (225)	(330)
净收入	195	275	470

高加价政策

	加纳多美国	加纳多欧洲	合并结果
销售收入	1 700	2 000	2 000
减去销货成本*	(1 000)	(1 700)	(1 000)
毛利润	700	300	1 000
减去经营费用	(100)	(100)	(200)
应税收入	600	200	800
减去所得税 35%	(210)	45% (90)	(300)
净收入	390	110	500

（加纳多美国的售价成为加纳多欧洲的销货成本）

美国国税局的规定提供了三种确定公平交易价格的方法：可比不受控价格、转售价格和成本加成计算法。经合组织财政事务委员会建议成员国使用这三种方法，在某些情况下，建议它们使用这三种方法的组合。

美国《国内税收法典》（Internal Revenue Code）第 482 条是关于转移价格的典型法律。根据该规定，国税局可以重新分配相关公司之间的总收入、扣除、抵免或减免，以防止逃税或更清晰地反映适当的收入分配。纳税企业的举证责任在于证明国税局对收入的重新分配是任意或不合理的。这种"在被证明清白前均有罪"的方法意味着跨国企业必须完善保留关于转移价格背后的逻辑和成本的记录。根据指导原则制定的"正确价格"是反映公平交易价格的"正确价格"——向可比无关客户销售相同的商品或服务的价格。

管理层激励与评估。当企业由分散的利润中心组成时，中心之间的转移价格可能会破坏对管理层绩效的评估。这个问题并非跨国企业独有；在国内学术界的"集权与分权"之争中，这也是一个有争议的问题。然而，在国内情况下，只需在企业层面进行少量协调就能减少利润中心为企业利益而将自身利益放在次要地位时发生的一些扭曲。此外，在多数国内情况下，公司都可以提交一张（该国）合并纳税申报表，因此从纳税角度看，关联企业之间的成本分配问题并不重要。

对于跨国企业而言，协调往往受到效率低下的沟通渠道、考虑影响国际定价的独特变量的需要以及分税制的阻碍。即使出于最好的意图，一国的管理者也会发现，按照与另一国关联公司的协商价格购买商品时，很难知道什么价格对整个企业来说是最优的。如果企业总部确定了转移价格和其他采购途径，分散化利润中心系统的主要优势之一就会消失：

当地管理层丧失了为自身利益行事的动力。

表15-4说明了一个转移价格的例子,其中转移价格的上涨导致全球收入增加:加纳多公司的收入增加了195 000美元(从195 000美元增至390 000美元),而加纳多欧洲的收入仅下降了165 000美元(从275 000美元降至110 000美元),净收益为30 000美元。欧洲子公司的管理者是否应该因为"低于标准"的表现而失去奖金(或工作)?奖金通常用一个适用于全公司的公式计算,它部分基于各子公司的盈利能力,但在本例中,加纳多欧洲为整体利益而"牺牲"了自身。

战略转移价格操纵可能会对业绩衡量形成挑战。将加纳多欧洲(高税率)的利润转移到美国的加纳多公司(低税率)将影响其中一方或双方的众多现金流和业绩指标:

- 向各国缴纳的进口关税;
- 外汇风险的衡量;
- 流动性测试,例如流动比率、应收账款周转率和存货周转率;
- 经营效率,以毛利润与销售收入或总资产之比衡量;
- 向各国缴纳的所得税;
- 盈利能力,以净收入与销售收入或投入资本之比衡量;
- 股利支付率,随净收入的变化而变化;
- 内部增长率,以留存收益与现有所有者权益之比衡量。

对合资伙伴的影响。合资企业在转移价格中有一个特殊问题,因为从跨国企业整体看,通过最大化当地利润来服务于当地股东利益的做法可能是次优的。通常,相互冲突的利益是不可调和的。事实上,如果当地合资企业伙伴向当地税务部门抱怨转移价格政策,可能会被视为潜在的"特洛伊木马"。

交叉抵免

对于美国等采用全球税制的国家中的公司,现有最有价值的管理方法之一是交叉抵免同一时期的外国税收抵免与外国税收赤字。假设一家美国跨国企业从两个不同国家获得利润——一个国家是高税收环境(相对于美国而言),另一个国家是低税收环境(相对于美国而言)。如果收入来自两个主要外国来源收入(主动或被动)"篮子"之一,那么一国的外国税收抵免盈余就可以与另一国的外国税收赤字进行交叉抵免。

图15-3总结了我们在美国的跨国企业加纳多公司如何利用交叉抵免管理两家外国子公司的股利汇款。两家外国子公司向加纳多公司的股利汇款产生了两个不同且相互抵消的税收抵免头寸。

- 由于德国的企业所得税税率(40%)高于美国的企业所得税税率(35%),因此从加纳多德国汇入美国母公司的股利产生了外国税收抵免盈余。对德国和美国之间的股利征收适用的预扣税只会增加抵免盈余的金额。
- 由于巴西的企业所得税税率(25%)低于美国的企业所得税税率(35%),因此从加纳多巴西汇入美国母公司的股利导致外国税收抵免赤字。如果巴西对汇入美国的股利征收预扣税,这将减少赤字,但不能消除赤字。

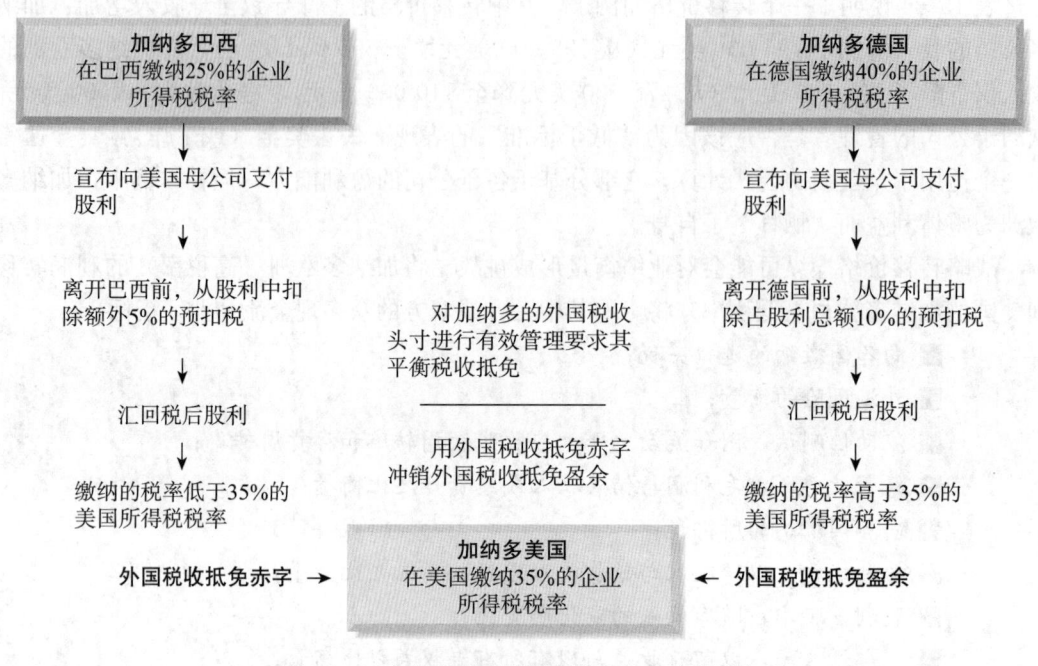

```
┌─────────────────┐                                    ┌─────────────────┐
│   加纳多巴西     │                                    │   加纳多德国     │
│ 在巴西缴纳25%的企业│                                  │ 在德国缴纳40%的企业│
│   所得税税率    │                                    │   所得税税率    │
└────────┬────────┘                                    └────────┬────────┘
         │                                                      │
         ▼                                                      ▼
  宣布向美国母公司支付                                    宣布向美国母公司支付
        股利                                                   股利
         │                                                      │
         ▼                                                      ▼
 离开巴西前，从股利中扣       对加纳多的外国税收            离开德国前，从股利中扣
 除额外5%的预扣税             头寸进行有效管理要求其       除占股利总额10%的预扣税
         │                    平衡税收抵免                        │
         ▼                                                      ▼
   汇回税后股利                                              汇回税后股利
         │                  用外国税收抵免赤字                   │
         │                  冲销外国税收抵免盈余                 │
         ▼                                                      ▼
 缴纳的税率低于35%的                                     缴纳的税率高于35%的
   美国所得税税率                                          美国所得税税率

外国税收抵免赤字 →    ┌─────────────────┐   ← 外国税收抵免盈余
                     │   加纳多美国     │
                     │ 在美国缴纳35%的企业│
                     │   所得税税率    │
                     └─────────────────┘
```

图15-3 加纳多公司外国税收抵免的交叉抵免

注：加纳多公司分别对国内来源收入和外国来源收入向美国政府纳税。

加纳多公司的管理层希望管理两次股利汇款，以便匹配抵免赤字与抵免盈余。最直接的做法是调整每家外国子公司分配的股利金额，以便在计算所有适用的所得税和预扣税后，加纳多公司来自加纳多德国的外国税收抵免盈余恰好与来自加纳多巴西的外国税收抵免赤字匹配。还有其他几种管理加纳多公司全球税负的方法。这些方法包括所谓的资金重新配置，企业通过这种方式布局全球业务以便在低税收环境中录得利润，正如本章结尾关于苹果公司的迷你案例所示。

勾选原则和混合实体

1997年，美国财政部推出所谓的子公司分类"勾选原则"，使美国财政部试图阻止美国跨国企业将利润重新配置于低税收地区的努力倒退了一大步。为了简化税收，美国财政部改变了要求跨国企业备案的做法，允许跨国企业在一张表格上"勾选"来对子公司进行税收分类。

该表格中的选项之一是非独立实体，它允许这种实体从税收中"消失"，因为其业绩将与母公司的业绩合并。这些合并实体被称为混合实体。最终，它允许有外国子公司的美国跨国企业再次将利润重新配置于低税收环境，并实质上永久延迟对这些利润纳税。2007年，美国财政部将这个过程编入关于非独立实体税收处理的规则，该规则现在被称为透视规则。本章结尾的迷你案例介绍了苹果公司如何使用这种结构，并提供了更多细节。

避税天堂和国际离岸金融中心

许多跨国企业都有外国子公司，作为等待再投资或汇回的公司资金的避税天堂。避税子公司通常被称为国际离岸金融中心,从一定意义上说,它是某些母国允许外国收入递延纳税的结果。

避税天堂子公司通常建在符合以下要求的国家:

- 对居民公司的外国投资收入或销售收入征收低税,对支付给母公司的股利征收低股利预扣税。
- 汇率稳定,可以轻松地将资金兑换为当地货币或兑换回来。通过允许使用欧洲货币并为之提供便利可以满足这一要求。
- 有支持金融服务的设施;例如,良好的通信、专业合格的办公人员和信誉良好的银行服务。
- 政府稳定,鼓励在国内建立外资金融和服务设施。

典型的避税天堂子公司拥有相关经营性外国子公司的普通股。在世界各地可能有多家避税天堂子公司。避税天堂子公司的股权通常由母公司100%拥有。所有资金转移都可能通过避税天堂子公司进行,包括股利和股权融资。因此,母国对外国来源收入征收的税款——通常在外国子公司宣布支付股利时缴纳——可以继续递延到避税天堂子公司向母公司支付股利时再缴纳。如果外国子公司的业务继续增长并需要来自避税天堂子公司的新内部融资,可能无限推迟纳税。因此,跨国企业能通过运行企业资金池满足外国经营性子公司的资金需求,而无须汇回外国利润并在母国纳税。

对于美国跨国企业而言,外国子公司享有的递延纳税特权(它之所以被认为是特权,是因为它们在将股利汇回母公司之前不用对外国收入纳税)原本不是税收漏洞。相反,美国政府提供这项特权是为了让美国企业向国外扩张,并使这些公司保持与外国竞争者平等的竞争地位,后者也享有同类的递延纳税特权和出口补贴。

遗憾的是,一些公司将递延纳税的最初意图扭曲为逃税。与外国子公司买卖商品和服务的转移价格被人为操纵,以便将所有交易收入留在避税天堂子公司。操纵方法是让商品或服务的法定所有权途经避税天堂子公司,即使这些商品或服务实际上从未进入避税天堂国家。1962年美国《国内税收法典》的一个目的就是取消这些"纸面"外国公司的税收优惠,同时不破坏为商业和经济动机而非税收动机建立的外国子公司的递延纳税特权。20世纪90年代的一系列税法变化为这些离岸金融中心带来了新的生机。

税基侵蚀和利润转移

世界各国的跨国企业为避税或递延纳税而采用了越来越激进的结构和策略,这导致二十国集团财政部长与经合组织联合呼吁制定一项行动计划,以阻止税基侵蚀和利润转移(basis erosion and profit shifting, BEPS)。这不是为了阻止非法活动——因为大部分利润重新配置和降低税负是合法的,但是要探索新的举措,以改变全球税收法律和实务,并重申税收权。

近年来关于谷歌、苹果和其他许多跨国企业的激烈争论在于,它们正在全球产生巨额利润,但通常在任何国家,对任何税务机构都只缴纳很少的企业所得税。同时,其他许多跨国企业仍在支付30%左右的实际税率(占税前合并收入的百分比)。如果情况确实如此,那么这不是公平的竞争环境,并且许多无法在全球范围内以数字方式转移产品和财产的传统生产商都会对其产生偏见。

公司倒置

> 这些征收行为不是非法的。但它们肯定是不道德的。
> ——Senator Charles E. Grassley, U. S. Senate Committee on Finance, 2002.

在公司倒置中,公司改变了注册国。其目的是通过重新在低税收地区(通常是使用属地税制的国家)注册降低实际全球税负。尽管该公司的业务可能完全没有变化,公司总部也可能仍然位于最初注册国,但它现在将有新的公司母国,其旧的注册国现在只是该公司的外国子公司所在的诸多国家之一。

典型的交易是美国公司与另一地(如百慕大)的外国子公司交换所有权份额。交易结果是,美国公司成为百慕大公司的美国子公司。公司的控制权没有变化,只有公司的注册地变化了。这被通俗地称为"裸倒置"。20世纪90年代末到21世纪初,这种倒置曾短时间流行[英格索兰(Ingersoll Rand)、泰科、福斯特惠勒(Foster Wheeler)等公司成功地在美国国外重新注册],但在一次波折丛生的尝试——史丹利公司(Stanley Works)2002年未能完成的重新注册——之后,2004年美国通过了《美国就业机会创造法案》(American Jobs Creation Act,AJCA),该法案通过两种重要方式改变了倒置规则:

(1) 如果新的外国母公司至少80%的股权仍然由前母公司的股东拥有和控制,则该公司将继续被视为国内公司或美国注册公司。这意味着它将继续对其全球收入纳税,其美国"子公司"将被视为实际母公司。这被称为80%规则。

(2) 如果新的外国母公司仍然有60%~80%的股权由前母公司股东控制,则旧公司合法转移到新公司的资产的收益不能享受任何税收抵免(过境税)。这使许多裸倒置丧失了经济吸引力,即使它们的所有权结构发生了重大变化。

现在,有三种基本类型的公司倒置:实质商业存在;与一家大型外国公司合并;与一家小型外国公司合并。

实质商业存在。《美国就业机会创造法案》解决公司倒置问题的部分经过了专门设计,以阻止单纯为减税而进行的公司倒置。然而,该法案并不阻止在公司确实有"实质商业存在"的国家进行重新注册时的倒置,"实质商业存在"的定义是公司25%的资产、收入和员工位于重新注册国。因此,这很少包括传统的避税天堂。

与一家大型外国公司合并。第二种主要的倒置形式是一家美国公司与一家大型外国公司合并,新的合并实体在外国注册成立。新增规定是,之前的美国公司必须在新合并实体中拥有少数股权(少于50%的所有权)。其中一个引人注目的例子是2011年两家主要的深水石油钻探公司——普莱德(Pride)(美国)与恩斯克(Ensco)(英国)——的合并。

与一家小型外国公司合并。第三种形式的公司倒置是指一家美国公司与一家小型外国公司合并,通常是一家在爱尔兰、英国或卢森堡注册成立的公司。新成立公司的控制权仍然在之前的美国股东手中,因此它不符合80%规则。但是,由于公司的新母国通常仍然是低税收地区,因此美国对新公司应用全球税收原则的能力有限。2012年,伊斯顿(Easton)(美国)和库珀实业(Cooper Industries)(爱尔兰)合并成为一家新的爱尔兰公司就是这样一个例子。

过去20年来，美国跨国企业的公司倒置迅速发展，提高了人们对美国相对较高的企业税率（包括其全球税制）的认识和企业对全球竞争力的担忧。公司倒置增加导致新合并公司向爱尔兰等其他主要发达国家而不是百慕大、开曼群岛或巴哈马这种避税天堂转移，加剧了滥用全球税收协定的紧张局面和关于公司对税收环境逐底的政治争论。2013年应用材料公司（Applied Materials）（美国）和东京电子（Tokyo Electron）（日本）在荷兰合并并重新注册就是这样一个复杂的例子。2015年年底，美国政府积极停止辉瑞（美国）和爱力根（Allergan）（爱尔兰）价值1 500亿美元的合并，并运用新规则使辉瑞在合并后无法被视为外国公司，这时争论达到了顶峰。

15.3 谷歌：利润重新配置的例子

> 它被称为资本主义。
> ——埃里克·施密特（Eric Schmidt），谷歌董事长，2012年

谷歌是占市场主导地位的互联网搜索引擎，以鼓励所有员工"不做恶"的公司行为准则而著称，该公司的全球税收策略近年来一直备受苛责。它代表了日益复杂的数字商务环境中所有公司和所有政府面临的挑战，在这种环境中，常常很难确定应税事件发生的地点或应税活动的进行地点。

谷歌的离岸税收策略是爱尔兰-荷兰双层结构，其基础是将一大部分知识产权的所有权转让给一家位于类似于爱尔兰的低税收环境中的子公司（见图15-4），然后对向其他子公司提供的各种形式的服务和产生的间接费用制定高转移价格，将大部分利润放在接近零税收的百慕大。该公司与美国税务机关进行了多年谈判，最终就高级定价协议达成共识。该协议尚未公布，它确定了谷歌各子公司之间为降低全球税负可采用的转移价格和实务。

图15-4所示的谷歌结构的核心要素被称为常设机构（permanent establishment，PE），其规则允许谷歌这种公司将税基固定在爱尔兰这种低税国家，同时在税率较高的国家（如法国）产生大量业务。公司原则上不在"经营国"纳税，而是在"最终与客户完成商业交易的国家或地区"——签订最终合同的国家或地区——纳税。就谷歌而言，这意味着该公司在欧盟的大部分销售交易都在爱尔兰完成，而爱尔兰的企业所得税税率仅为12.5%。据估计，美国排名前50位的软件公司、互联网公司和计算机硬件公司中，有75%的公司使用类似的常设机构结构来帮助避税。

2015年，辉瑞公司的跨国税务报告揭开了一种常设机构新用法的面纱。美国的税收规定是，公司必须将外国利润可能产生的美国税收成本计入合并利润，但多数跨国企业将外国利润永久或无限期地再投资于国外，实现延期纳税并推迟确认额外应纳税款，从而避免这种操作。不能宣布或没有宣布外国利润永久或无限期地再投资于国外的公司将记录递延税收费用。它们现在看上去要缴纳更高的税，因为实际税率包括当年税款和递延税款的税率。但递延税款不过是尚未缴纳。辉瑞公司报告称，2014年该公司的全球税率为25.5%，但如果其报告利润的方式与多数美国跨国企业相同，不计入递延税收费用，则其实际全球税率为7.5%。"全球金融实务15-3"介绍了最近的另一种积极税收策略。

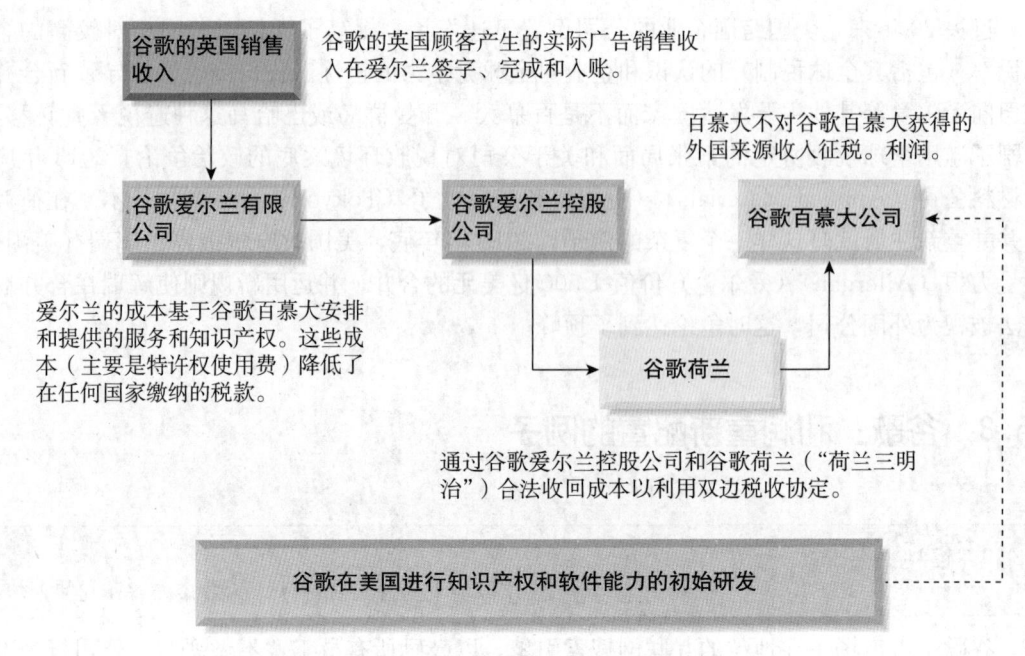

```
┌─────────────┐     谷歌的英国顾客产生的实际广告销售收
│ 谷歌的英国销售 │     入在爱尔兰签字、完成和入账。
│    收入     │
└──────┬──────┘
       │                                    百慕大不对谷歌百慕大获得的
       │                                    外国来源收入征税。利润。
       ▼
┌─────────────┐    ┌─────────────┐         ┌─────────────┐
│ 谷歌爱尔兰有限 │───▶│ 谷歌爱尔兰控股 │         │ 谷歌百慕大公司 │◀╌╌┐
│    公司     │    │    公司     │         │             │   ╎
└─────────────┘    └──────┬──────┘         └─────────────┘   ╎
爱尔兰的成本基于谷歌百慕大安排       │                                    ╎
和提供的服务和知识产权。这些成       ▼                                    ╎
本(主要是特许权使用费)降低了  ┌─────────────┐                         ╎
在任何国家缴纳的税款。         │   谷歌荷兰   │                         ╎
                         └─────────────┘                         ╎
                  通过谷歌爱尔兰控股公司和谷歌荷兰("荷兰三明                 ╎
                  治")合法收回成本以利用双边税收协定。                      ╎
                                                                 ╎
              ┌──────────────────────────────────────────┐       ╎
              │   谷歌在美国进行知识产权和软件能力的初始研发   │╌╌╌╌╌╌╌┘
              └──────────────────────────────────────────┘
```

图 15-4 谷歌的全球税收结构和英国的销售收入

全球金融实务 15-3

惠普的离岸现金与交错贷款计划

美国的全球企业税制催生出许多积极的避税结构和策略,以避免外国来源收入缴纳额外的美国税款。美国税法传统上允许外国来源收入递延缴纳美国税款,直到它被汇回美国。由于外国子公司的利润为离岸持有的利润,因此这经常导致离岸现金余额大幅增加。

美国跨国企业早期采用的一种策略是让一家公司自己的外国子公司向美国母公司贷款。最初,这些贷款的期限极长,利率也非常优惠。美国税务机关的结论是,这些利息实际上是股利。美国税法第956条明确禁止将这些长期贷款视为避税目的贷款。它们被重新指定为股利,视同被汇回,需要缴纳相关的美国税款。

惠普公司(美国)是这些美国跨国企业之一,积累了美国业务亟须的离岸现金。惠普的现金由两家特定的子公司持有,惠普的比利时协调中心(Belgium Coordination Center,BCC)——所有欧洲业务的清算银行,以及康柏开曼控股公司(Compaq Cayman Holding Corporation,CCHC)——一家位于开曼群岛的金融子公司,用于收集来自世界上其他子公司经营获得的离岸利润。(比利时协调中心是在2001年惠普收购康柏电脑时购得的。)这两家公司都被归类为受控外国公司。

十多年来,惠普利用这些离岸现金推行了一项积极的"交错贷款计划"。一家外国子公司,例如康柏开曼控股公司(开曼群岛),将向惠普美国提供数十亿美元的贷款,为期45天。在该贷款到期日,比利时协调中心(比利时中心)将向惠普美国提供一笔类似的贷款,其收入将用于偿还另一笔贷款。如图所示,结果是持续用离岸利润向惠普发放模拟长期交错贷款,而无须缴纳额外的美国税款。只要两家金融子公司及其贷款计划为分开持有,并且在受控外国子公司季报期结束之前发放并偿还贷款,它们就被认为符合惠普的审计师和美国税务机关的要求。(惠普已将两家受控外国子公司的财政季度设置为重叠以符合要求。)在此期间,交错贷款计划几乎提供了惠普所有美国业务所需的所有债务融资。

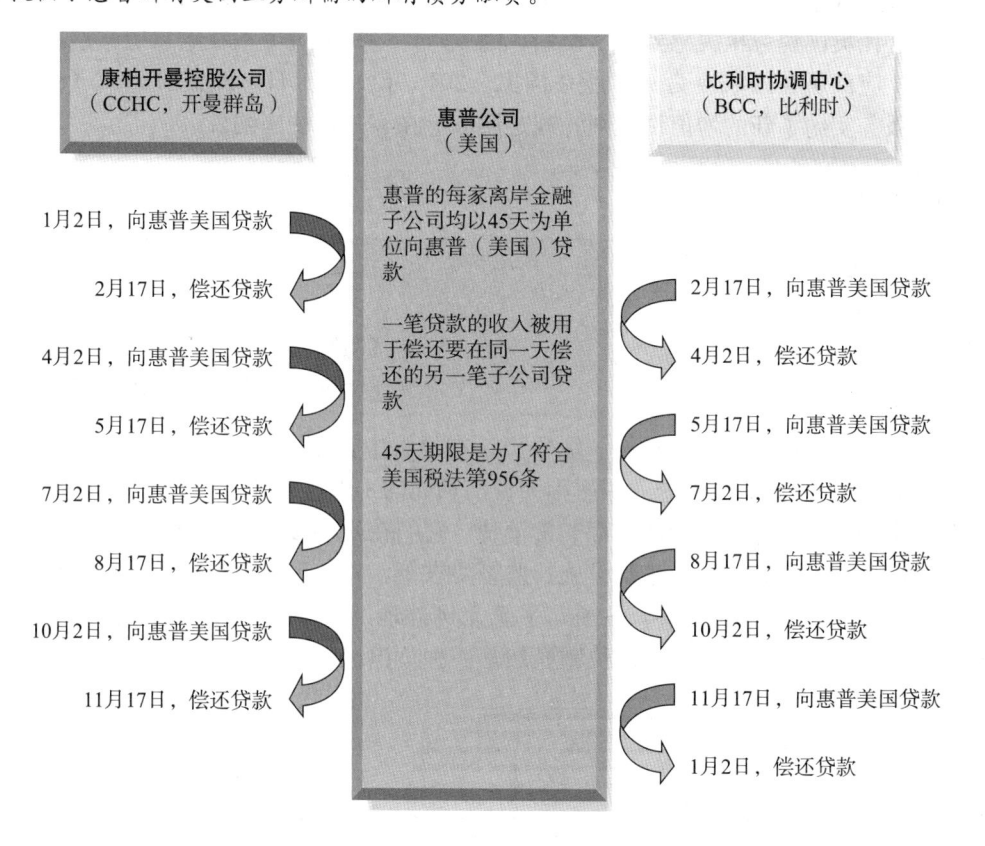

```
康柏开曼控股公司                                    比利时协调中心
(CCHC,开曼群岛)        惠普公司                    (BCC,比利时)
                        (美国)

1月2日,向惠普美国贷款    惠普的每家离岸金融
                        子公司均以45天为单
2月17日,偿还贷款        位向惠普(美国)贷    2月17日,向惠普美国贷款
                        款
4月2日,向惠普美国贷款                              4月2日,偿还贷款
                        一笔贷款的收入被用
5月17日,偿还贷款        于偿还要在同一天偿    5月17日,向惠普美国贷款
                        还的另一笔子公司贷
7月2日,向惠普美国贷款   款                        7月2日,偿还贷款

8月17日,偿还贷款        45天期限是为了符合    8月17日,向惠普美国贷款
                        美国税法第956条
10月2日,向惠普美国贷款                            10月2日,偿还贷款

11月17日,偿还贷款                                 11月17日,向惠普美国贷款

                                                  1月2日,偿还贷款
```

15.4　全球税收竞争力

如今,跨国企业可以用三种不同的力量改变全球税收环境。第一种力量是全球数字经济的快速扩张,它需要重新定义发生应税事件的方式和地点。第二种力量是全球许多政府为提高本国税收竞争力以吸引外国投资而采取的积极行动。第三种力量,也是最后一种力量,是上述许多政府争相取代或增加它们从受前两种力量影响的跨国企业税款中获得的份额。

数字经济

随着数字经济推动税法和税务机关的边界,最近对税收道德的担忧也日益跨国化。数字商务挑战了对应税交易发生地点——税收环境——的传统定义。传统制造活动是实物定义,生产和价值创造过程的发生地点是可以观察到的。然而,数字服务不太容易定义。

谷歌在英国的业务就是一个例子。谷歌在英国的主要业务位于爱尔兰,这是低税收环境,但其大部分业务都来自英国的客户,这是税率相对较高的税收环境。一位谷歌"顾问"将造访伦敦的潜在客户,帮助他们了解谷歌的服务。然后,客户将上线,联系谷歌在爱尔兰的经营机构以购买所需的服务。这些服务是从爱尔兰企业购买的,需要缴纳爱尔兰税款。通过这种结构,谷歌在英国创造了数以亿美元计的业务,同时只需缴纳很少的英国税款——这让英国税务机关感到非常懊恼。因此,许多税务机关正在重新定义应税交易的位置,从供应商所在国家改为买方所在国家。2015年1月1日,欧盟对B2C(企业对客户)商业服务实施了新的增值税规则,规定服务应在客户居住国纳税。

国家税收竞争力

> 我对本委员会的建议是直截了当的:尽可能降低企业税率,尽可能扩大税基,尽快改为属地税制。
> ——迈克·杜克(Mike Duke),沃尔玛首席执行官,
> 在参议院财政委员会的证词,2011年7月26日

今天全球经济的特点是流动性和竞争力。在经济中,"健康"的企业利润可能只占销售收入的8%或9%,而国家企业税率则为税前利润的12%~40%,"滥用税收协定"是一种非常现实的做法。世界各国政府都非常清楚,它们在很多领域内争夺全球投资——熟练劳动力的供应、劳动力成本、基础设施、监管要求等,它们也知道有竞争力的税法可能是至关重要的。因此,30多年来,各国几乎毫无例外地继续降低企业税率。然而,差异仍然存在,正如图15-5所示,属地税制显然是一种负担。

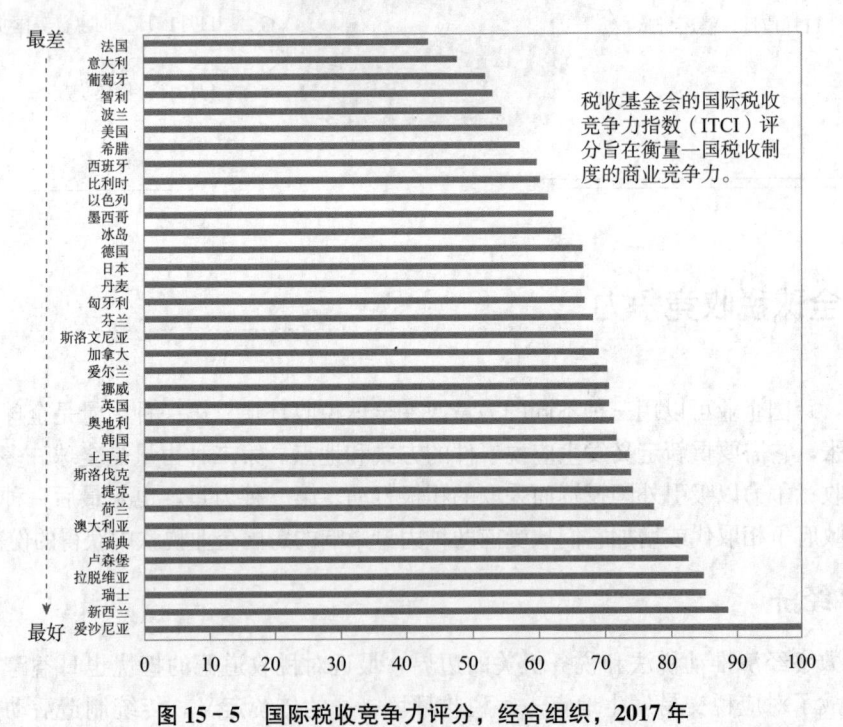

图15-5 国际税收竞争力评分,经合组织,2017年

资料来源:数据摘自 *International Tax Competitiveness Index*,2017,Tax Foundation, p.3。所示评分为整体排序,包括各国的企业税、消费税、财产税、个人税和国际税指数评分。

政府和税源

政府不是出于恶意才对个人和公司征税——它们需要钱。税收是全球各国政府为其活动提供资金的主要收入和现金流来源。不用说,税收永远不够。

但不同国家的税收差异很大。例如,美国的很大一部分税收依赖个人所得税,而许多欠发达国家不征收个人所得税(主要是因为报告和征收的困难——一些国家没有有效的人口普查)。

表15-5比较了一些经合组织国家的税收来源。虽然美国39.3%的税收来自个人税,但经合组织国家平均仅有24.0%的税收来自个人税,而高达32.4%的税收来自消费税。从美国和经合组织整体来看,企业税——本章的重点——仅是一小部分税收来源,但是智利和澳大利亚等国家的主要税收来源。全球税务分析师和税务当局认为,在未来几年内,世界上大多数国家都将越来越多地转向间接税——消费税。

表 15-5 税收来源

税收来源	澳大利亚	加拿大	智利	丹麦	日本	墨西哥	美国	经合组织平均值
个人税	41.0%	36.3%	7.3%	54.0%	18.9%	19.7%	39.3%	24.0%
企业税	16.8%	10.5%	21.3%	5.3%	12.9%	16.9%	8.4%	8.8%
社会保险税	0.0%	15.1%	7.2%	0.1%	39.7%	20.6%	24.1%	26.2%
财产税	10.1%	11.7%	4.2%	3.7%	8.5%	2.1%	10.8%	5.6%
消费税	26.9%	23.0%	55.3%	30.2%	19.8%	35.8%	17.4%	32.4%
其他税	5.2%	3.4%	4.7%	6.7%	0.2%	4.9%	0.0%	3.0%
税收总额	100.0%	100.0%	100.0%	100.0%	100.0%	100.0%	100.0%	100.0%

资料来源:数据摘自 *Sources of Government Revenue across the OECD 2017*, Tax Foundation, August 2017, p.7.

15.5 2017年的美国税法变化

> 亮点包括……对跨国实体征税的根本性变化,包括从当前允许递延纳税的全球税制转向混合属地税制,其特点是当前对特定外国收入征税的参与免税制,对低税率地区的外国收入征收最低税额,以及阻止税基侵蚀并促进美国生产的新措施。
> ——"New Tax Law (H. R. 1)-Initial Observations,"
> December 22, 2017, kpmg.com, p.1.

2017年12月22日,H. R. 1——前身为《2017年减税与就业法案》(Tax Cuts and Jobs Act of 2017)——成为美国的法律。该法案是自1986年以来美国最重大的企业税收变化。这些变化影响任何需要在美国纳税的公司,包括在美国经营的外国公司以及在全球经营的美国跨国企业。

尽管美国的税法变化已于2018年1月1日生效，但要了解这些变化对美国跨国企业的总体影响尚需数年时间。根据所有迹象，影响范围将非常广泛。

美国的企业所得税。 2017年的法案有许多条款，但以下条款可能对所有美国公司最为重要。

■ **企业所得税税率。** 美国企业所得税税率降至21%。在实际税率方面，美国的州税率和地方税率的平均值从38.9%（前几年）降至25.8%（2018年）。与其他国家的税负进行比较时，25.8%的实际税率是最重要的数字。

■ **公司利息的可扣除性。** 2022年之前，新税收结构将应纳税额的净利息扣除限制为EBITDA的30%。[①] 2022年后，它恢复到EBIT的30%。这意味着负债较重的公司可能会损失部分利息税扣除。

■ **过渡税。** 在美国境外拥有未汇回现金利润或有价证券利润的美国跨国企业可以在2018年纳税年度以15.5%的总税率汇回这些利润。如果这些利润已投资于非现金资产，则将被视为以8%的税率汇出。[②] 该税种基于视同汇回原则，即无论实际利润是否汇入美国母公司，过去一年的外国利润都应在美国纳税。

■ **完全折旧。** 在2018—2022年期间，新税法允许公司从应税收入中扣除购买设备的全部成本。这意味着，公司计税时不是在多年期间（例如，三年）分摊资本性投资的折旧，而是可以在当期扣除全部成本。但是，这仅适用于应纳税款（税收会计），不影响报告的税款和利润（财务会计）。

外国来源所得的税收。 多年来递延到汇回时才纳税的外国子公司利润现在改为参与免税制。另一套新规定旨在反税基侵蚀。

■ **股利收入扣除（Deduction for Dividends Received，DDR）。** 美国公司的外国子公司宣布向其美国母公司发放的所有股利将获得100%的股利扣除——所谓的股利收入扣除。[③] 该股利扣除的含义是"参与免税"。这意味着，作为股利向美国母公司发放的外国来源收入需要缴纳的税款不会超过在东道国缴纳的税款。这笔汇出收入不会产生税收抵免或税收赤字。这条规定使许多人称美国正在向属地税制转变。

■ **未申报外国利润。** 外国子公司获得利润当期，如果未宣布将其作为股利发放给美国母公司，这些利润将被视为股利，需要在当期纳税。它们的当期应纳美国税款计算方法类似于之前使用的总计方法，其中视为在东道国已缴纳的税款加上额外预扣税将可以用于抵免降低后的新美国理论法定税率（21%）。（鉴于全球平均实际税率不到23%，这意味着实际上几乎不用缴纳额外的美国税款。）

■ **外国衍生无形收入（Foreign-Derived Intangible Income，FDII）。** 在美国经营的公司向外国人出售财产（包括许可证、租赁、专利等）供其在美国境外使用或在美国境外提供服务获得的收入都会产生外国衍生无形收入。虽然复杂，但适用于外国衍生无形收入的基

---

① 这适用于在美国经营——无论是美国公司还是外国公司的美国子公司——且三年内的总收入超过2 500万美元的公司。这项规定允许向后结转当年未予扣税的净利息扣除。

② 上一年未汇回利润的应纳税款应在8年期内缴纳，前5年每年的税率为8%，第6年的税率为15%，第7年的税率为20%，第8年的税率为25%。

③ 这适用于推定美国公司拥有不少于10%利益的所有外国实体。尽管新税法反复强调了这条10%利益规则，但绝大部分美国公司的外国关联公司都是美国公司拥有90%所有权或全资所有的外国子公司。

本税率是美国总调整后资产基数的 10.5%。

■ **全球无形低税收入**（Global Intangible Low-Taxed Income，GILTI）。作为新建立的外国收入类别，全球无形低税收入实际上规定了在世界上任何地方经营的美国公司赚取的当期外国收入的最低当期税率。全球无形低税收入条款专门规定了有 F 分部收入的美国外国子公司、混合实体或仅在极低税率环境下经营的子公司的最低税率。[①]

应纳税款基于外国单位的"净推定有形收入收益率"。原则上，这意味着对于企业有形资产收益率超过 10% 的单位，其收入都需要额外缴纳最低税率。这意味着这些外国企业持有的知识产权和专利等无形资产赚取的收入全部需要纳税。由于这些经营单位拥有的有形资产通常很少，因此这些小型有形资产税基的收益率高于 10% 的任何收入（可能几乎是该单位的全部收入）当前在美国应作为全球无形低税收入纳税。

实际税率在结构上甚至更复杂。从新的美国企业所得税税率 21% 开始，假设大部分此类收入也被归类为外国衍生无形收入，则全球无形低税收入的实际税率为 10.5%。由于全球无形低税收入的税收抵免不得超过企业实际向东道国缴纳税款的 80%，因此全球无形低税收入的实际税率升至 13.125%。（是的，我们知道。）

正如我们之前指出的，现在考察这些复杂的美国税法变化将如何改变跨国企业财务管理实务还为时尚早。这些变化显然旨在终结离岸持有国外利润，将知识产权（无形资产）所有权转移到低税收环境，以及通过混合实体对一般离岸利润避税的做法。时间会告诉我们这些目标实现了多少。

要点总结

■ 各国设计税收制度的基本方法有两种：全球法或属地法。这两种方法都试图确定哪些公司以及哪些收入（根据注册和成立地点，是国外收入还是国内收入）需要向东道国税务机关纳税。

■ 税收协定通常定义了是否对一国居民在另一国赚取的收入征税，如果是，如何征税。税收协定是双边协定，两个签署方规定了两国之间不同类型的收入适用的税率。

■ 转移价格是相关公司之间的商品、服务和技术价格。高转移价格或低转移价格都会对所得税、资金配置、管理层激励和评估以及合资伙伴产生影响。

■ 美国区分外国来源收入与国内来源收入。每种收入被单独征税，一类的税收赤字/抵免不得用于另一类的税收赤字/抵免。

■ 如果美国的跨国企业从外国获得的收入缴纳的企业所得税高于从美国获得的收入，那么可抵免税收总额将超过美国对该外国收入征收的税款，从而导致外国税收抵免盈余。

■ 跨国企业拥有外国子公司作为等待再投资或汇回的公司资金的避税天堂。避税天堂通常位于企业税率低、汇率稳定、有金融服务支持设施和政局稳定的国家。

■ 许多美国公司利用公司倒置，通过在低税收环境中重新注册成立离岸公司降低其实际税率。公司倒置的另一种方法是收购一家在低税收环境中注册成立的公司，然后将其注册为新合并公司。

---

① 这也被称为税基侵蚀最低税或税级侵蚀反滥用税（base erosion anti-abuse tax，BEAT）。

■ 现在，各国政府在全球范围内竞争使用不同税收结构和策略的跨国公司的业务和投资。

■ 三种力量正在推动全球企业税率的变化：(1) 数字经济的快速扩张；(2) 全球许多政府为提高各自的税收竞争力以吸引外国投资而采取的行动；(3) 许多政府争相增加它们从受前两种力量影响的跨国企业税款中获得的份额。

■ 2017年年底美国的税法变化将对美国公司的跨国企业税收管理策略和结构产生巨大影响。尽管现在进行深入分析还太早，但长期以来美国跨国企业留在美国境外的大量外国利润可以避免在美国纳税的情况似乎已不复存在。

迷你案例

苹果的全球 iTax 战略[①]

苹果不耍税收花招。苹果不会将知识产权转移到离岸避税天堂，并用其将产品卖回美国以避免在美国纳税；它不使用外国子公司的循环贷款为其国内业务融资；它没有在加勒比海岛屿上持有资金；它没有在开曼群岛开设银行账户。苹果拥有大量外国现金，因为它将大部分产品卖给了美国以外的国家。

——苹果首席执行官蒂姆·库克，2013年在美国参议院常设调查小组委员会的证词

当你可能是世界上规模最大、利润最高的公司时，你将很难管理你的日常活动——或者至少是公众声誉，而且经常会被批评交的税不够。这就是苹果担心的事。苹果已经设计出全球商业中最积极的全球节税策略之一。

全球经营

苹果的组织方式在很多方面都类似于其他任何一家大型跨国公司。它的总部位于加利福尼亚州丘珀蒂诺，是一家在美国注册的公司——苹果公司（Apple, Inc.）。如图 A 所示，它基本上所有的全球研发都在美国进行，因此，也在美国获得知识产权。虽然苹果确实使用合同制造商组装大部分产品（主要是在中国），但它在得克萨斯州奥斯汀的生产工厂生产其所有 A5 系列微处理器——苹果产品的自描述引擎。然后，生产出的最终产品被直接运送到苹果的全球分销中心。

苹果在美洲之外销售的所有产品都是通过其爱尔兰子公司苹果国际销售公司（Apple Sales International, ASI）订货的。苹果国际销售公司向合同制造商购买产品，获得商品所有权，然后转售给其国际分销公司，苹果国际分销公司（Apple Distribution International, ADI）。如图 A 所示，苹果国际销售公司在转售时享有很高的利润率。就像今天全球大部分典型商业做法一样，苹果国际销售公司可以取得商品的合法所有权，但商品从未实际到达爱尔兰，而是直接从中国制造商运到分销中心进行销售，就像图 A 中的所有欧洲零售公司一样。然后，苹果国际销售公司将所有利润以股利形式支付给其母公司苹果欧洲运营公司（Apple Operations Europe, AOE），该公司也位于爱尔兰。

[①] 2015年©亚利桑那州立大学雷鸟全球管理学院版权所有。本案例由迈克尔·H. 莫菲特教授编写，仅用于课堂讨论，不表示有效或无效的管理。

苹果的研发
加利福尼亚州丘珀蒂诺

苹果公司近99%的研发是在加利福尼亚州丘珀蒂诺进行的。全球所有苹果产品使用的所有微处理器都是在得克萨斯州奥斯汀生产的。然后，苹果利用合同制造商（主要在中国）生产产品，之后它们被直接运往苹果在美洲、欧洲（ADI）和新加坡的分销商。

合同制造商（中国） → 产品 → **苹果国际销售公司（ASI）爱尔兰/非税收居民*** → 产品 → **苹果国际分销公司（ADI）爱尔兰/爱尔兰***

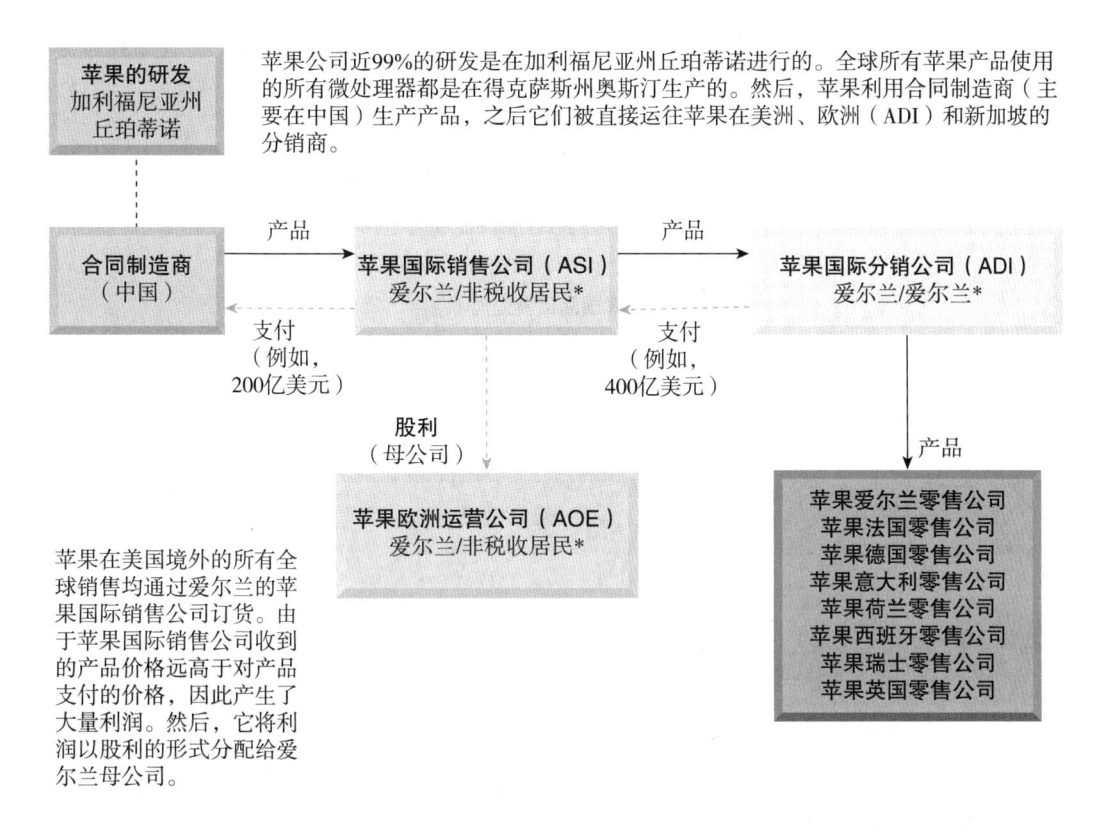

支付（例如，200亿美元） ← ；支付（例如，400亿美元） ←

股利（母公司）→ **苹果欧洲运营公司（AOE）爱尔兰/非税收居民***

苹果国际分销公司 → 产品 → 苹果爱尔兰零售公司、苹果法国零售公司、苹果德国零售公司、苹果意大利零售公司、苹果荷兰零售公司、苹果西班牙零售公司、苹果瑞士零售公司、苹果英国零售公司

苹果在美国境外的所有全球销售均通过爱尔兰的苹果国际销售公司订货。由于苹果国际销售公司收到的产品价格远高于对产品支付的价格，因此产生了大量利润。然后，它将利润以股利的形式分配给爱尔兰母公司。

图A　苹果的国际产品价值流

*注册国/税收居民。

成本分摊

苹果的税务管理基于其建立的一系列结构，首先是关于知识产权开发和所有权的成本分摊协议的原则。苹果公司和苹果国际销售公司签订了成本分摊协议——这是母公司与爱尔兰子公司之间的协议。这两家公司同意分担苹果产品的开发成本，并分享由此产生的知识产权的经济权利。例如，2011年，苹果在全球的研发支出（其中约95%发生在加利福尼亚州丘珀蒂诺）总计为24亿美元。苹果公司和苹果国际销售公司这两家公司根据苹果当年的全球销售收入分摊了这些成本，美国公司分摊了约40%（苹果公司支付了10亿美元的费用），离岸公司分摊了60%（苹果国际销售公司支付了14亿美元的费用）。

这种成本分摊和由此产生的知识产权所有权是苹果税收战略的核心。因此，苹果国际销售公司基于其知识产权获得的利润不会立即被美国税务机关征税，因为它是爱尔兰公司。理论上，苹果国际销售公司或苹果欧洲运营公司应该在爱尔兰纳税。

苹果的全球结构

图B总结了苹果的全球结构。苹果的全球销售收入分别来自美国的苹果公司和爱尔兰的苹果国际销售公司。苹果国际销售公司负责苹果所有产品在欧洲、中东、亚洲、非洲、印度和太平洋地区的销售。

苹果主要的外国关联控股公司——苹果国际运营公司、苹果欧洲运营公司、苹果国际销售公司、苹果国际分销公司和苹果欧洲零售公司——均在爱尔兰注册，这是了解其税收战略的结构和功能的关键。爱尔兰的法定企业所得税税率较低（按照全球标准），为12%。然而，苹果通过与爱尔兰政府的谈判，将自2003年起的税率降至不到2%。据苹果公司称，这是通过爱尔兰政府选择的苹果应税收入计算方式实现的。

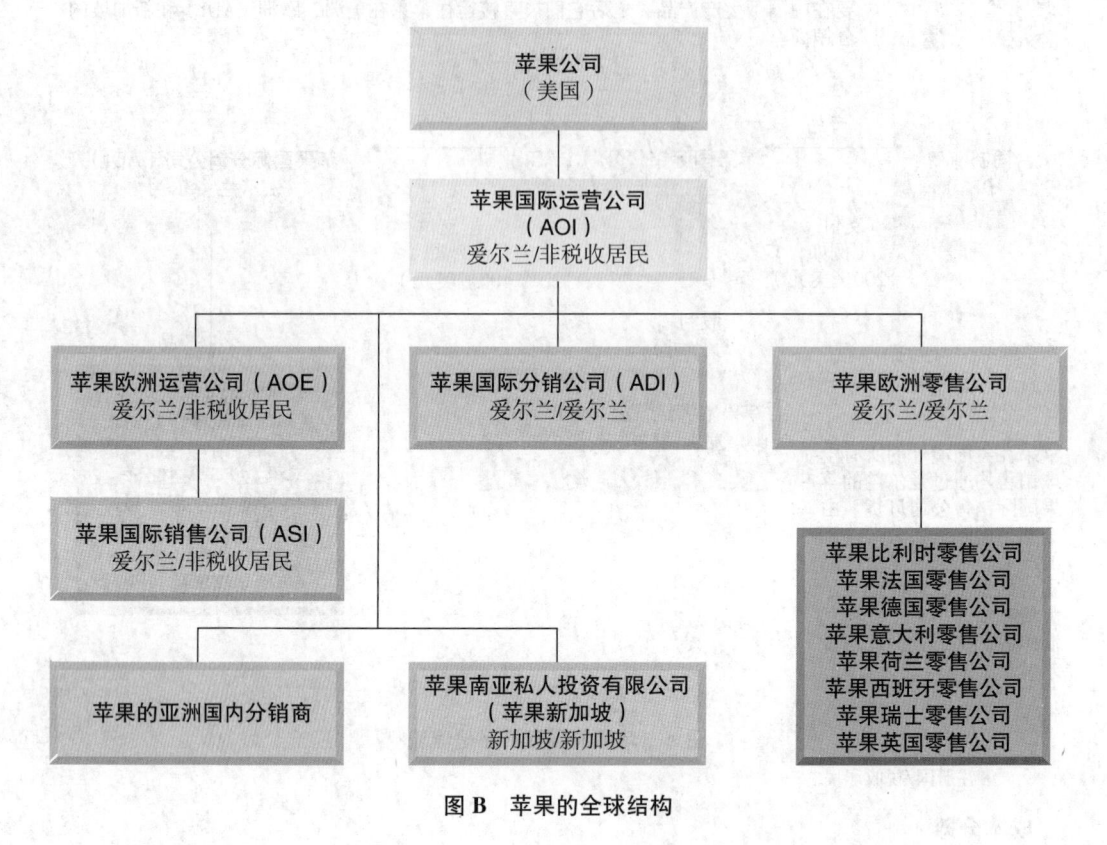

```
                    苹果公司
                    （美国）
                       |
              苹果国际运营公司
                    （AOI）
               爱尔兰/非税收居民
    ┌──────────────────┼──────────────────┐
苹果欧洲运营公司（AOE）  苹果国际分销公司（ADI）  苹果欧洲零售公司
  爱尔兰/非税收居民        爱尔兰/爱尔兰         爱尔兰/爱尔兰
        |
苹果国际销售公司（ASI）                       苹果比利时零售公司
  爱尔兰/非税收居民                           苹果法国零售公司
                                            苹果德国零售公司
                                            苹果意大利零售公司
                                            苹果荷兰零售公司
                         苹果南亚私人投资有限公司   苹果西班牙零售公司
  苹果的亚洲国内分销商        （苹果新加坡）       苹果瑞士零售公司
                           新加坡/新加坡        苹果英国零售公司
```

图 B　苹果的全球结构

资料来源：Permanent Subcommittee on Investigations，May 2013.

如图 B 所示，苹果国际运营公司是拥有并控制苹果在美洲以外所有业务的唯一法人实体。苹果国际运营公司本身就是当今全球企业管理的全球数字结构的证明。

■ 苹果国际运营公司于 1980 年在爱尔兰注册成立。然而，苹果未能找到文件解释其为何选择爱尔兰作为注册地。

■ 苹果国际运营公司未声明是爱尔兰或其他任何国家的税收居民。

■ 截至 2013 年，苹果国际运营公司在过去五年中未向世界任何国家的政府缴纳企业所得税。

■ 苹果国际运营公司在都柏林或爱尔兰没有实际存在，且没有爱尔兰员工。

■ 苹果国际运营公司有三名董事，他们都是其他苹果公司的员工，同时担任苹果国际运营公司的董事。其中两人是加利福尼亚州居民，一人是爱尔兰居民。

■ 苹果国际运营公司的资产由位于美国内华达州的苹果子公司布莱布恩资本（Braeburn Capital）管理。

■ 苹果国际运营公司实际持有的资产存放在纽约的银行账户中。

■ 苹果国际运营公司的总分类账由苹果位于得克萨斯州奥斯汀的美国共享服务中心管理。

■ 苹果的税务总监在美国参议院小组委员会作证时说，他认为苹果国际运营公司的职能是在美国管理和控制的。

■ 2009—2011年，苹果全球净收入的约30%来自苹果国际运营公司。苹果国际运营公司显然是数字化结构的法律实体，但它在世界上任何地方都没有税收居民身份显然很奇怪。①

税收居民身份

根据爱尔兰法律，爱尔兰税收居民身份要求公司在爱尔兰受到管理或控制。显然，根据之前报道的细节，苹果国际运营公司不是这种情况。美国的税收居民身份要求企业在美国注册，而苹果国际运营公司也不是这种情况。因此，在苹果看来，苹果国际运营公司在世界任何地方都没有税收居民身份，因此该公司从未建立税收居民身份。苹果高管在美国参议院小组委员会中被问及苹果国际运营公司是否实际上是由美国管理和控制时答道："这个问题还没有确定答案。"

与苹果国际运营公司一样，苹果国际销售公司在任何地方都没有税收居民身份。表A表明，苹果国际销售公司2011年的税前利润超过220亿美元，但仅缴纳了1 000万美元税款。实际税率小于0.05%。在2009—2011年期间，苹果国际销售公司的税前利润为380亿美元，共缴纳了2 100万美元税款。奇怪的是，尽管苹果国际销售公司不是爱尔兰的税收居民，但它在爱尔兰申报了企业税，这就是我们拥有这些数据的原因。

表A 苹果国际销售公司缴纳的全球税款

苹果国际销售公司（爱尔兰）	2009	2010	2011	总计
税前利润（亿美元）	40	120	220	380
全球税款（万美元）	400	700	1 000	2 100
税率（%）	0.10	0.06	0.05	0.06

资料来源：苹果合并财务报表，APL-PSI-000130-232（密封表格）。

像苹果国际运营公司或苹果国际销售公司这种职能形式的企业是否真能与苹果公司分开仍然存在争议。2008年，苹果公司、苹果国际销售公司和苹果欧洲运营公司签署了一项修订成本分摊协议。苹果欧洲运营公司的签约人是苹果的资金主管。苹果国际销售公司的签约人是苹果首席运营官蒂姆·库克。苹果欧洲运营公司的签约人是苹果的首席财务官。人们只能相信谈判是简短而有效的。

根据美国的全球税收结构，美国公司的外国子公司有权递延缴纳主动收入（来自主动进行制造和销售以及提供服务的收入）的美国所得税。但是，如果收入属于被动收入——例如利息、特许权使用费、股利，美国税务机关就将根据适用于受控外国公司的F分部收入规定立即对其征税。因此，根据法规，苹果国际销售公司和苹果国际运营公司获得的收入——从所有迹象上来看均属于被动收入——应由美国税务机关立即征税。事实上，根据报告，2009—2012年期间，苹果国际运营公司从下级子公司获得了299亿美元股利收入。根据F分部收入条款，这些股利通常会立即由美国税务机关征税。

然而，苹果通过使用所谓的"勾选原则"避免了这种税收风险。1996年，为了简化美国税法，财政部采用了一种新做法，允许公司在税表上"勾选"称某个外国公司实体（例如苹果国际销售公司或苹果欧洲运营公司）与纳税活动无关——所谓的非独立实体。这大大简化了跨国企业的税务申报。这种非独立实体身份让苹果这种美国跨国企业可以在爱尔兰或卢森堡等低

---

① 2012年，苹果重组了该公司的爱尔兰员工。苹果的2 455名员工被重新分配到五家不同的爱尔兰经营单位，大部分现在被派往苹果国际分销公司。苹果国际销售公司在爱尔兰的员工人数从0人增加到250人。

税收地区内成立高利润子公司。对于苹果而言，这意味着图 B 中苹果国际运营公司下显示的所有公司都是非独立实体，在税收中消失，因为美国税收法规不承认单个实体内部单位之间的支付。因此，美国税务机关仅评估苹果国际运营公司的应纳税款，其收入被认为是主动收入，因为它在全球购买和转售苹果产品。因此，苹果国际运营公司可以递延到汇回利润时再对其利润缴纳美国税款——如果该公司会汇回利润的话。[①]

苹果的纳税情况

苹果可能是美国最大的企业所得税纳税人，2012 财年本公司向美国财政部缴纳了近 60 亿美元税款。美国财政部去年每征收 40 美元企业所得税，本公司缴纳的税款就占 1 美元。本公司 2012 财年的美国联邦现金实际税率约为 30.5%。本公司预计将在本财年向美国财政部缴纳超过 70 亿美元税款。根据美国法律，苹果对其在美国的销售利润和其受控外国公司的投资收益——包括其爱尔兰子公司苹果国际运营公司的投资收益——缴纳美国企业所得税。

——2013 年 5 月 21 日苹果公司在美国参议院常设调查小组委员会的证词

苹果确实交了很多税。如表 B 所示，根据苹果的表格 10-K，苹果仅在 2011 年的应税总额就为 82.83 亿美元。然而，其在美国的联邦税率与州税率相加后的实际税率为 22.4%，在美国境外所获利润的实际税率为 1.8%。鉴于仅美国法定企业所得税税率就为 35%，苹果的税收战略和结构似乎是为了降低全球税款。

表 B 苹果缴纳的美国税款——2011 年

应纳税款	联邦税	州税	外国税	总计
当期应纳税款（百万美元）	3 884	762	769	
递延应纳税款（百万美元）	2 998	37	(167)	
净应纳税款（百万美元）	6 882	799	602	8 283
实际税率	20.1%	2.3%	1.8%	24.2%

资料来源：苹果公司 2011 年年报（表格 10-K）。

根据美国税收制度，全球税收和递延纳税的基本原则之一是在其他国家经营的美国跨国企业的外国子公司已经在这些国家纳税。然而，递延纳税条款因 1962 年发布的 F 分部收入规定而暂停，以阻止企业利用避税天堂安置离岸利润并永久递延缴纳企业所得税。此时，人们必然会得出结论，全球商业的复杂性加上过去 50 年来美国税法的变化已经破坏了最初的目标。

苹果支持美国企业税制的全面改革。本公司支持大幅简化税收中性的企业税制，消除所有税收支出，降低税率，并对外国收入征收合理税率，让资本自由流回美国。苹果相信，这种全面改革将刺激经济增长。苹果支持该计划，尽管这可能导致苹果缴纳更多的美国企业税。

——2013 年 5 月 21 日，苹果公司在美国参议院常设调查小组委员会的证词

迷你案例问题

1. 苹果全球税收战略中最重要的一个因素是什么？

[①] 通过勾选原则立法后，美国税务机关几乎立即意识到它们的错误。后来，税务机关承认法律变化本来是针对在美国境内经营的企业，它们甚至没有评估这可能对国际企业和应纳税款产生什么影响。尽管税务机关不断尝试废止勾选原则，但未能成功，这主要是由于有政治反对意见。

2. 为什么苹果在爱尔兰的大多数企业不是任何一国的税收居民?
3. 为什么苹果国际运营公司——获取了苹果在美洲以外的大部分全球利润的爱尔兰子公司——不向爱尔兰或美国纳税?

问题

15.1 主要目标。 跨国企业税务筹划的主要目标是什么?

15.2 税收道德。 "税收道德"一词的含义是什么?例如,如果您的公司在俄罗斯有一家子公司,而有些俄罗斯人认为逃税是一门精妙的艺术,那么您应该遵守俄罗斯税法还是像当地竞争对手一样违反税法?

15.3 税收中立。 什么是税收中立?国内税收中立与国外税收中立有什么区别?

15.4 全球法与属地法。 税收的全球法和属地法有什么区别?

15.5 直接税或间接税。 直接税和间接税有什么区别?

15.6 递延纳税。 美国税制中的递延纳税是什么意思?什么是递延特权?

15.7 增值税。 什么是增值税?它与所得税有何不同?

15.8 预扣税。 什么是预扣税?为什么政府要征收这种税?

15.9 税收协定。 税收协定中通常包括什么?

15.10 主动与被动。 在美国对外国来源收入征税的背景下,"主动"和"被动"这两个词是什么意思?

15.11 税种。 税收可以分为直接税(直接对收入征税)和间接税(根据公司的其他某种可衡量业绩特征征税)。请将以下各项分类为"直接税""间接税"或其他类别:

a. 日本子公司对其经营收入缴纳的企业所得税。

b. 向沙特阿拉伯支付提炼石油并运往世界市场的特许权使用费。

c. 美国母公司在伦敦持有的银行存款获得的利息。

d. 美国母公司向一家墨西哥子公司贷款收到的利息。

e. 美国母公司向一家比利时全资子公司贷款时从比利时收到的本金还款。

f. 在美国境内生产和销售的烟草缴纳的消费税。

g. 在西雅图的公司总部大楼缴纳的房产税。

h. 向红十字国际委员会捐出的用于难民救济的直接捐款。

i. 递延所得税,显示为对美国母公司的合并所得税的扣除。

j. 德国对支付给英国母公司的股利扣缴的预扣税。

15.12 外国税收抵免。 什么是外国税收抵免?为什么各国会对外国来源收入缴纳的税款给予税收抵免?

15.13 利润剥离。 什么是利润剥离?请举例说明跨国企业如何进行利润剥离。

15.14 受控外国公司。 什么是受控外国公司?它在全球税收管理中有什么意义?

15.15 转移价格。 什么是转移价格?政府可以管理转移价格吗?跨国企业母公司在制定转移价格时面临哪些困难和动力?

15.16 资金配置。 什么是资金配置?

15.17 所得税效应。 什么是所得税效应?所得税效应如何导致跨国企业改变转移价格?

15.18 正确定价。 美国《国内税收法典》第482条是什么?它建议在规定转移价格时采用什么准则?

15.19 **交叉抵免**。请定义交叉抵免，并解释为什么它可能符合（或不符合）全球税制。

15.20 **勾选原则**。请解释勾选原则变化如何改变F分部收入法规的有效性。

15.21 **衡量管理层业绩**。在衡量管理层业绩时，跨国企业内部的转移价格起到了什么作用？公司内的转移价格实务为何会与业绩衡量冲突？

15.22 **避税天堂子公司**。什么是避税天堂？它与国际离岸金融中心是一回事吗？跨国企业在避税天堂成立和经营金融子公司的目的是什么？

15.23 **公司倒置**。什么是公司倒置？为什么许多美国公司想做公司倒置，即使它受到公众和私人的严厉批评？

15.24 **数字商务**。跨国数字商务如何挑战对跨国企业征税的传统方式？

15.25 **税收竞争力**。一国或其政府在税收方面展开吸引企业的竞争意味着什么？

习题

15.1 **雅芳（Avon）的外国来源收入**。雅芳是一家美国直销商，销售许多种类的产品。雅芳在100多个国家销售领先的美容、时尚和家居产品。在该公司资金部的培训中，实习生用电子表格对以下假设的子公司利润/分配进行了分析。请使用表15-4中的试算表作为基本结构。

基线价值	情况1	情况2
a. 外国企业所得税税率	28%	45%
b. 美国企业所得税税率	35%	35%
c. 外国股利预扣税税率	15%	0%
d. 美国在外国企业中的所有权	100%	100%
e. 外国企业的股利支付率	100%	100%

a. 这笔收入在国外和国内缴纳的税款总额是多少？

b. 这家美国母公司对这笔收入缴纳的实际税率是多少？

c. 如果外国企业所得税税率为45%且没有股利预扣税，那么总纳税额和实际税率是多少？

15.2 **太平洋珠宝航空（Pacific Jewel Airlines）（中国香港）**。太平洋珠宝航空是一家总部位于美国的航空货运公司，在中国香港设有一家全资子公司。该子公司珠宝香港（Jewel Hong Kong）刚刚写完一份提交给旧金山母公司的长期规划报告，报告中估计了2011—2014年的预期利润和股利支付率，如下表所示。

目前这类收入的中国香港企业税率为16.5%。中国香港对汇给美国投资者的股利不征收预扣税。美国的企业所得税税率为35%。母公司希望每年将75%的净收入作为股利汇回。

a. 请计算中国香港子公司2011—2014年可供分配的净收入。

b. 预计每年汇给美国母公司的股利金额是多少？

c. 加总美国应纳税款之后，预计每年的税后（缴纳所有中国香港税款和美国税款之后）股利总额是多少？

d. 每年这种外国来源收入的实际税率是多少？

珠宝香港的收入项目 单位：百万美元

	2011	2012	2013	2014
息税前利润（EBIT）	8 000	10 000	12 000	14 000

续表

	2011	2012	2013	2014
减去利息费用	(800)	(1 000)	(1 200)	(1 400)
税前利润（EBT）	7 200	9 000	10 800	12 600

15.3 **德国的克拉夫斯托夫公司（Kraftstoff）**。克拉夫斯托夫是一家德国公司，为德国的几家大型汽车公司——包括梅赛德斯、宝马和欧宝——生产电子燃油喷射化油器组件。与今天的许多德国公司一样，该公司正在修改其财务政策，以符合在德国内外公开上市对该公司的更高程度的披露要求。该公司的税前利润为 483 500 000 欧元。

克拉夫斯托夫的主要问题是，德国企业所得税法根据收入是保留（45%）还是分配给股东（30%），对收入适用不同的所得税税率。

a. 如果克拉夫斯托夫计划分配其净收入的 50%，那么它的总净收入和公司总税额是多少？

b. 如果克拉夫斯托夫希望选择 40% 或 60% 的股利支付率，那么哪种股利支付率符合每个人的最佳利益？管理层将使用什么理由和数值说服股东？

15.4 **甘博亚（Gamboa）的税收平均值**。甘博亚公司是一家相对较新的美国特色果蔬零售商。该公司与中美洲的果蔬采购子公司以及遍布美国东南部和东北部地区的分销网络垂直整合。甘博亚的两家中美洲子公司位于伯利兹和哥斯达黎加。该公司创始人的女儿玛丽亚·甘博亚（Maria Gamboa）正在接受培训以在不久的将来接管该公司的财务管理。和许多与甘博亚规模类似的公司一样，出于时间和成本的考虑，它的财务管理并不是很复杂。

然而，玛丽亚最近完成了她的 MBA 学业，现在正试图运用美国税收实务的专业知识节约甘博亚的资金。她关心的第一个问题是平均分配两家中美洲子公司产生的外国应纳税款。哥斯达黎加子公司的利润略高于伯利兹子公司，这非常不错，因为哥斯达黎加是一个税率相对较低的国家。哥斯达黎加的企业税率统一为 30%，并且不对在该国经营的外国企业支付的股利征收预扣税。伯利兹的企业所得税税率较高，为 40%，并对分配给外国投资者的所有股利征收 10% 的预扣税。目前美国的企业所得税税率为 35%。

	伯利兹子公司	哥斯达黎加子公司
税前利润（美元）	1 000 000	1 500 000
企业所得税税率	40%	30%
股利预扣税税率	10%	0%

a. 如果玛丽亚·甘博亚假设每家子公司的股利支付率为 50%，那么来自伯利兹子公司和哥斯达黎加子公司的外国来源收入要多交多少税？如果玛丽亚平均分配两家子公司的税收抵免/应纳税款，那么需要多交多少美国税？

b. 由于伯利兹子公司的股利支付率为 50%，玛丽亚应如何改变哥斯达黎加子公司的股利支付率，以便最有效地管理外国税款总额？

c. 玛丽亚的外国来源收入能达到的最低实际税率是多少?

中格德克（Chinglish Dirk）

请使用以下公司案例回答习题15.5～习题15.7。中格德克公司（中国香港）向其全资母公司托灵顿埃治（Torrington Edge）（英国）出口剃须刀片。中国香港的税率为16%，英国的税率为30%。中格德克按以下方式计算每盒刀片的利润（所有价值均以英镑为单位）。

单位转移（销售）价格的结构	中格德克（英镑）	托灵顿埃治（英镑）
直接成本	10 000	16 100
经常费用	4 000	1 000
总成本	14 000	17 100
所需加价	2 100	2 565
转移价格（销售价格）	16 100	19 665
利润表		
销售价格	16 100 000	19 665 000
减去总成本	(14 000 000)	(17 100 000)
应税收入	2 100 000	2 565 000
减去税款	(336 000)	(769 500)
税后利润	1 764 000	1 795 500

15.5 **中格德克（A）**。托灵顿埃治的公司管理层正考虑在该跨国公司内部重新配置利润。如果中格德克的加价率增至20%，托灵顿埃治的加价率降至10%，那么中格德克和托灵顿埃治的利润和合并业绩将如何变化？这种重新配置对合并纳税额的影响是什么？

15.6 **中格德克（B）**。受到前一题分析结果的鼓舞，托灵顿埃治的公司管理层希望继续将利润重新配置在中国香港。然而，它面临两个限制。首先，英国的最终售价必须不高于20 000英镑才能保持竞争力。其次，英国税务当局——在与托灵顿埃治的成本会计人员合作时——确定了允许的最高转移价格（来自中国香港）为17 800英镑。您建议托灵顿埃治采用哪种加价组合？这种重新配置对税后综合利润和总纳税额有什么影响？

15.7 **中格德克（C）**。为了不留下潜在的税收重新配置机会，托灵顿埃治希望将习题15.6的内容与经常费用的重新分配结合起来。如果经常费用可以在两家子公司之间重新配置，但总额仍为每家子公司5 000英镑，并保持每家中国香港子公司的经常费用为最低的1 750英镑，那么这种重新配置对税后合并利润和总纳税额的影响是什么？

| 网络练习 | 部分习题答案 |

请扫描二维码或登录中国人民大学出版社官网 www.crup.com.cn 下载。

第16章
国际贸易融资

> 智者起头,傻瓜收尾。
>
> ——尼科洛·马基雅弗利(Niccolò Machiavelli)

学习目标

16.1 找出定义贸易关系的进出口商业交易的关键要素
16.2 考察如何结合进出口的三种关键单据为交易融资并管理风险
16.3 介绍各种帮助出口融资的政府计划
16.4 分析主要贸易融资方案
16.5 评估如何使用福费廷这种专业方法进行中长期贸易融资

本章的目的是说明国际贸易——出口和进口——是如何融资的。这个问题对于国内企业(只做进出口的企业)和跨国企业(与相关实体和无关实体进行贸易的企业)均有直接的实际意义。本章开篇说明了现有的贸易关系类型并讨论了贸易困境:出口商希望在出口前获得货款,而进口商不想在收到商品之前付款。然后,第二节介绍了三种关键的贸易单据——信用证、汇票和提单——以及如何用它们管理各种国际进出口风险。本章第三节介绍了政府出口融资计划,接下来的第四节分析了其他贸易融资工具。第五节即最后一节考察了如何用福费廷为中长期应收账款融资。迷你案例"克罗斯韦尔国际和巴西"说明了出口如何要求整合管理、营销和财务。

16.1 贸易关系

正如我们在第1章中看到的,国内企业的第一项重要全球活动就是商品和服务进出口。本章的目的是分析国内企业的国际贸易阶段,即它开始向外国供应商进口商品和服务并向外国买家出口的阶段。就加纳多公司而言,这个贸易阶段始于从墨西哥供应商进口和向加拿大买家出口。

贸易融资与所有公司进行的传统价值链活动具有许多共同特征。所有公司都必须搜寻供应商以获得所需的许多商品和服务,作为自身生产商品或提供服务过程的投入品。加纳多公司的采购部门必须确定每个潜在供应商能否以及时可靠的方式生产符合质量规格要求的产品，以及供应商是否会在持续的产品和工艺改进过程中与加纳多公司合作以保持竞争力。所有合作都必须有可接受的价格和支付条件。正如图 16-1 所示，同一些问题也适用于潜在客户，因为它们持续开展业务对加纳多公司的经营和成功同样至关重要。

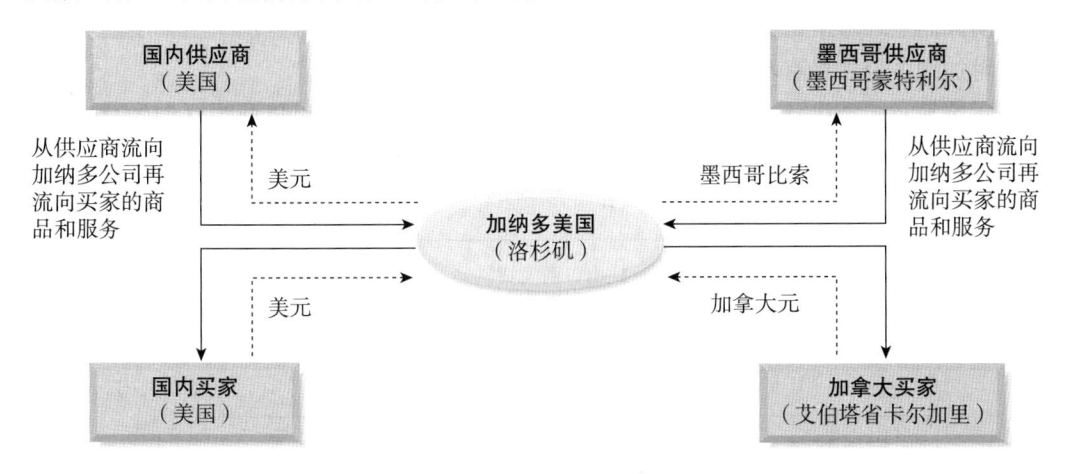

图 16-1 金融交易：商品与资金流动

了解出口商和进口商之间关系的性质对于理解产业中使用的进出口融资方法至关重要。图 16-2 概述了三类进出口关系：非关联未知方、非关联已知方和关联方。

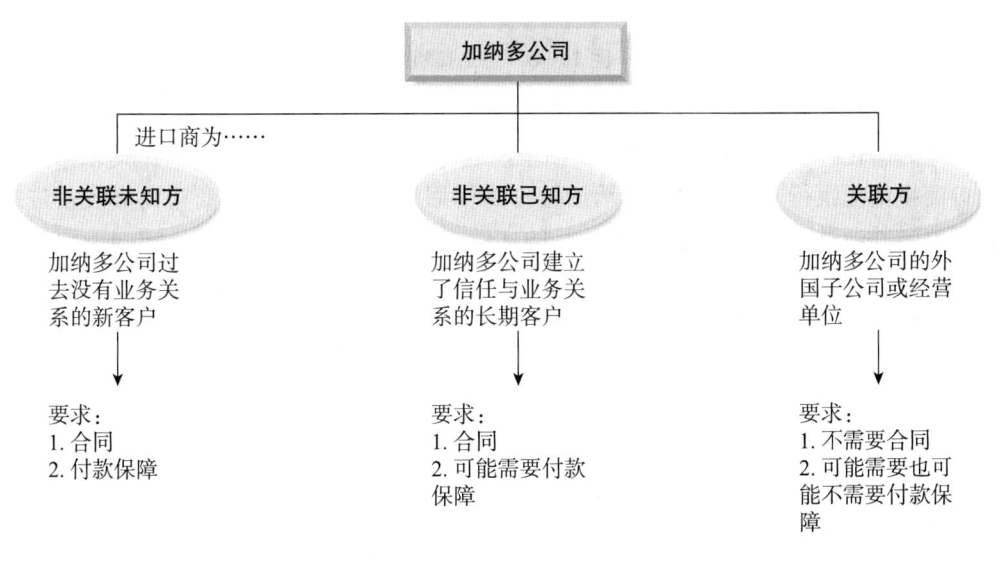

图 16-2 其他国际贸易关系

加纳多公司以前没有开展过业务的外国进口商被视为非关联未知方。在这种情况下，双方需要签订详细的销售合同，概述商业协议的具体责任和预期。加纳多公司还需要采取保护措施以防进口商不能及时全额付款。

加纳多公司之前成功开展过业务的外国进口商将被视为非关联已知方。在这种情况下，双方可能仍然会签订详细的销售合同，但具体贸易条款、装运条款或服务条款的定义可能会非常宽松。根据关系深度，加纳多公司可能会寻求某种第三方保护以防止无法完成交易的情况或以往来账户为基础开展业务。

当外国进口商是加纳多公司的子公司（例如加纳多巴西）时，它将被视为关联方（两者之间的交易将被称为公司内贸易）。由于这两家公司属于同一家跨国企业，因此最常见的做法是在不签合同或者未提供付款保障的情况下进行交易。然而，情况并非总是如此。在许多国际商业环境下，详细说明商业交易的条件并防止政治因素或国家因素中断交易可能仍然对加纳多公司最有利。

国际贸易必须解决一个根本困境。假设有一家进口商和一家出口商想互做生意。由于两者之间距离遥远，不可能一手交货一手付款。进口商更愿意采用图 16-3 上方的安排，而出口商更愿意采用图 16-3 下方的安排。

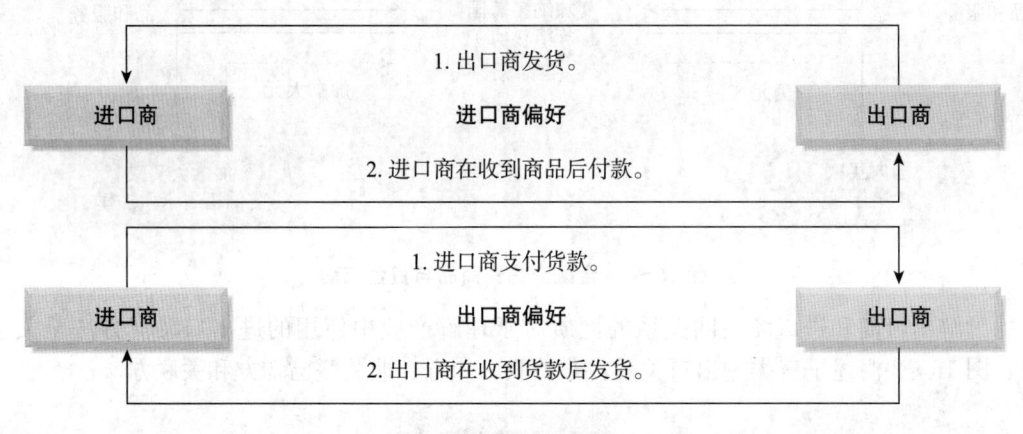

```
                    1. 出口商发货。
    ┌─────┐                              ┌─────┐
    │进口商│         进口商偏好           │出口商│
    └─────┘                              └─────┘
                2. 进口商在收到商品后付款。

                    1. 进口商支付货款。
    ┌─────┐                              ┌─────┐
    │进口商│         出口商偏好           │出口商│
    └─────┘                              └─────┘
                2. 出口商在收到货款后发货。
```

图 16-3　进出口机制

不愿信任外国陌生人的根本困境可以通过使用高信誉银行作为中间人来解决。图 16-4 是一张大为简化的视图。在这张简化视图中，进口商将获得银行代表其付款的承诺，并知道出口商将信任银行。银行的支付承诺被称为信用证（L/C）。出口商将商品发往进口商所在国家，并通过一份名为提单（B/L）的文件将商品所有权赋予银行。出口商要求银行支付货款时，银行将照做。请求付款的文件被称为即期汇票。支付过货款的银行现在将所有权转让给银行信任的进口商。根据它们的协议，进口商将在此时或以后偿还银行支付的货款。

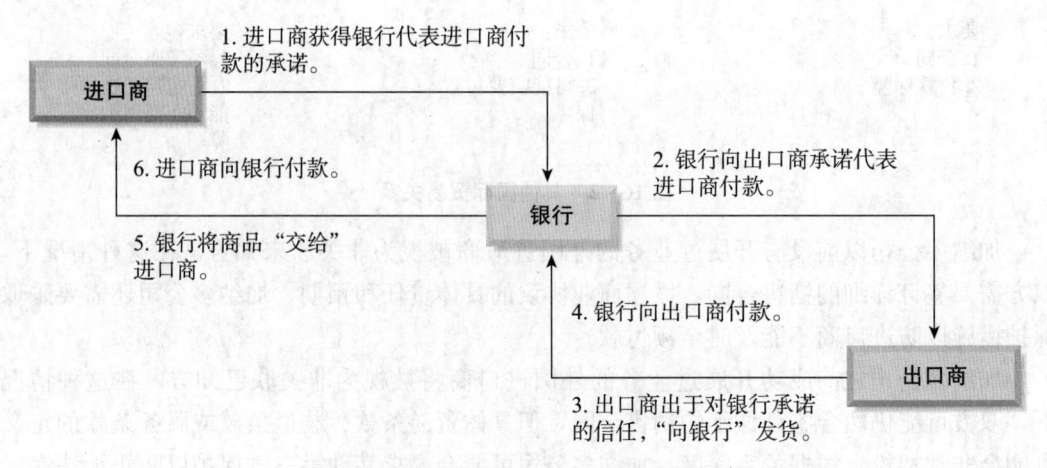

```
              1. 进口商获得银行代表进口商付
                 款的承诺。
    ┌─────┐
    │进口商│
    └─────┘
      │                                   2. 银行向出口商承诺代表
      │ 6. 进口商向银行付款。                 进口商付款。
      │                ┌─────┐
      │                │ 银行 │
      │                └─────┘
      │ 5. 银行将商品"交给"
      │    进口商。
      │                               4. 银行向出口商付款。
      │                                                ┌─────┐
      │                                                │出口商│
      │                                                └─────┘
                              3. 出口商出于对银行承诺
                                 的信任，"向银行"发货。
```

图 16-4　作为进出口中介的银行

跨国企业的财务经理必须了解这三种基本单据,因为他们的公司经常会与非关联方进行交易,而且因为这套单据制度提供了短期资金来源,因此即使在向姊妹子公司发货时也可以利用这些资金来源。

单据制度的好处

本章后面将详细讨论这三种重要单据及其相互作用。它们构成了一套几个世纪以来不断发展和修改的制度,帮助进口商和出口商防范交易未完成风险和外汇风险,并提供融资手段。

防范交易未完成风险。 如前所述,一旦进口商和出口商就条款达成一致,卖方通常更愿意在对方付款前或至少在确保对方会付款前保留对商品的合法所有权。但是,买方不愿意在收到商品之前或者至少在得到商品所有权之前付款。各方都希望确保对方完成其交易部分。信用证、提单和即期汇票属于一个精心构建的制度,以确定如果一方在任何时候违约,由谁承担经济亏损。

防范外汇风险。 在国际贸易中,外汇风险来自交易风险。如果交易需要以出口商的货币付款,则进口商承担外汇风险。如果交易要求以进口商的货币付款,则出口商承担外汇风险。

通过第10章介绍的方法,可以对交易风险进行对冲,但为了进行对冲,风险方必须确保在特定日期或特定日期附近支付规定金额。本章介绍的三种重要单据确保了支付金额和支付时间,从而为有效对冲奠定了基础。

当国际贸易只是偶然发生,没有尚未完成的循环发货协议,买卖双方也没有持续关系时,交易未完成风险和外汇风险最为重要。当进出口关系具有经常性时,例如每周或每月将产成品运往另一国的最终组装厂或零售店时,以及强势货币国家之间存在这种贸易关系时,出口商很可能在正常的信用核查后向进口商开出往来账户账单。

贸易融资。 多数国际贸易都有时滞,即在商品运输过程中资金被占用的时间。一旦解决了交易未完成风险和汇率变化风险,银行就愿意为在途商品融资。银行可以根据关键单据为在途商品以及持有待售商品融资,而不用担心商品质量问题或运输问题。

交易未完成风险

为了理解与国际贸易相关的风险,有必要了解此类交易中的事件发生顺序。图 16 - 5 从原则上说明了与一笔出口交易相关的一系列事件。

从财务管理的角度来看,与国际贸易相关的两种主要风险是外汇风险(第 10 章曾讨论过)和交易未完成风险。图 16 - 5 说明了信用管理的传统商业问题:出口商报价、签订合同、运输商品、基于对买方的信任或银行基于所提供单据的付款承诺失去商品的实际控制权。如图 16 - 5 所示,一旦融资期开始,进口商就会面临违约风险——交易未完成风险。

在许多情况下,分析外国客户信用程度的初始任务类似于分析国内客户信用程度的程序。如果加纳多公司没有与外国客户打交道的经验,但该客户是其本国的大型知名公司,那么加纳多公司可能只要求该公司提供银行信用报告。加纳多公司也可能与其他和该外国客户做过交易的公司沟通。如果这些调查显示该外国客户(和国家)完全值得信赖,那么加纳多公司可能会用往来账户在信用限额内向它们发货，就像对国内客户的做法一样。这是处理出口的成本最低的方法，因为它不需要大量单据，也不用支付高额的银行费用。

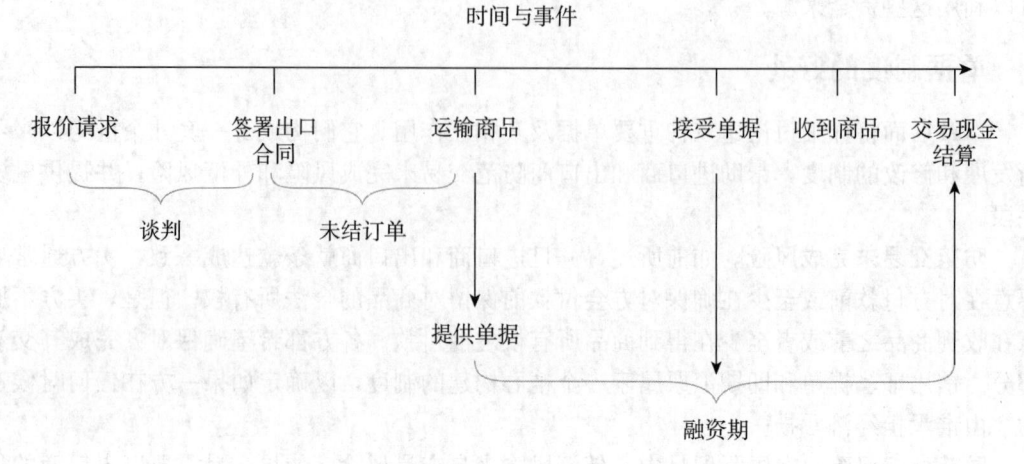

```
                              时间与事件
  报价请求    签署出口    运输商品    接受单据    收到商品    交易现金
              合同                                          结算
     └─谈判─┘└─未结订单─┘
                        提供单据
                                            融资期
```

图 16-5 交易时间线与结构

但是，在与新公司或不知名公司建立正常贸易关系之前，加纳多公司必然面临出口商品无法获得货款或无法完成进口的可能性。通过使用信誉良好的银行发行的信用证可以消除不付款风险。正如"全球金融实务 16-1"介绍的区块链技术在贸易融资中的应用，交易未完成风险已经促使全球许多金融从业者探索确保交易安全的新技术和新方法。

全球金融实务 16-1

区块链和贸易融资：巴达维亚

区块链技术最有前途的领域之一就是贸易融资。像比特币、区块链这样的加密货币背后的数字技术被认为极为适合涉及多方和重要文档的领域。

区块链是一种分散式数字分类账系统。作为一种无托管公共记录，用户社区成员用它验证财产所有权并跟踪各方之间的交易。其结构类似于链条，提供了一系列添加或变更商业交易的公开记录。这些记录只能通过向链条中添加新环节来更改。这可以防止未经批准的编辑或对系列交易的更改。因此，交易各方不能在未经双方同意的情况下撤销或更改任何协议以及创建新增"环节"。

2017 年，一个银团——蒙特利尔银行（Bank of Montreal）、凯克萨银行（Caixabank）、奥地利第一储蓄银行（Erste Bank）、德国商业银行（Commerzbank）和瑞银集团——利用区块链技术启动了一项名为"巴达维亚"的贸易融资计划。IBM 被认为是理想的合作伙伴，该公司已经与马士基（Maersk）合作成功推出了一款全球货运区块链应用。目标非常明确：用各种方式在全球运输商品跨越国界时，跟踪商品并自动在合同各方之间放款。按计划，巴达维亚将于 2018 年投入商业应用。

16.2 关键单据

以下几页介绍的三种关键单据——信用证、汇票和提单——构成了一套几个世纪以来不断发展和修改的制度,它帮助进口商和出口商防范交易未完成风险并提供了融资手段。这三种关键贸易单据属于一套精心设计的制度,它旨在确定一方违约时由谁承担经济亏损。

信用证

信用证是银行应进口商(申请人/买方)的申请签发的单据,其中银行承诺在收到信用证规定的单据时向出口商(信用证的受益人)付款。信用证降低了交易未完成风险,因为银行同意根据单据而非实际商品付款。三方之间的关系见图16-6。

开证行

开证行和出口商之间的关系由该银行发行的信用证的条款规定

进口商和开证行之间的关系由信用证的申请条款和协议规定

受益人（出口商）　　　　　　　　　　　申请人（进口商）

进口商和出口商之间的关系由销售合同规定

图16-6　信用证的当事方

信用证的当事方。 受益人(出口商)和申请人(进口商)就某项交易达成一致,然后进口商向当地银行申请开出信用证。进口商的银行根据对进口商信用程度的评估开出信用证和销售合同,或者银行可能需要进口商提前存入现金或其他抵押品。进口商的银行希望知道交易类型、所涉金额,以及对信用证开出的汇票必须附带什么单据。

如果进口商的银行对申请人的信用状况感到满意,那么出口商按照信用证中的说明和条件发货时,它将开出信用证保证支付商品价款。

信用证的本质是开证行承诺在收到规定单据(该单据必须附带对信用证开出的汇票)时付款。信用证不是基础商业交易的担保。实际上,信用证是独立于任何基础销售交易或其他基础合同的交易。要构成真实的信用证交易,开证行必须具备以下要素:

(1) 开证行开出信用证时必须收取费用或其他有效商业对价。
(2) 银行的信用证必须包含规定到期日或明确期限。
(3) 银行的承诺必须有规定的最高金额。
(4) 银行必须仅在收到特定单据时才产生支付义务,并且不得要求银行确定有争议的事实或法律问题。
(5) 银行付款后,银行客户必须承担按相同条件偿还银行所付款项的无条件义务。

商业信用证也可以根据是否可撤销和是否有保兑进行分类。

不可撤销信用证与可撤销信用证。 不可撤销信用证要求开证行承兑符合信用证的汇票，未经各方〔尤其是受益人（出口商）〕同意，不得撤销或修改。可撤销信用证可在付款前随时取消或修改；它的目的是作为安排付款的手段，但不作为付款担保。

保兑信用证与无保兑信用证。 保兑信用证由一家银行开出，可能由另一家银行保兑，在这种情况下，保兑行可以承兑符合信用证的汇票。无保兑信用证仅是开证行的义务。

当出口商对外国银行的支付能力存有疑虑时，出口商可能希望国内银行保兑外国银行的信用证。当出口商不确定外国银行的财务状况，或者外国的政治环境或经济环境不稳定时，就会出现这种疑虑。信用证的要素如图16-7所示。

东方银行有限公司
〔开证行名称〕

日期：2011年9月18日
信用证编号 123456

东方银行有限公司特此向琼斯公司（Jones Company）〔出口商名称〕发行此不可撤销跟单信用证，金额为500 000美元，见到对东方银行开出的汇票90天后付款，信用证编号为123456。

该汇票应附有以下文件：
1. 商业发票，一式三份；
2. 装箱单；
3. 清洁已装船提单；
4. 保险单据，已由买方支付。

在到期日，东方银行有限公司将向该汇票的持票人支付汇票面值。

授权签名

图16-7 信用证的要素

多数商业信用证都是书面单据，这意味着它必须包括特定单据以及根据这些单据的条款开出的汇票。所需文件通常包括提单（在本章后面将详细讨论）、商业发票和以下任何单据：领事发票、保险凭证或保单、装箱单。

信用证的优点和缺点。 信用证的主要优点在于它降低了风险——出口商可以根据银行的支付承诺而不是商业公司的支付承诺出售商品。由于银行比进口公司本身更有可能了解汇兑条件和外汇规定，因此出口商也能更有保障地获得外汇销售货款。如果进口国在交易过程中改变外汇规定，政府可能会由于担心本国银行的国际声誉受损而允许承兑未结清银行信用证。当然，如果信用证由出口商所在国的银行承兑，出口商就避免了外汇冻结问题。

出口商可能会发现由不可撤销信用证支持的订单有助于在本国获得出口前融资。如果出口商的交货信誉良好，那么当地银行可以为商品装运前的处理和准备提供贷款。一旦商品按照信用证的条款和条件发货，这笔商业交易就会获得付款，产生资金以偿还出口前贷款。信用证对进口商的另一个好处是，进口商在单据到达当地港口或机场且信用证中规定的所有条件都已满足之前不需要付款。信用证的主要缺点是进口商银行开出信用证要收费以及信用证可能减少进口商在银行的借款信贷额度。事实上，出口商自动要求进口商提供信用证可能是一种竞争劣势，尤其是进口商拥有良好信用记录且进口国的经济环境或政治环境没有问题时。但总的来说，自从贸易开始，信用证的价值就牢固确立了下来，详见"全球金融实务16-2"。

全球金融实务 16-2

佛罗伦萨——贸易融资的发源地

用于国际贸易的商人银行业主要始于意大利内陆城市佛罗伦萨。随着欧洲和地中海的商业发展，13世纪末至14世纪初，银行业开始在威尼斯和佛罗伦萨发展起来。

在这个时代，商业仍处于起步阶段，天主教会禁止许多方面的商业活动，包括发放高利贷（usury）。虽然高利贷意味着收取过高利率的非法活动，但"usury"这个词最初指的是收取任何形式的利息。

弗罗林是1252年首次铸造于佛罗伦萨的小金币。弗罗林以这座城市的名字命名，在接下来一个世纪作为在欧洲的交易手段蓬勃发展。商人们在长凳上进行交易——银行（banco）这个词由此诞生，它是指保存人们资金的安全场所。

但是硬币很重，如果商人从一个城市或国家到另一个城市或国家进行交易，就要带上沉甸甸的硬币，还很有可能被抢劫。因此，商人创建了第一种金融衍生产品——银行承兑汇票（一种交易凭证），他们可以把它从一个城市带到另一个城市，本国银行将据此在账户中贷记弗罗林，3个月内保证付款。当然，随着银行的诞生，也出现了第一批银行倒闭。

从一开始，无论是贷款、交易凭证的有效性还是货币价值，都是有风险的工具或活动，当时的意大利语称风险为"risque"。

汇票

汇票［draft，有时被称为 bill of exchange（B/E）］是国际商务中常用的支付工具。汇票是出口商（卖方）指示进口商（买方）或其代理人在规定时间支付规定金额的指令。因此，它是出口商对进口商的正式支付要求。

开出汇票的人或企业被称为开票人（也称为出票人或发起人）。通常，开票人是出售和运输商品的出口商。汇票的收受方是受票人。受票人被要求承兑汇票，即按照规定条款支付所要求的金额。在商业交易中，当受票人是买方时，汇票被称为商业承兑汇票，当受票人是买方银行时，汇票被称为银行承兑汇票。银行承兑汇票通常根据信用证的条款开出。汇票可以是无记名工具，也可以指定向谁付款。这个人被称为收款人，可以是开票人本身，也可以是其他某方，例如开票人的银行。

可转让工具。 如果按照适当方式开票，汇票可以成为可转让工具。因此，它们为商品的国际流动提供了便利的融资工具。要成为可转让工具，汇票必须符合以下要求——《统一商法典》第3104（1）节：

（1）必须为书面形式且由开票人或出票人签字。
（2）必须包含支付明确金额的无条件承诺或命令。

(3) 必须见票即付或在固定或可确定的未来日期支付。

(4) 必须支付给指定收款人或持票人。

如果汇票是按照刚刚列出的要求开出的,那么有适当背书的汇票的收受方将成为"正当持票人"。这是一种特权法律地位,即使受票人与开票人之间对基础交易存在争议而出现个人分歧,持票人仍可获得付款。如果受票人不承兑汇票,则必须由之前的背书人或开票人向正当持票人付款。它明确定义了作为正当持票人的可转让票据持有者的权利,极大地促进了各种形式的汇票(包括个人支票)被广泛接受。

汇票的类型。 汇票有两种类型:即期汇票和定期汇票。即期汇票应在向受票人提交汇票时支付;受票人必须立即付款或拒绝承兑汇票。定期汇票,也称为远期汇票,允许延期付款。它被提交给受票人,受票人在其正面写下承兑通知或盖章表示承兑。一旦被承兑,定期汇票就成为受票方(买方)的支付承诺。由银行开出和承兑的定期汇票是银行承兑汇票。由商业公司开出和承兑的定期汇票是商业承兑汇票(T/A)。

汇票的时长称为期限。要符合可转让票据的资格,并因此对正当持票人具有吸引力,汇票必须在固定或可确定的未来日期支付。例如,"见票后60天"是固定日期,该日期恰好在承兑汇票时确定。但是,"到货时"支付是不确定的日期,因为无法提前得知到货日期。实际上,无法保证商品将全部到货。

银行承兑汇票。 由银行承兑的汇票是银行承兑汇票。因此,它是银行在汇票到期时进行支付的无条件承诺。在质量方面,银行承兑汇票实际上几乎与可转让银行存单(CD)相同。银行承兑汇票的持票人不需要等到到期再变现投资,而是可以在货币市场上出售承兑汇票,货币市场上随时都在发生此类工具的交易。贴现金额完全取决于签字承兑的银行的信用评级,或另一家承兑汇票并收取费用的再保兑银行的信用评级。本章后面将分析与其他短期融资工具相比,使用银行承兑汇票的总成本或全部成本。

提单(B/L)

国际贸易融资的第三种关键单据是提单(B/L)。提单由运输商品的公共承运人开给出口商。它有三个作用:作为收据、合同和所有权凭证。

作为收据,提单表明承运人已收到文件中所称的商品。承运人不负责确定集装箱装有文件中所称商品,因此提单上的商品说明通常很简短。如果运费是提前支付的,提单通常会加盖"运费已付"或"运费预付"的章。如果运送的商品为运费到付——这种方式在国际上不如在国内常见,则承运人对商品保留留置权直至运费付清。

作为合同,提单表明承运人有义务提供特定运输服务并收取特定费用。普通承运人不能通过在提单中加入特殊条款来免除疏忽责任。在无法向指定港口交货的情况下,提单可以指定其他港口,也可以规定将商品退还给出口商并由出口商承担退货费用。

作为所有权凭证,提单用于在将商品交给进口商之前获得付款或书面支付承诺。提单还可以作为抵押品,在装运之前或运输途中以及进口商最终付款之前,可以凭此由当地银行向出口商预付资金。

提单的抬头人通常为出口商,因此出口商在商品交给承运人后保留对商品的所有权。在收到付款之前,商品的所有权仍归出口商所有,此时出口商对(可转让)提单做空白背书(使其成为无记名票据)或对支付方(通常是银行)背书。最常见的程序是根据附带已背书提单的跟单汇票提前付款。

支付汇票后，出口商的银行通过银行清算渠道将单据转发给进口商的银行。进口商的银行在付款后（即期汇票）、承兑后（向进口商发出并标明 D/A 的定期汇票）或在约定支付条款后（根据信用证规定向进口商银行开出的汇票）将单据交给进口商。

典型贸易中的单据

尽管人们认为可以用多种方式处理贸易，但现在我们将用一个假设例子来说明各种单据的相互作用。假设加纳多美国收到一位加拿大买家的订单。对于加纳多公司而言，这将是一笔由信用证提供融资的出口交易，这笔交易需要提单，出口商通过加拿大买方银行承兑的定期汇票收款。此类交易的程序如图 16-8 所示。

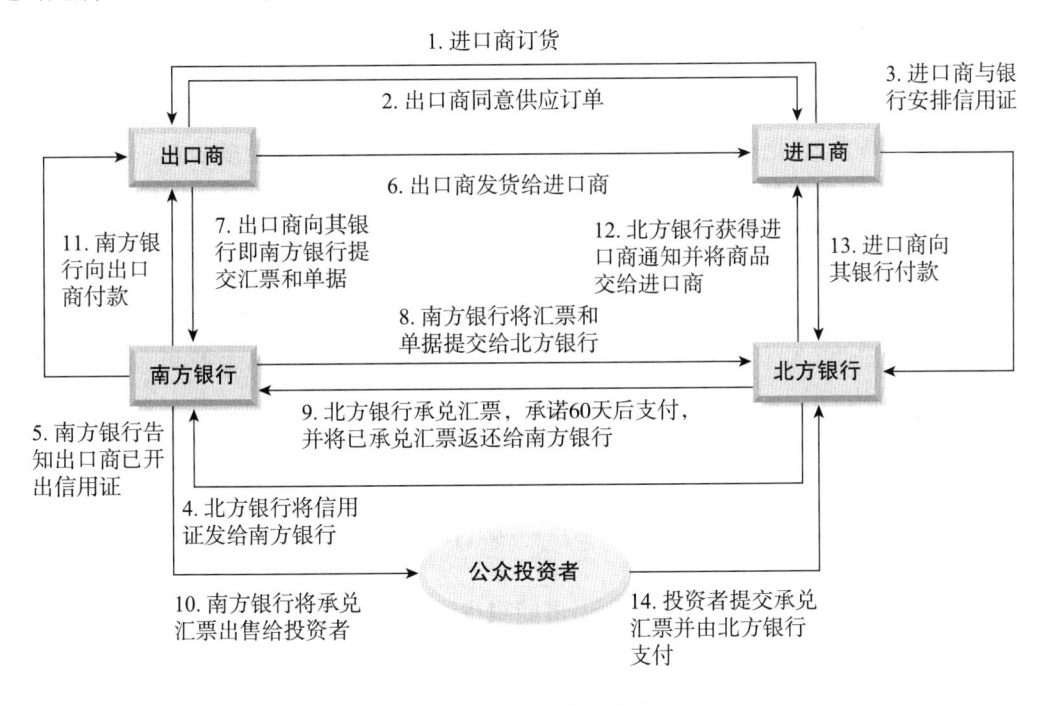

图 16-8 典型贸易步骤

（1）加拿大买家（图 16-8 中的进口商）向加纳多公司（图 16-8 中的出口商）下单，询问加纳多公司是否愿意根据信用证发货。

（2）加纳多公司同意根据信用证发货，并规定价格和条款等相关信息。

（3）加拿大买家向图 16-8 中的北方银行申请对其希望购买的商品开出以加纳多公司为受益人的信用证。

（4）北方银行开出以加纳多公司为受益人的信用证，并将其发给加纳多公司的银行，即南方银行（见图 16-8）。

（5）南方银行告知加纳多公司已开出以加纳多公司为受益人的信用证。南方银行可能为该信用证保兑以增加自身的担保，也可能不对其保兑。

（6）加纳多公司将商品运送给加拿大买家。

（7）加纳多公司准备定期汇票并将其提交给南方银行。该汇票是根据北方银行的信用

501

证开给北方银行（即抬头人为北方银行）的，并附有所需的其他单据，包括提单。加纳多公司对提单做空白背书（使其成为无记名票据），使商品所有权归于单据持有者——此时本交易中的持有者是南方银行。

（8）南方银行将该汇票和单据提交给北方银行承兑。北方银行通过盖章和签字承兑该汇票（使其成为银行承兑汇票），取得单据所有权，并承诺在到期时——比如 60 天后——支付现已承兑的汇票。

（9）北方银行将已承兑汇票返还给南方银行。或者，南方银行可能会要求北方银行承兑并贴现汇票。如果发生这种情况，北方银行将把现金减去贴现费后的金额汇给南方银行，而不是将已承兑汇票返还给南方银行。

（10）南方银行收回已承兑汇票（现在为银行承兑汇票）后，可以在几种方案中做出选择。南方银行可以在公开市场上将承兑汇票以折价卖给投资者，通常是希望用多余现金进行短期投资的公司或金融机构。南方银行也可以在自己的投资组合中持有承兑汇票。

（11）如果南方银行贴现北方银行的承兑汇票（见第 9 步）或在当地货币市场上贴现承兑汇票，南方银行将把收入减去费用和折扣后的剩余金额转给加纳多公司。另一种可能性是加纳多公司本身持有承兑汇票，并在 60 天后提交该承兑汇票收款。然而，在通常情况下，出口商更愿意立即获得承兑汇票的贴现现金价值，而不是等待承兑汇票到期并在日后收到稍多的现金。

（12）北方银行通知加拿大买家单据到达。加拿大买家签署一张票据或制定其他计划，约定在 60 天后向北方银行支付货款，北方银行将基础单据交给加拿大买家，使其立即获得商品的实际所有权。

（13）60 天后，北方银行从加拿大买家那里获得资金以支付到期的承兑汇票。

（14）同一天，即承兑后第 60 天，到期承兑汇票的持有者提交汇票要求付款并收到其面值。持有者可以直接将其提交给北方银行，或者将其退回南方银行，让南方银行通过正常的银行渠道收款。

虽然这是涉及信用证的典型交易，但可能很少有国际贸易是真正的典型交易。商业，尤其是国际商业，在任何时候都需要管理层的灵活性和创造力。本章末尾的迷你案例介绍了一种真实商业情境机制的应用。结果是对管理层的经典挑战：为了实现战略目标，应该何时在典型程序上做出妥协以及在什么基础上妥协？

16.3 政府帮助出口融资的计划

多数出口导向工业国的政府都设有专门金融机构，为本国出口商提供某种形式的补贴信贷。这些出口融资机构提供的条款优于私营部门普遍提供的条款。因此，国内纳税人为向外国买家销售商品的交易提供补贴，以创造就业机会并保持技术优势。其中最重要的金融机构通常提供出口信贷保险，并由进出口银行提供出口融资。

出口信用保险

坚持对外国商品收取现金或使用信用证收款的出口商可能会将订单拱手让给提供更优

惠信用条款的他国竞争对手。通过出口信用保险通常可以获得更优的信用条款，它向出口商或出口商的银行保证，如果外国客户支付违约，保险公司将补偿大部分损失。由于有出口信用保险，因此商业银行愿意为出口提供中长期融资（5~7年）。进口商希望出口商购买出口信用保险以承担进口商的不履约风险。通过这种方式，进口商无须支付开出信用证的费用，也不会减少其信用额度。

各国之间通过延长赊销交易可投保时间来增加出口的竞争可能会导致信用战和不稳健的信用决策。为了防止这种不健康的发展，一些主要贸易国家于1934年联合创建了伯尔尼协会（官方称为国际信用和投资保险人协会），目的是建立对出口信用条款的自愿国际谅解。伯尔尼协会对许多商品提出了最长信用期限建议，例如重资本商品为5年、轻资本商品为3年，耐用消费品为1年。

在美国，出口信用保险由外国信用保险协会（Foreign Credit Insurance Association，FCIA）提供。这是一家与进出口银行合作经营的私营商业保险公司非法人协会（将在下一节讨论）。外国信用保险协会提供的保单可以帮助美国出口商防范商业风险和政治风险导致的外国债务人不付款风险。商业风险造成的损失是由买方丧失清偿能力或拖欠付款而导致的。政治损失则来自不受买方或卖方控制的政府行为。

进出口银行与出口融资

进出口银行（Eximbank）是美国政府的一个独立机构，成立于1934年，旨在刺激和促进美国的对外贸易。有意思的是，最初成立进出口银行主要是为了促进对苏联的出口。1945年，进出口银行重新获得特许"以帮助促进美国与外国、外国机构或外国国民之间的进出口和商品交易并为其提供融资"[①]。

进出口银行通过各种贷款担保和保险计划帮助美国出口融资。进出口银行为美国银行向外国借款人提供的中期（181天~5年）出口贷款和长期（5~10年）出口贷款提供还款担保。进出口银行的中长期直接贷款业务基于私人资金来源的参与。本质上，进出口银行是向美国境外的借款人贷出美元以购买美国商品和服务。此类贷款的收入将支付给美国供应商。向进出口银行偿还这种贷款时是以美元还本付息的。进出口银行要求私人参与这些直接贷款，以便：（1）确保其作为私人出口融资来源的补充，而不是与之竞争；（2）更广泛地分配资源；（3）确保私人金融机构继续提供出口信贷。

进出口银行也为租赁交易提供担保，对美国公司为非美国客户进行的大型资本项目工程设计、规划和可行性研究提供融资；并为出口商、银行或其他需要获得融资帮助以购买美国商品的对象提供咨询。

16.4 贸易融资的其他方案

为了给国际贸易应收账款融资，公司使用与国内贸易应收账款相同的融资工具，此外还使用一些只用于国际贸易融资的专门工具。表16-1列出了主要的短期融资工具及其成本。

---

① 《美国进出口银行章程》，公法114~194，根据《美国法典》第635节以及以下内容编订。

银行承兑汇票

本章前面介绍的银行承兑汇票可以用于为国内贸易和国际贸易的应收账款融资。表16-1显示,银行承兑汇票的收益率类似于其他货币市场工具,尤其是可转让银行存单。然而,公司开具和贴现银行承兑汇票的全部成本还取决于承兑该公司汇票的银行收取的手续费。

表16-1 短期国内贸易和国际贸易应收账款的融资工具

工具	3个月期成本或收益率
银行承兑汇票*	年化收益率为1.14%
商业承兑汇票*	年化收益率为1.17%
保理	可变利率,但成本远高于银行信贷额度
证券化	可变利率,但与银行信贷额度存在竞争
银行信贷额度	LIBOR或基础利率加上某个点数(如果有出口信用保险,则加点较少)
商业票据*	年化收益率为1.15%

* 这些工具与收益率为1.17%的3个月期可转让银行定期存单竞争。

国际贸易创建的银行承兑汇票的第一个所有者是出口商,在银行盖章"承兑"后,它们将收到已承兑汇票。出口商可以持有承兑汇票直至到期,然后收款。对于3个月期100 000美元承兑汇票,出口商获得的金额为面额减去1.5%的银行承兑年手续费:

承兑汇票的面额	100 000美元
减去3个月期承兑汇票的年手续费1.5%	−375美元(0.015×3/12×100 000美元)
3个月后出口商收到的金额	99 625美元

或者,出口商也可以将承兑汇票"贴现"——也就是说,降价出售——给其银行,以立即获得资金。然后,出口商将收到承兑汇票面额减去银行承兑汇票的承兑手续费和按现行市场贴现率计算的贴息后的余额。如表16-1所示,如果年贴现率为1.14%,则出口商将收到以下金额:

承兑汇票的面额	100 000美元
减去3个月期承兑汇票的年手续费(费率为1.5%)	−375美元(0.015×3/12×100 000美元)
减去3个月期年贴息(贴现率为1.14%)	−285美元(0.014×3/12×100 000美元)
出口商立即收到的金额	99 340美元

因此,银行承兑汇票的年化总融资成本如下:

$$\frac{手续费+贴息}{收入}\times\frac{360}{90}=\frac{375美元+285美元}{99\ 340美元}\times\frac{360}{90}=0.026\ 6,即2.66\%$$

贴现银行可以在自己的投资组合中持有承兑汇票,自己获得1.14%的年贴现率,或者在承兑汇票市场上将承兑汇票转售给证券投资者。购买银行承兑汇票的投资者为交易提供融资。

商业承兑汇票

商业承兑汇票（T/A）类似于银行承兑汇票，但承兑主体是商业公司，例如通用汽车金融服务公司，而不是银行。商业承兑汇票的成本取决于承兑公司的信用评级加上其收取的手续费。与银行承兑汇票一样，商业承兑汇票以折价出售给银行和其他投资者，其贴现率与其他货币市场工具相当（见表16-1）。

保理

专业公司，即所谓的保理商，以折价购买无追索权或有追索权的应收账款。无追索权意味着保理商承担其购买的应收账款的信用风险、政治风险和外汇风险。有追索权意味着保理商可以退回无法收回的应收账款。由于保理商必须承担逐一评估应收账款信用的成本和风险，因此保理成本通常很高，甚至高于基础利率加上点数的借款利率。

无追索权应收账款的总保理成本在结构上类似于承兑汇票。保理商收取手续费以弥补无追索权风险，通常费率为1.5%~5%，再加上作为贴息从初始出售收入中扣除的利息。另一方面，出售无追索权应收账款的公司避免了确定客户信用程度的成本。

公司也不必在资产负债表上显示为这些应收账款融资而借入的债务。此外，公司还避免了这些无追索权应收账款的外汇风险和政治风险。"全球金融实务16-3"举例说明了相关成本。

全球金融实务 16-3

保理实务

一家美国制造商先后在全球信贷危机和全球经济衰退期间遭受重大损失，现在短缺现金，销售收入、利润和现金流下降。该公司正在努力偿还其高额债务。但是，该公司确实有许多新销售协议。该公司正在考虑将其最大的新销售交易之一（金额为500万美元）交给一家日本公司保理。应收账款将在90天后到期。联系一家保理代理商后，该代理商报出下列无追索权费用和保理费。

如果该公司希望对应收账款进行保理，净收入将为455万美元，即应收账款面额的91%。虽然这乍一看似乎很昂贵，但公司将提前获得净现金收入，而不必等待90天后的付款。并且它不负责收取应收账款。如果该公司能在最初的销售交易中"考虑"保理成本就更好了。或者，该公司也可以为发货后前10天内支付现金提供折扣。

应收账款面额	5 000 000 美元
无追索权费率（1.5%）	−75 000 美元
保理费（每月2.5%×3个月）	−375 000 美元
净销售收入（现款收入）	−4 550 000 美元

证券化

相对于银行承兑汇票融资和保理而言，用于贸易融资的出口应收账款证券化是一种有吸引力的补充手段。公司可以将出口应收账款出售给专门用各种出口应收账款创建有价证券的法人实体,从而将其证券化。这种方法的一个优点是可以从出口商的资产负债表中去掉出口应收账款,因为它们是在无追索权的情况下出售的。

应收账款通常以折价出售。折价的大小取决于四个因素:
(1) 出口商的历史收款风险;
(2) 信用保险费用;
(3) 保证为投资者提供所需现金流的成本;
(4) 融资和服务费的金额。

如果有大量已知信用记录和违约概率的交易,证券化将更具成本效益。大型出口商可以建立自己的证券化实体。虽然初始成立成本很高,但出口商可以持续使用该实体。较小的出口商可以使用金融机构提供的通用证券化实体,从而节省昂贵的成立成本。

银行信贷额度

公司的银行信贷额度通常可用于融资,最高为应收账款的某个固定比例(例如80%)。出口应收账款可能符合银行信贷额度融资的资格。但是,外国客户的信用信息可能更难收集和评估。如果一家公司对出口应收账款上了出口信用保险,就可以大大降低这些应收账款的信用风险。这种保险使银行信贷额度能涵盖更多的出口应收账款并降低该涵盖范围内的利率。当然,任何外汇风险都必须通过第10章介绍的交易风险处理方法来处理。

使用银行信贷额度的成本通常是基础利率加上反映特定公司信用风险的点数。一如往常,100点等于1%。在美国,借款人也有望在贷款机构保留补偿存款额度。在欧洲和其他许多地方,贷款是以透支形式发放的。透支协议允许公司在信用额度内透支银行账户。利率(基础利率加点数)仅基于透支借款金额。不论是哪种情况,使用信贷额度的总银行借款成本均高于承兑汇票融资成本,如表16-1所示。

商业票据

公司可以发行商业票据——无担保本票——为其短期融资需求提供资金,包括国内应收账款和出口应收账款。然而,只有具有良好信用评级的大型知名公司才能进入国内商业票据市场或欧洲商业票据市场。如表16-1所示,商业票据利率位于收益率曲线的低端。

16.5 福费廷

福费廷是一种专业化方法,用于在出口商认为进口商和(或)其政府的往来账户信用风险过高的情况下消除进口商不付款的风险。该方法得名自法语"à forfait",这个词的意思是"丧失或放弃一项权利"。

福费廷的作用

福费廷的实质是出口商以无追索权方式出售从另一国进口商收到的银行担保本票、汇票或类似单据。出口商在交易时以面值的某个折扣将本票或汇票出售给被称为包买商的专业金融公司并获得现金。包买商在执行交易之前安排好所有手续。虽然出口商对交割商品的质量负责，但它将在交易时收到明确无条件的现金付款。所有因政治风险和商业风险而导致的进口商不付款风险由担保银行承担。信任客户会付款的小型出口商发现福费廷方法非常有价值，因为它可以缓解现金流问题。

在苏联时代，这种专业方法主要掌握在德国和奥地利的银行手中，这些银行利用福费廷为向东欧"苏联集团"国家出售的资本设备提供融资。英国、挪威、瑞典、意大利、西班牙和法国出口商现在也采用了这种方法，但据报道，美国和加拿大的出口商采用福费廷的步伐很缓慢，可能是因为它们怀疑这种方法过于简单和缺乏复杂文件。尽管如此，一些美国公司现在专营该业务，美洲包买商协会（Association of Forfaiters in the Americas，AFIA）拥有20多名成员。通过福费廷方法融资的主要出口目的地是亚洲、东欧、中东和南美洲。

典型的福费廷交易

典型的福费廷交易涉及五方，如图16-9所示。该过程中的步骤如下：

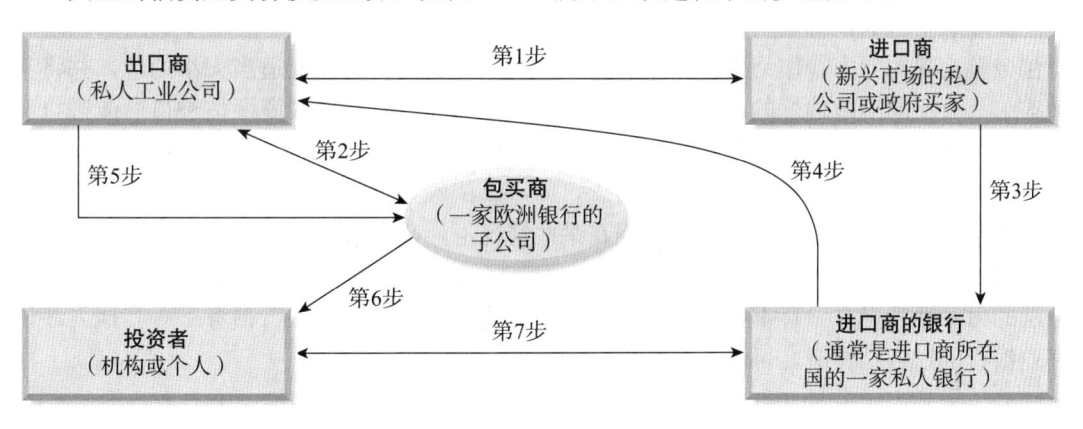

图 16-9 典型的福费廷交易

第1步 协议。进口商和出口商同意在一段时期内（通常为3～5年）支付一系列进口商品的价款。然而，使用这种方法可以在短至180天、长至10年的时期内提供融资。一般最小交易规模为100 000美元。进口商同意定期付款，通常是随着交货或项目完成进度付款。

第2步 承诺。包买商承诺以固定贴现率为交易融资，并在出口商向包买商交付相关本票或其他规定票据时付款。约定的贴现率基于欧洲市场的资金成本，通常是交易平均期限的LIBOR加上溢价以反映交易中的风险。这种风险溢价受交易的规模和期限、国家风险以及担保机构质量的影响。例如，在一笔为期5年的交易中，将发生10次支付，每半年支付一次，使用的贴现率将基于2.25年期LIBOR利率。该贴现率通常会加到交易的发票金额中，因此融资成本最终由进口商承担。对于从承诺融资日至收到根据融资合同开出的实际贴现票据的这段时期，包买商额外收取每年0.5%～6.0%的承诺费。
该费用通常也会加到发票成本中并转嫁给进口商。

第3步 保兑或担保。进口商通过发行一系列本票（通常每6个月或每12个月就有本票到期）承担了随着交割或项目完成进度支付购买价款的义务。这些本票首先交付给进口商的银行，由该银行背书（即担保）。在欧洲，这种无条件担保被称为"aval"，翻译成英语即为"担保"。

此时，进口商的银行成为所有后续票据持有者眼中的主要债务人。银行的担保必须是不可撤销、无条件、可分割和可转让的。由于美国银行不发行票据担保，因此美国交易由备用信用证担保，它在功能上类似于票据担保但更麻烦。例如，备用信用证通常只能转让一次。

第 4 步 交付票据。 将现已背书的本票交付给出口商。

第 5 步 贴现。 出口商对这些票据进行"无追索权"背书并将其贴现，包买商收到约定款项。收到款项的时间通常为提交单据两天后。通过对"无追索权"票据背书，出口商免除了未来对票据付款的责任，从而获得了贴现收入而无须担心未来的支付问题。

第 6 步 投资。 福费廷银行要么持有票据至完全到期作为投资，要么对其背书并在国际货币市场上再贴现。由包买商进行的这种后续销售通常没有追索权。主要的再贴现市场位于伦敦和瑞士，与南美业务相关的票据的主要发行市场位于纽约。

第 7 步 到期。 到期时，持有票据的投资者将其提交给进口商或进口商的银行。进口商银行的承诺为单据赋予了价值。

实际上，包买商既是货币市场公司（例如，短期融资的贷方），也是涉及国家风险的打包金融交易的专家。作为货币市场公司，包买商将贴现票据打成适当大小的包，并将其转售给具有不同期限偏好的各种投资者。作为国家风险专家，包买商评估进口商或进口商银行最终支付票据的风险，并撮合同时满足出口商需求和进口商需求的交易。

福费廷方法的成功源于这样一种信念，即可以依赖票据担保——商业银行的担保。虽然一般来说商业银行是首选担保人，但在某些情况下，政府银行或政府财政部门提供的担保也可以接受。有时，在没有银行担保的情况下，大型企业也曾作为债务人被接受。这种方法的另一个特点是，背书银行的票据担保被视为"资产负债表外"债务——其他人评估商业银行的财务结构时，可能不会考虑这种债务。

要点总结

- 国际贸易发生在三类关系之间：非关联未知方、非关联已知方和关联方。
- 关联方之间的国际贸易通常不需要合同安排或外部融资。非关联方之间的贸易通常需要合同和某种类型的外部融资，例如通过信用证提供的融资。
- 国际贸易融资的基本程序取决于三种关键单据之间的相互关系：信用证、提单和汇票。
- 在信用证中，银行用自身信用代替进口商的信用，并承诺在特定单据提交给银行时付款。出口商现在可以依赖于银行的承诺而不是进口商的承诺。
- 出口商通常在运输商品时附带提单，并将要求进口商银行付款的汇票附在提单上，通过出口商银行向进口商银行提交这些单据以及其他附加单据。
- 如果单据齐备，则进口商银行要么支付汇票（即期汇票），要么承兑汇票（定期汇票）。在后一种情况下，银行承诺将来付款。在这一步中，进口商银行通过提单获得商品所有权，并将商品交给进口商。
- 出口商进入外国市场的总成本包括贸易融资的交易成本、出口国和进口国收取的进出口关税以及打入外国市场的成本。

■ 贸易融资使用与国内应收账款融资相同的融资工具,加上某些仅用于国际贸易融资的专门工具。一种常见的短期融资工具是银行承兑汇票。

■ 不同于国内贸易短期融资工具的其他短期融资工具是商业承兑汇票、保理、证券化、银行信贷额度(通常由出口信用保险承保)和商业票据。

迷你案例

克罗斯韦尔国际和巴西[①]

克罗斯韦尔国际(Crosswell International)是一家美国卫生保健产品生产商和分销商,产品包括儿童纸尿裤。巴西卫生保健产品分销商医疗材料公司(Material Hospitalar)的总裁莱昂纳多·索萨(Leonardo Sousa)找到了克罗斯韦尔。索萨有兴趣分销克罗斯韦尔的主要纸尿裤产品珍宝纸尿裤,但前提是能达成可接受的定价和支付条款安排。

向巴西出口

进行初步讨论后,克罗斯韦尔的出口业务经理杰夫·马蒂厄(Geoff Mathieux)整理出了一份出口成本和定价估计,以备和索萨继续讨论。克罗斯韦尔需要了解整个供应链和价值链到达消费者时的所有成本假设和定价假设。马蒂厄认为,给定克罗斯韦尔希望进入的利基市场,关键是克罗斯韦尔做出的任何安排都将在巴西市场上形成对所有相关方都公平且具有竞争力的消费价格。这首先得出了珍宝纸尿裤进入巴西的定价,见表A。

克罗斯韦尔建议向巴西分销商出售基本款纸尿裤,每箱售价34.00美元,FAS(船边交货)迈阿密。这意味着卖方克罗斯韦尔同意承担将纸尿裤运送到迈阿密码头的所有费用。纸尿裤的装船成本、实际运输成本(运费)和相关单据成本为每箱4.32美元。每箱成本小计为38.32美元,称为CFR(成本和运费)。最后,将商品运到最终目的港的保险费为每箱0.86美元。假设汇率为2.50雷亚尔/美元,总CIF(成本、保险费加运费)为每箱39.18美元,即每箱97.95雷亚尔。总之,97.95雷亚尔的CIF成本是出口商在商品抵达巴西时向进口商收取的价格,计算方法如下:

CIF＝FAS＋运费＋出口保险
　　＝(34.00美元＋4.32美元＋0.86美元)×2.50雷亚尔/美元＝97.95雷亚尔

分销商通过港口和海关仓库获得纸尿裤的实际成本也必须根据莱昂纳多·索萨的实际成本计算。表A中详述的各种费用和税款将珍宝纸尿裤的全部到岸成本提高到每箱107.63雷亚尔。该分销商现在承担的存储成本和库存成本总计为每箱8.33雷亚尔,这将使成本达到115.96雷亚尔。然后,分销商对配送服务加收20%的价格(23.19雷亚尔),将对最终零售商的售价提高到每箱139.15雷亚尔。

最后,零售商(超市或其他卫生保健消费品零售商)将加总费用、税款和加价,使最终上市价格达到每箱245.48雷亚尔。根据该最终零售价格估计,克罗斯韦尔和医疗材料公司现在可以评估珍宝纸尿裤在巴西市场上的价格竞争力,并为双方的进一步谈判提供基础。

[①] 1996年©亚利桑那州立大学雷鸟全球管理学院版权所有。本案例由道格·马蒂厄(Doug Mathieux)和杰夫·马蒂厄(Geoff Mathieux)在迈克尔·H. 莫菲特教授和詹姆斯·L. 米尔斯(James L. Mills)教授的指导下编写,仅用于课堂讨论,不表示有效或无效的管理。

珍宝纸尿裤将通过集装箱运输。每个集装箱装有968箱纸尿裤。表A中的成本和价格是以箱为单位计算的，但有些成本和费用是以每集装箱为单位计算的。马蒂厄提供了表A中的出口报价、可能的代表协议（索萨用来代表克罗斯韦尔在巴西市场上的产品线），以及莱昂纳多·索萨的支付条件和信用条件。克罗斯韦尔的支付条件和信用条件是索萨要么提前全额支付现金，要么提交保兑不可撤销信用证与期限为60天的定期汇票。

表A 珍宝纸尿裤向巴西出口的出口价格

珍宝纸尿裤将通过集装箱运输。每个集装箱装有968箱纸尿裤。以下成本和价格是以箱为单位计算的，但部分成本和费用是以集装箱为单位计算的。

出口到巴西的成本和价格	每箱	汇率和计算
每箱的FAS迈阿密价格	34.00美元	
运费、装运费用和单据费用	4.32美元	每集装箱4 180美元/968＝4.32美元
每箱的CFR巴西（桑托斯）价格	38.32美元	
出口保险	0.86美元	CIF的2.25%
每箱的CIF巴西价格	39.18美元	
每箱的CIF巴西价格（巴西雷亚尔）	97.95雷亚尔	2.50雷亚尔/美元×39.18美元
巴西进口成本		
进口关税	1.96雷亚尔	CIF的2.00%
商船翻新费	2.70雷亚尔	运费的25.00%
港口储存费	1.27雷亚尔	CIF的1.30%
港口处理费	0.01雷亚尔	每集装箱12雷亚尔
附加处理费	0.26雷亚尔	储存与处理成本的20.00%
报关费	1.96雷亚尔	CIF的2.00%
进口许可证费	0.05雷亚尔	每集装箱50雷亚尔
当地运费	1.47雷亚尔	CIF的1.50%
总分销成本（雷亚尔）	107.63雷亚尔	
分销商的成本和价格		
储存成本	1.47雷亚尔	CIF的1.50%×月数
纸尿裤存货的融资成本	6.86雷亚尔	CIF的7.00%×月数
分销商加价	23.19雷亚尔	（价格＋储存成本＋融资成本）×20.00%
卖给零售商的价格（雷亚尔）	139.15雷亚尔	
巴西零售商的成本和价格		
工业产品税（IPT）	20.87雷亚尔	卖给零售商的价格的15.00%
商品流转服务税（MCS）	28.80雷亚尔	（价格＋IPT）×18.00%
零售成本与加价	56.65雷亚尔	（价格＋IPT＋MCS）×30.00%
卖给消费者的价格（雷亚尔）	245.48雷亚尔	
卖给消费者的纸尿裤价格	每箱的纸尿裤数量（片）	每片纸尿裤的价格
小片	352	0.70雷亚尔
中片	256	0.96雷亚尔
大片	192	1.28雷亚尔

克罗斯韦尔还要求索萨提供财务报表、银行征信、外国商业征信、地区销售团队介绍以及珍宝纸尿裤系列的销售预测。这些最后要求的资料让克罗斯韦尔可以评估医疗材料公司能否成为巴西市场上可靠、有信誉、有能力的长期合作伙伴和公司代表。接下来的讨论重点是找到双方都能接受的共同点，并努力提高珍宝纸尿裤产品在巴西市场上的竞争力。

克罗斯韦尔的建议

克罗斯韦尔建议向医疗材料公司出售——至少在最初发货时——10个装有968箱纸尿裤的集装箱，价格为每箱39.18美元，CIF巴西，以美元支付。这是一笔总发票金额为379 262.40美元的交易。支付条件是医疗材料公司需要提供美国银行保兑的信用证。价款通过60天期定期汇票支付，在发货当天和其他单据一起提交给银行承兑。出口商和出口商的银行预期将在发货日起60天后收到进口商或进口商的银行的付款。

克罗斯韦尔的预期应该是什么？

假设医疗材料公司获得了信用证并且由克罗斯韦尔在美国的银行保兑，克罗斯韦尔将在签订初始协议之后（例如15天后）发货，如图A所示。发货的同时，也就是克罗斯韦尔丧失对商品的实际控制权时，克罗斯韦尔将提单（在装运时获得）与其他所需单据一起提交给银行要求付款。由于出口是根据保兑信用证进行的，假设所有单据齐备，克罗斯韦尔的银行将向克罗斯韦尔提供两种选择：

（1）等到60天期汇票期满并收到全额付款（379 262.40美元）。

（2）现在收到这笔金额的贴现价值。假设美元年利率为6.00%（60天期利率为1.00%），则贴现金额为：

$$\frac{379\ 262.40\ 美元}{1+0.01} = \frac{379\ 262.40\ 美元}{1.01} = 375\ 507.33\ 美元$$

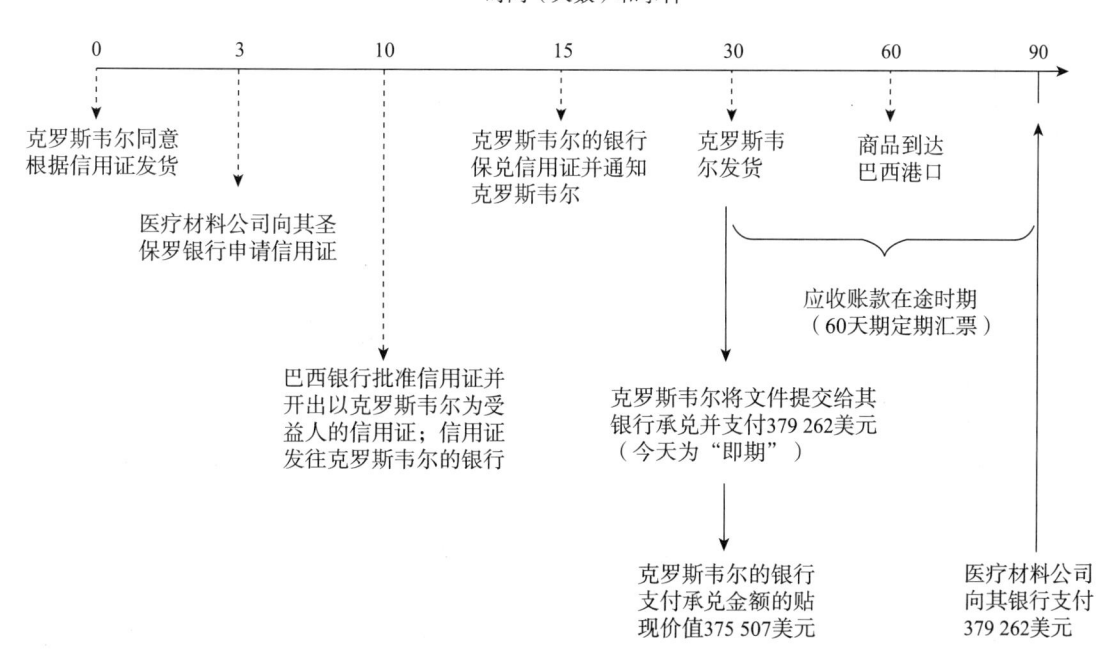

图A 克罗斯韦尔向巴西出口的支付条件

由于发票以美元计价，因此克罗斯韦尔无须担心币值变化（外汇风险）。而且由于其银行已经保兑信用证，因此可以防范医疗材料公司在未来付款日的支付能力发生变化或恶化。

医疗材料公司的预期应该是什么？

医疗材料公司最晚于第 60 天收到商品。然后，它将通过其分销系统将商品运给零售商。根据医疗材料公司与其买方（零售商）之间的支付条款，它可能收到现金货款，也可能根据支付条款收款。由于医疗材料公司通过 60 天期定期汇票和巴西银行的信用证购买商品，因此应在第 90 天（发货和提交单据所需的 30 天＋60 天期定期汇票）向巴西银行支付的总金额为 379 262.40 美元。因为医疗材料公司是一家巴西公司，并同意以美元（外币）付款，因此它承担了交易的外汇风险。

克罗斯韦尔/医疗材料公司关注的问题

然而，这两家公司担心的问题是，对巴西消费者的总售价——每箱 245.48 雷亚尔，或每片 0.70 雷亚尔（小片）——过高。巴西市场上优质纸尿裤的主要竞争对手，肯高（日本）、强生（美国）和宝洁（美国）的纸尿裤价格更便宜（见表 B）。

表 B　纸尿裤在巴西市场上的竞争价格　　　　　单位：巴西雷亚尔

公司（国家）	品牌	不同规格的纸尿裤单价		
		小片	中片	大片
肯高（日本）	Monica Plus	0.68	0.85	1.18
宝洁（美国）	Pampers Uni	0.65	0.80	1.08
强生（美国）	Sempre Seca Plus	0.65	0.80	1.08
克罗斯韦尔（美国）	Precious	0.70	0.96	1.40

这些竞争对手全部在巴西国内生产，从而避免了一系列进口关税，而正是这些进口关税大大增加了克罗斯韦尔在巴西市场上的到岸价格。

迷你案例问题

1. 在克罗斯韦尔进入巴西市场的价值链中，价格、计价货币和融资的相互关系是什么？您能用图 A 总结一下吗？
2. 索萨对克罗斯韦尔的价值链有多重要？克罗斯韦尔对索萨履行义务的能力有何担忧？
3. 如果克罗斯韦尔要进入巴西市场，需要一些降低价格的方法。您有什么建议？

问题

16.1 非关联买家。 同样是向非关联外国买家出口，为什么向新客户出口所需的单据可能与向多年老客户出口所需的单据不同？

16.2 关联买家。 出于什么原因，出口商可能在向其母公司或姊妹子公司进行企业内出口时使用标准国际贸易单据（信用证、汇票、提单）？

16.3 关联方交易。 您认为现在企业内部交易多于非关联出口商与进口商间交易的原因是什么？

16.4 单据。 请解释信用证和汇票之间的区别。它们有什么联系？

16.5 风险。 "外汇风险"和"交易未完成风险"之间的主要区别是什么？在典型的国际贸易中如何处理这些风险？

16.6 信用证。 请指出信用证的各方并说明其责任。

16.7 保兑信用证。 为什么出口商会坚持要求保兑信用证？

16.8 硬盘出口单据。 请列出从马来西亚槟城向加利福尼亚州圣何塞出口计算机硬盘驱动器的步骤，该出口交易使用授权见票即付的无保兑信用证。

16.9 从波特兰到横滨的木材出口单据。 请列出俄勒冈州波特兰市向日本横滨出口木材的步骤，该出口交易使用保兑信用证，付款期限为120天。

16.10 政府提供的信贷。 许多国家都设立了提供出口支付保险和（或）出口信贷的机构。这将信用风险从私人银行转移到创建和支持这些机构的国家的纳税公民。为什么这种安排对该国公民有利？

习题

16.1 日建微系统（Nikken Microsystems）（A）。 假设日建微系统以700 000欧元的价格向西班牙电信（Telecom España）出售互联网服务器。付款期限为3个月，将通过西班牙电信金融服务公司的商业承兑汇票进行支付。年承兑费为汇票面额的1.0%。该承兑汇票将以4%的年贴现率出售。这种贸易融资方式的欧元年化总成本率是多少？

16.2 日建微系统（B）。 假设对于习题16.1中的交易，日建微系统更愿意收到美元而不是欧元。它正在考虑两种选择：（1）立即出售承兑汇票获得欧元，并立即按1.00美元/欧元的即期汇率将欧元兑换成美元；或（2）持有欧元承兑汇票至到期，但在开始时以1.02美元/欧元的3个月期远期汇率卖出预期欧元收入。

a. 在方案1中，贴现商业承兑汇票立即收到的美元净收入是多少？

b. 在方案2中，3个月后收到的美元净收入是多少？

c. 令两种方案的美元净收入相等的盈亏平衡投资收益率是多少？

d. 日建微系统应选择哪种方案？

16.3 摩托古兹（Motoguzzie）（A）。 摩托古兹向澳大利亚出口大引擎摩托车（排量超过700cc）并以美元向客户开具发票。悉尼批发进口公司（Sydney Wholesale Imports）已向摩托古兹购买了3 000 000美元商品，付款期限为6个月。货款将以悉尼渣打银行（Charter Bank of Sydney）开出的银行承兑汇票支付，年费率为1.75%。摩托古兹的加权平均资本成本为10%。如果摩托古兹持有该承兑汇票至到期，那么它的年化总成本率是多少？

16.4 摩托古兹（B）。 假设习题16.3中的事实成立，美国银行现在愿意以6%的年贴现率购买摩托古兹的银行承兑汇票。摩托古兹为3 000 000美元的澳大利亚应收账款融资的年化总成本率是多少？

16.5 中富丰田（Nakatomi Toyota）。 中富丰田向丰田汽车（美国）购买汽车，并将其出售给美国客户。其中一个客户是汽车租赁公司艾克海尔（EcoHire），该公司以批发价向中富丰田购买汽车。中富丰田将在6个月后收到最后一笔货款。艾克海尔（EcoHire）向中富丰田购买了价值200 000美元的汽车，现金首付为40 000美元，余款在6个月后支付，作为促销手段，无须支付任何利息。中富丰田将获得联盟承兑公司（Alliance Acceptance）承兑的艾克海尔应收账款，支付2%的承兑费，然后将其以3%的年贴现率出售给富国银行。

a. 中富丰田的年化总成本率是多少？

b. 中富丰田的净现金收入（包括现金

首付）是多少？

16.6 **奥马鲁石油（Umaru Oil）（尼日利亚）的福费廷**。尼日利亚的奥马鲁石油向得克萨斯州休斯敦的枪手钻探公司（Gunslinger Drilling）购买了 1 000 000 美元石油钻探设备。奥马鲁石油必须在未来五年的每年 3 月 1 日支付 200 000 美元价款。瑞士包买商苏黎世银行（Bank of Zurich）同意以折价购买这五张面值为 200 000 美元的票据。奥马鲁石油预期将支付的年贴现率约为 8%，即 3 年期 LIBOR 加 200 个基点。苏黎世银行还将从承诺融资之日起，每年向奥马鲁石油额外收取 2% 的承诺费，直至收到根据融资合同开出的实际贴现票据。这段时期内每年的 3 月 1 日均有 200 000 美元本票到期。奥马鲁石油开出的本票将由其银行拉各斯城市银行（Lagos City Bank）以 1% 的费率背书并交付给枪手钻探公司。此时，枪手钻探公司将对这些票据进行无追索权背书，并将其贴现给包买商苏黎世银行（Bank of Zurich），获得全部 200 000 美元本金。苏黎世银行将把这些票据以无追索权再贴现方式卖给国际货币市场上的投资者。到期时，持有这些票据的投资者将其提交给拉各斯城市银行收款。如果拉各斯城市银行违约而未能支付这笔款项，投资者将根据该票据向苏黎世银行收款。

a. 奥马鲁石油为 2011 年 3 月 1 日到期的第一笔 200 000 美元票据融资的年化总成本率是多少？

b. 是什么可能促使奥马鲁石油使用这种相对昂贵的融资方案？

16.7 **阳光海岸（Sunny Coast Enterprises）(A)**。阳光海岸以 100 000 美元的价格向中国香港传媒公司打包出售电影与 DVD，付款期限为 6 个月。阳光海岸为这笔应收账款提供了以下融资方案：(1) 使用其银行信用额度。年利率为 5% 的优惠利率加上 150 个基点。(2) 使用其银行信用额度，但购买出口信用保险，保险费率为 1%。由于风险降低了，因此银行年利率将降至 5% 而没有任何加点。在这两种情况下，阳光海岸都需要在银行保留相当于贷款面额 20% 的补偿余额，并且银行不用对这笔补偿余额支付利息。

a. 每种融资方案的年化总成本率是多少？

b. 每种融资方案的优点和缺点是什么？

c. 您推荐哪种融资方案？

16.8 **阳光海岸（B）**。某个保理商找到阳光海岸，希望以 16% 的年贴现率加上 2% 的费率以无追索权条款购买阳光海岸对中国香港传媒公司的应收款项。

a. 这种保理方案的年化总成本率是多少？

b. 与习题 16.7 中的融资方案相比，保理方案的优点和缺点是什么？

16.9 **沃查运动（Whatchamacallit Sports）(A)**。沃查运动正在考虑通过投标向韩国首尔的彭氏家族公司（Phang Family Enterprises）出售 100 000 美元的滑雪设备。付款期限为 6 个月。由于沃查运动找不到关于彭氏的良好信用信息，因此沃查运动希望防范信用风险。该公司正在考虑以下融资方案。彭氏的银行代表彭氏开出一张信用证，并同意承兑在 6 个月后支付 100 000 美元的彭氏汇票。沃查运动需要支付 500 美元的承兑费，且彭氏的可用信用额度将降低 100 000 美元。100 000 美元的银行承兑汇票将在货币市场上以 2% 的年贴现率出售。对于沃查运动而言，这笔银行承兑汇票融资的年化总成本率是多少？

16.10 沃查运动（B）。 沃查运动还可以从外国信用保险协会购买出口信用保险，保险费率为1.5%。它以6%的年利率从信贷额度中为来自彭氏的100 000美元应收账款融资，不需要保留银行补偿余额。

a. 沃查运动的融资年化总成本率是多少？

b. 沃查运动的成本是多少？

c. 与习题16.9中的银行承兑汇票融资相比，这种方案有哪些优点和缺点？您推荐哪种方案？

16.11 秘鲁的印加啤酒厂（Inca Breweries）。 秘鲁利马的印加啤酒厂收到了西班牙阿利坎特的阿利坎特进口公司（Alicante Importers）的10 000箱啤酒订单。这些啤酒将根据马德里银行代表阿利坎特进口公司开出的信用证条款出口到西班牙。该信用证规定，将在马德里银行承兑印加啤酒厂根据信用证条款开出的汇票90天后支付720 000美元的商品面值。

3个月期银行承兑汇票的当前年贴现率为8%，而印加啤酒公司估计其年加权平均资本成本为20%。在贴现市场上出售银行承兑汇票的手续费是面额的1.2%。

a. 以现值衡量，持有承兑汇票至到期与今天在货币市场上卖出银行承兑汇票有什么区别？

b. 您建议印加啤酒厂怎么做？

16.12 飕飕鞋厂（Swishing Shoe Company）。 北卡罗来纳州达勒姆的飕飕鞋厂已收到来自英格兰南安普敦鞋类有限公司（Southampton Footware, Ltd.）的50 000箱运动鞋的订单，该订单将以英镑付款。这些运动鞋将根据伦敦银行代表英格兰南安普敦鞋类有限公司开出的信用证条款运往英格兰南安普敦鞋类有限公司。该信用证规定，在伦敦银行承兑英格兰南安普敦鞋类有限公司根据信用证条款开出的汇票120天后将支付400 000英镑的商品面值。伦敦的120天期银行承兑汇票的当前年贴现率为12%，而英格兰南安普敦鞋类有限公司估计其年加权平均资本成本为18%。在贴现市场上出售银行承兑汇票的手续费是面额的2.0%。

a. 与立即贴现银行承兑汇票相比，飕飕鞋厂持有承兑汇票至到期的收益是否更高？

b. 飕飕鞋厂在此次交易中是否承担其他风险？

16.13 将生产转移到国外。 假设英国对进口鞋类征收10%的进口关税。在习题16.12中，飕飕鞋厂发现它可以在爱尔兰生产鞋子并将其进口到英国，这样就不需要缴纳进口关税。在决定继续从北卡罗来纳州出口鞋子还是在爱尔兰生产鞋子时，飕飕鞋厂应考虑哪些因素？

第五部分

外国投资与投资分析

- 第17章　外国直接投资与政治风险
- 第18章　跨国资本预算与跨国收购

第17章
外国直接投资与政治风险

> 在这个世界上，只要交买路费，罪恶也可通行无阻，而一贫如洗的美德却会处处受阻。
> ——Herman Melville，Chapter 9，The Sermon，in *Moby-Dick*，1851.

学习目标

- 17.1 说明关键竞争优势如何支持保持外国直接投资的战略
- 17.2 考察跨国企业在选择进入的市场和使用的结构时的决策过程
- 17.3 定义和分类跨国企业在国外投资时面临的政治风险
- 17.4 分析政治风险对跨国企业的财务影响
- 17.5 讨论跨国企业用来减轻政治风险的诸多不同方法

对外国投资的跨国企业通过外国直接投资执行其公司战略。本章首先考察了进行外国直接投资决策的理论基础。接下来，本章探讨了跨国企业如何选择国家或市场，然后选择用何种形式进入该市场。在每一步中，我们都关注与这些决策相关的财务风险和财务收益。本章的第三节介绍和定义了政治风险，并提供了政治风险的分类方法。第四节分析了政治风险的潜在财务影响。第五节即最后一节概述了跨国企业用来减轻这些政治风险的多种策略。本章最后以迷你案例"田吉兹——政治风险的定义"作结，这是2016年哈萨克斯坦面临十字路口时进行的一项大规模政治性投资。

17.1 外国直接投资决策

跨国企业进行外国直接投资的战略决策是其全球战略的扩展。OLI范式有助于解释跨国企业进行外国直接投资的决策。[①] OLI范式建立了一个整体框架，它可以解释为什么跨

[①] Peter J. Buckley and Mark Casson, *The Future of the Multinational Enterprise*, London: Macmillan, 1976; and John H. Dunning, "Trade Location of Economic Activity and the MNE: A Search for an Eclectic Approach," in *The International Allocation of Economic Activity*, Bertil Ohlin, Per-Ove Hesselborn, and Per Magnus Wijkman, eds., New York: Holmes and Meier, 1977, pp. 395–418.

国企业选择外国直接投资而不是选择通过其他模式（如许可证或出口）服务于外国市场。

OLI 范式指出，一家公司必须首先在本国市场中具有一定的竞争优势，即表示所有权优势（ownership advantage）的"O"，如果该公司的外国直接投资取得成功，这种竞争优势就可以转移到国外。其次，公司必须被外国市场的特定特征所吸引，即表示区位优势（location advantage）的"L"，这将使其能利用在该市场中的竞争优势。最后，公司将试图控制所在行业的整个价值链来保持竞争地位，即表示国际化优势（internationalization advantage）的"I"。满足这三个条件，就可能使跨国企业选择外国直接投资而不是许可证或外包。

所有权优势。如前所述，公司必须在本国市场中具有竞争优势。这些优势必须是该公司特有的优势，不易复制，且可以转移到国外子公司。例如，规模经济和财务实力不一定是该企业所特有，因为其他许多公司都可以获得这些优势。特定技术可以被购买、许可或复制。只要竞争对手推出大体相似只不过稍做变化的产品，并做足营销措施，制定合适价格，即使是差异化产品也可能丧失优势。

区位优势。这些因素通常是市场不完全或真正的比较优势，它们将外国直接投资吸引到特定地点。这些因素可能包括低成本但高生产率的劳动力、独一无二的原材料来源、庞大的国内市场、对抗其他竞争对手的防御性投资或技术卓越中心。

国际化优势。根据 OLI 范式，维持企业特定竞争优势的关键因素是拥有专有信息并控制擅长通过研究产生新信息的人力资本。毋庸置疑，大型研究密集型企业最有可能符合这种描述。最大限度地降低交易成本是成功国际化战略的关键因素。全资所有的外国直接投资降低了代理成本，这些代理成本来自信息不对称、缺乏信任以及监控外国合作伙伴、供应商和金融机构的需要。自融资则使外国子公司不必受具体债务契约的约束，如果它们在当地融资或通过合资伙伴融资，就需要遵守这些契约。如果跨国企业的全球成本很低，又非常容易获得资金，为什么还要与合资伙伴、分销商、许可证持有者和当地银行分担成本呢？毕竟它们的资本成本可能更高。

财务战略。如图 17-1 所示，解释外国直接投资时，财务战略与 OLI 范式直接相关。跨国企业的财务经理可以提前主动制定财务战略。其中包括从降低全球成本和提高资本可得性中获得优势的必要战略。其他主动财务战略包括就财政补贴和（或）降低税款展开谈判以增加自由现金流，通过外国直接投资降低财务代理成本，以及通过外国直接投资减少经营风险和交易风险。

如图 17-1 所示，被动财务战略依赖于发现市场不完全。例如，跨国企业可以利用错位的汇率和股价。它还需要对阻止资金自由流动的资本管制做出反应，并对最小化全球税款的机会做出反应。

17.2 进入外国市场的结构选择

跨国企业决定在国外投资之后，就要选择进入哪些市场以及如何进入这些市场——通过哪种企业形式和结构。最终，目标市场和进入结构的选择将确定企业届时面临的政治风险类型（本章下一节的主题）。

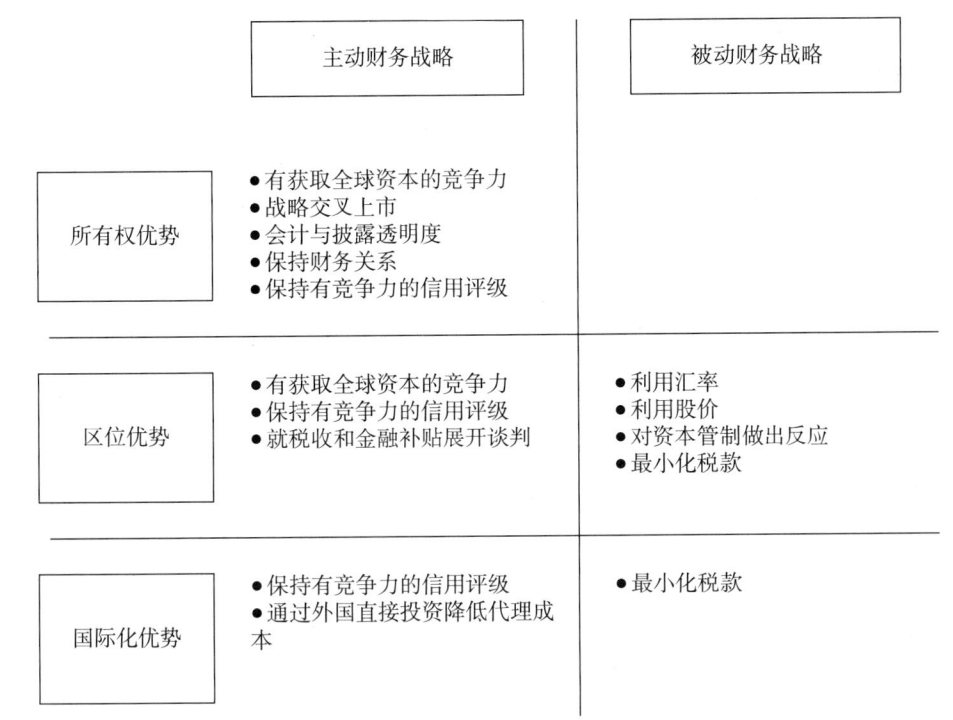

	主动财务战略	被动财务战略
所有权优势	• 有获取全球资本的竞争力 • 战略交叉上市 • 会计与披露透明度 • 保持财务关系 • 保持有竞争力的信用评级	
区位优势	• 有获取全球资本的竞争力 • 保持有竞争力的信用评级 • 就税收和金融补贴展开谈判	• 利用汇率 • 利用股价 • 对资本管制做出反应 • 最小化税款
国际化优势	• 保持有竞争力的信用评级 • 通过外国直接投资降低代理成本	• 最小化税款

图 17-1 财务因素与 OLI 范式

资料来源：作者摘编自 "On the Treatment of Finance-Specific Factors Within the OLI Paradigm," by Lars Oxelheim, Arthur Stonehill, and Trond Randøy, *International Business Review* 10, 2001, pp. 381-398.

选择目标市场

关于首次国外投资地点的决策受到行为因素的影响。一家公司从其首批国外投资中获取经验，这些经验将影响后续投资。理论上，跨国企业将在全球范围内寻找市场不完全和比较优势，直至找到一个国家，它预期将在这个国家获得足够大的竞争优势，使新投资产生可接受的风险调整后收益率。

在实践中，公司在寻找目标市场时遵循顺序模式。这种理性思维逻辑模式背后是我们接下来将介绍的两种外国直接投资行为理论，即行为方法和国际网络理论。

外国直接投资的行为方法。 分析外国直接投资决策的行为方法以所谓的瑞典经济学派为代表。[1] 瑞典学派不仅相当成功地解释了国外投资的初始决策，也解释了在其他国家进行再投资和改变公司国际经营结构的后续决策。

根据瑞典跨国企业样本的国际化过程，经济学家观察到这些公司倾向于首先投资于在心理距离上不太遥远的国家。心理距离接近的国家被定义为文化环境、法律环境和制度环境与瑞典类似的国家，例如挪威、丹麦、芬兰、德国和英国。初始投资的规模适中，最大限度地降低了不确定外国环境的风险。随着瑞典公司从它们的初始投资中吸取经验，它们

---

[1] Johansen, John, and F. Wiedersheim-Paul, "The Internationalization of the Firm: Four Swedish Case Studies," *Journal of Management Studies*, Vol. 12, No. 3, 1975; and John Johansen and Jan Erik Vahlne, "The Internationalization of the Firm: A Model of Knowledge Development and Increasing Foreign Market Commitments," *Journal of International Business Studies*, Vol. 8, No. 1, 1977.

开始愿意在国家的心理距离和投资规模方面承担更大的风险。

网络视角下的跨国企业。 随着瑞典跨国企业的成长和成熟，其国际参与性质也随之成长和成熟——这通常被称为网络视角。如今，每家跨国企业都被视为国际网络的一员，节点就是每家外国子公司和母公司本身。集权（分层式）控制已经让位于分权（分布式）控制。外国子公司相互竞争并与母公司竞争更广泛的资源，从而影响战略决策和再投资决策。

许多跨国企业已成为具有竞争性内部网络和竞争性外部网络的政治联盟。每家子公司都位于东道国的供应商网络和客户网络中。它也是所在行业的全球网络的一员。最后，它还是母公司控制下的组织网络的一员。使问题更加复杂的是，母公司本身可能已经发展成为一家跨国企业，由位于不同国家的投资者联盟拥有。

选择进入结构

跨国投资者可以选择许多不同的方式进入外国市场。原则上，预期收益率越高，所需的市场渗透深度越大，潜在风险越高，所需的投资越多。全球化过程包括一系列关于生产地点以及资产（生产设施和知识产权）拥有方和控制方的决策。图 17－2 提供了解释这种外国直接投资顺序的路线图。这一整节的关注点和重点仍是公司的具体财务状况和财务管理。

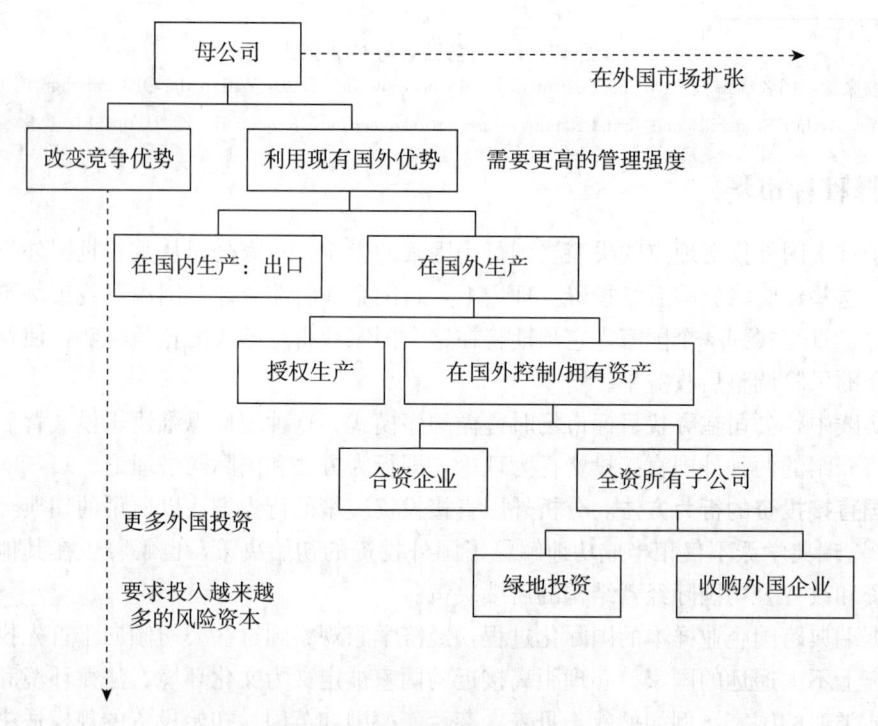

图 17－2　外国直接投资顺序

第一个选择，也是最根本的选择，就是在改变公司的竞争优势和在已有竞争优势的外国市场上进行扩张之间做出选择。我们这里关注的是后者，即选择与公司现有竞争优势一致的最优外国市场进入结构。改变竞争优势的选择是全球战略课程的主题。

出口与在国外生产。 公司只做出口业务有几个好处。出口没有外国直接投资、合资企业、战略联盟和许可证面临的独特风险，政治风险微乎其微，还避免了代理成本，例如监督和评估外国子公司的成本。出口的前期投资金额通常低于其他外国参与模式。然而，出口仍然存在外汇风险。与其他参与模式相比，跨国企业与其外国子公司和关联公司之间进行的出口（和进口）交易占很大比例，这进一步降低了出口风险。

公司只做出口业务也存在缺点。这时，公司利用其竞争力、产品和服务覆盖面的能力将比直接投资时更有限。公司还面临被模仿者和全球竞争者抢走市场的风险，它们可能在国外生产中更具成本效益，并且有更深入的分销网络。听任竞争对手在外国市场上获得实力、竞争力和覆盖面可能会使公司在本国市场面临风险。防御性外国直接投资通常是出于防止这种掠夺行为以及抢在竞争对手之前占领外国市场的需要。

许可证和管理合同。 许可证是国内公司从外国市场上获利而无须投入大量资金的常见方法。由于外国生产企业通常为当地全资所有企业，因此政治风险被降到最低。近年来，一些东道国要求跨国企业以分拆形式出售服务（"分类定价形式"），而不仅仅是通过外国直接投资出售服务。这些国家希望本地公司通过管理合同购买管理专业知识以及产品和要素市场知识，并通过许可协议购买技术。

许可证的主要缺点是许可费可能低于外国直接投资利润，尽管边际投资收益率可能更高。许可费收入作为收入来源通常更稳定，因为许可费通常为销售收入（位于财务报表顶端的科目，通常较大且相对稳定）的某个百分比，而外国直接投资利润是基于企业收益（位于财务报表底线的科目，可能为负）计算的。许可证的其他缺点包括可能丧失控制权，尤其是质量控制权；有可能在国内外产生新的竞争者；技术可能被窃取。

跨国企业通常不使用独立公司的许可证。相反，多数许可证协议都是与跨国企业自己的外国子公司或合资企业签订的。许可证收益，即许可费，是在所有经营单位之间分摊企业研发成本的一种方式，也是以比股利更容易被某些东道国接受的形式汇回利润的一种方式。

管理合同类似于许可证，因为它可以在没有大量外国投资或风险敞口的情况下提供来自外国的现金流。管理合同可能会降低政治风险，因为召回管理人员很容易。国际咨询和工程公司传统上就是基于管理合同开展外国业务。

与外国直接投资相比，许可证和管理合同是否具有成本效益取决于东道国为分拆服务支付的价格。如果价格足够高，那么许多公司宁愿以分拆服务的方式利用市场不完全，尤其是考虑到它的政治风险、外汇风险和商业风险较低时。因为我们观察到跨国企业仍然偏好外国直接投资，因此我们必须假设出售分拆服务的价格仍然过低，因为管理专长往往依赖于无法有效转移到国外的组织支持因素的精细组合。

合资企业与全资子公司。 合资企业（joint venture，JV）是共享所有权，分担企业风险和收益的商业实体。由母公司部分所有的外国经营单位通常被称为外国分公司（foreign affiliate）。由母公司拥有不少于50%所有权以及一票或一票以上投票权的外国经营单位被视为由母公司控股，通常被称为外国子公司（foreign subsidiary）。因此，合资企业通常被称为外国分公司，而不是外国子公司。

使用合资企业分享控制权、所有权和预期收益有三个主要动机：(1) 进入东道国的要求；(2) 通过合作伙伴为企业引入宝贵的独特品质或能力；(3) 以这种方式减轻与投资相关的政治风险、商业风险和资本风险。

发展中国家将外国直接投资视为经济和收入发展的主要贡献因素。但是，如果合资企业中包括一个国内合作伙伴（来自东道国），可能会更快、更有效地获得这些国家建设收益。国内合作伙伴为合资企业贡献的经验和资本往往少得多，但提供了大量在本国开展经营的宝贵知识（包括商业关系和政治关系），并能提供更多有能力的中层管理人员。最后一个要素，即为合资企业提供多层次熟练管理人才的能力，在许多情况下都是非常宝贵的。

许多外国直接投资需要独特的技巧、技术和能力组合，许多企业，甚至是跨国企业，自身都不具备这种能力组合。为合资企业提供这种技能的（国内或国外）合作伙伴可能关系到企业的成败。

使用合资企业结构的第三个动机（减轻风险）在新兴经济体的基础设施和自然资源开发项目中尤为重要。首先，这些项目的资本要求都非常高，因此对任何一家企业自身来说都可能是"孤注一掷"。其次，许多东道国政府都认为合资企业代表对其国家的多边投资，因此具有政治吸引力。在许多情况下，东道国都没有徇私偏袒而在合作伙伴中获得了额外议价能力。

多数合资企业，尽管"共享"要素使其成为理想的起步形式，但通常仍会指定一个合作伙伴作为执行者以提高领导和控制效率。然而，对于单一控制权的渴望也是合资企业仍然不如全资子公司普遍的原因。跨国企业担心合作伙伴在某些关键决策领域会受到干预。实际上，从本地投资角度看的最优选择对于整个跨国企业的经营来说可能是次优选择。最重要的潜在冲突或困难是：

■ 对于现金股利的需求，或者对于用留存收益还是新融资为增长融资，当地合作伙伴和外国合作伙伴可能有不同看法。

■ 从关联公司购买或出售给关联公司的产品或零部件的转移价格可能会产生利益冲突。

■ 如果公司在全球范围内合理安排生产会对当地合作伙伴造成不利影响，那么这种在全球范围内合理安排生产的能力可能会受到损害。

■ 如果公司有在当地交易的股票或当地合作伙伴，可能需要对当地业绩进行财务披露，而如果该企业是国外全资所有企业，则不需要进行此类披露。

■ 股权估值很难。当地合作伙伴应该为其股份支付多少价格？技术入股的价值是多少？当一国的所有土地均为国有土地时，土地入股的价值是多少？

■ 外国合作伙伴和东道国合作伙伴的资本机会成本、预期必要收益率，或对商业风险、外汇风险和政治风险的适当溢价的看法很难类似。

■ 只要合资企业是每个投资者的投资组合的一部分，它对每个投资者的投资组合收益率和方差的贡献就可能有很大差异。

最后，根据项目开发所需的规模和资金，典型的合资企业只能持续5～7年。然而，跨国合作伙伴和国内合作伙伴组成的合资企业的有效商业寿命更久。

绿地投资和外国收购。外商独资形式的投资将使跨国企业母公司的风险和潜在收益最大化。无论是绿地投资（从一片绿地上建设的全新项目）还是通过收购（在国内购买现有企业）进行的投资，跨国企业都将最大限度地实际控制未来投资（至少是在东道国当局允许的水平内）。然而，这样做的缺点也可能很大，而且跨国企业母公司可能错过如前所述的拥有国内合作伙伴的诸多好处。

战略联盟。适用于图17-2介绍的一些形式的最后一种外国投资模式是战略联盟。战略联盟可以根据其主要目标采取多种不同形式。常见形式包括联合营销和服务协议、交叉所有权互换以及更全面的合作伙伴关系和合资企业。

第一级合作可能采用联合营销和服务协议的形式,其中每个合作伙伴在特定市场中作为另一方的代表。这是消费品行业公司很常用的一种形式,其中不同企业或不同合作伙伴具有不同的地区存在优势或国家存在优势。然而,在某些情况下,这种合作形式往往被批评为类似于20世纪二三十年代几个工业国市场中普遍存在的工业卡特尔。由于它减少了竞争,因此这些协议——如果被视为卡特尔——已被国际协议和许多国家法律禁止。

第二级联盟是两家企业彼此交换所有权份额。这种形式的战略联盟可以达到防御收购的目的,尤其是当企业的主要目的是将部分股票交给稳定和友好的合作伙伴时。如果发生这种情况,那么它实际上只是另一种证券投资形式。

第三级战略联盟更为全面。除了交换股票以外,合作伙伴还将建立一家单独的合资企业(或多家合资企业)以开发和生产产品或服务。在汽车业、电子业、电信业和飞机制造业中可以找到许多这种联盟的例子。这种联盟尤其适用于资本密集型行业和高科技行业,这些行业研发成本高,及时引入改良措施非常重要。

尽管目的很好,但跨国企业往往面临意想不到的政治责任和法律责任。"全球金融实务17-1"说明了由于潜在的法律责任和相关金融负债,美国制药公司赫士睿(Hospira)决定取消在意大利的外国直接投资项目。

全球金融实务 17-1

药品、公共政策和死刑

外国直接投资可能是一件非常棘手的事。美国制药公司赫士睿对此再清楚不过了。美国伊利诺伊州森林湖的赫士睿于2009年中期停止在美国北卡罗来纳州生产硫喷妥钠(Pentothal)。该公司打算将所有生产转移到意大利。

但是,赫士睿很快发现意大利政府要求保证在意大利生产的任何产品均不会用于美国的死刑程序。然而,与批发商和分销商进行广泛讨论后,赫士睿无法确定其产品进入美国的销售和分销系统后不会流入惩戒局用于管理死刑。赫士睿断定,如果产品流入惩戒局,意大利当局将要求该公司承担责任,该公司无法承担这种风险,因此决定退出意大利市场。

这一消息让医疗行业备感沮丧。硫喷妥钠曾经是一种广泛使用的麻醉剂,现在只在特殊情况下使用。在某些特定情况下这种麻醉剂是最优选择,因为它不会导致血压剧烈下降。这些情况包括对老年人、心脏病患者或需要紧急剖宫产的孕妇的治疗,对于这些病人来说,低血压很危险。随着赫士睿退出市场,现在次优解决方案必须足够优秀。

17.3 政治风险：定义和分类

政治风险是指特定国家的政治事件影响在该国经营的公司的经济利益的可能性。跨国企业需要预测和管理政治风险。为此，企业必须了解不同类型的风险及其发生的可能性。

跨国企业面临的政治风险可以分类为公司特定风险或国家特定风险，如图17-3所示，它们都发生在全球范围内——全球特定风险。还要注意的是，与金融学中的传统风险理论定义——在统计上，它往往被定义为收益率相对于时间的标准差，等等——相反，我们对政治风险的定义和分类是单向的。政治风险总被视为对跨国企业的经营和前景有负面影响。

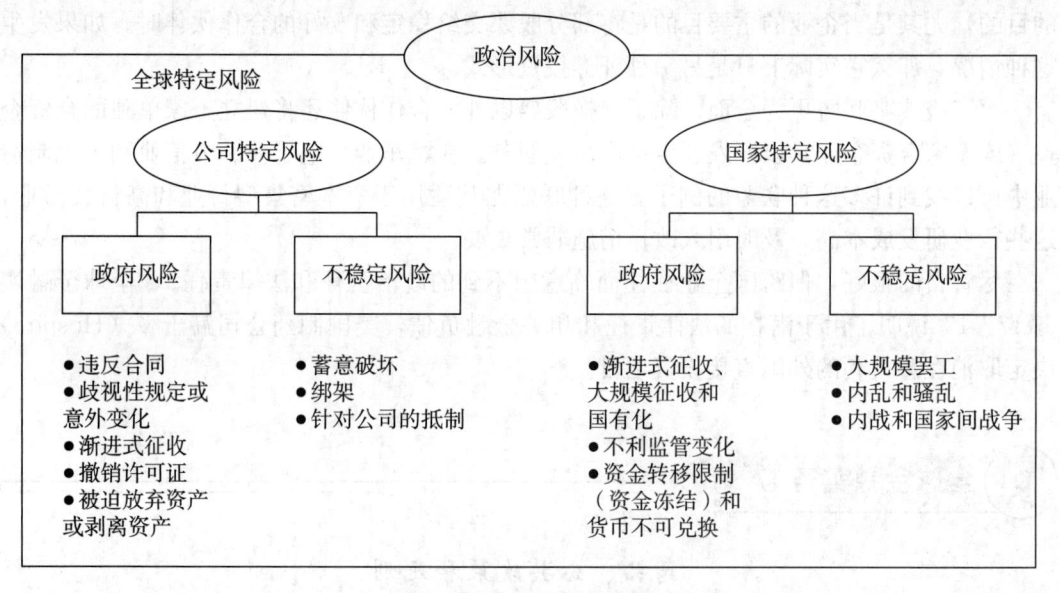

```
全球特定风险
                        政治风险
        ┌──────────────────┴──────────────────┐
   公司特定风险                              国家特定风险
   ┌─────┴─────┐                          ┌─────┴─────┐
 政府风险   不稳定风险                    政府风险   不稳定风险

• 违反合同      • 蓄意破坏        • 渐进式征收、    • 大规模罢工
• 歧视性规定或  • 绑架              大规模征收和    • 内乱和骚乱
  意外变化      • 针对公司的抵制    国有化          • 内战和国家间战争
• 渐进式征收                      • 不利监管变化
• 撤销许可证                      • 资金转移限制
• 被迫放弃资产                      （资金冻结）和
  或剥离资产                        货币不可兑换
```

图 17-3 政治风险分类

公司特定风险。 公司特定风险（也被称为微风险）是指在项目层面或公司层面影响跨国企业的风险。这些公司特定风险可以进一步细分为政府风险（来自一国政府及其可能干预法律合同的风险）和不稳定风险（其他外部利益的可能影响，例如蓄意破坏或抵制）。最常见的政府风险是违约、监管变化和征收财产（尤其是渐进式征收，后面将进行说明）。

所有国家，例如高度工业化国家和新兴市场国家，都会经历监管变化。这是不可避免的，并且是在一国经营的跨国企业所能预期到的。但是，当这些监管变化单独针对跨国企业的活动，或者跨国企业受到的待遇与类似的本国公司不同时，跨国企业显然就遭受了歧视性待遇。正如本章后面将详细介绍的，跨国企业积极致力于通过预防和处理降低这些风险。

国家特定风险。 国家特定风险，也称为宏观风险，是指在项目层面或公司层面影响跨国企业，但来自国家层面的风险。与公司特定风险的情况一样，它可以进一步细分为政府风险和不稳定风险。

最常见的政府风险是征收（在国家层面出现即为国有化）、监管变化和资金转移限制

（资金冻结）。国家层面的不稳定风险包括大规模劳工运动或罢工、内乱以及近似战争的情况。遗憾的是，这些例子俯拾即是。

全球特定风险。 全球特定风险是指可能在项目层面或公司层面影响国内企业和跨国企业，但起源于全球层面的风险。例如恐怖主义、反全球化运动、环境问题、贫困和网络攻击。虽然起源于地区层面或全球层面，但人们是在国内层面感受到这种影响，这将是我们讨论的重点。

在宏观层面，公司试图评估东道国的政治稳定性和对外国投资者的态度。在微观层面，公司将分析其公司特定活动是否可能与现有法规显示的东道国目标相冲突。然而，最困难的任务是预测东道国目标优先顺序的变化、重新安排目标优先顺序的新法规，以及这些变化对公司经营的可能影响。

在继续分析之前，还有最后一点需要强调。诸如战争、内乱和有政治动机的暴力行为（包括恐怖主义）等政治风险显然对任何地方的所有人和所有组织都会构成巨大风险。这些风险的严重性总是压过针对公司的政治风险，因为后者只是前者的一部分。无论是公民还是雇主，保护劳动者的健康和安全都应始终被视为最优先考虑的事务。无论利润有多神圣，都有更重要的考虑因素。

17.4 政治风险的财务影响

外国政治变化对跨国企业的财务影响涵盖了企业财务的整个范围——从利润到经营现金流，再到资产所有权。在纯要素层面上，这些风险改变了跨国企业在东道国的经营方式，更重要的是，改变了它们继续投资的意愿——在极端情况下，甚至会改变它们是否投资的意愿。本节重点介绍与东道国企业经营行为直接相关的各种微观政治风险或公司政治风险。

图 17-4 按照财务严重性从低到高的顺序简要概述了这些财务影响。尽管征收——国家没收私人资产充公——在历史上一直是人们最"担心"的政治风险，但它仍然相对罕见。今天更常见的形式是渐进式征收，即政府施加第一类和第二类所述的各种形式的商业干预，最终导致实际征收。事实上，前两类政治风险中的众多政策法规对财务业绩的影响最常见且通常较为隐蔽。

然而，图 17-4 中各种原因导致的具体财务成本和财务损失并不总是如此简明。事实证明，在莫桑比克建造基础设施的跨国建筑管理公司违反合同（第一类风险）的代价可能比任何国家扣押跨国企业的财产或资产（第三类风险）的代价更为高昂。随着我们深入研究各种风险，它们频繁交织发生的程度将越来越明显。

第一类：经营盈利能力的损失

跨国企业最常见的政治风险是在东道国经营需要遵守的各种法规、限制和要求的变化。跨国企业最常提到的两个导致财务危害的因素是违反合同和不利监管变化。

财务危害的典型形式是丧失商业和销售机会、歧视性待遇——与其他国内外竞争对手受到不同待遇、要求在东道国招聘员工或采购，以及整体上违背承诺。由于多数跨国企业

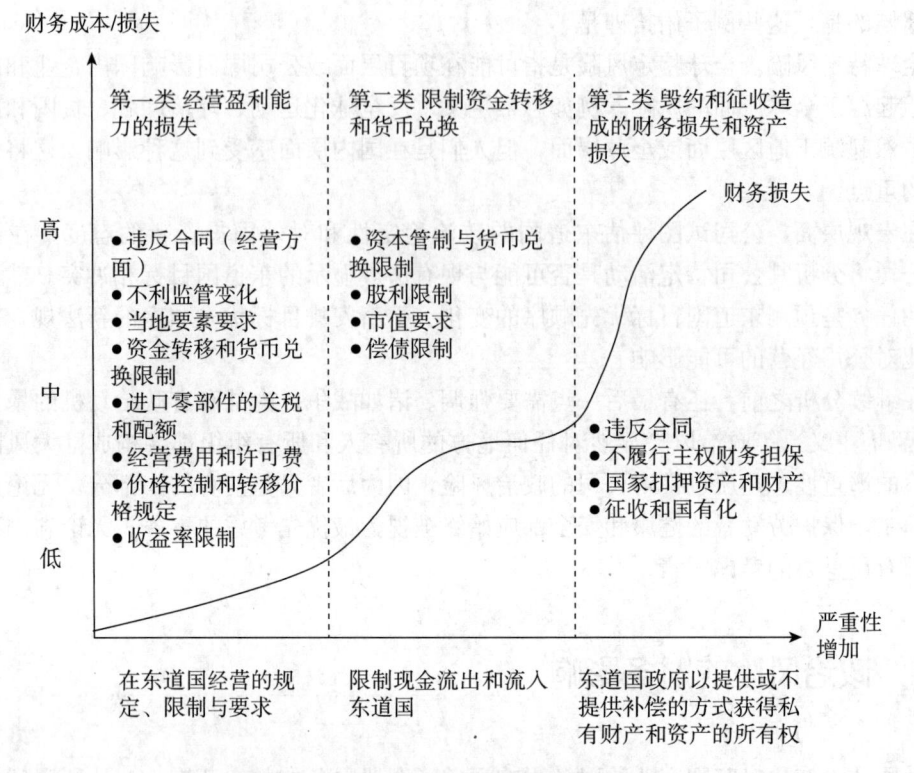

图 17-4 潜在财务损失和政治风险分类

发现政治风险主要出现在新兴市场或低收入国家,因此风险往往与特定部门(例如基础设施开发项目和大型自然资源开发项目)相伴而生。在多年私有化之后,基础设施建设和自然资源开发这两个部门现在正在遭受破坏性变化。这些企业通常是公私合营企业,这是一些历史上实行工业和资产国有制的发展中国家的特征,但在作为许多跨国企业母国的工业国市场上,这种情况则较少。

不利监管变化。 不利监管变化,也称为监管风险,是指改变投资经营条件的东道国监管变化。如上所述,我们称之为"不利"变化,是因为一旦完成投资且投资者失去大部分议价能力,很少有跨国企业能享有降低成本或经营要求的变化。这些监管变化的性质几乎没有限制,尽管过去十年中许多监管变化都属于环境、人身健康和当地要素/采购领域。

违反合同。 违反合同是指政府或国有企业违反与外国私人投资者签订的商业合同而产生的损失。

导致财务危害的一个常见原因是东道国的法律变化或者不遵守法治原则。与 20 世纪六七十年代的项目和投资相反,今天的东道国政府在处理这些法律变化和环境问题上通常相当老练。它们也不再处于 50 年前常见的弱势谈判地位。如今,东道国政府非常清楚它们有能力要求分担企业风险、分享企业收益的平衡合同。

导致违反合同的交易特定问题可以简单归纳为:(1) 如何获得合同,即通过竞价还是非竞价方式获得合同;(2) 使用何种合同支付结构,即成本加成、固定价格还是其他结构;(3) 合同是否仍然适用,即议价实力衰减原则。近年的政治风险研究发现,重大合同违约的可能性随着合同到期和企业成熟而迅速增加。议价实力衰减前提是指随着时间的推移，商业力量、社会力量和政治力量发生变化，削弱了合同与业务的重要性。其他力量也会导致这种衰减，包括基础关系（产生合同的"关系"）的恶化和谈判实力的转变（东道国在外国投资者投入实物和资金后获得相对议价能力）。

当地要素要求。 东道国政府可能要求外国公司在当地购买原材料和零部件，以最大限度地提高增值收益并增加当地就业。从外国公司试图适应东道国目标的角度看，尽管需要与其他因素进行权衡，但从当地采购降低了政治风险。当地罢工或其他动荡可能导致经营中止，且质量控制、高昂的当地价格和不可靠的交货时间表等问题变得非常重要。通常，通过从当地采购，跨国公司只能通过增加财务风险和商业风险来降低政治风险。

第二类：资金转移和货币可兑换风险

资金转移和货币可兑换风险（通常在商业中缩写为 T&C 风险）是指东道国限制跨国企业将资金转入或转出该国的风险——转移风险——以及可能限制其用当地货币快速兑换外币的能力的风险——货币可兑换风险。这种资金获取与交易限制被称为资金冻结。对于一些跨国企业来说，资金转移和货币可兑换风险可能成本极高，因为延迟付款可能产生财务费用、罚款、汇率损失，在某些情况下还会导致丧失清偿能力。财务影响不一定局限于外国子公司本身，因为在某些情况下，姊妹分公司甚至母公司也可能迫切需要如期转移的现金流。

理论上，这些限制并不一定歧视外资公司，因为它适用于所有公司；然而，在实践中，由于外资公司为外国所有，因此它们面临的风险更大。根据外汇短缺规模，东道国政府可能只要求所有向国外转移的资金获得批准，从而保留优先使用稀缺外汇的权利。在非常严重的情况下，政府可能会规定其货币不可兑换为其他货币，从而完全阻止向国外转移资金。处于这些情况之间的政策是限制股利、债务分期还款、特许权使用费和服务费的大小和支付时间。

众所周知，许多国家限制货币可兑换性是为了阻止资本外逃和外汇储备枯竭（在悲观预期下试图维持固定汇率制时采取的措施）。例如，近年来，阿根廷和委内瑞拉都允许将本币兑换为硬通货（通常为美元），但只有得到批准的特定交易方（例如，申请获批向中国出口商付款并出具购买玩具发票的玩具进口商）才能进行兑换。这些批准很少发给在国内经营的跨国企业。主权债务通常要求只能通过出口赚取的硬通货来偿还，有时还会促使政府拒绝私人投资者获取外汇。

第三类：征收和国有化

如果每次普通法发生变化时，不付出代价就不能在某种程度上减少财产附带的价值，那么政府很难运行下去。长期以来，人们认识到享有某些价值是受到隐含限制的，必须服从警方权力。但显然，隐含限制也必须有限制，否则合同和正当程序条款就会荡然无存。确定这种限制时需要考虑的一个事实是价值减少的程度。当它达到一定程度时，在大多数情况下（如果不是在所有情况下）必须执行征用权并进行补偿来维持该行为。

——Justice Oliver Wendell Holmes, *Pennsylvania Coal Co. v. Mahon et al.*,
No. 549, Decided December 11, 1922 [260 U. S. 393].

最极端的政治风险形式是征用、扣押跨国企业的业务、资产或政府颁发的经营许可证——以公共名义剥夺私人资产。从严格意义上讲，如果所有权的扣押或转让是在全国范围或全行业范围内进行的而不是针对某家具体公司，则该行为被称为国有化。

任何国家都拥有国际法规定的主权，可以出于经济、政治或社会原因征收国内或国外私人实体持有的财产。（征收国内财产的行为被称为征用。）但是，为了"符合"国际法，征收需要满足四个标准[①]：

(1) 所征收的财产必须用于公共目的。
(2) 没有歧视性。
(3) 遵守正当法律程序。
(4) 提供补偿。

直接征收与间接征收。 直接征收是转让所有权或彻底没收财产。这是20世纪初俄罗斯和墨西哥等国的惯用征收形式。除了公司正在经营的业务之外，房地产也被视为纯实物性质，包括土地、建筑物、资本设备和其他实物资产。全球各国密切关注这种单方面行动并给予严厉批评。

在第二次世界大战之后，为了回应对直接征收的广泛批评，一些国家开始使用各种其他商业干预措施（前几类介绍了其中许多措施），这些措施开始日积月累地永久性破坏投资的经济价值。这些措施通常围绕着投资者实际管理或控制企业或财产的能力，它们被统称为间接征收。同时，财产的定义从实物财产扩大到非实物财产或无形财产，尤其是投资者持有的货币价值所有权。

另外一种间接征收形式是渐进式征收，即各种看似小型或个别的限制和干预的总称。这包括增加监管、征用税、货币汇回限制、汇率变化以及强制对许可证或合同进行重新谈判。这引起了全球各国法院和董事会的大量争论，因为各国认为这些个别行为不构成"征收"，但跨国企业认为总体来看它们属于实际征收。在某些情况下，对于跨国投资者来说，当东道国政府对企业施加如此多的限制或成本但不进行征收时，他们的价值损失最大，因为这时投资遭受了损失但没有获得补偿。

还有第三类定义模糊的国家重大干预，即国家基于以保护公共利益为名的监管权而进行的干预。各国认为，当它们为维护国家主权以这种方式进行干预时，不需要赔偿投资者的损失。当然，在许多跨国投资者看来，这仍然是一种间接征收。

补偿。 "合法征收"必须附带补偿。多数国际投资协议都要求补偿符合以下三个条件：即时（不得延迟支付）、充分（补偿价值与投资的市场价值具有合理关系）、有效（以可兑换或可自由使用的货币支付）。

对于什么是充分或适当的补偿存在高度争议，这取决于具体情况以及相关方是公司还是国家。任何金融学生都知道，全球有三种用于确定补偿金额的基本估值方法：(1) 市场估值法；(2) 净账面价值估值法；(3) 贴现现金流净现值估值法。虽然不同的条约和协议使用不同术语——"公允价值""正当价值""适当价值""意愿买家支付给意愿卖家的价格"——来定义支付的补偿，但许多政府支付的价格常常低于多数估值要求的价格。

[①] *Expropriation*: UNCTAD Series on Issues in International Investment Agreements II, United Nations Conference on Trade and Development, New York and Geneva, 2012, p. 1.

有史以来最大的非法征收资产仲裁案就是尤科斯石油公司（OAO Yukos Oil Company）的案件，这家俄罗斯石油和天然气公司于2007年被俄罗斯政府征收。2014年，仲裁庭做出判决，裁定尤科斯石油公司（该公司被征收时是俄罗斯最大的石油公司）前股东应获得超过500亿美元。有趣的是，由于仲裁庭评估认为索偿人本身（股东）也有"不洁之手"，因此这是减少25%之后的金额。"全球金融实务17-2"举了一些例子说明为何世界上规模最大、全球化程度最高的行业之一——石油和天然气开发业——一直是频繁被征收的对象，尤其是在南美洲。还应注意在某些情况下东道国政府如何使用一些自己的干预工具和策略执行渐进式征收。

全球金融实务 17-2

全球石油和天然气业的部分征收案例

由于石油和天然气业具有真正的全球化结构（该行业的公司必须到有石油和天然气的地方经营，不论这个地方的政治、经济或社会基础设施现状和发展情况如何），因此该行业一直是征收的对象。但即使在这个全球化产业中，南美国家也在征收和国有化方面一马当先。最近的一些例子凸显了该行业中资产扣押与权利或"经营许可证"因素之间的联系。

阿根廷。 2012年4月16日，阿根廷总统克里斯蒂娜·费尔南德斯·基什内尔（Cristina Fernández de Kirchner）提出一项法案，开始将该国最大的能源公司YPF（西班牙的雷普索尔公司）重新收归国有。阿根廷政府将控制51%的股权，剩余的49%的股权将转交给省政府。几年后，阿根廷政府向西班牙的雷普索尔公司支付了50亿美元补偿金。

玻利维亚。 玻利维亚可能是南美洲首个征收大型石油公司的国家。1937年，该国征收了新泽西标准石油公司（美国）（今天埃克森美孚公司的前身）的资产和业务。为此，玻利维亚政府最终向标准石油公司支付了1 729 375美元的价格。玻利维亚用"misappropriating"一词表示征收或国有化，它的含义是玻利维亚人民"收回"以前分配的权利或所有权。玻利维亚在新当选总统埃沃·莫拉莱斯（Evo Morales）的领导下，于2006年5月1日颁布了第28701号最高法院令，要求这家石油生产商将其业务控制权交给国家石油和天然气公司玻利维亚国家石油公司（Yacimientos Petroliferos Fiscales Bolivianos，YPFB）。玻利维亚最初创建玻利维亚国家石油公司时就明确表示是为了接管标准石油公司的资产和业务。

厄瓜多尔。 厄瓜多尔已经规定了石油公司接受新分包协议的最后期限，这将撤销现有合资协议。新协议还将阻止石油公司向国际投资争端解决中心（International Center for the Settlement of Investment Disputes，ICSID）提出上诉。厄瓜多尔还根据原油价格对"非常利润"征收50%的税率。厄瓜多尔于2006年征收了之前授予西方石油公司（Occidental Petroleum）的对第十五号油田的权益。

墨西哥。 在这个可能最臭名昭著的案例中，1938年3月18日，卡德纳斯（Cárdenas）总统宣布该国征用所有石油资源和设施，征收美国和英荷的石油公司（墨西哥老鹰石油公司）。墨西哥政府最终创建了墨西哥石油公司（Petróleos de Mexico，Pemex），它成为该国唯一的石油和天然气公司。

委内瑞拉。 在总统乌戈·查韦斯（Hugo Chavez）的领导下，委内瑞拉于2007年2月颁布了第5.200号法令，要求委内瑞拉奥里诺科重油带所有正在经营的公司同意与国有石油公司委内瑞拉石油公司（Petróleos de Venezuela SA，PDVSA）签订新合同。它们获悉，如果它们不同意新条款，就会被征收。最终，这正是委内瑞拉所做的——征收两家大型外国石油和天然气公司，埃克森美孚和康菲石油公司（两家均为美国公司）的财产。

埃克森美孚之前就曾（在世界各地和委内瑞拉）成为被征收对象，并采取了一系列积极的法律行动，冻结了PDVSA在委内瑞拉境外——尤其是美国——的资产。近5年后的2012年1月，世界银行的ICSID裁决埃克森美孚公司应获得16亿美元补偿金，远远低于该公司寻求的100亿美元补偿金。随着委内瑞拉在2012年退出世界银行ICSID，埃克森美孚公司连拿到这笔远低于其期望的补偿金也很困难，并且在2018年再次处于财务危机边缘。

17.5 减轻政治风险

尽管高速全球化过程已超过20年，但所有迹象都表明政治风险正在上升。这种挑战加上跨国企业日益厌恶风险的倾向促使它们努力减轻政治风险。比以往任何时候都多的跨国企业积极监控政治风险威胁，以保护员工、资产和商业品牌/声誉。它们还在外国直接投资过程中采取更积极主动的措施，以降低和管理自身风险。这里，我们考察了七种最常见的减轻政治风险的方法：利益相关者参与、使用国内合作伙伴、国际投资协议、渐进式投资、冻结资金管理、争端解决和政治风险保险。

利益相关者参与

外国直接投资的主要利益相关者——东道国政府、主要政治领导人和受影响社群——的事先参与和早期参与通常被视为"预防措施"。跨国企业最常提到的风险减轻策略是建立和培育与东道国主要利益相关者的关系，它被视为既可以防止公司风险，又可以作为一种问题早期预警方式。最关键的利益相关者可能是东道国政府。近期研究表明，政府参与度提高和企业在违规事件中的高生存率相关。

使用国内合作伙伴

无论是真正的公共政策还是优惠的国内政策的结果，所有东道国政府都更愿意由国内公司开发该国的新资本项目和发展商业。但是，如果商业计划是通过外国的跨国企业获得的，那么当该公司与国内方合作时，该国的目标就会部分得到满足。国内合作伙伴一旦在项目中拥有正式商业利益，就既可以作为支持者，也可以作为阻止政府对公司行为实施额外干预的潜在"屏障"。

过去，许多政府将拥有一个国内股权合作伙伴作为明确的准入要求，实际上是要求与一家国内公司建立合资企业。在20世纪80年代和90年代，中国的所有支柱产业都是这种情况。具体目的是，通过合作将跨国企业的大量经验、知识和技术传授给国内合作伙伴。

国际投资协议

减轻政治风险的最佳方法是预测风险,通过与东道国当局谈判事先签订协议——国际投资协议(international investment agreements,IIAs),此外,还要做好准备。不同文化在履行合同的问题上采用不同的道德规范,尤其是对于与前任政府谈判的合同。然而,在所有可以想象的冲突领域中,预先进行谈判都为双方未来取得成功提供了更好的基础,而不是忽视目标逐渐产生分歧的可能性。

事先谈判通常包括对国际投资协议进行谈判,购买投资保险和担保,以及制定在做出外国投资决策后用来降低风险的经营战略。国际投资协议阐明了外国公司和东道国政府的具体权利和责任。在许多情况下,东道国不仅希望跨国企业设立实体经营机构,而且也可能积极"招募"或要求跨国企业通过投标进入本国市场。各方都有其他方案,因此讨价还价是合适的做法。

现在,多数国际投资协议都以标准条款开头,以阐明之前定义的四项征收标准:

> 缔约双方均不得直接或间接采取征收措施、国有化措施或对另一缔约方投资者具有同等性质或影响的其他任何措施,除非是为了公共利益,在非歧视基础上以正当法律程序采取这些措施,并规定了有效充分的补偿条款。
>
> ——Agreement between Swiss Confederation and Republic of Chile on the promotion and reciprocal protection of Investments,UNCTAD,1999.

在过去一个世纪中,这些标准和类似法律条款被广泛应用,以期在投资者保护和国家主权之间找到某种平衡。国际投资协议的其他标准组成部分包括以下财务和管理问题:

- 在什么基础上可以汇出股利、管理费、特许权使用费和还贷款项。
- 确定转移价格的基础。
- 出口到第三国市场的权利。
- 资助、建立或支持学校和医院等社会基础设施的义务。
- 税收方法,包括税率、税种和确定税率基础的方式。
- 进入东道国资本市场(尤其是长期借款)的机会。
- 允许100%外国所有权还是要求当地所有权(合资企业)参与。
- 适用于东道国市场上的销售交易的价格管制(如果有的话)。
- 要求在本地采购还是可以进口原材料和零部件。
- 是否允许使用外籍管理人员和技术人员,且只进行有限干预或发布有限指令。
- 关于争议的仲裁规定。
- 描述退出程序或终止程序的计划撤资规定(如果有此要求)。

虽然政治变化有时可能使现有协议无效,但事实证明,在进入一国市场之前对国际投资协议进行认真谈判可以持续增加企业长久健康发展的可能性。

渐进式投资

进入有问题国家的跨国企业可能会选择采取"谨慎投资"政策。这通常适用于历史上曾对外国投资者的活动进行重大干预的国家,例如,历史上曾征收外国公司,或者目前的治理制度无法让投资者有信心不受干预地进行经营(不论经营期限长短)的国家。谨慎的投资政策是分阶段投资，通常开始时只开展小规模核心业务，而不是长期投资目标要求的业务。然后，假设受到有限干预，跨国公司将主要依靠业务本身的留存收益来增加资本和扩张。

然而，这种渐进式投资方法往往不被东道国充分接受，而且如果该企业是与国内私营企业或公共机构（例如国有企业）组建的合资企业，可能随着时间的推移在合作伙伴之间导致严重的摩擦。本章结尾的迷你案例说明，渐进式投资在保护外国公司的权利和投资方面是一把双刃剑。

冻结资金管理

跨国企业可以在三个阶段对资金冻结的可能性做出反应：

（1）在投资之前，公司可以分析资金冻结对预期投资收益率、理想的当地财务结构以及与子公司的最优联系的影响。

（2）在经营期间，公司可以尝试通过各种重新配置方法转移资金。

（3）对于无法转移而只能在当地再投资的资金，再投资方式必须避免因通货膨胀或当地货币贬值导致其实际价值恶化。

第一种管理方案考虑了资本预算过程中资金被冻结的可能性，导致预期净现值较低，并且通常会将投资方案排除出可接受投资之外。如果公司在考虑资金冻结的可能性后仍认为项目可以接受，则投资前分析可以通过融资策略——例如使用本地（国内）借款而非母公司股权资金、互换协议（例如背对背贷款）和其他降低当地外汇风险敞口的方法——最小化对被冻结资金的影响。

第二种管理方案是在开始经营后用各种方法转移被冻结资金。这包括前向贷款和进行无关出口。前向贷款是通过金融中介（通常是大型国际银行）由母公司发放给子公司的贷款。前向贷款与第12章讨论的"平行贷款"或"背靠背贷款"不同。后者是企业之间不通过银行系统安排的贷款。前向贷款有时被称为连锁融资。在前向贷款中，"贷款"母公司或子公司将资金存入一家银行，例如一家伦敦银行，然后该银行向东道国的借款子公司提供相同金额的贷款。从伦敦银行的角度来看，这笔贷款是无风险的，因为银行有母公司存款作为100%的抵押品。实际上，银行充当了母公司的"前向代表"——这种贷款由此而得名。

另一种有利于子公司和东道国的冻结资金处理方法是渐进式无关出口。由于严格外汇管制的主要原因通常是东道国始终无法赚取硬通货，因此跨国企业能使东道国产生新出口的任何措施都被认为是有帮助的，并提供了转出资金的潜在手段。有些新出口通常可以从现有生产力中创造出来，而只需很少投资或不需要额外投资，尤其是当它们属于与现有业务相关的产品线时。其他新出口可能需要再投资或新资金，但如果再投资资金包括已被冻结的资金，那么几乎不会产生机会成本形式的损失。

如果资金确实被冻结而无法兑换为外汇，那么按照定义它们就被"再投资"。在这种情况下，公司必须找到当地投资机会，以便在给定的可接受风险水平下最大化收益率。如果预期资金冻结是暂时的，那么最明显的选择就是投资于当地的货币市场工具。

遗憾的是，在许多国家，这些工具的数量不足或流动性不足。在某些情况下，政府国库券、银行存款和其他短期工具相对于当地通货膨胀率或可能汇率变化的收益率始终被人为压低。因此，公司在资金冻结期间经常会有实际价值损失。在某些情况下，投资于新建生产设施是唯一的选择。通常，这种投资正是东道国通过外汇管制所寻求的，即使外汇管制会对吸收更多外国投资产生反作用。

争端解决

跨国企业知道，在任何国家进行投资之前，都将承担其合同或协议无法由东道国法院和司法系统强制执行的风险。因此，一种减轻这种风险的常用策略是要求对所有争端进行国际仲裁。一些机构专门为此而建立，例如美国仲裁协会、国际商会、伦敦国际仲裁法院，等等。

1958年，100多个国家在纽约签署了《承认及执行外国仲裁裁决公约》[这是一个由联合国国际贸易法委员会（United Nations Commission On International Trade Law, UNICTRAL）负责的项目]，这也促进了国际仲裁的推行。第二种对跨国企业有价值的方法是在合同中要求根据ICSID的规则解决所有争端。约130个国家签署了《关于解决国家和他国国民之间投资争端公约》。任何上述策略的关键结果之一都是签署国同意强制执行仲裁裁决。因此，通过国际仲裁裁定更有可能将货币赔偿执行到位。

政治风险保险

事实上，政治风险保险是跨国企业为了防范某些形式的政治风险引起的损失而购买的保险。政府和私人保险公司提供管理政治风险（包括征收风险和国有化风险）的保单。许多国家都设有政府实体或准政府实体，为进行国际投资的本国公司提供政治风险保险。

提供商。 多数政治风险保险由伯尔尼协会（国际信用和投资保险人协会）提供（签发），这个出口信贷机构国际组织由多边贸易集团和私营保险公司组成。它成立于1934年，首次会议在瑞士伯尔尼举行；据估计，伯尔尼协会成员之间的贸易占全球贸易的10%。这些成员既有公共机构，也有私人企业。例如，多边投资担保机构（Multilateral Investment Guarantee Agency, MIGA）（世界银行集团的一家机构）"通过向投资者和贷款人提供政治风险保险和信用增级以防范非商业风险造成的损失，从而促进外国直接投资"[①]。

近期研究表明，多边投资担保机构的另一个好处是，世界银行这种国际金融机构的参与程度越高（例如信贷条款、项目担保或股权参与），项目或业务成功的可能性就越大。很多国家自己也有保险提供商：

- ■ 澳大利亚：出口金融和保险公司（Export Finance and Insurance Corporation, EFIC）。
- ■ 加拿大：加拿大出口发展局（Export Development Canada, EDC）。
- ■ 法国：法国对外贸易保险公司（Coface）。
- ■ 德国：德国国家出口保证计划，由赫尔墨斯公司（Hermes）管理。
- ■ 日本：日本出口和投资保险公司（Nippon Export and Investment Insurance, NEII）。
- ■ 美国：海外私人投资公司（Overseas Private Investment Corporation, OPIC）。
- ■ 英国：出口信贷担保部（Export Credits Guarantee Department, ECGD）。

还有一些提供政治风险保险的准政府组织，例如美国进出口银行，以及丘博保险公司（Chubb）和苏黎世保险公司（Zurich）等私人保险公司。

---

① MIGA Summary (worldbank.org).

跨国转移风险。 跨国企业有时也可以通过投资保险和担保计划将政治风险转移到东道国公共机构。许多发达国家都有此类计划来保护其国民在发展中国家的投资。

例如，在美国，投资保险和担保计划由政府所有的海外私人投资公司管理。海外私人投资公司的目的是动员和促进美国私人资本和技术参与欠发达友好国家和地区的经济和社会进步，从而作为美国发展援助的补充。海外私人投资公司为四种不同类型的政治风险提供保险，这些政治风险在保险中有特定的定义，包括：(1) 政治暴力造成的资产损失影响营业收入的风险；(2) 利润、特许权使用费、费用或其他收入不可兑换成美元的风险；(3) 财产被征收的风险；(4) 战争、革命、叛乱和内乱造成实物财产损失的风险。根据项目的性质，海外私人投资公司为单个项目提供最高4亿美元的保险。

外国直接投资和政治风险不可避免地相互交织，但经过充分准备和规划，跨国企业能够适应往往非常艰难和存在争议的政治环境。正如"全球金融实务17-3"所述，跨国企业与东道国之间的关系并不一定总是对立的。

全球金融实务 17-3

设计外国直接投资的激励结构

墨西哥水泥公司（Cementos Mexicanos，CEMEX）是全球水泥业的领先企业之一。它在许多国家进行了数十次收购。因此，当该公司设计对印度尼西亚水泥公司（P. T. Semen Gresik of Indonesia）的报价时，它胸有成竹。在亚洲金融危机之后，印度尼西亚政府面临着主要来自国际货币基金组织的私有化压力。印度尼西亚水泥公司是该国的王牌企业，是一家工艺先进的大型新建水泥生产工厂。

印度尼西亚政府拥有该公司65%的股权，其余35%为自由流通股（在雅加达证券交易所上市交易）。起初，印度尼西亚政府表示将把全部股票的35%卖给出价最高者，但在管理层和工人等走上街头反对这笔交易后，政府让步到只出售14%的股票。现在，墨西哥水泥公司充其量只能获得49%的少数股权。

因此，当墨西哥水泥公司设计最终报价时，它推出了一系列激励措施，以期印度尼西亚政府与该公司合作，以扩展出售股票后的业务。出价包括五个要素：

(1) 股票出价。对印度尼西亚政府持有的35%印度尼西亚水泥公司股票的出价为每股1.38美元。鉴于当前股价为9 150印度尼西亚卢比（以14 500印度尼西亚卢比/美元的汇率计算，约合0.63美元/股），这意味着溢价率近100%。

(2) 宣布有意在公开市场上购买更多股票。最初，这一比例为16%，因此其总股票所有权比例有望达到51%（=35%+16%），但情况发生了变化。

(3) 在与印度尼西亚政府的交易中加入5年期期权，规定以每股1.38美元的基本价格加上8.2%的年期权费将剩余股份出售给墨西哥水泥公司。

(4) 如果印度尼西亚水泥公司的业绩（按息税前利润衡量）在未来几年超过特定标准，那么2006年该公司将向印度尼西亚政府一次性支付1.3亿美元。

(5) 为印度尼西亚水泥公司正在进行的港口设施升级和扩容提供约5 000万美元资金。

当然，这比印度尼西亚政府设想的"出价"要复杂得多。多年后，笔者有机会与墨西哥水泥公司团队的首席谈判代表哈维尔·博法鲁尔（Javier Boffarull）讨论出价策略。首个要素包括一个最低出价和一个有显著溢价的价格。第二个要素是向印度尼西亚政府明确传达墨西哥水泥公司的承诺和意图——获得更大的权益，可能的话还希望获得控制权。第三个要素即看跌期权，它明确表示，如果将来政府需要变现更多股票以换取资金，那么这已经提供了有保证的最低收入。第四，一次性付款是一种激励措施，它可以防止政府在交易后采取任何可能阻止墨西哥水泥公司扩大业务盈利能力的行动。这是墨西哥水泥公司多年来在多个国家的多笔收购中得到的教训。墨西哥水泥公司还从这些经验中了解到，无论其获得的所有权比例是25%、49%还是65%，它都无法完全控制对印度尼西亚来说如此庞大且如此重要的公司。第五个要素也是最后一个要素，是投入巨额资本用于建设基础设施和扩张，这是促使印度尼西亚政府本身继续投资于该公司和本国的又一个原因。

墨西哥水泥公司在投标中加入了所有五个要素，从而给了印度尼西亚政府——在成交之前——一切反对该计划的机会。但印度尼西亚政府没有提出任何反对意见——墨西哥水泥公司中标，并获得少数股权。俗话说，胡萝卜有时比大棒更有用。

要点总结

- 跨国企业进行外国直接投资的战略决策是其全球战略的扩展。
- OLI 范式旨在创建一个总体框架，以解释为什么跨国企业选择外国直接投资而不是通过其他模式服务外国市场，例如许可证、合资企业、战略联盟、管理合同和出口。
- 跨国企业做出在国外投资的决定之后，将选择进入哪些市场并选择进入这些市场的商业形式和结构。最终，目标市场和进入结构的选择将确定公司当时面临的政治风险和风险敞口的类型。
- 跨国企业进入外国市场时承担的金融风险可以分为三类：经营业绩风险、转移风险和征收风险。
- 政治风险可以按三个层面定义：公司特定风险、国家特定风险或全球特定风险。
- 最常见的七种政治风险减轻方法是利益相关者参与、使用国内合作伙伴、国际投资协议、渐进式投资、冻结资金管理、争端解决和政治风险保险。

迷你案例

田吉兹——政治风险的定义[①]

> 问题是必须投入资金。投资者是美国人、阿曼人还是俄罗斯人，对我来说有什么不同？重要的是石油开采出来了。
>
> ——哈萨克斯坦总统努尔苏丹·纳扎尔巴耶夫（Nursultan Nazarbayev）

[①] 2017年©亚利桑那州立大学雷鸟全球管理学院版权所有。本案例由迈克尔·H. 莫菲特教授编写，仅用于课堂讨论，不表示有效或无效的管理。

虽然哈萨克斯坦毗邻里海，但它和里海都地处内陆，这使其成为世界上最大的内陆国家。哈萨克斯坦人口稀少，只有 1 800 万人。然而，哈萨克斯坦拥有巨大的原油和天然气储量，这是该国经济的未来所系。1993 年，一笔对哈萨克斯坦的外国直接投资创建了田吉兹，世界上最大的石油生产基地之一。然而，经历了 20 多年和无数的政治挑战，该油田仍未达到其生产潜力。田吉兹的所有者/投资者担心政治风险持续下去以及还要投资 260 亿美元的可能性。

田吉兹

雪佛龙公司周一表示，该公司与哈萨克斯坦建立的合资公司（该公司旨在开发世界上最大的油田之一）每天可生产 700 000 桶石油，并将在 40 年内共同投资 200 亿美元。本月早些时候，雪佛龙和哈萨克斯坦宣布了开发田吉兹（Tengiz）油田和科罗廖夫（Korolev）油田的初步协议，其面积预计比阿拉斯加州的普拉德霍湾还要大。

—— "Chevron to Pump Billions into Tengiz," *The Los Angeles Times*，May 19, 1992.

田吉兹油田——田吉兹在哈萨克语中意为"大海"——于 1979 年被发现。虽然它被认为是世界十大油田之一，但随着苏联将油田开发的重点转移到别处，田吉兹油田多年来受到严重忽视。20 世纪 80 年代中期，该油田进行了一些初步钻探和生产，但需要一个拥有技术、经验和资金的投资者兼运营商。

田吉兹油田深 14 000 英尺，极端高压高温，平均温度高达 200°F。其中蕴藏的石油是一种含硫原油，平均含硫率为 12.5%（硫含量高于 0.5% 即为高硫石油）。产生的硫化氢（H_2S）对人体有很强的毒性，在管道中具有腐蚀性。田吉兹油田位于哈萨克斯坦西部边远地区，离里海不远，是一个偏远、贫瘠、环境险恶的地方，气温在 −25°F~100°F 之间。由于基础设施很少，建设和支持成本很高。事实证明，招聘、培训和留住高技能劳动力是一项重大挑战。

雪佛龙

在美国总统布什与苏联总统戈尔巴乔夫举行完峰会一天后，雪佛龙公司（美国）通过各种政治渠道，成功在 1990 年的谈判中获得该油田 50% 的权益。但是，当苏联解体时，墨迹几乎未干。随着哈萨克斯坦于 1991 年 12 月宣布独立，谈判再次开始。

哈萨克斯坦的独立基础并不牢固。俄罗斯仍然在石油方面拥有强大的战略利益。这两个国家共享 4 250 英里的边界线和共同的民族；哈萨克斯坦是 600 多万俄罗斯族人民的家园。位于哈萨克斯坦旧都阿拉木图市中心的战争纪念碑纪念的是 28 名潘菲洛夫卫兵——哈萨克斯坦人，他们在 1941 年 9 月德国的进攻下保卫了莫斯科。雪佛龙最终于 1993 年与哈萨克斯坦达成了一项"周密考虑的协议"，一项为期 40 年的商业协议，旨在创建田吉兹雪佛龙合资公司（Tengizchevroil，TCO）。该公司为合伙性质，将该油田 50% 的股权分配给雪佛龙，并将雪佛龙称为运营商。[①] 该公司从结构上是雪佛龙与哈萨克斯坦合资创建的企业。

雪佛龙承诺在未来 40 年内投资 200 亿美元。为了管理高政治风险，雪佛龙计划逐步投资，以利润再投资作为大部分新投资。雪佛龙小心翼翼地避免提前支付大笔款项。其中一项条款规定，在雪佛龙支付 8 亿美元买价的首笔 4.2 亿美元分期付款之前，石油日产量应达到 250 000 桶。哈萨克斯坦认为这种"边生产边投资"的方法表明承诺水平很低，这使两方关系一开始就

---

① 这些年来，所有权比例发生了变化。2016 年，田吉兹公司股权的 50% 由雪佛龙所有，25% 由埃克森美孚所有；20% 由哈萨克斯坦国家石油天然气公司（KazMunaiGaz）所有；5% 由阿科石油公司（美国）和卢克石油公司（俄罗斯）组成的合资公司卢克阿科公司（LukArco）所有。

很紧张。雪佛龙也对苏联的传统习惯犹豫不决,因为这种传统希望外国投资者支持非商业相关的社会基础设施,例如道路、学校和医院,并限制社会支出为总投资额的3%。

输油管之梦

一切准备就绪,却无处可去。这是雪佛龙公司在遥远的哈萨克斯坦面临的两难困境。该国的第三大石油公司坐落于这个位于苏联加盟共和国的世界最大的内陆油田之一中。麻烦的是,经过两年多的工作和10亿美元的投资,雪佛龙仍未在田吉兹雪佛龙合资公司——雪佛龙与哈萨克斯坦政府对半出资的一家合资企业——上赚到很多钱。

—— "Chevron Struggling in Tengiz," by Kenneth Howe, *San Francisco Chronicle*, September 25, 1995.

里海有些独特,石油生产权并不意味着所有者可以出售石油。没有输油管,石油就没有市场价值。田吉兹的生产始于20世纪90年代中期,但它仍无法进入市场。雪佛龙希望将石油向西运往黑海;从那里,它可以通过油轮运到地中海和更远的市场。最终,在投资27亿美元以后和其他两家大型石油公司[一家俄罗斯公司(卢克石油公司)和一家美国公司(阿科石油公司)]的参与下,里海管道联盟(Caspian Pipeline Consortium, CPC)成立了。里海管道联盟的管线将把田吉兹的石油运送至黑海,途经1 510公里。这条输油管从2003年开始运营。第二条输油管,即巴库-第比利斯-杰伊汉管线(Baku-Tbilisi-Ceyhan pipeline, BTC),在几年后开始运营。

- **里海管道联盟**

输油管长980英里,从里海通往俄罗斯黑海的新罗西斯克港。
- 大部分与现有管道段相连,是迄今为止运输田吉兹石油最快捷的输油管。
- 它将受俄罗斯控制。

- **巴库-第比利斯-杰伊汉管线**

从阿塞拜疆巴库穿越里海、格鲁吉亚和土耳其,延伸至地中海港口杰伊汉,总长1 000英里。
- 建设时有意绕过了俄罗斯,由一个公司和国家组成的财团建设。
- 建设期需要5年,于2005年投入运营。
- 未使用的产能使其成为哈萨克斯坦前景最好的输油管之一。

环境

田吉兹油田还为田吉兹雪佛龙合资公司带来了重大的环境和安全挑战。1985年,在雪佛龙入股田吉兹油田之前,田吉兹油田第37号井爆炸,天然气和石油燃起200米高的火柱直冲高空,方圆近60英里都可以看到这座地狱火塔。正在观测哈萨克斯坦的美国卫星捕捉到了这一画面。在休斯敦的全球著名石油火灾专家雷德·亚戴尔公司(Red Adair Company)扑灭火灾之前,熊熊大火燃烧了一年多。这场火灾造成了巨大的环境影响。

在接下来几年中,由于莫斯科决定开发石油和天然气,哈萨克斯坦人担心他们最珍贵的美味——鱼子酱(产自里海和黑海的鲟鱼卵)——可能会受到威胁。[①] 任何在里海(欧洲鳇和鱼子酱最著名的产地)开发石油和天然气的建议都面临严重的公众反对。巴库在19世纪后期曾遭到石油开发的破坏,并且正好位于里海对面,这提醒人们不规范石油开发的破坏性将有多严重。巴库现在被认为是世界上最脏的城市之一。

---

① 20世纪70年代,苏联政府经常在哈萨克斯坦进行核试验。

硫是一个持续存在的问题。石油和天然气的生产过程会产生大量的硫，需要对其进行大量加工。到2001年年初，田吉兹产生了450万吨硫，这些硫在足球场大小的面积上摊开可达7.5米厚。2001年，雪佛龙公司对一家硫颗粒加工厂投资了4 000多万美元用于扩大市场销售，但成效不一。

> 我认为我们任何人都不了解我们将参与的项目的复杂性。哈萨克斯坦政府担心一些项目开始时，某些问题仍然悬而未决。里海的石油和天然气生产非常复杂，非常困难。10年前、15年前签订合同时，人们并不了解这些复杂性。
>
> ——理查德·马茨克（Richard Matzke），雪佛龙德士古董事会副主席，2007年

在2002年，在一笔超过20亿美元的开发投资后——这已经是所有前苏联国家中最大的一笔外国投资，该项目需要进入第二个成本高昂的阶段：酸性气体再注入。需要投入大量新资本才能将天然气重新注入油田。

日益紧张的关系

2002年，雪佛龙公司提议对石油出口收入进行再投资，为田吉兹油田的扩大生产计划融资，作为继续实行的"边生产边投资"战略的一部分。哈萨克斯坦对此表示反对。除了放缓生产增长率之外，再投资还将大大降低该财团的应税利润和向政府支付的款项——而政府需要资金。2003年，在哈萨克斯坦法院确认对该财团处以罚款之后，雪佛龙同意用外资为新增生产能力融资，并且无论该财团的盈利能力如何，都确保每年至少向哈萨克斯坦税务机关缴纳2亿美元税款。作为该协议的一部分，纳扎尔巴耶夫总统通过了一项新的外国投资法，该法律保证不修订关于该国现有外国投资的规定，但不保证未来投资的相关规定不会发生变化。

12月，在一次同样公开的表态中，双方（雪佛龙德士古和哈萨克斯坦政府）似乎弥合了它们的部分分歧——至少在哈萨克斯坦方面是如此。作为俄罗斯以外中亚地区最大的石油生产国，同时也是从预期出口需求增长中受益最多的国家，哈萨克斯坦理应为外国投资者创造良好的投资环境。而事实相反，外国投资企业面临被关闭的危险。[①]

2006年，由于硫黄被持续露天存储，哈萨克斯坦环保部门要求田吉兹雪佛龙合资公司停止运营。田吉兹雪佛龙合资公司认为，导致环境问题的部分原因是哈萨克斯坦内部的税务争论，因为哈萨克斯坦联邦政府最近将所有财团税收归联邦一级，因此这部分税款不再流向生产地区的市政府。于是，当地法院开始对该财团进行生态损害评估和罚款。田吉兹雪佛龙合资公司现在对硫颗粒生产设施以及酸性气体注入设施进行了大量新投资，硫化氢气体被重新注入田吉兹油田。田吉兹雪佛龙合资公司目前有六家硫加工厂正在运营，仅最后一家就耗资74亿美元。如图A所示，2009年的产量超过70万桶。

田吉兹的困境

石油业官员表示，哈萨克斯坦在未来十年内将石油产量提高60%的计划可能取决于该国能否让外国大股东相信其数以10亿美元计的投资将受到法律保护。外国石油公司高管私下表示，他们担心在可采石油储量略高于世界储量3%的哈萨克斯坦，国家对利润丰厚的能源部门的影响力日益增强以及税制发生变化。

—— "Kazakh Oil Plans Vex Foreigners," *The Moscow Times*, October 13, 2010.

---

① "Field of Dreams," *The Economist*, January 9, 2003.

图 A　田吉兹的生产

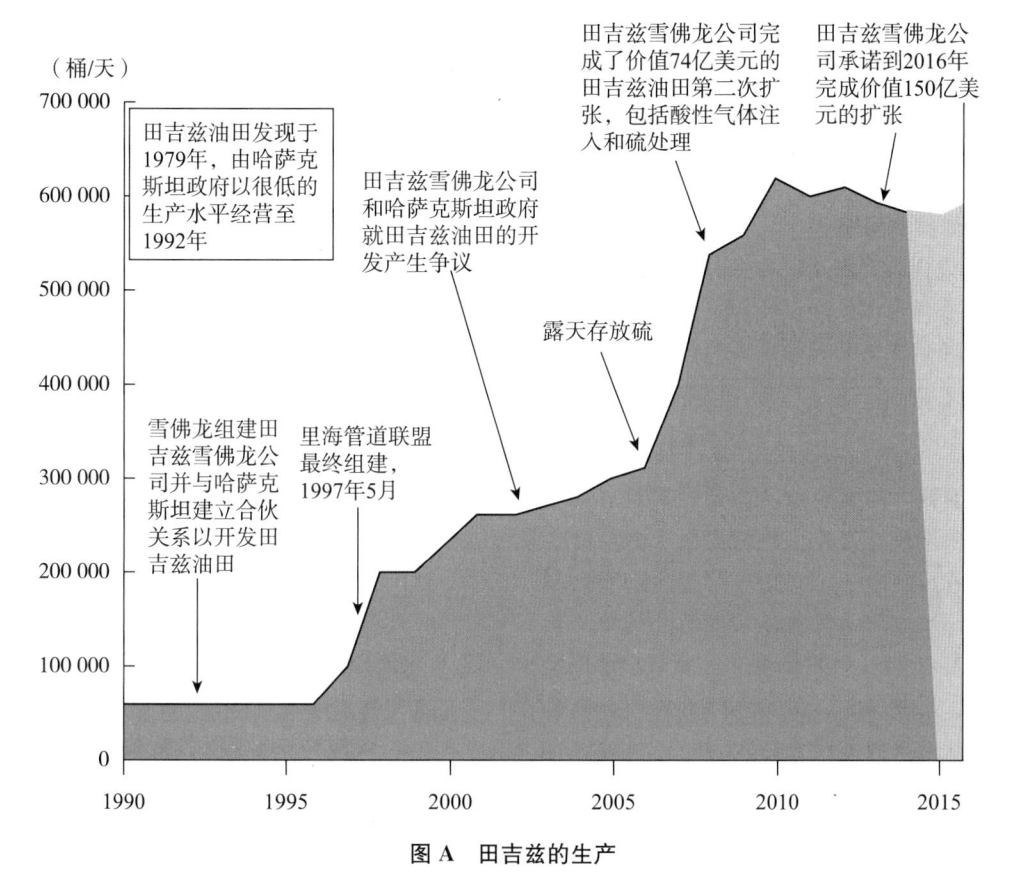

田吉兹雪佛龙公司：雪佛龙占50%（美国）、哈萨克斯坦国家石油天然气公司（哈萨克斯坦）占20%、卢克阿科公司占5%（俄罗斯）。

到2010年，田吉兹雪佛龙合资公司通过里海管道联盟的输油管（满负荷）出口了300 000桶石油，另外还有300 000桶通过铁路出口。田吉兹雪佛龙合资公司宣布它将开始对田吉兹油田进行大规模扩张，扩张规模估计为160亿美元，但前提是与各政府部门解决了其他一些新问题。

■ 出口税。哈萨克斯坦石油和天然气部7月宣布，该国将重新对所有碳氢化合物征收出口税，而田吉兹雪佛龙公司必须缴纳该税。而此前，该合资企业无须缴纳这种税。田吉兹雪佛龙公司认为根据其经营协议，它有永久免税权。

■ 非法生产。石油和天然气部于7月对田吉兹雪佛龙公司就其所谓的"非法生产"开展了一次刑事调查，因为根据其生产协议，该公司不得在田吉兹油田深处开采石油和天然气。田吉兹雪佛龙公司认为生产协议没有这样的限制。

■ 非法燃除。哈萨克斯坦环境部因最近的天然气燃除向田吉兹雪佛龙公司收取了140万美元罚款。田吉兹雪佛龙公司最近完成了2.58亿美元天然气捕获和回收设施投资，该公司解释说，燃除是紧急情况造成的。

■ 国际员工的工作许可。哈萨克斯坦劳工部于8月宣布，田吉兹雪佛龙公司的所有国际员工现在都必须持有工作签证和工作许可证。获取工作许可证（以前从未要求）的难度大得多。

尽管该项目存在许多问题，但这项开发对哈萨克斯坦来说是一笔意外之财。2013年，该项目向哈萨克斯坦支付的金额总计为150亿美元，约占该国国内生产总值的10%。自创建以来，田吉兹雪佛龙公司已向哈萨克斯坦贡献900亿美元。虽然田吉兹油田现在正在生产和盈利，但它的石油日产量仍然只有最高潜在产能（100万桶）的60%。要在2021年之前扩大产量，需要额外投资260亿美元。世界上的石油价格约为每桶45美元，扩张风险很大。

迷你案例问题

1. 为什么雪佛龙这种公司会在风险如此之多的项目中投入如此多的资金？
2. 雪佛龙试图如何降低该项目的政治风险？
3. 与田吉兹相关的风险如何随着时间的推移而改变或演变？

问题

17.1 演变为跨国企业。 当公司从纯国内企业发展成为真正的跨国企业时，必须考虑（1）竞争优势，（2）生产地点，（3）希望以何种形式控制外国分支机构，（4）对国外的投资金额。请解释上述各项考虑因素为何对外国分支机构的成功至关重要。

17.2 市场不完全。 跨国企业努力利用各国市场的产品、生产要素和金融资产的市场不完全。大型国际企业能更好地利用这些市场不完全。它们的主要竞争优势是什么？

17.3 竞争优势。 决定是否在国外投资时，管理层必须首先确定公司是否有可持续竞争优势，使其能在本国市场上有效竞争。这种竞争优势的必要特征是什么？

17.4 规模经济和范围经济。 请简要说明如何在生产、营销、财务、研发、运输和采购中发展规模经济和范围经济。

17.5 国际化优势。 实施成功的国际化战略的关键因素是什么？

17.6 OLI范式。 OLI范式试图建立一个整体框架来解释为什么跨国企业选择外国直接投资而不是通过其他模式服务于外国市场。请解释该范式中的"O""L"和"I"的含义。

17.7 财务战略与OLI范式的关系。 财务战略与OLI范式直接相关。

a. 请解释主动财务策略与OLI范式的关系。

b. 请解释被动财务策略与OLI范式的关系。

17.8 投资地点。 关于国外投资地点的决策受行为因素的影响。

a. 请解释外国直接投资的行为方法。

b. 请解释关于外国直接投资的国际网络理论。

17.9 出口与在国外生产。 与在国外生产相比，公司只进行出口有哪些优点和缺点？

17.10 许可证和管理合同与在国外生产。 与在国外生产相比，许可证和管理合同的优点和缺点是什么？

17.11 合资企业与全资子公司。 当服务于国外市场时，组建合资企业与全资子公司相比的优点和缺点是什么？

17.12 绿地投资和外国收购。 与在目标市场收购当地公司相比，通过绿地外国直接投资服务于外国市场的优点和缺点是什么？

17.13 跨国战略联盟。 "跨国战略联盟"一词向不同观察者传达了不同含义。它是什么意思？

17.14 政治风险。 如何定义政治风险？和商业相关的政治风险与所有社会活动面临的更一般的政治风险有何不同？公司特定风险与国家特定风险之间有什么区别？

17.15 **造成潜在财务损失的政治风险**。在跨国企业与政治风险相关的潜在财务损失主要类别中，不同财务形式——盈利能力、现金流和资产所有权——的潜在财务损失有何不同？

17.16 **通常形式**。请定义以下类型的政治风险：
a. 不利监管变化。
b. 违反合同。
c. 征收。

17.17 **合法征收**。政府没收公司经营资产的行为必须满足什么标准才能被国际法视为"合法"？

17.18 **征收的区别**。请回答以下问题：
a. 征收和渐进式征收有什么区别？
b. 直接征收和间接征收有什么区别？

17.19 **合法补偿**。合法征收必须附带合法补偿。满足该要求必须满足哪些标准？

17.20 **减轻政治风险**。跨国企业采用的七种最常见的减轻政治风险的策略是什么？

17.21 **政府利益相关者的参与**。研究是否发现政府或多或少地参与计划项目有助于企业取得成功？

17.22 **国际投资协议**。国际投资协议规定了外国公司和东道国政府的具体权利和责任。投资协议中应包含哪些主要财务政策？

17.23 **政治风险保险**。什么是政治风险保险？哪些组织提供此类保险？

17.24 **OPIC**。请回答有关 OPIC 的以下问题：
a. 什么是 OPIC？
b. OPIC 可以投保哪些类型的政治风险？

17.25 **渐进式投资**。使用渐进式投资策略减轻政治风险的主要利弊是什么？

17.26 **争端解决**。设计合理的争端解决流程的部分特征是什么？

17.27 **冻结资金**。请解释跨国企业用于应对资金冻结的策略。

第18章
跨国资本预算与跨国收购

> 塞西尔·格雷厄姆：什么是犬儒主义者？
> 达林顿勋爵：他通晓世间万物的价码，但对其价值一无所知。
> 塞西尔·格雷厄姆：而感伤主义者，亲爱的达林顿，是从世间万物中看到荒谬价值，但对其价码一无所知的人。
> ——Oscar Wilde, *Lady Windermere's Fan*, February 1892.

学习目标

18.1 考察外国项目预算的复杂性
18.2 以墨西哥水泥公司进入印度尼西亚为例说明跨国资本预算
18.3 介绍实物期权分析的应用
18.4 分析如何用项目融资为大型全球项目提供资金和估值
18.5 介绍跨国并购的原则

本章详细介绍了与在外国投资于实际生产性资产相关的问题和原则，这通常被称为跨国资本预算。本章首先介绍了外国项目预算的复杂性。其次，我们以墨西哥水泥公司在印度尼西亚的投资为例，介绍了从项目角度和母公司角度为项目估值的结论。在该案例之后，我们考察了如何对外国项目进行实物期权分析。接下来，我们讨论了当今项目融资的应用，最后一节介绍了影响跨国收购的各个阶段。本章最后的迷你案例"埃朗和药业特许公司"讨论了2013年夏发生的一场恶意收购。

虽然最初对某个国家进行投资的决定可能是由战略因素、行为因素和经济因素综合决定的，但应该用传统财务分析证明具体项目是合理的——正如所有再投资决策一样。例如，一家美国企业在国外投资可能存在生产效率机会，但必须用传统的贴现现金流分析来分析工厂类型、劳动力和资本组合、设备种类、融资方式和其他项目变量。该企业还必须考虑这个外国项目对合并利润、其他国家的子公司现金流以及母公司市场价值的影响。外国项目的跨国资本预算使用与国内资本预算相同的理论框架——只有一些非常重要的差异。基本步骤如下：

- 确定存在风险的初始投入资本。
- 估计项目逐渐产生的现金流，包括对投资终值或残值的估计。

■ 确定适当的贴现率以确定预期现金流的现值。
■ 应用传统的资本预算决策标准，例如净现值（net present value，NPV）和内部收益率（internal rate of return，IRR），以确定潜在项目的可接受性或优先顺序。

18.1 外国项目预算的复杂性

外国项目的资本预算比国内情况复杂得多。导致复杂性增加的因素有两大类，现金流和管理者预期。

现金流

■ 母公司现金流必须与项目现金流区分开来。这两种现金流各自会产生不同的价值观点。
■ 母公司现金流通常取决于融资方式。因此，我们无法像国内资本预算那样将现金流与融资决策明确分离。
■ 对一家外国子公司的新投资产生的额外现金流可能部分或全部来自另一家子公司，净结果是该项目从一家子公司的角度来看是有利的，但对全球现金流没有贡献。
■ 由于税收制度不同、对资金流动的法律约束和政治约束、当地商业规范以及金融市场和金融机构运作方式的差异，母公司必须明确确认汇款。
■ 一系列非金融支付可能产生从子公司到母公司的现金流，包括支付许可费和支付向母公司进口的价款。

管理者预期

■ 管理者必须预测不同国家的通货膨胀率，因为它们可能导致竞争地位的变化，从而导致一段时期内现金流的变化。
■ 由于汇率变化可能直接影响当地现金流的价值，也可能间接影响外国子公司的竞争地位，因此管理者必须考虑汇率发生意外变化的可能性。
■ 利用分割的国家资本市场可能带来获得财务收益的机会，也可能导致额外的财务成本。
■ 使用东道国政府补贴贷款会使资本结构变得复杂，也会使母公司更难确定用于贴现的适当加权平均资本成本。
■ 管理者必须评估政治风险，因为政治事件可能会大幅降低预期现金流的价值或可得性。
■ 终值更难以估计，因为来自东道国、母公司、第三国、私营部门或公共部门的潜在购买者对其所购买项目的价值可能有截然不同的观点。

由于在竞争性国外项目和国内项目之间进行选择时使用相同的理论资本预算框架，因此建立一个共同标准是至关重要的。因此，所有外国复杂因素必须量化为对预期现金流或贴现率的修正。虽然在实践中许多公司任意地进行这种修正，但是现有信息、理论推断或仅仅是常识都可以用来降低选择的任意性，提高选择的合理性。

项目估值与母公司估值

以图 18-1 所示的外国直接投资为例。一家美国跨国企业投资于位于外国的某个项目，这个项目将逐渐产生结果——如果有结果的话。与任何国内投资或国际投资类似，投资收益率基于母公司获得的成果。由于初始投资是以母公司的货币或本币（在本例中为美元）表示的，因此在投资期内，需要以相同货币表示这些收益以进行评估。

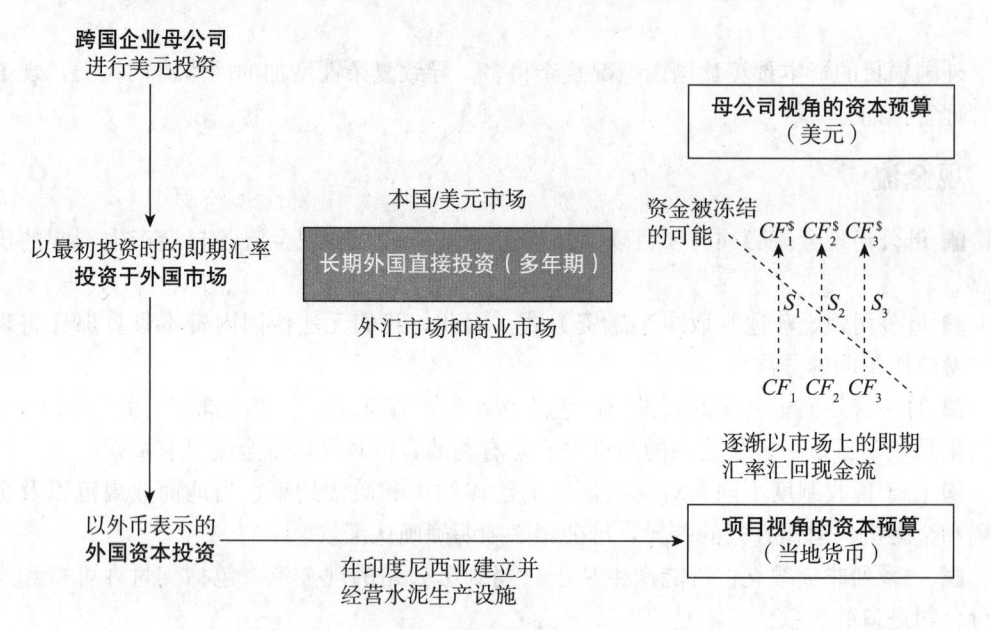

图 18-1　跨国资本预算项目与母公司视角

一个强有力的理论论据支持从母公司的视角分析外国项目。流向母公司的现金流最终是向股东分红、在世界上其他地方进行再投资、偿还公司债务以及影响公司众多利益部门的其他目标的基础。但是，由于流向母公司或姊妹子公司的大部分项目现金流是财务现金流而非经营现金流，因此母公司视角违反了资本预算的基本概念，即财务现金流不应与经营现金流混合。通常这一差异并不重要，因为两者几乎完全相同，但在某些情况下，这些现金流会出现巨大分歧。例如，被永久冻结不得汇回的资金或"被强制再投资"的资金不能用于向股东发放股利或偿还母公司债务。因此，股东不会认为被冻结利润对企业价值有贡献，债权人在计算利息保障比率和其他偿债能力指标时也不会考虑它们。

从当地角度——项目视角——为项目估值也有许多用处。评估某个外国项目相对于同一东道国竞争项目的业绩时，我们必须关注该项目的当地收益率。如果东道国政府债券存在自由市场，那么与期限和项目经济寿命相等的东道国政府债券相比，几乎所有项目都应该至少能获得与其相等的现金收益率。东道国政府债券通常反映当地的无风险收益率，包括与预期通货膨胀率相等的溢价。如果一个项目的收益率不能超过这种债券收益率，那么母公司应该购买东道国政府债券，而不是投资于风险较高的项目。

只有在能获得高于当地竞争对手在同一项目上能获得的风险调整收益率（当然高于其资本成本）时，跨国企业才应进行投资。如果它们无法在外国项目中获得更高的收益率，它们的股东最好选择在可能的情况下购买当地公司的股票，并让这些公司执行当地项目。

除了这些理论观点之外，过去 40 年的调查还显示，在实践中，跨国企业仍然同时从母公司视角和项目视角评估外国投资。在各种调查中对项目收益率的关注可能反映了上市公司的公司财务目标对最大化报告每股利润的强调。我们不清楚私营公司是否同样重视合并业绩，因为很少有公众投资者能看到它们的财务业绩。正如第 11 章所述，公司在合并实务（包括折算）中会重新衡量外国项目的现金流、利润和资产，就好像它们是母公司获得的"回报"一样。只要外国利润没有被冻结，就可以与其余子公司和母公司的利润合并。[①] 即使在资金暂时冻结的情况下，一些最成熟的跨国公司也不一定会由于财务考虑而取消项目。它们从非常长远的角度看待世界商机。

如果被冻结资金可以在该国再投资并且获得的收益率至少等于这些资金被汇回母公司时获得的收益率，则对公司资本投资——其资本预算收入——的影响大致相等。这假设在该国和该公司中的强制再投资将获得更高的投资收益率。由于大型跨国企业持有国内项目和国外项目的组合，因此如果少数项目有被冻结资金，公司流动性不会受到损害；备用资金来源可用于满足所有计划资金用途。此外，对被冻结资金的长期历史观点支持这样一种看法，即资金几乎从不会被永久冻结。然而，等待这些资金解冻可能令人沮丧，有时被冻结资金会在被冻结期间因为通货膨胀或意外汇率恶化而贬值，尽管它们已经被再投资于东道国以至少保护部分实际价值。

总之，多数公司看来会同时从母公司视角和项目视角评估外国项目。母公司视角的结果在理论上更接近于资本预算中净现值的传统含义，但正如我们将证明的，在实践中可能并非如此。项目估值的结果更接近于对每股合并利润的影响，所有调查都显示这种影响是实际管理者关注的主要问题。为了说明跨国资本预算在外国面临的复杂性，我们现在将分析墨西哥水泥公司在印度尼西亚市场上寻求外国直接投资的假想情况。

18.2　典型案例：墨西哥水泥公司进入印度尼西亚[②]

墨西哥水泥公司正在考虑在印度尼西亚的苏门答腊岛建造水泥生产设施。这个项目被称为印度尼西亚水泥厂，是一笔全资绿地投资，总装机容量为每年 2 000 万吨。虽然按照亚洲生产标准来说这笔投资规模很大，但墨西哥水泥公司认为这种规模的生产设施将最有效地利用其最新的水泥生产技术。

墨西哥水泥公司建设该项目是出于三个原因：(1) 该公司希望进入东南亚市场，这对于墨西哥水泥公司而言是一个新市场；(2) 从长远来看，亚洲基础设施的发展和增长前景非常好；(3) 由于近年来印度尼西亚卢比贬值，印度尼西亚已成为极具吸引力的产品出口地。

墨西哥水泥公司是全球第三大水泥生产商，是一家总部位于新兴市场但在全球进行竞

---

① 美国公司必须对所有权比例超过 50% 的外国子公司合并报告财务业绩。如果母公司对一家公司的所有权比例在 20%～49% 之间，则该公司被称为关联公司。关联公司将按比例与母公司所有者合并报告。所有权比例低于 20% 的子公司通常属于不作合并报告的投资。

② 墨西哥水泥公司是一家真实公司。然而，这里介绍的绿地投资和印度尼西亚水泥厂是假想的。

争的跨国企业。该公司在全球市场上竞争市场份额和资本。与石油等其他商品的市场一样，国际水泥市场以美元为计价货币。由于这个原因，并且为了与德国和瑞士的主要竞争对手进行比较，墨西哥水泥公司认为美元是其功能货币。

墨西哥水泥公司的股票在墨西哥城和纽约（场外交易市场代码：CMXSY）上市。该公司成功在墨西哥境外筹到了美元资金——既包括债务，又包括股权。其投资者基础日益全球化，美国股票交易额占总交易额的比例迅速上升。因此，其资本成本和资本可得性是国际化的，并由美元投资者主导。最终，印度尼西亚水泥厂项目将以美元评估，评估项目既包括现金流，又包括资本成本。

概述

分析墨西哥水泥公司在印度尼西亚的潜在投资的第一步是编制印度尼西亚水泥厂的预测财务报表，所有项目均以印度尼西亚卢比表示。下一步是编制两项资本预算，项目视角的资本预算和母公司视角的资本预算。印度尼西亚水泥厂建造工厂只需一年时间，实际运营将从第一年开始。印度尼西亚政府最近才解除对重工业的管制，允许外国持有所有权。

以下所有分析均假设购买力平价适用于印度尼西亚项目生命周期内的卢比对美元汇率。这是墨西哥水泥公司对其外国投资的标准财务假设。因此，如果我们假设项目生命周期内的初始即期汇率为 10 000 卢比/美元，且印度尼西亚和美国的年通货膨胀率分别为 30% 和 3%，则预测即期汇率将遵循通常的购买力平价计算方法。例如，项目第 1 年的预测汇率如下：

$$即期汇率（现在起1年后）=10\ 000\ 卢比/美元 \times \frac{1+0.30}{1+0.03}=12\ 621\ 卢比/美元$$

表 18-1～表 18-4 中显示的财务报表均基于这些假设。

资本投资。 虽然目前在任何工业国家建造新水泥生产设施的成本均是按约 150 美元/吨的装机容量估计的，但墨西哥水泥公司认为它可以在苏门答腊岛建造一个工艺最先进的生产和运输工厂，装机容量成本约为 110 美元/吨（见表 18-1）。假设年产能为 2 000 万吨，第 0 年的平均汇率为 10 000 卢比/美元，则该成本将构成 22 万亿卢比（22 亿美元）的投资。该数字包括对厂房和设备的 17.6 万亿卢比投资，如果我们假设采用 10 年期直线折旧法，则每年的折旧费用为 1.76 万亿卢比。相对较短的折旧时间表是印度尼西亚税务机关旨在吸引外国投资的政策之一。

表 18-1 印度尼西亚水泥厂项目的投资与融资

投资		融资	
平均汇率（卢比/美元）	10 000	股权（千卢比）	11 000 000 000
装机容量成本（美元/吨）	110	债务（千卢比）	11 000 000 000
装机容量（千吨）	20 000	卢比债务（千卢比）	2 750 000 000
投资（千美元）	2 200 000	美元债务（换算为卢比的金额）（千卢比）	8 250 000 000
投资（千卢比）	22 000 000 000	总计（千卢比）	22 000 000 000

续表

厂房与设备投资所占百分比	80%		
厂房与设备（千卢比）	17 600 000 000	注：美元债务本金（千美元）	825 000
资本设备折旧（年）	10.00		
年折旧（千卢比）	1 760 000 000		

资本成本：墨西哥水泥公司（墨西哥）

无风险利率	6.000%	墨西哥水泥公司的 beta	1.50
信用溢价	2.000%	股权风险溢价	7.000%
债务成本	8.000%	股权成本	16.500%
企业所得税税率	35.000%	股权百分比	60.0%
税后债务成本	5.200%	加权平均资本成本	**11.980%**
债务百分比	40.0%		

资本成本：印度尼西亚水泥厂（印度尼西亚）

无风险利率	33.000%	印度尼西亚水泥厂的 beta	1.000
信用溢价	2.000%	股权风险溢价	6.000%
卢比债务成本	35.000%	股权成本	40.000%
印度尼西亚企业所得税税率	30.000%	股权百分比	50.0%
税后美元债务成本	5.200%	加权平均资本成本	**33.257%**
美元债务成本（等值卢比）	38.835%		
税后美元债务成本（等值卢比）	27.184%		
债务百分比	50.0%		

美元贷款成本以卢比表示，假设购买力平价成立，美元年通货膨胀率和印度尼西亚年通货膨胀率在相关期间分别为3%和30%。

印度尼西亚水泥厂	金额（千卢比）	融资比例	成本	税后成本	要素成本
卢比贷款	2 750 000 000	12.5%	35.000%	24.500%	3.063%
墨西哥水泥公司的贷款	<u>8 250 000 000</u>	<u>37.5%</u>	38.835%	27.184%	<u>10.194%</u>
总债务	11 000 000 000	50.0%			
股权	<u>11 000 000 000</u>	<u>50.0%</u>	40.000%	40.000%	<u>20.000%</u>
总融资	22 000 000 000	100.0%		加权平均资本成本	**33.257%**

融资。这笔巨额投资的资金50%来自股权（全部来自墨西哥水泥公司），50%来自债务——75%来自墨西哥水泥公司，25%来自印度尼西亚政府安排的银团。墨西哥水泥公司自己的美元加权平均资本成本目前估计为11.980%。印度尼西亚当地水平的项目估计（卢

比）加权平均资本成本为33.257%。本章后面将讨论详细计算过程。

美元贷款成本以卢比表示，假设购买力平价成立，相关期间的美国和印度尼西亚的年通货膨胀率分别为3%和30%。显性债务结构——包括还款时间表——见表18-2。印度尼西亚政府安排的贷款——该国政府经济发展激励计划的一部分——是一笔8年期卢比贷款，年利率为35%，全部为分期偿还。利息支付可以完全抵扣企业税款。

表18-2　印度尼西亚水泥厂的偿债时间表和外汇损益

即期汇率（卢比/美元）	10 000	12 621	15 930	20 106	25 376	32 028
项目年份	0	1	2	3	4	5

印度尼西亚贷款，利率为35%，期限为8年（百万卢比）

贷款本金	2 750 000					
利息支付		(962 500)	(928 921)	(883 590)	(822 393)	(739 777)
本金偿还		(95 939)	(129 518)	(174 849)	(236 046)	(318 662)
总偿付额		(1 058 439)	(1 058 439)	(1 058 439)	(1 058 439)	(1 058 439)

墨西哥水泥公司贷款，利率为10%，期限为5年（百万美元）

贷款本金	825					
利息支付		(82.50)	(68.99)	(54.12)	(37.77)	(19.78)
本金偿还		(135.13)	(148.65)	(163.51)	(179.86)	(197.85)
总偿付额		(217.63)	(217.63)	(217.63)	(217.63)	(217.63)

按计划以当前即期汇率兑换为卢比的墨西哥水泥公司贷款（百万卢比）：制定还款时间表时的汇率为10 000卢比/美元：

利息支付		(825 000)	(689 867)	(541 221)	(377 710)	(197 848)
本金偿还		(1 351 329)	(1 486 462)	(1 635 108)	(1 798 619)	(1 978 481)
总偿付额		(2 176 329)	(2 176 329)	(2 176 329)	(2 176 329)	(2 176 329)

实际汇率（当前即期汇率）：

利息支付		(1 041 262)	(1 098 949)	(1 088 160)	(958 480)	(633 669)
本金偿还		(1 705 561)	(2 367 915)	(3 287 494)	(4 564 190)	(6 336 691)
总偿付额		(2 746 823)	(3 466 864)	(4 375 654)	(5 522 670)	(6 970 360)

墨西哥水泥公司贷款的卢比现金流（百万卢比）：

总实际现金流	8 250 000	(2 746 823)	(3 466 864)	(4 375 654)	(5 522 670)	(6 970 360)
现金流的内部收益率	38.835%					

墨西哥水泥公司贷款的外汇损益（百万卢比）：

利息的外汇损益		(216 262)	(409 082)	(546 940)	(580 770)	(435 821)
本金的外汇损益		(354 232)	(881 453)	(1 652 385)	(2 765 571)	(4 358 210)
债务的外汇亏损总计		(570 494)	(1 290 535)	(2 199 325)	(3 346 341)	(4 794 031)

然而，大部分债务都由母公司墨西哥水泥公司提供。从融资子公司筹集资金后，墨西哥水泥公司将这笔资金再贷款给印度尼西亚水泥公司。这笔贷款以美元计价，期限为5年，年利率为10%。由于这笔债务必须用印度尼西亚水泥公司的卢比利润偿还，因此需要编制预测财务报表，以便将预期美元偿债成本包含在该公司的预测利润表中。如果卢比符合购买力平价预测，那么美元贷款的实际税前利息费用以卢比表示为38.835%。我们通过确定以卢比全额偿还美元贷款的内部收益率得出该比率（见表18-2）。

墨西哥水泥公司向印度尼西亚子公司提供的贷款以美元计价。因此，贷款必须以美元而非卢比偿还。在签订贷款协议时，即期汇率为10 000卢比/美元。这是计算以卢比表示的"计划"还本付息金额时使用的假设。然而，根据购买力平价，预期卢比将贬值。随着贷款被偿还，"实际"汇率将因此导致外汇亏损，因为需要越来越多的卢比来购买美元偿还债务，包括本金和利息。偿还债务的外汇亏损将计入印度尼西亚子公司的利润表。

收入。 鉴于目前印度尼西亚现有的水泥生产情况以及亚洲金融危机影响下该公司当前的低迷状态，所有销售均为出口销售。预期产能为2 000万吨/年的生产设施仅能以40%的产能运行（产量为800万吨）。生产的水泥将在出口市场上以58美元/吨（交货价格）的价格出售。另请注意，至少对于保守基线分析而言，我们假设收到的价格不会随时间的推移而增加。

成本。 生产水泥的现金成本（劳动力、材料、电力等）在第1年估计为每吨115 000卢比，每年涨幅大致相当于通货膨胀率，即30%。第1年每吨20 000卢比的额外生产成本也假设以通货膨胀率上涨。由于所有产品均出口，因此还必须包括2.00美元/吨的装货成本和10.00美元/吨的运输成本。请注意，这些成本最初以美元计价，为了计入印度尼西亚水泥公司的利润表，它们必须换算为卢比。之所以如此，是因为装货成本和运输成本都属于要遵守美元合同的国际服务。因此，预期随着时间的推移它们将仅以美元通货膨胀率（3%）上涨。

印度尼西亚水泥公司的预测利润表如表18-3所示。这是衡量任何企业（无论是国内企业还是国际企业）盈利能力的典型财务报表。基线分析假设在接下来几年中，产能利用率仅为40%（第1年）、50%（第2年）和60%（后续年份）。管理层认为这是必要的，因为现有国内水泥生产商目前的产能平均只有40%。

预测财务分析的额外费用包括子公司向母公司支付的许可费（销售收入的2.0%），以及印度尼西亚子公司经营产生的一般费用和管理费用（每年为8.0%，且每年增加1%）。外汇损益是与偿还母公司提供的美元债务相关的收益和损失，见表18-2底部。总之，随着产能利用率的逐渐增加，利润将逐渐上升，预期子公司将在经营的第4年开始产生会计利润。

表18-3 印度尼西亚水泥公司的预测利润表

汇率（卢比/美元）	10 000	12 621	15 930	20 106	25 376	32 028
项目年度	0	1	2	3	4	5
销量（百万吨）		8.00	10.00	12.00	12.00	12.00
售价（美元）		58.00	58.00	58.00	58.00	58.00

续表

售价（卢比）	732 039	923 933	1 166 128	1 471 813	1 857 627
总收入	5 856 311	9 239 325	13 993 541	17 661 751	22 291 530
减现金成本	(920 000)	(1 495 000)	(2 332 200)	(3 031 860)	(3 941 418)
减其他生产成本	(160 000)	(260 000)	(405 600)	(527 280)	(685 464)
减装货成本	(201 942)	(328 155)	(511 922)	(665 499)	(865 149)
减运输成本	(1 009 709)	(1 640 777)	(2 559 612)	(3 327 495)	(4 325 744)
总生产成本	(2 291 650)	(3 723 932)	(5 809 334)	(7 552 134)	(9 817 774)
毛利润	3 564 660	5 515 393	8 184 207	10 109 617	12 473 756
毛利率	60.9%	59.7%	58.5%	57.2%	56.0%
减许可费	(117 126)	(184 787)	(279 871)	(353 235)	(445 831)
减一般费用和管理费用	(468 505)	(831 539)	(1 399 354)	(1 942 793)	(2 674 984)
EBITDA	2 979 029	4 499 067	6 504 982	7 813 589	9 352 941
减折旧和摊销	(1 760 000)	(1 760 000)	(1 760 000)	(1 760 000)	(1 760 000)
EBIT	1 219 029	2 739 067	4 744 982	6 053 589	7 592 941
减墨西哥水泥公司的债务利息	(825 000)	(689 867)	(541 221)	(377 710)	(197 848)
债务的外汇亏损	(570 494)	(1 290 535)	(2 199 325)	(3 346 341)	(4 794 031)
减当地债务利息	(962 500)	(928 921)	(883 590)	(822 393)	(739 777)
EBT	(1 138 965)	(170 256)	1 120 846	1 507 145	1 861 285
减所得税（30%）	—	—	—	(395 631)	(558 386)
净收入	(1 138 965)	(170 256)	1 120 846	1 111 514	1 302 900
净收入（百万美元）	(90)	(11)	56	44	41
销售收益率	−19.4%	−1.8%	8.0%	6.3%	5.8%
已分配股利			560 423	555 757	651 450
留存收益	(1 138 965)	(170 256)	560 423	555 757	651 450

注：除特别注明，金额单位为百万卢比。

EBITDA＝息税折旧摊销前利润；EBIT＝息税前利润；EBT＝税前利润。

当期亏损可以向后结转抵免下一年的应纳税款。经营第1年由于亏损而没有分配股利；2000—2003年的股利分配比例为50%。

所有计算结果均是准确的，但由于四舍五入的关系，数字相加结果看上去可能不等于所列总数。第3年的纳税额为0，第4年的税率小于30%，这是以前年度的税收亏损向后结转的结果。

项目视角的资本预算

从项目视角看，印度尼西亚水泥公司项目的资本预算如表18-4所示。我们通过加总EBITDA（息税折旧摊销前利润）、重新计算的税款、净营运资本变化（支持销售增长所需的应收账款、存货和应付账款净增加额之和）和资本投资得出的净现金流通常称为自由现金流。

表 18-4 印度尼西亚水泥公司的资本预算：项目视角

汇率（卢比/美元）	10 000	12 621	15 930	20 106	25 376	32 028
项目年度	**0**	**1**	**2**	**3**	**4**	**5**
EBIT		1 219 029	2 739 067	4 744 982	6 053 589	7 592 941
减重新计算的税款（税率为30%）		(365 709)	(821 720)	(1 423 495)	(1 816 077)	(2 277 882)
加回折旧		1 760 000	1 760 000	1 760 000	1 760 000	1 760 000
净经营现金流		2 613 320	3 677 347	5 081 487	5 997 512	7 075 059
减 NWC 变化		(240 670)	(139 028)	(195 379)	(150 748)	(190 265)
初始投资	(22 000 000)					
终值						21 274 102
自由现金流（FCF）	(22 000 000)	2 372 650	3 538 319	4 886 109	5 846 764	28 158 896
NPV@33.257%	(7 606 313)					
IRR	19.1%					

注：除特别注明外，金额项目单位为百万卢比。
NWC=净营运资本。NPV=净现值。贴现率为印度尼西亚水泥公司的加权平均资本成本，即33.257%。IRR=内部收益率，即令净现值恰好为零的贴现率。表中的值均为准确数值，并四舍五入至最接近的百万位。

请注意，被用于资本预算的 EBIT（而非 EBT）包含折旧和利息费用。折旧和摊销是企业的非现金支出，因此产生了正现金流。因为资本预算产生的现金流将以贴现率贴现为现值，而贴现率包括债务成本——利息，我们不希望减去利息两次，因此，税款是在 EBIT 的基础上重新计算的。[①] 企业在贴现时使用的资本成本还考虑了计算中债务利息的可扣除性。

22万亿卢比的初始投资是为支持这些利润而投入的总资本。虽然应收账款平均周转天数为50~55天，库存平均周转天数为65~70天，但印度尼西亚水泥业的应付账款和贸易信贷的周转天数也相对较长，为114天。印度尼西亚水泥公司预期随着销售增长，其投资将增加约15天的净周转天数。现在，只剩终值（将在下一段中讨论）和33.257%的贴现率（该公司的加权平均资本成本）即可完成项目视角的资本预算。

项目的最终价值（terminal value，TV）表示水泥生产设施在第5年（即表18-4显示的详细预测财务分析的最后一年）后数年中的持续价值。与所有根据财务理论得出的资产价值一样，该价值是该资产预期获得的所有未来自由现金流的现值。根据印度尼西亚水泥公司在第5年产生的永久净经营现金流（net operating cash flow，NOCF）、该净经营现

---

① 这突出了利润表和资本预算之间的区别。该项目的利润表显示，由于利息费用和预测外汇亏损，前两年的经营产生了亏损，因此预期不会纳税。但是，在扣除这些融资费用和外汇费用之前，以息税前利润为基础编制的资本预算计算出的应纳税额为正。

金流的假设增长率（g）以及该公司的加权平均资本成本增长率（k_{WACC}），我们计算出该现金流的现值作为其最终价值：

$$最终价值=\frac{\text{NOCF}_5(1+g)}{k_{WACC}-g}=\frac{7\,075\,059\times(1+0)}{0.332\,57-0}=2\,127\,410\,200\text{ 万卢比}$$

即 21.274 102 万亿卢比。$g=0$（即净经营现金流在第 5 年不会增长）的假设可能不成立，但这是墨西哥水泥公司在估计未来现金流时做出的谨慎假设。（如果印度尼西亚水泥公司的业务将继续与印度尼西亚经济同步增长，那么 g 很可能为 1% 或 2%。）从项目视角看，资本预算的结果表明净现值为负，且内部收益率仅为 19.1%，相比之下，资本成本为 33.257%。这是该项目将给当地投资者，即印度尼西亚投资者带来的卢比收益率。从这个角度来看，这个项目是不可接受的。

请注意，净营运资本不包括在最终价值中。这是一个备受争议的项目。传统的资本预算通常会将净营运资本重新计入最后一年的现金流；另外一些资本预算方法则认为该项目仍将继续，因此不会当作项目结束而重新计回营运资本。然而，在商业中，如果该业务被出售，将单独估算并计入净营运资本（将其作为最终价值的一部分）。

母公司视角的资本预算

从母公司视角编制资本预算的第一步是加总墨西哥水泥公司在印度尼西亚的计划投资产生的所有利润增加额。正如本典型案例前面的"项目估值与母公司估值"一节所述，外国投资者对项目收益率的评估取决于通过可能的实际现金流渠道以本币返还给它的实际现金流。对于墨西哥水泥公司而言，这意味着分析这笔投资时，必须根据适当的资本成本贴现项目生命周期内与投资相关的实际可能美元税后现金流入和现金流出。

母公司视角的资本预算分两步编制：

（1）第一步，我们按渠道分离出各笔现金流，根据印度尼西亚政府征收的预扣税进行调整并换算为美元。（国际转账的法定预扣税由双边税收协定规定，但具体公司可以与政府税务机关协商降低税率。对于印度尼西亚水泥公司而言，印度尼西亚政府将对股利支付征收 15% 的预扣税，对利息支付征收 10% 的预扣税，对许可费征收 5% 的预扣税。）墨西哥不会对汇回利润征税，因为它们在印度尼西亚已经交过税。（正如第 15 章所述，美国对汇回的外国来源利润征收或有税。）

（2）第二步，即实际母公司视角的资本预算，结合了这些美元税后现金流与初始投资，以确定印度尼西亚水泥子公司在墨西哥水泥公司眼中（和钱袋中）的净现值。表 18-5 说明了这一点，该表显示了计划投资项目给墨西哥水泥公司带来的所有利润增加额。这种母公司视角资本预算的一个特点是，只有墨西哥水泥公司本身的投资（19.25 亿美元）包含在初始投资中（11 亿美元股权和 8.25 亿美元贷款）。印度尼西亚的 2.75 万亿卢比（2.75 亿美元）债务不包括在墨西哥水泥公司母公司视角的资本预算中。

最后，现在所有现金流估计构成了母公司视角的资本预算，详见表 18-5。印度尼西亚水泥公司从印度尼西亚业务中产生的现金流、股利、许可费、偿债资金和最终价值现在均按美元税后价值计算。

表 18-5　印度尼西亚水泥公司汇给母公司的收入

汇率（卢比/美元）		10 000	12 621	15 930	20 106	25 376	32 028
项目年度		**0**	**1**	**2**	**3**	**4**	**5**
汇回股利							
已支付股利（百万卢比）			—	—	560 423	555 757	651 450
减印度尼西亚预扣税（百万卢比）			—	—	(84 063)	(83 364)	(97 717)
净汇回股利（百万卢比）			—	—	476 360	472 393	553 732
净汇回股利（百万美元）			—	—	23.69	18.62	17.29
汇回许可费							
汇回许可费（百万卢比）			117 126	184 787	279 871	353 235	445 831
减印度尼西亚预扣税（百万卢比）			(5 856)	(9 239)	(13 994)	(17 662)	(22 292)
净汇回许可费（百万卢比）			111 270	175 547	265 877	335 573	423 539
净汇回许可费（百万美元）			8.82	11.02	13.22	13.22	13.22
汇回偿债资金（百万美元）							
承诺支付利息			82.50	68.99	54.12	37.77	19.78
减印度尼西亚预扣税@10%			(8.25)	(6.90)	(5.41)	(3.78)	(1.98)
净汇回利息			74.25	62.09	48.71	33.99	17.81
汇回本金偿付			135.13	148.65	163.51	179.86	197.85
汇回本金与利息总计			209.38	210.73	212.22	213.86	215.65
资本预算：母公司角度（百万美元）							
股利			0.0	0.0	23.7	18.6	17.3
许可费			8.8	11.0	13.2	13.2	13.2
偿债资金			209.4	210.7	212.2	213.9	215.7
毛利润			218.2	221.8	249.1	245.7	246.2
初始投资		(1 925.0)					
最终价值							664.2
净现金流		(1 925.0)	218.2	221.8	249.1	245.7	910.4
NPV@17.98%		(903.9)					
IRR		−1.12%					

使用公司确定的加权平均资本成本贴现率计算出的净现值＋外国投资溢价即 11.98%＋6.00%＝17.98%。

为了估算该项目返还给母公司的现金流，墨西哥水泥公司必须以该公司的资本成本对这些现金流进行贴现。请记住，墨西哥水泥公司认为其功能货币是美元，它以美元计算其资本成本。正如第13章所述，通常的加权平均资本成本公式如下：

$$k_{\text{WACC}} = k_e \frac{E}{V} + k_d(1-t)\frac{D}{V}$$

其中，k_e 为风险调整后股权成本，k_d 为税前债务成本，t 为边际税率，E 为公司股权的市场价值，D 为公司债务的市场价值，V 为公司证券的总市值（$E+D$）。

使用资本资产定价模型计算墨西哥水泥公司的股权成本：

$$k_e = k_{rf} + (k_m - k_{rf})\beta_{\text{墨西哥水泥公司}} = 6.00\% + (13.00\% - 6.00\%) \times 1.5 = 16.50\%$$

这假设风险调整后股权成本（k_e）基于无风险利率（k_{rf}），即美国中期国债收益率 6.00%，美国股票市场的预期收益率（k_m）为 13.00%，墨西哥水泥公司相对于市场的风险指数（$\beta_{\text{墨西哥水泥公司}}$）为 1.5。结果是墨西哥水泥公司的股权投资必要收益率为 16.50%。

该投资将由母公司内部提供资金，与合并后公司的债务/股权比例大致相同，40% 为债务（D/V），60% 为股权（E/V）。墨西哥水泥公司目前的债务成本为 8.00%，实际税率为 35%。股权成本与其他部分合并，得到墨西哥水泥公司的加权平均资本成本为：

$$k_{\text{WACC}} = k_e \frac{E}{V} + k_d(1-t)\frac{D}{V}$$
$$= 16.50\% \times 0.60 + 8.00\% \times (1-0.35) \times 0.40 = 11.98\%$$

墨西哥水泥公司通常使用该加权平均资本成本（11.98%）来贴现预期投资现金流，用于对项目排序。然而，印度尼西亚的投资带来了各种风险，而典型的国内投资没有这些风险。

如果墨西哥水泥公司正在进行的投资与该公司本身的相对风险程度相同，那么 11.98% 的简单贴现率可能就够了。然而，墨西哥水泥公司通常要求国内新投资的收益率比资本成本高 3%，国际新投资的收益率比资本成本高 6%（这些是公司要求的利差，不同公司之间有很大差异）。印度尼西亚水泥公司汇回墨西哥水泥公司的现金流将按 11.98% + 6.00%（即 17.98%）的贴现率贴现。该项目的基线分析显示，净现值为负，内部收益率为 −1.12%，这意味着从母公司的视角来看这是一项不可接受的投资。

多数公司都要求新投资的收益率超过资本成本。因此，公司要求必要收益率高于资本成本 3%~6% 的情况并不罕见，这是为了确定潜在投资将为股东财富增加价值。净现值为零意味着投资是"可接受的"，但超过零的净现值将增加公司价值和股东财富的现值。对于外国项目，如前所述，我们必须调整代理成本、外汇风险和外汇成本。

敏感性分析：项目视角

迄今为止，项目调研小组已经使用了一组"最有可能"的假设来预测收益率。现在是时候对最可能的结果进行敏感性分析了。检测结果对政治风险和外汇风险的敏感性时，我们可以使用检测对商业风险和金融风险的敏感性的概率方法。相对于预测自己更熟悉的商业风险或金融风险，许多决策者预测不熟悉的政治风险和外汇风险时感到更忐忑。因此，更常见的方法是模拟在各种"假设"情景下净现值和利润如何变化来检测对政治风险和外汇风险的敏感性。

政治风险。 如果印度尼西亚对墨西哥水泥公司支付股利或许可费的行为进行管制，情况将会如何？从墨西哥水泥公司的角度看，资金冻结对收益率的影响取决于何时发生冻结、被冻结资金在印度尼西亚的再投资机会，以及墨西哥水泥公司的被冻结资金最终何时解冻。我们可以模拟资金冻结的各种情景，并重新进行表18-5中的现金流分析，以估计对墨西哥水泥公司收益率的影响。

如果印度尼西亚征收印度尼西亚水泥公司会怎么样？征收的效果取决于以下因素：

(1) 征收发生时间，以开业后的经营年数衡量；

(2) 印度尼西亚政府将支付多少赔偿金，以及征收后多久支付赔偿；

(3) 仍然需要向印度尼西亚贷款人偿还的债务金额，以及母公司墨西哥水泥公司是否因做出母公司担保而必须偿还这笔债务；

(4) 征收的税收影响；

(5) 未来现金流是否已知。

许多国家进行征收时，最终会给前所有者某种形式的补偿。这种补偿可能来自与东道国政府的协商结果，也可能来自母公司政府上的政治风险保险。协商解决需要时间，有时最终要分期支付补偿。因此，补偿的现值通常远低于其名义价值。此外，多数补偿金额都是基于公司被征收时的账面价值而不是公司的市场价值。

征收的税收影响取决于墨西哥确认资本亏损的时间和金额。这种亏损通常基于未获得补偿的印度尼西亚投资的账面价值。问题在于，核销亏损何时需要纳税常常存在疑问，尤其是当关于解决方案的谈判久拖未决时。在某种程度上，没有希望得到补偿但爽快明确的征收，例如20世纪60年代初在古巴发生的征收，比在旷日持久的谈判中缓慢"失血而亡"更好。在前一种情况下，公司可以提前使用税盾并一次性冲销利润，而后一种情况往往会使公司利润多年低迷不振，因为持续存在法律成本和其他成本，而且无法避税。

外汇风险。 项目调研小组认为卢比将按照购买力平价"汇率"对美元贬值（基线分析中每年贬值幅度约为20.767%）。如果卢比贬值幅度更高会如何？虽然更快的卢比贬值速度会使流向墨西哥水泥公司的预期美元现金流减少，但必须进行经营风险分析，才能确定更便宜的卢比是否会使印度尼西亚水泥公司更具竞争力。例如，由于印度尼西亚水泥公司对中国台湾的出口以美元计价，因此卢比相对于美元贬值可能导致这些出口交易的卢比利润增加。这在某种程度上抵消了汇率变化对印度尼西亚水泥公司从母公司购买的同样以美元计价的进口零部件的影响。印度尼西亚水泥公司是当今的代表性公司，其现金流入和现金流出均以外币计价，为货币流动提供了部分自然对冲。

如果卢比对美元升值，情况会如何？这需要进行相同的经济风险分析。在这种特定情况下，我们可能会推测这将对印度尼西亚的本地销售以及印度尼西亚水泥公司向墨西哥水泥公司支付的股利和许可费的美元价值产生正面影响。但请注意，卢比升值可能导致其他国家企业的成本结构降低，从而与印度尼西亚国内企业的竞争更加激烈，使印度尼西亚水泥公司的销售收入下降。有时外汇风险和政治风险是不可分割的，正如"全球金融实务18-1"中2015年委内瑞拉的情况一样。

其他敏感性变量。 墨西哥水泥公司的项目收益率也对假设最终价值、产能利用率、印度尼西亚水泥公司支付的许可费金额、初始项目成本、从当地融资的营运资本金额以及印度尼西亚和墨西哥的税率敏感。由于其中一些变量是墨西哥水泥公司可以控制的，因此印度尼西亚水泥公司项目对该公司的价值仍可能提高并成为可接受项目。

敏感性分析：母公司视角

从母公司视角分析外国项目时，可以用两种方式衡量源于"外国"的额外风险，即调整贴现率或调整现金流。

全球金融实务 18-1

委内瑞拉的外汇与资本管制迫使企业贬值

现在，委内瑞拉政府对获取硬通货的限制已经持续了12年多，外国公司的利益受损严重。整个2014年和2015年，委内瑞拉的许多国际投资者都要勉力支撑才能继续经营并保住企业价值。

2014年3月，加拿大航空公司暂停了飞往委内瑞拉的所有航班，理由是担心该国正在进行的民众抗议影响乘客安全。加拿大航空公司还退还了数以百万美元计的票款。各家国际航空公司声称其合计退票金额超过20亿美元。由于委内瑞拉玻利瓦尔的市场价值持续下跌，雅芳和默克等其他公司减记了它们对委内瑞拉的投资。通用汽车等制造公司勉力维持经营，因为限制获取硬通货使它们无法购买产品的关键投入品和零部件。工厂停工，随后裁员。

2015年2月，委内瑞拉政府宣布了另一个"新"的汇率制度。然而，新制度与现行的三级汇率制度非常相似。新系统的结构如下：（1）官方汇率为6.3玻利瓦尔/美元（但除了食品和医疗采购，几乎没有公司能获得该汇率）；（2）部分公司可获得第二级汇率或中级汇率，称为SICAD 1，即12玻利瓦尔/美元；（3）第三级汇率，SICAD 2，理论上对所有需要者开放，徘徊在52玻利瓦尔/美元附近。最后，由于第三级汇率实际上并未向所有需要者开放，因此许多委内瑞拉人被迫进入"第四级"汇率，即黑市汇率，交易价格为190玻利瓦尔/美元。

无论下一个汇率制度或下一次贬值是什么，来自世界各地的跨国企业都继续减记在委内瑞拉的投资，其中包括可口可乐（美国）、西班牙电信（西班牙）和制药商拜耳（德国）。那么在委内瑞拉投资或做生意的价值是什么？

调整贴现率。 第一种方法是将所有外国风险均视为一个问题，通过调整国外项目相对于国内项目适用的贴现率来反映更高的外汇风险、政治风险、代理成本、信息不对称等外国项目存在的不确定性。但是，调整外国项目现金流适用的贴现率以反映这些不确定性所降低的净现值与实际风险金额或风险性质的可能变化均不成比例。因此，将所有风险合并为一个贴现率可能导致我们丢弃关于未来不确定性的大量信息。

就外汇风险而言，由于存在经营风险，汇率变化对未来现金流有潜在影响。然而，影响的方向可能是减少或增加净现金流入，这取决于产品的销售地点和投入品的购买地点。假设外币贬值幅度超过预期，提高外国项目适用的贴现率将忽略外币贬值对项目竞争地位可能产生的有利影响。销量增加可能足以抵消当地货币的价值下降。这种贴现率增加也忽略了外币升值的可能性（双侧风险）。

调整现金流。在第二种方法中，我们调整项目预测现金流时考虑了外国风险。外国项目的贴现率仅针对整体商业风险和金融风险进行风险调整，调整方式与国内项目相同。基于模拟的评估利用情景发展估算项目在不同的经济前景下产生的现金流。

关于计划外国投资中现金流数量和时间的确定性，用莎士比亚的话说："梦想由此构成。"由于大型投资项目中经济力量错综复杂，分析师了解预测现金流的主观性是最重要的。在分析中怀有谦逊之心是宝贵的品质。

每种方法的缺点。然而，在许多情况下，既不调整贴现率也不调整现金流是最优选择。例如，政治不确定性对整笔投资，而不仅仅是年现金流构成威胁。潜在亏损部分取决于未收回母公司投资的最终价值，而该最终价值将根据项目融资方式、是否上了政治风险保险以及计划投资期限而变化。此外，如果预期最近政治环境将变得不利，那么任何投资都可能是不可接受的。政治不确定性通常与可能发生在更遥远的未来、目前无法预见的不利事件有关。因此，根据政治风险调整贴现率会严重下调早期现金流，但对远期现金流的下调不足。

对投资者的影响。除了预测到的政治风险和外汇风险外，跨国企业有时担心，由于投资者对外国风险的看法，承接外国项目可能增加公司的总体资本成本。如果一家公司近年来在伊拉克、伊朗、俄罗斯、塞尔维亚或阿富汗进行了大量投资，这种担忧似乎是合理的。然而，这种观点对偏重于投资加拿大、西欧、澳大利亚、南美洲和亚洲工业国的多元化外国投资失去了说服力，实际上，大部分外国直接投资都位于这些地区。这些地区享有对外国投资一视同仁的声誉，并且实证证明，在这些地区开设外国分支机构可能不会增加资本成本。事实上，一些研究表明，外国项目的必要收益率甚至可能低于国内项目的必要收益率。

跨国企业的做法。过去35年对跨国企业的调查显示，约一半跨国企业调整的是贴现率，一半跨国企业调整的是现金流。最近的一项调查表明，调整贴现率相对于调整现金流的使用率有所上升。然而，该调查还表明，企业在评估外国投资时越来越多地使用多因素方法——贴现率调整、现金流调整、实物期权分析和定性标准。[①]

投资组合的风险衡量

金融领域有两种不同的风险定义：（1）单个证券的风险（预期收益率的标准差）；（2）单个证券作为投资组合一部分的风险（beta）。为进入当地市场或地区市场——寻找市场——而进行的外国投资将具有与当地市场或多或少相关的收益率。因此，基于投资组合评估投资前景似乎是适当的。为寻找资源或寻求生产而进行的外国投资可能具有与母公司或世界上其他地方的经营单位相关的收益率，而与当地市场关系不大。

墨西哥水泥公司计划对印度尼西亚水泥公司进行的投资既是为了寻找市场，也是为了寻求生产（出口）。关于跨国企业用哪种方法评估计划外国投资的决策可能是其做出的最重要的分析决策。根据不同的标准，投资的可接受性可能会发生巨大变化。

---

① Tom Keck, Eric Levengood, and Al Longfield, "Using Discounted Cash Flow Analysis in an International Setting: A Survey of Issues in Modeling the Cost of Capital," *Journal of Applied Corporate Finance*, Vol. 11, No. 3, Fall 1998, pp. 82–99.

为了在东道国当地进行比较，我们应忽略项目的实际融资能力或受母公司影响的举债能力，因为当地投资者的这些能力可能与跨国企业所有者不同。此外，由于跨国企业拥有利用市场不完全的机会，因此该项目对当地投资者的风险可能不同于对外国跨国企业所有者的风险。此外，当地项目可能只是跨国企业所有者的国际多元化项目组合中的一个；如果由当地投资者承担该项目，它可能不得不作为没有实现国际多元化的独立项目。由于多元化降低了风险，因此跨国企业的必要收益率可能低于当地投资者的必要收益率。

因此，当地使用的贴现率必然是一种假设贴现率，它基于对独立当地投资者拥有该企业时可能要求的收益率的判断。因此，将当地贴现率用于当地现金流只能粗略衡量该项目作为独立当地项目的价值，而不是绝对估值。

18.3　实物期权分析

印度尼西亚水泥公司在估值中使用的贴现现金流（discounted cash flow，DCF）方法——以及资本预算和一般估值方法——长期以来备受批评。传统的贴现现金流财务分析通常会拒绝生命周期较长、后期才产生现金流回报或风险水平高于公司当前经营活动典型风险的投资。更重要的是，当跨国企业评估竞争性项目时，传统的贴现现金流分析通常无法反映具体投资机会能提供的战略选择。这导致了实物期权分析的发展。实物期权分析是期权理论在资本预算决策中的应用。

实物期权提供了一种不同的投资价值考虑方式。从本质上讲，它位于决策树分析与纯期权估值的交叉点上。当管理层做出项目选择决策时，这种方法对于分析遵循截然不同的价值路径的投资项目尤其有用。这种广泛的潜在结果范围是实物期权理论的核心。这种广泛的价值范围就是波动率，即前面介绍的期权定价理论的基本要素。

实物期权估值还让我们可以分析一些管理决策，这实际上是分析许多重大资本投资项目的特征：

- 推迟项目选择；
- 放弃项目选择；
- 改变项目产能选择；
- 启动或关闭（转换）项目选择。

实物期权分析处理的是正现金流终值，而贴现现金流处理的是负现金流终值（在贴现基础上）。实物期权分析是一个非常强大的工具，用于处理生命周期极长的项目或直到未来才开始的投资。实物期权分析认可随着时间推移收集信息以支持决策的方式。管理层通过主动（搜索）和被动（观察市场条件）搜集知识进行学习，然后利用这些知识做出更好的决策。

18.4　项目融资

国际金融中使用的一种较为独特的结构是项目融资，即长期资本项目的融资安排，这些项目规模大、寿命长、风险普遍较高。然而，这是非常一般性的定义，因为许多不同的形式和结构都属于这个通用名词的范围。

项目融资并不是新事物。项目融资的例子可以追溯到几个世纪以前，许多著名的早期国际企业都使用过项目融资，例如荷兰东印度公司和英国东印度公司。这些进口企业按航次为其亚洲贸易企业融资，每次航运的融资都像风险投资一样——当托运人返回时，亚洲市场的产品将在码头上出售给地中海和欧洲的商人，投资者将得到回报。如果一切顺利，这批货的股东将得到全额货款。

目前，项目融资在中国、印度和其他许多新兴市场的大型基础设施项目开发中得到广泛应用。虽然每个项目都有独一无二的特征，但多数项目都是高杠杆交易，债务占总融资金额的60%以上。股权只占项目融资的一小部分，原因有两个：第一，投资项目的规模很大，单个投资者甚至一群私人投资者往往无力为其提供资金；第二，其中许多项目传统上都是由政府融资——例如发电站、大坝建设、公路建设以及能源勘探、生产和分配。

然而，这种债务水平给偿债现金流带来了巨大的负担。因此，项目融资通常需要降低更多风险。参与这些投资的贷款人必须感到贷款偿还有保障；银行家不是天生的企业家，也不喜欢项目融资的收益有风险。项目融资有许多对其成功至关重要的基本属性。

项目与投资者的可分离性

项目是作为一个单独的法律实体建立的，与投资者的法律责任和财务责任相分离。这不仅有助于保护股权投资者的资产，还提供了一个受控平台，债权人可以通过该平台评估与单个项目相关的风险、项目现金流的偿债能力，并确保项目自身将自动（而不是根据跨国企业内部的管理层决策）产生并分配还本付息资金。

生命周期较长的资本密集型项目

这种项目不仅必然与所有者的财务资源分离且相对于后者的规模较大，而且其业务线的结构、运营和规模（生产能力）必须是单独的。规模是在开始时确定的，并且很少（如果有变化的话）在项目的生命周期中发生变化。这方面的一个典型例子是输油管，例如贯穿阿塞拜疆巴库和土耳其杰伊汉的长达1 768公里的巴库-第比利斯-杰伊汉管线。巴库-第比利斯-杰伊汉管线的规模、长度和产能都是在设计时确定的，并且显然不会在其生命周期中发生变化（至少在没有大规模重建的情况下不会发生变化）。

第三方承诺的现金流可预测性

如果可以确定第三方承担和支付的投资额，油田或发电厂将生产出能产生可预测现金流的同质产品。除了收入可预测性之外，还需要控制非财务生产成本，通常是通过基于通货膨胀率并附有价格调整条款的长期供应商合同。长期合同净现金流入的可预测性消除了项目的大部分商业风险，允许财务结构大量依赖债务融资，同时仍可以避免财务困境。

项目收入流的可预测性对于确保项目融资至关重要。旨在确保充足现金流的典型合同通常包括以下条款：项目产出的数量和质量；提高足以用来支付经营成本和还本付息的利润率可预测性的定价公式；明确说明允许合同发生重大变化的情况，例如不可抗力或不利商业条件。

有限生命周期的有限项目

即使是长期投资，项目有明确的终点（即所有债务和股权都已偿还的时点）也很重要。由于项目是一项独立投资，其现金流直接用于偿还资本结构，而不是进行再投资以实现增长或用于其他投资，因此各类投资者都需要保证在有限时期内实现项目收益。这时没有资本增值，只有现金流。

项目融资的例子包括过去 30 年来部分规模最大的投资，例如英国石油公司为其在北海油田的权益进行的融资以及跨阿拉斯加输油管。跨阿拉斯加输油管是俄亥俄州标准石油公司（Standard Oil of Ohio）、大西洋富田公司（Atlantic Richfield）、埃克森石油公司（Exxon）、英国石油公司（British Petroleum）、美孚石油公司（Mobil）、菲律宾石油公司（Philips Petroleum）、联合石油公司（Union Oil）和阿美拉达赫斯公司（Amerada Hess）的合资企业。在这些项目中，每个项目的投资额都达到或超过 10 亿美元，没有哪家公司能独自为其资本支出融资。然而，通过合资企业，可以管理高于投资吸收的正常风险的风险。

18.5 跨国并购

图 18-2 总结了并购（mergers and acquisitions，M&A）活动的推动因素，其中既包括宏观因素——全球竞争环境，也包括微观因素——影响企业价值的各种行业层面和企业层面的力量和行为。全球竞争环境中主要力量的变化——技术变化、监管变化和资本市场变化——为跨国企业创造了它们积极寻求的新商机。

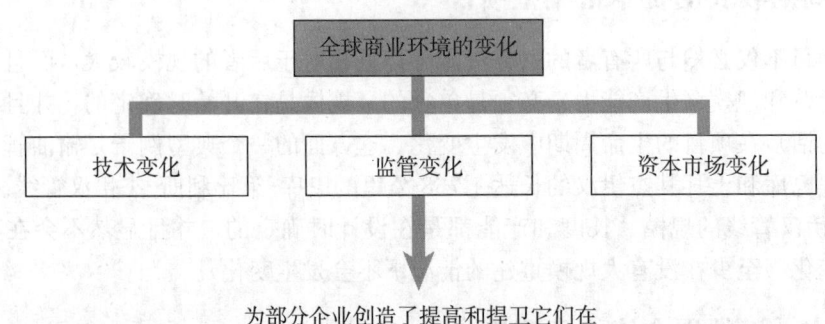

```
          全球商业环境的变化
       ┌────────┼────────┐
   技术变化    监管变化    资本市场变化
                │
                ▼
   为部分企业创造了提高和捍卫它们在
      全球市场上的竞争地位的商业机会
```

- 获取战略专有资产的机会
- 获得市场力量和主导地位
- 在当地/全球经营中和不同行业之间实现协同效应
- 扩大规模，然后在竞争和谈判中获得规模收益
- 多元化并更广泛地分散风险
- 利用它们拥有而其他企业渴望的金融机会

图 18-2　跨国收购背后的推动因素

但全球竞争环境实际上只是竞技场，即个体参与者的竞争场所。跨国企业出于各种原因进行跨国并购。正如图 18-2 所示，推动因素是跨国企业为捍卫和提高全球竞争力而做

出的战略反应。

与绿地投资相反，跨国收购具有许多显著优势。首先，它速度更快。绿地投资通常需要长时间的实际建设和组织发展。通过收购现有企业，跨国企业缩短了建立分支机构所需的时间，并有助于强势进入市场。其次，收购可能是获得竞争优势——例如技术优势、目标市场中有价值的品牌优势，以及物流和分销优势——同时消除当地竞争对手的一种划算的方式。最后，跨国收购的具体国际经济条件、政治条件和外汇条件可能导致市场不完全，使目标公司的价值被低估。

然而，跨国收购并非没有缺点。与所有收购——国内收购或跨国收购——一样，它存在支付或承担过多融资成本的问题。融合企业文化可能会带来伤害。管理收购后的公司时，通常需要缩减规模以使日常业务获得规模经济和范围经济。当员工试图保住自己的工作时，这会降低公司的生产效率。在国际上，东道国政府干预定价、融资、就业保证、市场分割以及一般性民族主义和偏袒也将带来额外困难。事实上，能否成功完成跨国收购本身就可能考验着跨国企业进入新兴市场的能力。"全球金融实务18-2"说明了其中一些潜在的收购挑战。

全球金融实务 18-2

价值变化：通用家电和伊莱克斯

以下是一道关于通用家电（GE Appliances）的数学题。让我们假设通用电气六年前试图卖掉通用家电时对其错误定价（一个安全的假设，因为它没有卖出这家公司）。因此，假设当时家电业务的价值不是80亿美元，而只是80亿美元的一半——40亿美元。加上包装通用家电花费的10亿美元，再将得到的50亿美元价值对半分割，得出通用电气预期该部门现在能卖出的最佳价格：25亿美元。如此算来，通用电气股东损失了50%。

——"Is General Electric Company About to Make Its Biggest Mistake Ever?," *The Motley Fool*, 19 July 2014.

通用电气（GE）于2008年首次尝试出售其家电业务。通用电气公司为这家有百年历史的企业标价80亿美元，但在金融危机期间，没有任何买家。六年后，通用电气再次尝试出售通用家电。这次，瑞典伊莱克斯——世界上最大的家电制造商之一——表示出浓厚的兴趣。经过数月的谈判，双方于2014年7月达成协议，售价为33亿美元，远低于通用电气之前的要价。

美国司法部关于反垄断问题（合并通用电气和伊莱克斯某些产品线的市场份额后，市场份额可能达到40%）进行了调查并批准了这笔交易，交易预期将在2015年完成。但美国司法部不愿看到美国家电市场合并程度日益提高，并敦促伊莱克斯承诺出售一些部门，以防止出现反竞争影响。2015年9月，伊莱克斯拒绝就已约定收购出售任何业务或做出妥协。最后，2015年12月，在美国司法部持续反对之后，伊莱克斯和通用电气取消了此次交易。通用电气从伊莱克斯那里获得了1.75亿美元以终止协议，这是双方在初始销售协议中规定的。

通用电气立即重新寻找通用家电的买家，有关该部门可能出售给海尔（中国）的传言甚嚣尘上。海尔在美国只有一条非常小的专业产品线，因此购得通用家电将使其立即进入庞大的美国市场。2016年1月15日，在伊莱克斯协议终止后不到两个月，通用电气宣布以54亿美元的价格将其家电部门出售给海尔,这比之前与伊莱克斯达成的 33 亿美元协议价格高出许多。这项新协议是与一家在美国市场上规模相对较小的公司达成的,显然无法享受伊莱克斯预期利用的成本协同效应。在旁观者眼中这确实有价值。

跨国收购程序

尽管金融界有时认为收购主要是估值问题,但与确定收购价格相比,这是一个更加复杂和丰富的过程。正如图 18-3 所示,收购过程始于上一节讨论的战略推动因素。

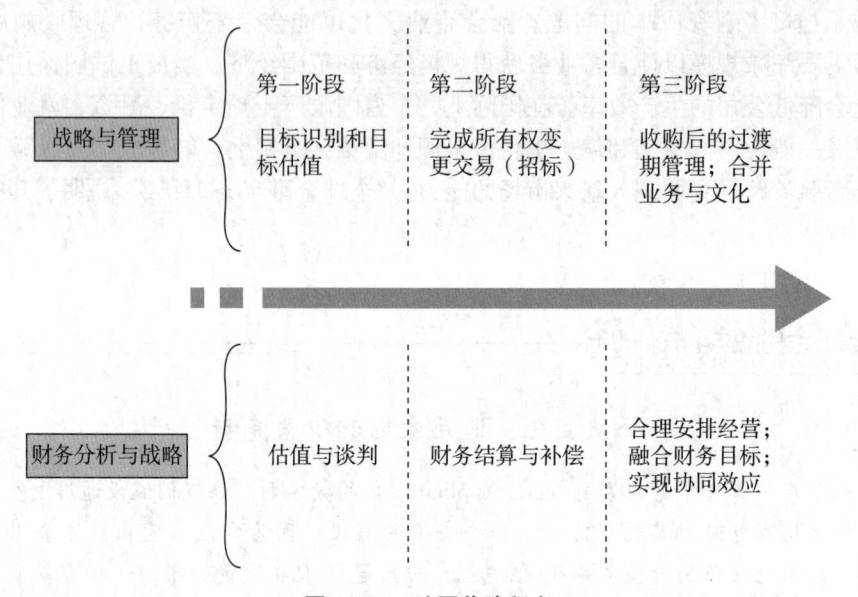

	第一阶段	第二阶段	第三阶段
战略与管理	目标识别和目标估值	完成所有权变更交易(招标)	收购后的过渡期管理;合并业务与文化
财务分析与战略	估值与谈判	财务结算与补偿	合理安排经营;融合财务目标;实现协同效应

图 18-3 跨国收购程序

世界各地收购企业的过程都有三个共同点:(1)目标识别和目标估值;(2)完成所有权变更——发出收购要约;(3)收购后的过渡期管理。

第一阶段:目标识别和目标估值。 确定潜在收购目标需要明确定义的公司战略和重点。目标市场的识别通常先于目标公司的识别。如果进入高度发达的市场,选择范围将最为广泛,因为可以在公开交易企业中进行选择,这些企业拥有定义相对明确的市场和公开披露的财务和经营数据。在这种情况下,收购要约是公开提出的,尽管目标公司的管理层可能公开建议其股东拒绝收购要约。如果有足够的股东接受要约,收购公司就可能获得足够的所有权影响力或控制权以变更管理层。

在这个相当具有对抗性的过程中,目标公司的董事会应该继续采取与保护股东权利相一致的行动。在此过程中,董事会可能需要对管理层进行相当强有力的监督,以确保管理层行为与保护和建立股东价值保持一致。

一旦完成识别,目标估值过程就开始了。现在,全球商业中广泛应用各种估值方法,每种技术都有自身的优点。除了贴现现金流和乘数(利润和现金流)等基本方法,还有针对特定行业的指标,这些指标侧重于业务线中最重要的价值要素。完成对目标公司的各种估值不仅有助于更全面地了解完成交易必须支付的价格,还有助于确定价格是否具有吸引力。

第二阶段:完成所有权变更。 找到收购目标并对其估值后,获得目标公司管理层和所有者的批准并获得政府监管机构的批准,以及最终确定补偿方法——完全执行收购战略——的过程可能非常耗时而且复杂。

获得目标公司的批准是商业史上部分最著名的收购的亮点。这里的关键区别在于目标公司的管理层是否支持收购。尽管可能没有"典型交易",但许多收购都是在友好过程中顺利进行的。收购公司将接触目标公司的管理层,并试图让他们相信收购的商业理由。(获得他们的支持有时很困难,但让目标公司管理层确信他们不会被替换通常是非常有说服力的!)如果目标公司的管理层表示支持,那么管理层可能会建议股东接受收购公司的要约。在这个阶段偶尔出现的一个问题是,有影响力的股东可能反对要约,这种反对可能是一般性的,也可能是针对价格,并因此感到管理层没有采取适当措施来保护和巩固股东价值。

当目标公司管理层不支持收购时,即所谓的恶意收购,该过程呈现出截然不同的变化。收购公司可以选择在没有目标公司支持的情况下进行收购,直接与目标股东接触。在这种情况下,收购要约是公开提出的,尽管目标公司管理层可能公开建议股东拒绝收购要约。如果有足够股东接受要约,收购公司就可能获得变更管理层所需的足够所有权影响力或控制权。在这个相当具有对抗性的过程中,目标公司的董事会应该继续采取与保护股东权利一致的行动。与第一阶段一样,董事会可能需要在此过程中对管理层进行强有力的监督,以确保管理层行为与保护和建立股东价值保持一致。事实证明,监管机构批准可能是执行交易的主要障碍。

如果收购涉及的公司所在行业被认为对国家安全至关重要,或者担心合并将产生大规模集中和反竞争结果,则可能需要获得重要的监管部门批准。

通用电气(美国)计划于2001年收购霍尼韦尔国际公司(它本身就是霍尼韦尔美国公司和美国联合信号公司合并的结果)是监管部门批准方面的分水岭事件。通用电气寻求欧盟内部批准其对霍尼韦尔的收购时,已获得管理层、所有者和美国监管机构的批准。魅力非凡的通用电气首席执行官兼总裁杰克·韦尔奇(Jack Welch)并未预料到合并将面临欧盟当局如此强烈的反对。在欧盟提出一系列要求,包括出售合并后公司的特定业务以减少反竞争影响之后,韦尔奇撤回了批准收购的请求,认为出售业务将破坏收购的大部分增值收益。这笔收购被取消。这一案例可能会对未来几年的跨国并购产生深远的影响,因为在欧盟这种强大的经济区内部,监管当局阻止两家跨国企业合并的权力可能预示着监管力度和广度的变化。

跨国收购第二个阶段的最后一项行为,即结算补偿款,是向目标公司的股东付款。目标公司的股东通常会获得收购公司支付的股票或现金。如果发生股票交换,一般按照收购公司股票与目标公司股票的某个比率进行交换(例如,两股收购方股票换三股目标公司股票),股东通常不用纳税——在非应税交易中,拥有的股票只是被其他股票代替。

如果向目标公司股东支付现金,那么就像股东在公开市场上出售股票一样,这将导致资本收益或资本亏损(在收购的情况下,最好是资本收益)并产生应纳税款。由于税收影响,股东通常更容易接受股票交换,这样他们就可以选择是否产生以及何时产生应纳税款。

决定结算类型的因素有很多。现金可得性、收购规模、收购友好性以及收购企业和目标企业的相对估值都会影响决策。在这个阶段有时会出现最具破坏性的力量之一,即监管机构拖延批准交易,这将对两家企业的股价产生影响。如果监管机构的批准久拖不决,股价下跌的可能性将增加,并且可能改变股票互换的吸引力。

第三阶段：收购后的过渡期管理。 虽然关于投资银行活动的头条新闻和照片通常聚焦于收购交易的估值和招标过程，但交易后管理可能是决定收购成败的三个阶段中最关键的阶段。收购公司支付的价格可能过低或过高，但如果交易后阶段没有得到有效管理，全部投资收益都会被浪费掉。收购后管理是必须实现交易动机的阶段。收购目标——例如提高管理效率、新合并产生协同效应或注入资本（之前收购目标无法承担这种成本或无法获得这种资本）——必须在交易后才能有效实现。然而，最大的问题几乎总是融合公司文化。

公司文化和个性的冲突既是跨国并购的最大风险，也是最大的潜在收益。虽然不像市盈率或股票溢价那样容易衡量，但跨国并购最终要么为利益相关者增加心理价值和实际价值，要么让他们损失心理价值和实际价值。

跨国收购中的外汇风险

寻找和执行跨国收购给跨国企业带来了许多具有挑战性的外汇风险和外汇敞口。如图18-4所示，随着投标和谈判过程本身在投标阶段、融资阶段、交易（结算）阶段和经营阶段的发展变化，与特定跨国收购相关的外汇风险的性质也会发生变化。在跨国收购不同阶段的时机选择和信息方面存在各种风险，使外汇风险管理变得困难。正如图18-4所示，随着不同阶段逐渐完成，合同和协议逐步达成，与这些阶段相关的不确定性将逐渐下降。

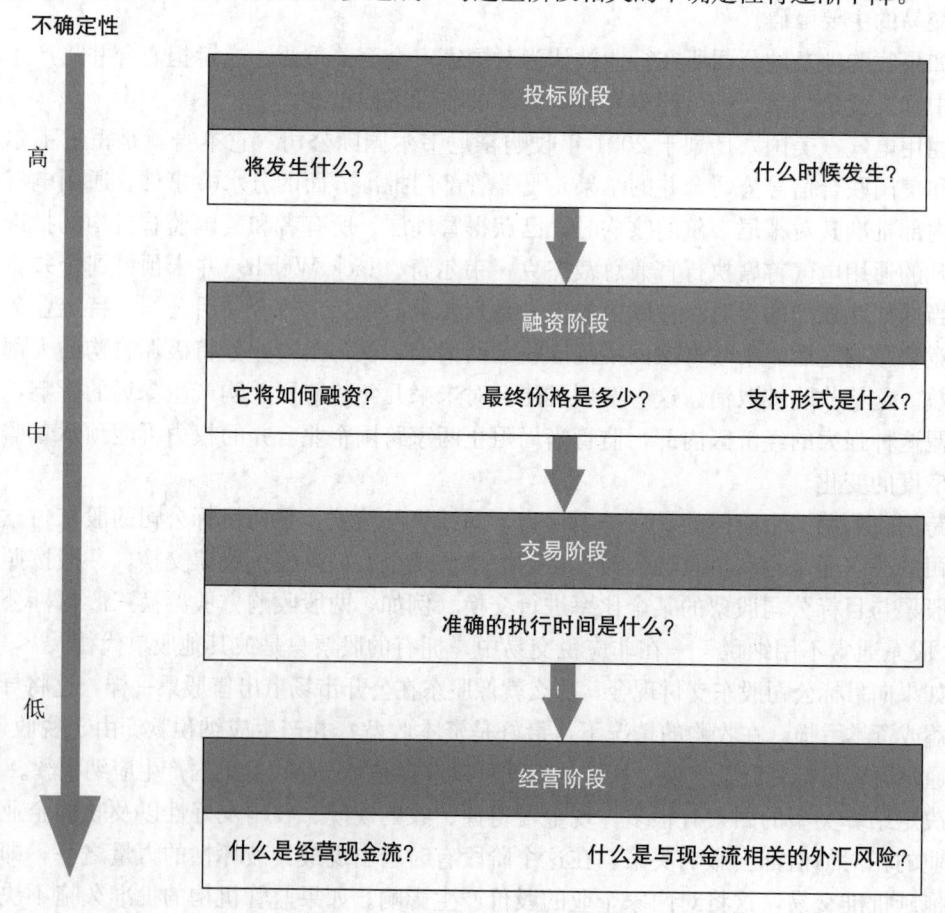

不确定性（高→中→低）

投标阶段
将发生什么？　　什么时候发生？

融资阶段
它将如何融资？　　最终价格是多少？　　支付形式是什么？

交易阶段
准确的执行时间是什么？

经营阶段
什么是经营现金流？　　什么是与现金流相关的外汇风险？

图18-4　跨国收购中的外汇风险

初始投标（如果以外币计价）会使投标人产生或有外汇风险。随着谈判的继续、收到监管机构的要求和批准以及竞争出价者的出现，出现这种或有风险的确定性将逐渐增加。尽管投标人可以采用各种对冲策略，但使用购买的外汇看涨期权是最简单的策略。期权的名义本金为估计买价，但出于保守，期权期限可能显著长于所需期限，以适应投标、监管和谈判延期的情况。

一旦投标人成功赢得收购，风险就会从或有风险转变为交易风险。尽管交易结算的确切时间仍存在各种不确定性，但在很大程度上已消除了发生外汇风险的确定性。然后，投标人就可以使用远期合约和购买的外汇期权的某种组合来管理与完成跨国收购相关的外汇风险。

一旦完成，跨国收购（现在是跨国企业的财产和外国子公司）的外汇风险和外汇敞口就从跨国企业的交易现金流敞口转变为其多国结构的一部分，因此从此以后也是其经营风险的一部分。正如"全球金融实务 18-3"所说明的，时间对跨国企业来说是最大的挑战，这在跨国企业的外汇风险管理中很常见。

全球金融实务 18-3

挪威国家石油公司收购瑞典埃索石油公司

挪威国家石油公司（Statoil）于1986年收购了瑞典埃索石油公司（Esso，埃克森公司在瑞典的全资子公司），这是有史以来完成的最独具挑战性的跨国收购之一。首先，挪威国家石油公司是挪威的国家石油公司，因此是一家政府所有和经营的企业，它出价购买另一个国家的私营公司。其次，如果完成这笔交易，计划收购融资将增加瑞典埃索石油公司的金融债务（债务水平以及偿债金额），从而减少该公司未来多年在瑞典的应纳税款。这笔计划跨国交易的特点是价值从瑞典政府转移到挪威政府。

由于投标、谈判和监管审批的时间很长，因此这笔交易的外汇风险既大又广。挪威国家石油公司是一家挪威石油公司，因此本币为挪威克朗（NOK），同时由于全球石油业以美元计价，因此该公司以美元作为功能货币。瑞典埃索石油公司虽然是瑞典公司，但是美国跨国企业埃克森公司的全资子公司，因此这笔交易的最终出价和现金结算以美元计价。

1985年3月26日，挪威国家石油公司和埃克森公司同意按当前汇率9.50挪威克朗/美元，以2.6亿美元（即24.7亿挪威克朗）的价格购买瑞典埃索石油公司。（根据所有现代标准，这都是有史以来最弱的挪威克朗对美元汇率，许多外汇分析师都认为当时美元价值被严重高估。）未经瑞典政府批准，这笔交易无法完成。批准过程——最终需要得到瑞典首相奥拉夫·帕尔梅（Olaf Palme）的批准——花了九个月时间。由于挪威国家石油公司将美元视为其真正的经营货币，因此它选择不对冲买价的外汇风险。在结算时，挪威克朗已经升值至7.65挪威克朗/美元，以挪威克朗计的最终收购成本为19.89亿挪威克朗。由于没有进行对冲，挪威国家石油公司的买价节省了近20%，价值4.81亿挪威克朗。

要点总结

- 母公司现金流必须与项目现金流区分开来。这两种现金流各自会产生不同的价值观点。

- 母公司现金流通常取决于融资方式。因此，我们无法像国内资本预算那样将现金流与融资决策明确分离。

- 由于不同的税收制度、对资金流动的法律限制和政治限制、当地商业规范以及金融市场和金融机构的运作方式差异，对母公司的汇款必须得到明确确认。

- 从项目视角分析外国项目时，风险分析侧重于使用敏感性，以及与项目执行相关的外汇风险和政治风险考虑因素。

- 从母公司视角分析外国项目时，至少可以通过两种方式衡量源于"外国"的额外风险，即调整贴现率或调整现金流。

- 实物期权分析是一种考虑投资价值的不同方式。从本质上讲，它位于决策树分析与纯期权估值的交叉点上。实物期权分析让我们可以评估期权价值，例如是推迟项目、放弃项目、改变项目规模或产能，还是启动或关闭项目。

- 目前，项目融资在许多新兴市场的大型基础设施项目开发中被广泛应用。虽然每个项目都有独一无二的特征，但多数项目都是高杠杆交易，债务占总融资金额的60%以上。

- 世界上任何地方的收购过程有三个共同点：（1）目标识别和目标估值；（2）完成所有权变更——发出收购要约；（3）收购后的过渡期管理。

- 跨国并购和战略联盟都面临着类似挑战：它们必须根据预期市场业绩为目标企业估值。这种企业估值过程结合了战略要素、管理要素和财务要素。

迷你案例

埃朗公司和药业特许公司[①]

> 我们和埃朗公司相处已久。我们一直欣赏它的学术能力和科学人才，但有时我们也痛恨它以前的管理层，是他们让它从冉冉新星变成科学（尤其是神经科学）堡垒，成为一家濒临破产、只够勉强维生的公司。那时，多发性硬化症药物那他珠单抗（Tysabri）的出现拯救了它，我们知道它在治疗复发性缓解型多发性硬化症方面首屈一指。我们确信这种药物就像亚伦之杖一样，会吞噬所有术士的杖。
>
> ——"Biogen Idec Pays Elan ＄3.25 Billion for Tysabri:
> Do We Leave, Or Stay?," *Seeking Alpha*, February 6, 2013.

埃朗公司（Elan Corporation，纽约证券交易所代码：ELN）的股东面临着艰难选择。埃朗的管理层向股东提出了四项建议，旨在保护自身不被私营公司药业特许公司（美国）［Royalty Pharma (U.S.)］恶意收购。如果股东投票支持这四项建议中的任何一项，就将让药业特许

[①] 2014年©亚利桑那州立大学雷鸟全球管理学院版权所有。本案例由迈克尔·H. 莫菲特教授编写，仅用于课堂讨论，不表示有效或无效的管理。

公司的收购要约泡汤。这将使埃朗保持独立，且控制权仍然属于近年来没能鼓舞信心的管理团队。所有投票必须在 2013 年 6 月 16 日午夜之前提交。

相关各方

埃朗公司是一家全球生物制药公司，总部位于爱尔兰都柏林。埃朗专注于神经系统疾病——包括阿尔茨海默病和帕金森病，以及多发性硬化症和克罗恩病等自身免疫系统疾病——治疗药物的研发和营销。但随着时间的推移，该公司已经剥离、出售或关闭了大部分业务。到 2013 年春，埃朗只拥有两项资产：一大堆现金和多发性硬化症药物那他珠单抗（与渤健共同开发）的永久性特许权使用费收入流。

埃朗的问题解决方案是将其所持的那他珠单抗权利出售给合作伙伴渤健。2013 年 2 月，埃朗将其所持 50% 的那他珠单抗权利出售给渤健，以换取 32.9 亿美元现金和那他珠单抗的永久特许权使用费收入流。虽然之前埃朗仅能就其所持的 50% 那他珠单抗股份获得收益，但根据协议可以就 100% 的那他珠单抗股份获得特许权使用费。特许权使用费采用了费率递增结构，第 1 年为全球销售收入的 12%，后续年度为全球销售收入的 18%，加上超过 20 亿美元的全球销售收入的 25%。

埃朗的出售协议墨迹未干，2013 年 2 月，美国私营公司药业特许公司就与埃朗接触，有意以每股 11 美元的价格收购埃朗。埃朗公开承认这项提议，并表示将考虑该提议以及其他战略选择。

药业特许公司是一家购买已上市药品或研发后期阶段药品的特许权使用费权益的私营公司（由私人拥有股权的公司）。该公司的业务可以让这些知识产品的所有者变现利益，以寻求其他商业发展机会。药业特许公司承担的风险是它为资产权益支付的价格实际上会逐渐增加。药业特许公司拥有特许权；它不进行经营或销售。

2013 年 3 月，可能是因为厌倦了等待，药业特许公司直接向埃朗股东发表声明，鼓励他们投票支持以每股 11 美元的价格收购埃朗。这时，埃朗对药业特许公司的声明做出回应，称药业特许公司的建议为"有条件和机会主义的"。

埃朗的防御措施

埃朗的领导层现在面临很大的压力，股东要求该公司解释为何股东不应将其股票卖给药业特许公司。5 月，埃朗开始详细制定一系列重新定义该公司的举措。展望未来，埃朗提出了四项复杂的战略建议，旨在使该公司在目前的双资产组合基础上进一步增长和多元化。由于该公司目前处于计划收购的要约期，因此爱尔兰证券法要求埃朗的全部四项建议均获得股东批准。但从一开始这看上去就困难重重，因为公众认为这些纯属防御性措施。

药业特许公司在一封致埃朗股东的信中公开回应了对埃朗领导层行为是否真的符合股东最佳利益的质疑。然后，它将其收购报价提高至每股 12.50 美元加上或有价值权。或有价值权是一项有条件的权利，如果那他珠单抗的未来销售收入达到特定的里程碑目标，那么所有股东未来每股将多收到 2.50 美元。药业特许公司的或有价值权报价要求那他珠单抗的销售收入在 2015 年达到 26 亿美元，在 2017 年达到 31 亿美元。药业特许公司还非常明确地表示，如果股东批准埃朗的四项管理建议中的任何一项，收购要约都将失效。

价值争议

截至 2013 年 5 月，埃朗由 17.87 亿美元现金、那他珠单抗的特许权使用费收入流、一些仍在筹划的产品以及每年 1 亿~2 亿美元的经营费用组成。埃朗的领导层希望利用其现金和年特许权使用费建立新业务。药业特许公司只想买下埃朗，拿走现金和特许权使用费收入流资产，并关闭埃朗。

关于埃朗的价值争议的中心是那他珠单抗特许权使用费收入流的价值。这意味着要预测未来十年的实际销售收入。图A概述了药业特许公司的销售争议，指出埃朗的价值主张有选择性地偏高，而药业特许公司的最新报价是基于华尔街的共识。预测生物技术产品的特许权使用费收入完全不同于预测任何产品的销售收入。定价、竞争、监管、政府政策、人口和环境的变化都可能改变未来的全球销售收入。也就是说，有几个更加独特的关注因素。

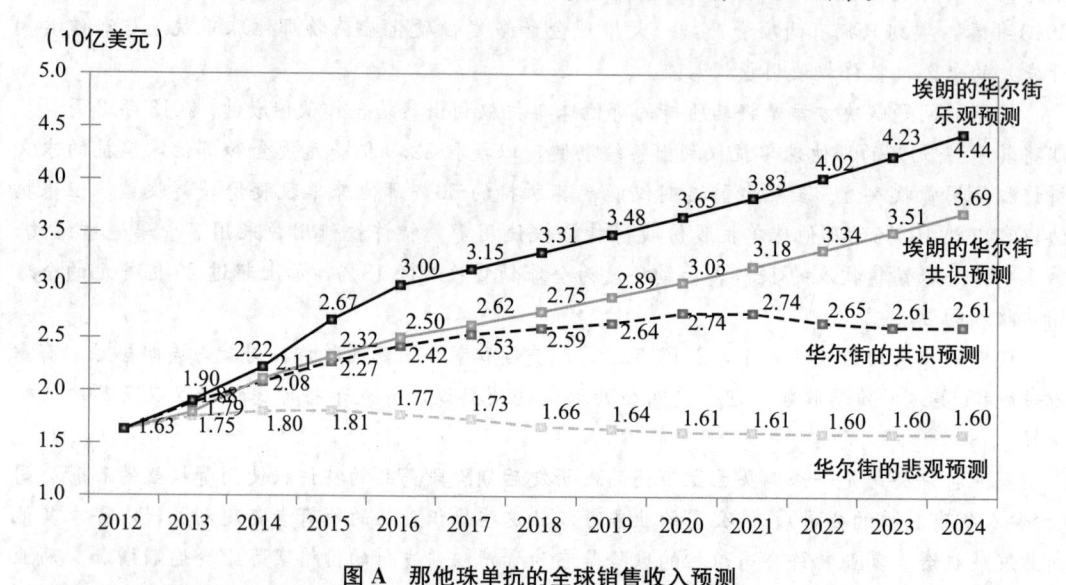

(10亿美元)

年份	埃朗的华尔街乐观预测	埃朗的华尔街共识预测	华尔街的共识预测	华尔街的悲观预测
2012	1.63	1.63	1.63	1.63
2013	1.90	1.88	1.79	1.75
2014	2.22	2.11	2.08	1.80
2015	2.67	2.32	2.27	1.81
2016	3.00	2.50	2.42	1.77
2017	3.15	2.62	2.53	1.73
2018	3.31	2.75	2.59	1.66
2019	3.48	2.89	2.64	1.64
2020	3.65	3.03	2.74	1.61
2021	3.83	3.18	2.74	1.61
2022	4.02	3.34	2.65	1.60
2023	4.23	3.51	2.61	1.60
2024	4.44	3.69	2.61	1.60

图A 那他珠单抗的全球销售收入预测

资料来源："Royalty Pharma's Response to Elan's Tysabri Valuation," Royalty Pharma, May 31, 2013, p. 4.

首先，那他珠单抗的专利将在2020年到期（最初在2000年申请专利）。药业特许公司支持的预测（华尔街的共识）认为，该年那他珠单抗的全球销售收入将达到27.4亿美元的峰值。在接下来几年中，销售收入将有所下滑，但仍将继续销售。其次，竞争产品已经进入市场。当年春季，渤健最终获得了美国食品和药物管理局对用于复发缓解型多发性硬化症的口服治疗药的批准。这只是市场上几种新治疗药中的一种。药业特许公司曾指出，过去两个季度新增患者人数减少，这表明关于那他珠单抗未来销售收入的乐观预测可能已经不切实际。

出于这些原因和其他原因，药业特许公司认为保守的销售预测对于投资者决定是听从管理层的建议还是接受药业特许公司的报价至关重要。如表A所示，药业特许公司的估值使用该销售预测进行基线分析。药业特许公司对埃朗的估值基于以下关键假设：

■ 那他珠单抗的全球销售收入，即估值的顶线，基于华尔街的共识。
■ 埃朗的经营费用将保持相对平稳，从2013年的7 500万美元开始每年增长1%~2%。
■ 埃朗的净经营亏损和在爱尔兰注册的身份将使2017年的实际年税率降至1%，之后升至仍然相对较低的爱尔兰企业税率，即每年12.5%。
■ 年贴现率为7.5%，直到2017年专利到期后升至10%。
■ 永续价值（最终价值）将基于2024年的收入，贴现率为10%，假设未来那他珠单抗的销量下滑时，年增长率为0.2%或0.4%。
■ 根据埃朗最近的通讯稿，截至2013年5月29日，流通股为5.18亿股。
■ 根据埃朗最近的通讯稿，埃朗的现金总额为17.87亿美元。

第18章 跨国资本预算与跨国收购

表 A 埃朗的估值：那他珠单抗的预测特许权使用费加上现金

	比率	实际 2012	2013	2014	2015	2016	2017	2018	2019	2020	2021	2022	2023	2024
世界销售收入		1 631	1 884	2 082	2 266	2 418	2 530	2 591	2 643	2 742	2 744	2 653	2 609	2 611
年增长率			15.5%	10.5%	8.8%	6.7%	4.6%	2.4%	2.0%	3.7%	0.1%	−3.3%	−1.7%	0.1%
埃朗收到的特许权使用费：														
销售收入为 0～20亿美元	18%		151	360	360	360	360	360	360	360	360	360	360	360
销售收入大于 20亿美元	25%			21	67	105	133	148	161	186	186	163	152	153
特许权使用费总计			151	381	427	465	493	508	521	546	546	523	512	513
费用			(75)	(77)	(78)	(80)	(81)	(83)	(84)	(86)	(88)	(90)	(91)	(93)
税前收入			76	304	349	385	412	425	437	460	458	433	421	420
减应纳税款	1%	12.5%	(1)	(3)	(3)	(4)	(4)	(53)	(55)	(57)	(57)	(54)	(53)	(52)
净收入			75	300	345	381	407	372	382	402	401	379	369	367
加权平均资本成本			7.5%	7.5%	7.5%	7.5%	7.5%	7.5%	7.5%	10.0%	10.0%	10.0%	10.0%	10.0%
贴现系数			1.000 0	0.930 2	0.865 3	0.805 0	0.748 8	0.696 6	0.648 0	0.513 2	0.466 5	0.424 1	0.385 5	0.350 5
净收入现值			75	280	299	306	305	259	248	206	187	161	142	129
永续价值	−2%													2 999
贴现系数														0.350 5
永续年金现值														1 051
净现值（累计现值）		3 647												
流通股股数（百万单位）		518												
每股价值（美元）		7.04												
现金		1 787												
每股现金价值（美元）		3.45												
埃朗的每股价值总值（美元）		10.49												

续表

(2%) 永续增长率	总计	每股价值（美元）	占比 (%)	(4%) 永续增长率	总计	每股价值（美元）	占比 (%)
2013—2020 年的贴现价值	1 977	3.82	54.2	2013—2020 年的贴现价值	1 977	3.82	56.8
2021—2024 年的贴现价值	619	1.19	17.0	2021—2024 年的贴现价值	619	1.19	17.8
2024 年以后的永续价值	−2% 1 051	2.03	28.8	2024 年以后的永续价值	−4% 883	1.70	25.4
那他珠单抗的价值总计	3 647	7.04	100.0	那他珠单抗的价值总计	3 479	6.72	100.0
现金	1 787	3.45		现金	1 787	3.45	
埃朗的价值总计	5 434	10.49		埃朗的价值总计	5 266	10.17	

注：估值依据为 2013 年 5 月 29 日的《药业特许公司对埃朗的那他珠单抗估值的回应》第 12 页。前 12 个月（大致相当于 2013 年整年）支付的特许权使用费费率为 12%。计算永续价值（最终价值）时，假设净收入人以每年−2% 的速度无限"增长"，贴现率为 10%。假设流通股数股数与埃朗在 2013 年 5 月 29 日的报表所示相同，为 5.18 亿股。埃朗的税收亏损向后结转，将 2017 年的实际税率降至 1%；从 2018 年的使用费收入需要按 12.5% 的税率向爱尔兰纳税。药业特许公司认为，当 2020 年那他珠单抗的专利到期时，加权平均资本成本将开始从 7.50% 升至 10.0%。[金额项目的数量数量级为百万（每股数据除外，单位均为美元）。]

结果是基础估值为每股 10.49 美元或每股 10.17 美元，具体取决于最终价值下降假设。正如多数估值的典型情况，顶线科目——总销售收入——是所有未来预测现金流的最大影响因素。流通股假设——5.18 亿股——反映了埃朗寻求的大型股票回购计划在 2013 年 5 月中旬之前的结果。请注意，药业特许公司明确将总估值分解为三个部分：(1) 专利有效时期；(2) 专利失效后时期；(3) 永续价值。在药业特许公司看来，对于那他珠单抗的实际销售情况而言，专利失效后时期是一个风险明显较高的时期。

市场估值

尽管关于埃朗的价值存在争论，但对于这样一家公开交易的公司，每个交易日市场都会对其价值表态。在初次收到药业特许公司收购意向的前一天，埃朗的交易价格为每股 11 美元。（在接下来的日子里，市场价格反映了它对药业特许公司这种求购者的实际要约价格和收购概率的看法。）2013 年的埃朗股价历史见图 B。

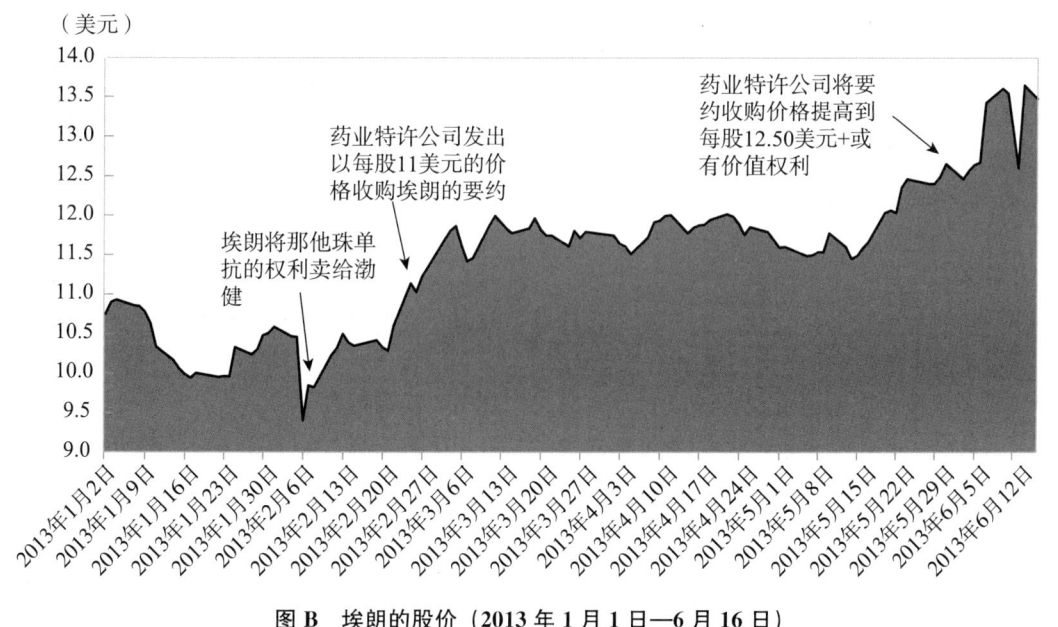

图 B　埃朗的股价（2013 年 1 月 1 日—6 月 16 日）

埃朗的管理层已向股东表明立场。然而，埃朗的领导层希望采取的一系列举措必须得到股东的批准。股东特别大会将于 6 月 17 日（星期一）举行。在这次会议上，将公布股东投票结果（所有投票均截止到上星期五）。

在股东特别大会之前的日子里，这场斗争变得人尽皆知，用一名记者的话来说，"火药味极浓"。在《金融时报》的一篇社论中，一位埃朗董事会前成员杰克·舒尔（Jack Schuler）写道："我不相信凯利·马丁（Kelly Martin）（埃朗的首席执行官）或埃朗董事会的其他成员将为股东利益行事。我希望埃朗的股东意识到，他们唯一的选择就是将公司出售给出价最高者。"埃朗现任非执行董事长随后回应道："我注意到自从舒尔先生离职以来，埃朗的股价已经翻了三倍。董事会和管理团队仍然完全专注于持续创造价值，并将继续为股东的最优利益行事。"股东必须迅速做出决定。

迷你案例问题

1. 根据图 A 中显示的那他珠单抗销售预测以及表 A 中的贴现现金流模型，您认为埃朗的价值是多少？

2. 您认为在埃朗的估值中还应考虑其他哪些因素？

3. 您对股东的建议是什么——批准管理层提出的拒绝药业特许公司要约的建议，还是反对该建议而可能接受药业特许公司的要约？

问题

18.1 资本预算理论框架。 外国项目的资本预算使用与国内资本预算相同的理论框架。国内资本预算的基本步骤是什么？

18.2 外国项目的复杂性。 外国项目的资本预算比国内项目复杂得多。增加复杂性的因素有哪些？

18.3 项目估值与母公司估值。 为什么要同时从项目视角和母公司视角为外国项目估值？

18.4 估值视角和净现值。 项目视角还是母公司视角的结果更接近于资本预算中净现值的传统含义？

18.5 估值视角和合并利润。 哪种视角的结果更接近于对合并每股利润的影响？

18.6 经营现金流和融资现金流。 资本项目既提供经营现金流，又提供融资现金流。为什么国内资本预算更关注经营现金流，但国际资本预算更关注融资现金流？

18.7 风险调整收益率。 计划外国项目的预期内部收益率应该与（a）备选母国项目，（b）相同行业和/或风险等级的本地公司获得的收益率进行比较，还是（c）同时与两者进行比较？请给出答案并说明理由。

18.8 被冻结现金流。 评估潜在外国投资时，跨国企业应该如何对被冻结在东道国而无法汇回母国的现金流估值？

18.9 东道国的通货膨胀率。 跨国企业在投资计划估值中应如何考虑东道国的通货膨胀率？

18.10 股权成本。 外国子公司没有独立的资本成本。但是，为了估算可比东道国公司的贴现率，分析师应该尝试计算假想的资本成本。如何计算？

18.11 不同估值视角下的现金流。 在项目视角分析和母公司视角分析中使用的现金流有何不同？

18.12 外汇风险和资本预算。 如何将外汇风险敏感性纳入外国项目的资本预算分析中？

18.13 征收风险。 如何将征收风险纳入外国项目的资本预算分析中？

18.14 实物期权分析。 什么是实物期权分析？与传统的资本预算分析相比，它为何是更好的投资决策方法？

18.15 并购的商业驱动因素。 促进跨国并购的主要驱动因素是什么？

18.16 跨国收购的三个阶段。 跨国收购的三个阶段是什么？每个阶段的核心财务要素是什么？

18.17 跨国收购中的外汇风险。 在跨国收购过程中出现的外汇风险是什么？

18.18 或有外汇风险。 在寻求和执行跨国收购中出现的最大的或有外汇风险是什么？

习题

18.1 洪都拉斯卡兰博拉公司（Carambola de Honduras）。 总部位于美国的私募股权公司斯林格韦恩（Slinger Wayne）正试图确定该公司应为洪都拉斯一家名为卡兰博拉的工具制造公司支付多少买价。斯林格韦恩估计，卡兰博拉将在下一年（2012年）产生1 300万洪都拉斯伦皮拉（Lp）的自由现金流，且该自由现金流将继续以每年8.0%

的固定增长率无限期增长。

然而，斯林格韦恩这种私募股权公司对长期拥有一家公司并不感兴趣，并计划在三年后出售卡兰博拉，价格大约是卡兰博拉当年自由现金流的 10 倍。当前的即期汇率为 14.80 伦皮拉/美元，但洪都拉斯的年通货膨胀率预期将保持在 16.0% 的较高水平，相比之下，美元的年通货膨胀率仅为 2.0%。斯林格韦恩预期卡兰博拉这种国际投资的年收益率至少可达 20%。

a. 如果三年投资期内洪都拉斯伦皮拉汇率保持固定，那么卡兰博拉的价值是多少？

b. 如果洪都拉斯伦皮拉的价值根据购买力平价而变化，那么卡兰博拉的价值是多少？

18.2 **菲尼斯特拉公司（Finisterra, S. A.）**。菲尼斯特拉公司位于墨西哥下加利福尼亚州，生产冷冻墨西哥食品，在美国加利福尼亚州和亚利桑那州以及上述地区以北拥有大量忠实用户。为了更贴近美国市场，菲尼斯特拉公司正在考虑将部分生产业务迁至加利福尼亚州南部。加利福尼亚的分支机构将在第 1 年开始生产经营，其财务指标如下所示。

假设	
第 1 年的单位售价（美元）	5.00
年售价增长率	3.00%
第 1 年的初始销量（单位）	1 000 000
年销量增长率	10.00%
第 1 年的单位生产成本（美元）	4.00
年单位生产成本增长率	4.00%
年一般费用和管理费用（美元）	100 000
年折旧费用（美元）	80 000
菲尼斯特拉公司的加权平均资本成本（比索）	16.00%
最终价值的贴现率	20.00%

续表

假设	
第 0 年的即期汇率（比索/美元）	8.00
第 1 年的即期汇率（比索/美元）	9.00
第 2 年的即期汇率（比索/美元）	10.00
第 3 年的即期汇率（比索/美元）	11.00

加利福尼亚州的分支机构每年将把 80% 的会计利润作为现金股利支付给菲尼斯特拉公司。向墨西哥缴纳的税款是根据来自外国的总股利计算的，已在东道国缴纳的税款可以用于抵免。菲尼斯特拉公司在第 1 年应为这笔投资出的最高美元价格是多少？

18.3 **格勒努耶房地产公司（Grenouille Properties）**。格勒努耶房地产公司（美国）预期将在未来三年收到一家法国合资企业支付的现金股利。第一笔股利将于 2011 年 12 月 31 日支付，预计为 720 000 欧元。在接下来两年里，预计股利每年将增长 10.0%。当前汇率（2010 年 12 月 30 日）为 1.360 3 美元/欧元。格勒努耶的加权平均资本成本为 12%。

a. 如果预期欧元对美元每年升值 4.00%，那么预期欧元股利流的现值是多少？

b. 如果预期欧元对美元每年贬值 3.00%，那么预期欧元股利流的现值是多少？

18.4 **天然马赛克公司（Natural Mosaic）**。天然马赛克公司（美国）正在考虑在印度投资 50 000 000 卢比，以创建一家出口到欧洲市场的全资瓷砖生产厂。五年后，该子公司将以 100 000 000 卢比的价格出售给印度投资者。这家印度子公司的预测利润表预测将产生 7 000 000 卢比的年现金流，如下表所示。

	单位：卢比
销售收入	30 000 000
减现金经营费用	(17 000 000)
总收入	13 000 000
减折旧费用	(1 000 000)
息税前利润	12 000 000
减在印度的应纳税款（税率为50%）	(6 000 000)
净收入	6 000 000
加回折旧	1 000 000
年现金流	7 000 000

2011年12月31日将进行第一笔投资，以后每年12月31日将产生现金流。从印度支付给费城复合公司（Philadelphia Composite）的年现金股利将占会计收入的75%。美国的企业税税率为40%，印度的企业税税率为50%。由于印度税率高于美国税率，因此支付给天然马赛克公司的年股利在美国不用缴纳额外税款。最终的出售交易不用缴纳资本利得税。天然马赛克公司对国内投资使用的加权平均资本成本为14%，但由于印度投资被认为风险较高，因此印度投资的加权平均资本成本将高出6个百分点。下面列出了天然马赛克公司对接下来6年12月31日的卢比/美元汇率的预测。

	印度卢比/美元		印度卢比/美元
2011	50	2014	62
2012	54	2015	66
2013	58	2016	70

这项投资的净现值和内部收益率是多少？

18.5 杜奇设备公司（Doohicky Devices）。 杜奇设备公司为个人计算机生产设计组件。之前生产业务曾转包给其他公司，但出于质量控制的原因，现在杜奇设备公司决定自己在亚洲进行生产。该公司通过分析，将选择范围缩小为两个可能地点：马来西亚槟城和菲律宾马尼拉。目前，只能获得下表显示的预期简略税后现金流。尽管大部分经营现金流出均为马来西亚林吉特或菲律宾比索，但正如下表所示，仍有一些必需的额外美元现金流出。马来西亚林吉特目前的交易价格为3.80林吉特/美元，而菲律宾比索的交易价格为50.00菲律宾比索/美元。杜奇设备公司预期每年马来西亚林吉特对美元将升值2.0%，而每年菲律宾比索对美元将升值5.0%。如果杜奇设备公司的加权平均资本成本为14.0%，那么哪个项目看起来前景最好？

习题 18.5 杜奇设备公司

槟城杜奇设备公司（税后）	2012	2013	2014	2015	2016	2017
净林吉特现金流	(26 000)	8 000	6 800	7 400	9 200	10 000
美元现金流出	—	(100)	(120)	(150)	(150)	—
马尼拉杜奇设备公司（税后）	2012	2013	2014	2015	2016	2017

续表

| 净比索现金流 | (560 000) | 190 000 | 180 000 | 200 000 | 210 000 | 200 000 |
| 美元现金流出 | | (100) | (200) | (300) | (400) | — |

18.6 瓦茨拉夫炼油公司（Wenceslas Refining Company）。 私人所有的瓦茨拉夫炼油公司正考虑在捷克共和国投资，以便拥有更接近欧洲客户的炼油厂。初始投资将达到 2.5 亿捷克克朗，按当前即期汇率 32.50 捷克克朗/美元折算为 7 692 309 美元，所有投资均为固定资产投资，按直线法计算折旧，折旧期为 10 年。另外还需要 100 000 000 克朗营运资本。

编制资本预算时，瓦茨拉夫假设第三年结束时该炼油厂在缴纳所有税款后的售价等于固定资产的净账面价值（不包括营运资本）。所有自由现金流将尽快汇回美国。为该公司估值时使用的美元预测见下表。可变生产成本预期为销售收入的 50%。在所考虑的时期内，不需要向美国子公司投入额外资金。捷克对汇回资金没有任何金额或种类限制。捷克的企业税税率为 25%，美国的企业税税率为 40%。这两个国家都允许已向其他国家缴纳的税款享受税收抵免。瓦茨拉夫使用 18% 作为其加权平均资本成本，其目标是最大化现值。

这项投资对瓦茨拉夫炼油公司有吸引力吗？

习题 18.6　瓦茨拉夫炼油公司

项目视角	0	1	2	3
初始投资（克朗，K）	250 000 000			
即期汇率（克朗/美元）	32.50	30.00	27.50	25.00
需求数量		700 000	900 000	1 000 000
单位售价（美元）		10.00	10.30	10.60
固定现金经营费用（美元）		1 000 000	1 030 000	1 060 000
折旧（美元）		7 692 309	7 692 309	7 692 309
营运资本投资（克朗）	100 000 000			

赫莫萨比奇零件公司（美国）[Hermosa Beach Components (U.S.)]

请使用以下信息和假设回答习题 18.7~习题 18.10。

加利福尼亚州赫莫萨比奇零件公司每年向阿根廷出口 24 000 套低密度灯泡，进口许可证将在五年后到期。在阿根廷，灯泡以阿根廷比索价格出售，相当于每套 60 美元。美国的直接生产成本和运费总共为每套 40 美元。这类灯泡在阿根廷的市场稳定，既不增长也不萎缩，赫莫萨比奇零件公司占据了市场的主要部分。

阿根廷政府已邀请赫莫萨比奇零件公司开设一家制造工厂，这样就可以用当地生产的灯泡取代进口灯泡。如果赫莫萨比奇零件公司进行投资，它将经营该工厂五年，然后将建筑物和设备出售给阿根廷投资者，售价为出售时的账面净值加上净营运资本的价值。(净营运资本为流动资产金额减去当地债务融资金额。)赫莫萨比奇零件公司每年可以将所有净收入和折旧资金汇回美国。赫莫萨比奇零件公司传统上以美元对所有外国投资估值。

■ **投资**。赫莫萨比奇零件公司预期2012年的美元现金支出如下：

单位：美元

建筑物和设备	1 000 000
净营运资本	1 000 000
总投资	2 000 000

所有投资支出将在2012年完成，所有经营现金流将产生于2013—2017年的每年年末。

■ **折旧和投资回收**。建筑物和设备将在五年中以直线法折旧。在第五年结束时，正如工厂的剩余账面净值一样，1 000 000美元的净营运资本也可以汇回美国。

■ **灯泡售价**。本地生产的灯泡将以阿根廷比索价格出售，相当于每套60美元。

■ **每套灯泡的经营费用**。材料采购如下：

在阿根廷采购的材料（等值美元）	每套20美元
从赫莫萨比奇零件公司（美国）进口的材料	每套10美元
总可变成本	每套30美元

■ **转移价格**。母公司出售每套原材料的转移价格为10美元，包括在美国产生的5美元直接成本和间接成本，这为赫莫萨比奇零件公司创造了5美元的税前利润。

■ **税收**。阿根廷和美国（联邦和州/省合计）的企业所得税税率均为40%。未来出售阿根廷子公司在阿根廷或美国均不用缴纳资本利得税。

■ **贴现率**。赫莫萨比奇零件公司使用15%的贴现率为所有国内项目和国外项目估值。

18.7 **赫莫萨比奇零件公司：基线分析**。请评估赫莫萨比奇零件公司（美国）在阿根廷的计划投资。赫莫萨比奇零件公司的管理层希望以美元进行基线分析（隐含假设是汇率在项目的整个生命周期内保持固定）。请分别从项目视角和母公司视角编制资本预算。你从分析中得出了什么结论？

18.8 **赫莫萨比奇零件公司：收入增长情景**。根据习题18.7中的分析，赫莫萨比奇零件公司希望研究每年销量增加4%的影响。阿根廷的预期年均通货膨胀率为5%，因此售价和材料成本每年分别增长7%和6%被认为是合理的。尽管阿根廷的材料成本预期将上升，但预期五年内美国的材料成本不会发生变化。请从项目视角和母公司视角为这种情景估值。该收入增长情景下的项目是否可以接受？

18.9 **赫莫萨比奇零件公司：收入增长和售价情景**。除了习题18.8中采用的假设之外，赫莫萨比奇零件公司现在还希望评估是否有望在第5年年末以该年企业利润的某个倍数出售阿根廷子公司。赫莫萨比奇零件公司认为，6倍是对届时该公司市场价值的保守估计。请从项目视角和母公司视角为资本预算估值。

18.10 **赫莫萨比奇零件公司：收入增长、售价和外汇风险情景**。赫莫萨比奇零件公司的新分析师梅琳达·迪恩（Melinda Deane）和一位刚毕业的MBA研究生认为，用美元评估阿根廷项目的预期利润和现金流，而不是首先估计其阿根廷比索价值然后将汇回美国的现金流换算为美元是一个根本性的错误。她认为正确的方法是使用 2012 年年末的即期汇率 3.50 比索/美元并假设它将随购买力而变化。(她假设美国的年通货膨胀率为 1%，阿根廷的年通货膨胀率为 5%)。她还认为，根据高风险货币环境中的国际项目要求必要预期收益率高于其他低风险项目的假设，赫莫萨比奇零件公司应该使用反映阿根廷资本成本（她的估计为 20%）的阿根廷风险调整贴现率以及母公司视角资本预算（18%）的风险调整贴现率。这些假设和变化如何改变赫莫萨比奇零件公司对该计划投资的看法？

网络练习　　　部分习题答案

请扫描二维码或登录中国人民大学出版社官网 www.crup.com.cn 下载。

术语表

请扫描以下二维码获取术语表：

经济科学译丛

序号	书名	作者	Author	单价	出版年份	ISBN
1	计量经济学	林文夫	Fumio Hayashi	99.00	2021	978-7-300-22496-1
2	投资学精要(第11版)	兹维·博迪等	Zvi Bodie	118.00	2021	978-7-300-29193-2
3	时间序列分析——单变量和多变量方法(第二版·经典版)	魏武雄	Willian W. S. Wei	89.00	2021	978-7-300-29640-1
4	市场设计:拍卖与匹配	纪尧姆·海宁格	Guillaume Haeringer	52.00	2021	978-7-300-28854-3
5	环境与自然资源经济学(第十一版)	汤姆·蒂坦伯格等	Tom Tietenberg	79.00	2021	978-7-300-29213-7
6	货币金融学(第十二版)	弗雷德里克·S. 米什金	Frederic S. Mishkin	98.00	2021	978-7-300-29134-5
7	现代经济学原理(第六版)	罗伯特·J. 凯伯	Robert J. Carbaugh	72.00	2021	978-7-300-25126-4
8	现代劳动经济学:理论与公共政策(第十三版)	罗纳德·G. 伊兰伯格等	Ronald G. Ehrenberg	99.00	2021	978-7-300-29116-1
9	国际贸易(第十一版)	保罗·R 克鲁格曼等	Paul R. Krugman	52.00	2021	978-7-300-29058-4
10	国际金融(第十一版)	保罗·R 克鲁格曼等	Paul R. Krugman	59.00	2021	978-7-300-29057-7
11	国际经济学:理论与政策(第十一版)	保罗·R. 克鲁格曼等	Paul R. Krugman	98.00	2021	978-7-300-28805-5
12	财政学(第五版)	乔纳森·格鲁伯	Jonathan Gruber	118.00	2021	978-7-300-28892-5
13	面板数据分析(第三版)	萧政	Cheng Hsiao	69.00	2021	978-7-300-28646-4
14	宏观经济学(第十三版)	鲁迪格·多恩布什等	Rudiger Dornbusch	89.00	2021	978-7-300-28853-6
15	曼昆版《宏观经济学》(第十版)课后题解答与题库	N. 格里高利·曼昆等	N. Gregory Mankiw	62.00	2021	978-7-300-28855-0
16	共谋理论和竞争政策	小约瑟夫·E. 哈林顿	Joseph E. Harrington, Jr.	39.00	2021	978-7-300-28804-8
17	离散时间的经济动力学	苗建军	Jianjun Miao	108.00	2020	978-7-300-28814-7
18	微观经济学(第四版)	戴维·A. 贝赞可	David A. Besanko	125.00	2020	978-7-300-28647-1
19	经济建模:目的与局限	劳伦斯·A. 博兰德	Lawrence A. Boland	49.00	2020	978-7-300-28532-0
20	计量经济分析(第八版)(上下册)	威廉·H. 格林	William H. Greene	158.00	2020	978-7-300-27645-8
21	微观经济学(第四版)	保罗·克鲁格曼等	Paul Krugman	86.00	2020	978-7-300-28321-0
22	发展宏观经济学(第四版)	皮埃尔·理查德·阿根诺等	Pierre-Richard Agenor	79.00	2020	978-7-300-27425-6
23	平狄克《微观经济学》(第九版)学习指导	乔纳森·汉密尔顿等	Jonathan Hamilton	42.00	2020	978-7-300-28281-7
24	经济地理:区域和国家一体化	皮埃尔-菲利普·库姆斯等	Pierre-Philippe Combes	56.00	2020	978-7-300-28276-3
25	公共部门经济学(第四版)	约瑟夫·E. 斯蒂格利茨等	Joseph E. Stiglitz	96.00	2020	978-7-300-28218-3
26	递归宏观经济理论(第三版)	拉尔斯·扬奎斯特等	Lars Ljungqvist	128.00	2020	978-7-300-28058-5
27	策略博弈(第四版)	阿维纳什·迪克西特等	Avinash Dixit	85.00	2020	978-7-300-28005-9
28	劳动关系(第10版)	小威廉·H. 霍利等	William H. Holley, Jr.	83.00	2020	978-7-300-25582-8
29	微观经济学(第九版)	罗伯特·S. 平狄克等	Robert S. Pindyck	93.00	2020	978-7-300-26640-4
30	宏观经济学(第十版)	N. 格里高利·曼昆	N. Gregory Mankiw	79.00	2020	978-7-300-27631-1
31	宏观经济学(第九版)	安德鲁·B 亚伯等	Andrew B. Abel	95.00	2020	978-7-300-27382-2
32	商务经济学(第二版)	克里斯·马尔赫恩等	Chris Mulhearn	56.00	2019	978-7-300-24491-4
33	管理经济学:基于战略的视角(第二版)	蒂莫西·费希尔等	Timothy Fisher	58.00	2019	978-7-300-23886-9
34	投入产出分析:基础与扩展(第二版)	罗纳德·E. 米勒等	Ronald E. Miller	98.00	2019	978-7-300-26845-3
35	宏观经济学:政策与实践(第二版)	弗雷德里克·S. 米什金	Frederic S. Mishkin	89.00	2019	978-7-300-26809-5
36	国际商务:亚洲视角	查尔斯·W. L. 希尔等	Charles W. L. Hill	108.00	2019	978-7-300-26791-3
37	统计学:在经济和管理中的应用(第10版)	杰拉德·凯勒	Gerald Keller	158.00	2019	978-7-300-26771-5
38	经济学精要(第五版)	R. 格伦·哈伯德等	R. Glenn Hubbard	99.00	2019	978-7-300-26561-2
39	环境经济学(第七版)	埃班·古德斯坦等	Eban Goodstein	78.00	2019	978-7-300-23867-8
40	管理者微观经济学	戴维·M. 克雷普斯	David M. Kreps	88.00	2019	978-7-300-22914-0
41	税收与企业经营战略:筹划方法(第五版)	迈伦·S. 斯科尔斯等	Myron S. Scholes	78.00	2018	978-7-300-25999-4
42	美国经济史(第12版)	加里·M. 沃尔顿等	Gary M. Walton	98.00	2018	978-7-300-26473-8
43	组织经济学:经济学分析方法在组织管理上的应用(第五版)	塞特斯·杜马等	Sytse Douma	62.00	2018	978-7-300-25545-3
44	经济理论的回顾(第五版)	马克·布劳格	Mark Blaug	88.00	2018	978-7-300-26252-9
45	实地实验:设计,分析与解释	艾伦·伯格等	Alan S. Gerber	69.80	2018	978-7-300-26319-9
46	金融学(第二版)	兹维·博迪等	Zvi Bodie	75.00	2018	978-7-300-26134-8
47	空间数据分析:模型、方法与技术	曼弗雷德·M. 费希尔等	Manfred M. Fischer	36.00	2018	978-7-300-25304-6
48	《宏观经济学》(第十二版)学习指导书	鲁迪格·多恩布什等	Rudiger Dornbusch	38.00	2018	978-7-300-26063-1
49	宏观经济学(第四版)	保罗·克鲁格曼等	Paul Krugman	68.00	2018	978-7-300-26068-6
50	计量经济学导论:现代观点(第六版)	杰弗里·M. 伍德里奇	Jeffrey M. Wooldridge	109.00	2018	978-7-300-25914-7
51	经济思想史:伦敦经济学院讲演录	莱昂内尔·罗宾斯	Lionel Robbins	59.80	2018	978-7-300-25258-2
52	空间计量经济学入门——在R中的应用	朱塞佩·阿尔比亚	Giuseppe Arbia	45.00	2018	978-7-300-25458-6
53	克鲁格曼经济学原理(第四版)	保罗·克鲁格曼等	Paul Krugman	88.00	2018	978-7-300-25639-9

经济科学译丛

序号	书名	作者	Author	单价	出版年份	ISBN
54	发展经济学(第七版)	德怀特·H.波金斯等	Dwight H. Perkins	98.00	2018	978-7-300-25506-4
55	线性与非线性规划(第四版)	戴维·G.卢恩伯格等	David G. Luenberger	79.80	2018	978-7-300-25391-6
56	产业组织理论	让·梯若尔	Jean Tirole	110.00	2018	978-7-300-25170-7
57	经济学精要(第六版)	巴德,帕金	Bade, Parkin	89.00	2018	978-7-300-24749-6
58	空间计量经济学——空间数据的分位数回归	丹尼尔·P.麦克米伦	Daniel P. McMillen	30.00	2018	978-7-300-23949-1
59	高级宏观经济学基础(第二版)	本·J.海德拉	Ben J. Heijdra	88.00	2018	978-7-300-25147-9
60	税收经济学(第二版)	伯纳德·萨拉尼耶	Bernard Salanié	42.00	2018	978-7-300-23866-1
61	国际贸易(第三版)	罗伯特·C.芬斯特拉	Robert C. Feenstra	73.00	2017	978-7-300-25327-5
62	国际宏观经济学(第三版)	罗伯特·C.芬斯特拉	Robert C. Feenstra	79.00	2017	978-7-300-25326-8
63	公司治理(第五版)	罗伯特·A.G.蒙克斯	Robert A. G. Monks	69.80	2017	978-7-300-24972-8
64	国际经济学(第15版)	罗伯特·J.凯伯	Robert J. Carbaugh	78.00	2017	978-7-300-24844-8
65	经济理论和方法史(第五版)	小罗伯特·B.埃克伦德等	Robert B. Ekelund. Jr.	88.00	2017	978-7-300-22497-8
66	经济地理学	威廉·P.安德森	William P. Anderson	59.80	2017	978-7-300-24544-7
67	博弈与信息:博弈论概论(第四版)	艾里克·拉斯穆森	Eric Rasmusen	79.80	2017	978-7-300-24546-1
68	MBA宏观经济学	莫里斯·A.戴维斯	Morris A. Davis	38.00	2017	978-7-300-24268-2
69	经济学基础(第十六版)	弗兰克·V.马斯切纳	Frank V. Mastrianna	42.00	2017	978-7-300-22607-1
70	高级微观经济学:选择与竞争性市场	戴维·M.克雷普斯	David M. Kreps	79.80	2017	978-7-300-23674-2
71	博弈论与机制设计	Y.内拉哈里	Y. Narahari	69.80	2017	978-7-300-24209-5
72	宏观经济学(第十二版)	鲁迪格·多恩布什等	Rudiger Dornbusch	69.00	2017	978-7-300-23772-5
73	国际金融与开放宏观经济学:理论、历史与政策	亨德里克·范登伯格	Hendrik Van den Berg	68.00	2016	978-7-300-23380-2
74	经济学(微观部分)	达龙·阿西莫格鲁等	Daron Acemoglu	59.00	2016	978-7-300-21786-4
75	经济学(宏观部分)	达龙·阿西莫格鲁等	Daron Acemoglu	45.00	2016	978-7-300-21886-1
76	中级微观经济学——直觉思维与数理方法(上下册)	托马斯·J.内契巴	Thomas J. Nechyba	128.00	2016	978-7-300-22363-6
77	动态优化——经济学和管理学中的变分法和最优控制(第二版)	莫顿·I.凯曼等	Morton I. Kamien	48.00	2016	978-7-300-23167-9
78	投资学精要(第九版)	兹维·博迪等	Zvi Bodie	108.00	2016	978-7-300-22236-3
79	环境经济学(第二版)	查尔斯·D.科尔斯塔德	Charles D. Kolstad	68.00	2016	978-7-300-22255-4
80	MWG《微观经济理论》习题解答	原千晶等	Chiaki Hara	75.00	2016	978-7-300-22306-3
81	横截面与面板数据的计量经济分析(第二版)	杰弗里·M.伍德里奇	Jeffrey M. Wooldridge	128.00	2016	978-7-300-21938-7
82	宏观经济学(第十二版)	罗伯特·J.戈登	Robert J. Gordon	75.00	2016	978-7-300-21978-3
83	动态最优化基础	蒋中一	Alpha C. Chiang	42.00	2015	978-7-300-22068-0
84	管理经济学:理论、应用与案例(第八版)	布鲁斯·艾伦等	Bruce Allen	79.80	2015	978-7-300-21991-2
85	微观经济分析(第三版)	哈尔·R.范里安	Hal R. Varian	68.00	2015	978-7-300-21536-5
86	财政学(第十版)	哈维·S.罗森等	Harvey S. Rosen	68.00	2015	978-7-300-21754-3
87	经济数学(第三版)	迈克尔·霍伊等	Michael Hoy	88.00	2015	978-7-300-21674-4
88	发展经济学(第九版)	A.P.瑟尔沃	A. P. Thirlwall	69.80	2015	978-7-300-21193-0
89	宏观经济学(第五版)	斯蒂芬·D.威廉森	Stephen D. Williamson	69.80	2015	978-7-300-21169-5
90	现代时间序列分析导引(第二版)	约根·沃特斯等	Jürgen Wolters	39.80	2015	978-7-300-20625-7
91	空间计量经济学——从横截面数据到空间面板	J.保罗·埃尔霍斯特	J. Paul Elhorst	32.00	2015	978-7-300-21024-7
92	战略经济学(第五版)	戴维·贝赞可等	David Besanko	78.00	2015	978-7-300-20679-0
93	博弈论导论	史蒂文·泰迪里斯	Steven Tadelis	58.00	2015	978-7-300-19993-1
94	社会问题经济学(第二十版)	安塞尔·M.夏普等	Ansel M.Sharp	49.00	2015	978-7-300-20279-2
95	时间序列分析	詹姆斯·D.汉密尔顿	James D. Hamilton	118.00	2015	978-7-300-20213-6
96	微观经济理论	安德鲁·马斯-克莱尔等	Andreu Mas-Collel	148.00	2014	978-7-300-19986-3
97	产业组织:理论与实践(第四版)	唐·E.瓦尔德曼等	Don E. Waldman	75.00	2014	978-7-300-19722-7
98	公司金融理论	让·梯若尔	Jean Tirole	128.00	2014	978-7-300-20178-8
99	公共部门经济学	理查德·W.特里西	Richard W. Tresch	49.00	2014	978-7-300-18442-5
100	计量经济学导论(第三版)	詹姆斯·H.斯托克等	James H. Stock	69.00	2014	978-7-300-18467-8

经济科学译丛

序号	书名	作者	Author	单价	出版年份	ISBN
101	中级微观经济学(第六版)	杰弗里·M. 佩罗夫	Jeffrey M. Perloff	89.00	2014	978-7-300-18441-8
102	计量经济学原理与实践	达摩达尔·N. 古扎拉蒂	Damodar N.Gujarati	49.80	2013	978-7-300-18169-1
103	经济学简史——处理沉闷科学的巧妙方法(第二版)	E. 雷·坎特伯里	E. Ray Canterbery	58.00	2013	978-7-300-17571-3
104	环境经济学	彼得·伯克等	Peter Berck	55.00	2013	978-7-300-16538-7
105	高级微观经济理论	杰弗里·杰里	Geoffrey A. Jehle	69.00	2012	978-7-300-16613-1
106	高级宏观经济学导论:增长与经济周期(第二版)	彼得·伯奇·索伦森等	Peter Birch Sørensen	95.00	2012	978-7-300-15871-6
107	卫生经济学(第六版)	舍曼·富兰德等	Sherman Folland	79.00	2011	978-7-300-14645-4
108	计量经济学基础(第五版)(上下册)	达摩达尔·N. 古扎拉蒂	Damodar N.Gujarati	99.00	2011	978-7-300-13693-6
109	《计量经济学基础》(第五版)学生习题解答手册	达摩达尔·N. 古扎拉蒂等	Damodar N. Gujarati	23.00	2012	978-7-300-15080-8

金融学译丛

序号	书名	作者	Author	单价	出版年份	ISBN
1	国际金融(第十五版)	戴维·K. 艾特曼	David K. Eiteman	108.00	2022	978-7-300-30096-2
2	个人理财(第八版)	阿瑟·J. 基翁	Arthur J. Keown	98.00	2021	978-7-300-29837-5
3	货币金融学(第三版)	R. 格伦·哈伯德等	R. Glenn Hubbard	96.00	2021	978-7-300-28819-2
4	房地产金融与投资(第十五版)	威廉·B. 布鲁格曼等	William B. Brueggeman	118.00	2021	978-7-300-28473-6
5	金融工程学原理(第三版)	罗伯特·L. 科索斯基等	Robert L. Kosowski	109.00	2020	978-7-300-28541-2
6	金融市场与金融机构(第12版)	杰夫·马杜拉	Jeff Madura	99.00	2020	978-7-300-27836-0
7	个人理财(第11版)	E. 托马斯·加曼等	E. Thomas Garman	108.00	2020	978-7-300-25653-5
8	银行学(第二版)	芭芭拉·卡苏等	Barbara Casu	99.00	2020	978-7-300-28034-9
9	金融衍生工具与风险管理(第十版)	唐·M. 钱斯	Don M. Chance	98.00	2020	978-7-300-27651-9
10	投资学导论(第十二版)	赫伯特·B. 梅奥	Herbert B. Mayo	89.00	2020	978-7-300-27653-3
11	金融几何学	阿尔文·库鲁克	Alvin Kuruc	58.00	2020	978-7-300-14104-6
12	银行风险管理(第四版)	若埃尔·贝西	Joël Bessis	56.00	2019	978-7-300-26496-7
13	金融学原理(第八版)	阿瑟·J. 基翁等	Arthur J. Keown	79.00	2018	978-7-300-25638-2
14	财务管理基础(第七版)	劳伦斯·J. 吉特曼等	Lawrence J. Gitman	89.00	2018	978-7-300-25339-8
15	利率互换及其他衍生品	霍华德·科伯	Howard Corb	69.00	2018	978-7-300-25294-0
16	固定收益证券手册(第八版)	弗兰克·J. 法博齐	Frank J. Fabozzi	228.00	2017	978-7-300-24227-9
17	金融市场与金融机构(第8版)	弗雷德里克·S. 米什金等	Frederic S. Mishkin	86.00	2017	978-7-300-24731-1
18	兼并、收购和公司重组(第六版)	帕特里克·A. 高根	Patrick A. Gaughan	89.00	2017	978-7-300-24231-6
19	债券市场:分析与策略(第九版)	弗兰克·J. 法博齐	Frank J. Fabozzi	98.00	2016	978-7-300-23495-3
20	财务报表分析(第四版)	马丁·弗里德森	Martin Fridson	46.00	2016	978-7-300-23037-5
21	国际金融学	约瑟夫·P. 丹尼尔斯等	Joseph P. Daniels	65.00	2016	978-7-300-23037-1
22	国际金融	阿德里安·巴克利	Adrian Buckley	88.00	2016	978-7-300-22668-2
23	个人理财(第六版)	阿瑟·J. 基翁	Arthur J. Keown	85.00	2016	978-7-300-22711-5
24	投资学基础(第三版)	戈登·J. 亚历山大等	Gordon J. Alexander	79.00	2015	978-7-300-20274-7
25	金融风险管理(第二版)	彼德·F. 克里斯托弗森	Peter F. Christoffersen	46.00	2015	978-7-300-21210-4
26	风险管理与保险管理(第十二版)	乔治·E. 瑞达等	George E. Rejda	95.00	2015	978-7-300-21486-3
27	个人理财(第五版)	杰夫·马杜拉	Jeff Madura	69.00	2015	978-7-300-20583-0
28	企业价值评估	罗伯特·A.G. 蒙克斯等	Robert A. G. Monks	58.00	2015	978-7-300-20582-3
29	基于Excel的金融学原理(第二版)	西蒙·本尼加	Simon Benninga	79.00	2014	978-7-300-18899-7
30	金融工程学原理(第二版)	萨利赫·N. 内夫特奇	Salih N. Neftci	88.00	2014	978-7-300-19348-9
31	国际金融市场导论(第六版)	斯蒂芬·瓦尔德斯等	Stephen Valdez	59.80	2014	978-7-300-18896-6
32	金融数学:金融工程引论(第二版)	马雷克·凯宾斯基等	Marek Capinski	42.00	2014	978-7-300-17650-5
33	财务管理(第二版)	雷蒙德·布鲁克斯	Raymond Brooks	69.00	2014	978-7-300-19085-3
34	期货与期权市场导论(第七版)	约翰·C. 赫尔	John C. Hull	69.00	2014	978-7-300-18994-2
35	国际金融:理论与实务	皮特·塞尔居	Piet Sercu	88.00	2014	978-7-300-18413-5
36	并购创造价值(第二版)	萨德·苏达纳	Sudi Sudarsanam	89.00	2013	978-7-300-17473-0
37	应用公司财务(第三版)	阿斯沃思·达摩达兰	Aswath Damodaran	88.00	2012	978-7-300-16034-4
38	资本市场:机构与工具(第四版)	弗兰克·J. 法博齐	Frank J.Fabozzi	85.00	2011	978-7-300-13828-2

Authorized translation from the English language edition, entitled Multinational Business Finance, 15e, 9780134796550 by David K. Eiteman, Arthur I. Stonehill, Michael H. Moffett, published by Pearson Education, Inc., Copyright © 2019, 2016, 2013 by Pearson Education, Inc. or its affiliates.

All rights reserved. No part of this book may be reproduced or transmitted in any form or by any means, electronic or mechanical, including photocopying, recording or by any information storage retrieval system, without permission from Pearson Education, Inc.

CHINESE SIMPLIFIED language edition published by CHINA RENMIN UNIVERSITY PRESS CO., LTD., Copyright © 2022.

本书中文简体字版由培生教育出版公司授权中国人民大学出版社出版，未经出版者书面许可，不得以任何形式复制或抄袭本书的任何部分。

本书封面贴有 Pearson Education（培生教育出版集团）激光防伪标签。无标签者不得销售。

图书在版编目（CIP）数据

国际金融：第十五版/（美）戴维·K. 艾特曼，（美）阿瑟·I. 斯通希尔，（美）迈克尔·H. 莫菲特著；路蒙佳译. --北京：中国人民大学出版社，2022.1
（金融学译丛）
书名原文：Multinational Business Finance，15e
ISBN 978-7-300-30096-2

Ⅰ.①国… Ⅱ.①戴… ②阿… ③迈… ④路… Ⅲ.①国际金融 Ⅳ.①F831

中国版本图书馆 CIP 数据核字（2021）第 276195 号

金融学译丛
国际金融（第十五版）
戴维·K. 艾特曼
阿瑟·I. 斯通希尔　著
迈克尔·H. 莫菲特
路蒙佳　译
Guoji Jinrong

出版发行	中国人民大学出版社			
社　　址	北京中关村大街 31 号	邮政编码	100080	
电　　话	010－62511242（总编室）	010－62511770（质管部）		
	010－82501766（邮购部）	010－62514148（门市部）		
	010－62515195（发行公司）	010－62515275（盗版举报）		
网　　址	http://www.crup.com.cn			
经　　销	新华书店			
印　　刷	涿州市星河印刷有限公司			
规　　格	185 mm×260 mm　16 开本	版　次	2022 年 1 月第 1 版	
印　　张	37.5 插页 1	印　次	2022 年 1 月第 1 次印刷	
字　　数	896 000	定　价	108.00 元	

版权所有　侵权必究　印装差错　负责调换

教学支持说明

1. 教辅资源获取方式

为秉承中国人民大学出版社对教材类产品一贯的教学支持，我们将向采纳本书作为教材的教师免费提供丰富的教辅资源。您可直接到中国人民大学出版社官网的教师服务中心注册下载——http://www.crup.com.cn/Teacher。

如遇到注册、搜索等技术问题，可咨询网页右下角在线 QQ 客服，周一到周五工作时间有专人负责处理。

注册成为我社教师会员后，您可长期根据您所属的课程类别申请纸质样书、电子样书和教辅资源，自行完成免费下载。您也可登录我社官网的"教师服务中心"，我们经常举办赠送纸质样书、赠送电子样书、线上直播、资源下载、全国各专业培训及会议信息共享等网上教材进校园活动，期待您的积极参与！

2. 高校教师可加入下述学科教师 QQ 交流群，获取更多教学服务

经济类教师交流群：781029042
财政金融教师交流群：182073309
国际贸易教师交流群：162921240
税收教师交流群：119667851

3. 购书联系方式

网上书店咨询电话：010-82501766
邮购咨询电话：010-62515351
团购咨询电话：010-62513136

中国人民大学出版社经济分社

地址：北京市海淀区中关村大街甲 59 号文化大厦 1506 室　100872
电话：010-62513572　010-62515803
传真：010-62514775
E-mail：jjfs@crup.com.cn